STUDIEN ZU POLICEY, KRIMINALITÄTSGESCHICHTE UND KONFLIKTREGULIERUNG

Herausgegeben von
Michael Stolleis und Karl Härter

Vittorio Klostermann · Frankfurt am Main

Die Ökonomie des Privilegs, Westeuropa 16.–19. Jahrhundert/ L'économie du privilège, Europe occidentale XVIe–XIXe siècles

Herausgegeben von Guillaume Garner

Vittorio Klostermann · Frankfurt am Main

Bibliographische Information der Deutschen Nationalbibliothek

Die Deutsche Nationalbibliothek verzeichnet diese Publikation in der Deutschen Nationalbibliographie, detaillierte bibliographische Daten sind im Internet unter *http://dnb.dnb.de* abrufbar.

Gedruckt auf alterungsbeständigem Papier ∞ ISO 9706
Druck und Bindung: Hubert & Co., Göttingen
Printed in Germany
ISSN 2364-6314
ISBN 978-3-465-04219-8

Inhalt

Die Privilegien im Spiegel der von den Akteuren verfolgten Strategien/Les privilèges au prisme des stratégies d'acteurs

Privilegien und Wettbewerb/Marktwirtschaft: zwei Gegenbegriffe?/Privilèges et concurrence/marché: deux notions antagonistes?

Vorwort – Danksagung

Es mag den Leser erstaunen, dass ein Sammelband über Privilegien in einer Reihe erscheint, die der Untersuchung der »guten Policey« gewidmet ist. Bei näherem Hinsehen erscheint aber diese Publikation durch die Gemeinsamkeiten gerechtfertigt, die auf den ökonomischen Bereich abzielende Privilegien und frühneuzeitliche Policeynormen aufweisen: Erstens entspringen beide der politischen Entscheidungsmacht der Obrigkeiten bzw. des Staates und zielen auf Steuerung. Zweitens sind die Normenproduktion und Verwaltungstätigkeit im Rahmen der »guten Policey« in zahlreichen westeuropäischen Staaten und Territorien – insbesondere im Laufe des 18. Jahrhunderts – durch das zunehmende Gewicht der ökonomischen Materien gekennzeichnet. Drittens können sowohl Privilegien als auch Policeynormen als gegenstands- und fallbezogene normativ-rechtliche Steuerung und Entscheidungsfindung angesehen werden, die während der Frühen Neuzeit ein hohes Maß an Flexibilität aufwiesen: Insbesondere im Bereich der Wirtschaft treten Privilegien für den besonderen oder Einzelfall regulierend neben die allgemeinen Policeynormen, die sie konkretisieren und ergänzen, von denen sie aber auch abweichen oder dispensieren konnten Insofern erscheint es gerechtfertigt, diesen Band in die von Karl Härter und Michael Stolleis herausgegebene Reihe aufzunehmen, wofür ich herzlich danke.

Dieser Sammelband geht aus einer Tagung hervor, die vom 30. Juni bis zum 2. Juli 2011 in Frankfurt am Main stattfand. Bei der Organisation dieser Veranstaltung war die Beteiligung von Ralf Banken, Bernhard Jussen und Werner Plumpe (Goethe-Universität, Frankfurt am Main) besonders wertvoll. Unser Dank gilt auch den Einrichtungen, die die Tagung großzügig unterstützt haben: das Institut français d'histoire en Allemagne (Frankfurt am Main), die Vereinigung von Freunden und Förderern der Goethe-Universität sowie die Forschungszentren »Institutions et Dynamiques Historiques de l'Économie« (Paris), »Analyse Comparée des Pouvoirs« (Marne-la-Vallée) und »Identités, Cultures, Territoires« (Paris).

Guillaume Garner

Introduction: l'économie du privilège, réflexions sur les privilèges économiques en Europe occidentale (XVIe–XIXe siècles)*

Guillaume Garner

En France, en Allemagne comme dans les pays anglo-saxons ou en Italie, on observe depuis quatre décennies un regain d'intérêt de l'histoire économique pour les institutions ou pour les fondements institutionnels et juridiques de l'activité et de la pratique économique, alors que dans les années 1960 et 1970, cette question était relativement mineure dans les paradigmes dominants de l'histoire économique et sociale. Sans qu'il soit ici utile d'entrer dans les détails, on peut distinguer quatre grandes directions dans l'étude des « institutions de l'économie ».

La première relève de l'histoire économique néo-institutionnaliste, dont la problématique initiale consistait à étudier les fondements institutionnels de la croissance ou de la performance économique, avant que des questionnaires plus inspirés par l'histoire culturelle et les sciences cognitives ne soient mobilisés, en particulier pour comprendre les raisons de la persistance d'institutions jugées inefficaces.[1] Dans la mesure où l'un des objectifs de ces travaux est

* Cette contribution doit beaucoup aux discussions nombreuses et fructueuses que j'ai eues avec Liliane Hilaire-Pérez, Corine Maitte, Dominique Margairaz et Vincent Demont, ainsi qu'aux échanges avec les participants du colloque de 2011. Je suis évidemment seul responsable des imperfections de ce texte.

[1] Citons à titre emblématique Douglass C. North, *Institutions, Institutional Change and Economic Performance*, Cambridge (Cambridge University Press) 1990; sur l'orientation culturaliste du courant néo-institutionnaliste, voir Hansjörg Siegenthaler, Geschichte und Ökonomie nach der kulturalistischen Wende, in: *Geschichte und Gesellschaft* 25 (1999), pp. 276–301; une version française abrégée de ce texte a été publiée: idem, L'histoire et l'économie après le tournant culturaliste, in: *Histoire et économie politique en Allemagne de Gustav Schmoller à Max Weber. Nouvelles perspectives sur l'école historique de l'économie*, éd. par Hinnerk Bruhns, Paris (Éditions de la Maison des Sciences de l'Homme) 2004, pp. 275–299.

d'étudier « l'essor du monde occidental », la période moderne a bénéficié d'une attention particulière puisque c'est entre le XVIIe et le début du XIXe siècle que sont posées par hypothèse les bases de la suprématie économique de l'Europe: de fait, nombre de travaux portent sur le XVIIIe siècle ou sur la période-charnière des années 1750–1850, marquée par la première industrialisation.[2]

Fortement implantée dans la recherche anglo-saxonne, la deuxième approche se réclame de la théorie des choix publics et cherche également à comprendre les effets des institutions sur les performances économiques des pays. Cette approche se démarque de l'économie néoclassique, accusée de négliger le cadre institutionnel de l'activité économique comme une externalité sans véritable portée. Mais elle n'en reprend pas moins certains postulats, notamment celui d'un *homo oeconomicus* désireux de maximiser son utilité, éventuellement aux dépens de l'intérêt général, grâce à la mise en place d'institutions – telles que les privilèges, les corporations ou les guildes marchandes – qui sont considérées comme le support d'un comportement de *rent seeking*.[3]

C'est en partie en réaction contre ces deux premiers courants que s'est développée ce qu'on pourrait appeler une histoire sociale des institutions de l'économie. Assez nombreux en France, ces travaux sont attentifs à l'ancrage, à l'« encastrement » social des institutions: les références théoriques sont ici à chercher moins du côté de l'anthropologie historique inspirée par les travaux de Karl Polanyi que du côté de la sociologie économique[4] et de l'économie des

[2] Douglass C. North et Robert Thomas Fogel, *The Rise of the Western World: A New Economic History*, Cambridge (Cambridge University Press) 1973. Voir par exemple Hilton Root, *The fountain of privilege: political foundations of markets in Old Regime France and England*, Berkeley (University of California Press) 1994; idem, *La construction de l'État moderne en Europe: la France et l'Angleterre*, Paris (Presses Universitaires de France) 1994.

[3] Robert B. Ekelund et Robert D. Tollison, *Mercantilism as a Rent-seeking Society: Economic Regulation in Historical Perspective*, College Station (Texas A & M University Press) 1981; Root, Fountain (n. 2). Voir également pour des conclusions similaires Sheilagh Ogilvie, *Institutions and European Trade. Merchant Guilds, 1000–1800*, Cambridge (Cambridge University Press) 2011.

[4] Parmi une littérature pléthorique, voir à titre d'exemple Mark Granovetter, *Le marché autrement. Les réseaux dans l'économie*, Paris (Desclée de Brouwer) 2000.

conventions,[5] car ces courants fournissent un certain nombre d'outils permettant de comprendre les institutions comme le produit d'un accord construit, d'une négociation, entre acteurs de l'économie et appareils gouvernementaux et administratifs. Cette approche d'histoire sociale s'est développée à partir de travaux empiriques qui ont abouti à renouveler l'étude des corporations artisanales ou d'institutions relevant à la fois de la régulation économique et de la représentation d'intérêts collectifs précis comme les chambres de commerce.[6]

Plus minoritaire, le courant de recherche inspiré du marxisme mérite d'être mentionné en raison de l'ambivalence de son approche. Deux postulats conduisent à minorer l'importance même de la question des institutions pour ces travaux: d'une part, elles relèveraient de la superstructure et seraient donc le produit d'un rapport de classes qui constitue l'objet d'étude pertinent; d'autre part, le soubassement institutionnel de l'économie n'aurait d'importance que dans la mesure où il prépare la voie à la mise en place d'un mode de production capitaliste et d'une économie de marché concurrentielle:

[5] Sur l'économie des conventions, voir: L'économie des conventions, in: *Revue économique* 40, 2 (1989); en allemand: Sociologie des conventions/Soziologie der Konventionen, in: *Trivium. Revue franco-allemande de sciences humaines et sociales/Deutsch-französische Zeitschrift für Geistes- und Sozialwissenschaften* 5 (2010) [http://trivium.revues.org].

[6] Josef Ehmer, Traditionelles Denken und neue Fragestellungen zur Geschichte von Handwerk und Zunft, in: *Handwerk, Hausindustrie und die historische Schule der Nationalökonomie. Wissenschafts- und gewerbegeschichtliche Perspektiven*, éd. par Friedrich Lenger, Bielefeld (Verlag für Regionalgeschichte) 1998, pp. 19–77; Dietrich Ebeling, Zur Ökonomie des Handwerks in der frühen Neuzeit. Anmerkungen zur Historiographie und gegenwärtigen Debatte, in: *Kultur und Staat in der Provinz. Perspektiven und Erträge der Regionalgeschichte*, éd. par Stefan Brakensiek, Axel Flügel, Werner Freitag et Robert von Friedburg, Bielefeld (Verlag für Regionalgeschichte) 1992, pp. 41–66; Claire Lemercier, *Un si discret pouvoir. Aux origines de la chambre de commerce de Paris, 1803–1853*, Paris (La Découverte) 2003; Clemens Wischermann, *Preußischer Staat und westfälische Unternehmer zwischen Spätmerkantilismus und Liberalismus*, (Münstersche Historische Forschungen 2), Köln/Weimar/Wien (Böhlau) 1992; Jean-Pierre Hirsch, *Les deux rêves du commerce: entreprise et institution dans la région lilloise (1780–1860)*, (Civilisations et sociétés 82), Paris (éditions de l'EHESS) 1991; Gérard Gayot, *Les draps de Sedan 1646–1870*, (Civilisations et sociétés 95), Paris (éditions de l'EHESS) 1998; Christine MacLeod, *Inventing the industrial Revolution: the English patent system, 1660–1800*, Cambridge (Cambridge University Press) 1988.

des institutions telles que les corporations ou les guildes ne seraient dès lors que des obstacles, des reliquats du mode de production féodal dont l'abolition plus que les effets concrets mériterait d'être étudiée. L'étude majeure de P. Kriedte, H. Medick et J. Schlumbohm sur la proto-industrialisation permet de comprendre la place marginale de cette question, traitée dans un « excursus » qui, par ce qui n'est qu'en apparence un paradoxe, proclame sa dette à l'égard des travaux de D.C. North.[7] Cependant, plusieurs travaux ont souligné l'importance des institutions, à la fois dans la mise en place de rapports de production caractéristiques des manufactures et des fabriques du XVIe au début du XIXe siècle et dans la cristallisation des intérêts collectifs de certains acteurs de l'économie – notamment les milieux marchands – qui permet de comprendre les lenteurs et hésitations accompagnant la formation d'une classe d'entrepreneurs capitalistes.[8]

Ce sont ces questionnements sur l'encadrement institutionnel de l'économie que le présent volume entend poursuivre et renouveler à partir de l'étude des privilèges économiques en Europe occidentale à l'époque moderne. On entend ici par privilège économique l'attribution temporaire par les autorités publiques à un acteur (individuel ou collectif) d'un espace d'action dans la sphère de l'économie: ceci englobe les privilèges octroyés à des individus, mais également à des acteurs collectifs tels que les compagnies de commerce, ainsi que ceux qui sont accordés à des corporations ou à des guildes. Ces privilèges

[7] Jürgen Schlumbohm, Exkurs zur Bedeutung der politisch-institutionellen Rahmenbedingungen in der Proto-Industrialisierung, in: Peter Kriedte, Hans Medick et Jürgen Schlumbohm, *Industrialisierung vor der Industrialisierung. Gewerbliche Warenproduktion auf dem Land in der Formationsperiode des Kapitalismus* (1977), 2e éd., Göttingen (Vandenhoeck & Ruprecht) 1978, pp. 258–271, notamment p. 258, n. 1.

[8] Rudolf Forberger, *Die Manufaktur in Sachsen vom Ende des 16. bis zum Anfang des 19. Jahrhunderts*, Berlin (Akademie-Verlag) 1958; Jean-Pierre Hirsch, Les milieux du commerce, l'esprit de système et le pouvoir à la veille de la Révolution, in: *Annales. Économies, Sociétés, Civilisations* 30 (1975), pp. 1337–1370; Ingrid Mittenzwei, *Preußen nach dem Siebenjährigen Krieg: Auseinandersetzungen zwischen Bürgertum und Staat um die Wirtschaftspolitik*, Berlin (Akademie-Verlag) 1979; Elly Mohrmann, Studien zu den ersten organisatorischen Bestrebungen der Bourgeoisie in einigen Städten des Rheinlandes, in: *Beiträge zur Wirtschafts- und Sozialgeschichte des 18. und 19. Jahrhunderts*, Berlin (Akademie-Verlag) 1962, pp. 189–249.

sont au centre de ce volume, même si ceux accordés à des lieux (villes, ports francs, foires) sont également abordés. La coupure entre privilèges personnels et privilèges réels doit par ailleurs être relativisée, notamment parce que ces lieux privilégiés sont souvent partie intégrante des stratégies mises en place par des acteurs qui bénéficient parfois (mais pas toujours) d'un privilège spécifique.[9]

La diversité et l'omniprésence des privilèges économiques suggèrent qu'ils sont une réalité fondamentale de l'économie d'Ancien Régime et qu'ils revêtent une importance majeure à la fois pour les acteurs de l'économie et pour les autorités politiques qui les délivrent. En d'autres termes, l'étude de ces privilèges apporte des éléments de réponse à deux questions majeures. Elle permet d'abord d'éclairer les stratégies des acteurs économiques en Europe sous l'Ancien Régime, pour comprendre les raisons qui les motivent à demander l'octroi de privilèges, la manière dont ceux-ci s'insèrent dans leurs pratiques concrètes. Deuxièmement, cette étude permet d'éclairer la manière dont les stratégies de ces acteurs s'articulent aux mesures des autorités politiques en matière économique et fiscale. À rebours des approches centrées sur l'État qui postulent une application à sens unique (« d'en haut ») des mesures décidées par les autorités, il s'agit de montrer dans quelle mesure un outil fondamental du soubassement institutionnel des économies européennes – le privilège – est le résultat et le fondement de négociations, de rapports de force mouvants entre État et acteurs. Ce second axe problématique conduit à aborder la dimension idéologique du privilège, c'est-à-dire les débats autour d'un thème qui devient central dans l'économie politique européenne à partir du milieu du XVIIIe siècle. La thématique des privilèges économiques permet ainsi d'étudier conjointement straté-

[9] Voir les études de Frédéric Moret, Julien Villain, Andrea Caracausi, Giovanni Favero et Paola Lanaro dans ce volume. Cette question est étudiée dans de nombreuses études: voir entre autres Dominique Margairaz, *Foires et marchés dans la France préindustrielle*, Paris (éditions de l'EHESS) 1988, pp. 215–230; Gérard Gayot, La main invisible qui guidait les marchands au long cours vers les foires de Leipzig (1750–1830). Enquête sur un haut lieu de la réalisation des bénéfices, in: *Revue d'histoire moderne & contemporaine* 48, 1/2 (2001), pp. 72–103; Alain Thillay, *Le faubourg Saint-Antoine et ses « faux ouvriers »: la liberté du travail à Paris aux XVIIe et XVIIIe siècles*, Seyssel (Champ Vallon) 2002.

gies des acteurs, action des autorités et discours ou représentations, trois niveaux dont la séparation est artificielle.

I. Unité et diversité du privilège économique en Europe occidentale

Abordés, comme on l'a vu, par l'histoire économique, les privilèges ont également été un objet d'étude pour l'histoire du droit,[10] notamment en Allemagne où l'évolution du droit a été mise en relation avec la question de la formation et de la construction de l'État. De ces travaux se dégagent quelques grands enseignements.

En premier lieu, la capacité à délivrer ou à accorder des privilèges relève des prérogatives des autorités politiques, et en particulier du pouvoir législatif, puisque le privilège et la loi ont la même origine, à savoir le pouvoir de l'État.[11] Le pouvoir monarchique ou princier en France ou dans les États italiens, le *privy council* et le Parlement en Angleterre sont ainsi les principaux détenteurs de cette prérogative. Dans le Saint-Empire, la situation est plus complexe puisque la souveraineté est partagée entre l'empereur, les États territoriaux et les villes d'Empire.[12] Les instances pouvant délivrer des privilèges y sont donc plurielles: tandis que certains privilèges comme les privilèges de foire sont principalement accordés par l'empereur, la délivrance de privilèges ou d'ordonnances corporatifs est le fait des autorités territoriales, de même que l'octroi de privilèges individuels

[10] Voir l'ouvrage de référence fondamental de Barbara Dölemeyer et Heinz Mohnhaupt (éd.), *Das Privileg im europäischen Vergleich*, 2 vol., (Ius Commune Sonderhefte. Studien zur europäischen Rechtsgeschichte 93/125), Frankfurt am Main (Klostermann) 1997/1999.

[11] Heinz Mohnhaupt, Untersuchungen zum Verhältnis Privileg und Kodifikation im 18. und 19. Jahrhundert, in: *Ius Commune* 5 (1975), pp. 71–121, ici p. 79; Thorsten Lieb, *Privileg und Verwaltungsakt. Handlungsformen der öffentlichen Gewalt im 18. und 19. Jahrhundert*, Frankfurt am Main etc. (Peter Lang) 2004, pp. 16, 33–35; voir également les analyses d'Heinz Mohnhaupt dans ce volume.

[12] Georg Schmidt, *Geschichte des Alten Reiches. Staat und Nation in der Frühen Neuzeit 1495–1806*, München (Beck) 1999; Karl Härter, The Early Modern Holy Roman Empire of German Nation (1495–1806): A Multi-layered Legal System, in: *Law and Empire. Ideas, Practices, Actors*, éd. par Jeroen Duindam, Jill Harries, Caroline Humfress et Nimrod Hurvitz, Leiden / Boston (Brill) 2013, pp. 111–131.

de fabrique et de manufacture,[13] notamment depuis que cette prérogative relève, non de la souveraineté, mais de la « supériorité territoriale » des États territoriaux de l'Empire, qui est officiellement reconnue à ces derniers par les traités de Westphalie en 1648. La question doit cependant être formulée moins en termes de répartition que de complémentarité, puisque certaines lois d'Empire ont pu entraîner une redéfinition des privilèges par les autorités territoriales: c'est le cas de l'ordonnance impériale sur l'artisanat de 1731 qui a entraîné une refonte du cadre réglementaire des corporations dans la principauté du Brandebourg.[14]

En second lieu, le privilège est obtenu à l'issue d'une procédure formalisée qui comprend dans la plupart des États européens quelques étapes majeures.[15] Le point de départ est très souvent une demande ou une requête d'un acteur collectif ou individuel. Cette demande est ensuite l'objet d'un examen et d'une délibération par des instances administratives, gouvernementales ou parlementaires. En outre peuvent intervenir un examen préalable ou une expertise, notamment quand il s'agit de privilèges relatifs à des manufactures ou à des fabriques impliquant des procédés de fabrication, un savoir-faire technique et la nécessité de vérifier la qualité des produits. En revanche, l'examen et l'expertise ne sont pas la règle dans le cas des privilèges d'invention, puisque s'ils sont systématiques en France, ils sont inexistants en Angleterre.[16] La procédure implique ensuite la promulgation et la publication d'un texte: celle-ci prend des formes diverses, parmi lesquelles les lettres patentes semblent revêtir une

13 Pour un aperçu général, voir Lieb, Privileg und Verwaltungsakt (n. 11), pp. 35–37; sur les privilèges de fabrique et de manufacture dans les États Habsbourg, voir Gustav Otruba et Harald Steindl, Einleitung, in: *Österreichische Fabriksprivilegien vom 16. bis ins 18. Jahrhundert und ausgewählte verwandte Quellen zur Frühgeschichte der Industrialisierung*, éd. par Gustav Otruba, (Fontes rerum Austriacarum III/7), Graz / Köln / Wien (Böhlau) 1981, pp. 11–120, ici pp. 73–74.

14 Härter, The Early Modern Holy Roman Empire of German Nation (n. 12), pp. 119–120; voir l'étude d'Heinz Mohnhaupt dans ce volume.

15 Barbara Dölemeyer, Vom Privileg zum Gesetz. Am Beispiel österreichischer Erfindungsprivilegien, in: *Ius Commune* 15 (1988), pp. 57–71, p. 60.

16 Liliane Hilaire-Pérez, *L'invention technique au siècle des Lumières*, (L'évolution de l'humanité), Paris (Albin Michel) 2000, pp. 59–65, 83–89. Il convient cependant de relativiser le poids de l'innovation comme critère des examens menés en France: voir les analyses d'Aurélien Ruellet dans ce volume.

importance particulière. Elle se clôt enfin par l'étape de l'enregistrement qui est cependant loin d'être générale.

À cette procédure relativement homogène correspond une structure formelle des privilèges en tant qu'actes, qui présente également un certain nombre de similitudes.[17] Elle comprend les éléments suivants:

– l'*intitulatio*, c'est-à-dire la titulature de la puissance délivrante

– la *narratio* rappelle la demande et décrit parfois l'objet du privilège

– la *dispositio* est en général introduite par une justification générale du privilège accordé qui reprend parfois les arguments du demandeur. Elle définit la durée et l'étendue du droit et des avantages accordés et précise le caractère transmissible de ce droit et éventuellement les clauses que devra respecter le détenteur du privilège

– la *sanctio* formule une menace de sanction contre les contrevenants au privilège, voire contre son détenteur en cas de non-respect des clauses contenues dans la *dispositio*

– la *subscriptio* enfin précise le lieu et la date de confection du privilège.

Le privilège recèle donc l'autorisation d'exercer une activité économique en bénéficiant d'un certain nombre d'avantages et revêt ainsi deux dimensions: il instaure d'abord une relation personnelle entre autorité concédante et bénéficiaire(s); il limite ensuite, dans une mesure variable, la capacité d'action des tiers.[18] Il convient ici d'ajouter deux précisions. D'une part, le privilège est très souvent légitimé par la prise en compte du « bien commun » par les autorités. Un enjeu essentiel est donc la définition de cette notion de « bien commun », ce qui donne lieu à des débats et des réflexions théoriques ainsi qu'à une confrontation entre autorités et demandeurs.[19] D'autre part, comme on le verra, il devient à partir du milieu du

[17] Otruba et Steindl, Einleitung (n. 13), pp. 84–97; Dölemeyer, Vom Privileg zum Gesetz (n. 15), pp. 65–67.

[18] Mohnhaupt, Untersuchungen (n. 11), pp. 81–82.

[19] Voir les éclairages apportés dans ce volume par les contributions de Mathieu Marraud, Anne Conchon et, à propos des débats théoriques en Allemagne sur les privilèges au tournant des XVIIIe et XIXe siècles, de Peter Collin. La prise en compte du « bien public » implique parfois le recours au privilège exclusif: voir Patrice Baubeau dans ce volume.

XVIIIe siècle de plus en plus difficile de distinguer le privilège de la concession (ou de l'autorisation d'exercer une activité), notamment quand l'étendue des avantages accordés au bénéficiaire diminue.

Au-delà de ces traits communs, les privilèges économiques se caractérisent par une très grande diversité qu'il serait inutile de vouloir épuiser par une description exhaustive. On se bornera à rappeler que cette diversité peut se décliner selon quatre critères principaux. Le premier est celui de la nature des activités économiques concernées, qui peut concerner la production et/ou la commercialisation, des activités de services telles que les transports ou l'invention technique.[20] En second lieu, la nature et l'étendue des avantages concédés sont également très variables. Il convient ici de souligner que privilège et monopole ne sont nullement synonymes. Si cette équivalence est fréquente pour le commerce colonial,[21] le privilège exclusif est loin d'être la règle dans le secteur des fabriques et des manufactures et on constate, notamment au XVIIIe siècle, même chez les administrateurs et les théoriciens qui préconisent sous certaines conditions l'octroi de privilèges, un rejet croissant des monopoles qui sont dénoncés à la fois pour des raisons de principe et surtout pour leurs effets économiques pervers.[22] Quant aux avantages concrets accordés, ils sont de nature économique (avec toute une gamme de facilités et d'exemptions douanières, fiscales et d'aides financières), religieuse (par l'octroi d'une liberté de conscience voire de culte aux détenteurs des privilèges et à la main-d'œuvre qu'ils emploient), juridictionnelle (par exemple quand un pouvoir de justice sur leur main-d'œuvre est accordé à des fabricants); la dimension honorifique de certains privilèges mérite enfin d'être mentionnée car elle a une signification économique qui, on le verra, ne doit pas être sous-estimée. Le troisième critère à prendre en compte est celui de l'extension géographique du privilège concédé qui peut porter sur des échelles différentes (le territoire, la province

20 Voir Anne Conchon et Aurélien Ruellet dans ce volume.

21 Voir les exemples étudiés par Gérard Le Bouëdec et Tijl Vanneste dans ce volume.

22 Voir les contributions de Koji Yamamoto et d'Andrea Caracausi, Giovanni Favero, Paola Lanaro dans ce volume; sur l'attitude ambiguë de l'État français face aux monopoles d'invention (dénoncés mais tolérés): Hilaire-Pérez, Invention (n. 16), pp. 113 ss.

ou une circonscription administrative, une ville) et sur des espaces de configuration diverse (une ville, une circonscription administrative, un axe routier ou fluvial, une ou plusieurs liaisons maritimes dans le cas des compagnies de commerce, etc.). Cet ancrage dans l'espace semble déterminant, parce que bien souvent l'aire de validité du privilège économique est définie par une frontière et que cet aspect joue un rôle majeur dans les stratégies déployées par les acteurs demandeurs et bénéficiaires de privilèges. Par ailleurs, un privilège peut être exclusif dans une zone donnée (une ville ou une province) et perdre cette exclusivité à une échelle plus petite (par exemple celle du territoire étatique). Le quatrième et dernier élément à prendre en compte est la durée de validité du privilège. De même qu'elles sont parfois rétives à accorder des privilèges exclusifs, les autorités des États européens semblent également accorder de moins en moins de privilèges perpétuels et un certain nombre d'études de cas indiquent que la durée plus ou moins longue de la validité du privilège est un élément de la négociation qui s'opère entre demandeurs et pouvoirs délivrants;[23] or, cet élément génère des effets économiques, notamment en termes d'incitation à l'investissement, qui ne doivent pas être sous-estimés.

Ce qu'il importe ici de souligner est moins la diversité ou l'omniprésence du privilège que sa très grande plasticité: le privilège semble doté d'une capacité – si ce n'est infinie,[24] du moins importante – à se couler dans le moule de l'économie d'Ancien Régime. À ce titre, il est légitime de le considérer comme une ressource institutionnelle et de formuler quelques hypothèses quant aux motivations des acteurs soucieux de bénéficier de celle-ci.

II. Pourquoi les acteurs demandent-ils des privilèges?

Il peut paraître incongru ou naïf de poser cette question, tant la réponse apportée par une partie de l'historiographie semble évidente. La demande de privilège apparaît en effet souvent comme motivée par la recherche d'une rente ou de profits de monopole, et de manière

23 Voir Stefan Gorißen dans ce volume.

24 Un rapide survol de l'historiographie suggère que le privilège économique semble être plus rarement présent dans le secteur de la production agricole.

plus générale par la volonté de faire triompher un intérêt égoïste aux dépens de l'intérêt général, le privilège empêchant précisément la transmutation des intérêts particuliers en intérêt général par les vertus de la concurrence, de la libre formation des prix et de la libre allocation des biens et des facteurs de production. Cette vision négative du privilège a récemment été réactivée avec la parution d'une vaste synthèse sur les guildes marchandes en Europe pendant le Moyen Âge et à l'époque moderne: celle-ci repose sur une vision des acteurs du commerce qui oppose *insiders* (intégrés dans des guildes) et *outsiders* (notamment les femmes, les étrangers et les membres de minorités religieuses), partiellement exclus des échanges.[25] Même si on ne peut nier que les privilèges individuels ou corporatifs soient l'enjeu de conflits de répartition entre des acteurs collectifs ou individuels défendant des intérêts spécifiques,[26] cette interprétation demande cependant à être nuancée.

Il convient en effet de tenir compte des motivations des acteurs concernés. Jean-Pierre Hirsch, Clemens Wischermann (entre autres) ont montré tout l'intérêt qu'il y a à partir des attentes des acteurs du Commerce (marchands, manufacturiers, fabricants) et leurs analyses ont été étayées par des travaux ultérieurs portant sur les corporations artisanales.[27] Ces études montrent que si la défense d'intérêts particuliers ne peut être niée, ces acteurs sont partagés entre un désir de « liberté » et un besoin de « protection » et qu'ils sont à la recherche d'arrangements institutionnels leur permettant de satisfaire ces deux revendications qui ne sont qu'apparemment contradictoires. Ce besoin de fondements juridiques ou institutionnels est d'autant plus marqué que les milieux du commerce sont conscients de la fragilité de leur position économique et du fort degré d'incertitude qui pèse

[25] Ogilvie, Merchant Guilds (n. 3), pp. 51–58, 60–62.

[26] Pour des exemples concrets, voir également, outre les études de ce volume, Marcel Boldorf, *Europäische Regionen im Wandel. Institutionelle Weichenstellungen in Schlesien und Irland (1750–1850)*, (Industrielle Welt 68), Köln/Weimar/Wien (Böhlau) 2006; Susanne Schötz, *Handelsfrauen in Leipzig: zur Geschichte von Arbeit und Geschlecht in der Neuzeit*, Köln/Weimar/Wien (Böhlau) 2004.

[27] Hirsch, Deux rêves (n. 6); Wischermann, Preußischer Staat (n. 6); sur les corporations artisanales, voir par exemple Robert Brandt et Thomas Buchner (éd.), *Nahrung, Markt oder Gemeinnutz. Werner Sombart und das vorindustrielle Handwerk*, Bielefeld (Verlag für Regionalgeschichte) 2004.

sur les transactions marchandes, les investissements de capitaux ou les activités spéculatives.[28] Les facteurs de cette incertitude propre à l'économie d'Ancien Régime sont multiples et concernent la volatilité ou la rareté de la main-d'œuvre (surtout qualifiée), la rareté et le coût des matières premières, les surcoûts engendrés par les transports sur de longues distances, la multiplicité des barrières douanières, l'évolution parfois imprévisible des conditions locales de formation des prix, les variations des taux de change entre monnaies, etc.[29] Or le privilège représente précisément l'un des outils majeurs permettant de répondre à ces incertitudes multiples et de concilier liberté et protection; il constitue pour cette raison « la forme la plus ordinaire de la liberté » et revêt en outre une dimension identitaire, notamment parce qu'il correspond à un « mode de relation confiante avec un monarque bienveillant ».[30]

Le privilège économique revêt ainsi aux yeux des acteurs un intérêt à au moins quatre niveaux. Premièrement, il permet de les protéger d'une concurrence venant d'acteurs situés soit dans le même territoire qu'eux, soit dans des territoires étrangers: c'est là le sens de « l'effet négatif vis-à-vis des tiers » souligné par les travaux d'histoire du droit.[31] On peut tenter d'en distinguer plus précisément les modalités puisque cette protection peut concerner trois objets: des acteurs (par exemple quand un privilège contingente l'admission dans une corporation ou une guilde marchande), des produits (quand un privilège accorde à une fabrique ou une manufacture un monopole ou une protection douanière qui pénalise les importations de marchandises étrangères), ou des procédés techniques, quand un privilège réserve à un acteur précis l'usage de ce procédé ou interdit l'utilisation d'un procédé de fabrication concurrent de celui ou de ceux en place. Bien évidemment, ces différents types de protection peuvent se combiner, par exemple quand une manufacture ou une fabrique bénéficie d'un privilège portant à la fois sur

[28] Voir à propos des manufactures de draps de Sedan les analyses de Gayot, Draps (n. 6), pp. 375 ss.

[29] Voir Jean-Yves Grenier, *L'économie d'Ancien Régime. Un monde de l'échange et de l'incertitude*, (L'évolution de l'humanité), Paris (Albin Michel) 1996.

[30] Hirsch, Deux rêves (n. 6), p. 109; voir les contributions de Mathieu Marraud, Aurélien Ruellet et Vincent Demont dans ce volume.

[31] Mohnhaupt, Untersuchungen (n. 11), pp. 82–83.

l'utilisation d'un procédé de fabrication ou d'une machine et sur la production d'une marchandise.

En second lieu, le privilège donne à l'activité économique un fondement juridique sûr et reconnu puisque sa révocation ou sa limitation par le pouvoir politique est soumise à des conditions strictes, ce qui lui permet d'échapper à une intervention arbitraire des autorités. Le privilège acquiert ainsi le statut d'un droit de propriété dont le respect (ou le non-respect) est précisément le critère qui permet de différencier l'absolutisme du despotisme.[32] À condition que le bénéficiaire respecte un certain nombre de clauses, stipulées dans le texte du privilège, celui-ci peut exercer son activité librement et le privilège peut donc être un facteur de consolidation des droits de propriété.[33] À cette première protection contre d'éventuelles interventions arbitraires des autorités s'en ajoute une seconde, plus évidente: le pouvoir s'engage à sanctionner ceux qui ne respecteraient pas le privilège accordé, les cas et les sanctions prévues étant là encore souvent rappelés dans le texte du privilège. Ceci confirme que ce dernier n'instaure pas une relation uniquement entre puissance délivrante et bénéficiaire, mais qu'il s'adresse également à l'ensemble de la communauté politique (l'ensemble des « tiers »), ce qui lui donne à la fois une dimension publique et un caractère législatif qui sont essentiels. C'est précisément ici que le privilège articule une liberté d'action économique (dont le périmètre et les modalités sont certes définies précisément) et une (double) protection.

Troisièmement, le privilège, en accordant un certain nombre d'avantages (notamment économiques), agit comme un réducteur ou un amortisseur de l'incertitude caractéristique de l'économie d'Ancien Régime. Il permet d'inscrire l'activité des bénéficiaires dans un nouveau rapport à l'espace quand un entrepreneur ou une société, bénéficiant de clauses favorisant son accès aux matières premières ou à des marchandises destinées à la commercialisation, pourra consentir

32 Fanny Cosandey et Robert Descimon, *L'absolutisme en France: histoire et historiographie*, (Points Histoire), Paris (Seuil) 2002, p. 131; Stephan R. Epstein, *Freedom and growth: the rise of states and markets in Europe, 1300–1750*, (Routledge Explorations in Economic History 17), London/New York (Routledge) 2000, p. 14.

33 Voir les contributions de Koji Yamamoto et Ralf Banken dans ce volume.

à payer les frais de transport afférents, assuré qu'un prix de marché en augmentation ne viendra pas augmenter le coût de la transaction; ceci vaut notamment (mais pas seulement) pour les sociétés et les acteurs engagés dans le commerce colonial qui exigeaient des investissements considérables de capitaux.[34] Mais le privilège permet également un nouveau rapport au temps quand, en fonction de sa durée, la possibilité d'engager des investissements parfois considérables est sécurisée.[35] Se placer du point de vue des acteurs permet ainsi de compléter un raisonnement en termes d'incitations (émanant des autorités politiques ou des institutions au sens large du terme) et de diriger le regard vers les stratégies économiques et les arguments formulés lors de la demande du privilège. Beaucoup de candidats à l'obtention d'un privilège ou à l'entrée dans une guilde marchande signalent ainsi que ceci leur permettrait de rentabiliser les investissements considérables qu'ils ont consentis précédemment. Que ce type d'argument anticipe les attentes des autorités ne change rien au fait qu'il correspond à une donnée structurelle de l'économie de l'époque moderne: ce n'est pas la rareté des capitaux qui détermine l'investissement, mais plutôt le type de garanties qui peuvent être offertes au placement de ces capitaux.[36] Les travaux de C. MacLeod et de L. Hilaire-Pérez ont par ailleurs souligné qu'en Angleterre comme en France, le privilège d'invention fournit également une assise à des activités spéculatives multiples. C'est d'ailleurs cet aspect, et non les contraintes qu'ils feraient peser sur l'économie, qui motive les critiques formulées en Angleterre contre les *patents* au tournant des XVIIe et XVIIIe siècles.[37]

Enfin, il convient de préciser la nature de la relation entre autorités et bénéficiaire(s) du privilège, notamment quand il s'agit de privilèges accordés à une corporation ou à une guilde marchande. En effet, le privilège ne se limite pas toujours à l'octroi d'avantages économi-

34 Voir les contributions de Gérard Le Bouëdec et Tijl Vanneste dans ce volume.

35 Voir les contributions de David Plouviez et Ralf Banken dans ce volume.

36 Fernand Braudel, *Civilisation matérielle, économie et capitalisme XVe–XVIIIe siècle*, vol. 2, *Les jeux de l'échange*, Paris (Armand Colin) 1979, p. 216; Grenier, Économie (n. 29), pp. 99–100.

37 MacLeod, Inventing (n. 6), notamment pp. 188 ss.; Hilaire-Pérez, Invention (n. 16), notamment pp. 92 ss.; voir la contribution d'Aurélien Ruellet dans ce volume.

ques, mais il définit parfois également un cadre institutionnel de représentation des intérêts collectifs et d'autorégulation.[38] Étant donné que dans un certain nombre d'États européens les gouvernements ne disposaient pas d'une administration dédiée à la régulation du commerce ou de la production artisanale et manufacturière, le recours à ces corps privilégiés permettait de pallier ce déficit et de bénéficier d'une expertise sur l'économie qui faisait parfois défaut à ces gouvernements, notamment dans des États d'envergure modeste. À travers la guilde ou la corporation, les marchands ou les artisans avaient ainsi la possibilité non seulement de défendre leurs intérêts, mais de participer à l'élaboration des règles d'un jeu dont ils étaient les participants. Leur attachement à ce mode de consultation est certainement l'une des raisons majeures qui explique les continuités qu'on peut observer en France entre corporations marchandes et chambres de commerce postrévolutionnaires, ou la rapidité avec laquelle l'institution des chambres de commerce a été acceptée et s'est implantée dans les territoires conquis en Europe par la France napoléonienne.[39] À cela s'ajoute une dimension qui est loin d'être secondaire: le privilège collectif procure au corps qui en bénéficie une identité collective en le rendant visible et en définissant le statut de ses membres dans la société d'ordres, lui donnant ainsi une légitimité supplémentaire dans ses rapports avec les autorités politiques.[40]

On l'aura compris: l'un des objectifs de ce volume est fournir des éléments de compréhension de la manière dont les privilèges économiques, dans leur diversité, sont intégrés dans les pratiques et les stratégies des acteurs individuels ou collectifs.

[38] Voir les études de Mathieu Marraud, Christof Jeggle, Robert Brandt et Stefan Gorißen dans ce volume.

[39] Hirsch, Deux rêves (n. 6); Jeffry Diefendorf, *Businessmen and Politics in the Rhineland, 1789–1834*, Princeton (Princeton University Press) 1980, notamment pp. 137–159; Jochen Hoock, Les institutions du commerce en Allemagne, 1750–1850, in: *Revue du Nord* 75 (1993), pp. 443–452, ici pp. 448–449; Karin Schambach, Städtische Interessenvertretungen und staatliche Wirtschaftspolitik, in: *Stadt und Bürgertum im Übergang von der traditionalen zur modernen Gesellschaft*, éd. par Lothar Gall, (Historische Zeitschrift. Beihefte 16), München (Oldenbourg) 1993, pp. 367–389.

[40] Voir Mathieu Marraud dans ce volume.

III. Quelques enjeux de l'étude des privilèges économiques

1. L'insertion des privilèges dans une organisation segmentée de l'économie

La segmentation de l'économie d'Ancien Régime est d'abord de nature socioéconomique. Un certain nombre de travaux ont souligné ces dernières années que l'offre et la demande constituent à l'époque moderne deux sphères très hétérogènes. Les consommations en particulier dépendent largement du statut social des individus, c'est-à-dire de leur position dans la société d'ordres, comme le montrent entre autres les ordonnances vestimentaires, dont certaines restent vigueur jusque dans les premières années du XIXe siècle.[41] Les biens ne sont par conséquent pas substituables les uns aux autres, ce qui signifie que les décisions des consommateurs ne répondent pas seulement aux critères retenus par la théorie économique standard, mais que des éléments « non-économiques » entrent en jeu dans la définition de leur valeur. Entre d'autres termes, « [l]es biens ne sont pas des marchandises impersonnelles et substituables, mais prennent place dans un ordre déterminé avant le marché »,[42] en fonction de critères qui tiennent notamment au statut social des marchandises et des consommateurs. Les marchandises s'insèrent ainsi dans une hiérarchie qui ne relève pas seulement de la valeur d'échange, mais également de la valeur d'usage, ce qui explique l'importance de la qualité de ces marchandises dans les secteurs de l'artisanat et de la manufacture. C'est en ce sens qu'on peut parler d'une « personnalisation de la marchandise », puisque cette qualité ou ces valeurs d'usage doivent être attestées et garanties. Cette identification des marchandises est essentielle pour asseoir leur réputation qui est un élément décisif de leur commercialisation. Les biens sont ainsi distingués

41 Hans Medick, *Weben und Überleben in Laichingen 1650–1900. Lokalgeschichte als Allgemeine Geschichte* (1996), 2e éd., (Veröffentlichungen des Max-Planck-Instituts für Geschichte 126), Göttingen (Vandenhoeck & Ruprecht) 1997, pp. 379–446; idem, Une culture de la considération. Les vêtements et leur couleur à Laichingen entre 1750 et 1820, in: *Annales. Histoire, Sciences Sociales* 50 (1995), pp. 753–774.

42 Voir Grenier, Économie (n. 29), pp. 67 ss. (citation p. 67) à qui les analyses qui suivent doivent beaucoup.

selon une double échelle, celle des coûts de production et celle de la réputation, et ces deux hiérarchies n'étant pas immuables, l'un des objectifs essentiels des acteurs (producteurs ou marchands) est de défendre ou d'affirmer leur position sur cette double échelle. On sait que répondent à cet objectif les règlements de fabrication, les marques apposées sur les produits qui personnalisent les marchandises en attestant d'une qualité qui est souvent liée au respect d'un certain nombre de conditions et de procédés de production, mais également à une origine géographique précise.[43]

Par leur caractère personnalisé (notamment dans le cas des privilèges individuels), les privilèges s'insèrent dans cette segmentation des marchés. Les avantages économiques qu'ils procurent permettent à leurs bénéficiaires de défendre la position de leurs marchandises par rapport à l'échelle des coûts de production, mais également par rapport à l'échelle de la qualité et de la réputation. C'est du moins sous cet angle qu'on peut interpréter les clauses d'un certain nombre de privilèges de manufacture et de fabrique concernant les procédés de fabrication, l'identification précise des produits concernés par le privilège ou des clauses honorifiques telles que l'octroi du titre de « manufacture privilégiée ».

Cette segmentation concerne également les statuts juridiques des acteurs de l'économie. Un certain nombre d'activités économiques ne sont pas accessibles à tous, mais sont soumises à des « droits d'entrée » qui font intervenir des critères multiples. Ainsi, pour prendre un cas régulièrement convoqué, l'entrée dans les corporations artisanales ou dans les guildes marchandes fait intervenir de multiples critères: âge, appartenance confessionnelle, statut juridique des personnes, respect d'un certain nombre de normes morales regroupées sous la notion

43 Corine Maitte, *La trame incertaine, le monde textile de Prato XVIIIe–XIXe siècles*, Villeneuve d'Ascq (Presses Universitaires du Septentrion) 2001, p. 93; sur le rôle des *Leggen* (bureaux de marque) dans le secteur de la production textile en Westphalie, voir Wischermann, Preußischer Staat (n. 6), pp. 81–96; Christof Jeggle, Blurred Rules: Regulations and the Problem of Non-Regular Practices in the Linen Trades in Seventeenth-Century Münster/Westphalia, in: *Shadow economies and irregular work in urban Europe, 16th to early 20th century*, éd. par Thomas Buchner et Philip R. Hoffmann-Rehnitz, Berlin/Wien (LIT-Verlag) 2011, pp. 73–90. Cette question est abordée du point de vue des inspecteurs des manufactures par Philippe Minard, *La fortune du colbertisme. État et industrie dans la France des Lumières*, Paris (Fayard) 1998, pp. 153–162.

d'honorabilité, ascendance familiale, réputation personnelle, capacités financières lorsque le candidat à l'admission doit payer un droit d'entrée ou attester la possession d'une fortune d'un montant précis. Laissons ici de côté la question du degré de fermeture ou de « malthusianisme » des corporations: une réponse univoque est impossible à donner, tant la variété des situations est grande – même si cette fermeture a sans aucun doute été longtemps surestimée par l'historiographie. Il n'en demeure pas moins que les statuts juridiques des acteurs économiques ne sont pas homogènes et unifiés, mais présentent au contraire une grande variété, selon des critères très divers (le genre, l'appartenance confessionnelle, etc.).

Dans la mesure où, comme nous l'avons évoqué plus haut, les privilèges collectifs accordent souvent des prérogatives (reconnues formellement ou informellement) en matière de représentation d'intérêts spécifiques, cette segmentation des statuts juridiques concerne également les institutions impliquées dans la régulation économique. La production artisanale, ou la production dans un secteur d'activité comme le textile, ne sera ainsi pas soumise à un cadre réglementaire unique ni au contrôle d'une seule instance, mais la régulation de cette activité fera intervenir différentes corporations, différents règlements ou ordonnances spécifiques à ces corporations – dont on sait par ailleurs que la délimitation de leur champ d'activité respectif est très conflictuelle.[44]

De nombreux travaux d'histoire du droit ont par ailleurs souligné qu'il n'existe pas de législation économique unifiée sous forme de codes dotés d'une validité générale, par-delà les différences de statuts des individus et des groupes. Cette « législation économique » repose en effet sur une addition de lois, de normes, d'ordonnances diverses et de privilèges. Ces derniers peuvent ainsi intervenir par rapport au corpus législatif constitué selon trois modes: l'exception, le complément, la confirmation.[45] Le premier de ces modes, l'exception, est dominant dans la mesure où le privilège crée un droit particulier, et

[44] Voir par exemple Jean-Claude Perrot, *Genèse d'une ville moderne. Caen au XVIIIe siècle*, vol. 1, Paris/Den Haag (Mouton) 1975, pp. 327 ss.

[45] Mohnhaupt, Untersuchungen (n. 11), notamment pp. 84–85; pour un exemple de contribution du privilège à l'élaboration du droit commercial, voir l'étude de Christof Jeggle dans ce volume.

chaque nouveau privilège s'insère ainsi dans un cadre législatif qui se constitue par accrétion et intégration de divers éléments. Qu'on se place du point de vue du statut des acteurs ou de la « législation économique », on constate que les privilèges sont autant un produit qu'un moteur de cette segmentation juridique et institutionnelle caractéristiques des économies de l'Ancien Régime.

En troisième lieu, les marchés connaissent une forte segmentation spatiale, dont les raisons sont multiples. La diversité des monnaies, celle des poids et mesures concourent à cette segmentation, dont les frontières douanières sont un facteur fondamental, qu'il s'agisse de frontières douanières intérieures ou extérieures. De ce point de vue, les aires géographiques étudiées dans ce volume présentent des situations différentes, et notamment des degrés très inégaux de morcellement douanier. L'importance des frontières douanières est attestée par la place accordée dans les privilèges de fabrication aux droits de douane dont le bénéficiaire sera – ou non – exempté. Si les privilèges contribuent à atténuer pour leurs bénéficiaires ce morcellement de l'espace économique (par exemple par des avantages douaniers), il convient de s'interroger sur les effets multiples qui en résultent pour eux par rapport à leurs concurrents et d'examiner de quelle manière les privilèges fournissent en outre à leurs bénéficiaires des ressources leur permettant de s'adapter à ce morcellement et d'en tirer profit.[46]

2. Privilège et marché – privilège et concurrence: des notions antagonistes?

L'histoire économique a longtemps affirmé l'incompatibilité du privilège avec les notions de concurrence et d'économie de marché, ceci valant en particulier pour les privilèges corporatifs. Dans sa somme consacrée à l'histoire du capitalisme, Werner Sombart souligne ainsi l'opposition entre l'économie de l'artisanat et celle du capitalisme: alors que le capitalisme se caractériserait par la recherche rationnelle du profit maximal, l'artisanat serait marqué par la volonté d'assurer une « subsistance » (*Nahrung*) à tous, ce principe trouvant sa

[46] Voir Julien Villain et Vincent Demont dans ce volume.

traduction concrète dans les privilèges et les pratiques des corporations qui visent à protéger leurs membres de la concurrence. W. Sombart note qu'à l'époque moderne, la recherche du profit joue certes un rôle croissant dans l'économie corporative, mais cela implique justement un durcissement des mesures et des pratiques anticoncurrentielles (telles que les barrières imposées à l'accession à la maîtrise), W. Sombart parlant à ce propos de « capitalisme corporatif ».[47] Notons ici que s'il nuance l'opposition corporation-capitalisme, il affirme toujours l'hostilité des corporations à la concurrence.

Cette nuance est porteuse d'une distinction entre concurrence et capitalisme/privilège qui a d'une certaine façon été reprise et radicalisée par Fernand Braudel dans sa trilogie publiée en 1979.[48] Celui-ci y affirme l'opposition entre l'économie de marché – marquée par la transparence, une situation de concurrence relativement forte et la formation de prix de marché en fonction du rapport entre offre et demande – et le capitalisme qui serait caractérisé par la recherche de situations d'hégémonie ou de monopole, notamment grâce aux privilèges. Ceux-ci seraient le moyen principal pour les capitalistes, avec le soutien des États, d'échapper aux règles de la concurrence ou de les distordre, ceci valant moins pour les privilèges corporatifs[49] que pour les privilèges et monopoles concédés à des marchands et à des compagnies de commerce. Un certain nombre d'études souligne cependant les limites de cette opposition entre marché-concurrence et capitalisme-privilège;[50] il importe donc, pour évaluer le rapport entre concurrence et privilège, de « déglobaliser » la notion de privilège, la polysémie du mot étant aussi trompeuse que celle du terme de « corporation ».[51]

47 Werner Sombart, *Der moderne Kapitalismus* (1902), 4e éd., Berlin/Leipzig (Duncker & Humblot) 1928, vol. 1/1, p. 188, citation vol. 2/2, p. 691.

48 Braudel, Jeux de l'échange (n. 36).

49 F. Braudel analyse très rapidement la place des corporations dans l'économie européenne à l'époque moderne, affirmant qu'elles sont en déclin à partir du XVe siècle: ibid., p. 274.

50 Alain Caillé, Comment on écrit l'histoire du marché, in: idem, *Splendeurs et misères des sciences sociales. Esquisses d'une mythologie*, Genf (Droz) 1986, pp. 151–199; Guillaume Garner et Matthias Middell (éd.), *Aufbruch in die Weltwirtschaft. Braudel wiedergelesen*, Leipzig (Leipziger Universitätsverlag) 2012.

51 Voir Stefan Gorißen dans ce volume; Philippe Minard, Corporations, in: *Dictionnaire historique de l'économie-droit, XVIIIe–XXe siècles*, éd. par Alessandro

En ce qui concerne les privilèges collectifs (accordés à des corporations artisanales, à des associations de marchands-fabricants ou à des guildes marchandes), les situations sont très différenciées. Tout d'abord, ce type de privilège n'exclut pas la concurrence mettant aux prises les acteurs membres de l'institution privilégiée les uns avec les autres.[52] Quant aux rapports entre privilégiés et acteurs extérieurs aux corporations, beaucoup d'indices laissent penser que le privilège légitime en effet des pratiques de protection contre cette concurrence; cependant, dans nombre de cas, ces rapports concurrentiels sont acceptés et le privilège doit garantir une égalité des conditions et des statuts. Le privilège est ici conçu comme le support d'une « économie morale » qui se réfère au principe de « subsistance » et qui ne rejette pas uniment la concurrence ou l'économie de marché.[53] Étudiant les rapports aux XVIIe et XVIIIe siècles entre la corporation des tisserands d'Urach (en Souabe) et la compagnie de commerce privilégiée d'Urach regroupant les marchands engagés dans le commerce des toiles, Hans Medick a ainsi souligné que la corporation réclamait la liberté de vendre ses produits afin d'échapper au droit d'achat par préemption dont jouissait cette compagnie en vertu de son privilège.[54]

La difficulté de porter un jugement global sur le rapport des privilèges à la concurrence est tout aussi nette à propos des privilèges individuels, de fabrique et de manufacture ou d'invention. D'une part, ils permettent de contourner les prérogatives des corporations artisanales dans tel ou tel secteur d'activité. Ceci est d'ailleurs l'un des arguments qui justifient leur défense par des auteurs en général sceptiques sur les privilèges.[55] Mais cela n'exclut nullement entre

Stanziani, Paris (Librairie générale de droit et de jurisprudence) 2007, pp. 103–113, notamment pp. 105–107.

52 Voir Robert Brandt dans ce volume.

53 Dominique Margairaz et Philippe Minard, Le marché dans son histoire, in: *Revue de Synthèse* 127 (2006), pp. 241–252, ici pp. 246–247; voir pour un cas concret Christof Jeggle, Nahrung und Markt in Ökonomien städtischer Gewerbe in der Frühen Neuzeit. Methodische Überlegungen am Beispiel des Leinengewerbes in Münster/Westfalen, in: Brandt et Buchner, Nahrung (n. 27), pp. 95–130.

54 Medick, Laichingen (n. 41), pp. 65–82.

55 Guillaume Garner, *État, économie et territoire en Allemagne. L'espace dans le caméralisme et l'économie politique (1740–1820)*, (Civilisations et sociétés 122), Paris (éditions de l'EHESS) 2005, p. 197, 200 à propos des caméralistes.

ces fabricants privilégiés et les corporations une collaboration qui permet aux premiers de jouer sur la gamme des ressources institutionnelles et réglementaires, éventuellement en variant les types et les qualités de productions.[56] Ces relations de concurrence et de collaboration avec les institutions corporatives se retrouvent à propos des détenteurs de privilèges d'invention. D'un côté, les corporations artisanales défendent les bienfaits de la concurrence contre la hausse des prix artificielle provoquée par les détenteurs de monopoles d'invention, par exemple dans la France du second XVIIIe siècle.[57] D'un autre côté, le privilège est aussi le moyen de favoriser la diffusion d'un savoir technique (qui est en partie tacite) qui sera ensuite mis en œuvre précisément dans le cadre corporatif, comme cela a été démontré à propos des villes d'Italie du nord ou de la France à l'époque moderne.[58]

D'autre part, les acteurs sollicitant et les autorités accordant les privilèges partagent l'idée selon laquelle ceux-ci, en protégeant la manufacture ou la fabrique de la concurrence sur les marchés de consommation intérieurs, lui permettront d'affronter, à armes égales, la concurrence des fabriques et manufactures sur les marchés de consommation extérieurs, notamment si s'impose le rattrapage d'un retard économique et/ou technique sur les concurrents étrangers. C'est au nom de cet argument qu'est souvent demandée l'interdiction pour les concurrents étrangers d'avoir accès à certains marchés intérieurs, notamment les marchés de matières premières, afin de réserver cet accès au fabricant privilégié qui, profitant d'une situation de (quasi-)monopsone, pourra diminuer ses coûts de production. On le voit, l'argumentation des acteurs est ici structurée par une opposi-

56 Sur l'Empire, voir les réflexions de Georg Schmidt, "Frühkapitalismus" und Zunftwesen. Monopolbestrebungen und Selbstverwaltung in der frühneuzeitlichen Wirtschaft, in: *Stadt und wirtschaftliche Selbstverwaltung*, éd. par Bernhard Kirchgässner et Eberhard Naujoks, (Stadt in der Geschichte 12), Sigmaringen (Thorbecke) 1987, pp. 77–114, ici pp. 99–102; sur la Toscane, voir Corine Maitte, Incertitudes et bricolages. L'industrie textile à Prato aux XVIIIe et XIXe siècles, in: *Annales. Économies, Sociétés, Civilisations* 52 (1997), pp. 1275–1303.

57 Hilaire-Pérez, Invention (n. 16), p. 125.

58 Carlo Belfanti, Guilds, Patents and Circulation of Technological Knowledge: Northern Italy during the Early Modern Age, in: *Technology and Culture* 45, 3 (2004), pp. 569–589; Hilaire-Pérez, Invention (n. 16), pp. 136 ss.

tion entre « l'intérieur » et « l'extérieur » qui réserve la concurrence aux seuls marchés extérieurs et, au nom de cet argument, légitime la protection sur les marchés intérieurs.[59]

Peut-on pour autant parler à ce propos d'un « corporatisme d'État »[60] qui serait caractérisé par la fusion des intérêts des autorités politiques et de ceux des corporations et des entrepreneurs privilégiés? Plusieurs travaux suggèrent une autre interprétation pour au moins deux raisons. D'une part, l'octroi de privilèges et d'avantages substantiels ne prive pas l'État de toute possibilité de contrôle des bénéficiaires, mais est conditionné au respect d'engagements pris par ces bénéficiaires.[61] D'autre part, on constate que notamment au XVIIIe siècle, les autorités cherchent à conjuguer la protection des fabriques et manufactures face à des concurrents étrangers et la stimulation de la concurrence intérieure, l'un des outils de stimulation de cette concurrence étant précisément le privilège sous des formes diverses, incluant les exemptions fiscales.[62] Ainsi dans le Saint-Empire, ce principe apparaît nettement à partir des années 1750, tant dans les écrits de certains caméralistes que dans les mesures prises par les autorités et même dans les arguments formulés par les acteurs sollicitant des privilèges.[63] Conformément aux critiques formulées

59 Guillaume Garner, De la ville au territoire et au-delà: espace et régulation du commerce dans l'électorat de Mayence (seconde moitié du XVIIIe siècle), in: *Revue d'histoire moderne & contemporaine* 60, 1 (2013), pp. 131–154.

60 Sheilagh Ogilvie, *State Corporatism and Proto-Industry. The Württemberg Black Forest 1580–1797*, (Cambridge Studies in Population, Economy and Society in Past Times 33), Cambridge (Cambridge University Press) 1997.

61 Sur le cas des entreprises militaires françaises au XVIIIe siècle, voir l'étude de David Plouviez dans ce volume.

62 Sur le cas vénitien, voir Andrea Caracausi, Giovanni Favero et Paola Lanaro dans ce volume.

63 Un exemple parmi beaucoup d'autres: celui des privilèges demandés et obtenus par Jan Thijs pour une manufacture de draps fins à Klagenfurt en 1762, Thijs faisant en 1765 l'apologie de la concurrence entre fabriques établies au sein d'un même territoire, par opposition aux établissements victimes de leur monopole comme la manufacture Van Robais créée à Abbeville sous Colbert: Gérard Gayot, *Verleger* et *Verlagssystem* hors de leur territoire dans l'Europe mercantiliste, in: *Entreprises en mouvement. Migrants, pratiques entrepreneuriales et diversités culturelles dans le monde (XVe–XXe siècle)*, éd. par Corine Maitte, Issiaka Mande, Manuela Martini et Didier Terrier, Valenciennes (Presses Universitaires de Valenciennes) 2009, pp. 77–90, ici pp. 86–90. Le texte du privilège de 1762 est reproduit dans Otruba, Fabriksprivilegien (n. 13), pp. 323–327.

contre les privilèges exclusifs et les monopoles, les autorités accordent des privilèges et des concessions non exclusifs afin de stimuler la concurrence au sein de leur territoire, cette politique étant également à l'œuvre envers certaines corporations artisanales et guildes marchandes que ces mêmes autorités s'efforcent de rendre plus accessibles.[64] Dans les États Habsbourg, dans lesquels l'abolition des privilèges économiques a été graduelle et tardive, on constate à partir des années 1780 un changement de la portée juridique du privilège: de plus en plus demandé, celui-ci est l'objet d'un traitement standardisé par l'administration, qui le rapproche de la concession ou de l'autorisation d'exercer une activité industrielle (*Fabrikbefugnis*).[65] Dans les États prussiens, l'évolution est similaire et trouve une sanction dans le Code général (*Allgemeines Landrecht*) de 1794 qui assimile le privilège à une concession.[66] Au terme de cette évolution, le privilège ne serait plus un acte de grâce princier conférant un statut, mais un acte administratif accompli suivant une procédure transparente et prévisible.[67] La même évolution est à l'œuvre à propos des privilèges d'invention en France à partir des années 1760, où émerge chez les inventeurs et dans l'administration royale la logique d'un « libéralisme prêt à multiplier les monopoles au nom de la concurrence ».[68]

64 Certains voient dans cette politique une « libéralisation avant la libéralisation »: voir Thomas Buchner et Philip R. Hoffmann-Rehnitz, Introduction: Irregular Economic Practices as a Topic of Modern (Urban) History – Problems and Possibilities, in: Buchner et Hoffmann-Rehnitz, Shadow economies (n. 43), pp. 3–36, ici pp. 28–29; voir l'étude de Robert Brandt dans ce volume sur le secteur de la boulangerie et de la boucherie à Francfort au XVIIIe siècle.

65 Otruba et Steindl, Einleitung (n. 13), pp. 77–78.

66 Dietmar Willoweit, Gewerbeprivileg und „natürliche" Gewerbefreiheit. Strukturen des preußischen Gewerberechts im 18. Jahrhundert, in: *Vom Gewerbe zum Unternehmen. Studien zum Recht der gewerblichen Wirtschaft im 18. und 19. Jahrhundert*, éd. par Karl Otto Scherner et Dietmar Willoweit, Darmstadt (Wissenschaftliche Buchgesellschaft) 1982, pp. 98–99; Clemens Wischermann et Anne Nieberding, *Die institutionelle Revolution. Eine Einführung in die deutsche Wirtschaftsgeschichte des 19. und frühen 20. Jahrhunderts*, (Grundzüge der modernen Wirtschaftsgeschichte 5), Stuttgart (Steiner) 2004, p. 43.

67 Otruba et Steindl, Einleitung (n. 13), pp. 75–80.

68 Hilaire-Pérez, Invention (n. 16), pp. 131–133, citation p. 133. Voir également les réflexions de Jochen Hoock dans ce volume sur la complexité des débats autour des privilèges dans la France du XVIIIe siècle.

En d'autres termes, et pour revenir à la problématique esquissée plus haut, si les privilèges économiques participent à la segmentation des marchés et de leur soubassement institutionnel, on peut formuler l'hypothèse selon laquelle leur octroi accru en atténue les effets en stimulant la concurrence. Selon les cas qu'il convient d'inventorier, le privilège peut donc être un frein ou un adjuvant à l'avènement d'une société et d'une économie de marché.[69]

3. L'abolition des privilèges économiques: les privilèges délégitimés?

Les études d'histoire de la pensée économique et politique d'une part, les travaux d'histoire du droit d'autre part ont éclairé la disqualification dont les privilèges économiques sont l'objet à partir du XVIIIe siècle, processus qu'il convient de distinguer de l'abolition des corporations et des guildes en Europe occidentale qui a fait l'objet d'études spécifiques.[70] Tandis que le premier type de travaux est avant tout centré sur les discours justifiant ou critiquant les privilèges, les recherches portant sur l'abolition des corporations ont largement pris en compte le point de vue des acteurs, qu'il s'agisse des administrateurs et des personnels gouvernementaux ou des acteurs de la production et du commerce.[71] Il est ainsi possible de formuler quelques propositions sur la signification et la portée du déclin des privilèges économiques.

En premier lieu, il convient de rappeler que les modalités d'abolition des privilèges économiques ont été diverses selon les pays. Du point de vue de la chronologie, le processus en Europe continentale

69 Sur le cas de Venise, voir les réflexions d'Andrea Caracausi, Giovanni Favero et Paola Lanaro dans ce volume.

70 Pour une vue d'ensemble à l'échelle européenne, voir Heinz-Gerhard Haupt (éd.), *Das Ende der Zünfte. Ein europäischer Vergleich*, (Kritische Studien zur Geschichtswissenschaft 151), Göttingen (Vandenhoeck & Ruprecht) 2002.

71 Voir les études citées de Minard, Fortune du colbertisme (n. 43) et Wischermann, Preußischer Staat (n. 6). Pour une étude de cas récente articulant discours savants et argumentations des acteurs corporés, voir Claudia Strieter, *Aushandeln von Zunft. Möglichkeiten und Grenzen ständischer Selbstbestimmung in Lippstadt, Soest und Detmold (17. bis 19. Jahrhundert)*, (Westfalen in der Vormoderne. Studien zur mittelalterlichen und frühneuzeitlichen Landesgeschichte 7), Münster (Aschendorff) 2010.

s'étend sur environ un siècle, allant des années 1770 aux années 1860. Alors que dans certains États (la Toscane, le Milanais, la France, les territoires occupés par la France napoléonienne), la législation introduit une rupture relativement nette, la disparition des privilèges économiques est parfois beaucoup plus graduelle, notamment dans les États allemands et autrichiens, ceci valant aussi bien pour les privilèges individuels que pour l'évolution des privilèges d'invention vers une législation régulant la protection de l'invention ou la propriété intellectuelle et littéraire.[72] En ce qui concerne l'Angleterre, la portée du *Statute of Monopolies* de 1624 semble avoir été surestimée: d'une part, les privilèges d'invention (*patents*) perdurent jusqu'au milieu du XIXe siècle; d'autre part, les privilèges réels et collectifs ne disparaissent pas avant les années 1830 et ils ont pour les acteurs qui en bénéficient une portée économique qui ne doit pas être sous-estimée.[73]

Un second point concerne la portée réelle des mesures prises. Nombre de travaux ont souligné que l'abolition des corporations et des guildes avait créé un vide institutionnel en supprimant des instances de médiation et d'expression ou de défense d'intérêts collectifs que les acteurs jugeaient essentielles. Pour les milieux marchands et fabricants, la création d'institutions telles que les chambres de commerce a permis de compenser en partie cette absence et de renouer avec des pratiques anciennes que la rupture révolutionnaire entendait supprimer au profit de l'instauration d'une relation immédiate État-individus. Ces éléments de continuité concernent notamment un point évoqué plus haut à propos des

72 Sur les États autrichiens, voir Dölemeyer, Vom Privileg zum Gesetz (n. 15), pp. 57–71; idem, Erfinderprivilegien und Patentgesetzgebung am Beispiel der Habsburgermonarchie, in: Dölemeyer et Mohnhaupt, Privileg im europäischen Vergleich (n. 10), vol. 2, pp. 309–333. Pour un exemple concret de recherche (par Goethe) d'une protection par le privilège dans les années 1820, voir Elmar Wadle, Die preußische Politik und Goethes Gesuch um ein Nachdruckprivileg des Deutschen Bundes, in: idem, *Beiträge zur Geschichte des Urheberrechts. Etappen auf einem langen Weg*, (Schriften zum Bürgerlichen Recht 425), Berlin (Duncker & Humblot) 2012, pp. 297–320.

73 Christine MacLeod, The Paradoxes of Patenting: Invention and Its Diffusion in 18th- and 19th-Century Britain, France, and North America, in: *Technology and Culture* 32 (1991), pp. 885–910; voir Frédéric Moret dans ce volume à propos des privilèges urbains en Angleterre avant la réforme de 1835.

privilèges collectifs: la capacité des acteurs à s'organiser collectivement pour gérer leurs intérêts particuliers et pour participer à l'élaboration de la régulation économique.[74] De ce point de vue, les privilèges assuraient une articulation ou une médiation entre ce qui relève (en termes actuels) du droit public et du droit privé, médiation dont l'absence se révèle problématique, non seulement pour les acteurs économiques mais également pour les États chargés de veiller à la bonne marche d'une économie de marché récemment instaurée. Du point de vue des autorités, le privilège peut ainsi, sous certaines conditions, fournir une solution de conciliation des intérêts particuliers et de l'intérêt général, ce qui – avec sa plasticité – explique sa « renaissance » ponctuelle après 1789, comme le montre pour la France la question de l'émission de monnaie fiduciaire.[75] Cette discordance entre l'évolution de la législation et les pratiques justifie le cadre chronologique retenu pour le présent volume et notamment l'enjambement de la césure révolutionnaire et impériale.

Une troisième question renvoie à une éventuelle évolution des attentes et des besoins des acteurs de l'économie et à une inadaptation des privilèges économiques à ces attentes, notamment quand ceux-ci sont envisagés, non comme cadre d'autorégulation et de représentation des intérêts, mais comme capacité d'action économique. Il faut ici distinguer plusieurs dimensions des privilèges économiques qui, on l'a vu, recèlent une autorisation légale d'exercer une activité précise, les avantages divers accordés pour cet exercice, et les condi-

74 Sur la France, voir HIRSCH, Deux rêves (n. 6), pp. 102–106; sur la persistance d'éléments « corporatifs » dans les chambres de commerce en Prusse comme en Rhénanie, voir HANS-PETER ULLMANN, *Interessenverbände in Deutschland*, Frankfurt am Main (Suhrkamp) 1988, pp. 22–31; SCHAMBACH, Interessenvertretungen (n. 39); BORIS GEHLEN, Selbstregulierung der Wirtschaft als evolutorischer Prozess: Die preußischen Handelskammern zwischen staatlichem Auftrag und regionaler Interessenorganisation (ca. 1800 bis 1870), in: *Selbstregulierung im 19. Jahrhundert. Zwischen Autonomie und staatlichen Steuerungsansprüchen*, éd. par PETER COLLIN, GERD BENDER, STEFAN RUPPERT, MARGRIT SECKELMANN et MICHAEL STOLLEIS, (Moderne Regulierungsregime 1), Frankfurt am Main (Klostermann) 2011, pp. 253–273, ici pp. 257–258.

75 Voir Patrice Baubeau dans ce volume. Sur l'articulation du droit privé et du droit public dans le privilège, voir HEINZ MOHNHAUPT, Privatrecht in Privilegien, in: *Vorträge zur Geschichte des Privatrechts in Europa*, (Ius Commune Sonderhefte. Studien zur europäischen Rechtsgeschichte 15), Frankfurt am Main (Klostermann) 1981, pp. 58–75.

tions posées à cet exercice, par exemple en termes de prestations de services ou de règlementation sur la nature des marchandises produites et sur les procédés de production. Les attentes des acteurs sur la première de ces trois dimensions ne semblent pas changer fondamentalement, mais comme on l'a vu, la concession semble largement de nature à y répondre. En second lieu, la recherche d'avantages ou de protection se poursuit sous d'autres formes, par exemple dans le domaine de la politique douanière à travers des associations plus ou moins formelles ou l'action des chambres de commerce.[76] Les critiques, en termes d'inefficacité économique ou d'injustice des privilèges, sont surtout formulées dans les discours économiques et politiques, notamment ceux des milieux universitaires et administratifs qui dénoncent les monopoles de toute nature et la rupture du principe d'égalité.[77] C'est, semble-t-il, sur le troisième aspect que les privilèges ont revêtu aux yeux des acteurs une importance décroissante. En témoigne le recours croissant à l'argument selon lequel la qualité d'une production doit être jugée en aval par les consommateurs ou par le « public », et non déterminée en amont par les contraintes réglementaires formulées dans les privilèges – ceci valant aussi en partie pour les *patents* ou privilèges d'invention en Angleterre ou dans la France des années 1780.[78] Cet argument correspond à la nature de l'économie d'Ancien Régime comme économie d'échange « smithienne » dans laquelle la croissance est tirée par la demande plutôt que poussée par l'offre,[79] l'importance de la demande comme variable économique décisive ayant par ailleurs été renforcée par l'essor de la consommation entre les années 1650 et la fin du XVIIIe siècle.[80] Pour en revenir aux réflexions formulées plus haut,

76 Voir entre autres sur la France David Todd, *L'identité économique de la France. Libre-échange et protectionnisme, 1814–1851*, Paris (Grasset) 2008; sur l'Allemagne, voir Hans-Werner Hahn, *Geschichte des Deutschen Zollvereins*, Göttingen (Vandenhoeck & Ruprecht) 1984; Heinrich Best, *Interessenpolitik und nationale Integration 1848/49: handelspolitische Konflikte im frühindustriellen Deutschland*, (Kritische Studien zur Geschichtswissenschaft 37), Göttingen (Vandenhoeck & Ruprecht) 1980.

77 Voir Jochen Hoock et Peter Collin dans ce volume.

78 Hilaire-Pérez, Invention (n. 16), p. 323.

79 Epstein, Freedom (n. 32), p. 7; Patrick Verley, *L'échelle du monde. Essai sur l'industrialisation de l'Occident*, Paris (Gallimard) 1997, pp. 105–109.

80 Voir entre autres John Brewer et Roy Porter (éd.), *Consumption and the world of goods*, London / New York (Routledge) 1993.

cet essor a entraîné une « désegmentation » des marchés qui a été sociale autant que spatiale, les frontières séparant les ordres étant aussi poreuses que les frontières douanières,[81] et c'est sous cet angle que le privilège a pu représenter une contrainte qui l'a rendu moins désirable aux yeux des acteurs économiques.[82]

Cette explication demande cependant à être nuancée car la teneur réglementaire des privilèges n'est pas seulement un facteur de contraintes, mais également de plus-value symbolique, par exemple en termes de réputation ou de certification de la qualité des marchandises produites, et permet donc, comme on l'a vu, de réduire l'incertitude quant au débit des marchandises et de bénéficier d'un avantage concurrentiel. Il semble cependant que dans ce domaine, les efforts aient porté moins sur la défense des privilèges que sur le maintien de procédures et d'institutions de certification et d'authentification des qualités.[83] Qu'il s'agisse de la certification des qualités ou de la protection contre la concurrence étrangère, les acteurs de l'économie ont ainsi pu définir et profiter de nouveaux modes de défense de leurs revendications qui rendaient superflus les privilèges.

L'abolition ou la lente disparition des privilèges ont bel et bien provoqué des ruptures dans l'organisation de l'économie, qui concernent par exemple la liberté d'exercer une activité économique (*Gewerbefreiheit*) ou la concurrence intérieure. Mais ces ruptures doivent être précisément mesurées car le privilège comme fondement institutionnel de l'activité économique et comme moyen de défense d'intérêts spécifiques a été relayé au XIXe siècle par d'autres outils, ce qui conduit à relativiser des oppositions établies entre marché et

[81] Verley, Échelle du monde (n. 79), pp. 121–178. Un signe en est la généralisation de marchandises de qualité intermédiaire qui s'adressent à un vaste ensemble de consommateurs au-delà de leur appartenance à tel ou tel ordre.

[82] Voir Stefan Gorißen dans ce volume.

[83] Sur l'industrie des toiles de lin en Westphalie dans la première moitié du XIXe siècle, voir Wischermann, Preußischer Staat (n. 6), pp. 97 ss. La réglementation de la qualité des produits est également défendue par certains fabricants français: voir Philippe Minard, Réputation, normes et qualité dans l'industrie textile française au XVIIIe siècle, in: *La qualité des produits en France (XVIIIe–XXe siècles)*, éd. par Alessandro Stanziani, Paris (Belin) 2003, pp. 69–89, ici pp. 74–76.

capitalisme, entre protection et concurrence ou entre ouverture (*open access order*) et fermeture (*limited access order*) des fondements institutionnels de l'économie.

Privileg und Obrigkeiten

Privilèges et autorités

Bestrebungen zur Vereinheitlichung der Privilegienvielfalt im Bereich des Handwerks im Kurfürstentum Brandenburg (1734–1736)

Heinz Mohnhaupt

I.

Kein anderes Rechtsinstitut bietet eine so große und weitreichende Instrumentalität für die Gestaltung von individuellen und kollektiven Rechtsverhältnissen wie das »privilegium« – oder besser im Plural gesagt: die Privilegien bzw. »privilegia«.[1] Indem ich die lateinische Terminologie gebrauche, wird zugleich die römischrechtlich-kanonistische Herkunft dieses Rechtsinstituts kenntlich gemacht, für das das »ius commune« eine eigene Dogmatik bzw. Privilegienlehre entwickelt hat. Diese ist auch für die Fragestellung der Tagung im Bereich ökonomischer Theorie und Praxis zu beachten. Das Privileg lässt sich in seiner weitesten Definition als ein individuell, personal, kollektiv oder institutionell geprägtes Sonderrecht, persönliches Vorrecht oder eine subjektive Sonderberechtigung bezeichnen. Als individualisierender Norm-Typ bildet das Privileg den Gegensatz zum allgemeinen Gesetz – der »lex generalis« – bzw. zum allgemein wirkenden Recht des »ius commune«. Historisch gesehen stand bisher eine jede Rechtsordnung im Sinne eines sozialen Systems in einem Spannungsverhältnis zwischen möglicher Generalisierung und Individualisierung bei der rechtlichen Gestaltung und Ordnung von Staat und Gesellschaft.[2] Erst die Aufklärung und das verfassungs-

[1] Vgl. Heinz Mohnhaupt, Die Unendlichkeit des Privilegienbegriffs. Zur Einführung in das Tagungsthema, in: *Das Privileg im europäischen Vergleich*, Bd. 1, hg. von Barbara Dölemeyer und Heinz Mohnhaupt, (Ius Commune Sonderhefte. Studien zur europäischen Rechtsgeschichte 93), Frankfurt am Main 1997, S. 1–11.

[2] Kurz zusammenfassend Heinz Mohnhaupt, Privileges, in: *The Oxford International Encyclopedia of Legal History*, hg. von Stanley N. Katz, Bd. 4, Oxford

rechtliche Gleichheitsgebot des Konstitutionalismus sprachen das negative und zum Teil vernichtende Urteil über die Privilegien. Diese Bewertung war oft ideologisch bestimmt. Emmanuel Sieyès nannte 1788 die Privilegien eine »pauvre invention«[3] und erklärte:

> »Tous les privilèges sont donc, par la nature des choses, injustes, odieux et contradictoires à la fin suprême de toute societé politique.«[4]

Mit dem modernen Verfassungsstaat und seinem Gleichheitspostulat war und ist das Privileg nicht mehr vereinbar. Es gilt als »demokratie- und staatsfeindlich«.[5] Im Ancien Régime stand diesem aus dem verfassungsrechtlichen Grundsatz der »égalité« abgeleiteten Verdikt jedoch eine lange monarchische, päpstliche bzw. staatliche Praxis gegenüber, die die Privilegien als rechtliches Gestaltungsmittel auf fast allen Sektoren des tätigen Lebens benutzte und die auch auf dieses Instrument angewiesen war. 1773 erklärte z. B. der berühmte Reichspublizist Johann Jacob Moser:

> »Derer Sachen, worüber Privilegien ertheilet werden können, seynd unzählige, und es entstehen immer neue Gattungen derselbigen. Die allgemeine Regel dabey ist: Es ist erlaubt, über alles Privilegien zu suchen und zu geben, was nicht durch göttliche und natürliche Rechte oder Reichsgesetze, oder auch die besondere Landesverfassung, verboten ist; wie z. E. nach den Reichsgesetzen keine Privilegien über Monopole ertheilet werden können.«[6]

Da das Recht zur Erteilung von Privilegien ein Teil des Gesetzgebungsrechts – der »potestas legislatoria« – war und aus diesem abgeleitet wurde, konnte es sich wie die Gesetzgebungskompetenz auf alle Regelungsmaterien des sozialen und wirtschaftlichen Lebens erstre-

2009, S. 397–399; DERS., Privileg, in: *Enzyklopädie der Neuzeit*, Bd. 10, hg. von FRIEDRICH JAEGER, Stuttgart 2009, Sp. 391–401; ausführlich DERS., Untersuchungen zum Verhältnis Privileg und Kodifikation im 18. und 19. Jahrhundert, in: *Ius Commune* 5 (1975), S. 71–121.

3 EMMANUEL SIÈYES, *Qu'est-ce que le Tiers état? précédé de l'Essai sur les privilèges*, hg. von ANDRÉ MORELLET, Paris 1822, S. 3.

4 EBENDA, S. 7.

5 HERBERT KRÜGER, *Allgemeine Staatslehre*, Stuttgart 1964, S. 942. In diesem Sinne hat das Bundesverfassungsgericht das Grundgesetz als Ausdruck einer »privilegienfeindlichen Demokratie« gewertet; vgl. das Urteil vom 5.11.1975, in: *Entscheidungen des Bundesverfassungsgerichts* 40 (1975), S. 317.

6 JOHANN JACOB MOSER, *Von der Landeshoheit in Gnadensachen* (*Neues teutsches Staatsrecht*, Bd. 16,1), Frankfurt/Leipzig 1773, S. 42 f.

cken. Wie Moser erklärte auch der Staatsrechtler Carl Friedrich Häberlin noch 20 Jahre später im Jahre 1795, dass sich das Privilegierungsrecht »über alle Objekte ausdehnen (kann), und man sieht daher auch fast täglich neue Gattungen von Privilegien entstehen.«[7] Die strukturelle Nähe des Privilegs zum Gesetz lässt sich bereits aus den von Modestinus bestimmten vier Zweckrichtungen eines Gesetzes ablesen: »Legis virtus haec est imperare vetare permittere punire.«[8] Neben diesen gebietenden und verbietenden »leges« bilden die erlaubenden Gesetze den rechtlichen Ordnungsbereich, aus dem subjektive Rechte des Einzelnen mit der Befugnis zu einem bestimmtem Tun oder Unterlassen hervorgehen.[9] Nach Max Weber entsprechen dieser Rechtsmacht die »Ermächtigungen«, die erlauben, dass man selbst ohne Störung durch Dritte etwas tun oder nach Belieben auch lassen darf.[10] Solche »Ermächtigungen« entsprechen der von der kanonistischen und legistischen Lehre – also vom »ius commune« – entwickelten Dogmatik des Rechtsinstituts »privilegium«. Als Handlungsermächtigung mit Verbotsberechtigung gegenüber Dritten wurden die Privilegien besonders als ein Schutzinstrument im Wirtschaftsleben für die Rechte der Drucker, Verleger, Autoren, Erfinder usw. eingesetzt.[11] Das Ziel der Privilegierung im Wirtschaftsbereich bestand vor allem darin, dem Privilegierten durch das »privilegium« einen rechtlich geschützten Handlungsrahmen zu verschaffen, der ihm durch den monarchischen Privilegienerteiler garantiert wurde. Dem »Dürfen« des Privilegierten steht komplementär das »Nichtdürfen« des Nichtprivilegierten gegenüber. Subjektive Erlaubnisnorm und verbietende objektive Normativität einer-

7 Carl Friedrich Häberlin, *Repertorium des teutschen Staats und Lehnrechts*, Bd. 4, Leipzig 1795, S. 289 (§ 10).

8 Digesten 1.3.7.

9 Dazu Heinz Mohnhaupt, Privileg, Gesetz, Vertrag, Konzession. Subjektives Recht und Formen der Rechtserteilung zwischen Gnade und Anspruch, in: *Das Recht und seine historischen Grundlagen. Festschrift für Elmar Wadle zum 70. Geburtstag*, hg. von Tiziana J. Chiusi, Thomas Gergen und Heike Jung, (Schriften zur Rechtsgeschichte 139), Berlin 2008, S. 627–641, hier S. 630 f.

10 Max Weber, Die Formen der Begründung subjektiver Rechte, in: ders., *Wirtschaft und Gesellschaft. Grundriß der verstehenden Soziologie. Studienausgabe*, hg. von Johannes Winckelmann, Bd. 1, Köln/Berlin 1956, S. 509.

11 Dazu besonders Elmar Wadle, *Geistiges Eigentum. Bausteine zur Rechtsgeschichte*, Bd. I, Weinheim 1996; Bd. II, München 2003.

seits sowie spezielle Handlungsmacht und Schutzgewähr andererseits bilden somit im Rechtsinstitut des Privilegs einen einheitlichen rechtlichen Handlungsrahmen. Christian Wolff hat 1748 die Schutzfunktion des Privilegs sehr klar umschrieben:

> »[...] tutela haec a privilegio inseparabilis est... Superior, dum privilegium alicui dat, eo ipso eidem promittere intellegitur, quod eum contra omnes tueri velit, qui contra hoc privilegium quid facere ausint.
> Patet itaque, promissionem tutelae in ipsa concessione tacite contineri.«[12]

Diese Regelungskompetenz betraf besonders den Wirtschaftssektor. Dem wirtschaftenden und Schutz suchenden Individuum oder einem Wirtschaftsunternehmen konnte durch das Privileg ein exklusives Handlungsrecht eingeräumt werden, das dem Privilegierten erlaubte, unter Ausschluss anderer Produzenten und Marktbeteiligten allein ein Gewerbe auszuüben, ohne von den nicht-privilegierten Marktkonkurrenten in der Ausübung seines Rechtes behindert zu werden.[13] Konkret konnten zu diesen privilegialen wirtschaftlichen Handlungsrechten die Fabrik-, Handwerks-, Bergwerks-, Gasthaus-, Erfinder-, Drucker-, Autorenprivilegien usw. gehören.[14] Das war durch die grundsätzliche Unbeschränktheit der möglichen Privilegienmaterien vorgegeben.[15] Als individuelle Handlungsermächtigung mit Schutzgarantie war das Privileg solange ein geeignetes rechtliches Ordnungsinstrument, wie eine allgemeine Regelung durch Gesetze noch nicht bestand. Das Privileg war deshalb oft ein Ersatz für fehlende Gesetzgebung, das sich in neuen ökonomischen Situationen für wirtschaftliche Regelungsbedürfnisse nutzbar machen ließ. Der Einzelne konnte sich seinen »individuellen Rechtskreis« durch Beantragung eines Privilegs erweitern und befestigen

[12] Christian Wolff, *Jus naturae methodo scientifica pertractatum. Pars octava [...], De imperio publico [...]*, Halle 1748, S. 655 (§ 683).

[13] Mohnhaupt, Privileg, Gesetz, Vertrag (Fn. 9), S. 631.

[14] Beispiele für die grundsätzlich unbeschränkt möglichen Gattungen wirtschaftlicher Privilegien bei Heinz Mohnhaupt, Privatrecht in Privilegien, in: *Vorträge zur Geschichte des Privatrechts in Europa* (Ius Commune Sonderhefte. Studien zur europäischen Rechtsgeschichte 15), Frankfurt am Main 1982, S. 61 ff.

[15] Vgl. oben zu Fn. 6 und 7.

lassen.[16] Die Privilegienerteilungspraxis konnte besonders dann wie eine gesetzesähnliche Normgebung wirken, wenn durch den massiven Einsatz von gleichgerichteten Privilegien ein gesetzesfreier und regelungsbedürftiger Bereich insgesamt final über die Vergabe von privilegialen Einzelberechtigungen eine einheitliche Regelungsdichte erfuhr.[17]

Was ursprünglich nur eine Einzelberechtigung durch das individuelle Privileg war und dadurch einen singulären Privilegienschutz bot, »kann bei eintretender Aenderung der Anschauungen«[18] und vor allem unter dem wirtschaftlichen Zwang zum gesetzgeberischen Handeln im Wege der Privilegienerteilung den Schutz eines allgemeinen gleichmäßigen Rechtes erlangen. Das ist besonders im Bereich der urheberrechtlich wirkenden Autoren- und Buchprivilegien zu beobachten.[19] In diesen Fällen ist nicht nur eine Gesetzgebung »im Effekt« gegeben,[20] sondern die Schaffung neuen Rechts durch Privilegien, die man als Funktionsersatz für fehlende Gesetzgebung bezeichnen kann.[21]

II.

Ein Anspruch auf ein Privileg und seinen schützenden Regelungsrahmen bestand jedoch nicht, da das Privileg grundsätzlich »ex gratia principis« erteilt wurde.[22] Die wirtschaftlichen Privilegien waren –

[16] Vgl. CARL FRIEDRICH VON GERBER, *Ueber Privilegienhoheit und Dispensationsgewalt im modernen Staate*, in: DERS., *Gesammelte juristische Abhandlungen*, Jena 1878, S. 471.

[17] Vgl. BERNHARD DIESTELKAMP, Einige Beobachtungen zur Geschichte des Gesetzes in vorkonstitutioneller Zeit, in: *Zeitschrift für Historische Forschung* 10 (1983), S. 397.

[18] Vgl. LEOPOLD PFAFF und FRANZ HOFMANN, *Commentar zum österreichischen allgemeinen bürgerlichen Gesetzbuche I 1*, Wien 1877, S. 309.

[19] Beispiele bei HANSJÖRG POHLMANN, Ein unbekanntes »Reichskanzlei-Formularbuch« im Wiener Archiv, in: *Rechtshistorisches Journal* 2 (1983), S. 130–141, hier S. 136.

[20] So WILHELM EBEL, *Geschichte der Gesetzgebung in Deutschland*, 2. Aufl., Göttingen 1958, S. 39 f.

[21] So HANS THIEME, Die Funktion der Regalien im Mittelalter, in: *Zeitschrift der Savigny-Stiftung für Rechtsgeschichte. Germanistische Abteilung* 62 (1942), S. 68.

[22] ADAM JOSEPH GRENECK (Praeses), *Lex gratiae, seu forum clementiae, gratiosis Augustorum Principum placitis legibusque privatis refertum. Id est: Tractatus de privilegiis in genere (propositus a* Emmanuele Francisco Hotowetz), Wien 1727.

wie auch alle anderen Privilegiengattungen – nur konzessionierte »Freiheits«-Rechte. Aus diesem Konzessionscharakter entwickelte die Aufklärung ihre Kritik an der weitgehend willkürlichen, ungleichen und gerichtlich nicht überprüfbaren Erteilungspraxis. Erst mit einer allgemeinen gesetzlichen Normierung der Voraussetzungen, unter denen Privilegien im Sinne von Einzelberechtigungen oder individuellen Befugnissphären erteilt werden durften, war ein überprüfbarer Anspruch und eine Transparenz der rechtlichen Gestaltung des Einzelfalls zugunsten einer Einzelperson oder Personengruppe auf allen Ebenen des sozialen und wirtschaftlichen Lebens möglich. Damit war im 19. Jahrhundert die Geburtsstunde des »Verwaltungsaktes« bzw. der Konzession verbunden, die beide unter der Herrschaft des allgemeinen und für alle Untertanen bzw. Bürger gleichmäßig verbindlichen Gesetzes standen und die ein gesetzlich normiertes Verwaltungshandeln ermöglichten.[23]

Die verfassungsrechtliche Durchsetzung des Gleichheitssatzes mit dem Verbot aller Privilegien und Sonderrechte geschah zuerst in Frankreich durch Dekret der Nationalversammlung vom 4. bis 8. August 1789[24] und durch die Verfassung vom 3. September 1791:

> »Il n'y a plus pour aucune partie de la nation, ni pour aucun individu aucun privilège ni exception au droit commun de tous les Français.
> Il n'y a plus ni jurandes, ni corporations de professions, arts et métiers.«[25]

23 THORSTEN LIEB, *Privileg und Verwaltungsakt. Handlungsformen der öffentlichen Gewalt im 18. und 19. Jahrhundert*, Frankfurt am Main u. a. 2004, S. 169–189; HEINZ MOHNHAUPT, Vom Privileg zum Verwaltungsakt. Beobachtungen zur dogmengeschichtlichen Entwicklung in Deutschland seit der Mitte des 18. Jahrhunderts, in: *Wissenschaft und Recht der Verwaltung seit dem Ancien Régime*, hg. von ERK VOLKMAR HEYEN (Ius Commune, Sonderhefte. Studien zur europäischen Rechtsgeschichte 21), Frankfurt am Main 1984, S. 41–58. Zum Rechtscharakter der Konzession vgl. CARL VON ROTTECK, Concession, polizeilich und politisch, in: *Staats-Lexikon oder Enzyklopädie der Staatswissenschaften*, hg. von CARL VON ROTTECK und CARL WELCKER, Bd. 3, Altona 1836, S. 589; HEINZ MOHNHAUPT, Konzession, in: JAEGER, Enzyklopädie der Neuzeit (Fn. 2), Bd. 7, Stuttgart/Weimar 2008, Sp. 11–14.

24 Vgl. JEAN-PIERRE HIRSCH, *La nuit du 4 août*, Paris 1978; DERS., *L'abolizione dei privilegi. La notte del 4 agosto 1789*, Rom 1983.

25 Constitution Française, 3. September 1791 (vor Titre I).

Die Abschaffung der Privilegien war somit unmittelbar verbunden mit der Abschaffung der Zünfte und der beruflichen Körperschaften der Handwerker und Künste. Diese neue Rechtssituation und den grundlegenden Unterschied zur Privilegiengesellschaft des Ancien Régime brachte 1799 Jacqueminot in den Debatten zur egalitär bestimmten Kodifikation des Code civil auf die griffige Formel:

> »Le fanatisme d'une égalité follement interprétée régnait, comme auparavant le fanatisme des privilèges; la dépravation des idées politiques était parvenue au comble [...].«[26]

Diesen vorrevolutionären, rechtsdogmatischen Hintergrund und ideologisch gefärbten Entwicklungsgang muss man vor Augen haben, wenn man die Bedeutung und Wirkungskraft der Privilegien als Steuerungsinstrument auf dem Gebiet von Wirtschaft und Handel analysiert. Ich tue das hier für den Bereich der Privilegien der Handwerker-Zünfte in Brandenburg-Preußen, deren ursprünglich autonome Stellung – wenn auch ihre Statuten formell von einer landesherrlichen Konfirmation abhängig waren – nun allmählich seit dem 18. Jahrhundert zugunsten fürstlicher bzw. staatlicher Zentralisierung abgebaut wurde. Nicht nur das Recht zur Erteilung der Privilegien, sondern vor allem der Eingriff in den Privilegienbestand der Privilegierten zeigte den Monarchen als Herren über das Privilegienrecht. Der Souveränitätsanspruch des Herrschers zielte auf ein grundsätzlich unbeschränktes Rechtsetzungsmonopol. Diese Haltung beherrschte vor allem die Praxis des aufgeklärten Absolutismus:

> »[...] mais nous n'avons pas renoncé au droit inaliénable de notre souveraineté, de rappeler à examen des privilèges accordés trop facilement par nos prédécesseurs, et d'en refuser la confirmation, si nous les jugeons nuisibles au bien de notre état, et contraires aux droits de nos autres sujets.«[27]

26 Jean-Étienne Marie Portalis, *Discours, rapports et travaux inédits sur le Code Civil*, hg. von Frédéric Portalis, Paris 1844, S. XXXIII; mit kleiner Textvariante auch in: Pierre Antoine Fenet, *Recueil complet des travaux préparatoires du Code Civil*, Bd. 1, Paris 1827, S. 329.

27 So die typische Formulierung im »Edit portant suppressions des jurandes et communautés de commerce, arts et métiers« Ludwigs XVI. von Februar 1776, in: *Recueil général des anciennes lois françaises depuis l'an 420 jusqu'à la Révolution de 1789*, hg. von François-André Isambert, Bd. 23 (1774–1776), Paris 1826, S. 378.

Allerdings ist diese Herrschaft über das Recht im aufgeklärten Absolutismus nicht so grenzenlos, wie es die Theoretiker des Absolutismus für das Rechtsetzungsmonopol des Herrschers reklamierten. Das »bonum commune«, »gemeine Beste«, das »bien commun«, »bien public«, die »salus publica«, »utilitas publica« wurden zum Maßstab für die Erteilung sowie für den Bestand und somit auch für den Widerruf der Privilegien erklärt. Damit war für den Ermessensspielraum des Herrschers eine einschränkende Bedingung gesetzt, die freilich nicht überprüfbar war: »Omni itaque privilegio tacita inest exceptio: nisi aequitas et utilitas publica aliud exegerit.«[28] So bildete nicht allein der Vorteil des Privilegierten den Zweck und Antrieb für die Erteilung der Privilegien, sondern ein übergeordnetes Gemeinwohl-Interesse des »Staates«, über das jedoch der Herrscher weitgehend allein zu entscheiden hatte. Der Privilegierte wurde zum privaten Handlungs- und Regelungsinstrument, um öffentliche Interessen zu verwirklichen. Förderung der heimischen Wirtschaft und des Handels, Bildung einheitlicher Wirtschaftsräume, Vermehrung der Produktivität, Stärkung der Steuerkraft, Peuplierung und Unabhängigkeit von Einfuhren aus dem Ausland waren die merkantilistischen Ziele, die mit Hilfe von Privilegienerteilungen erreicht werden sollten. Die Zünfte bzw. Gilden bildeten solche Produktionskorporationen auf dem Gebiete des Handwerks. Der preußische König und Kurfürst von Brandenburg hat zwischen 1734 bis 1736 diesen wirtschaftlichen Privilegienbestand der Brandenburgischen Handwerkergilden in diesem Sinne völlig neu geordnet.

III.

In der Staatsbibliothek Berlin befinden sich zwei Bände mit 63 sogenannten »General-Privilegien« unterschiedlicher Handwerke. Sie sind in alphabetischer Reihenfolge der Handwerkszweige geordnet, beginnend mit dem »General-Privilegium und Gülde-Brief Des Bäcker-Gewercks in Brandenburg, Insonderheit in Berlin« vom 25. Mai 1735 und endend mit dem »General-Privilegium und Gülde-Brief Des Zinn- und Kannengießer-Gewercks« vom 7. Januar

28 *Observationum selectarum ad rem litterariam spectantium*, Bd. 3, Halle 1701, S. 320 (§ XXII).

1735. Diese Generalprivilegien sind gedruckt und offensichtlich von privater Hand zu den beiden Bänden zusammengestellt, die nicht durchpaginiert wurden, keinen Gesamttitel führen und weder einen Publikationsort noch ein Erscheinungsdatum aufweisen.[29] Jeder der beiden Bände enthält ein handschriftlich verfasstes Inhaltsverzeichnis. Der erste Band enthält 31, der zweite Band 32 »General-Privilegien«. Die beiden Bände sind offensichtlich zu privaten Zwecken zusammengestellt worden. Neben dieser Privat-Kompilation sind die allermeisten Generalprivilegien auch in der offiziellen preußischen Gesetzessammlung veröffentlicht worden.[30] Damit erhielten sie einen offiziellen gesetzesähnlichen Status mit einer der Gesetzgebung vergleichbaren Autorität, die ihren übergeordneten territorialen Regulierungsanspruch unterstreicht. Die Zusammenfassung fast aller Generalprivilegien in der Gesetzessammlung erfolgt demgemäß im Anhang des fünften Teils unter der bezeichnenden Titelüberschrift:

> »Hält in sich Die General-Privilegia und Gülde-Briefe derer in der Chur und Marck Brandenburg dis- und jenseit der Oder und Elbe befindlichen Zünffte und Handwercke, wie solche nach dem unter 16. Aug. 1731. emanirten und in der Chur und Marck Brandenburg unterm 6. Aug. 1732. publicirten Reichs-Constitution, mit Aufhebung derer alten Innungs-Briefe neu abgefasset, und nach Ordnung der Zeit, wie sie publiciret sind, hier zusammen gedruckt worden.«[31]

[29] Signatur der beiden Bände in der Staatsbibliothek Berlin: 4Gm 4220-1.

[30] Christian Otto Mylius (Hg.), *Corpus Constitutionum Marchicarum, oder Königl. Preußis. und Churfürstl. Brandenburgische in der Chur- und Marck Brandenburg, auch incorporirten Landen publicirte und ergangene Ordnungen, Edicta, Mandata, Rescripta etc., Fünffter Theil*, o.O., o.D. (1748): Anhang des Corporis Constitutionum Marchicarum Fünfften Theils, Zweyten Abtheilung, Cap. X, S. 2–617. Vgl. dazu auch Dietmar Willoweit, Gewerbeprivileg und »natürliche« Gewerbefreiheit. Strukturen des preußischen Gewerberechts im 18. Jahrhundert, in: *Vom Gewerbe zum Unternehmen. Studien zum Recht der gewerblichen Wirtschaft im 18. und 19. Jahrhundert*, hg. von Karl Otto Scherner und Dietmar Willoweit, Darmstadt 1982, S. 62–64.

[31] Mylius, Corpus Constitutionum Marchicarum (Fn. 30), dort vor S. 2. Zu den unterschiedlichen Formen und Funktionen der Privilegien-Editionen im Ancien Régime und heute, vgl. Heinz Mohnhaupt, Die Edition von Privilegien als Rechtsquellen in Deutschland und in ihrer europäischen Perspektive, in: *Krakowskie Studia z Historii Państwa i Prawa* 7 (2014), S. 419–432.

Schon der Titel in der amtlichen Sammlung zeigt eine wirtschaftspolitische und eine gesetzgeberische Programmatik an:

1. Die zersplitterten Handwerks- und Gildenrechte sollen vereinheitlicht werden.
2. Zu diesem Zweck werden die traditionellen differenzierenden Einzelprivilegien aller Handwerksgilden aufgehoben.
3. An der Rechtsfigur des »Privilegs« wird in der verallgemeinernden Form von »General-Privilegia« festgehalten.
4. Diese Maßnahmen werden in Erfüllung eines reichsgesetzlichen Gebotes zur Neuordnung des Handwerksrechts getroffen.
5. In der Zusammenfassung aller neu erteilten »General-Privilegia« bilden diese ein geschlossenes privilegiales Rechte-Corpus, das in der zweibändigen Ausgabe alle und in der amtlichen Sammlung von Mylius bis auf wenige Ausnahmen nahezu alle Generalprivilegien für das Handwerk vereinigt.

Gesetzestechnisch ist damit der Anspruch der Vollständigkeit für diese Regelungsmaterie erhoben, wie es dem Ideal der umfassenden Kodifikation im 18. Jahrhundert entsprach.[32] Gesetzesbegrifflich können diese »Zunftrechtsquellen« auch als obrigkeitliche Gilde-»Ordnungen« angesehen werden,[33] da sie eine generalisierende und gleichgerichtete Regulierung des Handwerkswesens vorsehen, – somit einen Funktionsersatz für fehlende Gesetzgebung bedeuten.[34] Es ist dabei zu bedenken, dass angesichts einer vielgestaltigen und uneinheitlichen Terminologie[35] die Abgrenzung zwischen Privilegien und modernen gesetzlichen Rechtsformen entsprechend dem modernen Gesetzesbegriff im Ancien Régime nicht eindeutig gezogen werden kann.

[32] Ausführlich zu den »Elementen« der modernen »Kodifikation« (Schriftlichkeit, Vollständigkeit, Vereinheitlichung, System) vgl. Pio Caroni, Katalanische Vorlesungen, in: ders., *Gesetz und Gesetzbuch. Beiträge zu einer Kodifikationsgeschichte*, Basel/Genf/München 2003, S. 3–12 mit reichen Literaturnachweisen.

[33] Vgl. Friedrich Dieling, *Zunftrecht. Eine Rechtsquellenstudie mit besonderer Berücksichtigung des Schneiderhandwerks*, Heidelberg 1932, S. 74 f.

[34] Vgl. dazu oben S. 37 mit Fn. 21.

[35] Vgl. Mohnhaupt, Untersuchungen (Fn. 2), S. 77 f.

IV.

Zeitlich gesehen wurde das erste »General-Privilegium« am 14. April 1734 für das »Garn-Weber-Gewerck« und das letzte mit der Bezeichnung »Innungs-Privilegium« am 28. März 1736 für die Steinsetzer erteilt.[36] In knapp ein und einem halben Jahr wurde der gesamte Regelungsbereich für 63 Handwerksgilden neu geordnet und auf eine gleichmäßige Rechtsgrundlage gestellt. Ausgangspunkt und Rechtsgrundlage für die Neuordnung des Handwerkswesens durch General-Privilegien in Brandenburg-Preußen war das »Reichs-Gutachten wegen der Handwercks-Mißbräuche« vom 22. Juni 1731, das am 16. August 1731 die kaiserliche Bestätigung erhielt und damit die Kraft eines Reichsgesetzes erlangte.[37] Diese Reform des Handwerksrechts war vor allem auf Betreiben von Kur-Sachsen wieder in Gang gekommen. Die neue Reichshandwerksordnung oder auch sogenannte Reichszunftordnung[38] war im Grunde ein Rahmengesetz, dessen konkrete Ausfüllung den einzelnen Territorien bzw. Reichsständen im Reich als gesetzgeberisches Gebot aufgegeben war. Zu den Zielen der Reichshandwerksordnung gehörte eine verstärkte Kontrolle des Gildewesens in zweifacher Hinsicht: einerseits ging es um die Beseitigung produktionshemmender Missbräuche; andererseits um die Liberalisierung des Wettbewerbs, den freieren Zugang zu den Gilden, die Preis- und Qualitätskontrolle, die Abgrenzung der Produktionsbereiche, das Witwenrecht, die Ausbildung und das Arbeitsrecht der Gesellen sowie um Regelungen zum Arbeitsmarkt insgesamt.[39] Das waren Materien, die auch im städtischen

36 Mylius, Corpus Constitutionum Marchicarum (Fn. 30), S. 2 und 617.

37 Johann Jacob Schmauss und Heinrich Christian von Senckenberg (Hg.), *Neue und vollständigere Sammlung der Reichs-Abschiede, Welche von den Zeiten Kaysers Conrads des II. bis jetzo, auf den Teutschen Reichs-Tägen abgefasset worden*, IV. Theil, Frankfurt am Main 1747, S. 376–385; mit verändertem Titel auch abgedruckt in: Hans Proesler, *Das gesamte Handwerk im Spiegel der Reichsgesetzgebung von 1580 bis 1806*, Berlin 1954, S. 53–71; Johann Andreas Ortloff, *Corpus Juris Opificiarii oder Sammlung von allgemeinen Innungsgesetzen und Verordnungen für die Handwerker […]*, 2. Aufl., Erlangen 1820, S. 3–29.

38 Hermann Conrad, *Deutsche Rechtsgeschichte*, Bd. II, Karlsruhe 1966, S. 382.

39 Vgl. Hagen Hof, *Wettbewerb im Zunftrecht. Zur Verhaltensgeschichte der Wettbewerbsregelung durch Zunft und Stadt, Reich und Landesherr bis zu den Stein-Hardenbergschen Reformen*, Köln/Wien 1983, S. 244 f.; Gustav von Schmoller,

Bereich immer wieder zu Konflikten mit gerichtlichen Auseinandersetzungen geführt hatten und nach einheitlicher Rechtsregelung verlangten.[40] Zugleich sollte aber auch die gesetzgeberische Regulierungsmacht der Territorialherren dadurch gestärkt werden, dass die Satzungs-Autonomie der Gilden aufgehoben wurde. Im Falle des Widerstandes der Gilden gegen die Reformmaßnahmen drohte die Reichshandwerksordnung sogar damit, »alle Zünffte(n) insgesamt und überhaupt aufzuheben und abzuschaffen.«[41] In diesem Sinne wurde durch die Reichshandwerksordnung unter anderem konkret bestimmt: die Gilden dürfen keine Zusammenkünfte »ohne Vorwissen ihrer Obrigkeit« abhalten; Handwerksordnungen und »Gewohnheiten« konnten nur mit der Genehmigung des Territorialherrn Gültigkeit erlangen, andernfalls waren sie »null und nichtig«; Anstellung und Arbeit der Gesellen und Lehrjungen war neu zu regeln; das Bestrafungsrecht stand den Meistern unter dem Vorbehalt der übergeordneten Strafkompetenz der Obrigkeit zu; genaue Bestimmungen über Zulassung und Erlernung der einzelnen Handwerke waren zu treffen; Zunftgeheimnisse sind aufzuheben; Meisterprüfungen sollen neu geregelt werden; Verbot der Preisabsprachen; Verkürzung der Wartezeit für die wandernden Meister zur Aufnahme in die Gilden sowie generell Erleichterung des Zugangs zu den Gilden und Senkung der »Aufnahms-Kosten und Innungs-Gelder«.[42] Das Reichshandwerksgesetz verlangte eine strenge »Conformität« der verbesserten und zu verbessernden Ordnungen durch »Correspondenz« mit den »angräntzenden Creysen oder Ständen«.[43] Durch die

Das brandenburgisch-preußische Innungswesen von 1640 bis 1800, hauptsächlich die Reform unter Friedrich Wilhelm I., in: DERS., *Umrisse und Untersuchungen zur Verfassungs-, Verwaltungs- und Wirtschaftsgeschichte besonders des Preußischen Staates im 17. und 18. Jahrhundert*, Leipzig 1898, S. 404 ff.

40 Vgl. z. B. ROBERT BRANDT, Die Grenzen des Sagbaren und des Machbaren. Anmerkungen zur Rechtsgeschichte des Frankfurter »Zunfthandwerks« während der Frühen Neuzeit, in: *Die Reichsstadt Frankfurt als Rechts- und Gerichtslandschaft im Römisch-Deutschen Reich*, hg. von ANJA AMEND u. a., München 2008, S. 247–264, hier S. 252–254.

41 Artikel 15, in: PROESLER, Handwerk (Fn. 37), S. 69; SCHMAUSS, Neue Sammlung (Fn. 37), S. 385.

42 PROESLER, Handwerk (Fn. 37), S. 54–70; SCHMAUSS, Neue Sammlung (Fn. 37), S. 377–385.

43 Artikel XV, in: PROESLER, Handwerk (Fn. 37), S. 70; SCHMAUSS, Neue Sammlung (Fn. 37), S. 385.

kaiserliche Ratifikation vom 16. August 1731 wurde dieser Gesichtspunkt der Vereinheitlichung des Handwerksrechts mit folgenden Worten noch zusätzlich verstärkt:

> »Also ist hierauf durch einen jeden Stand des Reichs, wes Würden oder Wesens der wäre, in seinen Gebieten durch dessen Statthalter, [...] Amtleute [...] und Unterthanen mit aller Obacht und Strenge, sonderlich gegen die Uebertreter dieses Unseres Kayserlichen Gebots und Verbots, zu halten und selbige zu vollziehen. Zu welchem ... Ende diese ... Verordnung aller Orten ... ohne Verzögerung zu verkündigen und jedermänniglich bekannt zu machen.«[44]

Dementsprechend war die Reichshandwerksordnung in den meisten reichsständischen Territorien publiziert worden. Nach Artikel 8 sollten »nach (den) publicirten [...] neuen Reichs-Gesetzen je eher desto besser (die) zu revidirenden Innungs-Briefen, oder Handtwercks-Ordnungen [...] von der Obrigkeit zugelassen werden.«[45] Die Ausführung des Reichsgesetzes oblag somit den Reichsständen, die sich auch über gemeinsame und einheitliche rechtliche Maßnahmen verständigen sollten. Ein gewisser Spielraum in der Ausführung und Ausfüllung des Reichsgesetzes war jedoch den einzelnen reichsständischen Territorialhoheiten durchaus eingeräumt. Die Umsetzung der reichsgesetzlichen Reformvorgaben geschah aber mit Nachdruck eigentlich nur in Brandenburg-Preußen.[46] Es ist hier besonders bedeutsam, dass Preußen als Regelungsmodus nicht die Form eines allgemeinen Gesetzes wählte, was angesichts der von der reichsgesetzlichen Handwerksordnung verlangten »Gebote und Verbote«[47] durchaus nahe gelegen hätte, sondern den traditionellen Weg des Privilegs in Gestalt der sogenannten »General-Privilegia« wählte. Die Reichshandwerksordnung hatte nicht von einer Regelung durch Privilegien gesprochen. Das war auch nicht zu erwarten, da im Reich von Seiten der Stände ein großes Misstrauen gegenüber der Privilegienhoheit des Kaisers bestand, das diesem ursprünglich allein als »ius reservatum« zustand. Durch Wahlkapitulationen war

44 Kayserliche Ratification vom 16. August 1731, in: Proesler, Handwerk (Fn. 37), S. 71.

45 Artikel 8, in: Proesler, Handwerk (Fn. 37), S. 62 f.; Schmauss, Neue Sammlung (Fn. 37), S. 381.

46 Conrad, Rechtsgeschichte (Fn. 38), S. 150.

47 Vgl. Fn. 44.

dieses kaiserliche Privilegierungsrecht jedoch ständig eingeschränkt worden und teilweise an die Zustimmung der Reichsstände gebunden worden.[48] So legte z. B. die Wahlkapitulation von 1711 auch ein Privilegienerteilungsverbot fest, dass nämlich die kaiserliche Gewalt niemandem »einige privilegia auf Monopolia, es geschehe solches bey Kaufhandel, Manufacturen, Künsten…, oder wie es sonst Namen haben möge, ertheilen« dürfe, sondern »dieselbe, als den Reichs-Satzungen zuwider abthun und aufheben« müsse.[49] Im Gegensatz zur kaiserlichen Gewalt waren jedoch die Reichsstände als Territorialherren in ihrer Privilegienhoheit durch die Landstände grundsätzlich nicht beschränkt, sodass für sie regelungstechnisch die Regulierung des Handwerksrechts der Gilden durch Privilegien der einfachere Weg war. Fast gleichzeitig mit der Publikation der Reichshandwerksordnung wurde vom brandenburgischen Kurfürsten und preußischen König durch Kabinetts-Ordre vom 30. Oktober 1732 eine Kommission eingesetzt mit dem Ziel einer »Regulirung der neuen Artikuls-Briefe vor die Handwerks-Zünfte in der Kur- und Neumark«.[50] Um die Einheitlichkeit der neuen General-Privilegien zu gewährleisten, sollte gleichsam als Modell ein »Normativ-Privilegium« für die Gestaltung aller einzelnen Gildeprivilegien entworfen werden, für die dann jeweils eine besondere Revision vorgesehen war, um die nicht zu vereinheitlichenden Besonderheiten einer jeden Handwerksgilde zu bewahren.[51] Das Prinzip der rechtlichen Einheitlichkeit sollte somit seine Grenze im unvermeidbaren Differenzierungsgebot für die »Specifica« der jeweiligen Handwerksgattung finden.

[48] Vgl. Mohnhaupt, Untersuchungen (Fn. 2), S. 83.

[49] Artikel 7 der Wahlkapitulation Kayser Carls VI. von 1711, hier zitiert nach: Nicolai Hieronymus Gundling, *Gründlicher Discours über die Kayserliche Wahl-Capitulation Caroli VI.*, Frankfurt am Main/Leipzig 1741, S. 1175.

[50] Moritz Meyer, *Die Handwerkerpolitik König Friedrich Wilhelm's I. (1713–1740)*, (Geschichte der Preussischen Handwerkerpolitik, Bd. II), Minden 1884–1888, ND Glashütten im Taunus 1972, S. 82.

[51] Ebenda, S. 82 f.

V.

Um die reichsgesetzlichen Vorgaben zur Reform des Handwerkerrechts umsetzen zu können, musste der ursprünglich autonom begründete und durch landesherrliche Konfirmationen in den Rang von Privilegien gehobene individuelle Satzungsstoff[52] der 63 Handwerks-Gilden bzw. -Zünfte aufgehoben werden. Dieses Verfahren war in den neuen Generalprivilegien für jede der 63 Gilden ausdrücklich unter Bezugnahme auf die Reichshandwerksordnung vom 16. August 1731 noch einmal begründet worden:

> »Also haben Wir zu mehrer Regulirung und noch besserer Einrichtung dieses zu einer guten Policey mit gehörigen Wercks, nöthig erachtet, die so wol von Uns selbst, als von unsern Vorfahren, Friderich dem Ersten Könige in Preussen, auch allen vorigen Churfürsten und Marggrafen zu Brandenburg, denen Gewercken ertheilte Innungs-Briefe, oder so genante Privilegia überhaupt zu cassiren und zu annuliren, Thun auch solches aus Landesherrlicher Macht und Kraft dieses also und dergestalt, daß solche in keinem Stücke mehr gelten, bey denen Judiciis darauf im geringsten nicht reflectiret, ja nicht einst von einem Advocaten bey zehen Thaler Fiscalischer Strafe zu einigem Behelf angeführet werden sollen.«[53]

Soweit diese Gildeprivilegien als wohlerworbene Rechte – »iura quaesita« – anzusehen waren, unterlagen sie nach der gemeinrechtlichen Privilegienlehre grundsätzlich der von dem Landesherrn übernommenen Schutz- und Bestandsgarantie. Der Status eines geschützten Rechts war jedem Privileg zueigen: »[...] tutela a privilegia inseparabilis est«.[54] Das Eingriffsrecht in den privilegial geschützten Rechtebestand gehörte mit zu den umstrittensten dogmatischen Fragen der Privilegienlehre, nach der die »revocatio privilegiorum«

52 Hof, Wettbewerb (Fn. 39), S. 249; zur Funktion der Konfirmation vgl. Heinz Mohnhaupt, Confirmatio privilegiorum, in: *Das Privileg im europäischen Vergleich*, hg. von Barbara Dölemeyer und Heinz Mohnhaupt, Bd. 2 (Ius Commune Sonderhefte. Studien zur europäischen Rechtsgeschichte 125), Frankfurt am Main 1999, S. 45–63.

53 Hier als Beispiel zitiert nach dem General-Privilegium des Garn-Weber-Gewercks vom 14. April 1734, in: Mylius, Corpus Constitutionum Marchicarum (Fn. 30), Anhang S. 2; als abstraktes Regelungsmodell ohne Bezug auf eine bestimmte Handwerker-Gilde auch in: Ortloff, Corpus Juris Opificiarii (Fn. 37), S. 52.

54 Vgl. oben S. 36 mit Fn. 12.

im 18. Jahrhundert nur in Fällen eines überwiegenden gemeinen Wohls bejaht werden konnte.[55] Mit einer solchen Begründung konnten die Privilegienrechte der einzelnen Gilden mit ihren unterschiedlichen Sonderrechten und widersprechenden Regelungen zu einem einheitlichen »Innungsrecht«[56] umgeformt werden. Auf die Möglichkeit einer solchen Begründung stützte sich offensichtlich der brandenburgische Landesherr bzw. preußische König, um das als notwendig erachtete wirtschaftliche Reformprogramm für den Wirtschaftssektor des Handwerksrechts durchsetzen zu können. Mit der landesherrlichen Erklärung, die »Privilegia überhaupt zu cassiren und zu annuliren«,[57] waren alle früheren Sonderrechte und lokalen Gewohnheiten der einzelnen Gilden abgeschafft. Auf diese Weise wurde der Weg zu einer vereinheitlichenden Neuregelung eröffnet, die mit der gewählten Regelungsform der »General-Privilegien« am Privilegiencharakter eines Sonderrechts grundsätzlich festhielt. Das kann damit erklärt werden, dass mit einem solchen Regelungsmodus ein Eingriff in den privilegialen Rechtebestand der Gilden aus dem übergeordneten Gesichtspunkt des »bonum publicum« bzw. des »gemeinen Wohls« jederzeit möglich war und möglich sein sollte. Eine Privilegien-Regelung beließ dem Herrscher eine größere rechtliche Handlungs- und Regelungsfreiheit. Die regelungstechnische Entscheidung für die Form des Privilegs besaß also auch eine regelungsstrategische Zielrichtung. Zudem hatte sich der brandenburgische Landesherr bzw. preußische König im Artikel 33 eines jeden der gleichlautenden General-Privilegien in absolutistischer Manier »alle Wege vorbehalten«, die einzelnen »Innungs-Articuln [...] zu vermehren, zu vermindern und zu verbessern«, d. h. auch ihre gänzliche Aufhebung vornehmen zu können. Das entsprach dem vom Herrscher beanspruchten Rechtsetzungsmonopol, das alle Formen und Modifikationen der Rechtsbildung, seiner Veränderung und Aufhebung umfasste.[58] Damit war für den Herrscher der steu-

[55] Vgl. oben S. 40 mit Fn. 28; ausführlich Heinz Mohnhaupt, Erteilung und Widerruf von Privilegien in der gemeinrechtlichen Lehre vom 16.–19. Jahrhundert, in: Dölemeyer und Mohnhaupt, Privileg im europäischen Vergleich, Bd. 1 (Fn. 1), S. 93–121, hier S. 112–121.

[56] Schmoller, Innungswesen (Fn. 39), S. 403 und S. 328.

[57] Vgl. oben S. 47 mit Fn. 53.

[58] Vgl. Heinz Mohnhaupt, Potestas legislatoria und Gesetzesbegriff im Ancien Régime, in: *Ius Commune* 4 (1972), S. 188–239, hier S. 208–213.

ernde Zugriff auf den Privilegieninhalt rechtlich jederzeit gesichert und zugleich deutlich gemacht, wer Herr über die Handwerksgilden und ihre Privilegienrechte war. Die bisher übliche Erneuerung der einzelnen Gildeprivilegien nach dem Tod des Landesherrn im Wege einer Konfirmation durch den jeweils neuen Herrscher sollte auch nicht mehr erforderlich sein, sondern dafür war ein einmaliges »Generalpatent« der Landesherrschaft vorgesehen.[59]

Die starke Segmentierung und Differenzierung der Kompetenzbereiche im Zunft- bzw. Gildewesen blieb in den 63 Generalprivilegien aufrecht erhalten, sowohl hinsichtlich der handwerklichen Produktionssparten als auch der Abgrenzung der Produktionsräume und der Produzenten.[60] Die Gilden wachten eifersüchtig darüber, dass Nachbargilden mit ähnlichen Produktionsangeboten nicht in den eigenen Produktionsbereich eindrangen und konkurrierend auf dem Markt auftraten, was zu vielfach »angestrengten Geldfressenden Processen« und Streitigkeiten Anlass gegeben hatte.[61] Das hing damit zusammen, dass das Privileg grundsätzlich eine negative Drittwirkung dergestalt hatte, dass die privilegierte Gilde gegenüber nichtprivilegierten Gilden und Handwerkszweigen auf Unterlassung konkurrierender Produktionstätigkeiten klagen konnte, weil sie über ihr Privileg ein »jus prohibendi« gegenüber Dritten besaß.[62] Dadurch war automatisch eine Monopolbildung begünstigt und Konkurrenz behindert worden. Diese ursprüngliche Wirkung des Privilegs wurde jedoch dadurch entschärft, dass durch die neuen »General-Privilegien« die frühere Geschlossenheit der korporativ organisierten Gildeverbände gelockert, der Zugang zu den Gilden erleichtert und damit eine gewisse Liberalisierung auf dem handwerklichen Produktionsfeld erreicht wurde, wie es den Intentionen und Vorgaben der Reichshandwerksordnung von 1731 entsprach. Das geschah vor allem dadurch, dass trotz der sachlichen Verschiedenheit der Generalprivilegien der Inhalt eines jeden Generalprivilegs für jede der 63 Hand-

59 Vgl. Meyer, Handwerkerpolitik (Fn. 50), S. 85.

60 Schmoller, Innungswesen (Fn. 39), S. 421; Meyer, Handwerkerpolitik (Fn. 50), S. 85 f.

61 Ortloff, Corpus Juris Opificiarii (Fn. 37), S. 52; Schmoller, Innungswesen (Fn. 39), S. 423.

62 Mohnhaupt, Untersuchungen (Fn. 2), S. 88; Meyer, Handwerkerpolitik (Fn. 50), S. 3.

werkergilden identisch war. Allgemeine Regelungen traten an die Stelle lokaler und gewohnheitsrechtlicher Besonderheiten sowie spezieller Sonderrechte der einzelnen Gilden, die zuvor immer wieder durch Konfirmationen fortgeschrieben und perpetuiert worden waren. Schmoller nannte diese Verallgemeinerung der Gilderegeln und Gilderechte zutreffend eine »Unifizierung« des Zunftrechts mit einer gewissen »Schablonisierung«.[63] Das durchgeführte Gleichheitsprinzip entwickelte insofern für den Handwerkssektor eine gewisse Wettbewerbsgerechtigkeit. Der Gesichtspunkt der aufklärerischen Gleichheit wird auf dem handwerklichen Wirtschaftssektor wirksam, bewegt sich aber noch im regelungstechnischen Operationsfeld der Privilegien, wenn auch in einer dem Gesetz angenäherten Form der »privilegia generalia«. Diese knüpften wiederum an die »iura singularia« des römischen bzw. gemeinen Rechts an,[64] die wie die Rechte der 63 Handwerksgilden spezielle und definitionsfähige Personengruppen mit einem Sonderrechtsstatus betrafen.

VI.

Diese allgemeinen und gleichen Bestimmungen in den General-Privilegien waren durch »Principia regulativa« der vom preußischen König eingesetzten Kommission vorgegeben. Danach sollten alle Privilegien nach einem gleichlautenden Tenor in Bezug auf die Generalbestimmungen formuliert werden.[65] Zugleich wurde auch eine Übereinstimmung mit den Regeln anderer auswärtiger Gewerke angestrebt. Alle General-Privilegien waren gleichmäßig gegliedert, präzise formuliert und von identischer inhaltlicher Regelungsdichte, was einigen Prinzipien des aufklärerischen Kodifikationsideals entsprach. Inhaltlich zeigten alle »Privilegia generalia« die folgenden neu formulierten Regelungsmaterien im Gleichklang der verschiedenen Handwerksgattungen,[66] wie sie die Reichshandwerksordnung von 1731 vorgeschrieben hatte:

63 Vgl. Schmoller, Innungswesen (Fn. 39), S. 418.
64 Digesten 1.3.16.
65 Meyer, Handwerkerpolitik (Fn. 50), S. 86.
66 Zusammenfassend Meyer, Handwerkerpolitik (Fn. 50), S. 90–95.

1. Das Meisterrecht und die Anforderungen an die »Meisterstücke«, die nicht kostspielig und nicht schwer verkäuflich sein sollten.
2. Zur Beseitigung der früheren »Geschlossenheit« der Märkte[67] wird der Grundsatz der sogenannten »Ungeschlossenheit« der Gilden festgelegt, d. h. »so sol die Zahl der Meister bey diesem Gewerck keines Weges geschlossen seyn und ...keiner abgewiesen werden.«[68]
3. Der Verkauf der produzierten Waren wird dergestalt geschützt, dass Einfuhren untersagt werden.
4. Die Zunftverwaltung regelt Selbstverwaltungsangelegenheiten und die Armenkasse.
5. Verbot heimlicher Preisabsprachen.
6. Festlegung des Lehrlingswesens und der Gesellenordnung.
7. Die Regelung des Arbeitslohns ist wie bisher zwischen Meister und Gesellen zu vereinbaren.
8. Der landesherrliche Vorbehalt, das Generalprivileg jederzeit ändern zu können, zeigt die landesherrliche Oberaufsicht im Sinne des absolutistischen »ius supremae inspectionis« über das so »privilegierte« Gildenwesen.

Die früheren Sonderrechte der Meistersöhne waren durch die Generalprivilegien beseitigt worden. Konkurrenzfördernd wurde bestimmt, dass einer Reihe von Handwerken solche Arbeiten, die im Grenzbereich der Produktionsfelder lagen, den betreffenden Gilden gemeinsam zugewiesen wurden. So wurden z. B. den Maurern und Gipsern, den Lohgerbern und Schustern sowie den Sattlern und Riemern jeweils Arbeiten zur gemeinsamen Ausführung übertragen.[69]

67 Vgl. Reinald Ennen, *Zünfte und Wettbewerb. Möglichkeit und Grenzen zünftlerischer Wettbewerbsbeschränkungen im städtischen Handel und Gewerbe des Spätmittelalters*, Köln/Wien 1971, S. 106 f.

68 So z. B. Artikel VII des General-Privilegiums des Garn-Weber-Gewercks vom 14. April 1734, in: Mylius, Corpus Constitutionum Marchicarum (Fn. 30), Anhang, S. 2; Artikel VII eines jeden General-Privilegiums hat den Grundsatz festgelegt, »daß das Gewerck [...] fernerhin ungeschlossen bleibe [...].«

69 Dazu Schmoller, Innungswesen (Fn. 39), S. 421.

VII.

Die Umstellung der früheren »privilegia specialia« auf » privilegia generalia« entschärfte den korporativen Egoismus der Gilden, erhöhte den Konkurrenzdruck und regulierte das Gildewesen unter dem Gesichtspunkt des am »bonum commune« gemessenen und bestimmten Interesses und staatlichen Gemeinwohls.[70] Die Generalprivilegien bewegen sich somit auf einer Schiene zwischen privilegial geordneter Zunftbindung einerseits und andererseits einer gewissen Offenheit der Gilden hin zu einer gleichfalls privilegial gelenkten Befreiung der handwerklichen, gewerblichen Produktionsbereiche. Die hier analysierte Privilegienerteilung in Gestalt der »privilegia generalia« kommt einer gesetzlichen Normierung sehr nahe, wenn durch massiven Einsatz von inhaltlich gleich gerichteten Privilegien ein Rechtsgebiet – wie hier das Handwerksrecht in Brandenburg-Preußen – eine einheitliche Regelungsdichte erfährt.[71] Rechtsgebiete, die ursprünglich nur einen singulären, individuellen Privilegienschutz genossen und privilegiale Regelungen besaßen,[72] konnten – wie hier beispielhaft für Brandenburg-Preußen gezeigt – bei Änderung der Anschauungen und unter dem Druck der ökonomischen Entwicklungen durch Generalprivilegien eine gleichmäßige und einheitliche Rechtsregelung und Schutzgarantie erlangen. So bedeuten die Generalprivilegien auf dem Gebiet des Handwerksrechts gleichsam eine Gesetzgebung im Effekt. An die Stelle individueller Handwerksförderung trat mit den »privilegia generalia« eine Form von Globalsteuerung ganzer Gewerbezweige.[73] Die Generalprivilegien erweisen sich hier als Funktionsersatz für eine noch fehlende gewerberechtliche Gesetzgebung. Insoweit kann man diese als eine Form präkodifikatorischer, unifizierender Gesetzgebung bezeichnen,[74] die – um

[70] Vgl. auch Hof, Wettbewerb (Fn. 39), S. 253 f.

[71] Vgl. oben S. 37 f. mit Fn. 17–21.

[72] Vgl. Gerber, Privilegienhoheit (Fn. 16), S. 478 f.

[73] Vgl. Willoweit, Gewerbeprivileg (Fn. 30), S. 74.

[74] Cf. Helmut Coing, Zur Vorgeschichte der Kodifikation: Die Diskussion um die Kodifikation im 17. und 18. Jahrhundert, in: *La formazione storica del diritto moderno in Europa – Atti del terzo congresso internazionale della Società Italiana di storia del diritto*, hg. von Bruno Paradisi, Bd. II, Florenz 1977, S. 798–817.

noch einmal mit Jacqueminot zu sprechen[75] – den »Fanatismus« des Privilegienegoismus des Ancien Régime in Deutschland – im Gegensatz zu der Entwicklung in Frankreich[76] – allmählich und behutsam in einen geläuterten Fanatismus der Gleichheit überleitete.

[75] Vgl. oben S. 39 mit Fn. 26.

[76] Zur parallelen vorrevolutionären Situation in Frankreich vgl. SCHMOLLER, Innungswesen (Fn. 39), S. 449–451.

Bien public et bien particulier, le privilège et les corps marchands, Paris, XVIIe–XVIIIe siècles*

Mathieu Marraud

L'Ancien Régime renvoie généralement la question du privilège à deux bien-fondés principaux: un mode contractuel de l'autorité entre puissance décernante et puissance décernée, un mode plus tutélaire affiliant la figure du roi-père à celle du dispensateur.[1] Partant de cette dualité, beaucoup d'historiens décrivent l'instabilité des normes publiques dans leur rapport à la monarchie, susceptibles d'apparaître à la fois telle l'extension seule d'un pouvoir domestique propre au prince, ou telle la limitation d'une pleine souveraineté par l'obstacle que lui oppose la multitude des droits privés.[2] Aux côtés des ordres nobiliaires ou ecclésiastiques, des compagnies de justice ou de finance auxquelles le privilège est assimilé, peu de travaux placent cependant les grands corps marchands face au phénomène. Si l'on admet qu'à l'époque moderne le privilège donne sens et viabilité aux actions communes, son insertion reste étrangement méconnue parmi la sphère corporée du commerce qu'il contribue cependant à ordonnancer, à l'égal des autres secteurs. Il faut dire que l'historiographie ne relie la puissance économique des corporations à la question du privilège qu'à l'aune d'un problème particulier: la monétarisation et la création d'un marché royal du privilège. Celui-ci serait ni plus ni moins le moyen de structurer la société autour d'une référence commune, mais aussi astreignante sur la fluidité des échanges à la-

* Merci à Pierre Bonin, Vincent Demont et Nicolas Lyon-Caen pour leurs lectures.

1 Gail Bossenga, *The Politics of Privilege. Old Regime and Revolution in Lille*, Cambridge (Cambridge University Press) 1991, pp. 1–21.

2 Fanny Cosandey et Robert Descimon, *L'absolutisme en France. Histoire et historiographie*, (Points Histoire), Paris (Seuil) 2002, pp. 128–136 (« Les usages du privilège »).

quelle aspire le monde marchand.[3] Le problème est important, mais néglige l'articulation initiale du privilège à la communauté, l'impact de leurs définitions et mutations réciproques entre les années 1650 et 1750, période de leur correspondance la plus intense.

Pareille lacune s'explique sans doute par le fait que la structure d'accueil – la corporation – est elle-même en débat quant à sa nature exacte durant l'époque moderne. Le renouveau de l'histoire économique se montre néanmoins salutaire en la matière. Celui-ci insiste sur la façon d'envisager la corporation d'Ancien Régime non pas comme le but, mais comme le moyen de maîtriser une technique de fabrication, un segment de vente ou de production.[4] En cela, il nous engage à comprendre la corporation sous le jour d'une concession en droit d'une faculté, d'une potentialité, et non sous le jour d'une fixation ou d'une description d'un savoir, d'un procédé artisanal ou marchand. Non pas une réunion de commerçants, la corporation est avant tout la réunion de maîtres jouissant d'un droit de commercer. Elle est une habilitation avant d'être une profession. Le privilège se tient exactement à cet endroit, où pendant très longtemps l'idée de « liberté » est appariée au droit, et l'idée de « faculté » appariée au principe de possession, de propriété. Et ces liaisons attendront la deuxième moitié du XVIIIe siècle pour se défaire. Jusqu'alors, elles organisent la vie économique en lui procurant, plus qu'un instrument réglementaire, un cadre d'appartenance et de distinction.

Ce cadre doit être entendu comme politique. Partant du monarque, il dit la manière dont la puissance souveraine se distribue vers les acteurs économiques, la manière dont celle-ci s'exerce parmi eux jusque dans la compétition et la rivalité. Étant alors la réponse juridique donnée à une quête commerciale,[5] le privilège devient

[3] Hilton L. Root, *Fountain of Privilege. Political Foundation of Markets in Old Regime France and England*, Berkeley (University of California Press) 1994.

[4] Notamment: Stephan R. Epstein et Maarten Prak (éd.), *Guilds innovation and the European economy, 1400–1800*, Cambridge (Cambridge University Press) 2008; Philippe Minard, Les corporations en France au XVIIIe siècle, in: *La France malade du corporatisme? XVIIIe–XXe siècles*, éd. par Steven L. Kaplan et Philippe Minard, Paris (Belin) 2004, pp. 39–51.

[5] Guy Saupin, Le privilège comme réponse à la concurrence commerciale étrangère: Nantes au début du XVIIe siècle, in: *Annales de Bretagne et des Pays de l'Ouest* 110, 1 (2010), pp. 75–90.

plus que cela: il est une qualification juridique donnée et disputée aux individus, aux lieux, aux actes commerciaux, aux marchandises elles-mêmes. Par conséquent il est un discours, souvent contesté, émis sur leur qualité: qualité des hommes au travail, qualité de leurs gestes professionnels, qualité des espaces qui les abritent, qualité des produits dont ils font commerce, etc. Il est travaillé par les acteurs en même temps que par la monarchie afin de le faire dialoguer avec les catégories du juste et de l'injuste, de l'apte et de l'inapte, etc. Il est l'enjeu, dans la capitale peut-être plus qu'ailleurs, d'une lutte permanente pour dire sa conformité ou non avec le bien public.

Cette dernière notion est celle la plus souvent associée au terme de « privilège » dans son usage par les acteurs. Elle est primordiale à la désignation des normes jusqu'au milieu du XVIIIe siècle, indispensable à leur légitimté. N'étant pas encore un service, le bien public est conçu comme une autorité à caractère régalien, ajustée à l'accomplissement de l'ordre et de l'harmonie au sein *du* public.[6] Sorte de métonymie d'un public contenu dans tout dispositif vertueux qui serait « public » avant lui (le bien, l'autorité, la puissance), la notion n'a pas à être définie positivement, sinon dans ses finalités, tout du moins dans ses origines. Le particulier n'est qu'en regard tout ce qui n'est précisément pas puissance, sacerdoce ou magistrature « publique ». L'opposition est malléable, imparfaite, mais demeure cependant essentielle à l'action des corporations.[7] Celles-ci l'utilisent en vue d'établir la relation de leurs pratiques commerciales à l'État, pour caractériser l'État lui-même. Grâce à une antithèse public/particulier, totalement construite, le privilège et les conflits qu'il engendre deviennent en effet pour les grandes communautés le moyen d'évoquer les exercices ordinaires de la légalité, de la juridiction, de la fiscalité, par lesquelles elles parviennent à penser leur inscription dans la monarchie, et ce faisant leur exemplarité dans la société.

6 Dominique Margairaz, L'invention du 'service public': entre 'changement matériel' et 'contrainte de nommer' in: *Revue d'histoire moderne & contemporaine* 48, 3 (2005), pp. 10–32.

7 Sur les rapports entre commerce et vertu publique, voir Amalia D. Kessler, *A Revolution in Commerce. The Parisian Merchant Court and the Rise of Commercial Society in Eighteenth-Century France*, Yale (Yale University Press) 2007, pp. 57–95.

I. Le polymorphisme du privilège

Les communautés marchandes parisiennes sont arc-boutées aux XVIIe et XVIIIe siècles sur leur appellation de « corps ». Six d'entre elles se sont fédérées par un long processus d'institution et de codification, ayant abouti à la reconnaissance officielle dès les années 1610–1620 des fameux « Six Corps des marchands » en tant que représentants naturels du commerce de la capitale auprès de la monarchie. Hiérarchiquement rangés, ces Six Corps regroupent la draperie, l'épicerie-apothicairerie, la mercerie, la pelleterie, la bonneterie et l'orfèvrerie. Ce sont eux qui peuplent de façon pratiquement exclusive au long de la période tous les lieux de pouvoir bourgeois dans la ville: échevinage, juridiction consulaire, fabriques de paroisse, administration des hôpitaux, etc. Leur point d'origine remonte au cérémonial urbain des XVe et XVIe siècles.

À l'instar de toutes les autres, ces six communautés ne se définissent que par le privilège. Elles seraient bien en mal de se justifier autrement, par une utilité ou une fonction déliée de toute emprise sur la justice, la tradition ou le droit. En fait, leur spécificité tient en ce qu'elles peuvent convoquer plusieurs registres de privilèges. Deux d'entre eux peuvent être retenus:

– les privilèges détenus spécifiquement par chaque corps, c'est-à-dire déposés dans chacun de leurs statuts et règlements, ayant tous pour origine une concession de puissance publique enregistrée à un moment donné par lettres patentes

– les privilèges communs à l'ensemble des six (droits de réunion, de remontrances conjointes ...), le plus souvent fruit d'une construction autonome sur l'espace public, d'une occupation assez brutale et totale des institutions bourgeoises de la ville.

Ces deux registres ne sont jamais dissociés tels quels, pas plus qu'ils ne dissocient le versant économique du versant honorifique. En vérité, découpler l'efficacité matérielle de l'efficacité symbolique étant bien davantage le produit de l'historiographie que de la période elle-même, c'est toujours à leur croisement qu'il faut situer l'effort des acteurs sur la portée du privilège. Les Six Corps n'échappent pas à la règle. Ce qui relève des marchandises, des denrées, se mêle des pouvoirs de justice et police qui pèsent sur elles et sur les hommes qui en ont le commerce. Ce qui relève des apprentissages ou des scrutins électoraux est uni aux notabilités sociales dont ils procèdent et vers lesquelles ils mènent. Combinaison de droits écrits et coutumiers, le corpus des privilèges exposés par les Six Corps est multiforme tout en cherchant à se comprendre sous le sceau de l'unité. C'est là sa performance, et son originalité. Il évolue entre le registre de la preuve et le registre mémoriel, entre la temporalité de la loi et l'intemporalité de la tradition. La double échelle se compare à celle de l'union de la ville à l'État au cœur de laquelle le privilège des Six Corps souhaite s'enraciner, comme une de leurs doléances le rappelle en 1765:

> « Ici s'élevent les six corps des Marchands avec une possession aussi ancienne que l'Echevinage [du droit de commune de la ville], & qui remonte même au-delà de la Monarchie. Ils y réunissent des titres émanés de l'autorité du Législateur, & revêtus du sceau de l'enregistrement, qui l'ont solemnellement consacrée. »[8]

Parvenant à se décrire tels une création simultanée à la ville, voire même tels une création spontanée et antérieure à toute institution royale, c'est-à-dire hors de toute mémoire juridique, les Six Corps assortissent ce principe d'une pleine jouissance en droit de leurs privilèges grâce à la législation royale et à l'enregistrement en Parlement. Les deux volets sont inséparables, et forment une autre intersection de registres compris en un seul. Leur assemblage est un appareil de défense. L'appareil mis en place prémunit de toute atteinte extérieure par l'accord, paradoxal, qu'il réalise entre toute-puissance souveraine et inflexibilité des usages. Le roi démontre ici son omnipotence par le respect et la protection d'un ordre antérieur à sa volonté. Sa toute-puissance est indispensable à la fortification même de cet ordre.[9] L'ordre tend alors à correspondre avec un état archaïque et originel, proche du droit naturel sur lequel la puissance temporelle ne peut avoir prise tout en disposant d'une capacité totale à le soutenir.

Dès lors le privilège s'écarte du principe de dévolution, et plus encore de la « grâce spéciale du prince » que certains jurisconsultes

[8] *Memoire sur le droit des Six Corps des Marchands à l'échevinage de la ville de Paris, signé Rouhette avocat, Bridou procureur*, Paris (Le Prieur) 1765, p. 2 (Bibliothèque Nationale de France (BNF), 4-FM-24928).

[9] Fanny Cosandey, Instituer la toute-puissance? Les rapports d'autorité dans la France d'Ancien Régime, in: *Tracés* 17 (2009), pp. 39–54.

présenteront comme en formant la source. Pour exemple, c'est ainsi que sera dénommé « privilège » le fait que tout marchand accédant à la tête de la municipalité parisienne (l'échevinage) soit originaire des Six Corps. Ces derniers font pour cela référence à un arrêt de 1615 qui instaure effectivement l'élection obligatoire et annuelle à l'Hôtel de Ville d'un marchand, que les termes de l'arrêt décrivent comme étant simplement « tiré du corps des Bourgeois-Marchands ».[10] C'est-à-dire que ce texte législatif est entré parmi les privilèges des Six Corps par leur prétention à contenir et à résumer en eux-mêmes tout le « corps » marchand, l'ensemble des commerçants de la ville. Ils ont réalisé un travail de captation et d'appropriation des formules, des terminologies des actes royaux (« corps », « marchand », « bourgeois » même plus tard au cours du XVIIIe siècle) en vue de les compter au nombre de leurs droits propres, exclusifs des revendications des autres communautés sur l'échevinage. La portée des mots, leur puissance de désignation publique est telle que toute recomposition est possible à travers eux pour construire de l'antériorité, de l'antécédence, et donc du droit:

> « L'Echevinage de Paris a toujours esté particulierement affecté aux Marchands des Six-Corps; et c'est peut etre pour cette raison que le Chef des Echevins de cette Ville conserve encore le Titre de Prevôt des Marchands. »[11]

La démonstration dispose des éléments à rebours. La naturalisation du titre de marchand à l'avantage des Six Corps permet la réincorporation mémorielle des titres. Dès son apparition, l'usage est censé pénétrer le répertoire de la propriété, dans une simultanéité qui n'est pourtant construite qu'*a posteriori*. La possession est souvent l'appropriation rétrospective de droits, naturalisés à l'échelle du groupe qui cherche ainsi à s'instituer par la jouissance d'un « passé » institutionnel. Les Six Corps savent se décrire en situation d'hégémonie en un moment d'histoire où leur existence est cependant nulle:

[10] Catherine Junges, *Les échevins parisiens au XVIIIe siècle*, Paris (thèse de l'École Nationale des Chartes) 1996, pp. 61–71.

[11] Archives Nationales (AN), K 1040 n° 3, « Memoire abregé sur le privilége dont joüissent les Marchands du Corps de l'Orfevrerie joaillerie de parvenir aux charges municipales de la Ville de Paris », env. 1736.

> « Dez l'institution des Prevost des Marchands et Echevins de Paris, les Marchands des Six-Corps de laditte ville ont esté en possession de remplir les charges de l'Echevinage. »[12]

L'inversion chronologique est ici la même. Dès lors, quand se présente en 1671 le danger d'une élection de deux officiers pour échevins, c'est bien sous le nom de « privilège » que les Six Corps réclament en justice le maintien d'un usage qui inscrit leurs membres au nombre des échevins.[13] Le privilège est ici le résultat d'un rapport de force qui est parvenu, indépendamment d'une volonté royale formelle, à instaurer dans le temps la régularité d'une pratique réservée. Basé sur le précédent, le privilège devient un moyen de contourner la validation royale, à laquelle échappe tout acte passé et mémorialisé. L'usage n'est donc que confirmé – et non pas créé – par arrêt ou par édit, comme ce sera le cas avec la restauration des communautés en août 1776, à l'occasion de laquelle est encore disposé ce droit préférentiel des Six Corps à faire monter leurs candidats à l'Hôtel de Ville.[14]

Sur un même plan, loin d'une description « positive », nombre de privilèges sont entendus d'un point de vue « négatif », c'est-à-dire comme prémunissant le corps d'une contrainte, d'une taxe, d'une juridiction extérieure, etc. Ainsi, contre des lettres de maîtrise créées par un maréchal de France, les Six Corps disent remettre en 1672 leurs « privilèges » aux avocats pour présentation au Conseil: ils déposent en fait des arrêts qui les ont exemptés lors des créations royales passées, au moins depuis 1563.[15] Ces arrêts font titre de privilèges. De même, tandis que les Six Corps réclament en 1710 de plaider en première instance devant le lieutenant général de police, contre le ressort du procureur du roi au Châtelet qui s'étend sur les

12 Dominique-Gustave Saint-Joanny, *Registre des délibérations et ordonnances des marchands merciers de Paris, 1596–1696*, Paris (Willem) 1878, p. 276.

13 AN, KK 1340, registre de délibérations des Six Corps, 12 août 1671.

14 *Edit du roi, par lequel Sa Majesté, en créant, de nouveau, six Corps de Marchands & quarante-quatre Communautés d'Arts & Metiers, établit à l'avenir des règles dans le régime desdits Corps & Communautés*, Paris (Simon) août 1776, article V (BNF, Smith Lesouef R-6262).

15 AN, KK 1340, registre de délibérations des Six Corps, 1er octobre 1672; AN, K 1040 n° 2, « Extrait des edits, declarations, lettres patentes et arrêts enregistrez au Parlement concernant les Six Corps des Marchands de Paris », fin XVIIe siècle.

seules communautés d'artisans, ils invoquent pour cela leur « privilège », lequel garantit moins une évocation devant tel magistrat qu'il préserve en fait d'une évocation humiliante devant tel autre.[16] Partageant avec le privilège une sortie du droit commun, l'exemption se revêt par conséquent du même nom.

Synonyme de mots tels « franchise » ou « affranchissement », le privilège l'est aussi du mot « liberté », au sens d'un espace libéré de charges ou d'obligations que l'autorité souveraine serait loisible de faire peser sur lui. En cela aussi la liberté peut être une concession royale, jusque dans son illimitation, comme la mercerie nomme « la liberté indefinie que les Rois [lui] ont accordé » en évoquant les marchandises de toile dont elle peut faire le commerce par privilège.[17] Dérogation au régime juridique ou fiscal ordinaire, la liberté peut à ce titre devenir une possession exclusive: nombre d'écrits mentionnent « la liberté du négoce dont les Six Corps sont en possession ».[18] C'est bien la façon dont, historiquement, le Conseil désigne l'octroi d'un produit ou d'une faculté envers une communauté, comme le fait une déclaration royale de 1653:

> « Voulant que la liberté de vendre en ladite Ville, les marchandises dépendantes de ladite Mercerie, Grosserie & Joüaillerie, appartint seulement à ceux qui sont receus audit Etat. »[19]

Un arrêt du Conseil annulera en 1683 une disposition « contraire à la liberté publique et au droit de chacun des Maistres Orfevres, afin de les maintenir et garder en la faculté et en la possession en laquelle ils sont de travailler ».[20] Ici la liberté n'est qu'en opposition avec l'état plus ou moins originel d'incapacité, de servitude, état compensé par l'octroi d'un droit à agir, d'un droit à entrer en possession d'une liberté. Ce qui se modifiera au cours du XVIIIe siècle ne sera donc pas tant la nature de la liberté économique que sa relation antithétique aux autres vocables, par laquelle sont pensées sa légitimité et sa

16 AN, KK 1341, registre de délibérations des Six Corps, 5 juin 1710.

17 *Au Roy et a Nosseigneurs de son Conseil, signé Lucas avocat*, s. l. n. d. [1730 env.], p. 2 (BNF, Z Thoisy-87).

18 AN, KK 1340, registre de délibérations des Six Corps, 16 octobre 1699.

19 *Recueil d'ordonnances, statuts et reglemens concernant le corps de la mercerie*, Paris (Chardon) 1752, p. 80 (AN, AD XI 22).

20 AN, K 1039 n° 12, arrêt du Conseil du 6 décembre 1683 en faveur de l'orfèvrerie.

distribution. La lecture des essais de Bigot de Sainte-Croix le démontre.[21] Jusque là, l'idée de liberté commerciale est totalement compatible avec l'ordre corporatif, dans la mesure où elle est elle-même conçue comme un dépôt, un privilège. Elle se surajoute à la variété des moyens théoriques ou purement usuels par lesquels se construit une relation favorable à la souveraineté du prince, tous plus ou moins désignés de « privilèges ». À ce stade, le privilège fait figure d'autonomie.

Ainsi faut-il garder en tête cette malléabilité du privilège, ainsi que la vivacité et la réactivité du rapport de force qu'il contient, pour étudier la manière dont celui-ci oriente l'existence juridique et économique des corporations. Basés sur la jouissance du privilège, en effet, les corps marchands ne vont pas moins utiliser toute leur énergie à lutter contre lui, dans une manœuvre continue de délimitation et d'interception de prérogatives, d'actes professionnels ou protocolaires, de simples vocables … Ils le feront chaque fois qu'une contradiction semblera apparaître entre les bien-fondés de leurs privilèges « historiques » et ceux de privilèges concédés ultérieurement. Trois directions seront données à cette lutte:

– contre les réceptions forcées dans leurs propres corps de marchands privilégiés, certains formés en-dehors de l'apprentissage (dans des lieux dits privilégiés), certains en la personne de protégés royaux ou princiers, certains bénéficiant des créations et commercialisations de lettres de maîtrise par le roi lui-même, etc.

– contre l'adjudication à des particuliers de privilèges commerciaux relevant directement du souverain, générant ainsi des privilégiés du roi rattachés à la Cour (et non aux communautés) mais admis à exercer dans la ville,

– contre les privilèges de ces lieux particuliers (palais, abbayes, faubourgs) où un droit de haute justice prélève certaines activités de la police générale de la ville, et autorise la formation aux métiers, l'ouverture de boutiques libres.

Aussi divers que ceux des Six Corps, ces privilèges se rapportent à tous les pans de l'activité marchande par la qualification aussi bien des hommes que des lieux, des gestes que des marchandises. Ils

21 Louis-Claude Bigot de Sainte-Croix, *Essai sur la liberté du commerce et de l'industrie*, Paris (Lacombe) 1775.

touchent une gamme très vaste. Ils vont être cependant la cible de réductions, de regroupements, d'historicisations. Très vite considérés comme des exceptions au régime ordinaire, reliés à l'extraordinaire royal, ils vont être de plus en plus combattus en une série de procès, remontrances, doléances, qui courront des années 1660 jusqu'à la suppression des communautés en 1776. Les Six Corps vont s'adonner pour cela à la longue création *ad hoc* d'un corpus de lois et de jurisprudences, organisé logiquement et chronologiquement.[22] Le moment est celui où toutes les corporations parisiennes collationnent et compulsent les textes juridiques dans un grand mouvement de regroupement et de fixation.[23] Et cette production procédurale d'envergure va être l'occasion de confectionner des catégories, de travailler les notions, et de proposer des nomenclatures morales et politiques aptes à ancrer définitivement le commerce parmi les grandes fonctions d'État. Que pareil travail se réalise dans l'enceinte du privilège, à savoir dans la restriction et l'exclusion, ne doit toutefois pas surprendre. Toute participation à l'autorité régalienne transite, chez les communautés bénéficiaires, par un droit qui leur est distinctif aussi bien que par l'élaboration d'une dérogeance.

II. Les bases d'une partition public / particulier

L'aspect protéiforme du privilège, et des conflits qu'il engendre, a toujours appelé son agencement au travers de typologies juridiques. Bien qu'aucune doctrine ne s'impose vraiment, plusieurs processus de classement apparaissent et s'entrecroisent. Selon la doctrine que plusieurs jurisconsultes établissent depuis le début du XVIIe siècle, un premier principe est émis, sans doute le plus important: celui de voir le privilège comme étant intrinsèque à la communauté. L'idée

22 *Recueil des Reglemens generaux et particuliers qui regardent les six corps des Marchands, les Arts & Métiers, avec les Lettres Patentes, Edits, Declarations du Roy, & Arrests du Conseil, de la cour de Parlement …*, Paris (Guillaume Valleyre) 1718; *Recueil d'ordonnances, edits, declarations, arrets et réglemens, concernant le commerce des Six Corps des Marchands de Paris*, Paris (Le Prieur) 1764 (BNF, 4-Z Le Senne-968).

23 Jacques Lelong, *Bibliothèque historique de la France*, t. III, *Traités, Histoires, Status & Rêglemens des Corps de Marchands & des Arts & Mêtiers de la Ville de Paris*, Paris (Herissant) 1771, pp. 348–356.

dérive des possibilités de confondre le privilège avec une propriété réelle, reposant sur les choses (lieu géographique: seigneurie, ville, rivière, mais aussi lieu fictif: charge, ordre, communauté), ainsi qu'avec une propriété perpétuelle, reposant sur le temps indéfini assigné aux choses. À côté se tient le privilège dit « personnel », attaché à l'homme, éteint avec lui ou avec sa descendance s'il est héréditaire. Cette particularité, que les canonistes appliquent au droit ecclésial en rapport avec les bénéfices et dignités, les civilistes l'appliquent au droit successoral en rapport avec les privilèges des héritiers et créanciers, avant que Charles Loyseau ne la déplace en 1608 vers le droit des offices publics. Elle prend place dans tous les traités jusqu'à la fin de l'Ancien Régime:

> « En sorte que comme le privilège réel ne finit qu'avec la chose sur laquelle il porte, le privilège personnel finit avec la personne à qui il a été accordé. On peut renoncer à celui-ci, & non à l'autre [il lui est inhérent]. »[24]

Une temporalité et une personne juridique différentes marquent donc une séparation entre privilèges réel/personnel, et privilèges perpétuel/viager. S'installant dans la pensée juridique, cette gradation touche peu à peu le droit des communautés où elle associe de façon entière le privilège à la communauté et non à ses membres, de même qu'elle le rend ininterrompu dans le temps. Là elle se raccorde à une autre notion, tout aussi fondamentale, qu'est le bien public, ou bien commun:

> « Les communautés ont été établies pour le bien commun de ceux qui en sont membres; elles ont aussi ordinairement quelque rapport au bien public: c'est pourquoi elles sont de leur nature perpétuelles, à la différence des sociétés qui sont bien une espece de communauté entre plusieurs personnes, mais seulement pour un tems. »[25]

Le bien commun profite lui-même d'un régime intemporel. Il procède des valeurs tendant à découper l'action humaine selon que celle-ci sert la communauté (i.e. le public) ou l'individu. Afin de pallier le désordre des actions particulières, ramené à l'état originel

24 Joseph-Nicolas Guyot (éd.), *Répertoire universel et raisonné de jurisprudence*, t. 48, Paris (Panckoucke) 1781, pp. 339–341.
25 *Encyclopédie ou Dictionnaire raisonné des sciences, des arts et des métiers*, t. III, Paris (Briasson) 1776, p. 716.

voire carnavalesque de la société, c'est le bien commun qui est en effet donné pour première justification d'une organisation corporative des métiers dans la ville. Édifier ou accroître le bien commun est un acte politique au sens d'un acte visant en soi à construire la cité.[26] L'affirmation est reprise telle quelle jusqu'à la fin de la période:

> « Toutes les actions des hommes doivent etre reglées pour le bien commun, parce que les façons de concevoir etant particulieres à chaque individu, et les executions devenant relativement arbitraires, elles opereroient une dissonnance dans le gouvernement, quand l'uniformité est si necessaire à son regime. De la est venüe la necessité des statuts et reglemens donnés pour tous les differents etats, et nottament à chaque nature de commerce et d'exercice d'arts et metiers, qui portent des constitutions conformes au sistheme du gouvernement et qui n'en peuvent etre separées sans y donner atteinte. »[27]

À travers la sujétion aux statuts s'érige une barrière contre les agissements particuliers, porteurs d'artifice et de tromperie, dont la définition se fait en miroir des vertus publiques contenues dans les articles des règlements: le particulier n'est plus autre chose qu'un défaut d'obéissance aux polices communes. Il est mis automatiquement en regard des prescriptions positives des statuts dont il devient l'inversion, la transgression. Lorsque les épiciers saisissent en 1721 le nommé Orient, prête-nom du duc de la Force dans son commerce de savon, c'est bien dans ce contexte qu'est placé le délit:

> « Les Statuts & Reglemens n'ont esté faits que parce que la découverte de plusieurs délits particuliers, dont il falloit rechercher des preuves speciales, a obligé des regles generales [...]. Le Statut met à découvert le crime du Negociant, dès lors qu'il prouve que le Commerce du Negociant ne s'ajuste pas avec le Statut. »[28]

Cette progression de valeur qui mène du particulier au commun, en une sorte de montée en perfection, se juge alors par un postulat de plus en plus établi: l'absence d'une continuité permettant de passer

26 Alain Guery, Entre passé et avenir: le bien commun, histoire d'une notion, in: *Le bien commun comme réponse politique à la mondialisation*, éd. par Olivier Delas et Christian Deblock, Brüssel (Bruylant) 2003, pp. 11–32.

27 Archives de la Chambre de Commerce et d'Industrie de Paris (CCIP), « Reflections sur le préambule de l'Edit du mois de mars 1776 portant supression des maitrises et jurandes », juin 1776, p. 2.

28 *A Nosseigneurs de Parlement, signé Prevost avocat*, Paris (Coignard) 1721, p. 37 (BNF, FOL-FM 12442).

de l'un à l'autre. On ne peut pas convenir d'une linéarité de structure ou de fonction entre le particulier et la communauté.

D'une part, la parole des communautés doit surpasser auprès du monarque la parole des particuliers par sa capacité à l'englober hiérarchiquement. Le pouvoir de conseil est affecté aux corps avant de l'être aux particuliers, qui n'évoquent que des avis isolés et dénués de représentation. Aussi la parole de simples marchands, aussi nombreux soient-ils, doit n'équivaloir en rien celle des corps en ce que cette dernière est issue, toujours, d'un avis délibéré (enregistré en délibération). Dès 1702, les Six Corps mettent en garde les ministres sur une voix du commerce qui n'émanerait pas d'eux:

> « Quelques particuliers à eux inconnus, sans aucun pouvoir des Six Corps des Marchands, prétendent vouloir donner au Conseil des mémoires ou placets de leurs noms pour l'établissement d'une nouvelle bourse ou place de change pour le commerce [...]. Décision est prise d'informer Mgr le controleur general que lesdits particuliers ne parlent pas au nom de la compagnie [des Six Corps]. »[29]

À un niveau interne, les corps sont eux-mêmes soumis à toutes sortes de pressions et de contestations de leurs membres qui peuvent avoir la tentation de se réunir et de parler « en corps ». Face à celle-ci, les gardes (jurés élus) ripostent par la construction d'une légitimité suréminente de la communauté par-dessus toute fraction de ses membres, et font inscrire ce droit dans plusieurs sentences de police ou du Parlement.[30] La parole des gardes est une parole publique, celle des maîtres une parole parcellaire, particulière.

D'autre part, l'idée est très tôt soutenue par les communautés aussi bien que par les juristes qu'il n'est pas de liaison, en raison de leur nature propre, entre les biens d'une communauté et ceux de ses membres. Isolant des possessions différentes, étrangères l'une envers l'autre, la personne morale qu'est la communauté sanctuarise le bien public dans ses droits propres et non dans ceux des maîtres qu'elle abrite:

[29] AN, KK 1340, registre de délibérations des Six Corps, 14 mai 1702.

[30] Un bel exemple dans la mercerie par un procès (1660–1688) entre les gardes et les maîtres: AN, AD XI 17, *Sentence renduë par Monsieur le Lieutenant General de Police, en faveur des Marchands Merciers de la Ville & Faux-bourgs de Paris, contre les Maistres & Gardes du Corps de la Mercerie*, s. l. n. d. [1688].

> « Les biens & les droits d'un Corps ou Communauté, appartiennent tellement au Corps, qu'aucun des particuliers qui le composent n'y a aucun droit de proprieté, & n'en peut disposer en rien: ce qui fait que comme ces Communautez sont perpetuelles, & se conservent toûjours pour le bien public, leurs biens & leurs droits qui les font subsister, doivent toûjours demeurer au Corps. Et c'est ce qui rend ces biens & ces droits inaliénables. »[31]

Pareille opinion que les richesses d'un corps ne communiquent pas avec celles de ses membres est reprise, dès les années 1690, en vue de préserver les caisses communes des droits des créanciers lors des emprunts forcés effectués par la monarchie sur les corporations. Avec la recherche d'un crédit public, le contexte des dernières campagnes louis-quatorziennes est décisif dans ce besoin d'une démarcation entre contributions communes et/ou particulières à l'effort de guerre.[32] Achevée avec la liquidation du système de Law dans les années 1721–1723 et avec la fixation de la livre en 1726, qui permettent toutes deux de solder une grande partie des arriérés de la guerre, une distribution installe lentement des caractères financiers et juridiques selon qu'ils regardent le bien commun ou les fortunes particulières. Progressivement ceux-ci sont manipulés par la monarchie et ses institutions afin d'établir des chaînes d'autorité, des non-réciprocités fiscales, des solvabilités autonomes, etc.

Aussi, à leur tour, les privilèges peuvent être distingués de la même manière. L'équivalence entre bien public et communauté, entre communauté et privilège, en est l'un des instruments. Sous la plume de Guyot, elle fait en sorte que le public est concerné de manière immédiate par le privilège collectif, et seulement médiate par le privilège particulier, uniquement après que sa concordance est démontrée avec le premier:

> « Le Privilège qui regarde le bien commun est tel qu'une communauté de personnes en reçoit un avantage prochain [direct]. Le Privilège qui n'a que l'intérêt du privilégié pour objet, ne peut

31 Jean Domat, *Les loix civiles dans leur ordre naturel*, t. I, Den Haag (Moethens) 1703, pp. 108–109.

32 Mathieu Marraud, Crédit marchand, fiscalité royale. Les corporations parisiennes face à l'État, 1690–1720, in: *Crédit public, crédit privé et institutions intermédiaires. Monarchie française, monarchie hispanique, XVIe–XVIIIe siècles*, éd. par Vincent Meyzie, Limoges (PULIM) 2012, pp. 155–199.

> regarder le public qu'en ce qu'il lui importe que les Privilèges soient aux personnes qui les méritent & ou qui en ont besoin. »[33]

Par conséquent, cette partition du privilège s'effectue sur la base d'une clarification juridique ayant pour but une meilleure définition des responsabilités privées ou publiques face aux finances de la communauté, une meilleure fixation des modes d'acquisition ou de transmission des droits portant sur les individus et sur leurs actes. Elle ne peut instantanément s'ouvrir, et se bâtir elle-même, que sur des valeurs politiques et des conflits de normes. Si l'on considère les textes que les corps marchands opposent aux maîtrises créées par le roi pour le joyeux avènement de 1723, les ressorts apparaissent d'emblée autour d'oppositions construites et radicalisées entre des éthiques soudainement déclarées inconciliables. L'une d'elles est bien sûr l'opposition entre bien public et intérêt particulier, c'est-à-dire l'antagonisme moral entre le public régi par la fructification d'un bien partagé, et le particulier régi par la retenue d'un gain:

> « Le privilege qui excepte les orfevres de toutes maitrises crées, ainsy que les loix qui veulent qu'aucun d'eux ne puisse être reçeu qu'en la maniere prescritte par les ordonnances, tirent leur unique motif de l'ordre public [...]. Mais le bon ordre reclamera toujours contre cette nouveauté [les maîtrises de création royale], et l'on ne peut douter que tôt ou tard le bien public qu'elle attaque ne l'emporte sur l'interest particulier qui est son unique apui. »[34]

On voit combien ces différences de lexique cherchent en fait à échafauder autant de catégories, grâce à ces couples d'opposition: « public » / « particulier », mais aussi « ordre » / « intérêt », « loi » / « nouveauté »... Elles sont à la recherche de confluences de sens, d'équivalences entre plusieurs registres de mots capables d'ancrer rhétoriquement la preuve dans les multiples sources de la conformité, reliant l'harmonie naturelle au droit positif, l'économie politique à la théologie.[35] Ainsi d'autres textes opposeront le local au global, la

33 Guyot, Répertoire (n. 24), pp. 342–343.

34 AN, K 1040 n° 6, « Exemption de toutes maitrises crées pour joyeux evenement », env. 1730.

35 Robert Descimon, Le travail du langage sur la société d'Ancien Régime, in: *Noms de métiers et catégories professionnelles. Acteurs, pratiques, discours (XVe siècle à nos jours)*, éd. par Georges Hanne et Claire Judde de Larivière, Toulouse (Méridiennes) 2010, pp. 113–128.

vente au détail à la vente en gros, toujours à la recherche de concordances à travers la juxtaposition de termes capables de s'opposer à d'autres juxtapositions, à d'autres ensembles. Ces jeux lexicologiques épousent les vieilles discriminations qui structurent la vie municipale de la capitale, au moyen des oppositions marchands / arts mécaniques, industrie / main-d'œuvre, ville / banlieue, etc. Ils allient le particulier aux vieilles catégories du marchand forain ou du chambrelan, des hommes « sans expérience » et « sans qualité », défauts que l'incorporation est réputée corriger précisément en confiant aux maîtres ayant réussi leur chef-d'œuvre la jouissance d'un privilège et, par là, une qualité.[36] Toutes ces nomenclatures s'entremêlent. Elles le font par exemple en 1694 lorsque les Six Corps s'attaquent aux privilèges et franchises de l'ordre de Malte sur le faubourg Saint-Marcel, où abondent les boutiquiers et ouvriers non reçus: c'est l'occasion pour les Six Corps de décliner tout un ensemble d'oppositions, entre la cité et ses limites géographiques, mais aussi entre l'artisan et le marchand, que ce soit par le « mestier tres-bornez » de l'un et les « correspondances [...] dans tous les païs Estrangers » de l'autre, ou bien par la simple « faculté de travailler » de l'un et l'« abondance » répandue par l'autre, etc.[37] Interagissant avec ces anciennes catégories, les discours des Six Corps détaillent alors le privilège, en réalité non pas tant selon l'objet sur lequel il porte, que selon les modalités suivies pour sa délégation, selon l'état antérieur du droit ou selon la nature du récipiendaire.

III. Privilège et légalité

D'une partition entre public et particulier que les juristes et les communautés travaillent de concert depuis le début du XVIIe siècle, il découle des catégories autres que doctrinales. Celles-ci servent à

[36] Les mêmes jeux d'opposition se retrouvent dans le discours des corporations hollandaises. MAARTEN PRAK, Individual, corporation and society: the rhetoric of Dutch guilds, in: *Statuts individuels, statuts corporatifs et statuts judiciaires dans les villes européennes (moyen âge et temps modernes)*, éd. par MAARTEN PRAK et MARC BOONE, Leuven (Garant) 1996, pp. 255–279.

[37] *Requeste des Six Corps des Marchands contre l'Ordre de Malte au sujet des franchises pretenduës par cet Ordre dans la Ville & Fauxbourgs de Paris, signé Lenoir*, s. l. n. d. [1694] (BNF, Z Thoisy-57).

combattre, quotidiennement, des dizaines de privilèges dont les Six Corps tentent d'obtenir l'annulation ou la réduction devant le Conseil ou le Parlement. C'est dans l'activité judiciaire qu'une telle partition montre son efficacité à délimiter et à délégitimer plusieurs pratiques commerciales ou compétences administratives, les renvoyant toutes au problème de la juxtaposition et de l'incompatibilité des privilèges entre eux. Que ce soit contre des étrangers jouissant de lettres de la famille royale ou de grands prélats (un pelletier hollandais, un épicier suisse ...), contre des commissions offertes à des entrepreneurs particuliers (une fabrique de pipes, un procédé de teinture au bois de santal ...), contre la concession à des particuliers de prérogatives attribuées traditionnellement aux gardes (inspecteur de la douane pour les bonnets, inspecteur ambulant des manufactures ...), contre l'implantation de boutiquiers libres grâce aux immunités des foires ou des palais et abbayes (foire Saint-Martin, abbaye Saint-Germain des Prés ...), contre le ressort des justices extérieures sur les marchands privilégiés de la Cour (Prévôté de l'hôtel, Grand Conseil ...), tout un éventail de privilèges sont lus et affrontés au prisme des divisions public / particulier. En découlent de larges argumentaires qui vont alors devoir se prononcer sur la recevabilité du privilège, sur sa légalité même.

L'argument le plus répandu est que le privilège individuel, permettant à un particulier de commercer dans la ville, est un contournement des épreuves menant à l'incorporation collective. Il est un moyen de dissimulation, de falsification, et il constitue à ce titre une menace en détournant les candidats des parcours usuels que représentent l'apprentissage et le compagnonnage. On trouve cette critique exprimée très tôt, comme elle l'est en 1696 par le corps de l'apothicairerie contre la réception d'un individu possesseur d'un office d'apothicaire des écuries de Monsieur:

> « L'on scait que ces sortes de charges ne sont ordinairement possedées que par des gens qui veulent anticiper les temps portés par les statuts de la communauté et qui veulent exercer un profit a la faveur d'un privilege [...], charge dans laquelle pour estre receu il n'a suby aucun examen ny fait aucun chef d'oeuvre. »[38]

[38] Bibliothèque Inter-Universitaire de Pharmacie (BIUP), R-31, mémoire contre la réception de Claude Michon, avril 1696.

La même idée est reprise, encore en 1764, quand l'orfèvrerie s'oppose à un arrêt du Conseil recevant un orfèvre privilégié:

> « Il est certain que l'atteinte que ces receptions a titre de privilege porte aux reglemens peut avoir des suites les plus dangereuses et entraisnent un certain decouragement parmy les jeunes aspirans a la maitrise. Si les privileges donnent aux ouvriers les plus ordinaires des ouvertures pour y parvenir, les apprentisages diminueront et cesseront même tout a fait; l'emulation ne regnera plus parmy les eleves; moins curieux d'obtenir par un merite distingué des places qui sont revervées aux talens, que de parvenir a un prompt etablissement, ils prefereront la voye du privilege. »[39]

Donc, apparaît le premier point de ce travail d'énumération par les grandes corporations: le privilège personnel est un contournement des règles qui assurent la compétence des maîtres et la qualité des marchandises par le biais d'une police collective. Il représente un encouragement à suivre une voie dérogatoire aux règles tandis que l'observance du privilège commun, en elle-même, est le moyen idoine d'atteindre un niveau d'achèvement maximal dans la production:

> « On voit par tous les reglemens concernant les arts et métiers que les differentes erections et etablissemens des corps et communautez, non seulement à Paris mais dans les autres villes du Royaume, n'ont êté faits que pour empecher les fraudes et malversations des differens ouvriers, et les obliger à observer dans la confection de leurs ouvrages les reglemens faits pour la bonté d'iceux, et l'utillité public. »[40]

De plus, le privilège personnel est vu comme une concurrence économique en raison de son empiètement sur l'espace de fabrication ou de vente détenu par la corporation. D'autant plus injuste qu'elle ne respecte pas les astreintes communes auxquelles sont soumis les marchands incorporés (paiement des droits de réception, visites des gardes …), cette concurrence est perçue tel un retrait de marchandises que le privilège déplace hors de l'espace légal de la fiscalité et du contrôle commun:

39 AN, K 1039 n° 204, mémoire contre la réception de Jean Duché, 1764.

40 AN, F[12] 781C, « Memoire concernant les pretendus privileges du faubourg St-Antoine », env. 1727.

> « Personne n'a d'inspection sur le commerce de ces particuliers. Ils se croyent independans et à l'ombre de leurs pretendûs privileges, ils enlevent aux marchands et artisans de la ville de Paris le fruit de leur commerce et le debit de leurs marchandises. »[41]

Si l'on envisage les frais d'entrée dans la corporation, la participation obligatoire aux dettes communes, il est certain que l'exercice marchand corporé est jugé à l'aune du coût qui en incombe aux maîtres, et dont s'exonèrent les particuliers, illicites ou privilégiés (frais d'entrée dans la corporation, participation obligatoire aux dettes communes). À l'image des autres états sociaux, tels les offices de justice ou de police économique, la qualité de marchand finit même par être assimilée à un emploi « financé », assujetti à une « finance », dans un thème largement retenu pour contrer la libéralisation du commerce en gros à Paris, entre 1759 et 1765, et donc l'irruption hors communautés de négociants qui ne déboursent rien pour l'obtention d'une licence commerciale. Au même moment est déploré l'anonymat que le commerce libre réserve aux particuliers, à l'inverse de l'accointance spontanément produite par l'incorporation, sorte de « commerce naturel » entre les êtres:

> « [...] des gens qu'on ne connoitra pas, qui ne seront membres d'aucun corps politique, dont les facultés seront encore plus inconnües que les noms. »[42]

En même temps que les marchandises, le négoce particulier retranche les hommes hors d'un espace commun organisé, dont le rôle est aussi l'interconnaissance et la surveillance mutuelle. C'est ici que s'enracine la notion de monopole, au sens étymologique du terme, que les Six Corps dénoncent tout au long de leur existence sur ce motif du retrait.[43] Le monopole désigne toute une série d'activités marchandes situées aux marges de la corporation, que celle-ci ne parvient pas à

41 AN, F^{12} 781D, « Requête des Six Corps des Marchands tendante à ce que nul ne puisse s'etablir dans les lieux privilegiés », env. 1735.

42 Archives de la CCIP, « Memoire contre le projet d'accorder à toutes personnes sans distinction la faculté de faire le commerce en gros », 1759, p. 5.

43 Arnaud Vergne, Le crime de monopole, en France, selon les juristes du dernier siècle de l'Ancien Régime, in: *Normes et normativité. Études d'histoire du droit rassemblées en l'honneur d'Albert Rigaudière*, éd. par Corinne Leveleux-Teixeira, Anne Rousselet-Pimont, Pierre Bonin et Florent Garnier, Paris (Economica) 2009, pp. 281–297.

absorber, à inspecter, à taxer, et qui lui sont donc soustraites au même titre que les hommes qui s'y adonnent. Les Six Corps y ont recours dès 1660 pour désigner le privilège de vendre l'huile de baleine confié à un particulier (d'ordinaire affecté aux épiciers):

> « Quand les Marchandises sont en party, qu'elles ne passent que par les mains de quelques particuliers, & qu'un seul s'en rend maistre, il est en son pouvoir d'y mettre tel prix qu'il veut. Et c'est ce qu'on qualifie du nom odieux de Monopole. »[44]

Le monopole est le retrait d'une liberté accordée à une police collective, de même que le retrait de marchands hors de l'espace ainsi policé.

Second point, la participation aux prérogatives communes que sont la fabrication ou la vente est vue au travers de formes spécifiques: celles-ci sont toujours le moyen d'exprimer une légalité face à une irrégularité, c'est-à-dire le moyen d'exprimer une sorte de légalité authentique à l'encontre d'un régime qui serait autre, inférieur, altéré. Dans le but de décrire des marchandises et des particuliers privilégiés comme déportés hors de la corporation, territoire de la police ordinaire, il faut bien décrire le privilège qui les autorise comme étant lui-même fortuit et casuel, le reléguer dans un régime « extraordinaire ». Incarnant la faveur du prince, le privilège directement créé par le Conseil oppose en effet le régime d'exception au tempérament public de la communauté, communauté dont les droits, jugés inaltérables parce qu'inscrits dans l'établissement monarchique lui-même, ne peuvent souffrir l'intrusion du particulier en leur sein:

> « Enfin, s'il est constant que les corps et communautés sont, au moment qu'elles ont esté approuvées par des lettres patentes enregistrées dans les Cours, des estres civils et publiques qui ont une existence reelle et distinguée dans l'Etat, il est egalement certain et le principe est incontestable qu'aucun titre [c'est-à-dire aucun privilège particulier] n'est capable d'en intervertir l'ordre et d'y introduire un changement et une innovation dans ce qui constitue cette existence et ne peut avoir d'effet que par le même concours

44 *Factum pour les Maistres & Gardes des Six Corps des Marchands de la Ville de Paris ..., demandeurs, contre Gilles Dugué sieur du Porche, defendeur*, s. l. n. d. [1660], p. 6 (BNF, Z Thoisy-148).

d'autorité qui l'a formée, c'est a dire par des lettres patentes aussi deuement enregistrées dans les mêmes Cours. »[45]

On lit ici l'idée que l'incorporation est licite et légitime par le respect des lois primitives qui l'ont élaborée. Et ces lois, dès le milieu du XVIIe siècle, sont édictées selon deux ordres:

– le serment des maîtres prêté dans les mains des autorités, d'une part dans celles des gardes jurés et d'autre part dans celles des magistrats royaux (le Châtelet pour la plupart des communautés, la Cour des Monnaies pour les orfèvres), le tout exprimant la double incorporation à la communauté et à la police ordinaire de la ville,

– l'enregistrement nécessaire de toute décision du Conseil modifiant les règles de la communauté dans les cours compétentes où celles-ci ont été initiées ou préalablement confirmées.

Il n'est pas grand pas à faire pour voir le privilège particulier, lui, présenté sous l'aspect d'un défaut de forme quant à son émission, à sa vérification, qui le rend donc à proprement parler « illégitime ». Il ne respecte ni l'assermentation, ni souvent l'homologation en bonne et due forme. On retrouve l'argument lors de la contestation des lettres patentes qui, en 1725, à l'initiative du Conseil, cherchent à confirmer les droits des marchands privilégiés suivant la Cour, à l'encontre des marchands incorporés. Les Six Corps rétorquent:

> « On sçait que des lettres patentes n'ont force de loy dans l'etendüe du Parlement qu'autant qu'elles y sont registrées, et que lors de l'enregistrement, les parties interessées y ont eté ouïes ou duement appellées. Or les lettres patentes du vingt neuf octobre 1725 n'ont point eté registrées au Parlement. Les officiers du Chatelet, les Six Corps des marchands et même les communautez de Paris, qui etoient certainement les parties interessées, n'ont point eté entendües ny duement appellées lors de l'enregistrement qui a eté fait de ces lettres patentes au Grand Conseil. D'où il s'ensuit que de pareilles lettres ne peuvent faire loy ny pour les uns ny pour les autres. »[46]

On pourrait citer d'autres textes semblables, où l'attaque est assez frontale et brusque contre l'expression de la toute-puissance souveraine. Certains décriront les lois créées par le roi comme n'étant que

45 AN, K 1039 n° 204, mémoire contre Jean Duché, 1764.

46 AN, F^{12} 781B, « Requête des Six Corps des Marchands tendante à ce que nul ne puisse s'etablir dans les lieux privilegiés », env. 1735.

« particulières » et l'enregistrement comme unique moyen de les rendre publiques. Alors la partition public / particulier entre en résonnance avec des compréhensions très générales de ce qu'est ou doit être la légalité.

La multitude des requêtes d'intervention et d'opposition que les Six Corps déposent au Parlement par le biais de leurs avocats contre l'enregistrement des lettres patentes du Conseil, montre suffisamment leur virulence judiciaire et processive à l'encontre des déclarations et arrêts royaux. Il n'est aucune règle *a priori* d'obéissance en la matière. Non seulement le recours au Parlement est un gage de sûreté par l'inclination que porte cette cour aux causes des corps constitués contre la versatilité fiscale et politique du monarque, mais, ce faisant, les Six Corps exposent une solidarité de vue avec la pensée contestataire de la haute magistrature autour de la confection de la loi et de son enregistrement. Le Parlement lui-même fait barrage à la création de privilégiés tout au long de la période, à l'image de son opposition en 1759 à un projet d'érection des maîtrises en offices héréditaires, ou à un édit de mai 1767 créant des maîtrises privilégiées (ou brevets) dans tous les corps et communautés d'arts et métiers, aboutissant à un enregistrement forcé.[47] Fort de sa position au cœur de l'État, le Parlement reproche ni plus ni moins à ces mesures gouvernementales de « détruire la forme de l'administration qui remonte aux Établissements de saint Louis ».[48]

Du reste, au-delà de ces conflits avec le Conseil sur les formes extraordinaires prises par le privilège particulier, c'est bien toute une formalité des échanges qu'induit le privilège incorporé et que défendent les corps dans leurs relations journalières avec la monarchie. La convenance des formes politiques, adossée aux pouvoirs dont jouit la communauté, résulte effectivement du privilège et de sa possession, au nom desquels le dialogue doit obéir à des usages et des étiquettes qui sont une reconnaissance même de cette possession. Il en va ainsi des visites cérémonielles, de la codification des paroles et des vêtements, des dons, de la formulation précise des placets et des

[47] AN, KK 1342, registre de délibérations des Six Corps, 31 août 1759, 10 juillet 1767.

[48] Jules Flammermont, *Remontrances du Parlement de Paris au XVIIIe siècle*, t. 2, Paris (Imprimerie Nationale) 1895, p. 226.

requêtes, de la communication réciproque des écrits, etc., de toute situation où les Six Corps font face à la tutelle monarchique. Tout y est formalisé en fonction de la reconnaissance et de la validation du privilège. Par chacune de ces actions, les Six Corps expriment bien un type de légalité ordinaire, attendue dans le moindre des actes courants dont la répétition et la fixité font aussi l'institution. C'est là également que se transporte le conflit lorsque la monarchie annule à partir des années 1740–1750 sa participation à ce langage et qu'elle développe d'autres dispositifs politiques et rituels, plus autoritaires et individualisés, avec les communautés.[49] Ainsi voit-on l'orfèvrerie, par exemple, refuser de répondre en 1756 à un projet d'édit sur le commerce en gros, attendu que celui-ci ne lui a pas été communiqué par la voie usuelle du contrôle général des finances ou de la lieutenance générale de police, mais par une simple « personne du Conseil de commerce ».[50] On pourrait multiplier les exemples. Bien qu'absente telle quelle, l'idée de légalité gagne une infinité de liens à l'État, par lesquels doivent être exposés et confirmés des droits acquis ou extraits de l'espace public, tous droits qui sont pensés à travers le privilège.

La relation du privilège individuel au privilège collectif est ainsi, pour les communautés, l'occasion de définir les critères d'un exercice public, aussi bien par les actions commerciales effectives et que par les formes juridiques suivies en vue d'établir leur bien-fondé. En ce sens, le public serait pour elles davantage le produit d'une légalité, et le particulier, sinon le produit d'une illégalité inexprimable, tout du moins celui d'une irrégularité. Le travail des grands corps revient à produire ce lien: le privilège s'enracine dans le public dès lors qu'il prend appui sur une communauté qui le préfigure, le personnalise tout en le protégeant par l'exercice partagé du privilège même. Jouissance effective et origine juridique forment ici deux versants indissociables. Ils convergent tous les deux vers une notion spécifique, celle de juridiction, qui alimente chacun des conflits créés par l'irruption du privilège particulier dans l'espace commun.

49 Mathieu Marraud, Le cérémonial urbain à Paris au XVIIIe siècle: représentation et négociation politique, in: *Les histoires de Paris (XVIe–XVIIIe siècle)*, éd. par Thierry Belleguic et Laurent Turcot, t. I, Paris (Hermann) 2012, pp. 245–267.

50 AN, KK 1352, registre de délibérations de l'orfèvrerie, 14 avril 1756.

IV. Le privilège comme pouvoir de juridiction

La juridiction est à proprement parler une capacité, la capacité de dire le droit dans un territoire et un champ de compétences définis par dévolution souveraine. Si l'on excepte les juridictions seigneuriales ou ecclésiastiques, elle est la communication directe d'un pouvoir régalien, articulant l'établissement légitime au pouvoir d'action. Elle est clairement associée dans le commerce à l'idée de « corps ».[51] La police et la justice dont bénéficient les corporations par leurs statuts composent autant de juridictions. Les statuts de la mercerie sont sans équivoque en 1601 lorsqu'ils précisent que le pouvoir des gardes élus, en plus d'exercer le droit de visite à l'aide d'un sergent ou d'un commissaire, est de « faire observer les Ordonnances ».[52] Par leur capacité à dénoncer les manquements aux règles, à l'intérieur de la communauté comme sur toute personne usant de mesures ou de matériaux dont ils ont la « garde », les élus jouissent d'une police étendue au droit de sanction, c'est-à-dire de jugement, sur l'ensemble des maîtres. Aussi la lutte engagée par les Six Corps contre les lieux et les marchands privilégiés doit-elle être aussi appréciée sous l'aspect d'une défense juridictionnelle. Elle s'effectue à la fois sur un champ d'actions (la marchandise) et sur un territoire (la ville), dans le but de construire – ou plus exactement de protéger et de confirmer – une unité.

Cette unité est déjà celle d'une chaîne continue de délégation, une chaîne capable de mener du roi, à ses magistrats, puis aux gardes jurés des communautés. Il s'agit bien d'une communication publique à vocation globale sur la ville, comme le disent les Six Corps en 1735 contre les lieux privilégiés:

> « La Police de Paris ne peut etre pretendüe par les hauts justiciers [sur les lieux privilégiés] au point d'executer dans leur territoire la Police commune de la ville, qui s'y est toujours exercée dans quelque lieu que ce soit sous l'autorité du Roy par le ministere de ses officiers et par l'attention des gardes et jurez qui ont fait serment

[51] La « communauté », elle, renvoie plutôt à l'idée d'un art exercé sous des règles communes: cf. Jacques Savary des Bruslons, *Dictionnaire universel de commerce […]*, t. I, Paris (Estienne) 1723, p. 1339, 1529.

[52] *Statuts, ordonnances et reglemens du corps des marchands merciers grossiers joüailliers de cette ville de Paris*, Paris (veuve Garnier) 1737, p. 47 (BNF, F 13096).

> au Roy, l'ayant fait eux memes entre les mains de ses officiers [...]. Il est de principe certain que la police doit s'administrer necessairement dans une meme ville d'une maniere commune et uniforme. »[53]

Les gardes étant ainsi reliés au souverain autant qu'à leurs communautés, une chaîne d'assermentation permet de poser leur pouvoir sous une double délégation publique, délégation descendante du roi vers ses agents ou conseillers, délégation ascendante de la communauté vers ses élus:

> « Deux écrits doivent necessairement concourir pour imprimer à quelqu'un le caractère de garde d'un corps: l'institution du Souverain et le choix des membres qui le composent. »[54]

Cette unité politique, donc, se traduit nécessairement par une unité territoriale agissant à l'encontre des territoires d'exception que sont les palais ou abbayes, et à l'encontre des particuliers qui y font le commerce.[55] Une compréhension spécifique de la ville et de son uniformité est à l'œuvre, que l'on retrouve jusque dans la législation royale, avec la création du Grand Châtelet de 1674 abrogeant les anciennes justices seigneuriales, et plus encore avec la réunification des communautés des faubourgs à celles de la ville,[56] comme c'est le cas pour les Six Corps avec la bonneterie dans les années 1710–1720, non sans heurts. Ainsi que l'écrit un grand notable de la bonneterie en 1709: « il êtoit d'une necessité indispensable que tous ceux qui fabriquent et font le commerce des bas soient unis et incorporez en un seul et même corps. »[57]

53 AN, F^{12} 781B, « Requête des Six Corps des Marchands tendante à ce que nul ne puisse s'etablir dans les lieux privilegiés », env. 1735.

54 BIUP, V3-36, réplique des épiciers à l'opposition des apothicaires, 1769.

55 Alain Thillay, *Le faubourg Saint-Antoine et ses « faux ouvriers ». La liberté du travail à Paris aux XVIIe et XVIIIe siècles*, Seyssel (Champ Vallon) 2002, pp. 219–254.

56 Le Grand Châtelet correspond avec l'édit de mars 1673 qui ordonne que toux ceux qui exercent les arts et métiers dans la ville et faubourgs doivent appartenir à une communauté, et à défaut, que le métier doit être érigé en communauté. L'arrêt du Conseil du 31 mai 1675 supprime toutes les communautés d'artisans des faubourgs et les rattache aux communautés de la ville. Il ne sera jamais totalement appliqué.

57 AN, F^{12} 781A, lettre d'Alexandre ancien juge consul bonnetier à d'Aguesseau, 1709.

C'est dans ce sens que doivent être interprétées les saisies sur les particuliers des faubourgs privilégiés de la part des corps intra-muros: lorsque les merciers font leurs visites en 1691 sur un marchand de la lointaine rue de l'Oursine, et qu'ils font confirmer leur saisie en Parlement, avant que les épiciers ne les imitent dans la même rue en 1717, c'est l'opportunité pour toutes ces grandes corporations de s'adjoindre des territoires par voies de police, en obligeant les particuliers du lieux à se faire recevoir parmi elles.[58] Le droit de visite, et donc le droit de saisie, sont en effet la première manifestation du pouvoir de juridiction marchande. Les Six Corps cherchent tout d'abord à l'exercer sur les communautés artisanales, sans possibilité de réciprocité (c'est-à-dire sans possibilité de visite des artisans sur les Six Corps, beaucoup de procès vont en découler).[59] Ils cherchent en second lieu à l'exercer contre les privilèges particuliers. Ce faisant, il faut bien y lire la volonté de réaliser le périmètre de la ville à l'échelle d'un secteur que ces corporations entendent maîtriser, volonté de mesurer la capitale à l'image d'une totalité de droits territoriaux et commerciaux. Comprise grâce à l'étendue de leurs privilèges, la ville n'est pas sans opposer cependant aux Six Corps une autre géographie, tout autant morcelée par le privilège, essentialisé de la même manière. L'abbesse de Saint-Antoine s'insurge ainsi en 1711 contre les prétentions des communautés urbaines sur les ouvriers libres du faubourg: « de quelle utilité seroit un lieu de privilege [le faubourg] pour les ouvriers s'ils etoient obligez de se faire reconnoistre par les maistres? » Pouvant décrire le reste de la capitale comme « des lieux ordinaires où il n'y a point de privilege »,[60] elle appréhende également l'espace au prisme d'une juridiction qu'elle pense détenir de droit, et qui renvoie la ville intra-muros à sa seule dissemblance avec le « privilège » du faubourg.

[58] *Memoire pour les maistres & gardes des marchands epiciers & apotiquaires-epiciers de la ville & fauxbourg de Paris, l'un des six corps des marchands, demandeurs, contre Pierre Leroy, faisant le commerce d'apotiquaire-epicier dans la rüe de Loursine, défendeur,* Paris (Coignard) s. d. [1718?] (BNF, FOL-FM 12439).

[59] La mercerie parvient dès 1666 à obtenir un arrêt interdisant toute visite d'artisan sur ses propres maîtres: AN, AD XI 17, arrêt du Parlement du 8 février 1666, « contre les jurés de toutes les communautés de Paris ».

[60] AN, G^7 1727, arrêt du conseil du 29 septembre 1711.

En superposant la ville à leur juridiction propre, les corps tentent par conséquent d'exposer l'assise générale de leur privilège. Ils tentent de l'enchâsser dans une armature de juridictions surplombantes par lesquelles son attache à la monarchie veut être qualifiée. C'est en quoi la lieutenance générale de police est utile par son ressort sur les Six Corps, afin d'inscrire leur privilège à l'échelle de toute la police ordinaire de la ville dont ce magistrat a la responsabilité directe devant le souverain. Elle l'est aussi au regard d'une protection particulière telle que la juridiction est toujours envisagée: l'exercice de la justice est autant soumettre un justiciable à un siège que le distraire d'un autre, l'en abriter, c'est un acte de protection pour l'individu en même temps que pour la juridiction elle-même placée sous protection de sa supérieure. Les Six Corps ne disent pas autre chose en mentionnant leurs droits à relever du lieutenant général, depuis 1667, qui leur assure des évocations favorables auprès du Conseil du roi, à l'encontre des revendications du Grand Conseil sur le commerce des privilégiés:

> « C'est aussy au Lieutenant general de police qu'il appartient seul de prononcer sur cette saisie, comme juge conservateur des statuts des supliants [les apothicaires] et de ceux des Six Corps des Marchands, dont les supliants sont un des plus considerables. La competence de ce juge est tellement establie que toutes les fois qu'il s'est presenté au Conseil des Reglements de juger entre les Six Corps des Marchands, ou quelqu'un d'eux en particulier, et quelque espace de privilegié que ce soit, le Conseil a toujours renvoyé les contestations au Chastelet de Paris, et par appel au Parlement à l'exclusion du Grand Conseil. »[61]

C'est dans cette conception de la ville / juridiction que prend place également la question des manufactures. L'insertion de la manufacture dans le ressort marchand de la corporation fait preuve du même souci d'affirmer la suprématie d'un privilège portant pouvoir de juridiction sur un privilège portant uniquement concession matérielle. C'est le cas en 1733 lorsque la mercerie signe une transaction avec l'un de ses propres marchands, qui vient de recevoir le privilège d'une manufacture de points d'Espagne à Clamart. Celui-ci acquiesce au droit de visite de la communauté sur sa manufacture, et, en

61 BIUP, R-17, « Au Roy et à Nosseigneurs de son Conseil », 6 avril 1730, au sujet d'une saisie des apothicaires chez un particulier sans qualité.

échange, il obtient le retrait de l'opposition qu'a lancée la mercerie à l'enregistrement de son privilège.[62] La manufacture fait ainsi son entrée dans l'espace juridictionnel de la communauté, qui l'a sortie de sa liaison « privilégiée » au Conseil et à la Cour. C'est bien de cette liaison dont se moquent les Six Corps comme d'une fiction de droit: « on a cru, à la vérité, devoir encourager l'industrie en accordant des distinctions honorables, en donnant à une manufacture le titre de *manufacture royale.* »[63] De la même façon s'explique la renonciation à son privilège par un apothicaire du duc d'Orléans, en 1724, contre désistement de leur plainte par les gardes apothicaires et promesse d'incorporation du renonçant à la communauté.[64] L'échange contient la reconnaissance d'une autorité publique comme étant antérieure à toute autre.

En fait, on le voit bien, le but de ces conflits est bien moins l'élimination des privilèges ou des privilégiés locaux que leur absorption. Il est question d'étendre la superficie de la communauté par intégration de toute activité mordant sur ses prérogatives. Les Six Corps développent dès les années 1680–1690 toute une politique mi-officielle mi-officieuse d'assimilation des marchands particuliers dits « sans qualité », exerçant la profession sans être reçus à la maîtrise, contre versement aux caisses communes de sommes assez importantes destinées à colmater leurs dettes.[65] C'est dans une pratique souterraine de contravention à leurs propres statuts, qui n'acceptent en théorie d'incorporation que par naissance ou par apprentissage, que l'élargissement de l'assiette fiscale des communautés se réalise: il se fait par intimidation et intégration forcée des particuliers « libres ». Agissant de la sorte, le privilège public tend bien à recouvrir et non à

62 AN, Minutier Central (MC), Étude XXXIX, 347, 21 août 1733, transaction entre la mercerie et Gabriel Decombes.

63 *Mémoire à consulter sur l'existence actuelle des six corps, & la conservation de leurs privileges*, Paris (P. G. Simon) 1776, p. 10 (BNF, Ms Joly de Fleury 462, fol. 151).

64 AN, MC, Étude XXXIX, 323, 10 février 1724, convention entre François Clerambourg et le corps des apothicaires.

65 Laurence Croq, *Être et avoir, faire et pouvoir: les formes d'incorporation de la bourgeoisie parisienne de la Fronde à la Révolution*, Paris (Habilitation à diriger des recherches de l'EHESS) 2009, pp. 82–87; Mathieu Marraud, Permanences et déplacements corporatifs dans la ville, le corps de l'épicerie parisienne aux XVIIe–XVIIIe siècles, in: *Histoire & Mesure* 25, 1 (2010), pp. 3–45.

restreindre l'immense variété des activités commerciales qui peuvent coïncider avec sa définition. Il cherche à maîtriser un secteur économique le plus vaste possible bien plus qu'à le refermer sur un petit nombre de maîtres. La juridiction apparaît alors sous le jour d'un processus bien plus que d'un département d'autorité. Elle devient une dynamique de défense et de conquête dans un climat général de compétition juridique entretenue par la monarchie. Son caractère public réside là, et sa stabilité fiscale tout autant, dans un climat fait aussi d'insécurité financière et métallique.

V. Fiscalité et intégration politique du privilège

La fiscalité est peut-être la seconde manifestation de cette juridiction corporative contenue dans le privilège. Elle est un outil puissant de qualification politique autour des mêmes oppositions public / particulier. Aussi bien à travers l'exemption que l'imposition, elle marque l'incorporation, y compris l'entrée des privilégiés royaux au sein des communautés où ceux-ci viennent acquitter les droits et leur quote-part des dettes communes, et se fondre dès lors parmi les autres maîtres. Que ce soit par la capitation à partir de 1695 ou par le vingtième d'industrie à partir de 1741, l'inclusion fiscale dans la communauté est en effet la trace première d'une appartenance publique. On le voit par exemple en 1748, lorsque les Six Corps contrecarrent une sentence de police qui veut rejeter hors de la capitation des corps ceux des marchands qui sont pourvus par ailleurs d'offices, et veut par conséquent les capiter sur d'autres rôles. Les corps opposent que c'est le privilège commun qui doit l'emporter fiscalement sur le privilège particulier.[66] Quant au maintien sur les listes des veuves, des marchands pauvres ou retirés de leur commerce, des enfants non encore établis, c'est un enjeu que la fiscalité royale transporte au cœur des corporations qui toujours ont pensé « faire communauté » en regroupant autre chose qu'un métier, une profession, mais bien les individus et les familles autorisées à en vivre. La communauté est une discipline institutionnelle visant à sa propre continuité, au même titre qu'une discipline familiale, domestique,

[66] AN, KK 1342, registre de délibérations des Six Corps, 25 janvier 1748.

apte à créer une continuité humaine dans l'institution.[67] C'est bien ce que prend en charge la corporation. Or l'identité fiscale des veuves et des anciens marchands pose problème dès les premiers endettements des corporations, dans les années 1690–1710, quant à leur participation au désendettement à l'instar des autres maîtres.[68] On voit en 1769–1770 certaines veuves ou certains anciens marchands être repoussés de force sur les rôles de la bourgeoisie non corporée de la ville, « quoiqu'ils ayent toujours payé la capitation à leur corps, attendu qu'ils ne cessent d'en etre membre que lorsqu'ils ont fait signiffier leur renonciation. »[69] Ainsi, acculés à distinguer leurs membres selon qu'ils exercent ou non, les corps livrent des catalogues où l'on voit la proportion des « retirés » ou « non établis » augmenter à la fin du XVIIIe siècle, défendant de la sorte l'ensemble de leurs composantes comme étant séparées des bourgeois simples particuliers de la ville. Tous sont usufruitiers d'un privilège collectif indépendamment de son exercice réel.[70]

Ces maîtres et veuves « non profès » sont la preuve que la corporation délivre un statut, une approbation à commercer perçue jusqu'à la veille des réformes de 1776 sous la forme d'une possession et non d'un métier. C'est bien au problème de la professionnalisation que se confrontent ici les corps, au centre duquel lequel réside la péremption de leurs privilèges.

Le privilège public des corps, revendiqué sur toute l'étendue d'un commerce et des familles qui y prospèrent, constitue une réponse à une menace, celle d'une fiscalité enclavée et inégalitaire. Pour efficace qu'elle soit, cette réponse véhicule néanmoins un autre problème, cette fois-ci à l'avantage du prince. Très vite, ce dernier y voit la

67 Mathieu Marraud, Communauté conjugale et communauté politique. Les usages de la coutume de Paris dans la bourgeoisie corporative, XVIIe–XVIIIe siècles, in: *Revue d'histoire moderne & contemporaine* 58, 2 (2011), pp. 96–119.

68 AN, G7 1692, requête des merciers au contrôleur général pour imposer aux veuves et marchands retirés les droits de visites, destinés à rembourser les emprunts, septembre 1708.

69 AN, KK 1342, registre de délibérations des Six Corps 31 octobre 1770.

70 Les maîtres « retirés » passent de 10% à 21% dans l'épicerie entre 1749 et 1773, les veuves « retirées » de 23% à 70,5%: *Catalogue général des marchands épiciers et des marchands apothicaires-épiciers de cette ville, faubourgs et banlieue de Paris*, Paris (Prault) 1750 (BNF, F-18019); idem, 1773 (BNF, Z-Le Senne 8 528).

possibilité d'affirmer un droit régalien sur toute maîtrise créée et possédée: l'extension du privilège public contient en lui-même la possibilité d'identifier l'ensemble des maîtrises à une délégation directe, et par conséquent de les soumettre à une fiscalité royale directe. Déjà l'édit de mars 1691, commutant à des fins bursales les charges de gardes élus en offices héréditaires, nomme tel quel ce pouvoir de création du souverain sur l'espace de la communauté:

> « Qu'il n'apartient qu'au Roy seul de faire des maitres des arts et metiers et que c'est un droit de la couronne. »

Pouvoir royal de création, donc, envers lequel les communautés peuvent ne plus conserver qu'un pouvoir de réception:

> « Suivant notre jurisprudence et nos loix, le roy seul a le droit d'etablir des maitrises de communautés de marchands et artisans dans toutes les villes du royaume [...]. Nos roys sont seuls en droit d'etablir des maitres, mais ils ont voulu faire des graces à toutes les communautés et leur ont permis de recevoir des maitres. »[71]

À l'inverse de ce droit royal affirmé sur le commerce et sur les communautés, de plus en plus présenté comme un droit « domanial », le privilège particulier présente l'inconvénient de n'affirmer la prépotence du souverain que par à-coups, ponctuellement. Très souvent, la justification de ces privilèges particuliers par le roi ne peut se faire que sur le registre de la commensalité, du service des maisons princières, et non pas du bien public. Or c'est bien cette assimilation entre maîtrise, privilège et délégation royale, dont le pouvoir de juridiction des communautés est censé découler, qui permet au roi dès la guerre de la Ligue d'Augsbourg de ponctionner ces communautés, par le biais de créations d'offices notamment. Il les soumet à la création de dignités émanant en droite ligne du prince, et non plus émanant de la communauté elle-même.[72] Un cycle se met ainsi en place. Le roi finance son Trésor tout en œuvrant à l'expansion de sa souveraineté directe sur un espace qui, en raison de ses privilèges et statuts, s'en pensait à l'abri. En retour cet espace est confirmé dans la jouissance des mêmes privilèges, un temps suspendus. Il les rachète

[71] Archives de la CCIP, X 1-00(1), « Memoire sur les maitrises » [env. 1775], p. 1.

[72] René Nigeon, *État financier des corporations parisiennes d'arts et métiers au XVIIIe siècle*, Paris (Rieder) 1934.

en quelque sorte.[73] C'est bien cet échange dont se réclame la pelleterie en 1707, comme d'une consolidation des privilèges communs par le biais des sommes versées, et donc d'une capacité renforcée pour les corps à combattre les privilèges particuliers: lorsque les gardes pelletiers perquisitionnent assez brutalement le Temple où des particuliers tiennent boutique libre grâce aux « prétendus privilèges » de l'enclos, ils invoquent pour cela les 550.000 livres payées par les Six Corps quelques mois plus tôt lors du rachat de plusieurs offices, en contrepartie duquel ils auraient bénéficié d'un arrêt du Conseil portant défense à toute personne de faire à Paris le commerce des Six Corps sans y être reçus, jusque dans les lieux privilégiés. C'est du moins le lien qui en est présenté par le corps des pelletiers.[74] La fiscalité royale prend ici l'aspect d'un renforcement public et globalisant du privilège.

Autorisée par sa fiscalisation, pareille portée globalisante du privilège s'avère pourtant plus risquée encore pour les Six Corps. Ceux-ci, à force de s'élever à hauteur de la ville-capitale, finissent par souffrir de leur analogie avec l'appareil central d'État. Le processus de publicisation à outrance du privilège corporatif conduit à cette conséquence. Il entraîne son annexion. Dès les années 1740–1750, par souci de standardisation fiscale, la monarchie se trouve déjà en capacité d'abroger le privilège collectif en raison de son incorporation même aux grandes fonctions régaliennes, où son étendue le rapproche des limites mêmes d'un « droit commun du commerce ». Deux mesures phares émergent des autres en la matière:

– les projets de libéralisation du commerce en gros parisien à partir de 1756, culminant avec l'édit de mars 1765, dans lesquels les Six Corps voient « la subversion totale des statuts des corps, des edits, déclarations et ordonnances généralles du royaume »,[75]

73 Les théories de l'échange autour de l'économie publique du privilège sont posées par David Bien, Les offices, les corps et le crédit d'État: l'utilisation des privilèges sous l'Ancien Régime, in: *Annales. Économies, Sociétés, Civilisations* 43 (1988), pp. 379–404, puis par Michael Kwass, *Privilege and the Politics of Taxation in Eighteenth Century France*, Cambridge (Cambridge University Press) 2000.

74 AN, G^7 1725, « A Monseigneur de Chamillart ministre et secretaire d'État », 1707.

75 Archives de la CCIP, X 1-00(1), « Observations importantes pour les Six Corps des marchans au sujet d'un projet de liberté de commerce en gros dans Paris », s. d. [env. 1760], p. 6.

– la révision et l'apurement des comptes des Six Corps par une commission royale *ad hoc* à partir de 1757, bien que « jusqu'à present, dans touttes les demarches qui ont été faittes à cette occasion, on avoit toujours fait entendre aux Six Corps qu'on les distingueroit des arts et metiers [de l'artisanat] ».[76]

Trois des principaux privilèges sont anéantis: l'exclusivité commerciale, l'autonomie financière et la distinction de l'artisanat. Parallèlement un désir de contrôle policier anime toujours l'enregistrement professionnel devant une autorité souveraine: en août 1767, moins de dix ans avant la suppression des communautés, est ainsi rendu un arrêt du Conseil qui soumet toutes les professions d'arts et métiers qui ne sont pas en jurande à un serment devant le lieutenant général de police, en justifiant d'un brevet ou de lettres de privilèges, que chaque marchand serait contraint de se faire expédier au risque de ne plus pouvoir exercer, le tout contre finance évidemment.

On le voit, les corps sont découplés du public au fur et à mesure que la personne politique du prince entend le contenir à elle seule, qu'elle entend endosser en son nom et puissance la concession du commerce en même temps que sa représentation, aptitude que le privilège comportait en lui. De la sorte, à l'image de toutes les communautés, les Six Corps sont déportés dans les années 1760–1770 vers le « particulier » d'un héritage ou d'une fonction tout juste « singularisée » – et non plus « distinctive » – des autres. Leurs privilèges, aux yeux de la monarchie, sont devenus une sorte de bien dépublicisé, particulier. L'intermédiation qu'ils incarnaient se trouve bientôt anéantie dans une polarité souveraineté/sujétion avec laquelle le second absolutisme veut structurer les pouvoirs. En cela, la suppression des communautés en 1776 obéit moins à une libéralisation du commerce qu'à un transfert d'autorité, à une ultime intégration de celui-ci au politique.

[76] AN, KK 1432, registre de délibérations des Six Corps, 4 janvier 1741.

Conclusion

Rédigeant une plainte en 1763, les Six Corps des marchands de Paris dressent la liste des éléments qui œuvrent selon eux à la détérioration de leurs droits:

> « [...] la multiplication continuelle des privilèges locaux et personnels, les écrits périodiques qui méprisent egallement les interets et les loix du commerce, un genie systématique à la mode qui, cherchant l'intérêt personnel sous le prétexte du bien public, présente sans cesse au Conseil des propositions. »[77]

La liste présente bien à cette date le Conseil du roi comme l'agent essentiel d'une déperdition, à la fois par la production de « privilèges locaux et personnels », suppléments de privilèges commerciaux qu'il multiplie, et par l'écoute favorable qu'il prodigue aux « esprits de système » (des particuliers porteurs de projets, aux premiers rangs desquels Gournay ou Turgot). Avec la perte d'un lien favorable au Conseil, les grandes communautés marchandes constatent le discrédit de leurs compétences à la fin du XVIIIe siècle. Ayant toujours été un rapport politique, le privilège comporte désormais en lui la disqualification des anciennes forces commerciales et bourgeoises dans le but d'avantager d'autres participations au commerce et à l'État, décloisonnées et contingentes. Ce n'était pas le cas jusqu'alors, où la force urbaine et économique de ces corporations, auto-érigées en « Six Corps », soutenait leur reconnaissance par la Couronne via l'élévation / confirmation de leurs privilèges. Ils en sont dépossédés une fois que l'incorporation politique du roi aux communautés n'est plus nécessaire à la monarchie pour exprimer le bien-fondé de ses actes.

En fait – on le voit jusque dans l'espace du commerce – le privilège doit être compris tel un processus de conquête et d'accumulation ininterrompue, une sorte de publicisation des relations engagées avec la monarchie. Tout ce qui s'approche du roi, en termes même de gestes ou de paroles, est sur-le-champ capitalisé, propulsé dans l'espace des attributions publiques, ceci dans un contexte d'anxiété

77 Archives de la CCIP, X 3-00(1), « Observations d'un des Six Corps des marchands de Paris, présentées aux cinq autres sur le déperissement du commerce et des droits utiles des Six Corps », s. d. [1763], p. 1.

juridique et de quête constante d'institution. Le privilège couvre tout moyen, activé ou non, de légitimer les biens et les individus, leurs droits et actions propres, par un lien direct à la Couronne. Il est pratiquement le seul moyen pour les acteurs de s'instituer. Ceci ne peut que conduire au rapport de force parmi les trop nombreux bénéficiaires en vue de créer du classement, de l'antériorité, de la primauté.

Il est intéressant de constater qu'un des premiers critères de classement du privilège, par les communautés de métier autant que par les jurisconsultes, est alors sa contribution ou non au bien public, c'est-à-dire, au-delà de la question de son ressort plutôt économique ou honorifique, sa propension ou non à élaborer de la règle commune, à élaborer un collectif politique. En rejetant les privilèges qui les encerclent vers le « particulier », le non-politique, le domestique, les Six Corps jettent les bases d'un droit public du commerce dont chaque article se trouve totalement compatible avec l'idée de sa détention, de sa propriété exclusive. Loi privée établissant un lien public, le privilège est l'appropriation par laquelle se crée et s'amplifie la chose publique. Il est le lieu de cet accord à partir duquel est pensée la nature même de l'État par les corporations.

Nul besoin pour autant d'y lire l'instrumentalisation du droit par celles-ci. Tout l'emploi des Six Corps est bien de se situer dans l'État et non devant lui, de se penser comme la chose établie à travers le privilège commun, la police économique, l'exercice d'une juridiction marchande, la jouissance d'une fiscalité déléguée … Les Six Corps *sont* le droit, au même titre que les privilèges « particuliers » qu'ils combattent déclareront l'être. La concurrence des régimes juridiques ne signifie en rien la relativité ni même la malléabilité de leur utilisation par les contemporains. La liaison du commerce à l'État n'a d'autre choix que de s'appuyer, structurellement, sur la compétition et la rivalité *des* droits, sur l'appropriation et la confiscation des circuits de vente, des lieux de pouvoir et d'information, des termes d'honneur. Le privilège est prérogative et distinction en même temps. Très longtemps l'acte commercial ne peut être théorisé en dehors de lui, de sa connexion à un bien que le droit romain a toujours élevé à hauteur de la cité, d'une *res publica*, avant que la monarchie ne le rapporte à une source souveraine en ce que ce bien permet de faire société, de l'ordonner. Nulle surprise à voir le privilège transiter de cette façon par la construction d'une dignité (ici la supériorité du monde marchand corporé sur les autres métiers réglés ou libres), et donc par un travail d'exclusion, de captation, de dérogeance. Sa déconstruction, quant à elle, découle à partir des années 1740–1750 d'un transfert des modes d'exclusion et d'appartenance à l'État, qui restent tout autant un moyen de représenter la monarchie. L'État ne se désengage pas du commerce en 1776, mais s'y raccorde autrement.

Si la question se pose alors d'un encadrement de l'économie par le roi, d'une mutation de ses normes légales, elle doit moins aux formes qu'y prend le privilège qu'aux possibilités nouvelles d'y réénoncer les justifications morales du commerce, pensé comme totalité.[78] En définitive, par sa structure, le privilège répond autant au respect des pouvoirs traditionnels qu'à leur abolition. Son usage est global et finit même, paradoxalement, par dessiner au XVIIIe siècle les contours d'un droit commun. Toute action juridique s'appuie sur lui. Son utilisation par les corporations revient-elle ni plus ni moins à construire du bien public? Le roi prétendra agir de même en les supprimant.

Longtemps, seul le privilège détient pour les acteurs le potentiel d'un droit allié à la propriété légale et à l'autorité publique. Celles-ci sont simplement prises en étau entre les deux versants traditionnels de la puissance royale que sont la faveur et l'institution, dont les tensions rejaillissent sur les combats ordinaires menés par les communautés, liés inextricablement aux contradictions du régime. Le privilège occupe ainsi le point de rencontre, et de conflit, entre les dimensions domestiques et publiques d'un même pouvoir.

78 Philippe Steiner, Commerce, commerce politique, in: *Le cercle de Vincent de Gournay. Savoirs économiques et pratiques administratives en France au milieu du XVIIIe siècle*, éd. par Loïc Charles, Frédéric Lefebvre et Christine Théré, Paris (Institut National d'Études Démographiques) 2011, pp. 179–200.

Kreuzwege juristischer und ökonomischer Rationalitäten: Die Debatte um Privilegien, Monopole und Konzessionen in Deutschland am Ende des 18. und zu Beginn des 19. Jahrhunderts

Peter Collin

I. Einleitung

Gegenstand dieses Beitrags ist die deutsche Debatte um die Gestaltung eines bestimmten wirtschaftlichen Handlungskomplexes: die Debatte um die Steuerung des nichtzünftigen Gewerbes durch Privilegien, Monopole und Konzessionen. Zeitlich konzentrieren sich die Ausführungen auf die letzten beiden Jahrzehnte des 18. und das erste Jahrzehnt des 19. Jahrhunderts. Das Ende markiert das Jahr 1810, als mit dem preußischen Gewerbesteueredikt die Gewerbefreiheit eingeläutet und die Diskussion um Monopole erheblich an Bedeutung verlor; die Reformbürokratie lehnte diese ohnehin ab.[1]

Der Zielstellung dieses Bandes würde es entsprechen, von der Perspektive der ökonomischen Akteure auszugehen und die Privilegienpraxis zu analysieren. Diesem Konzept folgt der hier vorliegende Beitrag nur in einer vermittelten Weise, nämlich indem theoretische Konzepte und wissenschaftliche Bewertungen vorgestellt werden, die wiederum vom ökonomischen Akteur ausgehen – als Subjekt von Rechten, als Nutzenmaximierer, als Glied einer Gesellschaft, in der die Gewichte zwischen wirtschaftlicher Freiheit und Gemeinwohlgebundenheit in einer bestimmten Weise verteilt sind.

Dies geschieht in folgender Form: Einer Beschreibung des Gegenstandes der Debatte und ihrer Protagonisten folgt die Darstellung

[1] Barbara Vogel, Allgemeine Gewerbefreiheit. Die Reformpolitik des preußischen Staatskanzlers Hardenberg (1810–1820), Göttingen 1983, S. 146.

juristischer und ökonomischer Argumentationslinien. Denn mit Privilegien, Monopolen und Konzessionen sind nicht nur institutionalisierte Rahmenbedingungen ökonomischen Handelns umschrieben, sondern auch Rechtsinstitute, die Gegenstand juristischer Diskurse waren. Daran schließt sich der Versuch an, diese Argumentationslinien aufeinander zu beziehen; hierin eingebettet ist ein kurzer Blick auf die administrative und Gesetzgebungspraxis in Preußen, in der ebenfalls Wechselbezüge von juristischen und ökonomischen Aspekten sichtbar werden. Ziel ist es, die verschiedenen Argumente als Bestandteil eines Gesamtdiskurses erkennbar werden zu lassen, eines Treffraums von Juristen und Ökonomen, in dem die Argumentationstopoi Freiheit und Gleichheit und Staatswohl und Privatwohl in unterschiedlichen Ausformungen benutzt, gegeneinander gesetzt und zum Teil miteinander verschmolzen wurden.

1. Der Gegenstand der zeitgenössischen Debatten

Welches war nun der Gegenstand jener Debatten? Die Ausführungen hierzu können recht knapp ausfallen, weil auf eine umfangreiche Forschungsliteratur verwiesen werden kann, vor allem auf die Ausarbeitungen von Diethelm Klippel,[2] die Dissertation von Thorsten Lieb[3]

[2] Diethelm Klippel, Politische Freiheit und Freiheitsrechte im deutschen Naturrecht des 18. Jahrhunderts, Paderborn 1976; ders., »Libertas commerciorum« und »Vermögens-Gesellschaft«. Zur Geschichte ökonomischer Freiheitsrechte in Deutschland im 18. Jahrhundert, in: Grund- und Freiheitsrechte im Wandel von Gesellschaft und Geschichte. Beiträge zur Geschichte der Grund- und Freiheitsrechte vom Ausgang des Mittelalters bis zur Revolution von 1848, hg. von Günther Birtsch, Göttingen 1981, S. 313–335; ders., Das Privileg im deutschen Naturrecht des 18. und 19. Jahrhunderts, in: Das Privileg im europäischen Vergleich, hg. von Barbara Dölemeyer und Heinz Mohnhaupt, Bd. 1, (Ius Commune Sonderhefte. Studien zur europäischen Rechtsgeschichte 93), Frankfurt am Main 1997, S. 329–345; ders., Das Privileg in der deutschen Staatsrechtslehre des 19. Jahrhunderts, in: Das Privileg im europäischen Vergleich, hg. von Barbara Dölemeyer und Heinz Mohnhaupt, Bd. 2, (Ius Commune Sonderhefte. Studien zur europäischen Rechtsgeschichte 125), Frankfurt am Main 1999, S. 285–308.

[3] Thorsten Lieb, Privileg und Verwaltungsakt. Handlungsformen der öffentlichen Gewalt im 18. und 19. Jahrhundert, Frankfurt am Main u. a. 2004.

und die Beiträge von Heinz Mohnhaupt.[4] Es ging um wirtschaftslenkende staatliche Maßnahmen, die sich auf den Betrieb eines gewerblichen, nichtzünftigen[5] Unternehmens bezogen. Das betraf zunächst das Privileg: Dieses räumte das Recht zur Ausübung jenes Unternehmens ein und konnte mit bestimmten Auflagen, aber auch mit ebenfalls den Privilegierungstatbestand erfüllenden Begünstigungen, z. B. mit der Befreiung von Abgaben- oder von Militärdienstpflichten für Beschäftigte,[6] verknüpft werden. Soweit ein bestimmter wirtschaftlicher Tätigkeitskomplex nur einer bestimmten Person zur Ausübung überlassen wurde, was den Ausschluss anderer nach sich zog, lässt sich von einem Monopolprivileg sprechen.[7]

Etwas schwieriger lässt sich der Bedeutungsgehalt des Terminus »Konzession« bestimmen; das zeitgenössische Schrifttum verfährt hierbei nicht einheitlich. Einerseits lässt sie sich als bedeutungsgleich mit dem Privileg einstufen; oft jedenfalls wurden keine Unterschiede hinsichtlich der Rechtswirkungen gemacht.[8] Allerdings taucht auch

[4] Siehe nur Heinz Mohnhaupt, Untersuchungen zum Verhältnis Privileg und Kodifikation im 18. und 19. Jahrhundert, in: Ius Commune 5 (1975), S. 71–121; ders., Vom Privileg zum Verwaltungsakt. Beobachtungen zur dogmengeschichtlichen Entwicklung in Deutschland seit der Mitte des 18. Jahrhunderts, in: Wissenschaft und Recht der Verwaltung seit dem Ancien Regime, hg. von Erk Volkmar Heyen, Frankfurt am Main 1984, S. 41–58; ders., Die Unendlichkeit des Privilegienbegriffs, in: Dölemeyer und Mohnhaupt, Privileg im europäischen Vergleich, Bd. 1 (Fn. 2), S. 1–11; ders., Der Entwicklungsgang von den wohlerworbenen, konzessionierten Rechten und Privilegien zu den dem Menschen zugehörigen Grundrechten, in: Europäische Grundrechte-Zeitschrift 31 (2004), S. 604–611; ders., Fabrikprivileg, in: Enzyklopädie der Neuzeit, hg. von Friedrich Jaeger, Bd. 3, Stuttgart / Weimar 2006, Sp. 753–756; ders., Privileg, in: ebenda, Bd. 10, 2009, Sp. 391–401.

[5] Auf Ausführungen zu den Zunftprivilegien wird in diesem Beitrag verzichtet. Siehe dazu die Abhandlung von Heinz Mohnhaupt in diesem Band.

[6] Reinhart Koselleck, Preußen zwischen Reform und Revolution. Allgemeines Landrecht, Verwaltung und soziale Bewegung von 1791 bis 1849, 3. Aufl., Stuttgart 1981, S. 123 f.

[7] Heinz Mohnhaupt, Privilegien und »gemeines Wohl« im ALR sowie deren Behandlung durch Theorie und Praxis im 19. Jahrhundert, in: 200 Jahre Allgemeines Landrecht für die preußischen Staaten, hg. von Barbara Dölemeyer und Heinz Mohnhaupt, Frankfurt am Main 1995, S. 105–144, 106.

[8] Heinz Mohnhaupt, Konzession, in: Jaeger, Enzyklopädie der Neuzeit (Fn. 4), Bd. 8, 2008, Sp. 11–14, hier Sp. 12; ders., Privileg, Vertrag, Gesetz, Konzession. Subjektives Recht und Formen der Rechtserteilung zwischen Gnade und Anspruch, in: Das Recht und seine historischen Grundlagen. Festschrift für Elmar Wadle zum 70. Geburtstag, hg. von Tiziana J. Chiusi, Thomas Gergen

schon Ende des 18. Jahrhunderts ein hiervon abweichendes Verständnis auf, das deshalb von Interesse ist, weil es eine andere Qualität staatlicher Wirtschaftssteuerung andeutet. In Häberlins *Repertorium des Staats- und Lehnrechts* von 1795 heißt es: »Um größerer Vorsicht willen, und um den Regenten zu überzeugen, wird ein jeder den Plan zu seiner Absicht dem Fürsten vorlegen, und ihn um die Bestätigung derselben ersuchen. Findet sich etwas Schädliches in dem Unternehmen: so wird das Gesuch abgeschlagen; wo nicht, so wird es mittels ertheilter Concession zugestanden. In diesem Falle sollte man daher eigentlich nie von Privilegien, immer aber von Concessionen sprechen, und doch hört man täglich das Gegentheil.«[9] Hier wird eine – wenn auch nur in schwachen Umrissen erkennbare – Grenze zwischen unter Kontrollvorbehalt stehender gewerblicher Freiheit und privilegiengesteuerter Wirtschaft gezogen.[10] Auf Konzessionen in diesem Sinne sollen sich die folgenden Ausführungen beziehen.

(Monopol-)Privilegien und Konzessionen standen nicht nur für punktuelle Eingriffe in spezielle Wirtschaftssektoren. Sie strukturierten das Wirtschaftsleben in grundlegender Weise. In ökonomischer Hinsicht stand zur Diskussion, welche Art von Wirtschaftsverfassung resp. Marktordnung durch ihren Einsatz entstand und welche Effekte im Hinblick auf Preise, Innovationen, Produktionsstrukturen usw. daraus erwuchsen. In rechtlicher Hinsicht warfen sie die Frage auf, ob und wann erstens eine gewerbliche Tätigkeit einer staatlichen Erlaubnis durch Privileg bzw. Konzession bedurfte und zweitens, inwieweit dies mit einem Hinderungsgrund für gleichartige gewerbliche Aktivitäten anderer Bürger verknüpft werden durfte, also mit einem Monopol.

und Heike Jung, (Schriften zur Rechtsgeschichte 139), Berlin 2008, S. 627–641, hier S. 638.

9 Carl Friedrich Häberlin, Repertorium des Teutschen Staats- und Lehnrechts, Vierter Theil, Leipzig 1795, Art. »Privilegium«, S. 283–294, hier S. 284; siehe auch Mohnhaupt, Subjektives Recht und Formen der Rechtserteilung (Fn. 8), S. 639.

10 Allerdings beherrschte das erstgenannte Verständnis von Konzession noch lange die Rechtswissenschaft; siehe v. a. Otto Mayer, Deutsches Verwaltungsrecht, Bd. 2, 2. Aufl., München/Berlin 1917, S. 181 ff. Zur Unterscheidung der so verstandenen Konzession von der polizeilichen Gewerbeerlaubnis, die die – dann gesetzlich garantierte – Gewerbefreiheit lediglich unter einen Kontrollvorbehalt stellte, Walter Jellinek, Verwaltungsrecht, 3. Aufl., Berlin 1931, S. 526 f.

2. Die Protagonisten der Debatte

Das Feld der Autoren, die sich in der Debatte zu Wort meldeten und deren Beiträge hier berücksichtigt werden, kann man in Juristen und Ökonomen einteilen. Aus dieser Einteilung folgt nicht automatisch eine entsprechende Charakterisierung der vorgebrachten Argumente als juristische oder ökonomische. Denn erstens betätigten sich etliche Autoren auf verschiedenen Feldern und zweitens verschafft selbst die Verortung eines Arguments in einer disziplinär eindeutig zuzuordnenden Schrift (beispielsweise in einem Lehrbuch der Nationalökonomie) noch nicht hinreichend Klarheit darüber, auf welchen Erwägungen dieses Argument beruhte.[11] Im Hinblick auf die Ökonomie haben wir es mit dem Problem zu tun, dass diese oft – offen oder verdeckt – auf Gerechtigkeitspostulate rekurrierte oder ökonomische Analysen durch naturrechtliche Vorannahmen geprägt waren. In juristischen Schriften tauchen oft gemeinwohlbezogene Erwägungen auf, also Begründungen, die auch staatswirtschaftliche Belange bei der Klärung von Rechtsfragen heranzogen. Der daraus entstehende Befund einer – wenn man so will – internen Inhomogenität juristischer und ökonomischer Stellungnahmen ist nicht nur Ergebnis der retrospektiven Anwendung einer Unterscheidung, die – etwa im Sinne Luhmanns – von klar abgrenzbaren Binnenlogiken von Recht einerseits und Ökonomie andererseits ausgeht. Er spiegelt schlicht das immer bestehende Grundproblem, dass Methodenreinheit zwar normativ postuliert, aber nicht analytisch vorausgesetzt werden kann. Man kann zwar sagen, dass dieses Problem für die hier behandelte Zeit und die hier behandelten Disziplinen verschärft auftritt. Denn das »öffentliche Recht«, dessen Vertreter hier auf Seiten der Juristen vor allem zu Wort kommen, hatte sich noch nicht derartig systematisieren und mit in einer langen Tradition dogmatisch ausgeformten Rechtsfiguren ausstatten können wie das wesentlich ältere Zivilrecht.[12] Und die junge Nationalökonomie hatte noch lange keinen

[11] Dass ich diesem Problem stärkere Beachtung schenke, verdankt sich ebenso wie der nachfolgende Gedankengang intensiven Gesprächen mit Erk Volkmar Heyen, dem ich herzlich für die aufmerksame Lektüre einer ersten Manuskriptfassung und seine nie versiegende Diskussionsbereitschaft danke.

[12] Zur Disziplingeschichte Michael Stolleis, Geschichte des öffentlichen Rechts in Deutschland, Bd. 1, München 1988, S. 291 ff., insb. 295 f., 386 ff.

disziplinären Selbststand erreicht und sich aus dem kameralistischen Disziplinverbund einschließlich der Verzahnungen mit der Polizeywissenschaft gelöst.[13] Letztlich verschiebt sich aber das Problem damit nur. Denn man könnte nach zeitgenössischen disziplinären Maßstäben fragen und daraus Kriterien für die Zuordnung gewinnen. Dies kann und soll hier aber nicht geleistet werden. Sinn dieser Vorbemerkungen war es lediglich, die Schwierigkeiten transparent zu machen, vor denen man steht, wenn man Argumente versucht zu klassifizieren.

Hiervon ausgehend soll in diesem Beitrag nur von juristischen bzw. ökonomischen Argumenten die Rede sein, wenn sich die Autoren durch die Publikation in einer bestimmten Literaturgattung entsprechend zu- und ihre Erwägungen in entsprechende disziplinäre Zusammenhänge einordnen. Wie sich von dieser Warte aus Amalgame aus den jeweiligen disziplinären Gehalten oder zumindest Berührungspunkte ermitteln lassen, wird in Abschnitt III erörtert. Dann ergeben sich auch Anhaltspunkte für Inkorporierungen »fremddisziplinärer« Vorverständnisse, was aber aus den o. g. Gründen nur tentativ behandelt werden soll.

Diese notwendigen Vorbemerkungen zugrundegelegt, sollen sich die Ausführungen zuerst den Juristen zuwenden. Deren Feld ist ein buntes. Nach intradisziplinären Literaturgattungen unterschieden, finden sich Stellungnahmen zu wirtschaftssteuerenden Privilegien in Ausarbeitungen zum Reichsstaatsrecht[14] und zum neuen Rheinbundrecht,[15] aber vor allem in naturrechtlichen Arbeiten, entweder

13 Zur Integration der Ökonomie in die Kameralistik Hans Maier, Die ältere deutsche Staats- und Verwaltungslehre (Polizeiwissenschaft), Neuwied am Rhein 1966, S. 233; zur allmählichen Herausbildung einer eigenständigen Nationalökonomie an den einzelnen Universitäten siehe die Beiträge in: Norbert Waszek (Hg.), Die Institutionalisierung der Nationalökonomie an deutschen Universitäten. Zur Erinnerung an Klaus Hinrich Hennings (1937–1986), St. Katharinen 1988.

14 Häberlin, Repertorium (Fn. 9), S. 283–294; Carl Friedrich Häberlin, Handbuch des Teutschen Staatsrechts, Bd. 3, Berlin 1797, S. 130 ff.; Heinrich Godfried Scheidemantel, Repertorium des Teutschen Staats- und Lehnrechts, Zweiter Teil, Leipzig 1783, Art. »Fabriken«, S. 1–3; Justus Christoph Leist, Lehrbuch des teutschen Staatsrechts, 2. Aufl., Göttingen 1805, S. 326 ff., 597 f.; Nicolaus Thaddäus Gönner, Teutsches Staatsrecht, Landshut 1804, S. 621 ff.

15 Johann Ludwig Klüber, Staatsrecht des Rheinbundes, Tübingen 1808, S. 454 ff., 482 ff.

im ius publicum universale mit seinem speziell öffentlich-rechtlichen Bezug[16] und der (partiellen) Berücksichtigung positiv-rechtlichen Materials,[17] oder in den weiter ausgreifenden allgemeinen Naturrechtslehren – hier werden solche Werke herangezogen, die Stellungnahmen zum in diesem Beitrag behandelten Problemkreis enthalten.[18]

Aus dem Feld der Ökonomen kommt die Phalanx der jungen an Adam Smith orientierten Nationalökonomie zu Wort: Kraus, Sartorius, Lüder, Jakob, Soden und Voss,[19] die oft – wenn auch mit eigenen Gedanken angereichert – Substrate aus dem »Wealth of Nations« vortrugen[20] – was dann auch Bezugnahmen auf Smith selbst unabdingbar macht. Die von ihnen vorgebrachten Argumente

[16] Hierzu Stolleis, Geschichte des öffentlichen Rechts (Fn. 12), S. 291 ff., insb. 296 f.

[17] Zu dieser Methode der Zusammenführung von Vernunftgrundsätzen und empirisch vorfindbarem Rechtsmaterial Robert Schelp, Das allgemeine Staatsrecht – Staatsrecht der Aufklärung. Eine Untersuchung zu Inhalt, Anspruch und Geltung des naturrechtlichen Staatsrechts im 17. und 18. Jahrhundert, Berlin 2001, S. 34 ff.

[18] Karl Heinrich Heydenreich, Grundsätze des natürlichen Staatsrechts und seiner Anwendung, Zweiter Theil, Leipzig 1795, S. 64; Johann Heinrich Abicht, Neues System eines aus der Menschheit entwickelten Naturrechts, Bayreuth 1792, S. 483 ff.; Leopold Friedrich Fredersdorf, System des Rechts der Natur, auf bürgerliche Gesellschaften, Gesetzgebung und das Völkerrecht angewandt, Braunschweig 1790 (ND Goldbach 1999), S. 299, 390 ff., 462 ff.; Karl Heinrich Gros, Lehrbuch der philosophischen Rechtswissenschaft des Naturrechts, Tübingen 1802, S. 184 f.

[19] Christian Jacob Kraus, Staatswirthschaft, Fünfter Teil: Angewandte Staatswirthschaft, Königsberg 1811; Georg Sartorius, Handbuch der Staatswirthschaft, Berlin 1796; ders., Abhandlungen, die Elemente des National-Reichthums und die Staatswirthschaft betreffend, Teil 1, Göttingen 1806; August Ferdinand Lueder, Die National-Industrie und ihre Wirkungen, Braunschweig 1808; Ludwig Heinrich Jakob, Grundsätze der National-Oekonomie oder National-Wirthschaftslehre, Halle 1805; ders., Grundsätze der Policeygesetzgebung und der Polizeianstalten, Halle / Leipzig 1809; ders., Grundsätze der National-Oekonomie oder Theorie des National-Reichtums, 2. Abt., 3. Aufl., Halle 1825; Julius Graf von Soden, Die National-Oekonomie, Bd. 6: Die Staats-National-Wirthschaft. Versuch über die Gesetze zu Leitung und Beförderung der National-Produktion, der Landwirthschaft, der Gewerbe und des Handels, Aarau 1816; Christian Daniel Voss, Handbuch der allgemeinen Staatswissenschaft, Bd. 1, Leipzig 1796; ders., Handbuch der allgemeinen Staatswissenschaft, Bd. 3, Leipzig 1798.

[20] Dazu im Einzelnen Keith Tribe, Governing Economy. The Reformation of German Economic Discourse 1750–1840, Cambridge (UK) 1988, S. 164 ff.

liefern auch die Kriterien dafür, was im Rahmen dieser Abhandlung als ökonomische Argumentation eingestuft wird. Allerdings waren sie nicht allein. Zeitgenössischen Einteilungen folgend, lassen sich im hier behandelten Zeitraum noch zwei weitere Gruppen von Ökonomen ausmachen: Physiokraten und Merkantilisten / Kameralisten. Jedoch sollen diese beiden Gruppierungen nicht umfassend in die Darstellung einbezogen werden. Es sind lediglich einige Probebohrungen beabsichtigt – insofern sind auch die diesbezüglichen Ausführungen tentativ –, mittels derer Anhaltspunkte für Differenzierungen oder Generalisierungen gewonnen werden. Für die erstgenannte Gruppe kommt Schmalz[21] zu Wort,[22] für die zweite der als »klassischer« Kameralist eingeordnete[23] Pfeiffer.[24]

II. Argumentationslinien – eine erste Bestandsaufnahme

1. Juristische Argumentationslinien

Für die ausgehende Reichs- und die kurzlebige Rheinbundpublizistik ist verkürzt folgender Befund zu vermelden: Monopolprivilegien sind zulässig, soweit sie nicht gegen höheres Recht verstoßen.[25] Innerhalb dieser Grenzen kommen gelegentlich ökonomische Ansätze als Gemeinwohlbelange zur Sprache, oft ist es aber schwierig, bei den

[21] Ausführlich zur Standortbestimmung von Schmalz: Hans-Christoph Kraus, Theodor Anton Heinrich Schmalz (1760–1831). Jurisprudenz, Universitätspolitik und Publizistik im Spannungsfeld von Revolution und Restauration, Frankfurt am Main 1999.

[22] Theodor Schmalz, Handbuch der Staatswirthschaft, Berlin 1808.

[23] Zu ihm Erhard Dittrich, Die deutschen und österreichischen Kameralisten, Darmstadt 1974, S. 97 ff.; Horst Dreitzel, Universal-Kameral-Wissenschaft als politische Theorie: Johann Friedrich von Pfeiffer (1718–1787), in: Aufklärung als praktische Philosophie. Werner Schneiders zum 65. Geburtstag, hg. von Frank Grunert und Friedrich Vollhardt, Tübingen 1998, S. 149–171.

[24] (Johann Friedrich von Pfeiffer), Grundriß der Staatswirthschaft, Frankfurt am Main 1782; (ders.), Grundsätze der Universal-Cameral-Wissenschaft oder deren vier wichtigste Säulen, nämlich der Staats-Regierungskunst, der Policey-Wissenschaft, der allgemeinen Staats-Oekonomie, und der Finanzwissenschaft, Bd. 1, Frankfurt am Main 1783.

[25] Häberlin, Repertorium (Fn. 9), S. 288 f.: a) durch göttliche und natürliche Gesetze, b) durch Reichsgesetze, c) durch Landesverfassung, d) durch iura quaesita eines Dritten.

betreffenden Autoren zwischen normativen und deskriptiven Ansätzen zu unterscheiden. Dabei finden sich Stellungnahmen, wonach Privilegien zur Förderung von Erfindungen eingesetzt werden könnten,[26] aber auch dezidierte Anleihen an merkantilistische Konzepte (Förderung der Inlandsproduktion, Vermeidung von Importen).[27]

Beim eigentlichen Bewertungsmaßstab, also möglicherweise Privilegien entgegenstehendem höheren Recht, wird von Gönner das Prinzip der »teutschen Handelsfreiheit« angesprochen,[28] letztlich aber eine Verletzung verneint, oder der Verstoß gegen den die Monopole verbietenden Titel 18/1 der Reichspolizeiordnung von 1577[29] bei Leist und Häberlin,[30] wobei Leist letztlich dieses Verbot gegenüber der Hoheitsgewalt der Territorialherren zurücktreten lässt, Häberlin hingegen daraus auch ein für diese geltendes grundsätzliches Monopolverbot ableitet.

Naturrechtliche Limitationen werden zwar erwähnt, aber soweit ersichtlich nicht thematisiert. Dies geschieht bei den Naturrechtspublikationen dann in größerem Umfang.[31] Hier lassen sich folgende teilweise miteinander verbundene Beurteilungskriterien beobachten: erstens das Gleichheitsargument, zweitens das Staatszweckargument.[32] Das Gleichheitsargument lässt sich so zusammenfassen: Monopolprivilegien sind, wie Privilegien überhaupt, Ausnahmen von allgemeinen Gesetzen. Diese Ausnahmen müssen gerechtfertigt sein. Gerechtfertigt sind sie nicht, wenn sie lediglich Einzelnen zum Vorteil gereichen.[33] Ähnlich klingt es, wenn vorgebracht wird,

26 Gönner, Teutsches Staatsrecht (Fn. 14), S. 621 f.

27 Ebenda, S. 621 ff.; Scheidemantel, Repertorium (Fn. 14), S. 2; Letzterer besonders deutlich, indem er für Weiteres auf das kameralwissenschaftliche Schrifttum verweist.

28 Gönner, Teutsches Staatsrecht (Fn. 14), S. 623 f.

29 Abgedr. bei Matthias Weber, Die Reichspolizeiordnungen von 1530, 1548 und 1577, Frankfurt am Main 2002, S. 215 ff.

30 Leist, Lehrbuch des teutschen Staatsrechts (Fn. 14), S. 597 f.; Häberlin, Handbuch des Teutschen Staatsrechts (Fn. 14), S. 130 f.

31 So auch Schelp, Das allgemeine Staatsrecht (Fn. 17), S. 231.

32 Verwandt mit dem Gleichheitsargument ist das Rechtsbindungselement, wie es bei Voss auftaucht. Danach sind Gesetze Ausdruck des allgemeinen Willens. Ausnahmebestimmungen widersprechen dem allgemeinen Willen und sind daher unzulässig; Voss, Handbuch (Fn. 19), Bd. 1, S. 540 ff., 556 f.

33 Fredersdorf, System des Rechts der Natur (Fn. 18), S. 390, 392; die gleiche Richtung erkennbar bei Abicht, Neues System (Fn. 18), S. 483, Anm. 3.

hierdurch würden die Rechte anderer zugunsten von Vorteilen für Einzelne eingeschränkt. Auch hier bedarf es einer Rechtfertigung durch den Staatszweck.[34]

Soweit Konzessionen von Privilegien unterschieden werden, wird die wirtschaftspolizeiliche Stoßrichtung Ersterer sichtbar. Kompetenzgrundlage ist nicht die Gesetzgebungsgewalt, sondern das landesherrliche Recht der Oberaufsicht.[35] Erteilt werden sollen sie, wenn sich nichts Schädliches in dem Unternehmen findet, so Häberlin.[36] Ähnliches findet sich bei Klüber, bei dem der Unterschied zwischen Privileg und Konzession zwar nicht klar deutlich wird, der aber von manchen Konzessionen spricht, die sich nur auf polizeiliche Einschränkungen beziehen.[37] Ein sich später durchsetzendes polizeirechtliches Verständnis im Sinne der Beschränkung der Polizei auf die Gefahrenabwehr bildet sich darin erst in Ansätzen ab, da auch die zeitgenössischen Anhänger eines »engen«, auf die Sicherheitsgewährleistung beschränkten Polizeibegriffs den Begriff der »Sicherheit« noch recht weit fassten.[38] Insofern konnte auch das Institut der Konzession rechtlichen Argwohn hervorrufen – insofern es nämlich keine klaren Maßstäbe für die Erteilung oder Nichterteilung einer Konzession gab und hierdurch das Prinzip der Gewerbefreiheit überspielt zu werden drohte. Allerdings konnte dies erst dann zu einem schwerwiegenden Rechtsproblem werden, wenn die Gewerbefreiheit zum Rechtsprinzip erstarkt war und somit der Konzession gegenüber maßstabsetzende Normativität entwickeln konnte. Hiervon kann man allerdings erst sprechen, nachdem sich in der Reformzeit die Gewerbefreiheit als staatlich anerkannter Rechtsgrundsatz etabliert hatte.[39]

34 Gros, Lehrbuch (Fn. 18), S. 183; ähnlich auch Heydenreich, Grundsätze des natürlichen Staatsrechts (Fn. 18), S. 64.

35 Mohnhaupt, Subjektives Recht und Formen der Rechtserteilung (Fn. 8), S. 639.

36 Häberlin, Repertorium (Fn. 9), S. 284.

37 Klüber, Staatsrecht des Rheinbundes (Fn. 15), S. 455.

38 Siehe dazu Naoko Matsumoto, Polizeibegriff im Umbruch, Frankfurt am Main 1999, S. 45 (zu Klüber), 166 (zu Häberlin), 73 (ausführlicher veranschaulicht anhand des Polizeiverständnisses von Günther Heinrich v. Berg).

39 So letztlich wohl auch Mohnhaupt, Subjektives Recht und Formen der Rechtserteilung (Fn. 8), S. 640, Fn. 69, der als Gewährsleute der Konzessionenkritik ausschließlich Autoren der 1830er bis 1860er Jahre zitiert.

2. Ökonomische Argumentationslinien

Das Monopol ist ein Zentralthema der frühen Smithianischen nationalökonomischen Literatur und die grundsätzliche Ablehnung ist einhellig. Durchgehend wird seine schädliche ökonomische Wirkung hervorgehoben, wenn auch in unterschiedlicher Diktion. Allgemein werden die nachteiligen Effekte von Monopolen für die Entwicklung des Nationalreichtums betont.[40] Monopole würden die Waren verteuern.[41] Kapital und Arbeitskraft würden in die falsche Richtung, zu künstlich hochgezüchteten Gewerben fließen.[42] Damit paraphrasiert die junge deutsche Nationalökonomie die Argumentation von Adam Smith, lenkt sie allerdings auf spezifisch deutsche Zustände. Denn Smith hatte sich, ausgehend von den englischen Verhältnissen, weniger mit Exklusivprivilegien befasst, die die Binnenwirtschaft reglementierten, sondern vielmehr mit Außenhandelsbeschränkungen, die Monopoleffekte hervorriefen, sowie mit Monopolprivilegien für Kolonialgesellschaften.[43] Auch Smith begründet seine Vorbehalte gegenüber Monopolen damit, dass sie der Entwicklung des Nationalwohlstandes unzuträglich sind. Wir haben es also mit einer ökonomisch grundierten Argumentation zu tun. Monopole werden als Verstoß gegen die »Gesetze der Nationalökonomie« thematisiert.[44]

In gleicher Weise kommen ökonomische Begründungen bei der Zulassung von Ausnahmen zum Tragen. Abgesehen von den Mono-

40 Voss, Handbuch (Fn. 19), Bd. 3, S. 110, 130 ff.; Jakob, Grundsätze der National-Oekonomie (Fn. 19), S. 280 f.; Lueder, Die National-Industrie (Fn. 19), S. 176; Jakob, Grundsätze der Policeygesetzgebung (Fn. 19), S. 504; Kraus, Staatswirthschaft (Fn. 19), S. 197 ff.; Von Soden, Die National-Oekonomie (Fn. 19), Bd. 6, S. 277.

41 Kraus, Staatswirthschaft (Fn. 19), S. 239 f., von Soden, Die National-Oekonomie (Fn. 19), Bd. 6, S. 277; Jakob, Grundsätze der National-Oekonomie (Fn. 19), S. 280 f.; Sartorius, Handbuch (Fn. 19), S. XXXIII f.; Voss, Handbuch (Fn. 19), Bd. 3, S. 110; Von Soden, Die National-Oekonomie (Fn. 19), Bd. 2, S. 93 f.

42 Lueder, Die National-Industrie (Fn. 19), S. 160.

43 Adam Smith, Der Wohlstand der Nationen, aus dem Engl. übertragen und herausgegeben von Horst Claus Recktenwald, 12. Aufl., München 2009, S. 368 ff.

44 Von Soden, Die National-Oekonomie (Fn. 19), Bd. 2, S. 95: »Der Staat ist nach den National-Oekonomie-Gesetzen zur Beschützung, zur Förderung aller produktiven Kräfte verpflichtet.«

polprivilegien für den Einsatz technischer Neuerungen[45] sind es solche, die – wenn auch nicht einhellig[46] – als Stimulus bei der Einführung neuer Gewerbezweige für zulässig erachtet werden; unternehmerisches Wagnis, welches den Nationalreichtum mehren könnte, soll gefördert werden. So heißt es bei Jakob: »Privilegien oder Monopole scheinen bloß da nützlich zu seyn, wo neue nützliche Gewerbe eingeführt werden sollen. Denn da bey jedem neuen Gewerbe etwas zu wagen ist; so scheint es nicht zu viele Aufopferung für die Nation zu seyn, wenn sie die Waare eine Zeitlang etwas theurer bezahlt, um den ersten Unternehmer für seine Aufopferung zu entschädigen [...]. Sobald aber das Geschäft in Gang gebracht, und der erste Schade gedeckt ist, muß das Privilegium aufgehoben werden.«[47] Gleiches findet man bei Smith, dort wieder auf die Verhältnisse Englands als globale Handelsmacht bezogen: Ein zeitlich befristetes Monopol ist gerechtfertigt, wenn eine Gesellschaft auf eigenes Risiko und auf eigene Kosten beschließt, Handelsbeziehungen mit einem weit entfernt lebenden primitiven Volk aufzunehmen.[48]

Weniger ertragreich gestaltet sich die Suche nach Stellungnahmen zur Zulässigkeit von Konzessionen. Konkrete Ausführungen finden sich zu der Frage, inwiefern bestimmte Gewerbe auf dem Land bzw. im städtischen Raum zuzulassen sind – ein auch in der Verwaltung umstrittenes Thema, wobei die Verbote der Ansiedlung von Gewerben im ländlichen Raum ohnehin in großem Umfang nur auf dem Papier standen.[49] Während sich Jacob mit dem typisch smithschen Argument, wo welches Gewerbe am besten gedeihe, könne der Unternehmer besser einschätzen als der Staat, für Freizügigkeit ausspricht, findet man bei Kraus[50] und Soden[51] teilweise detailreiche

45 Kraus, Staatswirthschaft (Fn. 19), S. 197, sich dabei auf das Vorbild England berufend.

46 Von Soden, Die National-Oekonomie (Fn. 19), Bd. 6, S. 277 ff.: eher für andere Formen der Förderung.

47 Jakob, Grundsätze der National-Oekonomie (Fn. 19), S. 281 f.; ähnlich Jakob, Grundsätze der Policeygesetzgebung (Fn. 19), S. 441.

48 Smith, Wohlstand (Fn. 43), S. 641.

49 Vogel, Allgemeine Gewerbefreiheit (Fn. 1), S. 147 ff.

50 Kraus, Staatswirthschaft (Fn. 19), S. 209 ff.

51 Von Soden, Die National-Oekonomie (Fn. 19), Bd. 6, S. 273.

Erörterungen zu wirtschaftlichen Vor- und Nachteilen, also eher eine Offenheit für Reglementierungen – so sie denn ökonomisch vernünftig sind. Einhellig sind die Meinungen hier nicht. Aber auch hier sind es Gesichtspunkte wirtschaftlicher Vernunft, auf die sich die jeweiligen Auffassungen stützen.

III. Kreuzungspunkte und Scheidelinien

Die vorstehende Schilderung verweist auf verschiedene inhaltliche Begründungselemente und verschiedenartige Begründungsmuster. Jedoch verbanden sich juristische und ökonomische Überlegungen zur Recht- und Zweckmäßigkeit von Monopolprivilegien stellenweise. Um dies zu verdeutlichen, ist der Blick zu weiten. Nicht nur juristische Autoren und Nationalökonomen smithianischer Prägung sind gegenüberzustellen. Bliebe es dabei, würde der Eindruck entstehen, die Juristen würden sich an einer monopolfreundlichen Praxis und die Nationalökonomen an dieser und an einer diese unterstützenden merkantilistischen Theorie abarbeiten. Wie jedoch zu zeigen sein wird, lassen sich der Verwaltungs- und Gesetzgebungspraxis Richtungsentscheidungen entnehmen, denen es zwar an letzter Konsequenz ermangelte, die jedoch letztlich eine monopolfeindliche Tendenz aufwiesen. Und auch im vor- bzw. antismithianischen Schrifttum sind Stimmen vernehmbar, die in die gleiche Richtung weisen. Hier wird sichtbar, wie sich praxisorientierte und rechtsgrundsätzliche Erwägungen verbanden. Ökonomie und Recht stehen dann nicht mehr für beziehungslose Eigenlogiken, sondern erweisen sich als Facetten eines integrierten Diskurses, der – teilweise in anderer Gestalt, weil auf anderen rechtsphilosophischen Prämissen beruhend – seine Spuren wiederum in den oben geschilderten Argumentationslinien hinterlassen hatte.

1. Theorie und Pragmatismus: Wirtschaftsverwaltung, Gesetzgebungspolitik und nichtsmithianische Ökonomie

In der Kabinettsordre vom 22. Mai 1787 ließ der preußische König Friedrich Wilhelm II. verlauten: »Ich bin überhaupt ein Feind von Monopolien, wodurch die Volksmenge gedrückt und nur einzelne Personen auf Kosten ihrer Mitbürger sich auf eine so leichte als oft unerlaubte Art Reichthümer zusammenscharren, wozu tausende beitragen müssen und der Staat nicht den geringsten Vortheil dadurch erhält.«[52] Daraus auf eine konsequent monopolfeindliche Politik des preußischen Staates zu schließen, wäre allerdings verfehlt. Treue hat diese Periode der Wirtschaftspolitik charakterisiert, indem er dem auf den »friderizianischen Merkantilismus« die Zeit des »nachfriderzianischen Eklektizismus« folgen ließ.[53] Soweit Untersuchungen zur preußischen Wirtschaftspraxis des ausgehenden 18. und beginnenden 19. Jahrhunderts in der Kurmark[54], aber auch in Ostpreußen[55] entnommen werden kann, stand vereinzelten Aufhebungen von Monopolen deren teilweise Beibehaltung gegenüber. Ein klarer Richtungswechsel fand zwar nicht statt, allerdings gewannen ablehnende Haltungen stärker an Gewicht.

Nun ließe sich hiergegen vorbringen, dass die auch auf Regierungsebene durchschimmernde Abneigung gegenüber Monopolen lediglich pragmatischen Erwägungen geschuldet war. Diese Sichtweise legt Christian Daniel Voss, ein früher Hallenser Smithianer, nahe. Dem Merkantilsystem inhärent sei die Zulassung von Monopolen. Prinzipielle Einwände erkenne es nicht an, lediglich Zweckmäßigkeitsgründen geschuldeten Einwänden gegenüber zeige es sich offen. »Sehr unzeitig, wenigstens sehr unwirksam würde man also gegen die Freunde dieses Systems die Einschränkung der Rechte der übrigen Staatsbürger urgieren, welche sie durch die Einführung und Erhaltung der Monopole erfahren. Nur alsdann könnte man auf die Aufmerksamkeit der Freunde dieses Systems einige Rechnung machen, wenn man einige erhebliche Einwendungen gegen die so unzweifelhaft vorausgesetzte Zweckmäßigkeit beyzubringen wüßte. Auf diese Weise sind wirklich bereits einige Modifikationen und

52 Zitiert nach Wolfgang Radtke, Gewerbe und Handel in der Kurmark Brandenburg 1740 bis 1806, Berlin 2003, S. 376.

53 Wilhelm Treue, Das Verhältnis von Fürst, Staat und Unternehmer in der Zeit des Merkantilismus, in: Vierteljahrschrift für Sozial- und Wirtschaftsgeschichte 44 (1957), S. 26–56, hier S. 38.

54 Radtke, Gewerbe und Handel (Fn. 52), S. 377 ff.

55 Klara Deecke, »Staatswirtschaft vom Himmel herabgeholt«. Konzeptionen liberaler Wirtschaftspolitik in Universität und Verwaltung 1785–1845. Ausprägungen und Brechungen am Beispiel Ostpreußens und Vorpommerns, Diss. phil. Greifswald 2010 (Mskr.), S. 156 ff.

Einschränkungen des Grundsatzes von Monopolien bewirkt worden. Selbst ächte Anhänger dieses Systems getrauen sich zum Theil nicht mehr, die absolute Nutzbarkeit derselben zu behaupten [...].«[56] Unterstellt wird damit: Anhänger des Merkantilsystems kennen keine rechtlichen Einwände, nur wirtschaftspraktische. Gleichzeitig wird damit gesagt: Nur Vertreter des Smith'schen Systems, dessen Vorzüge Voss später schildert, vermögen auch prinzipiell und auf rechtlicher Basis Einwände vorzutragen. Hier sind Korrekturen angebracht.

Zunächst zur Haltung der Anhänger des Merkantilsystems: Sicher lässt sich hier keine einheitliche Haltung rekonstruieren. Wie schon oben ausgeführt, sollen sich die Ausführungen auf Johann Friedrich von Pfeiffer beschränken, den maßgeblichen preußischen Kameralisten Ende des 18. Jahrhunderts, dezidierten Gegner der physiokratischen und smithianischen Richtung,[57] Anhänger einer aktiven Staatsbilanz. Gerade bei ihm finden sich die wohl drastischsten Bezeichnungen, wenn es um Monopole geht: die »Pest der Manufakturen« nennt er sie,[58] »fast durchgängig verwerflich und nachtheilig«.[59] Als schädlichste Auswirkung von Monopolen macht Pfeiffer die Anhebung des Preisniveaus aus, nur dort, wo mehrere Anbieter auf dem Markt tätig sind, könnte dieser Effekt verhindert werden.[60] Der Wettbewerbsgedanke war der merkantilistischen Literatur – und das kann durchaus verallgemeinernd gesagt werden – also keinesfalls fremd.[61] Die Gründe, die Pfeiffer vorbringt, sind nicht dezidiert rechtlicher Natur, aber sie sind grundsätzlicher Art und von einer Art, wie sie uns an anderer Stelle noch einmal begegnen wird.

56 Voss, Handbuch (Fn. 19), Bd. 3, S. 129 f.

57 Dittrich, Kameralisten (Fn. 23), S. 97 ff.; Hans-Christof Kraus, Englische Verfassung und politisches Denken im Ancien Régime 1689–1789, München 2006, S. 453 f.

58 (Von Pfeiffer), Grundsätze der Universal-Cameral-Wissenschaft (Fn. 24), S. 440.

59 (Von Pfeiffer), Grundriß der Staatswirthschaft (Fn. 24), S. 60.

60 (Von Pfeiffer), Grundsätze der Universal-Cameral-Wissenschaft (Fn. 24), S. 440.

61 Siehe z. B. schon zu Justi Fritz Blaich, Die Epoche des Merkantilismus, Wiesbaden 1973, S. 74; für eine Gesamtbewertung siehe David Lindenfeld, The Practical Imagination. The German Sciences of State in the Nineteenth Century, Chicago/London 1997, S. 59.

Von einer opportunistischen Haltung, wie dies Voss suggeriert, kann an dieser Stelle nicht die Rede sein. Letztlich konstruiert er, wie auch die anderen smithianischen Nationalökonomen, ein Bild von wirtschaftspolitischen Anschauungen, welches kaum Differenzierungen kennt. Es gibt nur das merkantile, das physiokratische und das Smith'sche System, denen jeweils bestimmte Prinzipienaussagen zugesprochen werden.

Und auch die Aussage, dass derjenige, der sich nicht dem smithianischen (oder auch dem physiokratischen System) anschließt, keine rechtlichen Argumente zulasse, ist zweifelhaft. Dies sollen einige Ausführungen zur Entstehung des ALR verdeutlichen. Bei den Beratungen des ALR begegnet uns eine Stellungnahme der ostpreußischen Regierung, die sich vehement gegen monopolverleihende Privilegien ausspricht, weil Dritte darunter leiden würden;[62] dieses Votum bestätigt übrigens auch die von der neueren Forschung für jene Zeit konstatierte, zwar nicht konsequente, aber immer wieder aufscheinende wirtschaftsliberale Haltung der ostpreußischen Regierung.[63] Eine die Geltungskraft von Monopolen einschränkende Norm lehnte Svarez aber letztlich ab. Hieraus ist jedoch nicht auf eine monopolbejahende Haltung des ALR-Gesetzgebers zu schließen. Svarez verwies das Urteil über die Schädlichkeit oder Unschädlichkeit von Monopolen auf eine andere Ebene als die gesetzliche,[64] die aber ebenfalls normativer Natur war. In seinen Kronprinzenvorträgen führte er noch einmal die gegen Monopole sprechenden Argumente an: hohe Preise wegen fehlender Konkurrenz, Bevorzugung Einzelner. Dies sei mit dem Staatszweck unvereinbar, der auf die gewerbliche Freiheit aller hinziele.[65] Normative Richtlinien entwickelte Svarez also sehr wohl, allerdings nicht auf gesetzlicher Ebene, sondern für die politische Konturierung des Staatszwecks, also vornehmlich für die Rechtsanwendungsebene. Dies dürfte wiederum recht-

62 Andreas Schwennicke, Die Entstehung der Einleitung des Preußischen Allgemeinen Landrechts von 1794, Frankfurt am Main 1993, S. 242.

63 Deecke, Konzeptionen liberaler Wirtschaftspolitik (Fn. 55), S. 196 ff.

64 Schwennicke, Entstehung der Einleitung (Fn. 62), S. 243.

65 Carl Gottlieb Svarez, Vorträge über Recht und Staat, hg. von Hermann Conrad und Gerd Kleinheyer, Köln/Opladen 1960, S. 46; siehe auch Christoph Link, Herrschaftsordnung und bürgerliche Freiheit. Grenzen der Staatsgewalt in der älteren deutschen Staatsrechtslehre, Wien u.a. 1979, S. 161.

lichen Prämissen geschuldet sein. Denn in Privilegien verkörperten sich für Svarez (und nicht nur für ihn) gleichfalls naturrechtlich fundierte Freiheitsrechte, nämlich Eigentumsrechte,[66] die nicht einfach durch einen Federstrich des Gesetzgebers entwertet werden durften. Zwar ließ sich auch die Freiheit der gewerblichen Tätigkeit naturrechtlich fundieren, indem man sie dem Recht auf Vervollkommnung der individuellen Fähigkeiten und Kräfte zurechnete. Und letztgenanntes Recht zählte für Svarez zu jenen Naturrechten, welches auch im status civilis weiter Bestand hatte.[67] Aber in seiner konkretisierten Form, also zur Gewerbefreiheit hin, und in Konkurrenz mit dem die Privilegien stützenden Eigentumsrecht, konnte es eben nicht absolut gesetzt werden. Zudem wies nicht jedes Privileg Monopoleffekte auf, so dass eine privilegienbejahende Haltung durchaus mit einer monopolfeindlichen Position einhergehen konnte – wie dies auch bei etlichen Merkantilisten der Fall war.[68]

2. Verknüpfungen ökonomischen und juristischen Gedankenguts in der Nationalökonomie

Rechtliche oder im weiten Sinn gerechtigkeitsbezogene (und damit als naturrechtliche ebenfalls rechtliche) Argumente kommen also in der Gesetzgebungspraxis ebenso wie in der nichtsmithianischen Kameralistik genauso zum Tragen wie ökonomische. Dies trifft aber auch für die Smithianische Nationalökonomie zu.[69] Für Smith hat

66 Mohnhaupt, Privilegien und »gemeines Wohl« (Fn. 7), S. 126; ebenso Eckhart Hellmuth, Noch einmal: Freiheit und Eigentum. Zum politisch-gesellschaftlichen Bewußtsein der Landrechtsautoren Carl Gottlieb Svarez und Ernst Ferdinand Klein, in: Reformabsolutismus und ständische Gesellschaft. 200 Jahre Preußisches Allgemeines Landrecht, hg. von Günter Birtsch und Dietmar Willoweit, Berlin 1998, S. 63–89, hier S. 84.

67 Ebenda, S. 69 f.

68 Für diesen Hinweis danke ich Guillaume Garner.

69 Dies konnte durchaus in verschiedenen Variationen geschehen. Zur Verbindung von ökonomisch-historischer und naturrechtlicher Sichtweise bei Voss siehe Jörn Garber, Spätaufklärischer Konstitutionalismus und ökonomischer Frühliberalismus. Das staats- und Industriebürgerkonzept der postabsolutistischen Staats-, Kameral- und Polizeiwissenschaft (Chr. D. Voss), in: ders., Spätabsolutismus und bürgerliche Gesellschaft. Studien zur deutschen Staats- und Gesellschaftstheorie im Übergang zur Moderne, Frankfurt am Main 1992, S. 77–118, insb. 83.

dies Skinner in aller Deutlichkeit herausgestellt, indem er zwischen seinen gerechtigkeitsbezogenen Argumenten und seinen ökonomischen Klugheitsargumenten unterschied: Ungerecht (*unjust*) sind Monopole, weil sie gegen den Grundsatz verstoßen, dass der Landesherren jedem Untertan Gleichbehandlung schuldete,[70] ökonomisch unklug (*impolitic*) sind sie, weil sie das Preisgefüge zerstören.[71]

Damit sind erst einmal nur nebeneinander bestehende Argumentationslinien beschrieben. In der Smith'schen Theorie lassen sie sich aber verknüpfen. Wie Lemke es ausdrückt, ist für eine liberale Konzeption von Regierung »das Prinzip der Rationalisierung der Regierungstätigkeit an die Rationalität des freien Handelns der regierten Individuen gekoppelt. Das bedeutet, dass das rationale Handeln der Regierung mit dem natürlichen interessenmotivierten Handeln freier, auf dem Markt tauschender Individuen übereinstimmen muss, weil es die (ökonomische) Rationalität dieser Individuen ist, die es dem Markt ermöglicht, seiner Natur gemäß zu funktionieren. Es ist letztlich diese Rationalität, die für das staatliche Wohlergehen verantwortlich ist, denn wenn der Markt seiner Natur gemäß funktioniert, so funktioniert er optimal, und funktioniert er optimal, so fördert er damit auch die Stärke des Staates.«[72]

Dies lässt sich auch auf Smith und seine Haltung zu Monopolen beziehen. Smiths ökonomische Konzeption entwickelte sich aus einer Naturrechtsvorlesung,[73] aus einer Ausarbeitung von Vorgaben für den Staatsmann, wie dieser die Wirtschaft reglementieren sollte – besser: sich mit der Reglementierung zurückzuhalten hat –, wenn das soziale Gefüge einer entwickelten Handelsgesellschaft seinen inhärenten Regelmäßigkeiten folgen, also im Gleichgewicht gehalten werden soll. Self-interests (nicht Egoismen, die nach Smith Degenerationsformen darstellen) sind in der Weise naturrechtlich umhegt, als dass sie Funktionsvoraussetzungen eines Wohlstand garan-

[70] Siehe auch SMITH, Wohlstand (Fn. 43), S. 552.

[71] ANDREW S. SKINNER, A System of Social Science. Papers Relating to Adam Smith, Oxford 1979, S. 217.

[72] THOMAS LEMKE, Eine Kritik der politischen Vernunft, Foucaults Analyse der modernen Gouvernmentalität, Hamburg/Berlin 1997, S. 173.

[73] IGNAZ JASTROW, Naturrecht und Volkswirtschaft. Erörterungen aus Anlaß der deutschen Ausgabe von Adam Smith' Vorlesungen, in: Jahrbücher für Nationalökonomie und Statistik 126 (1927), S. 689–730, insb. S. 693.

tierenden natürlichen Gleichgewichts sind[74] – eines Naturzustands, der nicht im negativen Sinne aufgehoben wird im Gesellschaftsvertrag, sondern der in staatlich verfassten Gesellschaften im positiven Sinne aufzuheben ist. Dies beinhaltet jedoch, dass sich das Selbstinteresse eines *jeden* Individuums frei entfalten kann. Monopole aber erlauben dies nur wenigen, andere werden daran gehindert.[75]

Das Gleichgewichtsdenken ist auch notwendiger Bestandteil der Preistheorie. Nach Smiths Darlegungen zu Marktpreis und natürlichem Preis garantierte nur der natürliche Preis wirtschaftliches Gleichgewicht und damit ökonomische Prosperität. Der natürliche Preis, der so hoch sein musste, dass Bodenrente, Arbeitslohn und Kapitalgewinn abgedeckt werden, ist der Preis, der tendenziell bei freier Konkurrenz entsteht, wenn sich Angebot und Nachfrage einander annähern. Bei Ausschluss von Konkurrenz, nämlich im Fall der Monopole, entsteht ein hoher Preis als Marktpreis.[76]

3. Das Gleichheitsargument als Treffort juristischen und ökonomischen Denkens

Freiheit ist also nur als gleiche Freiheit denkbar – und zwar sowohl in einem naturrechtlichen Sinne als auch als Voraussetzung funktionierender Ökonomie. Hier, im Gleichheitsargument, treffen sich dann Smith und seine deutschen Anhänger nicht nur mit den Physiokraten, wie man z. B. bei – dem im übrigen (politisch-) liberalem Gedankengut weitgehend verschlossenem[77] – Schmalz sehen

[74] Siehe dazu Jerry Evensky, Setting the Scene: Adam Smith's Moral Philosophy, in: Adam Smith and the Philosophy of Law and Economics, hg. von Robin Paul Malloy und Jerry Evensky, Dordrecht u. a. 1994, S. 7–29, 18 f.; in der Sprache der deutschen Smithianer siehe z. B. Kraus, Staatswirthschaft (Fn. 19), S. 3: »Das Verlangen und Streben jedes einzelnen Menschen, seinen Zustand zu verbessern, ist das Fundament der ganzen Staatswirthschaft, wie es die Grundkraft der Schwere im Weltgebäude ist.«

[75] Smith, Wohlstand (Fn. 43), S. 559; siehe dann auch Georg Sartorius, Von der Mitwirkung der obersten Gewalt im Staate zur Beförderung des National-Reichthums, in: ders., Abhandlungen, die Elemente des National-Reichthums und die Staatswirtschaft betreffend, Erster Theil, Göttingen 1806, S. 297; von Soden, Die National-Oekonomie (Fn. 19), Bd. 2, S. 93.

[76] Smith, Wohlstand (Fn. 43), S. 48 ff.

[77] Hierzu mit Differenzierungen Kraus, Schmalz (Fn. 21), S. 364 ff. Kraus (S. 499) macht auch gedankliche Verbindungslinien zwischen privilegienfeind-

kann,[78] sondern auch mit der Rechtsliteratur, in der sich der Gedanke einer nicht mehr unter dem Gemeinwohlvorbehalt stehenden Gleichheit zum Ende des 18. Jahrhunderts immer mehr durchgesetzt hatte[79] – nur dass diese jeweils eine unterschiedliche Tönung aufweisen. Ebenso ist diese Argumentation aber offen für Ausnahmetatbestände, die sich auf verschiedene Formen der Anschubfinanzierung beziehen, und die bei den juristischen Abhandlungen mehr als Gemeinwohlerwägungen zum Tragen kommen, wohingegen sie in der nationalökonomischen Literatur stärker unter dem Gesichtspunkt akzeptabler, das natürliche Gleichgewicht nicht erheblich störender Wirtschaftsförderung behandelt werden; unproblematisch kann dabei auch auf ähnliches Gedankengut bei den Kameralisten zurückgegriffen werden; zudem erweist sich damit auch der Pragmatismus der Nationalökonomen, denn wie auch immer sich die Monopolpraxis in den einzelnen Territorien gestaltete, mit Monopolvergaben verbundene Einführungsprivilegien gehörten in vielen europäischen Ländern zum Standardinstrumentarium.[80]

Nicht vom Gleichheitsargument betroffen sind hingegen Fragen genereller Reglementierungen, d. h. die Frage ob bestimmte Gewerbe einer Konzession bedürfen. Sie betreffen alle Wirtschaftssubjekte gleichermaßen und können durchaus durch öffentliche Interessen gerechtfertigt sein. Zwar wird bei den Smithianern eine stärkere Abneigung sichtbar, jedoch verläuft – wenn man dies mit aller Vorsicht wird sagen können – die Grenze eher innerhalb der Nationalökonomie. Mit der Verwaltungspraxis verbundene Ökonomen wie Kraus und Soden sind eher großzügig. Bei ihnen tritt die

lichen (und damit jedenfalls partiell wirtschaftsliberalen) physiokratischen Konzepten und der Ablehnung politischer Liberalisierung deutlich. Denn das Programm der Physiokraten zielte auf eine grundlegende Veränderung des gesamtwirtschaftlichen Gefüges. Die damit verbundene Beseitigung hergebrachter Vorrechte wäre in einer liberalen gewaltenteiligen politischen Verfassung wegen des Gewichts der darin vertretenen Vetomächte nur schwer durchsetzbar gewesen – anders als in einem System des (aufgeklärten) Absolutismus mit ungeteilter Gestaltungsmacht.

78 Schmalz, Handbuch der Staatswirthschaft (Fn. 22), S. 173, 240 ff.

79 Lieb, Privileg und Verwaltungsakt (Fn. 3), S. 61; zu anderen Haltungen noch in den 1770er Jahren ebenda, S. 41.

80 Barbara Dölemeyer, Einführungsprivilegien und Einführungspatente. Mittel des Technologietransfers, in: Ius Commune 12 (1984), S. 207–234, hier S. 208.

reine Theorie gegenüber wirtschaftspraktischen Erfahrungsgesichtspunkten zurück. Gleiches lässt sich auch für den naturrechtlichen Schriftsteller Fredersdorf, einen braunschweigischen Polizeidirektor sagen, der ebenfalls wirtschaftspraktische Erwägungen bei der Frage, welches Gewerbe wo erlaubt sein soll, heranzieht.[81]

Man könnte sagen, dass die Konfliktlinien dann eher zwischen empirisch-pragmatischen Autoren – Smithianern,[82] auch Merkantilisten und praxisorientierten Juristen – auf der einen Seite und naturrechtlich-dogmatisch orientierten Physiokraten auf der anderen Seite verliefen. Verbinden Erstere die Ablehnung der Monopole mit dem Hinweis auf die volkswirtschaftlich nachteilige Bevorzugung einzelner Wirtschaftsakteure und leiten das Postulat der Wirtschaftsfreiheit aus der Eigenlogik der Selbstkoordination von Eigeninteressen ab, so fundieren Letztere die Freiheit eher doktrinär-naturrechtlich; dass die utilitaristische Sichtweise dabei mehr Flexibilität und auch Ausnahmetatbestände erlaubt, ist die logische Folge.[83]

IV. Fazit

In der Diskussion um Monopolprivilegien verzahnten sich gegen Ende des 18. Jahrhunderts und in den darauffolgenden Jahrzehnten juristische und ökonomische Argumentationsweisen. Aus der späten naturrechtlichen Debatte heraus ließ das Gleichheitspostulat die Vergabe von Monopolen ungerechtfertigt erscheinen.[84] Erst das Gleichheitspostulat konnte Freiheit als wirkliche Freiheit (und nicht als Ausdruck herrschaftlicher Gnade) zur Entfaltung verhelfen.[85] Diese

81 Fredersdorf, System des Rechts der Natur (Fn. 18), S. 464 ff.

82 Etwas anders hingegen Christoph Dippel, Wirtschaftspolitische Grundsatzentscheidungen in Süddeutschland, in: Restaurationssystem und Reformpolitik. Süddeutschland und Preußen im Vergleich, hg. von Hans-Peter Ullmann und Clemens Zimmermann, München 1996, S. 139–161, 141, der der klassischen Nationalökonomie »dogmatische Geschlossenheit und Radikalität« bei der Verkündung ihrer Rezepte bescheinigt.

83 In diese Richtung Dreitzel, Universal-Kameral-Wissenschaft (Fn. 23), S. 154 ff., insb. S. 170.

84 So auch Mohnhaupt, Privilegien und »gemeines Wohl« (Fn. 7), S. 122.

85 Jörn Garber, Vom »ius connatum« zum »Menschenrecht«. Deutsche Menschenrechtstheorien der Spätaufklärung, in: ders., Spätabsolutismus und bürgerliche Gesellschaft (Fn. 69), S. 158–191, hier S. 177; in diese Richtung

Kraft brachte der Gleichheitsgedanke erst gegen Ende des 18. Jahrhunderts auf, als er maßgeblich unter kantischem Einfluss, aber schon zurückgehend auf Montesquieu mit unbedingtem Willen zur rechtlichen Anerkennung, auftrat.[86]

Jedoch implizierte die Bejahung gleicher rechtlicher Freiheit noch nicht die Anerkennung einer sich selbst regulierenden, von Staatsinterventionen, also auch Monopolvergaben, freien Privatrechtsgesellschaft.[87] Diese erst fand ihre Ausformung in der ökonomischen Theorie, die dann auch das Gleichheitspostulat als wesentliche Funktionsvoraussetzung einer wirtschaftlichen Ordnung konturierte, in der aus der unternehmerischen Aktivität mit gleichen rechtlichen Chancen ausgestatteter selbstinteressierter Individuen gesellschaftlicher Reichtum generiert wird.

Das Gleichheitsargument wies also eine erhebliche Schlagkraft auf. Im Streit gegen die Monopole kommt es – wobei dieser Befund wegen fehlender »Messbarkeit« eine nach der Lektüre gebildete Wahrnehmung von nicht dezidiert vorgenommenen Gewichtungen bleiben muss – mit stärkerer Deutlichkeit zum Einsatz als das Postulat wirtschaftlicher Handlungsfreiheit. Denn dieses – im zeitgenössischen Schrifttum meist definiert als die Freiheit, Fleiß und Kapital nach eigenem Gutdünken zum Einsatz zu bringen – stand trotz ihrer immer wieder zum Ausdruck gebrachten Hochschätzung unter einem starken Regulierungsvorbehalt, auch weil ihr die Tendenz zum Missbrauch innewohnte. In den Worten von Jakob: »Es ist falsch, daß der Bürger ein Recht zur absoluten Gewerbsfreyheit besitze, und also jede Einschränkung derselben eine Ungerechtigkeit sey. Der größtmöglichste Erwerb der einzelnen ist nur ein untergeordneter Staatszweck. Daß die Sicherheit des ganzen Staates erhalten, daß *jeder* Classe der Einwohner die Möglichkeit, ihren Unterhalt

(Monopol als Verstoß gegen den Gleichheitssatz) auch MOHNHAUPT, Entwicklungsgang (Fn. 4), S. 606.

86 OTTO DANN, Gleichheit und Gleichberechtigung. Das Gleichheitspostulat in der alteuropäischen Tradition und in Deutschland bis zum ausgehenden 19. Jahrhundert, Berlin 1980, S. 129 ff., 158 ff.; siehe auch MICHAEL KLEENSANG, Das Konzept der bürgerlichen Freiheit bei Ernst Ferdinand Klein. Einstellungen zu Naturrecht, Eigentum, Staat und Gesetzgebung in Preußen 1780–1810, Frankfurt am Main 1998, S. 168 ff.

87 GARBER, Vom »ius connatum« zum »Menschenrecht« (Fn. 85), S. 171.

durch ihren Fleiß zu gewinnen, verbleibe, sind weit höhere Zwecke, als die größtmöglichste Bereicherung einzelner Personen oder einzelner Stände. Wenn daher einer dieser Zwecke die Einschränkung eines gewissen Gewerbes gebietet, so muß sich dieselbe jeder gefallen lassen, und es liegt in der allgemeinen Staatsidee, daß jeder nur eine so große Freiheit für sein Gewerbe verlange, als sich mit den nothwendigen Zwecken des ganzen Staats und selbst der einzelnen Glieder verträgt.[88]«[89]

Monopole ließen sich daher mit dem Gleichheitssatz, der dem Postulat der Gewerbefreiheit erst Zähne einsetzte, bekämpfen, das Konzessionserfordernis, welches von für alle Staatsbürger gleichen Maßstäben ausging, hingegen nicht. Für die Begründung seiner Unzulässigkeit war das Freiheitsargument zu schwach. Um es pointiert und natürlich sehr verkürzt auszudrücken: Als argumentativer Geburtshelfer einer neuen liberalen Wirtschaftsordnung konnte die Freiheit nur als Gleichheit überzeugend auftreten. – Dies ist der Befund einer juristisch-ökonomischen Diskussion, die sich einerseits durch unterschiedliche Maßstäbe auszeichnet, andererseits einen gemeinsamen normativen Kern aufweist.

[88] In welchem Maße diese Formulierung kantisches Gedankengut durchschimmern lässt, kann hier nicht weiter verfolgt werden. Heinz Mohnhaupts dahingehender Hinweis, für den ich dankbar bin, lenkt den Blick auf die nicht übersehbare kantische Prägung mancher Autoren, bei Jakob ist dies auch klar herausgestellt (siehe nur LINDENFELD, Practical Imagination (Fn. 61), S. 65; MATSUMOTO, Polizeibegriff (Fn. 38), S. 24). Die exakten inhaltlichen Konsequenzen sind freilich schwer zu bestimmen; siehe dazu PETER BURG, Die Verwirklichung von Grund- und Freiheitsrechten in den Preußischen Reformen und Kants Rechtslehre, in: Grund- und Freiheitsrechte im Wandel von Gesellschaft und Geschichte, hg. von GÜNTER BIRTSCH, Göttingen 1981, S. 287–309.

[89] JAKOB, Grundsätze der Policeygesetzgebung (Fn. 19), S. 427 f.; ähnlich auch SARTORIUS, Mitwirkung der obersten Gewalt (Fn. 75), S. 205 ff. Die Überlagerung des Freiheitsarguments durch das Gleichheitsargument deutet sich auch an bei Soden: »Der Staat ist *allen* Produzenten den Schutz der freien Benutzung ihrer Produktivkräfte schuldig« (VON SODEN, Die National-Oekonomie (Fn. 19), Bd. 2, S. 93, Hervorh. im Original).

La Caisse d'Escompte, la Banque de France et leurs privilèges de part et d'autre de la Révolution française*

Patrice Baubeau

> « La monarchie fait argent aussi des privilèges et « libertés » (les deux mots ont le même sens) du corps social. »[1]

Le privilège fait partie de ces questions dont l'approche demeure marquée par la césure instaurée par les historiens de la Révolution française. Si de nombreux travaux se sont penchés sur cette question dans la perspective, propre à l'étude sociale et politique, de la disparition ou de la persistance de la « société de privilèges » après la Révolution, ils ont été moins nombreux à interroger sa dimension proprement économique et technique, notamment en raison de l'ambiguïté du terme. En effet, et c'est ainsi que l'entend Sieyès,[2] le privilège peut être défini par ses caractères et ses effets sociaux de distinction et de séparation, comme une « exception ». Mais il est aussi la modalité juridique normale de reconnaissance de tous les corps collectifs, qu'il s'agisse de jurande, de métier, ou de firme dès que cette dernière n'est plus seulement déterminée par son ou ses animateurs. Ainsi, les recherches portant sur l'économie et la société du XIXe siècle ont tenté de déceler ce qui, dans l'organisation des professions, soit relevait de la poursuite de mentalités et de modes de coordination propres au privilège, soit témoignait des difficultés de

* Tous mes remerciements à Tim Le Goff pour sa relecture amicale et attentive. Toutes les erreurs qui demeureraient sont évidemment de ma seule responsabilité.

1 François Furet, *La Révolution française, de Turgot à Jules Ferry, 1770–1880* (1988), in: idem, *La Révolution française*, (Collection Quarto), Paris (Gallimard) 2007, p. 229.

2 Emmanuel Sieyès, *Essai sur les privilèges*, s. l., s. d. [1788].

coordination causées par le primat de l'individualisme libéral.[3] L'interprétation de la renaissance des chambres de commerce,[4] de la différence d'appréciation entre ententes patronales et ouvrières, du délit de coalition et jusqu'aux questions du droit syndical et d'association relèvent de cette interrogation.[5]

Les discussions entourant la fondation de la Banque de France fournissent un bel exemple des ambiguïtés de ces catégories d'analyse. Dans un premier temps, nous avons donc suivi ces travaux pour analyser deux thèmes majeurs au moment de la création de la Banque de France. Emerge d'abord la notion de « monopole » – une des formes du privilège d'Ancien Régime – lorsqu'il s'applique au droit d'émission des billets de banque. Vient ensuite ce que l'on pourrait appeler la question de l'« incorporation », anglicisme qui n'a pas de véritable équivalent en français et qui désignerait la reconnaissance de la personnalité juridique d'une société de capitaux, lui donnant la forme d'un corps collectif et non d'une simple somme des intérêts de ses propriétaires (actionnaires, détenteurs de parts …). Ces deux questions sont demeurées pendantes jusqu'au milieu des années 1860, puisque ce n'est qu'alors que le monopole de fait de la Banque de France sur l'émission fiduciaire a été conforté[6] et que la constitution des sociétés anonymes a été libéralisée par les lois de 1863 et 1867.

Cette première approche s'est rapidement révélée insuffisante. Les archives de la Banque de France et les sources imprimées ont révélé une question beaucoup plus complexe, car les deux termes de l'analyse recouvrent une multiplicité de sens qui ne correspondent pas à une alternative simple privilège / liberté. Commençons par le privilège bancaire. D'un point de vue que l'on pourrait qualifier de positiviste, au sens de ce qui est positivement présent dans la régle-

[3] Voir notamment les travaux fondateurs de Jean-Pierre Hirsch, *Les deux rêves du commerce: entreprise et institution dans la région lilloise (1780–1860)*, (Civilisations et sociétés 82), Paris (éditions de l'EHESS) 1991.

[4] Claire Lemercier, *Un si discret pouvoir: Aux origines de la chambre de commerce de Paris, 1803–1853*, Paris (La Découverte) 2003.

[5] Steven Kaplan et Philippe Minard (éd.), *La France malade du corporatisme? XVIIIe–XXe siècles*, Paris (Belin) 2004.

[6] On pense évidemment à l'affaire de la Banque de Savoie qui opposa la Banque de France aux frères Péreire.

mentation, le privilège bancaire présente trois caractéristiques. En premier lieu, il porte sur la forme sociétaire de la Banque, c'est-à-dire les modalités de son incorporation, les responsabilités pécuniaires qu'encourent ses actionnaires et dirigeants, et le caractère plus ou moins exclusif des statuts ainsi concédés. Cette question n'est d'ailleurs pas propre à la France et se retrouve, peu ou prou, dans tous les débats accompagnant la formation ou la réformation des banques d'émission – et des entreprises bénéficiant de l'incorporation – en Europe et aux États-Unis.[7]

Il porte ensuite sur la question même de l'émission du billet de banque, c'est-à-dire des conditions mises à sa circulation. On oppose souvent deux régimes à cet égard, ceux du *free banking* et du privilège, mais il y en a en réalité au moins quatre: la liberté totale d'émission, mais qui pose alors la question de la nature du billet de banque,[8] le privilège sans exclusif, le privilège exclusif local ou spécial et enfin le privilège exclusif national ou global. C'est ce dernier privilège qui fait l'objet presque entier des réflexions sur le privilège de la part des économistes mais aussi des historiens et des juristes qui se sont penchés sur la Banque de France depuis la Restauration.[9]

Il porte enfin sur la nature des relations entre l'État, et plus particulièrement le Trésor, et la Banque. Il s'agit en fait, dans le cadre du privilège d'émission, d'un subtil équilibre entre sujétions et avantages, équilibre dynamique de surcroît. Y figurent notamment les avances de la banque d'émission à l'État, les facilités de trésorerie

[7] Timothy Guinnane, Ron Harris, Naomi R. Lamoreaux et Jean-Laurent Rosenthal, Business Organization in the Long Run: Private Limited Companies Rule!, Mimeo, Draft (27 juin 2006).

[8] En effet, en cas de liberté totale d'émission, les billets tendent à n'être plus qu'une dette particulière des émetteurs, soumis à une concurrence de crédibilité entre eux, et se distinguent alors de la monnaie. Il faut, pour surmonter ce hiatus, des règles de convertibilité ou de liquidité assez strictes. Voir l'exemple de la Suède au XIXe siècle: Torbjörn Engdahl et Anders Ögren, Multiple paper monies in Sweden, 1789–1903: Substitution or complementarity?, in: *SSE/EFI Working Papers in Economics and Finance* 678 (14 novembre 2007).

[9] Ainsi, Yves Leclercq, après d'autres, et peut-être en raison du poids d'évidence que représente la conquête progressive du monopole d'émission fiduciaire, en vient à interpréter les statuts de 1803 comme instituant un privilège national d'émission pour la Banque de France, à rebours des textes juridiques mais aussi de tous les juristes du XIXe siècle: Yves Leclercq, *La Banque supérieure. La Banque de France de 1800 à 1914*, Paris (Garnier) 2010.

qu'elle lui offre, l'emploi de ses capitaux permanents, le rôle de caissier du Trésor qu'elle peut jouer, la durée de son privilège, ses devoirs d'information tant vis-à-vis de l'État que du public, la liberté de modification de ses conditions de crédit, l'importance du capital qu'elle doit réunir et ses modalités, sa gouvernance et la part qu'y prend l'État. Cet aspect apparaît essentiellement juridique dans ses modalités de mise en œuvre, même s'il peut y avoir loin entre la lettre des textes et leur application, surtout après plusieurs dizaines d'années d'évolution.[10] Dans ces relations entre l'État (ou le Trésor) et la Banque, le privilège devient alors un terrain de négociation plus qu'un simple statut.

Mais ce dernier point ne s'épuise pas dans une analyse des dispositifs réglementaires et de leur application. Une recherche parmi les thèses de droit conservées à la bibliothèque Cujas[11] et les grands manuels juridiques introduit au second temps de cette réflexion. En effet, hors les études du « privilège du créancier »,[12] les seuls ouvrages consacrés au privilège après 1800 portent sur le privilège d'émission fiduciaire. Il semble donc que le terme de « privilège », hors celui du créancier, bien que formant sans aucun doute un élément du droit positif français du XIXe siècle, puisqu'il figure dans le texte de la loi du 24 germinal an XI[13] relatif aux banques d'émission, ne soit pas défini comme catégorie juridique.

Ainsi, la question du privilège ouvre deux interrogations de nature non positive, c'est-à-dire d'interprétation, en direction de la jurisprudence et des archives. Le terme même de privilège a-t-il perdu sa force juridique, avec sa légitimité, du fait de la création de l'ordre juridique nouveau impliqué par la Révolution française? On se réfèrera alors

10 Sur ce point, je me permets de renvoyer à ma thèse: Patrice Baubeau, *Les « cathédrales de papier » ou la foi dans le crédit. Naissance et subversion du système de l'escompte en France, fin XVIIIe–premier XXe siècle*, Nanterre (thèse, Université Paris X Nanterre) 2004.

11 La bibliothèque Cujas recense la quasi-totalité des thèses de droit soutenues en France et notamment pour la période qui nous intéresse ici, à savoir entre 1815 et 1939 (pour tenir compte des études portant sur l'avant 1914).

12 C'est-à-dire l'ordre de priorité selon lequel un débiteur ou le liquidateur d'une banqueroute doit régler les créanciers.

13 Tous les textes législatifs et réglementaires cités ici sur le droit des banques d'émission sont issus de *Lois et statuts qui régissent la Banque de France*, Paris (Imprimerie Paul Dupont) 1931.

aux lois d'abolition, et notamment l'abolition des privilèges votée par l'Assemblée nationale constituante le 4 août 1789, les décrets (lois) d'Allarde des 2 et 17 mars 1791 et enfin la loi Le Chapelier du 14 juin 1791. Mais de manière plus structurelle, on peut aussi renvoyer à la dissociation accrue entre droit public et droit privé après 1789. Cette dissociation n'est pas seulement doctrinale, elle est également judiciaire et crée deux ordres de juridictions, deux systèmes juridiques et deux traditions bien distinctes. Or le droit commercial n'appartient complètement ni au droit privé – que l'on songe au statut du capitaine dans les eaux internationales, à la police des marchés,[14] ou à la question de l'étalon monétaire – ni au droit public – ne serait-ce que parce que depuis les décrets d'Allarde, justement, tous les négoces licites sont libres sauf restriction fixée par la loi.[15]

Dès lors, le privilège est-il une nécessité qui s'impose par-delà la volonté des acteurs, une sorte de construction spéciale mais indispensable qui sort du droit commun? Mais alors, quelle est la nature, si elle existe, de la césure représentée par la Révolution française dans l'économie du privilège? Et en quoi le privilège serait indispensable? On retrouve vite, ici, les intuitions de Jean-Pierre Hirsch. En parallèle, cette interrogation soulève la question de la justification économique du privilège et plus particulièrement de sa version exclusive, c'est-à-dire du monopole. On sait ainsi que, même dans une économie dite « libérale », le monopole peut être nécessaire, notamment en matière de brevets.[16]

L'histoire de l'émission fiduciaire entre 1776 et 1850 permet d'explorer ces questions subtiles. Nous rappellerons brièvement l'histoire qui va de la Caisse d'Escompte à la Banque de France, en insistant sur les continuités qui existent entre les deux établissements. Puis nous nous pencherons sur deux questions spéciales qui aident à comprendre cette transformation du privilège: la responsabilité limitée et le monopole de l'émission fiduciaire.

14 Dominique Margairaz, *Foires et marchés dans la France préindustrielle*, Paris (éditions de l'EHESS) 1988.

15 Jean Hilaire, *Introduction historique au droit commercial*, Paris (Presses Universitaires de France) 1986.

16 Gabriel Galvez-Béhar, L'État et le brevet d'invention: une relation embarrassée (1791–1902), (document numérique, halshs-00548184) 2010.

I. De la Caisse d'Escompte à la Banque de France: l'inavouable persistance du privilège

Créée en 1776, sans qu'il soit aisé de faire la part entre initiative privée et initiative gouvernementale,[17] la Caisse d'Escompte bénéficiait alors de plusieurs privilèges. Sa formation en tant que société n'avait été possible qu'en vertu de l'arrêt du Conseil d'État du 24 mars 1776,[18] lequel autorise la formation de la banque sous la forme de « société en commandite », dotée de la personnalité morale. Suivant ce premier privilège, un second lui fut accordé en 1781 et consista, toujours par un arrêt du Conseil d'État, à la doter d'armoiries.[19] Le troisième lui fut accordé en 1783 – même si ce fut très temporaire – lorsqu'à la suite du cours forcé de ses billets, elle fut indirectement rattachée au droit de battre monnaie de l'État. Enfin, le quatrième, le plus formel, lui fut accordé en 1787 par la transformation de son privilège d'émission en « privilège exclusif », c'est-à-dire en monopole, pour une durée de trente ans, en échange d'un prêt de 70 millions de livres à l'État – mais les lettres patentes relatives à ce privilège exclusif ne furent jamais enregistrées et si le monopole existât bien, ce fut uniquement de fait.[20]

À partir de 1787, justement, la Caisse d'Escompte change de nature: elle n'est plus obligée de maintenir la convertibilité de ses

17 Sur la Caisse d'Escompte et son histoire, la principale publication demeure celle de Robert Bigo, *La Caisse d'escompte (1776–1793) et les origines de la Banque de France*, Paris (Presses Universitaires de France) 1927.

18 « [...] il [Jean-Baptiste-Gabriel Besnard] supplierait Sa Majesté de vouloir bien l'autoriser à former une compagnie d'Actionnaires [...] »: Conseil d'État, *Arrest du Conseil d'État du Roi, Portant établissement d'une Caisse d'Escompte, du 24 mars 1776, Extrait des Registres du Conseil d'État*, Paris (Imprimerie Royale) 1776. Reproduction numérisée de l'original par Gallica, juin 2011.

19 André-Daniel Laffon de Ladébat, *Compte-rendu des opérations de la Caisse d'escompte, depuis son origine (24 mars 1776) jusqu'à sa suppression (24 août 1793) et de sa liquidation depuis l'époque de sa suppression*, Paris (Bailleul) 1807. La plupart des informations précises sur la Caisse d'escompte qui suivent sont issues de ce document.

20 Bigo, Caisse d'escompte (n. 17), p. 110–111. Pierre Des Essars, A History of Banking in the Latin Nations, in: *A History of Banking in All the Leading Nations*, éd. par William Graham Sumner, vol. 3, New York (The Journal of Commerce and Commercial Bulletin) 1896, p. 36, raconte l'histoire un peu différemment, mais Bigo semble plus précis, en comparant son récit à celui de Laffon-Ladébat qu'il suit très fidèlement (p. 19).

billets en numéraire. Au début de cette année, afin de secourir le Trésor en pleine crise de liquidité, elle lui prête 70 millions de livres et elle continuera par la suite à alimenter le Trésor dans la crise de 1788–1790. En contrepartie la Caisse accumule les créances de l'État dans son actif. Résultat: dès avant 1790, en termes monétaires la Caisse n'est plus qu'une agence de l'État et ses émissions deviennent une véritable monnaie de papier. Assez logiquement, c'est pour rembourser les billets de la Caisse que les premiers assignats sont émis sous l'égide de l'Assemblée nationale. Dans le désordre ambiant les deux monnaies de papier circulent de concert et le billet de la Caisse fait bientôt prime sur l'assignat. De 1787 à 1792, un débat court sur l'utilité de la transformation de la Caisse d'Escompte en Banque nationale, des centaines de mémoires s'accumulant à ce propos.[21] Mais la Caisse, ses actionnaires et ses dirigeants encourent l'hostilité d'une partie croissante de l'Assemblée.

La suppression de la Caisse se fit donc en deux temps: en 1792, Cambon fit supprimer le droit d'émettre des billets au porteur et à vue – une mesure qui fut d'ailleurs d'interprétation difficile – dans le but d'empêcher la concurrence entre billets privés et d'État. Cela condamnait la Caisse d'Escompte à brève échéance. Puis, le 24 août 1793, un décret ordonna la suppression de la Caisse. André Daniel Laffon de Ladébat (ou Laffon-Ladébat), le directeur général, fut alors chargé de la liquidation de la Caisse, liquidation qui à travers les vicissitudes de la période révolutionnaire et les aventures propres de Laffon-Ladébat, déporté 18 mois en Guyane et un temps donné pour mort, se prolongea jusqu'en 1807.

Depuis la fin des années 1780 au moins, la Caisse d'Escompte était couramment appelée Banque de Paris ou Banque de France, par référence à la Banque d'Angleterre, souvent appelée elle-même, en raison de son propre privilège d'émission, géographiquement limité, Banque de Londres. Banquiers, négociants et hommes politiques étaient bien conscients des avantages apportés par cette institution, et

[21] Un exemple parmi d'autres: R. A. Bigot, *Projet d'Etablissement d'une Banque nationale*, Paris (Nyon) 1789, in: Archives de la Banque de France (ABDF), Boite 1069200401/283, Caisse d'escompte, historique, opérations et liquidation, août 1793 – août 1832. La première partie de ce projet a été publiée en mai 1789, au moment de la réunion des États Généraux et la seconde partie après la formation de l'Assemblée nationale constituante.

son remplacement après 1793 fut donc, en permanence, un des sujets qui mobilisèrent les cercles dirigeants.

Mais alors que la faillite du papier monnaie révolutionnaire n'était pas encore pleinement actée et que les critiques cristallisées par la Caisse d'Escompte n'étaient pas encore oubliées, il était trop tôt pour recréer cette dernière dans l'état des privilèges dont elle jouissait entre 1789 et 1791 tout en bénéficiant d'une plus grande indépendance à l'égard de l'État. Aussi, le projet de 1795 (statuts du 17 Pluviôse an IV)[22] d'une « Banque de France » fut-il abandonné, tandis que se créaient, avec l'appui pour une part des mêmes banquiers-négociants, d'autres banques sur la place de Paris ou en Province. Parmi celles-ci, deux revêtent une importance particulière: la Caisse des comptes courants, société en commandite fondée le 11 Messidor an IV (29 juin 1796) par Augustin Monneron et G. Godard, avec notamment la participation de Perregaux et la Caisse d'escompte du commerce, créée le 4 frimaire an VI (24 novembre 1797).

Or la particularité de ces entreprises, c'est d'émettre une « monnaie de club », c'est-à-dire accessible à leurs guichets aux seuls souscripteurs de leurs actions. Dès lors, on peut recourir pour l'analyse au tableau classique de la théorie économique des biens:

Caractères du bien	*Exclusif*	*Non-exclusif*
Rival	Purs biens privés *Billets de commerce*	Biens collectifs en libre-accès *Billets au porteur et mandats de banquiers privés*
Non-rival	Biens de « club » *Billets réservés aux actionnaires de la banque d'émission*	Purs biens publics *Billet de banque au porteur et à vue accessible à tous les agents*

Tableau 1: Types de papier monnaie selon la typologie des biens[23]

Il apparaît clairement, d'un point de vue strictement économique, que le perfectionnement monétaire du billet de banque, dont l'origine se situe du côté des purs biens privés, consiste à en faire un pur

22 ABDF, 1069199708/2, Note manuscrite de la Banque de France: « Établissements qui ont précédé la Banque de France ».

23 D'après Robert N. Stavins, The Problem of the Commons Still Unsettled After 100 Years, in: *Resources for the Future Discussion Paper* 10–46 (16 septembre 2010), p. 21.

bien public, substitut parfait de la monnaie. Le système des billets réservés à leurs actionnaires par la Caisse des comptes courants et la Caisse d'escompte du commerce apparaissait donc, à ce titre, doublement insatisfaisant. D'une part il consistait à mettre en circulation un substitut imparfait aux anciens billets de la Caisse d'escompte, qui avaient rapidement perdu leur caractère de bien de club, à mi-chemin entre billets de commerce et billets de banque. D'autre part, il créait une circulation relativement segmentée, puisque l'accès au guichet d'émission était réservé à un petit nombre de personnes – les actionnaires – alors que l'utilité du billet reposait sur sa capacité à circuler au-delà de ce cercle étroit, créant une dissymétrie entre simples usagers et usagers-émetteurs.

De même, du point de vue juridique, les billets émis par ces banques limitées ne sont pas de purs billets de banque, au sens où ils sont endossés par les actionnaires et affectent ainsi exactement la forme des billets privés dont la création et la circulation avaient été confirmées en 1795, à l'exclusion des billets devant servir de substitut à la monnaie légale.[24] Ainsi, et relativement au tableau 1, le rétablissement de banques de circulation aux privilèges limités s'était fait aux dépens de la qualité monétaire des billets émis, en net retrait par rapport à ceux de la Caisse d'escompte.

À partir de 1799, les anciens gros actionnaires de la Caisse d'Escompte reprennent leurs projets, ainsi qu'en témoigne une « Pétition adressée au Directoire à l'effet d'obtenir l'autorisation de créer une Banque d'Escompte ».[25] Il est intéressant à cet égard de noter deux phénomènes: d'abord la Banque de France, par la suite, a cherché à minimiser les continuités de statut et de personnel avec la Caisse d'Escompte prérévolutionnaire[26] et, d'autre part, on a tendu à

24 C'est d'ailleurs en vertu de cet argument que la direction de la Caisse d'Escompte du Commerce contesta en 1802–1803 l'établissement du monopole d'émission de la Banque de France à Paris: ABDF, 1069199708 / 2, « Observations des Associés de la Caisse d'Escompte du Commerce », s. d. (germinal an XI).

25 ABDF, Législation de la Banque de France – 1069200901 / 1, 1800–1806, s. d. (1799). La pétition est signée notamment de Basterrèche, Gaudin et Sabatier.

26 C'est très visible dans trois ouvrages rédigés sous les auspices de la Banque: Georges Bousquet, *La Banque de France et les institutions de crédit*, Paris (Dupont) 1885; des Essars, History (n. 20); Gabriel Ramon, *Histoire de la Banque de France d'après les sources originales*, Paris (Grasset) 1929.

surévaluer l'initiative gouvernementale – et de Bonaparte en particulier – dans la création de la Banque de France. Il est clair, au regard de ce que l'on vient de voir, que tous les partis, qu'ils soient financiers ou d'opinion, tendaient alors à la formation d'une banque importante, imitée de la Caisse d'Escompte et de la Banque d'Angleterre. La création de la Banque de France, qui intervient au cours du mois de janvier 1800 et se traduit par les premiers statuts adoptés le 13 février 1800, correspond donc bien à l'air du temps. Dès sa création elle fusionne avec la Caisse des comptes courants, dont elle partage certains des actionnaires, en particulier Perregaux et dont elle reprend une partie du personnel, en particulier son directeur, Martin Garat.[27]

Cela traduit la très forte continuité entre la Caisse d'Escompte et la Banque de France, soit via le personnel, notamment Garat, qui devient ensuite directeur général de la Banque de France, soit à travers les actionnaires et administrateurs, tels, parmi bien d'autres, Lecoulteux Canteleu, Le Coulteux de la Norraye, Perregaux. Cette continuité des hommes par delà l'épisode révolutionnaire conduit donc à s'interroger sur celle des formes du privilège entre l'avant 1789 et l'après 1800.

II. Responsabilité limitée et incorporation sociale

Le premier privilège de la Banque de France fut en réalité un coup de force. On se rappelle que depuis 1792 les billets ayant pour objet de se substituer à la monnaie légale demeuraient interdits. Comme il avait été précisé en 1795,[28] seuls les billets privés demeuraient librement autorisés: circulant par endossement, ou en blanc, ils supposaient au moins deux signatures distinctes et une échéance clairement indiquée. Or les billets que la Banque de France se proposait d'émettre ne devaient pas présenter de telles signatures distinctes ni d'échéance. En effet, la signature des administrateurs de la Banque apposée sur ses billets ne devait les engager qu'à hauteur du capital investi: il s'agissait donc d'une forme de responsabilité limitée. Les statuts fondamen-

[27] Bigo, Caisse d'escompte (n. 17), pp. 232–233.

[28] Voir André Mater, *Traité juridique de la monnaie et du change*, Paris (Dalloz) 1925.

taux adoptés par l'Assemblée générale constitutive de la Banque de France du 13 février 1800 portaient ainsi:

> « Art. 3. L'Etablissement dont la durée est indéterminée formera un corps moral seul responsable des engagements de la Banque, chaque actionnaire en particulier ne sera que simple bailleur de fonds. »
>
> « Art. 22. Les actionnaires et les Régents ne sont tenus des engagements de la Banque que jusqu'à concurrence de leur mise en société. »[29]

Ces statuts avaient vraisemblablement été rédigés avec l'aide de Berryer (père), jurisconsulte lié aux milieux financiers et qui avait, à plusieurs reprises, plaidé pour la Caisse d'Escompte.[30] Mais la capacité pour un individu à se soustraire à ses responsabilités posait problème. Or la fusion avec la Caisse des comptes courants obligea à soulever nombre de questions dont celle-ci. Ainsi, dès le mois de mai 1800, la direction de la Banque de France, alors assumée par un « Comité central » de trois personnes dirigé par Lecoulteux-Canteleu, procédait à une consultation de ses « conseils » afin de « Deffinir d'après les statuts le véritable caractère de l'Etablissement ».[31]

Deux réponses détaillées figurent dans les archives de la Banque de France. La première, signée de Berryer, Armey, Derignon, les « conseils » officiels de la Banque, demeurait dans le flou, notamment parce qu'ayant contribué à la rédaction des statuts, ils ne pouvaient vraisemblablement pas reconnaître qu'ils avaient outrepassé la loi: ils introduisent leur analyse par cette phrase bien vague: « Les loix et les usages du commerce n'assignent pas à la Banque une dénomination précise. »[32]

Mais un peu plus loin, la note y revient à travers la question de l'obtention d'une « faveur »:

29 ABDF, 1069200901/1, Législation de la Banque de France, 1800–1806, statuts fondamentaux; voir aussi Lois et statuts (n. 13), pp. 7 ss.

30 En tout cas, c'est ce dont Berryer se prévaut dans ses Mémoires: Bigo, Caisse d'escompte (n. 17), p. 223.

31 ABDF, 1069200901/1, « Première série de questions soumises aux conseils de la Banque », 25 floréal an VIII (15 mai 1800).

32 Ibid., ainsi que pour les citations qui suivent.

> « On voit, disons nous, des lettres patentes enregistrées exprimer uniformément que les Directeurs de ces Compagnies[33] et les intéressés ne pourroient être inquiétés pour le payement de sommes excédantes celles qu'ils auraient versé dans l'établissement.
>
> D'où l'on pourrait induire qu'il y a dans cette disposition une faveur dérogatoire au droit commun. »

Mais les conseils nuancent aussitôt la conclusion qui semble s'imposer, à savoir l'assimilation entre cette « faveur » et un privilège: « Elles avoient un privilège. Et la Banque n'en a point et n'en veut pas avoir. » Pourtant, les jurisconsultes réalisent bien les limites de cette analyse et proposent benoîtement une solution en contradiction complète avec celle-ci, quelques lignes plus bas:

> « Le Gouvernement aime et protège la Banque: il est assez éclairé pour savoir apprécier tous les avantages qu'il peut y puiser, sans pour cela étendre jamais jusque à elle la main toujours pesante de l'authorité.
>
> Le gouvernement a l'initiative des lois.
>
> Il peut en provoquer une qui déterminera le caractère trop longtemps controversé des sociétés par actions, loi qui sans paroître s'occuper de la Banque, consolidera pourtant son existence, en faisant consacrer les formes et les principes, d'après lesquels elle est constituée.
>
> On sent assez que rien au nom de la Banque ne doit être demandé, ni au corps législatif, ni au gouvernement. »

En somme, puisque la Banque ne peut demander à bénéficier d'un privilège, il faut que la loi générale réponde à ses besoins! Pourquoi ce texte paradoxal? Nous avons évoqué plus haut la cause évidente, le conflit d'intérêt dans lequel se trouve Berryer. L'analyse juridique développée par un jurisconsulte indépendant, Delamarc, consulté vraisemblablement en sus des conseils de la Banque en raison du caractère peu satisfaisant de la réponse de ces derniers, apporte des lumières plus précises sur le problème juridique. D'abord il rappelle que la Banque ne peut, par de simples statuts, se dégager de ses responsabilités à l'égard des tiers. Il justifie alors le privilège des compagnies commerciales d'Ancien Régime non par le monopole, c'est-à-dire l'exclusif, mais d'abord par la responsabilité limitée:

33 C'est-à-dire les compagnies commerciales privilégiées de l'Ancien Régime.

> « Colbert crut devoir prendre tous les moyens capables d'établir un grand commerce marchand [barré] maritime [en marge], séduit peut-être par l'exemple des nations commerçantes il se décida pour des compagnies exclusives.
>
> Mais il sentoit qu'en invitant tous les Français aisés à prendre une portion d'ynterrest dans ces sociétés, s'il ne faisoit pas connaître le maximum des risques que chaque interressé pouvoit courir il n'y aurait pas une seule action de levée. »[34]

La solution allait donc de soi: la responsabilité limitée ne pouvait découler que d'une permission du gouvernement, c'est-à-dire d'un privilège ou d'une réforme de la loi générale. Or sans responsabilité limitée il était évidemment impossible de mettre en circulation autre chose que des billets de commerce et donc de faire sortir l'émission et la circulation des billets d'un cercle très étroit. Par ailleurs, il peut paraître curieux que dans aucune des deux notes rédigées par les jurisconsultes ne soit évoqué le précédent de la Caisse d'Escompte. Trois raisons ont pu jouer, et pour commencer le caractère encore scabreux de l'histoire de la Caisse d'Escompte, ancrée dans l'Ancien Régime, qui signale un véritable échec de la Révolution, mais qui renvoie aussi aux conflits d'intérêt qui ont marqué son histoire et qui sont encore portés par les dirigeants de la Banque de France. En outre, jusqu'en 1787 les billets de la Caisse d'Escompte sont demeurés susceptibles de la responsabilité entière des actionnaires, avant que, l'émission de la Caisse gonflant, des lois particulières suspendent le remboursement en espèces des billets, annihilant du même coup la responsabilité des actionnaires et des dirigeants. Or justement, si la Banque de France voulait éviter une chose, c'était l'émission d'un tel papier monnaie d'État non convertible en monnaies d'or ou d'argent.

La question était donc assez sérieuse. Elle suscita des démarches auprès des autorités, le ministre de la Justice, d'abord, qui renvoya, à l'été 1800 et en raison de son importance, à l'avis des Consuls et en particulier Cambacérès et Lebrun, lesquels suggérèrent de consulter de nouveaux juristes, dont Tronchet et Portalis.[35] La consultation n'apporta apparemment pas de solution positive. Mais la question fut

34 ABDF, 1069200901/1, « Questions soumises au conseil soussigné », 27 prairial an VIII (16 juin 1800).

35 Ibid., lettre du 18 juillet 1800.

en quelque sorte soldée par l'assimilation entre privilège et privilège exclusif et sa sanction législative par la loi du 24 germinal an XI (14 avril 1803). On peut toutefois noter cette mention sibylline dans le registre des délibérations du conseil de régence de la Banque de France, le 22 germinal an IX:

> « Le Conseil arrête, en outre, que les Membres du Comité central et le Citoyen Journu Auber, Censeur, verraient le Citoyen Portalis et les Commissaires chargés de préparer la confection du Code de Commerce; à l'effet de faire comprendre, soit dans le Code Civil, soit dans le Code de Commerce des Articles qui fixassent d'une manière constante la Législation des Sociétés formées par action. »[36]

III. Le problème du monopole de l'émission fiduciaire

Ainsi, la question du privilège accordant l'incorporation et la responsabilité limitée se trouvait en suspens. La solution consista à l'intégrer à la question du monopole de l'émission fiduciaire. L'idée, d'ailleurs, n'était pas si originale, puisque la Banque d'Angleterre disposait elle-même d'un monopole local, associé également à un privilège exclusif dans ses modalités d'incorporation. Toujours est-il que la Banque de France, si elle sollicita la faveur d'un exclusif, le fit dans des termes très ambigus. Dans un mémoire discuté au sein du Conseil général le 12 germinal an X, donc en avril 1802, et intitulé « Discussion sur les inconvénients de tolérer à Paris d'autres banques que la Banque de France », elle tente de concilier deux points contradictoires. D'un côté, elle affirme:

> « La Banque de France ne jouit ni de fait ni de droit d'aucuns privilèges, ses opérations sont subordonnées à la qualité des billets payables à vue qu'elle peut avoir dans la circulation depuis deux ans. »

Mais en même temps, elle remarque:

> « Cependant l'expérience paraît avoir prouvé que le danger de la multiplicité des Banques a été successivement senti par tous les gouvernements, ils n'en ont jamais reconnu qu'une seule dans l'étendue de leur territoire. »

36 Ibid., Délibérations du Conseil général, 12 avril 1801.

Et l'on voit mal comment il serait possible qu'une seule banque d'émission fût reconnue sans privilège. D'où la conclusion alambiquée:

> « Les Régents et Censeurs de la Banque sont bien éloignés de se déclarer partisans des privilèges, mais ils sont persuadés qu'en fait d'établissements qui créent une espèce de monnaie, il est nécessaire qu'on ne permette pas de concurrence. »[37]

Ainsi, non seulement les régents se déclarent partisans d'un privilège mais de surcroît d'une forme bien particulière de privilège: le privilège exclusif, celui qui était le plus critiqué à la veille de la Révolution, témoignant de l'assimilation entre les deux expressions qui s'est progressivement imposée dans la littérature politique, économique et juridique. La loi du 24 germinal an XI (14 avril 1803) stipulait dans son article premier: « L'association formée à Paris sous le nom de Banque de France aura le privilège exclusif d'émettre des billets de Banque aux conditions énoncées dans la présente loi. » Le terme de privilège apparaît donc dans le droit positif, et se précise par le croisement de plusieurs articles, les uns qui en fixent l'étendue (articles 1er, 9, 28, 30, 35 et 36), les autres qui en indiquent les contreparties (articles 5, 7, 8, 9, 14, 25). Sans revenir sur toutes les stipulations, on y retrouve sans difficulté les trois éléments mis en évidence précédemment. Ainsi les modalités de son incorporation, par reconnaissance de « l'association formée à Paris » et le détail des différentes caractéristiques de son organisation sociale (ce qu'on appellerait aujourd'hui sa « gouvernance ») sont donnés par plusieurs articles, qui n'épuisent toutefois pas la question de la responsabilité des actionnaires, des dirigeants et de la Banque elle-même. Les articles 1er et 30 organisent le privilège de la Banque de France sous la forme particulière d'un monopole local. Enfin, de nombreuses contreparties à ce privilège sont précisées, notamment la limitation du taux du dividende (article 8).

37 ABDF, 1069200901/1, Législation de la Banque de France, Exposé de la discussion qui a eu lieu entre les Régents et les Censeurs de la Banque de France dans leur séance du 12 germinal de l'an X, Copie d'une pièce des Archives Nationales – Section du Secrétariat – AF IV Minutes des Arrêts 1070 – Banque de France, « Discussion sur les inconvénients de tolérer à Paris d'autres banques que la Banque de France ».

Ainsi, l'une des questions posées par le privilège de l'émission, en contrepartie de l'avantage qu'il présente pour les actionnaires de la Banque de France, porte sur la liberté de fixation du dividende. Or cette question n'est pas nouvelle et établit encore une filiation avec la Caisse d'Escompte.

En 1784, la Caisse d'Escompte était portée par la prospérité restaurée du commerce après le choc qui avait suivi la fin de la guerre d'Amérique. Entre-temps, un marché à terme des valeurs s'était développé à la Bourse de Paris, qui alimentait une spéculation fondée bien entendu sur les anticipations. Si le cours des rentes publiques variait essentiellement en fonction de la confiance dans l'État et du niveau général des taux d'intérêt, un troisième facteur de volatilité affectait le cours des actions de la Caisse d'Escompte: le montant du dividende semestriel. Or aucune règle précise ne fixait ce dividende. En particulier, la question se posait de savoir s'il pouvait inclure des revenus touchés sur des opérations non encore soldées, c'est-à-dire toujours susceptibles d'occasionner des pertes, soit notamment les escomptes en cours.

La conjonction d'opérations à terme, d'une part, du flou dans les règles de fixation du dividende, d'autre part, suscita des partis boursiers, auxquels Mirabeau et Beaumarchais prirent vraisemblablement part, tâchant d'influer sur la fixation du dividende et sur les cours à terme, et déclenchant une vive spéculation. Laffon-Ladébat, dans son rapport de 1807, revient longuement sur cette affaire. Face à l'agiotage, « un arrêt du Conseil, du 16 janvier 1785, ordonna que le dividende ne pourrait être pris que sur les bénéfices pris et réalisés dans le semestre écoulé. »[38] Cet arrêt provoqua des protestations, car on estimait qu'il intervenait dans les affaires privées et qu'il s'agissait donc d'une violation de la liberté de contracter. Aussi, le contrôleur général Calonne publia, le 26 janvier 1785, une lettre interprétative de l'arrêt contesté:[39]

> « Sa Majesté m'a chargé de faire connaître qu'elle avait vu avec mécontentement dans votre mémoire, des principes qui annonceraient l'opinion d'une prétendue indépendance relativement à la gestion des affaires de la Caisse d'escompte.

[38] Laffon-Ladébat, Compte-rendu (n. 19), p. 15.

[39] Reproduite en annexe de Laffon-Ladébat, Compte-rendu (n. 19), pp. 73–76.

> Si de telles erreurs ne peuvent être imputées qu'à quelques actionnaires, aucun ne doit perdre de vue que le roi en a autorisé l'établissement, moins pour favoriser ceux qui l'ont proposé, que pour l'avantage du commerce de ses sujets, et que lorsqu'en même tems Sa Majesté lui a permis de mettre en circulation un papier représentatif de numéraire que le public y déposerait, elle s'est nécessairement réservée et a même contracté, pour ainsi dire, envers ses peuples, l'engagement de surveiller continuellement et de régler, toutes les fois qu'il en serait besoin, les opérations de cet Etablissement, qu'un accessoire aussi important a lié trop intimement à l'État pour qu'il puisse n'être considéré que comme une société particulière, dirigée entièrement et uniquement par les membres qui la composent.
>
> Sa Majesté n'a jamais entendu empêcher que les actionnaires ne disposent à leur gré de tout ce qui concerne leurs intérêts particuliers, lorsqu'ils n'ont rien de contraire à l'intérêt général auquel ils sont subordonnés: mais s'ils s'en écartent [...], s'ils contreviennent aux règles qui servent de base à la confiance publique, il est alors indispensable que l'autorité intervienne pour les y ramener; et c'est cette même attention vigilante du Gouvernement sur toutes les opérations de la Caisse, qui est le principal garant de son crédit. »

Ainsi, Calonne rappelait que la Caisse d'Escompte, bien que société privée, n'appartenait pas entièrement à ses actionnaires, d'abord parce que le roi en avait autorisé l'établissement; ensuite parce qu'elle visait une utilité qui allait au-delà des intérêts particuliers, c'est-à-dire « l'intérêt général »; enfin parce que les règles de la « confiance publique », de « foi publique » écrit Laffon-Ladébat, même en l'absence de lois spécifiques, s'imposent toujours aux règles contractées entre particuliers, par exemple dans le domaine monétaire qui est placé par nature sous la surveillance des pouvoirs publics.

La fixation du dividende devenait donc l'occasion de rappeler à la fois la nature privilégiée de la Caisse d'Escompte et les sujétions posées à sa liberté d'action.

En 1803 eut lieu un débat presque similaire qui cristallisa les désaccords entre les régents et actionnaires de la Banque de France, d'une part, le gouvernement de Bonaparte, d'autre part. En effet, comme contrepartie au privilège exclusif de l'émission des billets à Paris, le gouvernement voulait imposer à la Banque de France un maximum à la fixation de son dividende, soit 6 %.[40] Au final, un

[40] Comte Mollien, *Mémoires d'un ministre du Trésor public, 1780–1815*, t. 1, Paris (Guillaumin) 1885, p. 357.

compromis fut passé, qui repoussa la fixation d'une limite aux dividendes à 1805. Ce dernier ne pourrait alors dépasser 6 %, mais l'excédent des bénéfices serait placé en rente 5 % consolidée. Les revenus de cette réserve pourraient alors être versés aux actionnaires sous la forme d'un superdividende, sans toutefois que le dividende global puisse excéder 8 %. Cette mesure un peu complexe devint l'article 8 de la loi du 24 germinal an XI, conférant à la Banque de France et pour quinze ans le privilège exclusif de l'émission des billets à Paris. Il est à noter que chaque renouvellement de privilège ou presque, en 1806, en 1840, en 1857 et en 1897, aboutit à une complexification de ces règles, soit pour limiter le montant des dividendes – notamment parce que ceux-ci tendent à hausser lors des périodes de crise économique aiguë – soit pour en faire bénéficier l'État ou des clientèles électorales spécifiques comme les agriculteurs ou les petits commerçants.

Par la suite, le privilège d'émission de la Banque de France s'est progressivement renforcé, devenant un monopole national à l'occasion de la crise de 1848 et de l'affaire de la Banque de Savoie,[41] en absorbant les rares monopoles départementaux autorisés. Mais la situation n'en était pas pour autant entièrement éclaircie: d'où provenait le privilège de la Banque de France, quelle en était la nature? Au milieu de multiples chicanes, une affaire est à cet égard particulièrement révélatrice: l'émission de billets par la société l'Unité.[42]

Cette société de banque, créée à Paris en 1845, avait pour but de créer des comptoirs en province chargés de délivrer des effets au porteur payables à trois jours de vue en échange d'opérations d'escompte ou d'avance. En raison de la modicité de ses billets comparés à ceux de la Banque de France, dont la plus petite coupure

41 Jean Bouvier, Les Péreire et l'affaire de la Banque de Savoie, in: *Cahiers d'Histoire* 5, 4 (1960), pp. 383–410.

42 La source principale sur cette affaire est l'arrêt du 18 décembre 1850 de la Chambre civile de la Cour de Cassation, *Bulletin des arrêts de la Cour de Cassation*, t. LII, 1850, pp. 344 ss. Deux commentaires parus au *Recueil Dalloz* de 1851 sont particulièrement utiles: 1851.1.30 et 1851.2.46. Un recueil manuscrit des mémoires et questions que posa cette affaire témoigne dans les archives de la Banque de France du souci que représenta cette affaire, mais il ne permet pas de faire le point sur l'affaire en raison du biais en faveur de la Banque qu'il exprime continûment: ABDF, 1069199708/2, « Emission de Billets par la Société dite de l'Unité ».

en province était alors de 250 francs, cette société pouvait espérer développer ses affaires. Or l'un des comptoirs, celui de Gray (Haute-Saône), fit de mauvaises affaires et le dirigeant de ce comptoir, le Sieur Gié, refusa d'assumer ses engagements envers la société mère de l'Unité en arguant que les billets émis étaient nuls car ils empiétaient sur le monopole d'émission reconnu aux banques départementales et à la Banque de France.

En première instance, le tribunal de commerce de Besançon donna tort au Sieur Gié, mais celui-ci interjeta appel et la cour d'appel de Besançon lui donna raison au motif « qu'en échange des sommes que cette société exigeait de ses actionnaires, elle leur remettait des papiers payables à trois jours de vue, énonçant la somme pour laquelle ils étaient émis; qu'en agissant ainsi la société de l'Unité et ses comptoirs contrevenaient directement aux lois et aux articles du Code civil précités ». Ces articles précités, 1009, 1131 et 1133, portent que toute obligation doit avoir une cause licite et qu'en cas contraire elle est nulle. Or, précise la Cour, « la loi du 24 germinal an XI, réglant les droits et les privilèges de la Banque de France lui conféra exclusivement le droit d'émettre des billets de banque faisant office volontaire de monnaie. »

L'Unité se pourvut alors en cassation, avec pour motif que « le trafic d'argent était un droit qui appartenait à tous, et que, sans porter atteinte au privilège de la Banque de France, chacun pouvait émettre, contre des dépôts d'espèces, des billets nominatifs ou au porteur, payables à vue ou à terme ». La Cour de cassation, par sa Chambre Civile, lui donna raison le 12 décembre 1850, et cassa l'arrêt de la Cour d'appel pour les motifs suivants:

> « Que ce qui distingue en effet les billets de banque proprement dits du billet commercial au porteur, c'est que les premiers sont souscrits sans cause ni valeur reçue, pour devenir la représentation du capital formant le fonds social de la maison de banque, et pour circuler comme aurait fait ce capital lui-même, et à la place de ce capital, tandis que les seconds sont créés par suite d'une opération spéciale et déterminée, dont ils représentent l'importance;
>
> Que tel était, d'après ses statuts, et suivant les termes de l'arrêt attaqué, le but du comptoir l'Unité, qui ne devait créer ses billets que pour les donner en échange des dépôts qui lui étaient faits en numéraire. »

On voit donc que malgré l'absence de définition légale de la notion de « privilège », celle-ci est invoquée aux trois niveaux juridictionnels. Mais surtout, la décision de la Cour de cassation apparaît elle-même mal motivée, car elle ne fournit pas de critère clair pour distinguer le billet de banque du billet de commerce. Cette distinction, en fait, se trouve correctement énoncée[43] dans la doctrine et en particulier dans le commentaire de l'arrêt du 12 décembre 1850 de la Cour de cassation, paru dans le volume de 1851 du *Recueil Dalloz*. L'auteur écrit ainsi:

> « [...] qu'est-ce qu'un billet de banque? C'est un billet qui n'est jamais nominatif ni à terme, qui ne porte point intérêt, qui, rentré dans la caisse de la banque, est immédiatement remis en circulation et tient lieu de monnaie. Le billet à terme, que le capitaliste reçoit contre le dépôt de ses fonds, qui, à son gré, peut être nominatif ou au porteur, stipuler ou non des intérêts, n'a rien de commun avec le billet de banque. D'abord, il est toujours à terme, et le payement peut, conséquemment, en être exigé à l'échéance; ensuite, il peut être au nom et à l'ordre du déposant; enfin, après le payement, il ne peut plus être remis dans la circulation. Créer des billets de cette nature, c'est faire le commerce de la Banque, commerce libre en France, sous la seule condition de prendre une patente. »

On notera que le critère clé réside dans le fait de savoir si le billet, rentré dans la caisse de la banque, y est annulé ou remis en circulation. Or c'est là une provision très facile à contourner: le privilège de la Banque de France était donc facile à tourner en droit, mais c'est bien en termes pratiques que le problème s'est posé, ce qui explique que les petites banques d'émission, qui ont existé voire prospéré jusqu'aux années 1860, n'aient jamais eu qu'une faible surface, très locale de surcroît.

Surtout, et pour conclure, le commentaire doctrinal de 1851 reprend très précisément les termes des décrets d'Allarde, c'est-à-dire qu'il n'y a pas de métier réservé, de commerce privilégié, sous réserve de payer la patente.

43 C'est-à-dire dans les termes monétaires reçus à l'époque.

Conclusion: le privilège, une nécessité par-delà la Révolution?

Que conclure de ce parcours dans les linéaments du privilège bancaire d'émission fiduciaire? Premier enseignement, le privilège d'émission non seulement survit à l'abrogation révolutionnaire des privilèges, mais il survit sous une forme dynamique, puisque d'abord local, il prend peu à peu, alors que s'étend le « ressort » de la Banque de France, un caractère national, comme le propose, en 1840, Adolphe Thiers dans son « Discours sur le privilège de la Banque de France ».[44] Il est d'ailleurs notable que cette extension du privilège demeure juridiquement confuse, tant dans son fondement que dans son extension, comme en témoignent les arrêts précédemment cités. La raison en est que la critique, en particulier, s'est focalisée sur la seule question du monopole, assimilé aux autres privilèges, par exemple dans cette diatribe de Charles Coquelin: « Le monopole de la banque [de France], ce monopole monstrueux, qui ferme au profit d'un établissement privilégié toutes les voies régulières du crédit [...]. »[45]

Second enseignement, malgré la dévalorisation de la notion de privilège, perceptible à la fois dans le mémoire de la Banque de France de 1802 et dans la réduction du sens juridique du terme privilège à la notion de « privilège du créancier », le terme demeure dans le droit positif, par le biais de textes, mais aussi d'arrêts, et pas seulement dans la doctrine. Là encore, le legs de l'Ancien Régime apparaît direct.

Troisième enseignement, beaucoup plus significatif, il apparaît bien que cette survivance n'en est pas une. Le privilège répond précisément aux nécessités propres à la définition d'une monnaie comme « bien public », non rival et non exclusif: d'où l'idée de monopole local défendue par Mollien en 1802 ou Thiers en 1840 afin

44 Adolphe Thiers, *Discours parlementaires*, éd. par Antoine Calmon, Deuxième partie, vol. 5, Paris (Calmann Lévy) 1879, pp. 1–48. Il est à noter que ce texte proclame la nécessité de monopoles locaux (sur une place de commerce) tout en proposant l'extension de l'action de la Banque de France à l'ensemble du pays.

45 Charles Coquelin, *Le crédit et les banques* (1848), 2e éd., Paris (Guillaumin) 1859, p. 52.

d'éviter une concurrence néfaste entre émetteurs, monopole progressivement étendu. En contrepartie, chacun, sous réserve qu'il procède aux opérations commerciales idoines, peut accéder au billet de banque et l'usage par un individu de ce billet n'empêche pas un autre de s'en servir plus tard, puisque le véritable billet de banque ne se consomme pas par l'usage. Le privilège est donc d'abord un outil d'articulation entre un enjeu d'intérêt général, fondé sur un motif de nature politique et le moyen privé de sa réalisation, motivé par un but lucratif. Pour citer Sieyès, « Le désir de mériter l'estime publique, et il en est une pour chaque profession, est un frein nécessaire à la passion des richesses. »[46]

En ce sens, le privilège n'est pas univoque: il s'analyse nécessairement à partir de la comparaison des avantages qu'il procure et des sujétions qu'il entraîne. Certains de ces avantages peuvent d'ailleurs s'évanouir avec le temps: il en est ainsi des caractéristiques des statuts de la Banque de France qui permettent de l'assimiler à une société anonyme à responsabilité limitée, caractéristiques qui entrent dans le droit commun des sociétés après 1867. La renaissance du privilège après 1789 correspond donc à au moins deux contraintes. D'une part, il est ce lien entre intérêt général et intérêt privé lorsque leur alignement n'est pas garanti par une harmonie libérale, un mécanisme de marché. D'autre part, il est ce « cavalier » juridique qui permet de coordonner deux traditions juridiques largement distinctes en France, et qui se sont distinguées dès avant la Révolution française, à savoir le droit public et le droit privé. À cet égard, un particularisme de la Banque de France au XIXe siècle est tout à fait éclairant: c'est au Conseil d'État – la juridiction administrative suprême – qu'est confiée, notamment, la compétence sur les « infractions aux Lois et règlements qui régissent la Banque [de France], et des contestations relatives à sa police et administration intérieures ».[47]

[46] Sieyès, Essai (n. 2), p. 31.

[47] Lois et statuts (n. 13), Loi du 22 avril 1806 sur la Banque de France, pp. 24 ss.

Les privilèges urbains à la veille de la réforme des corporations municipales anglaises et galloises de 1835: effets économiques et sociaux des structures juridiques et discours de la réforme

Frédéric Moret

Moment clé de l'avènement en Grande-Bretagne d'un nouvel ordre politique, économique et social, la décennie des années 1830 interroge les statuts personnels et collectifs d'une société d'Ancien Régime en pleine mutation. Conséquence du *Reform Act* de 1832, la réforme municipale de 1835 aboutit, dans une large mesure, à mettre un terme à l'Ancien Régime urbain. Fait marquant, elle ne s'applique, dans un premier temps, qu'aux localités dotées d'une corporation municipale, laissant de côté les nouvelles cités industrielles. Pour préparer cette réforme, une commission d'enquête, formée d'une vingtaine de jeunes juristes radicaux, très hostiles au système préexistant, est créée à l'initiative du gouvernement *whig*; elle visite près de 300 localités anglaises et galloises de toutes tailles et de statuts très divers. À l'issue d'audiences publiques, et de la consultation des archives locales, ces juristes, largement influencés par l'idéologie benthamienne, dressent un constat sévère du fonctionnement des corporations municipales, à la veille de leur réforme. La publication de ces rapports,[1] précédés d'un rapport général pour l'essentiel rédigé par Joseph Parkes, permet de faire une analyse précise – par-delà les a priori idéologiques des rédacteurs – de l'organisation et de la répartition des pouvoirs à l'intérieur des corporations municipales.

Le terme de privilège est très fréquemment employé, aussi bien dans les rapports spécifiques à de nombreux bourgs que dans le

[1] *First Report of the Commissioners appointed to inquire into the Municipal Corporations in England and Wales*, London (HMSO, Parliamentary Papers) 1835, vol. XXIII–XXVI; voir Frédéric Moret, *The End of the Urban Ancient Regime in England*, Newcastle upon Tyne (Cambridge Scholars Publishing) 2015.

rapport général, et bien sûr – compte tenu des conceptions idéologiques des auteurs – de façon négative. Le premier privilège dénoncé est de nature politique, et c'est celui qui motive, à court terme, le processus de la réforme municipale. Réputées citadelles du torysme, les corporations municipales réservaient avant 1832 aux seuls *freemen* le pouvoir de dépêcher des députés à la Chambre des Communes et, une fois le système parlementaire modifié, l'objectif politique des libéraux est clairement de permettre dans les municipalités l'accession de leurs partisans au pouvoir, en élargissant les bases électorales. Je n'insisterai pas davantage sur cet aspect, fondamental sur le fond mais marginal par rapport à la thématique ici étudiée. De même, on ne détaillera pas l'étude d'un autre élément très important de ce système de privilèges – même s'il peut avoir des incidences économiques à la marge: sa composante judiciaire. Dans de nombreux cas, les membres des corporations jouissent de privilèges en matière judiciaire (notamment d'exemption de participation aux jurys des comtés, ce qui leur évite des obligations parfois coûteuses en temps).

En me concentrant sur les aspects économiques de ces privilèges, je souhaiterais commencer par souligner la persistance, même au début du XIXe siècle, et même dans le pays de la révolution industrielle et du libéralisme économique triomphant, de pratiques et de conceptions valorisant le privilège. Premier point important: les corporations municipales en elles-mêmes constituent des espaces de privilège, dans la mesure où elles sont – le plus souvent par fondation royale, ecclésiastique ou aristocratique – créées pour gérer certaines tâches (entretien d'un pont, marché, etc…) et dotées pour financer ces missions de propriétés foncières ou de droits (de péage par exemple), et dans un second temps se voient attribuer des fonctions politiques. La corporation est en elle-même un espace de privilèges qui s'étendent parfois à tous les habitants, même ceux qui n'y appartiennent pas formellement. C'est le cas bien souvent de l'exemption de participation aux jurys d'assises du comté qui ne concerne pas que les bourgeois mais tous les habitants.[2] Largement occultée dans les débats des années 1830, la difficile relation entre les

[2] C'est par exemple le cas à Portsmouth: Report (n. 1), vol. XXIV, p. 811: « The burgesses, in common with all inhabitants within the borough, are exempt from serving on county juries. »

corporations municipales et le plat pays environnant est cependant parfois perceptible. Les limites du privilège fonctionnent donc à au moins deux niveaux: à l'intérieur de la localité entre les bourgeois et ceux qui n'en ont pas le statut, mais aussi entre ceux qui vivent à l'intérieur des limites de la corporation et ceux qui sont à l'extérieur.[3] Il arrive, c'est le cas à Bristol, que les habitants se plaignent au contraire d'être soumis à la juridiction de la corporation, lorsque les taxes qui s'y appliquent sont supérieures à celles que lève le comté.[4]

I. Une question de propriété

Rendant compte de l'enquête menée par deux commissaires dans la ville industrielle de Gateshead (plus de 15.000 habitants, dans la périphérie de Newcastle), un réformateur cite en ouverture de son pamphlet[5] un article du *Morning Chronicle*, daté du 23 novembre 1833, qui donne la tonalité du discours général des partisans de la réforme:

> « Dans la majorité des bourgs, les corporateurs ont usurpé les anciens droits municipaux des classes moyennes et des tenanciers [*householders*]. Impudemment, ils ont réclamé, comme une propriété privée, les fonds qu'on leur avait confiés à l'origine pour l'intérêt public; et ils ont souvent et scandaleusement perverti, pour des motivations politiques et sinistres, les pouvoirs et l'autorité dont on les avait investis pour l'avantage municipal des communautés. »[6]

L'état actuel des corporations résulte d'une usurpation des droits de tous par une minorité, argument fréquemment employé depuis le début du XIXe siècle par les avocats d'une réforme municipale. Dans

[3] La question en particulier des limites des juridictions civiles et pénales et des distorsions d'accès à la justice qui en résultent est souvent évoquée.

[4] Le rapport de Bristol relate les protestations des habitants d'un district rural (« the Ainsty of the city ») qui préféreraient être soumis à la juridiction du comté et accusent la corporation, dont les membres n'ont pas de propriété dans le secteur de partialité: Report (n. 1), vol. XXV, pp. 1749–1750.

[5] *Investigation, by His Majesty's Commissioners, into the State of the Borough of Gateshead, the 8th and 9th Nov. 1833: Also the Memorial of the Inhabitants for a New Charter, and the Statement of the Grievances Sustained by Gateshead from the Corporate Power of Newcastle, as Presented to the Secretary of State and Commissioners of Inquiry*, Gateshead (George Watson) 1833.

[6] *The Morning Chronicle*, 23 novembre 1833.

le cas de Gateshead, cet argument est d'autant plus intéressant qu'il s'agit d'une des corporations les plus étroites, les plus closes, où se pose la question de l'existence même d'une corporation municipale. Un avocat, parlant lors de l'audience « au nom des *Borough-holders*, dénie qu'il y ait un quelconque organe *corporé* à Gateshead »;[7] les deux *stewards* qui affirment que leur fonction (annuelle) se résume à la tenue des comptes, et qui incarnent la seule instance de pouvoir, refusent longtemps de donner des informations sous prétexte qu'« ils ignoraient que Gateshead fût un Bourg *corporé;* les *Borough-holders*, ou propriétaires de *burgage houses*, au nom de qui ils agissent, étaient des individus privés, et leur propriété une propriété privée. »[8]

Les années 1830 constituent probablement le moment où cette conception patrimoniale – depuis longtemps attaquée – subit les plus violents assauts; le mouvement de réforme fait la promotion d'institutions tant locales que nationales fondées sur l'utilité sociale et le bien-être collectif, et souhaite faire des exécutifs locaux non plus des entités indépendantes et fermées mais des organes garants de l'intérêt général. De façon très significative, le rapport général commence par présenter la situation telle que les réformateurs la souhaiteraient, avant de souligner qu'elle est nettement minoritaire:

> « Certaines corporations considèrent que leur propriété leur a été dévolue uniquement comme administrateurs au nom du public; mais, dans de nombreux cas, cette vérité n'est reconnue que lorsqu'on les contraint à y prêter attention, est acceptée difficilement et avec réserve, et est continuellement oubliée. Peu de corporations admettent avoir l'obligation de dépenser le surplus de leur revenu pour des actions d'intérêt public. De telles dépenses sont vues comme un acte spontané de générosité privée, davantage

7 *A Full Report of the Evidence and Discussions During the Official Investigation into the Affairs of the Municipal Corporation of Newcastle-Upon-Tyne, Before His Majesty's Commissioners [...] 1833: Also Reports of the Investigations into the Affairs of the Corporation of the Trinity-House, and the Hoastmen's Company, Etc*, Newcastle-upon-Tyne (John Hernaman) 1834, p. 131: « Mr. Hind, a solicitor, on the part of the borough-holders, denied that there was any corporate body in Gateshead. » On trouve trois pages sur l'audience à Gateshead, à la fin de cet ouvrage consacré à Newcastle.

8 Investigation (n. 5), pp. 3–4: « They did not know that Gateshead was a corporate Borough; the Borough-holders, or owners of burgage houses, for whom they acted, were private individuals, and their property private property. »

> que comme une utilisation justifiée du revenu public, et le mérite dont la corporation, dans ce cas, estime avoir fait preuve n'est pas celui d'administrateurs avisés mais de généreux bienfaiteurs. »[9]

La justification même de l'existence des corporations municipales se trouve au cœur de ce débat: en faveur de qui la corporation est-elle dotée d'un pouvoir d'administrer des propriétés et des droits? La difficile notion de *trust*, qui peut prendre des sens très différents, est au cœur de cette problématique et de la conception même de l'exercice du pouvoir local, où s'entremêlent droit politique, droit de propriété, service public et philanthropie privée.[10] La dimension judiciaire du pouvoir municipal vient renforcer l'idée dans la société urbaine que la corporation doit répondre à des attentes en termes de service public, dans la mesure où les justices de paix et les assises (*Quarter sessions*) relèvent de la justice royale, et sont amenées à jouer un rôle important de relais des politiques royales puis gouvernementales, dans la lutte contre le crime mais aussi dans la régulation du commerce, le maintien de l'ordre, la surveillance des routes...[11] Agents de la puissance publique dans le cadre de leurs fonctions judiciaires, les membres de la corporation ont donc des difficultés à convaincre, en ce qui concerne la gestion de la propriété municipale et de ses droits, que leur action relève de la sphère privée et du simple exercice de leur droit de propriété. Introduisant le compte rendu de l'enquête menée à Great Yarmouth, Henry Barrett résume de la sorte la lecture qu'il fait, à l'audition des débats, du contenu des chartes et ordonnances réglementant la corporation:

[9] Report (n. 1), vol. XXIII-1, p. 45: « Some Corporations consider that their property has been vested in them solely as trustees for the public; but, in most cases, this truth is acknowledged only when forced on their attention, is received with difficulty and qualification, and is continually forgotten. Few Corporations admit any positive obligation to expend the surplus of their income for objects of public advantage. Such expenditure is regarded as a spontaneous act of private generosity, rather than a well-considered application of the public revenue, and the credit to which the Corporation, in such a case, generally considers itself entitled, is not of judicious administrators, but of liberal benefactors. »

[10] Richard Rodger, *The Transformation of Edinburgh: Land, Property and Trust in the Nineteenth Century*, Cambridge (Cambridge University Press) 2001.

[11] Cf. à ce sujet la synthèse de Rosemary Sweet, *The English Town, 1680–1840: Government, Society and Culture*, Harlow (Longman) 1999, pp. 41–42.

> « C'est *à vous*, habitants de cette ville que le bénéfice était destiné, et la nomination du Maire, des *Aldermen* et des Conseillers avait pour objet de réaliser ce bénéfice. Ce qui est à eux, c'est la responsabilité (*trust*), le bénéfice devrait vous revenir. »[12]

II. Privilèges légaux

À la veille de la réforme municipale, le système corporatif conserve à bien des égards une structure économique et sociale d'Ancien Régime, fondée sur l'exercice par les membres de la corporation de privilèges qui les distinguent des autres habitants. Par delà le privilège électoral qui peut être source de revenus directs ou indirects, les bourgeois continuent à bénéficier dans le premier tiers du XIXe siècle d'avantages fiscaux, économiques ou sociaux parfois importants. Cet état de fait renforce le sentiment de spoliation et de dépossession que les corporations expriment avec véhémence; l'aspect symbolique de la propriété corporative mis en avant par les autorités municipales est inséparable de la réalité économique et sociale des avantages tirés par ses membres de leur appartenance. La présence de privilèges de tous types est avérée dans 143 des 285 bourgs.[13] À l'exception – d'ailleurs discutée[14] – de Portsmouth, toutes les plus grandes corporations sont

[12] Henry Barrett, *Great Yarmouth Corporation. A Report of the Investigation Before His Majesty's Municipal Commissioners… Appointed to Examine into, and Report on the Corporate Affairs of This Borough, Compiled by Henry Barrett*. Second Edition, Yarmouth (J. Barnes) 1834, p. VII: « Such is the outline of those charters and ordinances: *for you*, inhabitants of this town the benefit was intended, and to carry the benefit into effect was the object in the appointment of the Mayor, Aldermen and Common Councilmen. Theirs is a *trust*, the benefit should be yours. »

[13] Les statistiques et cartes qui suivent ont été élaborées à partir des listes données par l'*Index général* de l'enquête publié en 1839 (Joseph Fletcher, *Analytical Index to the Reports of the Commissioners appointed to inquire into the Municipal Corporations (England and Wales)*, London (HMSO, Parliamentary Papers) 1839, vol. XVIII, « Privileges of freemen », pp. 513–524), complété et corrigé par des éléments trouvés dans le rapport spécifique à chaque bourg, ou dans d'autres sources, par exemple, pour Great Yarmouth, bourg pour lequel il n'y a pas de rapport publié, par le compte rendu de l'audience: cf. Barrett, Yarmouth (n. 12).

[14] Le rapport souligne que les bourgeois n'ont pas de privilèges, mais note dans le même temps que depuis de nombreuses années, ils étaient exemptés de taxes sur les quais. La corporation remet en cause depuis septembre 1832 cet

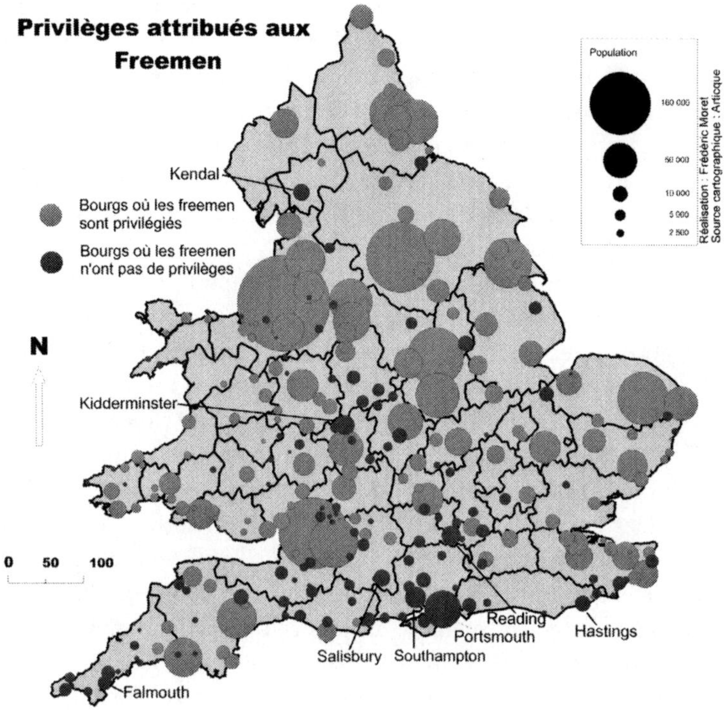

Carte 1: Privilèges attribués aux *Freemen*

concernées par ces pratiques qui survivent selon une intensité très variable.

Le privilège est donc plutôt la règle, et son absence signe les corporations de petite taille,[15] notamment les bourgs pourris ou les bourgs de poche, où les bourgeois ne résident pas ou fort peu, et

acquis, ce qui provoque des disputes. Report (n. 1), vol. XXIV, p. 811: « For many years they were considered to be exempt from wharfage dues. This is now a subject of dispute between them and the corporation. The first demand upon them for this toll was made in September 1832: many of them have not paid: no steps have hitherto been taken to compel them. »

15 La moyenne de la population des localités où existent des privilèges est de 12 297 habitants, contre 4371 pour ceux où l'on ne trouve pas de privilèges; les médianes s'établissent respectivement à 4670 et 3201.

n'ont bien souvent aucun lien économique ou social avec la localité, et donc aucun intérêt à de tels privilèges. Par essence, les bourgs dans lesquels il n'existe pas un groupe de bourgeois, ou dans lesquels l'accès à la franchise dépend de l'occupation ou de la propriété de biens sont également la plupart du temps exempts de tout privilège. Sur la carte ci-dessus, seuls les privilèges internes à la localité ont été pris en compte, c'est-à-dire ceux qui introduisaient des différences de droit entre les habitants.

En reprenant la distinction établie par Joseph Fletcher dans le très précieux *Index* de l'enquête parlementaire, on peut distinguer trois catégories assez pertinentes de privilèges,[16] relevant de l'exemption, du profit ou du monopole. La frontière entre ces trois notions est parfois poreuse, mais elles permettent de dresser un panorama un peu affiné du privilège bourgeois dans les corporations municipales. Le privilège le plus répandu est celui de l'exemption, qui porte principalement sur deux secteurs: la fiscalité et la justice. Un certain nombre de corporations[17] réservent – on l'a vu – l'exemption de participer aux jurys d'assises du comté aux seuls bourgeois. Près d'une centaine accorde aux membres de la corporation un avantage économique qui peut parfois être important, en les exemptant de taxes, le plus souvent sur les marchés et foires, mais aussi sur les quais et les ports. Si, dans certaines petites localités, ces privilèges peuvent s'apparenter à une mesure symbolique, qui permet aux bourgeois de ne pas payer pour l'étal ou la place de leur bétail à la foire (ce qui est souvent vécu comme vexatoire par les autres habitants), dans les plus grandes villes, en particulier dans les ports, ces exemptions introduisent des distorsions de concurrence importantes.

[16] FLETCHER, Index (n. 13), vol. XVIII. L'*Index* fait également la liste des privilèges politiques locaux (*Municipal Powers*) et nationaux (*Political Powers*).

[17] 51 occurrences trouvées.

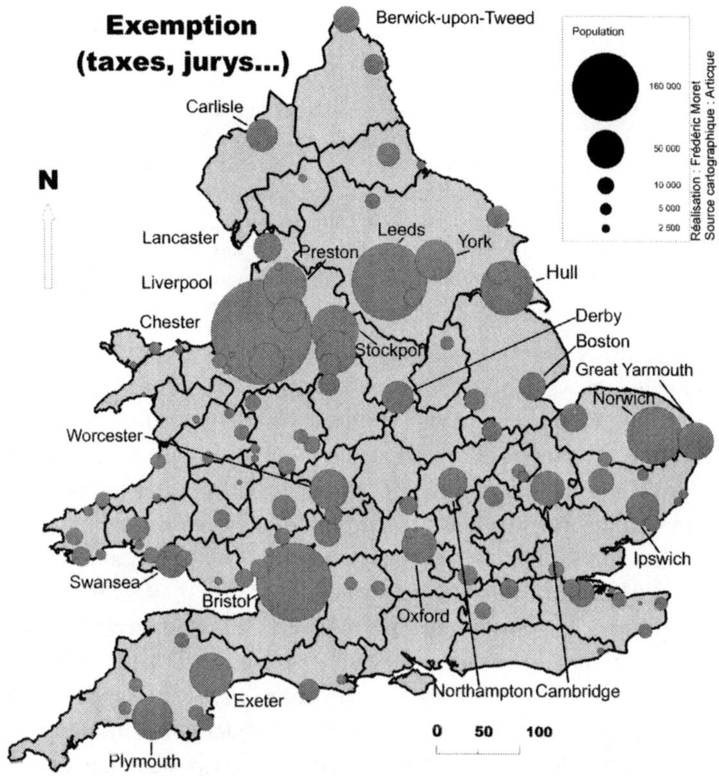

Carte 2: Privilèges d'exemption

Les *freemen* de Great Yarmouth se voient ainsi rembourser par la corporation une taxe sur l'importation de charbon, ce qui, dans les faits, empêche les autres habitants de pratiquer ce commerce, car ils ne peuvent s'aligner sur les prix.[18] Le rapport concernant Liverpool accorde une large place à cette question, et détaille le manque à gagner dont sont victimes les négociants et armateurs n'appartenant pas à la corporation par rapport à leurs concurrents bourgeois (de la corporation locale mais aussi de celles de Londres, Bristol, Waterford et Wexford, qui jouissent du même privilège). Compte tenu de

[18] Barrett, Yarmouth (n. 12), pp. 161 ss.

l'importance du trafic de marchandises dans ce très grand port, les effets sont très importants sur la rentabilité des activités des uns et des autres:[19]

> « Ces faits semblent être à l'origine d'une impression générale affectant les esprits de la communauté mercantile selon laquelle d'une part les taxes de la ville, dans leur répartition et leur poids actuels, fonctionnent comme un impôt injuste et oppressif sur les marchands non bourgeois et d'autre part, en ce qui concerne au moins certains articles, pour lesquels les taxes sont élevées en proportion de leur valeur, ces taxes interdisent à ces marchands de tenir la concurrence par rapport à leur voisins franchisés. »[20]

L'exemption de taxes dont bénéficient les bourgeois de Newcastle, qu'ils soient résidents ou non, est également très contestée; le rapport rend compte du témoignage de plusieurs commerçants, s'exprimant au nom d'un comité formé sur cette question,[21] qui se plaignent d'avoir à payer jusqu'à 450 £ annuelles en taxes, alors que leurs concurrents membres de la corporation en sont exemptés.[22] Le rapport général et les rapports particuliers, ne s'appesantissent pas sur la définition même du privilège: il va de soi qu'il s'agit d'un des symptômes les plus clairs de l'injustice du système corporatif. Il n'apparaît pas nécessaire de développer des arguments contre ces pratiques, qui semblent relever d'un autre âge, et se trouver en total décalage avec l'évolution économique et sociale britannique. Introduisant une distorsion dans la concurrence entre les acteurs économiques, le privilège fiscal est donc dénoncé à la fois par les témoins et les commissaires, qui partagent la même conception libérale du fonctionnement du marché. Ils mettent en revanche très fréquem-

19 Certains témoins évoquent un manque à gagner annuel de plusieurs centaines de livres sterling, jusqu'à 1400.

20 Report (n. 1), vol. XXVI, p. 2695: « The result of these facts seems to be a general impression upon the minds of the mercantile community that the town's duties, in their present form and bearing, operate as an unjust and oppressive impost upon merchants being non-freemen; and that, with respect to some articles at least, where the duties are heaviest in proportion to value, they render it impossible for such merchants to compete with their enfranchised neighbours. »

21 Full Report (n. 7), p. 3.

22 Report (n. 1), vol. XXV, p. 1647: « This is loudly complained of by the nonfreemen as partial, unjust, and oppressive. »

ment l'accent sur le fort sentiment d'insatisfaction que la lourdeur et l'inégalité des taxes suscitent dans la population.[23] Ces taxes sont fréquemment en relation avec l'une des missions confiées par les chartes à la corporation (entretien d'un pont ou d'un quai, tenue de foires et de marchés...); aussi sont-elles d'autant plus critiquées que la corporation est défaillante dans l'accomplissement de ses fonctions: à Exeter, les taxes de quais (dont les bourgeois sont exemptés) sont particulièrement mal ressenties dans la mesure où ceux-ci sont mal entretenus et que, la rivière n'ayant pas été curée, on doit payer en sus le transbordement des marchandises.[24] Sans remettre en cause l'existence même de ces taxes, les rapports plaident pour qu'une application uniforme en soit faite. Constituant une part souvent importante des ressources des municipalités, les taxes commerciales jouent de ce fait un rôle clé dans la fermeture des corporations; dans la mesure où les bourgeois en sont exemptés, cela conduit les corporations à limiter l'accès à la franchise, à la fois dans le souci des bourgeois de profiter de leurs privilèges, mais aussi dans le souci de la corporation de ne pas amputer son budget en diminuant l'assiette du prélèvement fiscal indirect. À Liverpool, il était possible jusqu'en 1770 d'acheter relativement facilement la franchise, certes contre une somme importante; depuis, elle est réservée aux fils de bourgeois, aux apprentis et à des gens nommés par le conseil. Si les audiences et – dans une large mesure – les rapports qui s'en inspirent font la part belle aux pourfendeurs du système des privilèges, il serait probablement erroné d'en tirer la conclusion que l'ensemble de l'opinion publique et des intéressés est en 1833 converti à la fois aux principes du libéralisme économique et de l'abolition des privilèges. En témoigne l'intervention au dix-neuvième jour de l'audience publique consacrée à la corporation de Liverpool d'un *freeman* issu des classes populaires, tonnelier de son état, qui parvient avec beaucoup de difficulté à se faire entendre. Il défend ses privilèges, ainsi que les pratiques électorales (pots de vin...) au nom de ses

23 C'est le cas notamment à Dartmouth (IBID., vol. XXIII-2, p. 483), Worcester (IBID., p. 159), Poole (IBID., vol. XXIV, p. 1327), Appleby (IBID., vol. XXV, p. 1428), ainsi qu'à Richmond (où les taxes sont payées aux bénéfices du maire, IBID., p. 1701) et à Hartlepool (où c'est le lord qui bénéficie de la moitié des revenus, IBID., p. 1533).

24 IBID., p. 493 et 496.

intérêts personnels; les marchands taxés sont pour lui des étrangers, et il estime donc normal qu'ils paient, notant que s'ils paient beaucoup de taxes, c'est qu'ils font de bonnes affaires! Témoignage relativement rare, cette prise de parole rend compte de la conception que pouvait avoir un membre des classes populaires de son appartenance à une corporation, vécue comme une forme de sécurité sociale, le garantissant en partie contre les aléas de la vie.[25]

Une vingtaine de corporations seulement réserve encore à leurs membres dans les années 1830 le monopole du commerce dans la localité. Cette pratique, bien souvent héritée de l'organisation des métiers et des guildes de l'époque médiévale, est celle qui incarne probablement dans l'opinion le caractère le plus archaïque – selon les critères de l'économie politique triomphante d'alors – du système corporatif.

[25] Il critique d'ailleurs la faible préoccupation sociale de la corporation vis à vis de ses membres les plus pauvres et revendique notamment le bénéfice d'un asile pour leurs vieux jours: *A Report of the Proceedings of a Court of Inquiry into the Existing State of the Corporation of Liverpool, Held … Before … Two of His Majesty's Commissioners Appointed to Inquire into Municipal Corporations … Printed by Order of the Common Council of Liverpool*, Liverpool (J. and J. Mawdsley) 1834, pp. 380–383.

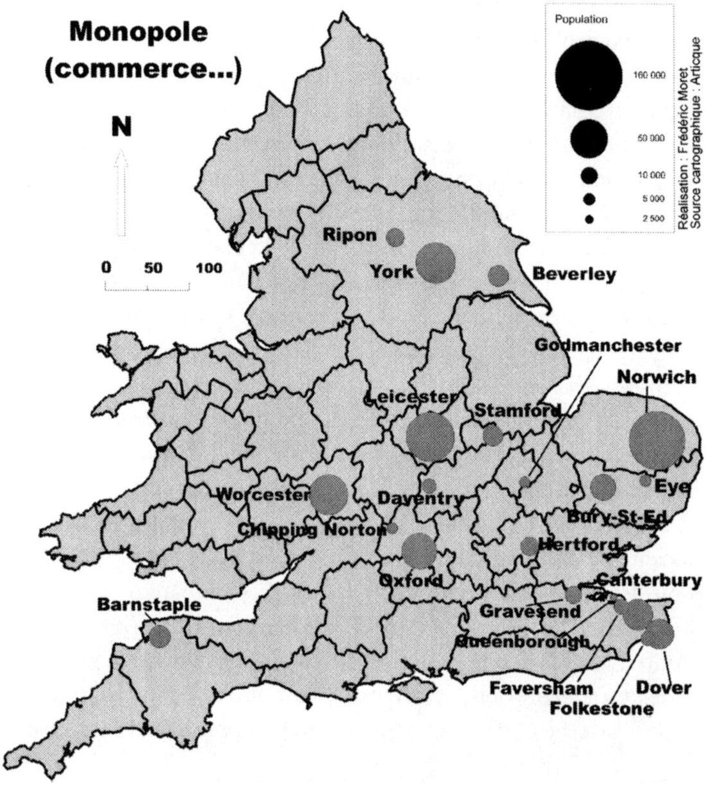

Carte 3: Privilèges de monopole

Ces privilèges ont subi de nombreux assauts tout au long du XVIIIe siècle, et le tableau de la situation au début des années 1830 révèle que dans de nombreux cas les pratiques monopolistiques soit sont tombées en déshérence, soit ont été supprimées lors du renouvellement d'une charte ou à la faveur du vote d'un *Local Act*.[26] Le rapport concernant Maidstone note ainsi que « les bourgeois n'ont à présent aucun privilège de commerce exclusif dans la ville, même si

[26] C'est le cas par exemple à Southampton, où, à la faveur du vote d'un *Pier Act*, les bourgeois perdent leur exemption des droits de quai: Report (n. 1), vol. XXIV, p. 882.

un tel droit semble avoir perduré jusqu'en 1782 ».[27] Plus précis, celui sur Deal explique les raisons de cette disparition qui date de 1822: la corporation éprouvait des difficultés à faire respecter ce monopole, certains commerçants ne souhaitant ou ne pouvant acheter la franchise; une saisie des biens d'un commerçants fut faite, mais sans que la corporation parvienne à les vendre. La conclusion du paragraphe est intéressante car elle souligne qu'« en conséquence de ces difficultés, et d'un certain doute, de la part de la corporation, sur ses droits d'imposer une telle coutume, la restriction fut abandonnée en 1822. »[28] Cette tendance à une abolition des monopoles est donc largement engagée[29] et elle bénéficie naturellement du soutien des commissaires et de la majorité des intervenants dans les débats publics. À Evesham, les représentants d'une compagnie (celle des Maîtres quincaillers) qui disposait d'un vieux privilège, se plaignent du fait que la corporation ne le fait plus respecter, ce dont se félicitent P. Bingham et D. Jardine.[30] En revanche à Chipping Norton, petite localité de 2262 habitants, le commerce est exclusivement réservé aux bourgeois: « Cette exclusion des étrangers souhaitant commercer à l'intérieur du bourg (dont la légalité, en l'occurrence, est très douteuse) est encore appliquée de façon rigide par la corporation »; le *town clerk* prévient les éventuels candidats à l'installation, et un procès a déjà été mené. Le rapport rend compte des débats locaux sur

27 Ibid., p. 763: « The Freemen at present have no privilege of exclusive trading within the borough, though such an one seems to have existed down to about the year 1782. »

28 Ibid., p. 934: « The Freemen at present enjoy no privileges beyond the rest of the inhabitants. From the granting of the charter down to September 1822, no one was allowed to carry on trade within the town, who was not free. Tradesmen, not otherwise entitled, were obliged to purchase their freedom. The penalty upon a non-freeman for trading was, 6 *s.* 8 *d.* on opening the shop and 6 *s.* 8 *d.* a month afterwards. Difficulty was occasionally experienced in compelling an admission to the freedom, or in enforcing the penalty; a distress was sometimes made, and the goods were kept, but not sold. In consequence of this, and of some doubt, on the part of the corporation, as to their right to support such a custom, the restriction was abandoned in 1822. »

29 On précise à King's Lynn que ce privilège n'est plus respecté depuis un siècle: Ibid., vol. XXVI, p. 2400. À Maldon, le droit théorique est dans les faits impossible à faire appliquer malgré une tentative de nouveau règlement en 1813: ibid., p. 2445.

30 Ibid., vol. XXIII-2, p. 56.

cette question, et Jardine estime que « les bourgeois eux-mêmes semblent être en général indifférents vis-à-vis de ce privilège; et certains ont affirmé qu'ils considéraient qu'il était néfaste pour la ville, en dissuadant des étrangers de venir s'y installer, et en empêchant la libre concurrence du commerce »;[31] le rapport note que certains sont favorables à la mesure, dans la mesure où elle empêche l'installation de commerçants définis comme des « aventuriers sans capital ». Il conclut cependant que « d'après une enquête attentive, il est apparu que l'opinion générale de la communauté était opposée à ce privilège exclusif de commerce. »[32] Selon les cas, ce monopole peut se définir comme une taxation au profit de la corporation, lorsqu'il est possible, le plus souvent en l'achetant, d'accéder à la franchise; les plaintes s'élèvent alors (par exemple à Canterbury) contre le prix trop élevé de l'accès à la franchise (ici 20 £), qui interdit l'installation de nombreux commerçants et fragilise ceux qui franchissent le pas, au point de pouvoir être considéré, selon le témoignage d'un gardien des pauvres, comme la raison principale de l'échec de certains marchands.[33] Ailleurs, le monopole fonctionne pour interdire l'installation de concurrents dans la ville.

Dans 66 localités, l'appartenance à la corporation ouvre l'accès à un profit direct. Alnwick fournit un bon exemple de la variété des privilèges offerts par les corporations à leurs membres: les bourgeois ont un droit sur les terres communes et un droit de prélèvement de tourbe et de pierre, sont exemptés de taxes sur les marchés et ont le droit de faire éduquer leurs enfants (filles ou garçons) gratuitement à l'école du bourg.[34] La question des terres communales, les *commons*, et de leur supposé accaparement au seul profit des membres de la

31 Ibid., p. 34: « This exclusion of foreigners from carrying on trade within the borough (the legality of which, in this instance, is very doubtful) is still rigidly adhered to by the corporation. [...] The freemen themselves seem to be in general indifferent to this privilege; and some of them stated that they considered it to be injurious to the town, by preventing strangers from coming to settle there, and obstructing the free competition of trade. »

32 ibid.: « Upon a careful inquiry, it appeared that the general opinion of the community was opposed to this exclusive privilege of trading. » Les édiles de Ripon font également respecter sévèrement le monopole commercial, malgré les protestations: ibid., vol. XXV, p. 1710.

33 Ibid., vol. XXIV, p. 698.

34 Ibid., vol. XXV, p. 1418.

corporation est au cœur des préoccupations des habitants des plus petites localités – les plus rurales – mais aussi de villes importantes. Différentes situations se rencontrent, du simple droit de pacage collectif au partage entre les membres de la corporation, ou d'une partie d'entre eux, des terres agricoles.[35] Les bourgeois de Morpeth jouissent d'un droit de pacage sur les communs, dont une partie a été mise en culture, afin de financer l'entretien des pâturages et celui de l'école (gratuite pour les bourgeois).[36] L'appartenance à la corporation génère donc sinon des ressources, du moins des économies substantielles qui peuvent être fondamentales pour les habitants les moins favorisés socialement.[37] Ces privilèges fonctionnent ainsi comme une forme d'aide sociale réservée aux bourgeois; le faible nombre de pauvres secourus dans le petit bourg de Malmesbury (moins de 3000 habitants) est ainsi expliqué par le fait que, depuis 1824, les communs ont été partagés en 280 lots d'environ une acre, attribués à chaque bourgeois au moment de son mariage. Si le nombre de *commoners* est supérieur, une liste d'attente est créée, afin de déterminer l'ordre dans lequel, au décès d'un bourgeois, la terre sera attribuée.[38]

35 Henry R. French, Urban common rights, enclosure and the market: Clitheroe Town Moors, 1764–1802, in: *Agricultural History* 51, 1 (2003), pp. 40–68.

36 Report (n. 1), vol. XXV, pp. 1628–1629.

37 À Fordwich, les quelques *freemen* (une dizaine) jouissent, chacun leur tour, du fruit de la pêche prise dans un filet posé dans la rivière: ibid., vol. XXIV, pp. 992–993.

38 Ce système privilégie les membres du conseil municipal, qui ont droit à davantage de terre: ibid., vol. XXIII–2, p. 78. Un système comparable existe aussi à Laugharne: ibid., p. 280.

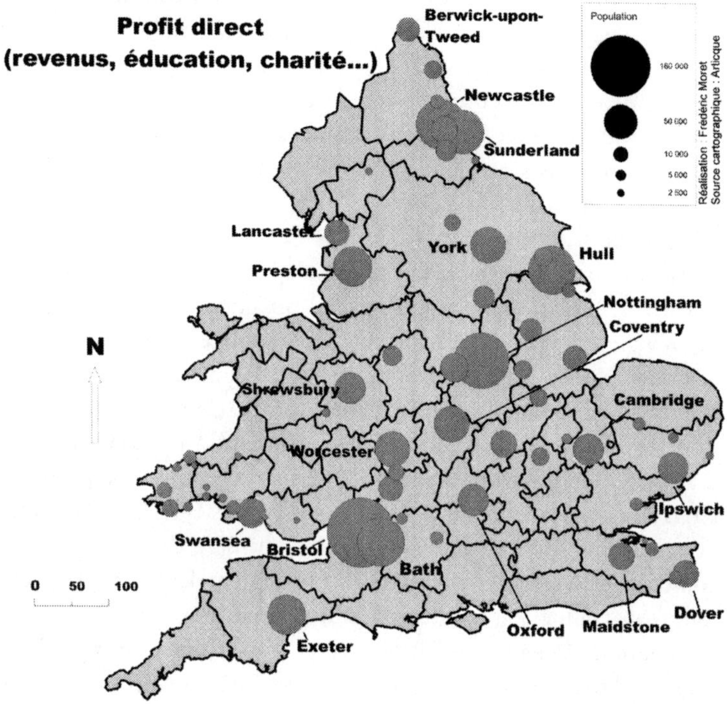

Carte 4: Profit direct

Ces pratiques posent de réels problèmes dans le contexte contemporain de forte croissance démographique et spatiale des villes britanniques. Situés quasi systématiquement à la périphérie des centres urbains, les espaces communs sont très convoités. Le rapport consacré à Coventry fait sienne l'analyse de certains « habitants éclairés », qui expliquent la relative faiblesse de la croissance urbaine par l'obstacle au développement constitué par le droit de pâturage qui s'exerce sur les terrains entourant la ville, ce qui empêche de les lotir et de construire. Il souligne l'unanimité des classes supérieures pour que l'on rachète ce droit, et que l'on construise sur ces terrains, ce qui produirait des ressources très importantes pour la corporation (dont pourraient bénéficier les pauvres *freemen*) et améliorerait l'aménagement et la prospérité de la ville. Le refus des bourgeois les plus pauvres est mis sur le compte de leur méconnaissance des effets positifs de cette mesure, entretenu par les conflits politiques virulents, qui poussent chaque clan à instrumentaliser cette question.[39] Les bourgs ne restent cependant pas tous à l'écart du mouvement d'enclosure des terres, et plusieurs corporations ont enclos des terres précédemment communes, et en tirent des revenus, souvent distribués aux bourgeois (on peut à titre d'exemple citer Durham, Lancaster ou Llanelly).[40] Qu'elles résultent d'enclosures récentes ou d'autres origines, ces ressources sont au cœur d'un débat essentiel, qui renvoie à l'utilité même de la corporation. La pratique consistant à distribuer aux bourgeois – ou à une partie d'entre eux – les revenus des propriétés de la corporation est très violemment critiquée par les commissaires qui se font volontiers les porte-parole des opposants locaux, défendant l'idée que l'argent de la corporation doit servir au bien commun et à l'amélioration et l'aménagement urbain. Cette position explique le véritable réquisitoire prononcé contre la corporation de Berwick-upon-Tweed, bien que l'essentiel des décisions soit pris par une réunion plénière des bourgeois. La conséquence est que les bourgeois privilégient leur intérêt économique personnel au détriment d'une saine gestion; alors que la corporation est endettée, les bourgeois continuent à se répartir les revenus des terres louées, et à s'attribuer à eux mêmes des concessions, qu'ils peuvent ensuite sous-louer. Refusant de payer sur ces terres (appelées *Meadows and Stints*, selon leur statut) des taxes de toute sorte (dîmes, taxes des pauvres..), ils font peser ces charges sur le budget de la corporation, aggravant ainsi l'endettement. La conclusion du rapport fait de cette situation la cause du faible dynamisme de la ville:

> « L'apparence de la ville n'annonce pas une grande prospérité ni un embellissement [...]. On pense que cela est dû au comportement relâché des bourgeois, dont les mœurs ont perdu tout sens moral, et dont l'activité et l'industrie détruites par leur dépendance envers le soutien offert par les *meadows and stints*. »[41]

39 Ibid., vol. XXV, p. 1839.

40 Dans cette dernière localité, les bourgeois se partagent l'essentiel des revenus de la terre enclose, une partie est utilisée pour des dîners mais aussi pour les réparations d'un quai ou d'autres dépenses publiques: ibid., vol. XXIII-2, p. 308.

41 Ibid., vol. XXV, p. 1450: « The appearance of the town does not bespeak any great prosperity or improvement, and we do not find that it can be said to be

La charge menée à la fois contre les corporations et contre les privilèges est révélatrice de la conjonction, dans le mouvement réformateur, et en particulier à l'occasion du débat municipal, de la critique politique, de l'injonction morale et du discours de l'efficacité économique libérale. Tout concourt à rendre nécessaire le changement, qui doit améliorer le fonctionnement des institutions, libérer les énergies pour favoriser le développement économique et faire naître les conditions d'une moralisation de la population, et notamment des couches populaires.[42]

III. Privilèges *de facto*

Les privilèges légaux, attribués aux bourgeois par les chartes ou des usages sanctionnés par des cours, témoignent aux yeux des réformateurs de l'injustice et de l'iniquité du système corporatif, de son inadéquation à la modernité économique, politique, sociale et même morale. Les avantages que s'attribuent – en sus et sans aucune légitimité légale – les membres des corporations apparaissent comme des marqueurs de la corruption des esprits et des comportements qui résulte de ce système injuste. Plutôt que d'y voir une somme de comportements individuels déviants, le discours des commissaires, comme celui du rapport général, en fait une loi générale, une conséquence même des défauts du système. Une nouvelle fois, c'est autour de la gestion des propriétés de la corporation que porte la majeure partie des débats, lors des auditions; s'y opposent la conception patrimoniale des membres de la corporation et une approche différente des réformateurs qui estiment que les propriétés ne sont que gérées par la corporation et sont le bien commun. Aussi toute

advancing in any way. This is believed to be owing to the relaxed exertions of the burgesses, whose habits are demoralized, and their activity and industry destroyed, by their dependence upon the support afforded by the meadows and stints. »

42 Pour inscrire cette remarque dans un contexte général, voir Arthur Burns et Joanna Innes, Introduction, in: *Rethinking the Age of Reform: Britain 1780–1850*, éd. par Arthur Burns et Joanna Innes, Cambridge (Cambridge University Press) 2003, pp. 1–70, ainsi que Joanna Innes, Politics and morals: the reformation of manners movement in later eighteenth-century England, in: *Inferior Politics. Social Problems and Social Policies in Eighteenth-Century Britain*, éd. par Joanna Innes, Oxford (Oxford University Press) 2009, pp. 179–226.

aliénation de propriété, récente ou plus ancienne, fait-elle l'objet de critiques et de suspicion lors des audiences publiques. La vente d'une propriété à un membre de la corporation de Kirby Kendal fait ainsi débat, et conduit les commissaires à souligner qu'à leur avis, rien d'illégal ni d'injuste n'a été commis, contrairement à certaines allégations.[43] À Scarborough, le rapport explique la suspicion de favoritisme dans des ventes jugées là aussi correctes par les commissaires par le secret qui entoure les transactions: « La suspicion d'injustice semble avoir trouvé son origine, ce qui peut se comprendre, dans le caractère privé et secret de la transaction. »[44]

Dans d'autres cas, les rapports font état d'actes malhonnêtes, où la corporation a favorisé ses membres en vendant à bas prix des terrains. C'est notamment le cas à Maldon où le rapport décrit en détail l'accaparement de terrains par des *aldermen*.[45] Les Webb soulignent également que de nombreuses ventes arrangées se déroulent à Leicester; les commissaires rapportent les accusations contre la corporation, qui a vendu de nombreux terrains lui appartenant, destinés à être lotis et aménagés. Les membres de la corporation semblent en avoir profité en priorité; un témoin explique qu'il a racheté un terrain pour près de 8 shillings le yard à un *alderman* et son fils, lui-même conseiller, qui l'avaient acheté à la corporation pour 5 shillings. Malgré l'envoi ultérieur d'un mémorandum par le *Town Clerk* pour justifier ces ventes et leur tarif, les rapporteurs estiment qu'il est fort probable que les terres aient été bradées.[46] Les mêmes attaques sont portées à propos de la gestion des terres appartenant à la corporation, louées selon les opposants à des tarifs très avantageux, aux bourgeois. Si l'accusation semble dénuée de véracité à Reading,[47] les pratiques à Arundel (où des terres, louées 12 £ à des bourgeois,

43 Report (n. 1), vol. XXV, p. 1593: « we do not believe that any improper partiality was shown to him in such sale, although it was suggested to have been so. »

44 Ibid., p. 1722: « it appeared to us that the transaction was not to be impeached. The suspicion of unfairness seems to have arisen, not unnaturally, from the privacy and secrecy of the transaction. »

45 ibid., vol. XXVI, pp. 2448 ss. La conclusion du rapport, p. 2455, est sans appel: « Under the management of this body the local interest of the town have been neglected, and its property has become the private property of aldermen. »

46 Ibid., vol. XXV, pp. 1904–1905.

47 Ibid., vol. XXIII-2, p. 116.

sont sous-louées 19 £),[48] à Harwich (où les deux tiers des locations se font au profit des bourgeois, qui paient trois fois moins que les autres locataires),[49] à Ipswich,[50] à Beccles (où elles profitent à des membres du conseil et à un ancien *clerk*)[51] ou à Stamford,[52] pour n'en citer que quelques-unes, fournissent autant d'éléments de dénonciation de la gestion injuste de la propriété corporative. De même, l'attribution de licences pour les débits de boisson occasionne des dérives, ou tout au moins nourrit dans la population des soupçons de favoritisme. À Deal, 23 des 39 pubs appartiennent au même brasseur, qui est *jurat*, et aucune nouvelle licence n'a été attribuée depuis de nombreuses années; même si cela n'a rien d'officiel, « il est connu de tous dans la ville que les licences ne sont attribuées qu'à des bourgeois »,[53] ce qui impose l'achat de la franchise. À Maldon, un *alderman* profite même de sa position de magistrat pour s'attribuer à lui même une licence, avec la complicité d'un autre magistrat.[54]

D'autres moyens d'enrichissement ou de profit renvoient à cet entremêlement constant du public et du privé, du général et du particulier. Quoi qu'il advienne du bourg et de ses propriétés, l'intervention dans les affaires des membres de la corporation mêle de façon inextricable l'intérêt individuel et la gestion collective. La protestation des habitants de Preston, suscitant une résolution d'un comité de la Chambre des Communes pour rétablir leur droit à la franchise, aboutit ainsi à ce que la corporation s'endette pour financer les procès. Cette dette, qui est également occasionnée par des travaux de construction ou de réparation, conduit la corporation à emprunter quasi exclusivement auprès de ses membres, à un taux avantageux,

48 Ibid., vol. XXIV, p. 673: « Several of the inhabitants represented that the burgesses had much undervalued the property. »

49 Ibid., vol. XXVI, pp. 2269–2270.

50 Ibid., p. 2298.

51 Ibid., p. 2298.

52 Ibid., p. 2534.

53 Ibid., vol. XXIV, p. 937: « There are 39 licensed public-houses in the parish, 23 of which belong to one brewer, who is a jurat. There have been no new Licences granted for many years. It used to be always customary for persons, before applying for a licence, to take up their freedom. This was not explicitly enjoined to them bas a condition by the magistrates, but it was well understood in the town, that licences would be granted to none but freemen. »

54 Ibid., vol. XXVI, p. 2448.

récemment ramené à de plus justes proportions; avec le sens de la formule, le rapport note que « cette pratique est considérée comme répréhensible ».[55] L'appartenance à la corporation, et surtout la fidélité au parti ou au groupe qui la dirige, permettent de bénéficier des commandes ou du travail de ce donneur d'ordre important. Quasiment systématiquement, on souligne que la corporation privilégie les fournisseurs ou les prestataires proches qui partagent les mêmes opinions ou appartiennent à la même coterie. On rappelle qu'à Norwich « aucun commerçant *whig* n'a été employé par le comité gérant l'Hôpital depuis que les *Tories* ont pris l'ascendant »,[56] tandis que les conservateurs de Nottingham accusent les *whigs* qui tiennent la corporation de se réserver le marché des fournitures à la corporation.[57] Le contrôle politique du vote parlementaire des bourgeois avant 1832 conduit à limiter l'accès à la franchise, afin de se réserver les commandes et la clientèle des patrons, cherchant à s'attacher des fidélités parmi les électeurs comme à Bury Saint-Edmond;[58] dans cette même localité, mais aussi à Harwich, les patrons distribuent largement à leurs obligés des charges officielles, en échange de leur soutien.[59]

Le contraste entre les conceptions politiques, économiques et sociales des différentes parties prenantes dans le processus de la réforme municipale aboutit à la confrontation de deux discours largement étanches l'un à l'autre: d'un côté, l'expression d'une conception patrimoniale de la corporation, appartenant aux bourgeois et constituée de toute une série de privilèges ou de droits qu'il

55 Ibid., vol. XXV, p. 1693: « The Debt of the corporation now amounts to 16300 £. Nearly the whole of the debt was borrowed from members of the corporation at 5 per cent. This practice is considered objectionable. It was reduced to 4 per cent, on the motion of a member of the council who is not a creditor. »

56 Ibid., vol. XXVI, p. 2492: « No Whig tradesman has been employed by the Hospital committee since the Tories gained the ascendancy. » De telles pratiques sont également avérées dans d'autres bourgs, comme à Leicester.

57 Thomas Cokayne, *Nottingham Corporation. A Report of the Evidence Given Before the Commissioners … Taken in Short-Hand by T. Cokayne*, Nottingham (Nottingham Constitutional Club) 1833, Appendix, p. 4.

58 Report (n. 1), vol. XXVI, p. 2174. Deux pairs se partageaient l'influence locale – et faisaient élire chacun un député – au bénéfice des commerçants membres de la corporation.

59 Ibid., p. 2279.

convient de préserver; de l'autre, un langage fondé sur la notion de bien public, sur l'efficacité économique et la promotion d'un système accordant les mêmes droits à tous les habitants, en fonction cependant de leurs compétences et de leurs capacités.

Die Privilegien im Spiegel der von den Akteuren verfolgten Strategien

Les privilèges au prisme des stratégies d'acteurs

Privilège d'invention et entreprises en France (vers 1620 – vers 1660)

Aurélien Ruellet

Soucieux d'établir une généalogie de la propriété intellectuelle et du brevet moderne, des historiens du droit ont depuis le début du XXe siècle évoqué des « privilèges d'invention » pour désigner un type particulier de privilège protégeant ce qui se présente comme une invention.[1] Artefact historiographique, la notion n'est cependant pas entièrement contingente au regard des pratiques administratives de l'Ancien Régime.

Au XVIIIe siècle, le privilège d'invention n'est en effet pas tout à fait un privilège comme les autres: il se distingue par la procédure d'octroi, mettant en jeu les intendants ou l'Académie Royale des Sciences. Aux demandes de privilèges correspondent parfois des dossiers d'inventeurs conservés dans la sous-série O[1] des Archives Nationales. Les demandes de privilèges pour invention, accompagnés de mémoires techniques et de plans, tendent aussi à acquérir une logique propre les distinguant des placets courtisans.[2]

Au XVIIe siècle, les spécificités du privilège d'invention ne sont à coup sûr pas aussi nombreuses. Mais l'usage de l'expression « privilège d'invention » n'est pas pour autant complètement anachronique. Si les procédures ont connu des évolutions qu'il est difficile de retracer avec précision, on sait qu'au début du XVIIe siècle, les propositions d'invention sont particulièrement examinées par la « commission sur le fait du commerce » créée par Barthélémy de

[1] Voir par exemple Jacques Isoré, De l'existence des brevets d'invention en droit français avant 1791, in: *Revue historique de droit français et étranger* 16 (1937), pp. 4–16.

[2] Sur les privilèges du XVIIIe siècle et la nature des liens avec les autres modèles européens, on consultera Liliane Hilaire-Pérez, *L'invention technique au siècle des Lumières*, (L'évolution de l'humanité), Paris (Albin Michel) 2000, et notamment les chapitres 1 et 2.

Laffemas, à laquelle succède en 1616 la chambre du commerce général, au fonctionnement et à la composition assez similaires.[3] Si cette arène d'expertise cesse de fonctionner probablement à la fin des années 1610, d'autres interlocuteurs spécialisés apparaissent: en 1627, le règlement du Conseil du roi précise qu'une commission est chargée d'inspecter « [les] affaires concernant la police générale ou particulière [...], les règlements des pauvres, les artifices et inventions qui se proposent pour divers usaiges, les arts et manufactures et autres instructions utiles au public et au service du Roy ».[4] Un personnel spécialisé est donc en voie de constitution, même si ses fonctions semblent encore instables.

Le formulaire diplomatique pour le début du XVIIe siècle ne diffère pas radicalement de celui des autres lettres patentes portant privilège. Les privilèges d'invention ne contiennent jamais de descriptions techniques poussées et ne sont jamais accompagnés de plans ou de dessins. À cet égard, il y a donc loin des privilèges du début du XVIIe siècle à nos modernes brevets. Mais les privilèges d'inventions sont néanmoins marqués par quelques particularités formelles, d'ailleurs présentes dans d'autres espaces comme l'Angleterre: ces textes vantent invariablement les « longs travaux et grandes dépenses » de l'impétrant, évoquent le besoin de le protéger contre les concurrents et les imitateurs et soulignent le bien que sont susceptibles d'en retirer l'État et les sujets du souverain. « L'invention » est toujours présentée comme « inconnue et jamais mise en usage jusque là ». Il semble y avoir eu, depuis la matrice vénitienne, circulation et homogénéisation des modèles juridiques dans les chancelleries européennes.[5]

En revanche, les textes de privilèges pour invention ne forment pas un ensemble archivistique distinct et cohérent. On ne peut les connaître que par quelques biais: les arrêts du Conseil du roi ordonnant

[3] Prosper Boissonnade, *Le socialisme d'État. L'industrie et les classes industrielles en France pendant les deux premiers siècles de l'ère moderne (1453–1661)*, Paris (Honoré Champion) 1927, p. 170. Voir aussi Bibliothèque Nationale de France (BNF), ms. Dupuy n° 549, fol. 152, « copie de la commission pour l'establissement de la chambre du commerce général ».

[4] Roland Mousnier, *Les règlements du Conseil du roi sous Louis XIII*, Paris (thèse, Université de Paris) 1949.

[5] C'est en effet à Venise que l'historiographie s'accorde à localiser le premier exemple attesté de « privilège d'invention », au XVe siècle.

l'expédition du privilège, qu'il faut chercher au sein de tous les arrêts; les lettres patentes elles-mêmes;[6] les arrêts de vérification et l'enregistrement de ces lettres patentes dans les diverses cours souveraines du royaume; des copies diverses, présentes dans des imprimés, dans des fonds manuscrits, ou encore dans les archives notariées.

De tous ces fonds, les fonds d'enregistrement sont ceux qui permettent la plus grande moisson, étant les mieux inventoriés, et souvent, les mieux conservés. À moins de dépouiller systématiquement l'intégralité des arrêts du Conseil du roi pour le début du XVIIe siècle, le corpus de privilèges d'invention est donc nécessairement lacunaire.[7] Pour la période courant de 1620 à 1660, nous avons relevé une cinquantaine de privilèges délivrés à des procédés de fabrication, à des machines, ou encore à des instruments de mathématiques. C'est sur ce corpus qu'est fondée cette étude.

Au cours du premier XVIIe siècle plusieurs innovations technologiques, instruments, ou procédés auparavant inconnus en France n'ont pas été pas privilégiés: c'est le cas, entre autres, de plusieurs instruments de mathématique,[8] du balancier à frapper la monnaie, ou de la balance à plateau de Roberval. De nombreux privilèges d'exploitation furent au contraire octroyés à des propositions qui reprenaient, sous la rhétorique de la nouveauté, des dispositifs connus depuis longtemps, comme des machines d'exhaure ou des moulins à bras, mais aussi à des machines sans doute inopérantes. Parmi les auteurs d'inventions farfelues, citons un certain Jean Théson, qui fait privilégier en 1645 un carrosse propulsé par le moyen de deux hommes assis;[9] ou encore Jacques Barrié de Pradines, qui en 1648

6 Elles ne sont pas regroupées dans un fond distinct, et c'est donc le hasard qui peut y mener. Un exemple: BNF, Manuscrits, Pièces Originales 1820, pièce n° 45, « lettre patente portant le privilège accordé à François Mallet », évoqué plus bas dans cette contribution. La lettre patente porte la mention de la vérification et l'enregistrement dans plusieurs parlements.

7 Certaines lettres patentes devaient de plus être expédiées sans arrêt préparatoire du Conseil du roi.

8 Comme le « compas de proportion » ou « secteur », permettant divers calculs, ou encore quelques instruments calculatoires mettant en œuvre les logarithmes.

9 Archives Nationales (AN), U 2098, fol. 352. Le texte du privilège, connu ici par le truchement de l'arrêt d'enregistrement, ne fait comme à l'accoutumée mention d'aucun détail technique.

reçoit une lettre patente pour un engin permettant de rester six heures sous l'eau.[10]

Privilège d'invention et innovation ne coïncident donc pas. Faire du privilège d'invention un fétiche du progrès technique, à l'instar de l'historiographie du début du XXe siècle, serait à coup sûr une erreur, comme l'ont déjà montré Liliane Hilaire-Pérez et Christine MacLeod dans leurs ouvrages.[11] Les stratégies commerciales des « inventeurs », l'existence d'un marché des privilèges volontiers spéculatif interdisent absolument de se fonder sur le nombre de privilèges délivrés pour mesurer l'activité inventive d'une société. De l'augmentation du nombre de privilèges d'invention, on peut en revanche conclure que cette ressource juridique connaissait une vogue croissante auprès des soi-disant inventeurs, et éventuellement, que les preneurs de décision étaient de plus en plus réceptifs aux demandes individuelles affichant une dimension technique. En lieu et place de « privilège d'invention », il serait sans doute plus judicieux de parler de « privilège délivré à un inventeur » ou « à un soi-disant inventeur ».[12]

Notre propos n'est pas ici d'aborder le rôle du privilège comme support institutionnel effectif de l'innovation, mais plutôt d'en explorer d'autres usages. Le privilège d'invention était en effet une ressource recherchée par les entrepreneurs et les « hommes à projet ».[13]

Il serait donc bien imprudent d'écrire que l'État, par le privilège, a favorisé l'innovation. Les demandes de privilèges sont soumises à différentes instances d'expertise au cours de la procédure d'examen et de délivrance, mais cette expertise est rarement de nature technique. Lorsqu'un avis extérieur est sollicité, il s'agit surtout pour les administrateurs royaux de s'assurer que l'octroi d'un privilège n'entre pas en conflit avec des droits émis antérieurement ou n'est pas

10 AN Marine, G 111.

11 Hilaire-Pérez, Invention (n. 2), p. 20; Christine MacLeod, *Inventing the Industrial Revolution: the English Patent System, 1660–1800*, Cambridge (Cambridge University Press) 1988.

12 Je remercie Marius Buning pour ses remarques à l'issue de ma communication, dont la contribution porte ici la trace.

13 Sur la culture du projet à l'époque moderne, et notamment au XVIIIe siècle, voir Frédéric Graber, Les projets, formes sociopolitiques de l'action, in: *Vacarme* 53 (2010), pp. 25–27.

préjudiciable à la bonne police du royaume. Les critères qui président au jugement sont « la commodité » et « l'utilité », mais celles-ci ne sont appréciées que de façon fort générale. La faisabilité ne fait pas réellement l'objet d'une enquête. À la demande du Parlement de Paris, des expériences publiques, devant le prévôt des marchands, quelques échevins et des gens de métier, sont cependant parfois exigées.[14] Outre qu'ils sont loin d'être systématiques, ces tests ont moins pour fonction d'estimer le succès d'une invention que de garantir qu'elle ne porte pas préjudice aux activités situées en amont ou en aval dans une filière de production. Un maître des ponts convoqué par le prévôt des marchands pour juger d'une machine à remonter les bateaux de l'invention d'Antoine Faucher rend en 1644 le verdict suivant: « ayant veu le modelle et figure de l'invention et industrie dudit Faucher et icelluy ouy sur icelle [...] a dit qu'il ne peult quand a present comprendre comme celle se pourra faire, mais que la chose pouvant avoir lieu qu'elle estoit fort utille au publicq pourveu qu'il ne plante aucuns poteaux le long de la riviere ny proches les pontz ».[15] Le maître des ponts est surtout attentif ici à ce que la machine de Faucher – un moulin placé entre deux arches du pont – ne gêne pas la navigation et le halage manuel. Que l'invention soit réellement efficace importe peu à l'État, qui n'engage pas ses investissements, et prélève au contraire des épices sur l'impétrant. Si le privilège ne sert pas en premier lieu l'innovation, c'est que ce n'est pas véritablement son objet.

Sous prétexte d'invention, le privilège apparaît parfois comme une tentative pour imposer un monopole de fait sur un secteur économique ou géographique ou pour faire irruption dans un marché concurrentiel avec un avantage d'ordre juridique. La prétention à la nouveauté technique n'est alors qu'un alibi au service de stratégies économiques. Quelques exemples peuvent illustrer ce constat.

En 1663, François Mallet, un secrétaire de la chambre du roi, obtient un privilège pour une « machine à remonter les bateaux ». De tels dispositifs avaient déjà fait l'objet de plusieurs privilèges au début

14 Quelques exemples sont cités dans Frank D. Prager, Examination of Inventions from the Middle Ages to 1836, in: *The Journal of the Patent Office Society* 46 (1964) pp. 268–291.

15 AN, H^2 1901, dossier du 7 décembre 1644.

du XVIIe siècle et Mallet n'est pas le seul à avoir tenté de s'immiscer dans le secteur économique conséquent que représente la batellerie. Un premier arrêt de novembre 1662 autorise la mise en œuvre de la machine, dont on ne connaît aucun détail, sur les rivières du royaume, et l'établissement d'un service de coches par eau sur le Rhône entre Arles et Lyon. L'impétrant sollicite en février un second arrêt confirmant en particulier l'établissement du service de coches par eau.[16] Ici, le privilège d'invention n'existe que pour soutenir l'établissement d'une entreprise de transport.

En 1648, Dominique Cousin et Hector Boutheroue tentent de faire privilégier une invention de moulin à bras. Dans leur placet, ils demandent en même temps « la permission de rendre a leurz fraiz et despenses les rivieres et les ruisseaux de ce Royaume navigables [...] et le pouvoir et permission de prendre en perception sur chacune des rivières qu'ils rendront navigables les mesmes droits de peages, privileges et immunitez que ceux accordez par sa majesté audits sieurs Boutheroue et Guyon entrepreneurs du canal de Briare ».[17] En permettant aux moulins de fonctionner sans la force hydraulique, l'invention des deux hommes est censée permettre la destruction des aménagements qui obstruent les rivières et empêchent la navigation. Hector Boutheroue, à la suite de son père Guillaume mentionné dans le texte du privilège, a repris le projet du canal de Briare, et s'attelle dans la décennie suivante à d'autres entreprises de navigation intérieures. Son invention de « moulin à bras » s'insère ici dans une vision intégrée de l'exploitation économique des voies d'eau. Il semble toutefois que le Conseil du roi n'ait pas donné suite à l'intégralité de la demande des inventeurs, qui n'aurait pas manqué de soulevé de vives oppositions.

De part et d'autre de la Manche, un troisième exemple incarne bien la dimension instrumentale du privilège: la confection et la vente d'eaux-de-vie. En France, ce secteur relevait théoriquement, depuis le début du XVIe siècle, de la corporation des vinaigriers-distillateurs en eau de vie et buffetiers.[18] Mais le champ d'activités de

16 AN, E 359^{c}, fol. 260, arrêt du 23 novembre 1662; E 361^{b}, fol. 441, arrêt du 22 février 1663.

17 AN, Y 17, fol. 26; E 229^{a}, fol. 317.

18 La corporation date de 1514: voir Paul Clacquesin, *Histoire de la communauté des Distillateurs, Histoire des liqueurs*, Paris (Cerf) 1900, p. 12.

cette corporation était si important qu'elle s'est morcelée dans les faits, et que d'autres professions pratiquaient aussi la fabrication d'eaux de vie: les épiciers, les merciers-grossiers-joailliers et les apothicaires. Au début du XVIIe siècle, cette pratique était donc sous-réglementée, et un certain flou juridique l'entourait. Les procédés de distillation comme les ustensiles ne semblaient pas avoir fait l'objet de prescriptions particulières.

En 1625, l'apothicaire des Suisses du Roi David Landriviers et son associé Pierre Virac obtiennent un privilège pour une invention de fourneau pour extraire de l'eau de vie de raisin. La lettre patente les autorise à fabriquer et à vendre l'eau de vie partout dans le royaume, interdit l'usage des fourneaux de leur invention, mais aussi la fabrication d'eau de vie à toutes les personnes qui ne se livraient déjà pas à ce commerce. Comme il n'y a pas réellement d'expertise technique, que le fourneau ne fait pas l'objet d'une véritable procédure d'examen, il y a tout lieu de croire que « l'inventeur » a juste cherché à tirer profit d'un vide institutionnel et juridique pour imposer un quasi-monopole sur un secteur d'activités.[19] En 1637, l'incorporation d'une compagnie des distillateurs à Paris vient combler ce vide juridique.[20] En Angleterre, on assiste à la même époque au même phénomène: Théodore de Mayerne, huguenot émigré, médecin du roi Charles Ier, obtient en 1635 en association avec Thomas Cademan un privilège exclusif pour fabriquer de l'eau de vie selon un procédé « de son invention ».[21] Sa correspondance permet de comprendre qu'il n'était pas le seul à prétendre pénétrer ce marché lucratif.[22] Sous couvert de protéger une invention, il s'agissait selon les mots de Mayerne, dans une lettre à la reine Henriette-Marie, « de regler & reformer ceux qui se meslent de distiller &vendre au peuple des eaux de vie qu'ils appellent fortes & autres liqueurs composées dont la sophistication ou mouvaise preparation sont fort preiudiciables a la santé publique ». En 1639, les Distillateurs de Londres reçoivent une

19 AN, X^1A^ 8650, fol. 263; l'arrêt du Conseil du roi se trouve dans AN, E 80^b^, fol. 419.

20 Clacquesin, Histoire (n. 18), p. 13.

21 Bennet Woodcroft, *Titles of Patents of Invention, chronologically arranged from March 2, 1617 (14 James I.) to October 1, 1852 (16 Victoriæ)*, London (Eyre & Spottiswoode) 1854, p. 17 (n° 81); The National Archives, C66/2722, 13.

22 British Library, ms Add 20921, fol. 44.

charte d'incorporation et une guilde est créée dont Mayerne est le premier administrateur. Or, Landriviers et Mayerne faisaient tous deux partie du même cercle alchimique en France au début du XVIIe siècle.[23] Il n'est pas interdit de croire qu'une « niche économique » sous-réglementée ait été visée par un groupe d'entrepreneurs de part et d'autre de la Manche, et que le privilège ait ici été l'instrument et le préalable pour s'imposer aux pouvoirs publics comme aux autres acteurs économiques.

La rhétorique de la radicale nouveauté, de l'innovation et du bien public apparaît donc souvent comme une stratégie pour séduire plus facilement les décideurs et pour faciliter une démarche entrepreneuriale de grande ampleur.

Le privilège offrait également des avantages d'ordre juridictionnel. En cas de conflit, il permet éventuellement de recourir au Conseil privé du roi ou aux requêtes du Palais, sans doute plus favorables aux intérêts des inventeurs.[24] Suite à un refus d'enregistrement du Parlement de Paris, et après des lettres de première jussion et de seconde jussion, le Conseil du roi se réserve par exemple la connaissance des cas concernant le moulin de l'invention de Jean Erulin.[25] L'arrêt du Conseil du roi accordant privilège à Dominique Cousin et Hector Boutheroue, que nous avons déjà évoqué plus haut, fait également de ceux-ci des « commensaux de la maison de sa majesté [qui] auront leurs causes commises es instances aux requestes de l'hostel ou du pallais a Paris a leur choix et option ».[26] Le privilège constitue donc une ressource juridique de grand intérêt pour qui

23 Sur la riche carrière de Théodore de Mayerne, voir Hugh Trevor-Roper, *Europe's Physician: The Various Life of Sir Theodore de Mayerne,* New Haven/ London (Yale University Press) 2006, pp. 336–337 sur l'affaire des eaux-de-vie; sur Landriviers, dont on ne connaît presque rien, voir ibid., p. 93.

24 Eustache de Grandmont et Jean-Anthoine d'Antonneuil, importateurs en France de techniques verrières vénitiennes, illustrent bien cette logique. Ayant fait enregistrer leur privilège au parlement de Paris, ils s'adressent néanmoins directement au Conseil du roi pour obtenir raison contre des imitateurs: AN, V^{6} 110, 12 février 1635, pièce n° 32 et AN, V^{6} 103, 2 mars 1635, pièce n° 25. Un cas similaire se rencontre pour Simon Lourdet, entrepreneur de la manufacture de tapis façon de Turquie, contre les administrateurs des hôpitaux des pauvres: AN, V^{6} 102, 30 janvier 1635, pièce n° 1.

25 AN, E *105^{b}, fol. 80, arrêt du 6 mars 1631 qui récapitule l'affaire.

26 AN, Y 17, fol. 28.

envisage une action économique d'une certaine ampleur. Le privilège est donc recherché, et il est au cœur des stratégies entrepreneuriales, selon des modalités que nous allons maintenant étudier.

Comme l'octroi d'un privilège dépend essentiellement de la faveur du prince, il est bon d'avoir des appuis à la cour, ou d'y faire soi-même bonne figure. Les liens de patronage sont mobilisés pour obtenir la précieuse lettre patente. Les actes notariés relatifs à des privilèges d'invention que nous avons pu consulter au minutier central des notaires parisiens ne sont pas assez nombreux pour établir un modèle général ou invariant. Le privilège semble toutefois souvent mettre en contact deux individus: d'un côté, l'inventeur ou le technicien, souvent issu du milieu artisanal ou encore ingénieur; de l'autre côté, un protecteur. Il peut être noble, siéger au Conseil du roi, ou appartenir à la clientèle d'un aristocrate. Le protecteur, avant d'apporter ses capitaux, fait d'abord profiter son partenaire de sa surface sociale. Un acte notarié reconnaît que c'est « par le crédit et la faveur » de Gilles de Carvoisin, gentilhomme ordinaire de la chambre de Gaston d'Orléans, que l'inventeur Anthoine Faucher a pu introduire son placet au Conseil et obtenir satisfaction. Le protecteur est payé en retour par un quart du privilège.[27] L'ingénieur italien Jacques-Anthoine Verde a également pu compter sur l'intercession d'un Grand pour protéger son invention de machine à remonter les bateaux, « s'estans adressé vers Monseigneur le duc de Mayenne [Henri de Lorraine] et icelluy requis et supployé voulloir obtenir du roy le privillege pouvoir et permission ».[28] David Laigneau, médecin-alchimiste de cour au service d'Henri IV et Louis XIII reçoit par actes notariés 1 % et 2 % de deux privilèges pour des moulins qu'il a sans doute contribué à obtenir. Le récipiendaire de l'un des privilèges s'oblige à ce don « en recognoissance de l'antienne amytié et bons offices qu'il a reçuz de noble homme Mr David Laigneau ».[29]

27 AN, Minutier Central (MC), Étude LXXII, 376, accord entre Anthoine Faucher et Gilles de Carvoisin, seigneur d'Achy, 21 septembre 1644.

28 AN, MC, Étude CV, 330, acte du 27 janvier 1618, accord entre Jacques-Anthoine Verde et Henri de Lorraine.

29 AN, Y 164, fol. 167v. Voir Y 164, fol. 391v pour le deuxième cas. Sur David Laigneau, voir Sylvain Matton, Vie et œuvre de David Laigneau, alchimiste et médecin du roi, in: David L'Agneau, *Harmonie mystique*, rééd. Paris (Gutenberg Reprints) 1986, pp. 7–38 (préface).

Jean Perrin, autre gentilhomme ordinaire de Gaston d'Orléans, avance quant à lui 16.000 livres à Jean Erulin pour construire ses moulins de nouvelle invention évoqués plus haut. Si la lettre patente est au nom d'Erulin, le contrat notarié précise que c'est Perrin qui conserve les pièces matérielles, et par conséquent dispose de la maîtrise du privilège.[30] Si les montages sont variés, la logique est la même: le privilège est un bien qui peut se partager et se transmettre. Loin d'être des faveurs désintéressées, les médiations des protecteurs sont de véritables investissements, dont ces derniers attendent retour, et dont le privilège est justement le gage.

De telles sociétés sont parfois constituées lors de la procédure même de délivrance du privilège. Le privilège, par le circuit institutionnel nécessaire à son obtention, était en effet un levier pour l'accumulation de capitaux ou de crédit. La première étape était l'envoi d'un placet au roi. Reçu par l'un des secrétaires d'État, il est le plus souvent renvoyé au Conseil du roi, où comme on l'a vu, il pouvait être examiné par une commission spécialisée.[31] C'est sans

30 AN, MC, Étude XXXIV, 52, acte du 16 mars 1631, obligation de Jean Erulin envers Jean Perrin. Malheureusement, nous n'avons pas pu retrouver l'acte d'association entre les deux hommes.

31 L'attribution d'un placet à un secrétaire d'État n'est pas le fait du hasard. Les secrétaires d'État se partageaient la réception des placets selon la qualité du candidat: un commensal du roi s'adressait au secrétaire d'État à la Maison du roi; un étranger au secrétaire d'État aux affaires étrangères; un ingénieur du roi au secrétaire d'État à la guerre. Cette répartition toute théorique souffre dans notre corpus de quelques exceptions. Le 1er avril 1634, Jean Boudet reçoit par exemple des lettres de privilège pour son invention de tapisseries de cuir doré et de vernis imperméabilisant. C'est de Loménie, secrétaire d'État à la Maison du roi qui effectue l'expédition: Antoine de Loménie, ou plus probablement Henri-Auguste de Loménie, puisque de 1615 à 1639, le père et le fils exercent la charge en commun. Le 29 mai 1650, le même inventeur reçoit un second privilège pour « la manière d'un relief de soye sur estoffe de soye ». C'est Henri-Auguste de Loménie qui prépare l'expédition, alors qu'il a en charge le département des Affaires Étrangères. On voit donc deux inventions assez similaires, à quinze ans d'écart, relever de deux départements différents, mais du même officier. Le traitement administratif des requêtes autorisait donc largement les fidélités personnelles. Mais ce suivi a une autre explication: il appartenait aux secrétaires d'État d'assurer le suivi des affaires et de garder la trace des demandes satisfaites et déboutées. Ils étaient dans une certaine mesure garant de la mémoire des libéralités du prince. Sur les attributions des secrétaires d'État dans la première moitié du XVIIe siècle, voir Hélion de Luçay, Des Secrétaires d'État jusqu'à la mort de Mazarin (1661), in: *Revue historique de droit français et étranger* 1 (1855), pp. 148–189.

doute pendant les séances du Conseil du roi, dont le fonctionnement est au demeurant mal connu, que se manifestent les soutiens à une demande particulière.[32] Une fois la décision prise d'accorder le privilège, et un arrêt du Conseil du roi passé dans ce sens, le secrétaire d'État et le chancelier ont ensuite en charge la rédaction de la lettre patente, son expédition et son scellage. Ce long circuit met donc le candidat au contact de nombreux décideurs qui sont aussi autant de protecteurs potentiels. Il permet par ailleurs d'assurer une certaine publicité à l'invention, et d'ainsi décourager concurrents et imitateurs.

Le cas de l'invention de François Mallet, une machine à remonter les bateaux, montre comment le privilège peut être un outil pour lever des capitaux. Le secrétaire d'État qui expédie le privilège en février 1663 est Henri de Guénégaud.[33] En mai 1663, il investit par acte notarié dans le privilège.[34] Il mobilise également ses alliés dans les cours souveraines pour favoriser l'enregistrement des lettres patentes, et c'est par exemple son grand cousin Jean de Guénégaud qui procède à la vérification du privilège à la chambre des comptes de Paris.[35] Il aide également à trouver d'autres investisseurs et protecteurs, comme le marquis de Feuquières et le duc de Lesdiguières. Ce dernier, gouverneur du Dauphiné, est probablement approché car il peut garantir la sécurité de l'entreprise de navigation sur le Rhône. Guénégaud est en échange propriétaire d'un tiers du privilège. C'est très certainement au cours de la procédure d'examen de l'invention au Conseil du roi que le secrétaire d'État a formé le projet d'y investir,

32 Il est assez difficile, au vu des sources, d'apprécier l'existence et le fonctionnement de sessions du conseil destinées particulièrement à l'examen des placets. On trouve, dans la série des arrêts simples en finance, plusieurs « rôles des placets » (17 décembre 1643: E 185^b, fol. 264; 23 décembre 1643: E 185^b, fol. 467; 27 janvier 1644: E 186^b, fol. 293; 24 septembre 1644: E 194^b, fol. 370; voir aussi pour les années 1653, 1658, 1660, 1661, 1663, 1665 AN, O^1 355). Un court texte résume le contenu du placet reçu, avec éventuellement les exigences particulières sur la durée ou le ressort du privilège. Dans la marge, la mention manuscrite « néant » ou « refus » suffit à débouter le demandeur. Le Conseil peut aussi amender le contenu du placet. Malheureusement, les avis ne sont pas motivés.

33 AN, X^{1A} 8663, fol. 455.

34 AN, MC, Étude XCVII, 22, obligation du 21 août 1663 passée devant Boullard et Guillot.

35 AN, P 2689, fol. 63r.

et au même moment, on le voit d'ailleurs investir dans une autre invention de François Mallet, un nouveau type de martinet de forge, privilégiée quelques années auparavant.[36] Si de véritables sociétés se constituent autour du privilège, leur forme juridique n'est en revanche pas très claire, y compris pour les acteurs eux-mêmes. Lorsque les protecteurs sont nobles, ce qui est assez fréquent, l'usage d'un prête-nom n'est pas systématiquement de mise. Henri de Guénégaud signe lui-même les contrats qu'il passe avec François Mallet.[37] Quelques années plus tard, en 1666, il investit dans une autre affaire, l'exploitation de tourbières et la production de tourbes à brûler, opération qui se présente également comme une invention, car le tourbage était alors peu pratiqué en France. Il prend alors soin, à l'instar des autres investisseurs, Anne de Chambré et Barthélémy Rolland, d'utiliser un prête-nom.[38]

Le partage des responsabilités, en dépit des actes notariés, ne paraît pas nécessairement bien prévu. Lorsque l'affaire tourne au conflit, et cela arrive souvent puisque les inventions fonctionnent rarement, se pose la question de la propriété éminente du privilège. Appartient-il à celui qui est nommé dans la lettre patente, ou à celui qui, par acte notarié, s'en est rendu propriétaire? La possession matérielle de la lettre patente est aussi un enjeu de luttes. Le prêtre Jean Coppin,

36 AN, U 2110, fol. 405v pour le privilège de la première invention de François Mallet, expédié le 15 septembre 1660 par Phélypeaux. Guénégaud aide probablement aussi à débouter deux Anglais qui demandaient un privilège pour une invention similaire. En 1661 et 1662, Thomas Toogood et James Hayes obtiennent en Angleterre plusieurs *patents* pour des machines hydrauliques, dont une invention servant à propulser les bateaux sans l'aide du vent: voir Woodcroft, Titles (n. 21), p. 30, *Patent* n° 139. En France, on a trace d'un privilège délivré pour une machine élévatoire à Toogood et Hayes le 22 février 1663: AN, X1A 8663, fol. 336. Or, le secrétaire d'État qui signe l'expédition est Henri de Guénégaud. La concomitance des deux décisions ne laisse planer aucun doute. Lors d'une séance du Conseil du roi, Guénégaud intervient probablement pour débouter en partie les inventeurs anglais et accorder le privilège à Mallet.

37 Mais François Mallet est évoqué quelques années plus tard comme un simple prête-nom: AN, MC, Étude XLIV, 55, acte du 22 mai 1675, résiliation du 24 mars 1679.

38 AN, X1A 8663, fol. 129v; AN, MC, Étude XLII, 160, acte du 15 septembre 1666; AN, MC, Étude XCV, 710, acte du 18 septembre 1666. Anne de Chambré, conseiller du roi et trésorier-payeur de la gendarmerie de France, était en 1666 intendant de la Compagnie des Indes. Son gendre Barthélémy Rolland, secrétaire du roi, était un financier aux investissements variés. Sur ces personnages, voir Daniel Dessert, *Argent, pouvoir et société au grand siècle*, Paris (Fayard) 1984.

inventeur d'un mécanisme pour que les cheminées ne fument plus, sollicite la justice royale à l'issue d'un conflit avec son partenaire Merchant, lequel « auroit retenu lesdites lettres pardevers luy sans en vouloir ayder communiquer ny mesme fournir aucune coppie pour en poursuivre ailleurs l'establissement pour se rendre luy seul le maistre de l'affaire comme sy elle luy appartenoit et en frustrer led. Coppin qui en est le seul et veritable inventeur ».[39]

Les actes notariés que l'on a pu retrouver, sans doute trop peu nombreux pour tirer des conclusions définitives, ne paraissent pas asseoir les entreprises sur une grande rigueur comptable. Ils n'établissent pas de routine de gestion, telles que des réunions à intervalles réguliers des investisseurs. Ils ne prescrivent pas la tenue de livres de compte, même si de tels livres ont sans doute existé.[40]

Il est au final douteux que les privilèges d'invention aient attiré au début du XVIIe siècle de larges parts du capital nobiliaire, et il faut sans doute croire que cela est resté un phénomène extrêmement marginal, confiné à quelques individus. Il y a toutefois, à la fin du XVIe siècle et au début du XVIIe siècle une vogue nouvelle de la technique, suite aux écrits de Francis Bacon qui connaissent un certain succès parmi les aristocrates français,[41] ou suite à des publications telles que les « théâtres de machine », qui présentent les inventions sous un jour susceptible de séduire des investisseurs. Le règne d'Henri IV, avec l'installation de plusieurs manufactures et le développement de projets comme la culture du mûrier ou le dessèchement de marais,[42] est notamment un moment fort de la promo-

39 AN, E 1708, arrêt du 24 octobre 1658.

40 L'inventaire après-décès d'Henri de Guénégaud fait ici exception. Il évoque « un petit registre couvert de carton dans lequel il y a trois feuilles et deux tiers de la première page de quatre feuilles escript qui est un estat de tout l'argent que ledit seigneur du Plessis avoit amené pour l'establissement deladite machine arresté par lesdits seigneurs de Feuquières et Du Plessis sous leurs seings le sixiesme septembre 1669 »: AN, MC, Étude LI, 407, acte du 28 mars 1676, quatorzième pièce du titre cinquante des titres et papiers.

41 Michèle Le Doeuff, Bacon chez les Grands au siècle de Louis XIII, in: *Francis Bacon. Terminologia e fortuna nel. XVII secolo*, éd. par Marta Fattori, (Lessico Intellettuale. Europeo XXXIII), Rom (Edizioni dell'Ateneo) 1984, pp. 155–178.

42 Raphaël Morera, *L'assèchement des marais en France au XVIIe siècle*, Rennes (Presses Universitaires de Rennes) 2011.

tion de la culture technique en France. Cet intérêt pour les entreprises reposant sur des inventions, quoique marginal, paraît grossir au cours du siècle et touche même des cercles inattendus. En 1674, la veuve Scarron, pas encore propriétaire du domaine de Maintenon, protège une méthode de chauffage économique de l'invention de l'ingénieur Noël Douceur. Contre son engagement d'obtenir du roi le privilège d'exploitation, elle reçoit par contrat notarié la moitié des profits à venir de l'entreprise.[43] Dans ces tentatives éparses et inorganisées, c'est sans doute la noblesse d'affaires du XVIIIe siècle qu'on peut voir en germe.

Cette réalité discrète invite au comparatisme, notamment avec l'Angleterre. Outre-Manche *projects* et *projectors* sont au cœur du débat politique et des accusations de corruption et de favoritisme lancées contre le régime jacobéen et carolin.[44] À la fin du XVIe siècle et au début du XVIIe siècle, les inventeurs-entrepreneurs anglais visent des secteurs économiques conséquents, tels que la verrerie ou la fabrication de savon, et obtiennent des privilèges exorbitants. L'enrichissement supposé de preneurs de décision bien en cour achève de déconsidérer le système des *patents*. La rhétorique du bien public est vouée au discrédit, ce qui oblige les *projectors* à diverses stratégies pour prévenir la critique.[45] Leurs pendants français, certes assurément moins nombreux, semblent se déployer avec beaucoup plus de discrétion dans le champ économique. L'alibi technique est-il mieux reçu en France? La structure des sociétés (prête-noms, etc.) met-elle les nobles à l'abri de la critique? Il y a d'autres raisons. Les secteurs économiques visés par les inventeurs-entrepreneurs français sont plus modestes. Les privilèges français maintiennent, plus qu'en Angleterre, le droit à exercer des techniques traditionnelles. Il faut en outre compter en France avec l'opposition possible des cours souve-

43 Ghislaine de Boom, Contrat passé par Madame de Maintenon, in: *Revue belge de philologie et d'histoire* 14 (1935) pp. 456–460. Le document est signalé par Fernand Braudel dans sa trilogie *Civilisation matérielle, économie et capitalisme (XVe–XVIIIe siècles)*, vol. 1, *Les structures du quotidien* (1979), rééd., Paris (Le Livre de Poche) 1993, p. 489.

44 La vaste bibliographie sur la question des *patents* et des *monopolies* est reprise dans MacLeod, Inventing (n. 11).

45 Voir Koji Yamamoto, *Distrust, Innovations, and Public Service: « Projecting » in Seventeenth- and Early Eighteenth-Century England*, York (PhD de l'université de York) 2009.

raines lors des requêtes d'enregistrement. Enfin, il est certain que nombre d'entreprises constituées autour d'un privilège sont d'emblée des échecs pour des raisons techniques, même si les sources sont ici trop souvent silencieuses. Si le rôle des privilèges d'invention dans les dynamiques de l'innovation reste donc sujet à caution, plusieurs exemples attestent en revanche de leur utilisation au service des stratégies entrepreneuriales.

»Without imposition«: Economic privileges and the protection of private rights in England before the Glorious Revolution*

Koji Yamamoto

Introduction

In the spring of 1708, Samuel Weale was desperate. Confined to the »Rules of the Fleet prison« because of his debts, he had been seeking support for his numerous schemes, all of which, he declared, would advance the public good and the Gospel at home and abroad, while also allowing him to leap benefits and thereby satisfy his creditors.[1]

One of his favourite schemes was to obtain a special privilege for the SPG (the Society for the Propagation of the Gospel in Foreign Parts) to run a joint-stock company, and start digging gold and silver mines in Scotland. But having no money to print his proposals, he had to write them copy after copy by hand. He sent them to statesmen like Sunderland and Marlborough, clergies including Archbishop of Canterbury, and societies including the SPG itself. Desperate to win their support, he must have carefully considered how best he could present his schemes to potential patrons. He probably reflected upon his experience as a surveyor and collector of custom duties in Cornwall under Charles II. The result was always to reassure that his schemes would serve the public good »without imposition«. Weale was careful not to reveal too much of the detail of

* The author is grateful to Guillaume Garner for editorial support, to Liliane Hilaire-Pérez for an invitation to the ANR-funded Privilege Project, and also to Anne Murphy and D'Maris Coffman for inviting him to the »Questioning Credible Commitment« conference in March 2010, where an earlier version of this paper was first presented.

[1] This and next paragraphs draw upon Bodleian Library, Oxford, Rawlinson Ms, D 808, passim.

his schemes. Here are some of the claims he made in his letter in order to attract Sunderland's attention: 1) raising £ 10,000 p. a. »to perpetuity« for the Propagation of the Gospell in Foreinge Parts; 2) raising of »a Million of money« to fund »the Just and necessary war wherein we are engaged«, »without Imposition on any of her Maj[es]ties Subjects«, and 3) »the Increas[ing] of Bullion in Great Brittain, and Ireland«, which would »Injure none but greatly advance Trade in all her Maj[es[ties Dominions«.[2]

Weale failed, it seems, to materialise these plans. But the promotional strategy adopted by this fallen Cornish projector captured one of the central policy concerns during the early financial revolution: how to improve economy, raise revenue, defeat enemies abroad, and – this was important – do so without encroaching upon people's economic lives back home by imposing, for example, undue taxes or penalties. In 1693, in the middle of the Nine Years War, Edward Harley was in fact informed that »Many Projectors are preparing proposals, for raising vast Summs without Burdening the people«.[3] Concerns about imposition remained so pervasive that Jonathan Swift later found it worth mocking. In the Kingdom of Lagado, Gulliver learned about a proposal for levying taxes upon female beauty and male politeness according to their own evaluation; this, Gulliver was told, was »the most […] effectual ways and means of raising money without grieving the subject«.[4]

In this chapter, I want to focus on this pervasive concern, the safeguarding of private economic lives in the midst of growing imperial ambitions, and use it as an analytical tool to explore the interactions between entrepreneurs and the state in the management of privileges. Where did the shared preoccupation about imposition, that is, about the infringement of private rights and properties, come from?

One possible answer, often proposed by early modern commentators, was that concerns about property had long existed in England.

[2] Rawlinson, D 808, fols. 100–100v.

[3] Colin Brooks, Taxation, Finance, and Public Opinion, 1688–1714, Cambridge (Ph. D thesis, University of Cambridge) 1970, p. 258 (quoting British Library, Loan MS 29/187, fol. 185, 17 October 1693).

[4] Jonathan Swift, *Gulliver's Travels*, ed. by Peter Dixon and John Chalker with an Introduction by Michael Foot, London 1985, p. 235.

The chief promoter of the Bank of England, William Paterson, declared:

> »there being no Country in *Christendom* where Property hath been more sacred and secure for some Ages past, notwithstanding all our Revolutions, than in *England*, it must needs follow, that nothing less than a Conquest, wherein all Property, Justice, and Right must fail, can any way affect this Foundation.«[5]

A similar point was made a century later by the conservative writer Hannah More. »All property is sacred«, she declared, »and as the laws of the land are intended to fence in that property, he who brings up his children to break down any of these fences, brings them up to certain sin and ruin«.[6] On the other hand, institutional economists in the United States, most prominently Douglass North and Barry Weingast, have emphasised the role that political institutions played. The Glorious Revolution of 1688, they have argued, altered constitutional arrangements in such a way that made the state's commitment to protect property rights more credible in England than elsewhere in Europe.[7] One implication of this »credible commitment« thesis is that, thanks to the Revolution, the allocation of economic privileges became less prone to rent-seeking in England and more efficient and productive, thus paving the way towards economic growth. If contemporary commentators often found the preoccupation about property rights in the long-standing English law and tradition, then the institutional economists have focused on the role that the political interventions played.

Concerns about »imposition«, or the perceived sanctity of property rights, however, did not mysteriously emerge out of the law of the land from time immemorial. Nor was it engineered singlehandedly by the 1688 revolution. In order to develop this perspective, I will first offer a brief sketch of the history of safeguarding prior to the Glorious Revolution. Using this as a context, I will then move to the 1690s, the

5 William Paterson, *A brief account of the intended Bank of England*, London 1694, p. 12.

6 Hannah More, *Cheap repository of shorter tracts*, London 1798, p. 73.

7 Douglass C. North and Barry Weingast, Constitutions and commitment: the evolution of institutions governing public choice in seventeenth-century England, in: *Journal of Economic History* 49 (1989), pp. 803–832.

establishment of the Bank of England in particular in order to clarify the significance of the 1688 revolution. The final section will then reflect upon the findings of this chapter.

I. Economic privileges and property rights before 1688

The collapse of Charles I's Personal Rule, and the ensuing outbreak of the Civil Wars, had profound impacts on the way in which the relationship between the state and its subjects was conceived.[8] Prior to the Civil Wars, clerics and lawyers in the king's service often defended monarchical right to confiscate subjects' goods and properties without their consent. But after the 1640s, according to J. P. Sommerville, even royalists »wrote circumspectly on the question of property and the legitimacy of government impositions«.[9] The same caution manifested in fiscal negotiation after the Restoration of Charles II in 1660. According to Paul Seaward, the restored royal administration »refrained, whenever possible, from direct appeals for money; when large demands were essential, it took pains that it should not seem to be imposing them [...] allowing the house to come to its own decision, rather than demand a particular [fiscal] solution«.[10] A similar trend has also been found in the sphere of economic legislation. In Joan Thirsk's word, »rather than passing sweeping acts« that would require an extensive machinery for compulsion, [post-Restoration] parliament preferred to introduce »inducements and encouragement«.[11]

The regime of taxation shared a similar preoccupation. The levying of taxes was admittedly not entirely free from suspicion or insubordination. But as Patrick O'Brien has shown, after the Civil War,

[8] Background is discussed in some details by Koji Yamamoto, Reformation and the distrust of the projector in the Hartlib circle, in: *Historical Journal* 55 (2012), pp. 375–397.

[9] Johann P. Sommerville, Absolutism and royalism, in: *The Cambridge History of Political Thought 1450–1700*, ed. by James Henderson Burns and Mark Goldie, Cambridge 1991, p. 367.

[10] Paul Seaward, *The Cavalier Parliament and the Reconstruction of the Old Regime, 1661–1667*, Cambridge 1988, pp. 129–130 (see also p. 105, 107).

[11] Joan Thirsk (ed.), *The Agrarian History of England and Wales, Volume VII 1640–1750: Agrarian Change*, Cambridge 1985, p. 387.

there was a long-term shift »in favour of assessments levied on the consumption of goods and services through customs, excise and stamp duties«. These forms of taxation were »less contentious«. Tax-farming was simultaneously replaced, where possible, by professionals under revenue departments, allowing better oversight and accountability. These developments, to borrow a concept from Braddick, lent *legitimacy* to the often contentious levying of taxes.[12]

The practices of economic privilege developed precisely within this broad context in which the avoidance of government imposition upon private properties was becoming almost axiomatic. Thus, in 1652, shortly after the end of the Civil War, we find that a group of reformers associated with the German émigré Samuel Hartlib calling for information about a way of raising £ 2000 annually »unhazarded, and beyond contradiction, without the least aspersion of Usury, Extortion, oppression, engrossing, or any Monopolizing, unconscionable or dishonourable way whatsoever«.[13] This was among the top priorities in their »wish list«, or *desiderata*. Edward Ford, one time a Royalist army officer, manifested a similar concern when he proposed a plan for the rebuilding of London after the Great Fire of 1666. The scheme, he argued, would restore the glory of the metropolis »without Altering, Straining, or Thwarting any of our Laws or Customs now in Use«.[14] A Baptist farmer Richard Haines obtained in 1684 a patent for his method of strengthening »cider, perry, and the juice or liquors of wildings, crabbs, cherries, goosberries, currants, & mulberries«, an invention which could at best compete with Spanish and French wines, reducing imports while

12 Patrick O'Brien, Fiscal exceptionalism: Great Britain and its European rivals from Civil War to triumph at Trafalgar and Waterloo, in: *The Political Economy of British Historical Experience, 1688–1914*, ed. by Donald Winch and Patrick O'Brien, Oxford 2002, p. 261; Michael J. Braddick, *State Formation in Early Modern England c. 1550–1700*, Cambridge 2000; Sommerville, Absolutism and royalism (n. 9), p. 367.

13 [Samuel Hartlib], *Cornu copia: a miscellanium of lucriferous and most fructiferous experiments, observations, and discoveries, immethodically distributed*, London [1652?], p. 2.

14 Edward Ford, Experimented proposals how the king may have money to pay and maintain his fleets, with ease to his people (1666), in: *Harleian Miscellany*, ed. by William Oldys, vol. 4, London 1745, pp. 186–187 (quotation from p. 186).

raising consumption tax for the state. If widely practiced under his supervision, his patented cider production, he argued, would »raise hereby 800,000 Pounds *per Annum* […] to the Publique Exchequer«, without »Raising any Burthensome Taxes, or putting their Subjects to heavy Charges«.[15]

The preference was not universally shared. Yet some promoters stopped seeking the imposition of taxes or penalties as they negotiated their schemes and encountered negative responses. The case in point is the well-known inventor and the creator of the so-called »political arithmetic«, William Petty. He obtained a patent in 1648 for what he called the »double-writing« engine, an invention for producing »two resembling copies of the same thing at once«.[16] He had originally proposed »to move the State to lay an additionall taxe upon writing paper«, appointing himself as a tax-collector who would take a fee out of the sum levied as a reward for his invention. This ambitious proposal, Petty admitted, was dropped and a more conventional patent procured because imposing a new tax seemed to have »cross[ed] too much the nature of the times, when men complain enough already of impositions«.[17]

Ralph Austen, an Oxfordshire agricultural improver and natural philosopher, was a strong advocate of the cultivation of fruit trees such as apple. As his manuscript proposal reveals, his scheme was offered as an ambitious solution to manifold social, economic and fiscal problems.[18] If successfully cultivated across the nation, fruits would help cure »diseases in mans body« and be conducive to »long-

15 Bennet Woodcroft, *Titles of Patents of Invention, chronologically arranged from March 2, 1617 (14 James I.) to October 1, 1852 (16 Victoriæ)*, London 1854, patent no. 231; Richard Haines, *Aphorisms upon the new way of improving cider*, London 1684, sig. [Bv], p. 8, 14, at p. 14, sig. [Bv]. Haines proposed to impose a penny excise tax upon a quart of his patented cider: see ibid., p. 9.

16 *Journal of the House of Commons* V (1646–1648), p. 481; William Petty, *The advice of W. P. to Mr. Samuel Hartlib for some particular parts of learning*, London 1647 [1648], sig. A2.

17 William Petty, *A declaration concerning the newly invented art of double writing*, London 1648, p. 3. My account complements Ted McCormick, *William Petty and the Ambitions of Political Arithmetic*, Oxford / New York 2009, pp. 58–60.

18 This and the next paragraph are based on Ralph Austen, »Proposalls & Reasons for the improving, &advancing of Planting; Humbly tendered to the Lords & Com[m]ons in Parliament assembled«, read 14 December 1664: Royal Society Archives, London, Cl.P/10iii/7.

life«, and would »bring an additionall Revenue of Excise« upon cider. Planting trees on wastelands would improve the fertility of the soil, thereby helping more animals and plants to thrive. The fruit tree cultivation would ultimately reduce the importation of French and Spanish wine, »imploy many thousands of poor people in work«, and even lift the burden of relieving them.

In order to achieve this grand vision, Austen, unlike Haines, initially sought to set up a statute to force landowners to plant fruit trees, and proposed the same to the Royal Society in which he was involved. »Landlords« were to take charge and »Tenants in possession« of land were to be »at the paines & care« of the cultivation. »[B]ecause some p[er]sons will be negligent« despite »many p[ro]fitts to themselves«, Austen proposed to appoint supervisors in each county, and tasked them to punish defaulters with fines and confiscation of private properties, and prosecute those who »dig, or cut up« young trees »as enemies to the good, & welfare of the Kingdome«. In order to ensure that »none may plead ignorance in this matter«, a cheap book »of small Bulke & Price, yet containing plaine, experimentall instructions« was to be published.

Austen's scheme probably was not well received by the Royal Society. In late 1665, the natural philosopher John Beale expressed his opinion to Robert Boyle: »Mr Austen [...] is very sollicitous to promoter Cider by lawes. I hope here is noe neede of such enforcement«.[19] About this time, Austen submitted another proposal to the Royal Society; it highlighted multiple benefits of fruit trees to the country, but now altogether dropped the discussion of imposition.[20]

Given that some entrepreneurs had sometimes to modify their schemes so as to avoid unnecessary infringement upon people's rights and liberties, it is hardly surprising that »without imposition« became a precondition for the careful administration of privileges. In 1663, the goldsmith John Garill sought a monopoly for drawing

19 *The Correspondence of Robert Boyle*, ed. by Michael Hunter, Antonio Clericuzio and Lawrence M. Principe, vol. 2, London 2001, p. 579, John Beale to Robert Boyle, 9 November 1665.

20 Ralph Austen, »Certaine Queries humbly p[ro]pounded to the hon[our-a]ble & Royall Societie«: Royal Society Archives, RB/1/37/23, fols. 134–135 [1665–1666?].

gold and silver into wires. The wiredrawing monopoly was one of the controversial monopolies that sparked outrage in the 1621 parliament.[21] In a meeting in opposition to Garill's motion to obtain the wiredrawing monopoly, one Simon Urlin was reported to have declared »in passion« that »Granting Such Patents was the Cause [...] that the last King lost his head«.[22]

The new regime appeared to have heeded such warnings. Despite the potential fiscal benefit the monopoly would bring to the restored monarchy, the government chose, upon receiving Urlin's provocative complaint, not to grant the wire-drawing monopoly to Garill. Similarly, when the government received a petition complaining of the abuse of a patent on steel-making, it summoned and questioned the patentees. As a result, the patent was revoked.[23] There were exceptions, of course. The Restoration government restored, and upon request even extended, monopolies and other privileges granted to trading companies for overseas trade. But the government rarely granted monopoly power in sectors where vocal opponents existed.[24]

This is not a »revealed preference« of which early modern contemporaries were unaware. The monarchical government had such a clear preference to avoid undue imposition upon its subjects that it could act decisively before things went wrong. The imprisonment of the entrepreneur Valentine Knight in the aftermath of the London Great Fire of 1666 is a case in point. The disaster necessitated the extensive rebuilding of the City of London, and many offered rebuilding plans. Knight's plan was ambitious.[25] Instead of restoring

21 Christine MacLeod, *Inventing the industrial Revolution: the English patent system, 1660–1800*, Cambridge 1988, p. 32; William Robert Scott, *The Constitution and Finance of English, Scottish and Irish Joint-stock Companies to 1720*, vol. 1, Cambridge 1910, p. 176.

22 The National Archives (TNA), London, SP 29/93, fols. 82, 83. Two reports, one of them dated 27 February 1664.

23 MacLeod, Inventing (n. 21), p. 32, 27. See also a case of framework knitters and the importation of laxative sena in Brian Weiser, *Charles II and the Politics of Access*, Woodbridge 2003, pp. 128–129; Thomas Leng, *Benjamin Worsley (1618–1677): Trade, Interest and the Spirit in Revolutionary England*, Woodbridge 2008, pp. 143–145.

24 See Weiser, Politics (n. 23), pp. 126–127, passim; see also MacLeod, Inventing (n. 21), p. 28.

25 For background see Walter George Bell, *The Great Fire of London in 1666*, London 1920, pp. 241–242.

narrow streets that had spread across the City, he proposed to rebuild the City »stately with large Streets, [and] the Houses not in danger of Fire«. A set of strict rules would be imposed to ensure compliance, and by administering fines on defaulters, Knight proposed to raise £ 223,517 »towards the maintenance of his [majesty's] Forces by Sea and Land«.[26] Thus in both town planning and the imposition of penalties, he would have required an extensive authority. Knight showed this proposal to Privy Councillors. They apparently »seemed to like the same« and Knight was »encouraged to print some of them for his friend«.[27]

The fortune of this proposal plunged when one stationer »Unadvisedly« published it, perhaps very widely.[28] As a result, Knight was imprisoned for his »misdemeano[u]rs«.[29] Probably being aware of the wide circulation of the proposal, the official *London gazette* publicised Knight's imprisonment, and thereby distanced the king from the proposal. Knight was punished, the paper announced, because his proposal promised »considerable advantages to His Majesties Revenue«, and thereby made it seem

> »as if [...] his Majesty would draw a benefit from so public a calamity of his people, of which his Majesty is known to have so deep sense, that he is please to seek rather by all means to give them ease under it [i. e. his reign]«.[30]

Knight's imprisonment thus tells us more than his personal disaster. The Privy Councillors had shown interest in his scheme, perhaps because of the royal debts piling up from Charles I's reign and the royalist war efforts during the Civil Wars. But such an interest ought not to be made public, for the restored king had to be »known to have so deep sense« of his people's concern. As in the administration of royal patents, the king and his government could not afford to be seen as imposing their authority, let alone for extracting revenues. The

26 Valentine Knight, *Proposals of a new model for rebuilding the City of London*, London 1666, one-page handbill. Knight was to collect rent and fines and keep an eight percent premium for himself.

27 TNA, PC 2/59, fol. 189.

28 The *English short title catalogue* suggests that more than ten copies have survived, a large amount for this type of handbill.

29 TNA, PC 2/59, fol. 189.

30 *London gazette* 91 (27 September 1666).

restored monarchy did not hesitate to mobilise the force of law or official newspaper, in order to reassure its subjects that »the king would not sacrifice economic well-being to the whims and pockets of his courtiers« and aggressive entrepreneurs.[31]

As promoters and the government displayed greater caution in the handling of economic privileges, writers and entrepreneurs explored a range of leverages other than compulsion to achieve economic improvement. Some suggested that people's self-interests, rather than the denial of them, should be the foundation for economic improvement. When in the mid-1640s French Huguenots proposed a scheme for forcefully introducing innovative methods for agriculture and fishing by administering fines and confiscation, Hartlib's ally Cheney Culpeper declared that

> »in truthe, if soe much good be like to be effected, to every particular man in his owne private concernements, every body will see that there will be noe neede of constraincte – An inseparable companion of moste former monopolies.«[32]

John Swinfen, a Member of post-Restoration Parliament, took a similar position when commenting on a punitive measure proposed in order to spread the cultivation of hemp and flax: »The sowing of it goes out because people make no profit of it. If it were for their advantage, men would turn all their lands to it.«[33] In a letter to the diarist Samuel Pepys, Evelyn also admitted that most of publicly beneficial schemes were ultimately driven by »sedulity of private persons«. Yet, such concession was probably not agreeable for this socially afloat gentleman when writing in public. Rather than calling for a more strict legislation that would foster the cultivation of timber, Evelyn urged the reader of his book *Sylva* (1666) to follow »the old and best Spirit of true *English*«, of emulating »his *Majesties*

31 Weiser, Politics (n. 23), p. 121.

32 Michael J. Braddick and Mark Greengrass (ed.), The letters of Sir Cheney Culpeper (1641–1657), in: *Camden Miscellany* 33, 5th ser., 7 (1996), pp. 307–308, Culpeper to Samuel Hartlib, 13 October 1647.

33 *Cobbett's Parliamentary History*, vol. 4, London 1808, col. 836. See also John Houghton's similar comment on Thomas Firmin's poor relief in: *Seventeenth-Century Economic Documents*, ed. by Joan Thirsk and J. P. Cooper, Oxford 1972, pp. 301–302.

Example«, rather than being compelled by »more cogent and violent *Laws*«.[34]

Here, then, is another important leverage that, alongside the careful management of privilege without imposition, took on an increased significance: emulation among inhabitants. Discussion about luxury and its public usefulness (or harm) goes back centuries and developed prominently in England at least by the early seventeenth century.[35] Yet the last third of the century saw a distinct flourishing of the writings on luxury and consumer behaviour. Strikingly, one point that was made frequently was how consumption driven by emulation would help drive the economy. As John Houghton put it, »those who are guilty of prodigality, pride, vanity, and luxury, do cause more wealth to the kingdom than loss to their own estates«.[36] Nicholas Barbon, one of the most prominent writers on the subject during the period, gave a penetrating analysis.

> »Emulation provoaks a continued Industry, and will not allow no Intervals or be ever satisfied: The Cobler is always indeavouring to live as well as a Shoomaker, and the Shoomaker as well as any in the Parish; so every Neighbour and every Artist is indeavouring to outvy each other, and all Men by a perpetual Industry, are struggling to mend their former condition: and thus the People grow rich, which is the great advantage of a Nation[.]«[37]

»Prodigality« Barbon later affirmed, »is a Vice that is prejudicial to the Man, but not to *Trade*«.[38] And trade, driven by prodigality and consumption,

[34] JOHN EVELYN, *Sylva, or a discourse of forest-trees, and the propagation of timber in his majesties dominions*, 2nd ed., London 1670, p. 206; see also IBID., p. 208 where he skeptically commented on the penal statues for preventing the conversion of woods to pasture.

[35] LINDA LIVY PECK, *Consuming Splendor: Society and culture in seventeenth-century England*, Cambridge 2005; PAUL SLACK, Material progress and the challenge of affluence in seventeenth-century England, in: *Economic History Review* 62 (2009), pp. 576–603.

[36] This paragraph builds on PAUL SLACK, The politics of consumption and England's happiness in the later seventeenth century, in: *English Historical Review* 122 (2007), pp. 609–631.

[37] [NICHOLAS BARBON], *A discourse shewing the Great Advantages*, London 1678, p. 5.

[38] NICHOLAS BARBON, *A discourse of trade*, London 1690, p. 62.

> »Increaseth the Revenue of the Government, by providing an Imploy for the People: For every Man that Works, pay by those things which he Eats and Wears, something to the Government. Thus the Excise and Custom's are Raised, and the more every Man Earns, the more he Consumes, and the King's Revenue is the more Increased.«[39]

Thus, »The Promoting of New Fashions« as well as fashionable buildings and interiors, »ought to be Encouraged, because it provide a Livelihood for a great Part of Mankind«.[40] Samuel Fortrey, a merchant of Flemish descent, adopted the same argument to advocate the consumption of domestic, rather than foreign, luxury goods. If the king »would be pleased to commend to his people, by his own example, the esteem and value he hath of his own commodities« the excessive consumption of foreign luxuries would be reduced. »This alone, *without further trouble*, would be at least ten hundred thousand pounds a year to the advantage of his people.«[41]

Prodigality, conspicuous consumption and emulation were therefore to be promoted just as vigorously as schemes for economic improvement and innovations. The arguments put forward by Barbon, Evelyn, Fortrey and Houghton captured the importance of stimulating the demand side of the economy; doing so, it was suggested, would give jobs to the poor, help stimulate the economy and raise revenue, but do so without imposing stiff penalty or confiscation as often required when dealing with the production side of the economy by administering economic privileges.

Practices and preferences of promoters and statesmen regarding economic privilege had thus been evolving for decades before the Glorious Revolution. Of course, it would be naïve to suppose that practices in parliamentary politics, taxation, the administration of patents, and the analysis of self-interest and emulation as leverage for economic prowess developed simultaneously and under the identical circumstances. When it came to the relation between the state authority and private rights, however, the latter half of the seventeenth century saw a widespread preoccupation to avoid government

39 Ibid., p. 39.

40 Ibid., pp. 67–70, at p. 67.

41 Samuel Fortrey, *England's interest and improvement*, 2nd ed., London 1673, pp. 25–26 (my italics).

imposition – be it political, legal, economic, or fiscal. The search for the protection of private properties therefore had a much longer, and richer, history going far beyond the Glorious Revolution; our discussion of economic privileges, however we defined it in English context, cannot be restricted to the analysis of institutional arrangements before and after 1688.

II. The Glorious Revolution and the emerging economic conventions

We cannot, however, dismiss the Glorious Revolution as a mere irrelevance for the history of economic privilege in England. A brief look into the heated discussion over the establishment of the Bank of England in 1695 would help us to appreciate what was at stake in the Revolution. The amount of public debt did not rise sharply until after the Revolution. When it did in the 1690s, it increased eight times in less than a decade. Of course, one could argue that the extraordinary occasion (the Nine Years War against France) called for an extraordinary fiscal solution. But this line of reasoning cannot fully explain why a privilege had not been granted before the Revolution in order to establish a bank and to develop a system of deficit finance. In fact, there was a set of conditions that could have triggered the »take-off« earlier. The development of taxation regime after the Civil Wars *could have* offered collateral for public debt; the increasing spending power of consumers, as reflected in higher tax yields of the 1670s, indicates that there was money that the bank could have gathered and lent to the government; the rising level of debts (which the Treasury had to reduce through painful retrenchment), could have been more easily handled by introducing large-scale deficit finance; and finally, there had been numerous schemes for establishing banks and registries throughout the latter half of the seventeenth century.[42] Given all these, the lack of a decisive move for the granting of privilege to set up a bank and a national debt scheme before the

42 Henry Roseveare, *The Financial Revolution*, Harlow 1991, p. 23; John Spurr, *England in the 1670s: ›This Masquerading Age‹*, Oxford 2000, pp. 122–123; Seiichiro Ito, Registration and credit in seventeenth-century England, in: *Financial History Review* 20 (2013), pp. 137–162.

1690s is striking. Put another way, then, the 1690s still demands our close attention as one of the significant junctures in the history of economic privileges in England. The question we need to ask is whether or not the 1688 Revolution might have brought about fresh solutions for granting economic privileges without encroaching upon private properties.

The Nine Years War, which broke out in May 1689, put an immense pressure on the government expenditure. Meanwhile, minted coins in circulation had been so badly clipped that they were not readily accepted at their face values; this led to the Great Recoinage of 1695, which in turn called for the circulation of paper money to supplement debased coins. Proposals for setting up banks – including those for the Bank of England – sprung up partly in response to the urge to circulate paper money and to fund the war. Beyond these immediate needs was the deep-seated want of effective credit instruments that would enhance trade and manufacture.[43]

Few disputed the idea that facilitating trade one way or another was a good thing. But various oppositions to the Bank of England existed when its promoters sought privileges in the form of an act of parliament. Promoters' responses were multi-faceted, but two recurring themes deserve our attention. First, promoters highlighted the security upon which the subscriptions were sought. The charter, printed both in a full form and as an abstract, highlighted this above all else; these documents in fact began by spelling out that the tonnage duties »shall be part of the Yearly Fund« of the Bank, and that Treasury officers were »strictly enjoyned [...] to make good such Deficiency, out of any Treasure or Revenue of the Crown (not appropriated) Yearly to discharge the said Annuities«.[44] As suggested earlier, however, the existence of potential collaterals alone didn't necessarily bring a long-term public debt scheme into existence. The

[43] Competing proposals for setting up banks are surveyed by J. Keith Horsefield, *British Monetary Experiments, 1650–1710*, Cambridge (Mass.) 1960. The debate over recoinage is studied by Ming-Hsun Li, *The great recoinage of 1696 to 1699*, London 1963; and more recently by Carl Wennerlind, *Casualties of Credit: The English Financial Revolution, 1620–1720*, Cambridge (Mass.) 2011, pp. 126–141.

[44] *An abstract of the charter to the Governour and Company of the Bank of England*, s. l. 1694, p. 1.

second important point that promoters made was the role parliament played. Though Bank's patent was to be granted by the Crown, its details were specified by the legislature. Against »the common Objection of the danger from Alteration or Changes of Government«, a prominent promoter of the bank, Paterson, thus argued that the revenue derived from the tonnage duty »cannot fail, but with the Nation« because it was »settled by Parliament for the uses thereby limited and appointed [...] [and] paid to Their Majesties, for the use and service of the Government«.[45] Here, then, is the core of the second theme, which is concerned with the avoidance of imposition.

Promoters of the Bank of England took an extra care in reassuring that, *thanks to the auspice of parliament*, the Bank would raise money without subjecting it to the whim of the monarch. There are those, fumed Michael Godfrey in his defence of the Bank, »who pretend to be against the Bank, lest it should hereafter join with *The Prince*, to make him *Absolute*, and so render *Parliaments* useless.« But »there will not appear any cause for such Fear as is pretended«, Godfrey declared, because »the Bank being restrained by Act of Parliament, from advancing any Money to the *Crown*, but upon such Funds only on which there is a Credit of Loan by Parliament«.[46] By alluding to the Tonnage Duty that was authorised by parliament, Godfrey thus highlighted the role of parliament in ensuring the monarchs' compliance. The bank would not advance inordinate amount of money upfront to the Crown, or seek to recoup the sum by imposing taxes or by introducing new contributions as had been attempted by James I and Charles I in the early seventeenth century.

From the promoters' perspectives at least, therefore, parliamentary supremacy brought about by the Revolution made it possible to mobilise existing revenue strings as a security for the bank, and do so without inaugurating the »arbitrary government« dominated by the Crown. Looking backwards from our perspective, the establishment of the Bank could not have been accomplished without the long-term development of taxation regime that secured a steady stream of tax revenue. According to the Bank's promoters, however, this long-term development did not single-handedly create the much-wanted bank.

45 Paterson, A brief account (n. 5), p. 12.
46 Michael Godfrey, *A short account of the Bank of England*, s. l. 1695, p. 5.

From the planning stage, they suggested that it would have been impossible without exercising greater checks upon the Crown. Avoiding imposition had long been a shared preoccupation among various stakeholders such as inventors, petitioners, the monarchical government, members of parliament and commentators. The Glorious Revolution did not bring such concerns into being; it rather helped consolidate the emerging convention by altering the power balance between the Crown and parliament.

Conclusion

Even before the 1688 revolution, therefore, the safeguarding of property rights had long been a sticking point that promoters of fiscal and economic innovations had to take into account when seeking privileges. The period after the 1640s is crucial when considering the English case because the threat of governmental imposition became a pervasive concern. Doing things »without imposition« became a crucial point for a range of political and economic issues such as parliamentary debates on economic legislation, taxation, and, after the Restoration of Charles II in 1660, also for the renewed negotiations between the Crown and parliament. Within this broad context developed the practices of economic privilege in early modern England. The need to avoid imposition upon people's rights and properties, as we have found, was very much recognized by a range of actors involved in the administration of privileges: entrepreneurs and their private backers such as Hartlib and his allies; craftsmen petitioning the monarchical government; a natural philosopher and a property builder promoting their schemes respectively to the Royal Society and to the restored government. Given that the agenda was shared, debated and negotiated by such a wide range of stakeholders, it is probably no wonder that even Weale, an unsuccessful businessman, did not fail to recognise the protocol when promoting his schemes from the Fleet prison in the first decade of the eighteenth century. Through the concrete, mundane practices and negotiations of men like Le Pruvost, Austen and Knights, the convention to manage economic privileges »without imposition« became something of a commonplace.

By strengthening parliament the Revolution appeared to consolidate the emerging conventions to avoid infringing upon people's rights and properties. That, at least, was how the apologists of the Bank of England wanted to describe Revolution's significance. Decades of search into ways to improve the economy »without imposition« do matter here; without struggles of men like Ford and Evelyn, the Banks' apologists would have seen no point in emphasising the sanctity of property. Despite all its flaws, therefore, the Credible Commitment thesis seems capable of offering certain insights, by encouraging us to think twice about the perceived sanctity of private property and the role of parliament in protecting it.[47]

This qualified reappraisal of the Credible Commitment thesis does not imply, however, that the institutional mechanisms was so dramatically altered after 1688 that infringement upon private properties disappeared altogether.[48] Nor does it mean to suggest that the Revolution unleashed the exponential growth of the stock market in the way economic professors reasoned three centuries later.[49] The story I have explored here is about avoiding the worst scenario of monarchical aggression, not about the emergence of an unquestionable borrowing power or the unstoppable march of financial modernity.

The present chapter instead suggests one way in which studies of economic privileges can develop an actor-led perspective without discarding the analysis of institutional arrangements. A pertinent point of comparison would be how far contemporary preoccupations about the sanctity of private properties or of prerogative – what one might call political culture – helped shape conventional ways of managing economic privileges, and how far political interventions consolidated or altered such conventions. In the English case, the

47 Of course, how the perception was translated into action deserves separate investigation.

48 This is point is cogently explored by Julian Hoppit, Compulsion, compensation and property rights in Britain, 1688–1833, in: *Past and Present* 210 (2011), pp. 93–128.

49 See essays contained in: *Questioning credible commitment: perspectives on the rise of financial capitalism*, ed. by D'Maris Coffman, Adrian Leonard and Larry Neal, Cambridge 2013.

findings of the present study suggest that the 1688 revolution did not dramatically alter existing conventions about economic privileges or introduce new ones; rather, by ensuring the parliamentary supremacy, the Revolution was believed to confirm and consolidate the preexisting impulse to minimise government imposition. In what ways, if anything, is the English case unique among other European episodes?

Privilegierte Rechtsprechung: Die Gründung des Merkantilmagistrats in Bozen im 17. Jahrhundert

Christof Jeggle

I. Einleitung

Unter den europäischen Handelsverbindungen des Mittelalters und der frühen Neuzeit war der Transalpinhandel von zentraler Bedeutung. Wegen der vergleichsweise günstigen Verkehrsbedingungen gehörte der Übergang durch Tirol und über den Brenner seit dem Mittelalter zu den wichtigsten Strecken, um die Alpen zu durchqueren.[1] Am südlichen Ende dieses Alpenübergangs, nahe der Grenze der habsburgischen Territorien zum Veneto, lag Bozen, wo sich bereits im Mittelalter regelmäßige Märkte nachweisen lassen.[2] Auf-

[1] Herbert Hassinger, Der Verkehr über Brenner und Reschen vom Ende des 13. bis in die zweite Hälfte des 18. Jahrhunderts, in: *Neue Beiträge zur geschichtlichen Landeskunde Tirols. Erster Teil. Festschrift für Franz Huter*, hg. von Ernest Troger und Georg Zwanowetz, (Tiroler Wirtschaftsstudien 26), Innsbruck 1969, S. 137–194; ders., Zur Verkehrsgeschichte der Alpenpässe in der vorindustriellen Zeit, in: *Vierteljahrschrift für Wirtschafts- und Sozialgeschichte* 66 (1979), S. 441–465.

[2] Die Darstellungen zur Geschichte der Bozner Märkte stammen überwiegend aus der ersten Hälfte des 20. Jahrhunderts. Einen zusammenfassenden Überblick bietet Andrea Bonoldi, *La fiera e il dazio. Economia e politica commerciale nel Tirolo del secondo Settecento*, Trient 1999, S. 28–43. Aufgrund dieser Forschungslage wäre eine Überprüfung der Angaben insbesondere der älteren Forschung, die von den zeitgenössischen politischen Auseinandersetzungen geprägt ist (vgl. ebenda, S. 7–18), anhand der Archivalien sinnvoll. Diese war jedoch wegen deren Umfang aus Zeitgründen leider nicht möglich. Während die ältere Forschung auf die institutionellen Grundlagen des Merkantilmagistrats gerichtet war, steht inzwischen die Gerichtspraxis im Vordergrund neuerer Studien: vgl. die Beiträge von Andrea Bonoldi, Stefano Barbacetto, Markus A. Denzel und Katia Occhi im Band *Interessi e regole. Operatori e istituzioni nel commercio transalpino in età moderna (secoli XVI–XIX)*, hg. von Andrea Bonoldi, Andrea Leonardi und Katia Occhi, Bologna 2012.

grund der spärlichen archivalischen Überlieferung lässt sich die Entwicklung der Märkte bis zum 17. Jahrhundert nur in ihren Grundzügen verfolgen.[3] Im 16. Jahrhundert hatten sie sich, auch in der Wahrnehmung der Zeitgenossen, als wichtige Märkte im Transalpinhandel etabliert. Im Mittelalter fanden in Bozen jährlich drei Märkte, jeweils einer im Frühjahr und zwei im Herbst, von 14 Tagen Dauer statt. Im Lauf des 16. Jahrhunderts kam ein vierter Markt nach dem Fronleichnamstag hinzu.[4] Die Märkte dienten dem Warenhandel mit Metallen, Textilien und italienischen Spezialitäten sowie der Abwicklung des damit verbundenen Zahlungsverkehrs. Aus dem Norden kamen überwiegend Kaufleute aus den süddeutschen Handelsstädten, insbesondere aus Augsburg. Im Süden reichten die Verbindungen nach Venedig, Bologna, in die Marken, nach Lucca, in die Toskana, nach Genua, Mailand und Bergamo, wobei Kaufleute aus Verona dominierten. Der Strukturwandel der venezianischen Wirtschaft im 16. Jahrhundert beeinträchtigte die Entwicklung der Bozner Märkte nicht, vielmehr scheint der transalpine Warenhandel

[3] Ein Überblick bei Edoardo Demo, Le fiere di Bolzano tra Basso Medioevo ed età moderna (secc. XV–XVI), in: *Fiere e mercati nella integrazione delle economie europee. Secc. XIII–XVIII. Atti della »Trentaduesima Settimana di Studi«*, hg. von Simonetta Cavaciocchi, (Istituto Internazionale di Storia Economica »F. Datini«, Prato. Atti delle »Settimane di Studi« e altri convegni 32), Prato 2001, S. 705–722; ders.; Mercanti e mercanzie alle fiere di Bolzano ed Egna nella prima metà del' 500, in: *Geschichte und Region/Storia e regione* 5 (1996), S. 345–365. Belege zum 15. Jahrhundert bei Otto Stolz, Neues zur älteren Geschichte der Bozner Märkte, in: *Der Schlern* 2 (1921), S. 137–143. Die Begriffe Jahrmarkt und Messe wurden bereits im Mittelalter für die Bozner Märkte verwendet. Ein Abdruck der Marktordnung von 1488 bei Rainer Sprung, Das Privileg und die Ordnung Erzherzogin Claudias von Medici vom 15.9.1635 für die Bozner Märkte und Messen, in: *Die Bozner Handelskammer vom Merkantilmagistrat bis zur Gegenwart*, hg. von Handels-, Industrie-, Handwerks-, und Landwirtschaftskammer Bozen, Bozen 1981, S. 9–58, hier S. 10–11.

[4] Zur Etablierung des vierten Marktes liegen nur wenige Angaben vor, die nicht ganz eindeutig sind, vgl. Markus A. Denzel, *Die Bozner Messen und ihr Zahlungsverkehr (1633–1850)*, (Veröffentlichungen des Südtiroler Landesarchivs/Pubblicazioni dell'Archivio Provinciale di Bolzano 21), Bozen 2005, S. 45 f. Allem Anschein nach wurde der Markt zwischen 1506 und 1517 von den Teilnehmern von Meran nach Bozen verlagert und lässt sich dort auch für die zweite Hälfte des 16. Jahrhunderts nachweisen, aber erst 1603 wurde die Marktfreiheit von Kaiser Rudolf II. verliehen.

deutlich zugenommen zu haben.[5] Mit dem Warenhandel waren die Bozner Märkte in den bargeldlosen Zahlungsverkehr mit Wechseln eingebunden. Die Märkte wurden zwar auch zur Kreditschöpfung genutzt, sie entwickelten sich aber nicht zu Wechselmessen, obwohl bereits im späten 16. Jahrhundert mehrfach Vorschläge zur Einrichtung einer Wechselbank diskutiert wurden.[6]

Ganz reibungslos verliefen die Handelsbeziehungen nicht immer, da die Republik Venedig und die Habsburger versuchten, den Handel jeweils zu ihren Gunsten zu steuern und sich politische Konflikte auf den Handel auswirkten. Obwohl beide Seiten den Transalpinhandel hinsichtlich ihrer wirtschaftlichen Interessen als grundlegend betrachteten, wurde er immer wieder durch Regulierungen, Quarantänen der Seuchenprävention und Zölle behindert.[7] Die stete Konkurrenz mit Venedig veranlasste die Tiroler Landesfürsten, die Bozner Märkte zu fördern und Kaufleuten ungeachtet ihrer Herkunft den Zugang zu gewährleisten.[8] Die Märkte fanden wohl überwiegend im Zentrum der Stadt in der Laubengasse und auf

[5] Zur wirtschaftlichen Entwicklung Venedigs und des Venetos vgl. die Beiträge in: *At the Centre of the Old World. Trade and Manufacturing in Venice and the Venetian Mainland, 1400–1800*, hg. von Paola Lanaro, (Publications of the Centre for Reformation and Renaissance Studies, Essays and Studies 9), Toronto 2006.

[6] Vgl. Denzel, Bozner Messen (Fn. 4), S. 47–51 sowie Andrea Bonoldi, Dinamiche di mercato e mutamenti istituzionali alle fiere di Bolzano, in: *Bozen im Messenetz Europas (17.–19. Jahrhundert / Bolzano nel sistema fieristico europeo (secc. XVII–XIX)*, hg. von Andrea Bonoldi und Markus A. Denzel, (Veröffentlichungen des Südtiroler Landesarchivs / Pubblicazioni dell'Archivio Provinciale di Bolzano 24), Bozen 2007, S. 101–121, hier S. 104–106. Zu den Diskussionen um Wechselbanken 1560 und 1579 vgl. Gerhard Bückling, *Die Bozner Märkte bis zum Dreissigjährigen Kriege*, (Staats- und sozialwissenschaftliche Forschungen 124), Leipzig 1907, S. 30; im Jahr 1572 Franz Huter, Die Quellen des Meßgerichtsprivilegs der Erzherzogin Claudia für die Boznermärkte (1635), in: *Bozner Jahrbuch für Geschichte, Kultur und Kunst* (1927), S. 5–131, hier S. 49.

[7] Bückling, Bozner Märkte bis zum Dreissigjährigen Kriege (Fn. 6), S. 37–55; zur Entwicklung und politischen Gestaltung der Märkte im Veneto vgl. Paola Lanaro, Periferie senza centro. Reti fieristiche nello spazio geografico della terraferma in età moderna, in: *La practica dello scambio. Sistemi di fiere, mercanti e città in Europa (1400–1700)*, hg. von Paola Lanaro, Venedig 2003, S. 21–51; zu Bozen S. 29 f., 33.

[8] Selbst im Konfliktfall sollten Kaufleute aus gegnerischen Territorien an den Märkten teilnehmen können: vgl. Huter, Quellen des Meßgerichtsprivilegs (Fn. 6), S. 18 f.

den angrenzenden Plätzen statt. Erzherzog Sigmund hatte ihnen 1488 eine Marktordnung verliehen.[9] Eine Reihe von Amtsträgern sorgte für den organisatorischen Rahmen und die Verwaltung, wobei die Aufsicht der Märkte beim Stadt- und Landrichter von Gries und Bozen lag, während der Stadtrat nur geringen Einfluss hatte, was zu Konflikten führte.[10] Rechtsstreitigkeiten waren vor dem Stadtgericht auszutragen, das für Fremde Gastrecht mit vereinfachtem Verfahren einräumte, was aber mit hohen Kosten verbunden war.[11] Möglicherweise konnten Messebesucher Konflikte auch vor einem Schiedsgericht austragen.[12] Eine besondere Handelsgerichtsbarkeit bestand nicht. Die Zahl der in den Gerichtsbüchern des Bozner Stadt- und Landrichteramtes überlieferten Konflikte, die aus dem Messehandel hervorgegangen sind, scheint gering zu sein.[13]

II. Forderungen nach Einrichtung eines Handelsgerichts

Die Bozner Messen waren im frühen 17. Jahrhundert etablierte Fernhandelsmärkte im Transalpinhandel. Allerdings war zumindest ein Teil der italienischen Marktbesucher mit den Möglichkeiten der

9 Stolz, Neues zur älteren Geschichte der Bozner Märkte (Fn. 3); Huter, Quellen des Meßgerichtsprivilegs (Fn. 6), S. 19; Nikolaus Grass, Vom Messgericht zum Merkantilmagistrat im alten Tirol unter besonderer Berücksichtigung der Marktgerichtsbarkeit zu Hall am Inn, in: *Festschrift für Hans Thieme zu seinem 80. Geburtstag*, hg. von Karl Kroeschell, Sigmaringen 1986, S. 205–233, hier S. 216.

10 Huter, Quellen des Meßgerichtsprivilegs (Fn. 6), S. 32 f. Die Marktaufsicht und Konfliktregulierung scheint den auf lokalen Märkten üblichen Praktiken entsprochen zu haben: vgl. Grass, Messgericht (Fn. 9), S. 230–232 am Beispiel von Hall sowie zur nur meist nur noch spärlich überlieferten Konfliktregulierung auf lokalen Jahrmärkten durch kommunale Obrigkeiten Michaela Fenske, *Marktkultur in der frühen Neuzeit. Wirtschaft, Macht und Unterhaltung auf einem städtischen Jahr- und Viehmarkt*, Köln / Weimar / Wien 2006.

11 Zum Fremdenrecht und Gastgericht vgl. Wilhelm Silberschmidt, *Die Entstehung des deutschen Handelsgerichts*, Leipzig 1894, S. 31 f.

12 Zum Gastrecht Huter, Quellen des Meßgerichtsprivilegs (Fn. 6), S. 34 f.; Grass, Messgericht (Fn. 9), S. 216. Der Austrag vor Schiedsgerichten scheint nicht eindeutig belegt und eher auf Vermutungen zu basieren: Huter, Quellen des Meßgerichtsprivilegs (Fn. 6), S. 35 f.; Grass, Messgericht (Fn. 9), S. 216 f.

13 Huter, Quellen des Meßgerichtsprivilegs (Fn. 6), S. 36. Huter hat allerdings nur Stichproben in Zehnjahresschritten von 1540 an vorgenommen. Eine systematische Erhebung und Auswertung dieser Akten steht noch aus.

Konfliktregulierung nicht zufrieden und wandte sich 1609 mit dem Verlangen an die Landesregierung, ihnen aus ihrer Mitte einen eigenen Richter zu gewähren, der mit Beistand mehrerer Kaufleute in Handelssachen entscheiden sollte.[14] Über den Bozner Kaufmann David Wagner konsultierte daraufhin die Regierung die deutschen Marktbesucher, die in ihrer Antwort bestätigten, dass ein kompetenter Konsul oder Richter mit dem Beistand von mindestens zwei Handelsleuten aus beiden Nationen »eine große Notdurft« wäre. Dieser solle sämtliche Streitigkeiten, die unter Kaufleuten vorkämen, anhören, verhandeln und entscheiden, damit die Obrigkeit, gemeint waren wohl die regulären Gerichte, mit diesen Angelegenheiten nicht weiter belastet wurde und den Kaufleuten langwierige und teuere, ihrer Profession schädliche Rechtsstreitigkeiten, erspart blieben. Außerdem solle der in ganz Europa übliche Handelsgebrauch, insbesondere bei Wechselsachen, deren »Termini« nur den Handelsleuten geläufig seien, gewährleistet werden.[15] Damit waren im Wesentlichen die Positionen der Kaufleute abgesteckt.

Es sollte jedoch noch 24 Jahre dauern, bis sie ihr Anliegen erfolgreich durchsetzen konnten. Zwei Grundprobleme werden in den Akten benannt: Zum einen hatte der Wechselhandel sich in seiner Bedeutung dahingehend verändert, dass eine eigene, spezialisierte Gerichtsbarkeit für notwendig empfunden wurde, um Konflikte im Zahlungsverkehr schnell zu klären und auf rechtlicher Grundlage zu entscheiden. Zum anderen konzedierte der Bozner Stadtrichter in seiner Eingabe, dass sein Amtsvorgänger und dessen Anwalt des Italienischen nicht mächtig gewesen seien, womit ein spezifisches Problem der Bozner Messen deutlich wird. Diese wurden zwar auf Tiroler Territorium abgehalten, waren aber von zahlreichen italienischen Kaufleuten besucht. Im europäischen Nord-Südhandel hatte sich Italienisch als Verkehrssprache unter den Kaufleuten etabliert, denn es liegen zahlreiche Belege vor, dass italienische Sprachkenntnisse zur Ausbildung deutscher Kaufleute gehörten.[16] Unter den

14 Ebenda, S. 37.

15 Ebenda, S. 37. Auf die Person David Wagner wird noch im Folgenden eingegangen.

16 Vgl. die Beiträge in: *Fremde Sprachen in frühneuzeitlichen Städten. Lernende, Lehrende und Lehrwerke*, hg. von Mark Häberlein und Christian Kuhn, (Fremdsprachen in Geschichte und Gegenwart 7), Wiesbaden 2010.

Amtsträgern in Bozen hingegen scheinen italienische Sprachkenntnisse nur unregelmäßig vorhanden gewesen zu sein. Neben dem Problem der kompetenten Verhandlung von Wechselstreitigkeiten bestand auch ein sprachliches Kommunikationsproblem.

Der Stadtrichter schlug vor, zur Verhandlung von Handelssachen bei Bedarf Beisitzer aus den Reihen der Kaufleute hinzuzuziehen. Diesem Vorschlag schloss sich der Landeshauptmann an der Etsch an, denn er wollte trotz der an anderen Handelsplätzen üblichen Praxis den Stadtrichter nicht in seinen Kompetenzen beschneiden. Damit werden noch zwei weitere Aspekte deutlich: Die für die weitere Auseinandersetzung sehr wichtige Frage der Gerichtskompetenzen und der Gerichtsherrschaft sowie hinsichtlich möglicher Lösungen, die in Italien geübte Praxis, Handelsstreitigkeiten vor speziellen Gerichten zu verhandeln.[17] Wie später bei der Ausarbeitung des Privilegs deutlich wird, dürften die Gerichtsbarkeiten der großen europäischen Handelsmessen eine weitere Referenz gewesen sein.[18] Der Vorschlag, Beisitzer heranzuziehen, wurde anscheinend umgesetzt. Für diese Aufgabe wurden offenbar überwiegend Bozner oder zumindest deutsche Kaufleute bestellt. Vermutlich aufgrund dieser Änderungen nahmen seit 1610 die in den Gerichtsbüchern des Bozner Stadt- und Landgerichts aufgezeichneten Rechtsfälle in Handelssachen zu.[19]

[17] Schon aufgrund der unterschiedlichen Strukturen handelte es sich nicht um eine einheitliche Form der Gerichtsbarkeit, sondern Zusammensetzung und Kompetenzen hingen von den lokalen Gegebenheiten ab. Ein Teil der Gerichte entstand im Rahmen der kaufmännischen Korporationen. Vgl. die kurzen Überblicke bei Maura Fortunati, Le giurisdizioni mercantili nel commercio di antico regime, in: *Bozen im Messenetz Europas (17.–19. Jahrhundert / Bolzano nel sistema fieristico europeo (secc. XVII–XIX)*, hg. von Andrea Bonoldi und Markus A. Denzel, (Veröffentlichungen des Südtiroler Landesarchivs / Pubblicazioni dell'Archivio Provinciale di Bolzano 24), Bozen 2007, S. 85–100 und Vito Piergiovanni, La giustizia mercantile, in: *Amicitiae Pignus. Studi in ricordo di Adriano Cavanna*, hg. von Antonio Padoa Schioppa, Gigliola di Renzo Villata und Gian Paolo Massetto, 3 Bde., Mailand 2003, Bd. 3, S. 1841–1858.

[18] Vgl. Maura Fortunati, The fairs between *lex mercatoria* and *ius mercatorum*, in: *From lex mercatoria to commercial law*, hg. von Vito Piergiovanni, (Comparative Studies in Continental and Anglo-American Legal History 24), Berlin 2005, S. 143–164; eine ausführliche Diskussion bei Huter, Quellen des Meßgerichtsprivilegs (Fn. 6), S. 53–82.

[19] Ebenda, S. 38. Huter nennt nur einzelne Beispiele, genauere Angaben zum Umfang der Aufzeichnungen und der Verfahren fehlen.

Für die folgenden Jahre sind keine Initiativen hinsichtlich der Einrichtung eines eigenen Handelsgerichts überliefert. Allerdings begannen sich in dieser Zeit die Rahmenbedingungen zu verändern. In den Jahren zwischen 1610 und 1620 dürfte der seit dem 16. Jahrhundert etablierte Transalpinhandel hinsichtlich seines Volumens einen seiner Höhepunkte erreicht haben.[20] Die Zuspitzungen der religiös-politischen Konflikte, die letztendlich zum Dreißigjährigen Krieg führten, begannen sich auch auf den Transalpinhandel auszuwirken.[21] Der Versuch, die Kriegskosten durch Münzverschlechterung zu finanzieren, führte zu einer massiven Krise des Bargeldverkehrs, die ihren Höhepunkt von 1621 bis 1623 hatte.[22] Die Entwertung des Münzgeldes wirkte sich auch nachhaltig auf die Bewertung von Krediten und anderen verbrieften Zahlungsverpflichtungen aus, da deren Wert in Valuta von der Bewertung des Münzgeldes abhing. Auf dem Landtag von 1621 beschwerten sich die auf den Bozner Messen aktiven italienischen Kaufleute wegen der Münzverschlechterungen und drohten, das Land und damit die Märkte zu meiden.[23]

Zur gleichen Zeit benötigte die Tiroler Landesherrschaft Kredite, um ihre Beteiligung an den Konflikten zu finanzieren.[24] Zudem musste 1622 der drohende Einfall der Bündner nach Tirol abgewehrt werden.[25] Spätestens in dieser Situation wurde die Bedeutung der Bozner Messe als Möglichkeit zur Schöpfung großer Kreditvolumina

20 Vgl. die Angaben bei Hassinger, Verkehr über Brenner und Reschen (Fn. 1), S. 174–179.

21 Vgl. zu Norditalien Julia Zunckel, Kaufleute im Fokus der Inquisition. Überlegungen zur ›strategischen‹ Wende des heiligen Offiziums im Rahmen der päpstlichen Reichspolitik, in: *Tribunal der Barbaren? Deutschland und die Inquisition in der Frühen Neuzeit*, hg. von Albrecht Burkardt und Gerd Schwerhoff, (Konflikte und Kultur-Historische Perspektiven 25), Konstanz / München 2012, S. 185–227.

22 Zur Situation in Tirol vgl. Josef Hirn, Die lange Münze in Tirol und ihre Folgen, in: *Archiv für österreichische Geschichte* 104 (1915), S. 1–119.

23 Ebenda, S. 17.

24 Ebenda, S. 26f. Hinzu kamen noch die Kosten für die Hochzeit von Ferndinand II. mit Eleonora Gonzaga, die 1622 in Innsbruck stattfand: ebenda, S. 22.

25 Ebenda, S. 35, 64; Huter, Quellen des Meßgerichtsprivilegs (Fn. 6), S. 38.

für die Landesregierung deutlich,[26] wobei sich der Bozner Kaufmann David Wagner als Vermittler und Kreditgeber der Landesherrschaft profilierte.[27] Nachdem der nach Bozen entsandte erzherzogliche Kammerrat Altstetter im Juni 1622 auf der Messe Schwierigkeiten hatte, bei den Kaufleuten größere Kredite zu bekommen, setzte sich Wagner dafür ein, statt eines Kredits den Betrag von 100.000 fl. durch eine befristete Erhöhung des Bozner Marktzolls zu erheben. Mit diesem Plan konnte sich Wagner bei den Kaufleuten durchsetzen, allerdings wurde der kurzfristige Bedarf des Landesfürsten damit nicht befriedigt. Um dessen kurzfristigen Bedarf zu decken, ließ sich Wagner in Verhandlungen darauf ein, 52.000 fl. sofort vorzuschießen und diese aus den Zolleinkünften zu tilgen. Auf seinen Vorschlag hin wurde der Marktzoll um 50 Prozent erhöht.[28] Wagner war über diese Geschäfte hinaus weiterhin bei der Etablierung einer Handelsgerichtsbarkeit involviert.

Konflikte mit der Republik Venedig wegen der Märkte im Frühsommer 1625 führten zum Vorschlag der Landesregierung, den Handel vor allem für die italienischen Kaufleute zu begünstigen. David Wagner wurde zu diesem Anliegen als Berater hinzugezogen.[29] Möglicherweise gab die Heirat von Erzherzog Leopold mit Claudia de' Medici im April 1626 den Anstoß für die italienischen Messebesucher, anlässlich des Egidii-Marktes im Herbst 1626 den

26 Die Finanzgeschichte Tirols im frühen 17. Jahrhundert ist noch wenig erforscht. Zur steigenden Verschuldung der territorialen Körperschaften vgl. Bonoldi, Dinamiche di mercato (Fn. 6), S. 108.

27 David Wagner war Ende des 16. Jahrhunderts von Augsburg nach Bozen eingewandert und verfolgte einen zielstrebigen Aufstieg als Kaufmann und in den niederen Adel der Region; Hirn, Lange Münze in Tirol (Fn. 22), S. 54–107; Hans Heiss, Bürgerlicher Aufstieg im 17. Jahrhundert. Der Tiroler Kaufmann David Wagner, in: *Kräfte der Wirtschaft. Unternehmergestalten des Alpenraums im 17. Jahrhundert*, hg. von Louis Carlen und Gabriel Imboden, Brig 1992, S. 121–144; als Finanzier der Landesherrschaft S. 138–140.

28 Hirn, Lange Münze in Tirol (Fn. 22), S. 64–67. Die Bewertung der Kredite führte bei deren Überprüfung durch die Landesregierung zu langwierigen Auseinandersetzungen, mit denen sich noch Wagners Erben befassen mussten: ebenda, S. 67–107.

29 Silberschmidt, Entstehung des deutschen Handelsgerichts (Fn. 11), S. 101 f.

Marktkommissaren einige Gravamina zu überreichen.[30] Diese wurden vom Hof an die Kammer zur Berichterstattung verwiesen. Die zentrale Forderung der Kaufleute bestand wiederum in der Wahl von Marktrichtern aus ihrer Mitte zur Verhandlung der Kaufmannssachen. Weitere Forderungen bezogen sich auf Regelungen des Zahlungsverkehrs sowie Zollangelegenheiten. Außerdem wollten die italienischen Kaufleute die Erlaubnis erhalten, außerhalb der Wirtshäuser in ihren Gewölben speisen zu dürfen.[31]

Die Landesregierung verteidigte in ihren Stellungnahmen im Winter 1626 die Bozner Stadt- und Landrichter und wandte sich gegen eine Beschneidung von deren Kompetenzen. Höchstens die Wahl von Konsuln als Vertreter der Kaufleute sei zuzulassen und Wahlmodus, Amtsdauer sowie die Matrikel der Wahlberechtigten seien zu prüfen und gegebenenfalls zu verhandeln, womit das bisherige Verfahren im Prinzip fortgesetzt werden sollte. Auf dem Mittfasten-Markt 1627 sollten die italienischen Kaufleute dahingehend vertröstet werden, dass die Deutschen noch ihre Gravamina einsenden müssten. In ihrer Eingabe stellten die deutschen Kaufleute dann fest, dass ihnen hinsichtlich der Gerichtsbarkeit das Stadt- und Landgericht genügen würde, wenn es die Verfahren unter Hinzuziehung von Beisitzen aus der Kaufmannschaft im »kaufmannischen stylo« führen würde.[32] Darauf wollten sich jedoch die italienischen Marktteilnehmer nicht mehr einlassen und letztendlich einigen sich beide Gruppen der Kaufleute und die Landesregierung im Mai 1627 auf die Einsetzung eines landesfürstlichen Kommissars für Marktsachen, dem aus beiden Gruppen je zwei Assessoren beigeordnet werden sollten. Für Appellationsfälle sollten jeweils drei weitere

30 Claudia de' Medici (4. Juni 1604–25. Dezember 1648), Tochter des Großherzogs Ferdinand I. von Toskana und Christine von Lothringen, heiratete nach erster Ehe mit Federico Ubaldo della Rovere, Herzog von Urbino, die von 1620 bis 1622 dauerte, als Witwe Erzherzog Leopold V., den Bruder von Kaiser Ferdinand II., 1626 in zweiter Ehe. Nach dessen Tod 1632 amtierte sie als Witwe bis 1646 für ihren Sohn Ferdinand Karl (*1628) als Regentin von Tirol; vgl. Gino Benzoni, Claudia de' Medici, duchessa di Urbino, in: *Dizionario Biografico degli Italiani*, Bd. 26, Rom 1982, S. 150–157.

31 Silberschmidt, Entstehung des deutschen Handelsgerichts (Fn. 11), S. 102 f.; Huter, Quellen des Meßgerichtsprivilegs (Fn. 6), S. 39.

32 Silberschmidt, Entstehung des deutschen Handelsgerichts (Fn. 11), S. 103 f.; Huter, Quellen des Meßgerichtsprivilegs (Fn. 6), S. 39.

Beisitzer einbezogen werden. Nachdem der Kommissar in Wechsel- und Kaufmannsgebräuchen kompetent sein sollte, schlugen die Marktbesucher David Wagner für dieses Amt vor. Nach einigem Drängen nahm Wagner es zunächst für ein Jahr an, allerdings nur für diejenigen Fälle, deren Verhandlung besondere Sachkenntnis erforderte. In der Praxis führte Wagner, wohl auch, weil er über kein Personal zur Amtsführung verfügen konnte, nur diejenigen Verfahren, die sich gütlich vergleichen ließen,[33] während die komplizierteren Fälle weiterhin vor das um kaufmännische Beisitzer ergänzte Stadt- und Landgericht kamen. Dessen Richter war zwar 1627 zu engagierter Amtsführung in Handelssachen ermahnt worden, die Beschwerden hielten jedoch an und im Sommer 1629 gab die Kammer ein Gutachten zur Besetzung des Stadt- und Landrichteramtes von Gries und Bozen in Auftrag, denn der Inhaber sollte beider Sprachen mächtig sein und das Verfahren in Handelssachen gut beherrschen, damit die Kaufleute zufrieden bleiben würden.[34]

Wucherische Wechselgeschäfte und der Versuch, große Mengen an Münzen aufzukaufen, führten 1631 zu einer Geldknappheit, die den Marktbetrieb beeinträchtigte.[35] Seitens der Kaufleute wandte sich im Herbst 1631 Johann Simoncini aus Rovereto mit einer Supplik an den Hof, in der er für die Handelsgerichtsbarkeit um die Verordnung eines Kommissionsschreibers oder Sekretärs mit Kenntnis beider Sprachen sowie um einen Gerichtsdiener und ein Gefängnis bat.[36] Die Regierung lehnte die Forderungen ab, weil sie das bestehende, mit Wagner besetzte, Kommissionsgericht für ausreichend und weitergehende Zugeständnisse für nicht nötig hielt.[37] Zudem habe der Wechselhandel in Bozen noch keine entsprechende Bedeutung und andere Märkte würden auch ohne Statut mit Entscheidungen aufgrund der Marktusancen auskommen. Die geforder-

33 Silberschmidt, Entstehung des deutschen Handelsgerichts (Fn. 11), S. 106; Huter, Quellen des Meßgerichtsprivilegs (Fn. 6), S. 40.

34 Ebenda.

35 Ebenda.

36 Silberschmidt, Entstehung des deutschen Handelsgerichts (Fn. 11), S. 170. Leopold tituliert Simoncini als »unser rath und postmaister zu Rovereith«.

37 Für das Folgende Huter, Quellen des Meßgerichtsprivilegs (Fn. 6), S. 41 f.

ten *Capitulationes* verstießen außerdem gegen die Freiheiten der Stadt. Stattdessen sollten die bereits ergangenen Resolutionen des Landesfürsten von 1609 und 1627 zum Marktverkehr sowie die aufzuzeichnenden Marktgewohnheiten der bestehenden Judikatur als Instruktion gegeben werden. Die weiteren Vorschläge sahen einen gewissen Ausbau des Gerichts vor. Für den Fall, dass Wagner das Amt abgeben wolle, wäre er durch einen anderen Kommissar zu ersetzen, dem ein Vizekommissar beizugeben sei. Beide sollten alle ein bis zwei Jahre ersetzt werden und jeweils einer der beiden Nationen angehören. Ergänzend wäre ein Sekretär, der auch die italienische Sprache beherrschte und die Kommissare im Notfall vertreten konnte, zu bestellen. Für eine zweite Instanz sollten die Kommissare durch fünf Beisitzer, die von beiden Gruppen der Kaufleute zu wählen waren, ergänzt werden. Im Falle einer Verurteilung in beiden Instanzen solle die Judikatur auch die Exekution durchführen, allerdings war ein Rekurs nach Innsbruck vorbehalten. Ein Kommissionsdiener wäre ebenfalls einzustellen, während man sich wegen des Gefängnisses mit dem Stadt- und Landrichter einigen solle. Anscheinend beabsichtigte nun auch die Regierung das Schiedsgericht zum wirklichen Gericht mit summarischen Verfahren zu erheben. Das Aufstellen einer Matrikel und die Übernahme der Kosten wurden abgelehnt, letztere sollten durch die Kaufleute aufgebracht werden.

Erzherzog Leopold stimmte diesen Vorschlägen zu und ließ David Wagner im Februar 1632 mitteilen, dass ihm Dr. Johann Baptista Girardi als »mitcommissario adjungiert« werde; außerdem ein Sekretär, der neben der lateinischen auch der deutschen und italienischen Sprache mächtig sei. Dieser sollte seitens des Landeshauptmanns abgeordnet werden und nicht nur das Protokoll führen, sondern im Falle der Verhinderung der Kommissare auch den Vorsitz übernehmen. Aus den Protokollen sollte ohne Wissen der Kommissare nichts mitgeteilt werden. Die Vergütungen aller Beteiligten wären von den Kaufleuten zu tragen.[38] Wagner nahm die Neuordnung zum Anlass, das Amt niederzulegen. Die Landesregierung verhandelte daraufhin mit Girardi bis September 1632 wegen der Übernahme der Judikatur, die jedoch scheiterte, weil die Regierung

[38] Ein Abdruck des Schreibens bei Silberschmidt, Entstehung des deutschen Handelsgerichts (Fn. 11), S. 170, Beilage IV.

nicht für die Vergütung von 300 fl. aufkommen wollte. Trotz des Beschlusses, den Kaufleuten die Kosten zu überlassen, wurden diese nicht konsultiert, weil man ihnen anscheinend versprochen hatte, im Falle eines Rücktritts von Wagner, die Wahl eines Richters aus ihrer Mitte zuzulassen.[39]

Eine Reihe von äußeren Faktoren brachte weitere Dynamik in die Auseinandersetzungen. Als Bernhard von Weimar 1632 Tirol bedrohte, benötigte der Erzherzog so dringend weitere Kredite, dass er die Kaufleute hinsichtlich deren Finanzreserven und Transaktionen überwachen ließ. Als er im September 1632 starb, übernahm Claudia de' Medici als Regentin die Verhandlungen mit den Kaufleuten.[40]

Ein weiterer Faktor bestand in den Auseinandersetzungen zwischen Genua, Venedig und Florenz über den Standort der norditalienischen Wechselmessen.[41] Die von Genua beherrschten Messen von »Bisenzone« sollten von ihrem Standort Piacenza im Herzogtum Parma nach Novi auf Genuesisches Territorium verlegt werden.[42] Diese Absicht führte zu Konflikten zwischen Genua, Venedig und Florenz um den Standort der für den italienischen Wechselhandel und Kreditmarkt zentralen Messen. Die Venezianer versuchten, eine konkurrierende Messe auf ihrem Territorium zu etablieren und richteten 1630 in Verona eine neue Wechselmesse ein, die 1632 um eine Warenmesse ergänzt wurde. Die beiden Messen waren zeitlich miteinander verbunden und fanden zweimal jährlich in April und Mai sowie Oktober und November statt.[43] Diese neuen Messen

39 Huter, Quellen des Meßgerichtsprivilegs (Fn. 6), S. 42.

40 Ebenda, S. 42 f.

41 Zu Geschichte der Messen im 17. Jahrhundert vgl. Giulio Mandich, Fiere cambiarie concorrenti (genovesi, fiorentine, veneziane) nel 1622–1652, in: *La repubblica internazionale del denaro tra XV e XVII secolo*, hg. von Aldo De Maddalena und Hermann Kellenbenz, (Annali dell'Istituto storico italo-germanico, Quaderno 20), Bologna 1986, S. 123–151 sowie Claudio Marsilio, *Dove il denaro fa denaro. Gli operatori finanziari genovesi nelle fiere di cambio del XVII secolo*, (Biblioteca di cultura moderna e contemporanea 2), Novi Ligure 2008.

42 Zu den Standorten der Messen die Aufstellung bei Claudio Marsilio, *»O dinheiro morreu. Paz à sua alma danada«. Gli operatori finanziari del XVII secolo tra investimenti e speculazioni*, (Studi e richerche. Mediterranea. Ricerche storiche 2), Palermo 2012, S. 133–160.

43 Giulio Mandich, Istituzione delle fiere veronesi (1631) e riorganizzazione delle fiere bolzanine (1633–35), in: *Cultura atesina* 1 (1947), S. 71–77, 107–115.

wurden in Tirol als drohende Konkurrenz für die Bozner Messen wahrgenommen. Schon um die Möglichkeit der Kreditschöpfung auf den Bozner Messen aufrechterhalten zu können, musste die Landesherrschaft ein Interesse haben, diese insbesondere für italienische Kaufleute attraktiv zu halten. Nachdem der Dreißigjährige Krieg die Teilnahme und wohl auch zunehmend die wirtschaftliche Leistungsfähigkeit der deutschen Kaufleute einschränkte, waren die italienischen Kaufleute umso wichtiger. Nach den schweren Bevölkerungsverlusten durch die Pestepidemie 1630 bekam der Strukturwandel der Wirtschaft des Veneto neue Dynamik.[44] Das Handelsvolumen des Transalpinhandels ging seit 1622 signifikant zurück und erreichte vermutlich erst wieder im 18. Jahrhundert den Stand des frühen 17. Jahrhunderts.[45] Die Messen von Verona werden daher auch als Maßnahme zur Wirtschaftsförderung nach der Pestepidemie gesehen.[46]

Vor diesem Hintergrund zogen sich die Verhandlungen mit Girardi als Nachfolger von Wagner im Amt des Kommissars hin. Girardi wollte das Amt ohne Besoldung, für die die Kaufleute aufkommen sollten, nicht antreten und drängte auf eine Regelung, während die Kammer die Kosten nicht übernehmen wollte. Im Juni 1633 berichtete dann der Kammerpräsident von seinen Verhandlun-

44 Zur demographischen Entwicklung des Veneto Alessio Fornasin und Andrea Zannini, Crisi e ricostruzione demografica nel seicento veneto, in: *La popolazione italiana nel seicento. Relazioni presentate al convegno di Firenze, 28–30 novembre 1996*, (Società Italiana di Demografia Storica), Bologna 1999, S. 103–122; zur wirtschaftlichen Entwicklung Andrea Zannini, L'economia veneta nel seicento. Oltre il paradigma delle »crisi generale«, in: ebenda, S. 473–502.

45 Zum Volumen des Transalpinhandels zwischen 1620 und dem 18. Jahrhundert fehlen Daten: vgl. Hassinger, Der Verkehr über Brenner und Reschen (Fn. 20), S. 177–179. Die Zolleinnahmen in Verona gingen von 1622 auf 1629 um mehr als die Hälfte zurück und erholten sich bis 1647 nur langsam, die Menge der Frachtstücke betrug zwischen 1679 und 1689 etwa die Hälfte von derjenigen im Jahr 1618: Tomaso Fanfani, L'Adige come arteria principale del traffico tra nord Europa ed emporio realtino, in: *Una città e il suo fiume. Verona e l'Adige*, hg. von Giorgio Borelli, 2 Bde., Verona 1977, Bd. 2, S. 568–629, hier S. 599, 602.

46 Lanaro, Periferie senza centro (Fn. 7), S. 33.

gen mit den Kaufleuten beider Nationen in Bozen.[47] Diese hätten befunden, dass ihnen ein einzelner Richter nicht dienen würde, und die Judikatur dann besser beim Stadt- und Landgericht verbleiben solle. Zu Girardi und den Juristen hätten sie keinerlei Vertrauen und würden ein kaufmännisches Gericht wünschen, wie es nicht nur an italienischen, sondern auch an einigen deutschen Handelsplätzen sowie auf den neuen Messen in Verona üblich sei.[48] Sie wünschten sich zwei Instanzen mit je einem Richter aus einer der beiden Nationen, dessen Beisitzer aus der jeweils anderen kommen sollten. Das Gericht solle jedes Jahr durch eine Wahl der Kaufleute neu besetzt werden, wobei der Fürstin die Approbation zustehen würde. Zudem wurde vorgeschlagen, von den Wahlberechtigten ein Verzeichnis anzulegen. Im August 1633 stimmte Claudia de' Medici dem Vorschlag zu und ließ dies dem Landeshauptmann mitteilen.[49] Die Kosten sollten demzufolge durch einen Zollaufschlag auf die zum Markt kommenden Güter gedeckt werden.[50]

Nachdem der generelle Beschluss zur Einrichtung eines Handelsgerichts gefallen war, folgte ein phasenweise langwieriges Verfahren zu dessen Umsetzung. Im September 1633 versammelten sich die Kaufleute anlässlich der Egidii-Messe und führten die ersten Wahlen der Konsuln und Beisitzer durch. Der Augsburger Hortensio Brocco wurde zum Konsul und Johann Simoncini aus Rovereto und Tomaso Tasca aus Verona wurden zu Besitzern der ersten Instanz gewählt, während die zweite Instanz mit Petrus Olivero aus Verona als Konsul und Sigismund Zollikofer aus St. Gallen und Hans Koch aus Memmingen als Beisitzern besetzt wurde.[51] Die Gewählten versammelten

47 Es waren nur wenige Deutsche anwesend gewesen und der Kammerpräsident hatte nur mit zwei Vertretern sprechen können. Diese verlangten einen im Handel Erfahrenen, der aber nicht Kaufmann sein müsse; Silberschmidt, Entstehung des deutschen Handelsgerichts (Fn. 11), S. 107.

48 Der Verweis auf derartige Gerichte an deutschen Handelsplätzen ist möglicherweise eher der strategischen Kommunikation geschuldet, da es keine klaren Referenzen gibt; vgl. ebenda, S. 108.

49 Ebenda, S. 107 f.; Abdruck des Schreibens, S. 171 f., Beilage V.

50 Huter, Quellen des Meßgerichtsprivilegs (Fn. 6), S. 43.

51 Es wurden eine Reihe von Personenverzeichnissen zum Merkantilmagistrat veröffentlicht: Verzeichnisse der Mitglieder bei Huter, Quellen des Meßgerichtsprivilegs (Fn. 6), S. 92–112 und Guido Canali, Il Magistrato Mercantile di Bolzano e gli statuti delle fiere, parte I, in: *Archivio per l'Alto Adige* 37 (1942),

sich am nächsten Tag, um einen Entwurf des Privilegs und der Marktordnung zu erarbeiten. In seinem Bericht über die zu erwartenden Entwürfe legte der Kammerpräsident der Regentin nahe, das Privileg nicht *ad instantiam*, also auf Ansuchen der Kaufleute, sondern als *proprio motu*, also aus eigenem Antrieb, zu erlassen.[52] Der Entwurf des Privilegs ging bereits Ende September 1633 nach Innsbruck zur Bestätigung, während die Vorlage zur Markt- und Wechselordnung für den Andreasmarkt 1633 in Aussicht gestellt wurde, um allen an der Sache Interessierten die Möglichkeit zu geben, sich noch auf anderen Handelsplätzen zu informieren.[53] Den Entwurf ließ Claudia de' Medici mit den Gutachten der Kammer, des Landeshauptmanns und des Kammerpräsidenten an die oberösterreichische Kammer und Regierung zur Begutachtung schicken. Das Verfahren zog sich hin, nicht zuletzt weil die oberösterreichische Regierung ein eigenes Gutachten seitens des Landeshauptmanns an der Etsch angefordert hatte. Beide schlugen der Regentin eine Vertagung des Verfahrens vor, woraufhin diese die unverzügliche Begutachtung befahl, die dann auch bis zum 3. Dezember erfolgte. Claudia hatte den Kaufleuten zugesagt, dass die Judikatur zum Andreasmarkt 1633 in Kraft treten solle und wollte dies einhalten. Der Entwurf wurde im Wesentlichen mit einigen Änderungen gebilligt.[54] Am 5. Dezember 1633 erhielt der Landeshauptmann den Befehl, die Kapitel der Kaufleute, wobei einige ausgeschlossen wurden, vorbehaltlich der endgültigen Genehmigung zu publizieren und ein vorläufiges Handgelübte abzunehmen, was am 10. Dezember durchgeführt wurde.[55]

S. 5–197, hier S. 143–180; die wenigen erhaltenen Listen der Kontrattanten genannten immatrikulierten Kaufleute bei Huter, Quellen des Meßgerichtsprivilegs (Fn. 6), S. 117–123 und Canali, Il Magistrato, parte I (Fn. 51), S. 181–197; der immatrikulierten Bozner Kaufleute bei Guido Canali, La matricola dei mercanti di Bolzano nel Magistrato Mercantile (1635–1850), in: *Cultura atesina* 2 (1948), S. 102–116.

52 Huter, Quellen des Meßgerichtsprivilegs (Fn. 6), S. 43.

53 Ebenda, S. 43 f.

54 Abdruck bei Silberschmidt, Entstehung des deutschen Handelsgerichts (Fn. 11), S. 172–181, Beilage VI. Der Entwurf war in italienischer Sprache verfasst.

55 Ebenda, S. 109 f.; Huter, Quellen des Meßgerichtsprivilegs (Fn. 6), S. 44 f.

Auf dieser Grundlage konnte der Entwurf der Gerichtsordnung bis zur Verständigung auf eine Endfassung in der Praxis erprobt werden.

Die Auseinandersetzungen um die strittigen Punkte zogen sich noch bis in den Sommer 1634 hin. Nachdem sich der Bozner Stadt- und Landrichter bereits im September 1633 dezidiert gegen ein neues Marktgericht gewandt hatte und vor der Beschädigung des Amtes und den Nachteilen für die Kammereinkünfte warnte,[56] schlug der Stadtrat von Bozen in seiner Stellungnahme vom April 1634 vor, sämtliche Streitfälle erst vor das Stadt- und Landgericht zu bringen und von diesem die Handels- und Wechselsachen an das Marktgericht weisen zu lassen. Zudem sollten die Einheimischen nur unter das Tiroler Landrecht fallen. Die oberösterreichische Kammer stimmte im Mai 1634 nach Klärung einiger offener Fragen der Gewährung der Privilegien zu. Nach weiteren Verhandlungen stellte Claudia de' Medici in einem Schreiben an den Landeshauptmann an der Etsch im Juni 1634 ihre Position zu einer Reihe von Punkten klar. Das Engagement der Regentin hing mit ihrem Interesse an einem Kredit über 100.000 fl. zusammen, den Hortensio Brocco in Aussicht gestellt hatte.[57] Wegen eines Infektionsausbruchs in Hall kam es jedoch zu Schwierigkeiten, den Betrag auf der Egidi-Messe 1634 aufzubringen, da die Venezianischen Kaufleute den Befehl hatten, abzuziehen, von den Deutschen nur wenige erschienen waren und die nichtkatholischen unter ihnen sich nicht beteiligen wollten. Die jährlichen Wahlen der Konsuln und Beisitzer wurden turnusgemäß durchgeführt. Im Herbst 1634 wurde Verona verdächtigt, das Verfahren zugunsten der eigenen Messen verschleppen zu wollen und anschließend führten im Frühjahr 1635 vermutlich die Kriegsereignisse zur weiteren Verzögerung. Im August 1635 bemühte sich Johann Simoncini als amtierender Konsul dann um die endgültige Bestätigung und die Drucklegung des Privilegs, die am 15. September

[56] Ebenda, S. 43 f. Der Stadtrichter Christof von Grebmer, der die Stellungnahme abgegeben hatte, resignierte 1635 und als Nachfolger wurde Johan Baptist Girardi bestellt.

[57] Der Landeshauptmann verwies in einigen seiner Schreiben auf den Zusammenhang der finanziellen Interessen der Regentin mit dem Entscheidungsprozess: Huter, Quellen des Meßgerichtsprivilegs (Fn. 6), S. 46.

1635 von der Landesherrschaft gewährt wurde.[58] Der Druck der Ausgaben in beiden Sprachen erfolgte dann 1635 bei Daniel Paur in Innsbruck, weil in Bozen entsprechende Kapazitäten fehlten.[59]

III. Die Gegenstände des Privilegs

Vom Aufbau her setzte sich die erlassene Ordnung aus zwei Teilen zusammen, dem eigentlichen Privileg, das den Merkantilmagistrat begründete, sowie einer Marktordnung, die den Ablauf des Marktes und den Zahlungsverkehr regelte.[60]

Die Regeln und Ordnung der Judikatur wurden seitens der Erzherzogin explizit als Privileg verliehen, um die »beständige Erhaltung und Mehrung« der Bozner Märkte und der dort angereisten in- und ausländischen Kaufleute sowie den Wohlstand der gemeinen Untertanen des Landes möglichst zu befördern.[61] Zudem sollten gute Ordnungen statuiert und in Würden erhalten werden. Daher gebot sie dem Landeshauptmann an der Etsch, dem Stadt- und Landrichter zu Gries und Bozen, Bürgermeister und Rat von Bozen sowie allen anderen nachgeordneten Obrigkeiten der fürstlichen Grafschaft Tirol, die Kaufleute bei der Handhabe der durch das Privileg gegebenen Ordnung zu schützen und zu schirmen und nichts dagegen zu unternehmen. Nach den zahlreichen Vorbehalten seitens der angesprochenen Amtsträger dürfte es sich hier nicht nur eine routinemäßige Rechtsformel gehandelt haben, sondern Claudia de' Medici nahm die Amtsträger explizit unter Androhung von Strafe

[58] Silberschmidt, Entstehung des deutschen Handelsgerichts (Fn. 11), S. 113 f.; Huter, Quellen des Meßgerichtsprivilegs (Fn. 6), S. 46 f. Die deutsche Textfassung von Privileg und Marktordnung wurde von Sprung, Das Privileg und die Ordnung (Fn. 3), S. 32–46, die italienische von Guido Canali, Il magistrato mercantile di Bolzano e gli statuti delle fiere, parte II, in: *Archivio per l'Alto Adige* 38 (1943), S. 257–376, hier S. 262–271 veröffentlicht.

[59] Erica Tait, La stampa a Bolzano in antico regime, in: *Studi Trentini. Storia* 91 (2012), S. 365–408, hier S. 368.

[60] Vgl. für das Folgende die Textfassungen bei Sprung, Das Privileg und die Ordnung (Fn. 3), S. 32–46, und Canali, Il magistrato mercantile, parte II (Fn. 58), S. 262–271. Eine eingehende Würdigung der Regelungen bei Huter, Quellen des Meßgerichtsprivilegs (Fn. 6), S. 53–89.

[61] Sprung, Das Privileg und die Ordnung (Fn. 3), S. 32, 34.

in die Pflicht, die Umsetzung des Privilegs zu unterstützen und keineswegs zu stören.

In den ersten drei Kapiteln wurde die Zuständigkeit des Gerichts, die im Entstehungsprozess immer wieder umstritten war, festgelegt. Während der Märkte sollten Konsuln und Beisitzer durch Stimmenmehrheit unter den Marktteilnehmern strittige Handelssachen entscheiden. Diejenigen, die keine Kaufleute waren, selbst wenn sie Waren an- und verkaufen, sowie Landleute und Landesuntertanen, die mit Wein, Getreide, Vieh, Leder und Ähnlichem handeln würden, waren der Judikatur nicht unterworfen. Dienstleister wie Gutfertiger und Transporteure, die mit Warenlieferungen für die Märkte befasst waren, sollten dem Merkantilmagistrat unterliegen, während der Transitverkehr ausgenommen war. Im elften Kapitel wurde die Reichweite des Magistrats ausdrücklich auf die Zeit der Messen beschränkt, wobei ergangene Urteile darüber hinaus vollstreckt werden konnten. Zudem sollte der Magistrat von den Obrigkeiten und Richtern in der Fürstlichen Grafschaft Tirol unterstützt werden.

In den folgenden Kapiteln wurden der Aufbau des Magistrats und das Wahlverfahren festgelegt. Die neu gewählten Mitglieder sollten von der Landesherrin approbiert werden. Sie sollten ihr Amt für ein Jahr ausüben und die Verteilung der Vertreter der beiden Nationen sich jeweils abwechseln. Falls einer der Gewählten nicht erscheinen konnte oder in ein Verfahren involviert war, sollte ein qualifizierter Vertreter gewählt werden. In der Marktordnung wurde ergänzend festgelegt, dass gewählte Mitglieder, wenn sie auf der Messe anwesend waren, ihr Amt bis zum Ende der Messe persönlich wahrnehmen mussten. Andernfalls drohte eine Strafe von 300 Gulden, wobei der Konsul im Falle »erheblicher Ursachen« einen Ermessensspielraum hatte.[62]

Das Verfahren wird im achten und neunten Kapitel beschrieben. Es solle von der Fallgeschichte ausgehend summarisch und entsprechend dem kaufmännischen Stil verfahren werden. Dazu sollten die Parteien mit ihren Beschwerden und Ansprüchen gehört und das Verfahren ohne weitläufigen Prozess und *sine figura et strepitu iudicii*

62 Ebenda, S. 44.

entschieden werden.[63] Eine Appellation war nur für den auf das Urteil der ersten Instanz folgenden Tag zugelassen. Im vierten Kapitel zur Einrichtung der zweiten Instanz wurde die Appellation über die zweite Instanz hinaus ausgeschlossen, allerdings wurde die Möglichkeit eines Rekurses eingeräumt.[64] Die Befugnisse der Konsuln, Personen bei Fluchtgefahr zu arrestieren und bei Fallimenten Güter zu beschlagnahmen, wurden im zwölften und dreizehnten Kapitel geregelt.

Die übrigen Kapitel befassten sich vor allem mit der praktischen Organisation des Magistrats. Die Registrierung in den Matrikeln sollte mit Zweidrittelmehrheit im Ballotationsverfahren erfolgen.[65] Neben der Besetzung der Ämter der Konsuln und Beisitzer waren durch die eingeschriebenen Kaufleute aus den beiden Nationen jeweils fünf Vertreter zu wählen, die für ein Jahr im Amt bleiben und zusammen mit den Mitgliedern des Magistrats die Kurse für diejenigen Wechselverbindungen festzulegen hatten, bei denen dies für notwendig erachtet wurde.[66] Immatrikulierte Kaufleute sollten gedruckte und von den Konsuln unterschriebene Patente erhalten, damit ihnen bei der An- und Abreise zu den Märkten in den oberösterreichischen Territorien freies Geleit gewährleistet würde. Die Unkosten des Magistrats waren durch eine Abgabe auf die Waren zu erbringen. Hinsichtlich des Personals hatten die immatrikulierten Kaufleute einen Notar oder Marktschreiber zu wählen und diesen dann zu entlohnen. Dessen Aufgabe bestand darin, alle notwendigen

63 In der Praxis sind anscheinend phasenweise Rechtsvertreter zugelassen worden, die tatsächlich verlangsamte Verfahren verursacht haben, weshalb die Zulassungen wieder eingestellt bzw. fallweise entscheiden wurden: Huter, Quellen des Meßgerichtsprivilegs (Fn. 6), S. 65, Anm. 19.

64 Die Frage der Appellation war Gegenstand eingehender Auseinandersetzungen und die Landesfürstin behielt sich mit dem Rekurs ein Eingriffsrecht in die Entscheidungen des Magistrats vor: vgl. ebenda, S. 65 f. Zur grundsätzlichen Bedeutung des Appellationsrechts Ulrich Eisenhardt, *Die kaiserlichen Privilegia de non appellando*, (Quellen und Forschungen zur höchsten Gerichtsbarkeit im Alten Reich 7), Köln/Wien 1980, S. 1–65.

65 Vgl. zur Ballotation als Abstimmungsverfahren Bernhard König, Die Ballotationen beim Bozner Merkantilmagistrat, in: Handels-, Industrie-, Handwerks-, und Landwirtschaftskammer, Handelskammer (Fn. 3), S. 59–68.

66 Vgl. zum Wechselhandel und den Kursrelationen Denzel, Bozner Messen (Fn. 4).

Aufzeichnungen zu protokollieren, die Akten zu führen und die Unterlagen zu archivieren. Außerdem sollte ein vereidigter Gerichtsbote bestellt werden. Darüber hinaus konnten nach Bedarf Unterkäufer bzw. Sensale bestellt werden, die jedoch von der Landeregierung bestätigt werden mussten.[67] Der Konsul und die Beigeordneten durften als Zeichen ihrer Amtsautorität ein Siegel führen, dessen Gestaltung beschrieben wurde.[68] Um Interessenkonflikte zu vermeiden, waren die Mitglieder des Magistrats gehalten, ihre Mahlzeiten gemeinsam ohne weitere Gesellschaft einzunehmen. Außerdem wurde eine angemessene Kleidung von ihnen erwartet. Verstöße gegen die Jurisdiktion und den gebührenden Respekt des Magistrats konnten mit bis zu 500 Gulden bestraft werden, davon standen zwei Drittel der oberösterreichischen Kammer und ein Drittel dem Magistrat zu. Notwendige Änderungen der Ordnung konnten der Landesherrschaft zur Billigung vorgelegt werden und waren nach der Genehmigung in gedruckter Form zu veröffentlichen. Ebenso behielt sich die Landesherrschaft ihrerseits Änderungen vor.

Die sich anschließende *Ordnung und Regl* der Märkte wurde den Kaufleuten zugeschrieben. Sie legte die Termine und Dauer der Märkte fest. Es folgten Vorschriften zur Erteilung von Prokuren, wenn Stellvertreter die Geschäfte auf den Messen ausführten. Der Großteil der Artikel befasste sich mit dem Ablauf und den Regeln des Zahlungsverkehrs. Die Kaufleute hatten gegebenenfalls dem Magistrat zur Verfügung zu stehen, wobei das Fernbleiben bestraft werden konnte. Abschließend wurden Kaufleute ermahnt, sich in den Räumlichkeiten des Gerichts und bei den Versammlungen zur Abwicklung des Zahlungsverkehrs würdig zu verhalten.

67 Vgl. zu den Sensalen MARKUS A. DENZEL, Das Maklerwesen auf den Bozner Messen im 18. Jahrhundert, in: *Vierteljahrschrift für Sozial- und Wirtschaftsgeschichte* 96 (2009), S. 297–319; revidierte italienische Fassung: DERS., I sensali nelle fiere di Bolzano nel Settecento, in: BONOLDI, LEONARDI und OCCHI, Interessi e regole (Fn. 2), S. 109–136.

68 Das Siegel ist eine beliebte Illustration in zahlreichen Publikationen: vgl. die Abbildungen im Katalog *Merkantilmuseum Bozen / Museo Mercantile Bolzano*, Bozen 1998, S. 112 und 122.

IV. Ein Gerichtsprivileg als ökonomisches Privileg

Die Gründung des Merkantilmagistrats war letztendlich erfolgreich, denn das Gericht bestand mit einigen Modifikationen bis ins 19. Jahrhundert. Aufgrund des Strukturwandels des Messehandels entwickelte sich der Merkantilmagistrat im Laufe der Zeit zu einer einflussreichen Organisation in der Tiroler Wirtschaftspolitik.[69] Das Privileg und die Marktordnung sind als institutionelle Grundlagen des Merkantilmagistrats bereits eingehend in der Forschung gewürdigt worden.[70] Im Kontext der Frage, wie Privilegien von den Akteuren zur Gestaltung ökonomischer Spielräume genutzt wurden, wird im Folgenden die Verleihung des Privilegs unter dieser Fragestellung betrachtet. Wie bereits die bisherige Forschung gezeigt hat, ist das Privileg aus einer Reihe von Gründen zustande gekommen.[71] Für die Kaufleute dürfte das praktische Problem der effizienten Regulierung von strittigen Handelssachen den Ausschlag gegeben haben, politische Initiativen zur Einrichtung eines Handelsgerichts anzustoßen. Vermutlich hatten sie nicht primär das Ziel verfolgt, ein Privileg für ein Sondergericht verliehen zu bekommen. Dass diese Bemühungen letztendlich in der Verleihung des Privilegs mündeten und keine andere Lösung gefunden wurde, dürfte an den spezifischen Konstellationen in Bozen gelegen haben.

Die Bozner Messen entwickelten sich im 16. Jahrhundert zu einem der *gateways* des Transalpinhandels, wobei die genauen Strukturen der Geschäftsbeziehungen auf den Messen noch zu unter-

[69] Hans Heiss, Die ökonomische Schattenregierung Tirols. Zur Rolle des Bozner Merkantilmagistrates vom 17. bis ins frühe 19. Jh., in: *Geschichte und Region / Storia e regione* 1 (1992), S. 66–87; Andrea Bonoldi, I signori della fiera: le famiglie mercantili bolzanine del XVIII secolo tra politica ed economia, in: *Alpenländischer Kapitalismus in vorindustrieller Zeit. Vorträge des siebenten internationalen Symposiums zur Geschichte des Alpenraums*, hg. von Pascal Ladner und Gabriel Imboden, Brig 2004, S. 23–54.

[70] Huter, Quellen des Meßgerichtsprivilegs (Fn. 6); Canali, Il magistrato mercantile, parte II (Fn. 58); Hans Krasensky, *Die Bozener Marktordnung aus dem Jahre 1718. Betriebswirtschaftlich-Historische Untersuchung*, Wien 1957; Sprung, Das Privileg und die Ordnung (Fn. 3); Denzel, Bozner Messen (Fn. 4), S. 51–59; Bonoldi, Dinamiche di mercato (Fn. 6), S. 103–114.

[71] Vgl. die Aufstellung bei Bonoldi, Dinamiche di mercato (Fn. 6), S. 103 f.

suchen bleiben.[72] Die Vorschläge im letzten Drittel des 16. Jahrhunderts, in Bozen eine Wechselbank anzusiedeln, lassen vermuten, dass schon vergleichsweise früh das Bedürfnis aufgekommen war, den Zahlungsverkehr institutionell abzusichern.[73] Im frühen 17. Jahrhundert wurde dann anlässlich der Forderungen einer kompetenten Handelsgerichtsbarkeit offenbar, dass der bestehende institutionelle Rahmen, um Konflikte in Handelssachen zu regeln, von den Kaufleuten beider Nationen als ungenügend empfunden wurde. Die Gründe dürften sowohl in der Zunahme des Handelsvolumens und damit der Menge der Transaktionen als auch in den zunehmend komplexeren Beziehungsgefügen der Akteure beispielsweise durch Kommissionshandel und flexible Formen der Finanzierung gelegen haben. Bankrotte gehörten zu den Risiken von Geschäftsbeziehungen und es bestand bei langwierigen Gerichtsverfahren neben deren Kosten das Risiko eines Dominoeffekts, bei dem ein Bankrott durch längerfristig ungeregelte Schuldverhältnisse weitere nach sich zog.[74] Dementsprechend umstritten war dann auch der Geltungsbereich der Vorzugsrechte für die Regulierung von Schulden auf den Messen bei Konkursen.[75] Wie letztendlich die Regelungen des Privilegs und der Marktordnung zeigen, wurden weitergehende institutionelle und organisatorische Regelungen vor allem für die Absicherung des Zahlungsverkehrs als notwendig erachtet.[76] Bemerkenswert ist in

[72] Vgl. zum Konzept der *gateways* Clé Lesger, *The Rise of the Amsterdam Market and Information Exchange. Merchants, Commercial Expansion and Change in the Spatial Economy of the Low Countries c. 1550–1630*, Aldershot 2006, S. 184–195.

[73] Vgl. Huter, Quellen des Meßgerichtsprivilegs (Fn. 6), S. 49 f.

[74] Mark Häberlein, Firmenbankrotte, Sozialbeziehungen und Konfliktlösungsmechanismen in süddeutschen Städten um 1600, in: *Österreichische Zeitschrift für Geschichtswissenschaften* 19 (2008), Themenheft Bankrott, S. 10–35, verweist anhand von süddeutschen Handelsgesellschaften, von denen viele im Handel mit Venedig tätig waren, auf Bankrotte als eines der möglichen Risiken bei Handelsbeziehungen und vermutet, dass kleinere Kommissionshändler sowie in Süddeutschland ansässige niederländische und italienische Kaufleute mit flexibleren Formen des Waren- und Wechselkredits operiert haben.

[75] Huter, Quellen des Meßgerichtsprivilegs (Fn. 6), S. 77–82.

[76] Vgl. Giulio Mandich, Wechselgeschäfte auf den Bozner Messen in der Zeit der Erzherzogin Claudia (1633–1645), in: Handels-, Industrie-, Handwerks-, und Landwirtschaftskammer Bozen, Handelskammer (Fn. 3), S. 69–95.

diesem Zusammenhang, dass auch die Protagonisten für die Einrichtung des Merkantilmagistrats wie David Wagner und Hortensio Brocco sich nicht spekulativer Geschäftspraktiken enthielten und Untersuchungen zu den Geschäftspraktiken auf den Messen zeigen, dass die Einhaltung von Regeln immer wieder durchgesetzt werden musste bzw. Gegenstand von Verfahren wurde.[77]

Aufgrund der spezifischen Bedingungen der Bozner Messen kamen lokale Kaufleute als Protagonisten einer Lösung dieser Probleme nur eingeschränkt in Frage, denn der Messehandel wurde im Wesentlichen von auswärtigen Kaufleuten betrieben, während seitens der Bozner Kaufleute nur einzelne Vertreter in den Messegeschäften hervortraten. David Wagner, ursprünglich selbst aus Augsburg zugewandert, konnte sich in diesem Zusammenhang als Vermittler zwischen den Messekaufleuten und der Landesherrschaft profilieren. Die in Italien verbreiteten Formen von Handelsgerichtsbarkeiten, die im Rahmen von Korporationen mit gewählten Vertretern der Kaufleute besetzt waren, scheint bis in die Terminologie hinein Vorbild für die Entwürfe des Merkantilmagistrats gewesen zu sein, die in erster Linie von italienischer Seite kamen. Diese ließen sich aber in Bozen von den Rahmenbedingungen her nicht einfach umsetzen.[78] Es fehlte an einer entsprechenden Korporation der Kaufleute, aber vielmehr noch an vergleichbaren Rahmenbedingungen hinsichtlich der Verfassung von Gerichten. Letztendlich gingen die Konflikte um die Etablierung des Merkantilmagistrats um Fragen der Gerichtsherrschaft.

Seit dem späten Mittelalter hatten die Stadt- und Landrichter von Gries und Bozen die Aufsicht über die Bozner Märkte. Welche Spielräume die von der Landesherrschaft eingesetzten Amtsinhaber hatten, die zunehmend monierten Defizite der Handelsgerichtsbarkeit zu beheben, lässt sich aufgrund der vorliegenden Forschung

[77] Giulio Mandich, Geld- und Kreditwesen der Bozner Märkte (1633–1664), in: *Beiträge zur Wirtschaftsgeschichte Südtirols. Festschrift zum 125jährigen Bestehen der Südtiroler Sparkasse*, hg. von Südtiroler Landessparkasse, Bozen 1979, S. 459–548; Hirn, Lange Münze in Tirol (Fn. 22), S. 54–107; Bonoldi, Dinamiche di mercato (Fn. 6), S. 104 f.

[78] Piergiovanni, La giustizia mercantile (Fn. 18), S. 1844–1847; Fortunati, Le giurisdizioni mercantili (Fn. 17).

nicht genau feststellen. Die vorliegenden Angaben über die Defizite legen jedoch den Eindruck nahe, dass den Amtsinhabern die Verbesserung der Handelsgerichtsverfahren über die Einbeziehung kaufmännischer Beisitzer hinaus kein besonderes Anliegen war. Bei der Besetzung des Amtes scheint sich die Landesherrschaft auch erst unter dem zunehmenden Druck der Kaufleute mit einer adäquaten Besetzung des Amtes befasst zu haben, denn schon die in diesem Fall wichtigen Sprachkenntnisse scheinen kein relevantes Kriterium gewesen zu sein. Vielmehr versuchten die Tiroler Obrigkeiten auf allen Ebenen die Zulassung eines kaufmännischen Sondergerichts zu umgehen, um, wie explizit festgestellt wurde, einen Machtverlust des etablierten Gerichts und damit auch der landesherrlichen Souveränität zu vermeiden.[79] Zudem könnte das Insistieren der italienischen Kaufleute nach Einrichtung einer Gerichtsbarkeit, die von italienischen Konventionen geprägt war, die Ablehnung wegen der Befürchtung einer zusätzlichen äußeren Einflussnahme verstärkt haben, zumal von Seiten der deutschen Kaufleute lange die Position vertreten wurde, dass die Einführung des kaufmännischen Verfahrens unter einem kompetenten Richter beim Stadt- und Landgericht ausreichend wäre.[80] Vermutlich wären die Strategien der Verweigerung noch lange fortgeführt worden, wenn sich nicht um 1630 die Rahmenbedingungen grundsätzlich verändert hätten. Durch den Druck der militärischen Konflikte wuchs der Kreditbedarf der Landesherrschaft deutlich an, während der Dreißigjährige Krieg die Anwesenheit und die Wirtschaftskraft der deutschen Kaufleute spürbar beeinträchtigte. Die konfessionellen Konflikte führten außerdem dazu, dass nicht alle Kaufleute zur Kreditvergabe geneigt waren. Daher sollten nun die italienischen Kaufleute auf den Bozner Messen gehalten werden. Zu diesem Zeitpunkt wirkte sich der Konflikt um den Standort der norditalienischen Wechselmessen zwischen Genua, Florenz und Venedig dahingehend aus, dass der Senat von Venedig neue Messen in Verona gründete, bei denen die Möglichkeit bestand, dass sie sich auf Kosten der Bozner Messen zu einer ernsthaften

79 Zur grundsätzlichen Bedeutung der Gerichtsherrschaft als Grundlage politischer Macht EISENHARDT, Kaiserlichen Privilegia de non appellando (Fn. 64).

80 Vgl. DENZEL, Bozner Messen (Fn. 4), S. 55.

Konkurrenz entwickeln würden. Der Einfluss dieser Neugründungen wird in den Statuten des Merkantilmagistrats deutlich, die in einigen Punkten von denjenigen in Verona geprägt wurden.[81] Allem Anschein nach wurden die beiden Messen seitens der italienischen Kaufleute mit unterschiedlichen geschäftlichen Schwerpunkten miteinander verbunden.[82] Insofern bleibt für die weitere Forschung zu fragen, ob die Messen als Konkurrenz oder eher als komplementäre Märkte im grenzüberschreitenden Handel mit unterschiedlichen Ausrichtungen betrachtet werden sollten.[83] In dieser Situation war vermutlich ausschlaggebend, dass Claudia de' Medici aufgrund ihrer italienischen Herkunft sich leichter mit der Vorstellung der Einrichtung eines italienisch geprägten Handelsgerichts arrangieren konnte, zumal sie dann als verwitwete Regentin den notwendigen Spielraum hatte, in der festgefahrenen Konstellation zu intervenieren. Ihr hauptsächlicher Antrieb dürfte der dringende Kreditbedarf gewesen sein und in den Verhandlungen um die Ausgestaltung der Statuten zeigte sie sich durchaus machtbewusst. Da keine schnelle Lösung im Rahmen der etablierten landesherrlichen Gerichtsherrschaft möglich war und die italienischen Kaufleute Kreditvergaben an die Einrichtung eines kaufmännischen Handelsgerichts knüpften, griff Claudia de' Medici zur Möglichkeit der Privilegierung eines Sondergerichts und setzte diese gegen alle Widerstände durch.[84] Wegen der politisch schwachen Position des Stadtrats und des Stadt- und Landrichters gegenüber der Landesherrschaft war dies möglich.

Die institutionelle Grundlage eines privilegierten Sondergerichts führte dazu, dass die Vertreter des Merkantilmagistrats bei allen Wechseln der Landesherrscher darauf bedacht waren, die Privilegien

[81] Vgl. Huter, Quellen des Meßgerichtsprivilegs (Fn. 6), S. 51–89; Mandich, Istituzione delle fiere veronesi (Fn. 43). Huter verweist auch auf den Einfluss der Ordnungen der großen Messen seit den Champagne Messen sowie anderer italienischer Städte.

[82] Mandich, Istituzione delle fiere veronesi (Fn. 43), S. 113, Anm. 71.

[83] Vgl. Fanfani, L'Adige come arteria principale (Fn. 45), S. 582 und Lanaro, Periferie senza centro (Fn. 7), S. 33.

[84] Vgl. Jürgen Weitzel, Funktion und Gestalt der Gerichtsprivilegien, in: *Das Privileg im europäischen Vergleich*, hg. von Barbara Dölemeyer und Heinz Mohnhaupt, Bd. 1, (Ius Commune Sonderhefte. Studien zur Europäischen Rechtsgeschichte 93), Frankfurt am Main 1997, S. 191–205, hier S. 197.

bestätigen zu lassen, da diese persönlich verliehen wurden. Dies geschah 1648 ohne Änderungen und 1663 mit einigen seitens des Merkantilmagistrats veranlassten Anpassungen, die insgesamt 1666 bestätigt wurden.[85] Unter Karl VI. wurde 1718 der Text des Privilegs neu gefasst, wobei die Trennung zwischen Privileg und Marktordnung aufgegeben wurde.[86] Insgesamt wurde das Privileg mit Änderungen im 18. Jahrhundert bis 1806 insgesamt achtmal bestätigt.[87]

Durch seine Genese aus der Handelspraxis gilt das Handelsrecht als typischer Fall eines vom gemeinen Recht abweichenden Partikularrechts, das infolge zunehmender Relevanz insbesondere bei den Wechselsachen Anlass zur Privilegierung von weiteren Sondergerichten hätte geben können.[88] In seiner spezifischen Konstruktion als rein kaufmännisch besetztes landesherrlich privilegiertes Gericht blieb Bozen jedoch ein Einzelfall. Die in Braunschweig und Leipzig in den 1680er Jahren eingesetzten Messe- bzw. Handelsgerichte gelten zwar als vom Bozner Vorbild beeinflusst, in beiden Fällen wurden die Gerichte jedoch nicht allein von den Kaufleuten gewählt, sondern auch mit Ratsherren besetzt.[89] In Leipzig versuchte der Rat der Stadt die Einrichtung eines eigenständigen Handelsgerichts zu unterbinden und konnte sich dahingehend durchsetzen, dass er letztendlich mit der Einrichtung eines vom Stadtgericht unterschie-

[85] Canali, Il Magistrato Mercantile, parte I (Fn. 51), S. 30 f.

[86] Hans Krasensky, Die Bozener Marktordnung aus dem Jahre 1718 (Fn. 70), S. 51–56.

[87] Canali, Il Magistrato Mercantile, parte I (Fn. 51), S. 30–60, die italienischen Textversionen der Privilegien in: ders., Il Magistrato Mercantile, parte II (Fn. 58), S. 271–372.

[88] Eine abwägende Zusammenfassung zum Verhältnis von Partikularrechten und gemeinem Recht anhand der Wechselsachen vor dem Reichskammergericht bei Anja Amend-Traut, *Wechselverbindlichkeiten vor dem Reichskammergericht. Praktiziertes Zivilrecht in der Frühen Neuzeit*, (Quellen und Forschungen zur höchsten Gerichtsbarkeit im Alten Reich 54), Köln / Weimar / Wien 2009, S. 410–441; zur Darstellung in der zeitgenössischen Rechtsliteratur bei Johann Marquard Heinz Mohnhaupt, »Jura mercatorum« durch Privilegien. Zur Entwicklung des Handelsrechts bei Johann Marquard (1610–1668), in: ders., *Historische Vergleichung im Bereich von Staat und Recht. Gesammelte Aufsätze*, (Ius Commune Sonderhefte. Studien zur Europäischen Rechtsgeschichte 134), Frankfurt am Main 2000, S. 349–369, hier S. 361–362.

[89] Vgl. Silberschmidt, Entstehung des deutschen Handelsgerichts (Fn. 11), S. 121 und 135.

denen Gerichts für Handelssachen beauftragt wurde. Im Gegensatz zu Bozen hatte der Rat der Stadt Leipzig genügend politisches Gewicht, um seine Gerichtshoheit zu wahren.[90] Da die Privilegierung eines Sondergerichts als tiefer Eingriff in die etablierte Gerichtsherrschaft gesehen wurde, der sich nur schwer durchsetzen ließ, konnte sich der Bozner Merkantilmagistrat nicht insgesamt als Modell für die ökonomische Nutzung von Gerichtsprivilegien etablieren. Er diente vielmehr als generelles Vorbild für die Einrichtung von Handelsgerichten, deren Aufbau und rechtliche Grundlage lokalen Gegebenheiten folgten.[91]

[90] EBENDA, S. 122–135; ROBERT BEACHY, Fernhandel und Krämergeist. Die Leipziger Handelsdeputierten und die Einführung der sächsischen Wechselordnung 1682, in: *Leipzigs Messen 1497–1997. Teilband 1: 1497–1914*, hg. von HARTMUT ZWAHR, THOMAS TOPFSTEDT und GÜNTER BENTELE, 2 Bde., Köln/Weimar/Wien 1999, Bd. 1, S. 135–147.

[91] Vgl. zum Beispiel der Wiener Handelsgerichtsbarkeit MAX RINTELEN, Die Entstehung einer Handelsgerichtsbarkeit in Wien, in: *Juristische Blätter* 75 (1953), S. 587–591.

»[…] welchen mich schließlichen erklären solle, ob ich das Hütten-Werk zu St. Ingbert gegen einen jährlichen Canon ad 500 fl. […] conteniren könne oder nicht […]«.[1] Hüttenbestandsverträge als Mittel landesherrlicher Wirtschaftspolitik an der Saar und im Hunsrück im 18. Jahrhundert

Ralf Banken

I. Einleitung

Obgleich die Neue Institutionenökonomik und der Begriff der Verfügungsrechte in der deutschen Wirtschaftsgeschichte allgemein große Resonanz gefunden haben, bilden rechtliche Quellen bisher nur selten ein Objekt konkreter wirtschaftshistorischer Analysen.[2] Trotz der weit verbreiteten Erkenntnisse der Institutionenökonomik waren die Verfügungsrechtsstrukturen selten Objekte theoriegeleiteter und empirisch arbeitender wirtschaftshistorischer Studien in der deutschen Wirtschaftsgeschichte, sieht man von den beiden Themen

[1] Schreiben der Witwe Catharina Loth vom 23.1.1759 an den Landesherrn wegen der Verlängerung des Hüttenbestandsvertrages: Wolfgang Krämer, *Geschichte des Eisenwerkes zu St. Ingbert unter besonderer Berücksichtigung der Frühzeit*, Speyer 1933, S. 42.

[2] Als Ausnahme siehe die institutionenökonomische Einführung in die deutsche Wirtschaftsgeschichte des 19. und 20. Jahrhunderts von Clemens Wischermann und Anne Nieberding: Clemens Wischermann und Anne Nieberding, *Die institutionelle Revolution. Eine Einführung in die deutsche Wirtschaftsgeschichte des 19. und frühen 20. Jahrhunderts*, (Grundzüge der modernen Wirtschaftsgeschichte 5), Stuttgart 2004; vgl. auch Karl-Peter Ellerbrock und Clemens Wischermann (Hg.), *Die Wirtschaftsgeschichte vor der Herausforderung durch die* New Institutional Economics, (Untersuchungen zur Wirtschafts-, Sozial- und Technikgeschichte 24), Dortmund 2004; Clemens Wischermann, *Preußischer Staat und westfälische Unternehmer zwischen Spätmerkantilismus und Liberalismus*, (Münstersche Historische Forschungen 2), Köln/Weimar/Wien 1992.

der Agrarreformen nach 1800 sowie der Waldnutzung im 18. und 19. Jahrhundert einmal ab.[3] Dies ist umso erstaunlicher, da das Fach aufgrund der Historischen Schule stets in einer gewissen Tradition der Analyse institutioneller Rahmenbedingungen stand[4] und Knut Borchardt bereits 1977 in einem programmatischen Aufsatz auf die große Bedeutung der Property-Rights hinwies.[5] Ein Forschungsdesiderat ist dabei insbesondere festzustellen für die Frage nach dem Eigentum an Produktionsmitteln des aufkommenden Großgewerbes im Deutschland des 18. Jahrhunderts als Vorläufer der Industriebetriebe nach 1800.[6] Zurückzuführen ist dies auch auf die territoriale Zersplitterung des Alten Reiches, erwuchsen doch aus den zahllosen regionalen Besonderheiten eine unübersichtliche Vielfalt verschiedener Eigentumsverhältnisse, die Aussagen über die Auswirkungen der Eigentums- und Verfügungsrechtsstrukturen auf die »Vorphase« der deutschen Industrialisierung ohne eine umfassende empirische Untersuchung erheblich erschweren.

Auch die allgemeine Geschichtswissenschaft widmete sich erst in neuerer Zeit dem Phänomen der Verfügungsrechte und hier insbesondere konkreten Eigentumsrechten.[7] Sie interessiert sich in diesem

[3] Siehe zum Überblick, auch über die neueste Literatur: Christof Dipper, *Die Bauernbefreiung in Deutschland: 1790–1850*, Stuttgart u. a. 1980; Karl H. Schneider, *Geschichte der Bauernbefreiung*, Stuttgart 2010; Stefan von Below und Stefan Breit, *Wald – Von der Gottesgabe zum Privateigentum*, (Quellen und Forschungen zur Agrargeschichte 43), Stuttgart 1998; Bernd-Stefan Grewe, Wald, in: Europäische Geschichte Online (EGO), hg. vom Institut für Europäische Geschichte (IEG), Mainz 2011-05-04. URL: http://www.ieg-ego.eu/greweb-2011-de (Zugriff am 19.8.2012).

[4] Clemens Wischermann, Der Property-Rights-Ansatz und die »neue« Wirtschaftsgeschichte, in: *Geschichte und Gesellschaft* 19 (1993), S. 239–258.

[5] Knut Borchardt, Der Property-Rights-Ansatz in der Wirtschaftsgeschichte – Zeichen für eine systematische Neuorientierung des Faches?, in: *Theorien in der Praxis des Historikers: Forschungsbeispiele und ihre Diskussion*, hg. von Jürgen Kocka, (Geschichte und Gesellschaft, Sonderheft 3), Göttingen 1977, S. 140–156.

[6] Clemens Wischermann, Das institutionelle Arrangement der vorliberalen Wirtschaft, in: Wischermann und Nieberding, Institutionelle Revolution (Fn. 2), S. 30–51; Clemens Wischermann, Die institutionelle Revolution in Deutschland (1800–1870), in: ebenda, S. 51–71.

[7] Anders als die Verteilung und Entwicklung der konkreten Eigentumsstrukturen ist das Phänomen des Eigentums begriffs- und rechtsgeschichtlich gut untersucht. Siehe hierzu: Dieter Schwab, Eigentum, in: *Geschichtliche*

Zusammenhang vor allem für Fragen des Eigentums von Frauen, Handwerkern oder dem geistigem Eigentum sowie frühmodernen Vererbungstraditionen.[8]

Grundbegriffe. Historisches Lexikon zur politisch-sozialen Sprache in Deutschland, hg. von Otto Brunner, Werner Conze und Reinhart Koselleck, Bd. 2, Stuttgart 1975, S. 65–115; Andreas Thier, Eigentum, in: *Enzyklopädie der Neuzeit*, hg. von Friedrich Jaeger, Bd. 3, Stuttgart/Weimar 2006, Sp. 98–103; Zur allgemeinen Diskussion über die Bedeutung des Privateigentums in der Publizistik des 18. Jahrhunderts siehe: Diethelm Klippel, »Libertas Commercium« und »Vermögens-Gesellschaft«. Zur Geschichte ökonomischer Freiheitsrechte in Deutschland im 18. Jahrhundert, in: *Grund- und Freiheitsrechte im Wandel von Gesellschaft und Geschichte – Beiträge zur Geschichte der Grund- und Freiheitsrechte vom Ausgang des Mittelalters bis zur Revolution von 1848*, hg. von Günter Birtsch, (Veröffentlichungen zur Geschichte der Grund- und Freiheitsrechte 1), Göttingen 1981, S. 313–335; Udo Margedant und Matthias Zimmer, *Eigentum und Freiheit. Eigentumstheorien im 17. und 18. Jahrhundert*, Idstein 1993; Reinhard Brandt, *Eigentumstheorien von Grotius bis Kant*, (Problemata 31), Stuttgart/Bad Cannstatt 1974; Manfred Brocker, *Arbeit und Eigentum. Der Paradigmenwechsel in der neuzeitlichen Eigentumstheorie*, Darmstadt 1992; Dietmar Willoweit, Dominium und Proprietas. Zur Entwicklung des Eigentumsbegriffs in der mittelalterlichen und neuzeitlichen Rechtswissenschaft, in: *Historisches Jahrbuch* 94 (1974), S. 131–156.

8 Siehe als Forschungsüberblick: Roman Köster, Eigentum, ökonomisch, in: Jaeger, Enzyklopädie der Neuzeit (Fn. 7), Bd. 3, 2006, Sp. 103–107; Hannes Siegrist und David Sugarman, Geschichte als historisch-vergleichende Eigentumswissenschaft, in: *Eigentum im internationalen Vergleich (18.–20. Jahrhundert)*, hg. von Hannes Siegrist und David Sugarman, (Kritische Studien zur Geschichtswissenschaft 130), Göttingen 1999, S. 9–32. Siehe auch die in diesem Sammelband vorhandenen Einzelstudien sowie als Einzelbeispiele: Hannes Siegrist, *Entgrenzung des Eigentums in modernen Gesellschaften und Rechtskulturen*, Leipzig 2007; Karin Gottschalk, *Eigentum, Geschlecht, Gerechtigkeit. Haushalten und Erben im frühneuzeitlichen Leipzig*, (Geschichte und Geschlechter 41), Frankfurt am Main 2003; Günter Birtsch, Eigentum und ständische Gesellschaft im 18. Jahrhundert, in: *Vom Staat des Ancien Regime zum Modernen Parteienstaat. Festschrift für Theodor Schieder*, hg. von Helmut Berding u. a., München/Wien 1978, S. 59–72; Winfried Schulze, Vom Gemeinnutz zum Eigennutz. Über den Normenwandel in der ständischen Gesellschaft der frühen Neuzeit, in: *Historische Zeitschrift* 243 (1986), S. 591–626; Renate Blickle, Nahrung und Eigentum als Kategorien in der ständischen Gesellschaft, in: *Ständische Gesellschaft und soziale Mobilität*, hg. von Winfried Schulze u. a., (Schriften des Historischen Kollegs, Kolloquien 12), München 1988, S. 73–94; Stefan Brakensiek, Michael Stolleis und Heide Wunder (Hg.), *Generationengerechtigkeit? Normen und Praxis im Erb- und Ehegüterrecht 1500–1850*, (Zeitschrift für historische Forschung, Beiheft 37), Berlin 2006.

Zudem sind in der Wirtschaftgeschichte auch allgemeine oder spezielle Verträge bisher nicht genutzt worden, um die Entwicklung privater Eigentumsrechte in Deutschland vor 1800 empirisch und systematisch zu analysieren, obgleich diese Quellengattung weit häufiger als andere überliefert ist. Der Wert dieser ansonsten ja vielfach – zumeist – deskriptiv genutzten Quellenart wird daher im Folgenden am Beispiel von Hüttenbestandsverträgen genauer aufgezeigt, die in mehreren südwestdeutschen Regionen des 18. Jahrhunderts (Saar, Pfalz, Hunsrück, Mittelrhein) die rechtliche Basis der Produktionsbetriebe zahlreicher privater Eisenhütten bildeten.[9]

Verliehen wurden die Bestandsverträge, die den Betrieb einer Eisenhütte oder eines Eisenhammers ermöglichten, vom Landesherren oder einem anderen Inhaber der hierfür nötigen Regalrechte an den späteren Betreiber des Eisenwerkes.[10] Der Bestandsvertrag regelte dabei zahlreiche Aspekte des Betriebes der Werke (Holz- und Erzbezug, Wasserberechtigungen, Zollbedingungen, Abgaben, Rechtsstellung der Arbeiter etc.) und enthielt zudem die Pflichten

[9] In anderen Wirtschaftsregionen wies das Eisenhüttengewerbe deutlich andere Eigentumsstrukturen auf, auf die hier nicht weiter eingegangen werden kann. Im Siegerland beispielsweise waren die Eisenwerke in genossenschaftlichem Besitz. Die Landesherrschaft besaß kein größeres Eigentumsrecht, weshalb diese mit zahlreichen Verordnungen und Gesetzen die Verfassung dieses für das Land wichtigen Gewerbezweiges regelte. Vgl. hierzu Wischermann Preußischer Staat (Fn. 2), S. 155–159; Fritz Kühn, *Die Hütten- und Hammerordnung im Lande Siegen unter preußischer Herrschaft (1815–1873)*, Diss. Gießen 1924; Adolf Schuchard, *Die Entwicklung des Siegerländer Erzbergbaus und der Eisenindustrie seit dem Anfang des 19. Jahrhunderts mit besonderer Berücksichtigung ihrer Wettbewerbsverhältnisse*, Düsseldorf 1926.

[10] Siehe ausführlich zum Bestandsvertrag im Eisenhüttenwesen: Hermann-Josef Braun, *Das Eisenhüttenwesen des Hunsrücks 15. bis Ende 18. Jahrhunderts*, Trier 1991, S. 186–196. Bestandsverträge wurden auch für andere Gewerbezweige vergeben. Am häufigsten war dies im Mühlenwesen der Fall. Das dort entwickelte – ältere – Vertragsrecht bildete wohl auch das Vorbild für die Bestandsverträge im Eisenhüttenwesen und anderen Gewerbezweigen. Siehe zum Recht der Bestandsverträge im Mühlenwesen: Sabine Stürmer, *Mühlenrecht im Herzogtum Pfalz-Zweibrücken während des 18. Jahrhunderts*, Frankfurt am Main u. a. 1998, S. 85–222. Vgl. auch Peter Theissen, *Mühlen im Münsterland: der Einsatz von Wasser- und Windmühlen im Oberstift Münster vom Ausgang des Mittelalters bis zur Säkularisation (1803)*, (Geschichtliche Arbeiten zur westfälischen Landesforschung, Wirtschafts- und sozialgeschichtliche Gruppe 13), Münster 2001, S. 33–39.

beider Parteien, u. a. weil sich Landesherr und Beständer das Eigentum an der Hütte gemeinsam teilten.

Im vorliegenden Beitrag wird beispielhaft die konkrete Ausgestaltung und Art der Bestandsverträge sowie ihre Bedeutung für die wirtschaftliche Entwicklung des Eisenhüttengewerbes an der Saar und im Hunsrück im 18. Jahrhundert genauer analysiert. Insbesondere wird der Frage nachgegangen, welche Bedeutung die ökonomischen Anreizwirkungen der jeweiligen Verträge besaßen, d. h. welche ökonomische Folgen die unterschiedliche Ausgestaltung der Eigentumsrechte hatten und welche Funktion diese Bestandsverträge für die Wirtschaftspolitik der einzelnen kleinen Territorien einnahmen. Hierfür wird zunächst in einem allgemeinen Überblick die unterschiedliche Politik der Landesherren des 18. Jahrhunderts im Hunsrück einerseits sowie in der Grafschaft Nassau-Saarbrücken andererseits dargestellt. Abschließend wird anhand des St. Ingberter Eisenwerks die Ausgestaltung mehrerer Bestandsverträge zwischen 1732 und 1791 im Detail analysiert.

II. Bestandsverträge im Hunsrück und an der Saar vor 1800

Erbaut wurden die Hütten im Hunsrück stets von den privaten Hüttenbeständern, die allerdings hierfür von den verschiedenen Landesherren (Kurfürstentum Trier, Kurpfalz, Zweibrücken, Baden u. a.) mit einem Bestandsvertrag und zahlreichen Privilegien ausgestattet wurden.[11] Die vielfach überlieferten Bestandsverträge enthielten umfassende Informationen über die einzelnen Eisenwerke, wobei sich in allen Verträgen Passagen über die Versorgung der Werke mit Eisenerz und Holzkohle sowie über die Nutzung der Wasserkraft finden.[12] Darüber hinaus enthielten sie Bestimmungen über Zollprivilegien, die Nutzung der dörflichen Allmenden sowie die rechtliche und soziale Stellung von Unternehmern und Arbeitern, wie

[11] Soweit nicht anders angegeben, basieren die Ausführungen zum Eisenhüttenwesen des Hunsrücks und den Bestandsverträgen auf: Braun, Eisenhüttenwesen (Fn. 10), S. 186–300. Neben den größeren Eisenhütten der Region (Abenteuer, Asbacher, Gräfenbacher, Nunkircher, Rheinböller, Stromberger und Weitersbacher Hütte sowie die Mariahütte bei Nonnweiler) untersucht Braun auch zahlreiche kleinere Werke.

[12] Ebenda, S. 40–44 und 186–196.

etwa der Befreiung von Personal- oder Soziallasten. Über die Produktion finden sich in den Bestandsverträgen dagegen fast keine Regelungen; hier besaßen die Hüttenherren volle Dispositionsfreiheit. Gemeinsam war allen Bestandsverträgen aber auch, dass die Hüttenbeständer jährliche Gebühren zu zahlen hatten, den sog. Kanon.

Zu unterscheiden sind im Hunsrück vor allem zwei Arten von Bestandsbriefen, nämlich Erbbestands- oder Temporalbestandsvertrag. Wichtig beim Erbbestandsvertrag war, dass er keine zeitliche Begrenzung besaß, allerdings musste er nach dem Ableben des Landesherrn erneuert werden. Auch nach dem Tod des Beständers musste der Erbbestand erneuert und die Übertragung auf seine Erben herrschaftlicherseits bestätigt werden. Dies berührte allerdings nicht das grundsätzliche Recht der Übertragbarkeit des Erbbestandes durch den Erbgang. In fast allen Fällen bestätigten die verschiedenen Landesherren der Hunsrückterritorien die Erbbestandbriefe. Im Falle der Übertragung des Bestandes der Gräfenbacher Hütte von Johann Wilhelm Koch auf seinen Sohn im Jahr 1726 stellte die kurpfälzische Hofkammer sogar fest, dass man dessen »an solchem Werck zustehender Antheil jure haereditaris und denen Erbbestandsconditionen gemäß nicht denegiert werden« könne.[13]

Rechtlich lässt sich der Erbbestand der Hütten als eine Form der deutschrechtlichen Erbleihe bzw. der römischrechtlichen Form der Emphyteuse bezeichnen.[14] Verkürzend kann man festhalten, dass die Landesherren das Obereigentum (Dominium directum) an den Werken besaßen, die Hütteninhaber dagegen das »dominium utile«, ein volles Nutzeigentum an den erbbeständlich verliehenen Gütern. Auch wenn der Erbbestand nicht unseren modernen Eigentumsformen entspricht – es war weder ein vollständiges dingliches Eigentum noch eine Erbpacht –, waren doch die Verfügungsrechte des Erbbe-

[13] Ebenda, S. 189.

[14] Siehe zur Erbleihe, Emphyteuse und dem geteilten Eigentum Andreas Thier, Geteiltes Eigentum, in: Jaeger, Enzyklopädie der Neuzeit (Fn. 7), Bd. 4, 2006, Sp. 769–771; Franz Klein-Bruckschwaiger, Erbleihe, in: *Handwörterbuch zur deutschen Rechtsgeschichte*, hg. von Adalbert Erlerund Ekkehard Kaufmann, Bd. 1: *Aachen–Haussuchung*, Berlin 1971, Sp. 968–971; Wolfgang Dannhorn, *Römische Emphyteuse und deutsche Erbleihe. Ein Beitrag zur Entstehung der Wissenschaft vom deutschen Privatrecht*, (Forschungen zur deutschen Rechtsgeschichte 21), Köln/Weimar/Wien 2003.

standes von Eisenhütten im Hunsrück unserer heutigen Institution des Eigentums sehr ähnlich. So beinhaltete das Nutzeigentum eines Erbbestandes auch die Berechtigung des Beständers, die Bestandsgüter weiterzuverkaufen, wenngleich sich die Landesherrschaft eine ausdrückliche Genehmigung zum Weiterverkauf der Werke vorbehielt bzw. ein Vorkaufsrecht beanspruchte. Allerdings kam diesen Beschneidungen des freien Verkaufsrechts der Unternehmer im Hunsrück während des Untersuchungszeitraumes keine praktische Bedeutung zu, da die Landesherrschaften vom Vorkaufsrecht keinen Gebrauch machten. Interessanterweise waren die neuen Hüttenbesitzer nach dem Erwerb eines Erbbestandes trotz der vorherigen herrschaftlichen Genehmigung noch verpflichtet, eine förmliche Belehnungsurkunde beim Landesherrn für das erworbene Hüttenwerk zu erwirken. Bei diesen Bestätigungen – der Renovation –, aber auch bei den Übertragungen selbst kam es häufig noch zu wesentlichen Änderungen der ursprünglichen Vertragsbedingungen. Zumeist wurden dabei die Bezugsbedingungen von Kohlholz für die Hüttenherren heruntergesetzt.

Anders als der Erbbestand waren die Temporalbestandsverträge im Hunsrück zeitlich begrenzt[15] und wurden zumeist auf 20 Jahre abgeschlossen. Ansonsten enthielten diese Bestandsbriefe jedoch die gleichen Rechte und Pflichten für die Hüttenbeständer. Wichtig ist, dass die Temporalbestandsbriefe nicht durch den Tod des Beständers beendet, sondern in der Regel auf dessen Erben übertragen wurden. Bei einer solchen Übertragung wurde allerdings nicht die Laufzeit der Verträge geändert. Die Verfügungsrechte an den zu einer befristeten Nutznießung übertragenen Gütern und Gebäuden waren ansonsten ähnlich geregelt wie im Erbbestand. Allerdings blieben die von den Unternehmern auf eigene Kosten errichteten Gebäude und Einrichtungen in ihrem Eigentum; sie konnten sie schon während der Bestandszeit verpachten oder verkaufen und erhielten diese bei dem Übergang auf einen anderen Beständer bezahlt. Anders als beim Erbbestand besaßen die Beständer nach Ablauf ihres Temporalbriefes jedoch kein Anrecht auf einen neuen Temporalvertrag. Obgleich die herrschaftlichen Stellen in mehreren Verhandlungen über neue Ver-

[15] BRAUN, Eisenhüttenwesen (Fn. 10), S. 192–196.

träge mit der Vergabe an andere Eisenhüttenbesitzer drohten, wurden im Hunsrück letztlich alle Verträge mit den alten Beständern erneuert.

Es zeigt sich für das 18. Jahrhundert allerdings die Tendenz, dass ab etwa Mitte der 1720er Jahre die Landesherren bei der Neuanlage von Eisenwerken häufiger Temporal- als Erbbestandsverträge vergaben und später z.T. sogar Erb- in Temporalbestandsverträge umwandelten. Der Grund war, dass zeitlich befristete Verträge der Landesherrschaft eine größere Unabhängigkeit in der Festlegung der Bestandsbedingungen ermöglichten: Die Verträge konnten auf diese Weise besser an neue Bedingungen und insbesondere an Preisentwicklungen angepasst werden. Insgesamt verschlechterten sich deshalb die Bedingungen der Hüttenbetreiber seit etwa 1720. So fielen etwa sämtliche herrschaftliche Privilegien für den Kohlholzbezug weg, wie z. B. Liefergarantien oder Festpreise. Die Hütten mussten seit 1750 das Holz auf öffentlichen Versteigerungen und in Konkurrenz zu anderen Interessenten erwerben.[16]

Im Eisenhüttengewerbe an der Saar betrieben die verschiedenen Landesherren eine stärker merkantilistische Wirtschaftspolitik, die sich vor allem durch die Gründung und Errichtung von Eisenwerken auf »eigene Rechnung« äußerte.[17] Die Fürsten waren dabei vor allem daran interessiert, ihre eigenen Wälder wirtschaftlich zu nutzen. Insbesondere die Fürsten der Grafschaft Nassau-Saarbrücken wünschten eine »Kapitalisierung der Wälder«, um Einnahmen für den eigenen Staatshaushalt zu generieren.[18] Insgesamt waren in der

[16] Ebenda, S. 79–119 und 186–196.

[17] Zur allgemeinen Entwicklung des Eisenhüttenwesens an der Saar im 18. Jahrhundert siehe Ralf Banken, *Die Industrialisierung der Saarregion 1815–1914*, Bd. 1: *Die Frühindustrialisierung 1815–1850*, (Regionale Industrialisierung 1), Stuttgart 2000, S. 210–224; Josef Collet, *Das Wirtschaftsleben in der Grafschaft Saarbrücken im Zeitalter des Merkantilismus*, Bielefeld 1930, S. 53–64; Anton Hasslacher, *Beiträge zur älteren Geschichte des Eisenhüttenwesens im Saargebiete*, Berlin 1896. Vgl. auch Jacques Gayot und Robert Herly, *La Métallurgie des Pays de la Sarre Moyenne jusqu'en 1815*, Nancy u. a. 1928, S. 202–217.

[18] Collet, Wirtschaftsleben (Fn. 17), S. 56. Der Wunsch nach einer »Kapitalisierung der Wälder« zeigt sich auch daran, dass zu Beginn des 18. Jahrhunderts die Bestandsverträge für die Eisenhütten günstige Klauseln über Holzkontingente enthielten, die ihnen von herrschaftlicher Seite gewährt wurden. In der gezielten Ausnutzung dieses Standortvorteils sieht Collet sogar den eigentlichen

Grafschaft von den dortigen neun größeren Werken sieben in herrschaftlichem Eigentum und nur zwei Eisenwerke in Privatbesitz, die vom Territorialherrn lediglich konzessioniert wurden.[19]

Trotz des Eigentums an den Hütten betrieben die Grafen von Nassau-Saarbrücken ihre herrschaftlichen Werke meist nur für kurze Zeit in Eigenregie und vergaben sie dann an einen Beständer zu günstigen Bedingungen mit Temporalbestandsverträgen.[20] Diese entsprachen in ihrer rechtlichen Ausgestaltung im Wesentlichen den Temporalverträgen des Hunsrücks. Im Unterschied zum Hunsrück war allerdings die Laufzeit der Verträge in Nassau-Saarbrücken erheblich kürzer, da die dortigen Temporalbestandsverträge in der Regel nur über eine Laufzeit von zehn bis maximal fünfzehn Jahren vergeben wurden.

Noch wichtiger als die kurze Laufzeit war für die Entwicklung des dortigen Hüttenwesens allerdings die Praxis der Fürsten von Nassau-Saarbrücken, die auslaufenden Bestandsverträge nicht mit den Beständern zu verlängern, sondern die Hütten an neue Beständer zu vergeben, die hierfür höhere Pachtabgaben zahlten.[21] So blieb in der Grafschaft Nassau-Saarbrücken in der zweiten Hälfte des 18. Jahrhunderts kaum ein Werk länger als zehn Jahre in der Hand eines Beständers; Ausnahme war allein die Neunkircher Hütte.[22] Zudem bot die Praxis der Saarbrücker Fürsten wegen deren Finanznot den

Anstoß für die Gründungswelle der Saareisenhütten im 18. Jahrhundert. Mit der zunehmenden Erschließung der Saargegend durch brennstoffintensives Gewerbe wie die Eisen- und Glasherstellung wurden diese Vergünstigungen im Laufe des 18. Jahrhunderts immer weiter aufgehoben. Siehe zur Wirtschaftspolitik des Saarbrücker Fürsten Wilhelm Heinrich auch WINFRIED DOTZAUER, Wilhelm Heinrich von Nassau-Saarbrücken, in: *Saarländische Lebensbilder*, Bd. II, Saarbrücken 1984, S. 61–81; HANS-WALTER HERRMANN und HANNS KLEIN (Hg.), *Wilhelm Heinrich von Nassau-Saarbrücken*, Saarbrücken 1968, S. 13–64.

19 Diese sieben Werke in staatlichem Eigentum waren Neunkirchen, Scheidt, Fischbach, Geislautern, Halberg, Jägersfreude und Sulzbach. Rein privat wurden nur die Werke Goffontaine und Rentrisch betrieben: vgl. COLLET, Wirtschaftsleben (Fn. 17), S. 59–60.

20 EBENDA, S. 59–63.

21 Zudem verschlechterten sich die Bedingungen für die Beständer: vgl. WILHELM PAEGE, *Die geschichtliche Entwicklung der Eisenindustrie im Saargebiet, insbesondere seit Anfang des 19. Jahrhunderts*, Diss. Köln 1921/1922, S. 17–18; COLLET, Wirtschaftsleben (Fn. 17), S. 59–63.

22 EBENDA, S. 61.

Werksbetreibern ab 1750 nicht einmal mehr eine Rechtssicherheit für die Dauer des abgeschlossenen Bestandsvertrages. Mehrere Male löste der Fürst bestehende Verträge auf und gab die Werke an besser zahlende Interessenten weiter. So löste z. B. der Fürst Wilhelm Heinrich von Saarbrücken die Verträge mit den Betreiberkonsortien sowohl 1758 als auch 1776 durch die Zahlung einer Entschädigung auf, um sie an andere weiter zu vergeben.[23]

Diese latente Unsicherheit wirkte sich auf die Entwicklung des Eisenhüttenwesens in der Grafschaft langfristig negativ aus. Die Beständer besaßen nicht nur keine Sicherheit, dass der Vertrag nach Ablauf verlängert werden würde, sondern sie mussten zudem fürchten, dass dieser nicht einmal eingehalten wurde. Einer langfristigen Unternehmenspolitik im Sinne der Werksbetreiber standen die kurzen Laufzeiten der Bestandsverträge entgegen, da sich kostspielige Investitionen vielfach nicht amortisierten. Als Konsequenz der kurzzeitigen Temporalverträge und der herrschaftlichen Vergabepolitik mussten die Landesherren nach Ablauf von Temporalverträgen – und vor der Neuverpachtung – deshalb häufig kostspielige Reparaturen durchführen, da die Werke von den Beständern heruntergewirtschaftet waren.[24]

In den späteren Temporalverträgen versuchte man seitens der Landesherrschaft das Problem dieser speziellen Fehlanreize durch verschiedene Bestimmungen zu lösen. Neben einer ausführlichen Inventarisierung der Hütten wurde in den Verträgen festgelegt, welche Ausgaben der Beständer und welche der Landesherr zu finanzieren hatte. So musste der Beständer zumeist die kleineren Reparaturen selbst begleichen, wohingegen größere Ausbauten durch den Territorialherrn getragen wurden. Zu den kleineren Maßnahmen zählten dabei die Unterhaltung der Wasserräder oder deren Getriebe sowie der Hammerwerke, Hütten und dazugehörigen Gebäuden oder Wassergräben.[25] Als Hauptreparation wiederum galt

23 So löste der Fürst Wilhelm Heinrich von Saarbrücken z. B. den Vertrag mit dem Konsortium Blien, Beer, Hertz & Co 1758 durch Zahlung einer Entschädigung auf. 1776 geschah dasselbe mit dem Vertrag der Gebr. Beer, um nur die wichtigsten Fälle zu nennen: vgl. Collet, Wirtschaftsleben (Fn. 17), S. 60–61 und Paege, Entwicklung (Fn. 21), S. 27–30 und 34–37.

24 Collet, Wirtschaftsleben (Fn. 17), S. 61.

25 Banken, Saarregion (Fn. 17), S. 215–217.

z. B. die Wiederherstellung des Gebäudes nach Wetterschäden. Interessanterweise waren in den Verträgen neben diesen Ersatzinvestitionen keinerlei Bestimmungen über Erweiterungsinvestitionen vorgesehen, zweifellos eine Folge dessen, dass man ein größeres andauerndes wirtschaftliches Wachstum nicht voraussah.

Regionalwirtschaftlich verhinderte das Pachtsystem der Fürsten von Nassau-Saarbrücken insgesamt eine langfristige Weiterentwicklung des dortigen Eisenhüttenwesens, da das Temporalpachtsystem und die herrschaftliche Vergabepraxis nach 1750 nicht nur eine für die Weiterentwicklung nötige Investitionsbereitschaft, sondern letztlich jegliche weiterführende Privatinitiative verhinderte. Dies zeigt vor allem der Vergleich mit dem zuvor beschriebenen Hunsrück, aber auch mit anderen Regionen wie dem Mittelrhein, der Pfalz und Niederrhein, in denen es ebenfalls Bestandsverträge oder ähnliche Konzessionierungen gab.[26] Während in Nassau-Saarbrücken die Hütten überwiegend in Form von kurzfristigen Temporalbestandsverträgen und zudem noch an wechselnde Beständer vergeben wurden, herrschten im Hunsrück Erb- oder langfristige Temporalbestandsbriefe vor, die stets verlängert wurden. Wenn auch andere Parameter – wie z. B. die Qualität der Erze – nicht völlig ohne Einfluss waren, so ist die verschiedenartige sektorale Entwicklung im Eisenhüttengewerbe beider Regionen doch vor allem durch die jeweiligen Eigentumsstrukturen zu erklären.

[26] Siehe etwa zu den Bestandsverträgen am Mittelrhein und der Pfalz Hans Schubert, Josef Ferfer und Georg Schache, *Vom Ursprung und Werden der Buderus'sche Eisenwerke*, Wetzlar/München 1939, S. 144–145; Bruno Cloer und Ulrike Kaiser-Cloer, *Eisengewinnung und Eisenverarbeitung in der Pfalz im 18. und 19. Jahrhundert*, (Mannheimer geographische Arbeiten 18), Mannheim 1984; Burkhard Wedemeyer, *Die Familie Gienanth. Ein Kapitel aus der Entwicklung der pfälzischen Eisenindustrie*, Diss. Göttingen 1953; Ulrich Freiherr von Gienanth, *250 Jahre Eisenwerk Eisenberg*. Eisenberg/Pfalz 1986. Dagegen besaßen die Verleihungsurkunden am Niederrhein (St. Antonyhütte, Gutehoffnungshütte) einen deutlich stärkeren Konzessionscharakter: O.V., *Urkunden aus der Entstehungsgeschichte der Gutehoffnungshütte Aktienverein für Bergbau und Hüttenbetrieb 1741–1872*, Oberhausen 1938; Ralf Banken, Die Gutehoffnungshütte: Vom Eisenwerk zum Konzern (1758–1918), in: Johannes Bähr, Ralf Banken und Thomas Fleming, *Die MAN. Eine deutsche Industriegeschichte*, München 2008, S. 16–18 und 22–24; Arnold Woltmann, Geschichte der Gutehoffnungshütte, in: *Die Gutehoffnungshütte Oberhausen, Rheinland. Zur Erinnerung an das 100jährige Bestehen 1810–1910*, Düsseldorf 1910, S. 6.

So entwickelten sich im Hunsrück des 18. Jahrhunderts regelrechte Familienfirmen, die über Jahrzehnte nicht nur ein, sondern mehrere Werke betrieben. Den dortigen Beständerfamilien (Stumm, Puricelli u. a.) gelang es nämlich im 18. Jahrhundert dezentrale und arbeitsteilig organisierte Hüttenverbünde aufzubauen.[27] Zwar gab es auch im Hunsrück Beständerkonsortien, doch waren diese im Vergleich zu den Einzelbetreibern bzw. Betreiberfamilien weniger erfolgreich und verschwanden als Gesellschaftsform nach 1750. Mehr und mehr übernahmen Einzelbetreiber und deren Familien in den vorindustriellen »Konzernen« die Rolle von Unternehmern.

Am Beispiel der Familie Stumms kann dies gut deutlich gemacht werden. Die Stumms arbeiteten nie in ihren Werken selbst mit, sondern übernahmen lediglich die Leitung der einzelnen Hütten bzw. des gesamten Hüttenverbundes.[28] Dabei entschieden sie sowohl in allen technischen als auch kaufmännischen Fragen und kümmerten sich zudem um den Absatz auf entfernten Märkten. Zudem besaßen sie für all dies auch die nötigen Fachkenntnisse. Vor allem aber gelang ihnen auf diesem Wege langsam aber stetig die Bildung eines großen Anlagekapitals. Bezeichnenderweise waren die Stumms dann gegen Ende des 18. Jahrhunderts nicht nur eine der reichsten Familien des Hunsrücks, sondern sie hatten auch den größten Teil ihres Vermögens in ihren Werken festlegen, d. h. in Fixkapital gebunden.

In der Grafschaft Nassau verlief die Entwicklung dagegen völlig anders, da sich auf keiner Hütte bis zum Ende des Jahrhunderts eine Betreiberfamilie kontinuierlich festsetzen konnte. Anders als im

27 Braun, Eisenhüttenwesen (Fn. 10), S. 222–232 und 248–263. Zu den Stumms siehe Herbert W. Böcking, *Abentheuer. Beiträge zur Geschichte des Ortes und seiner Eisenhütte*, Birkenfeld 1961; Eduard Böcking, *Die Familie Stumm als Eisenhüttenbesitzer auf dem Hunsrück im 18. Jahrhundert*, Mülheim 1902; ders., *Notizen über die Betriebs- und wirtschaftlichen Verhältnisse (1621–1893) der Abentheuerhütte bei Birkenfeld a. d. Nahe*, Mühlheim/Rhein 1909. Für die anderen Eisenhüttenfamilien der Region vgl. Robert Schmitt, *Geschichte der Rheinböllerhütte*, Köln 1961, S. 33–60; Klaus Freckmann (Hg.), *Die Unternehmerfamilie Puricelli*, Bonn 1997; Walter Petto, Zur Geschichte der Eisenindustrie im Schwarzwälder Hochwald und ihrer Unternehmerfamilien von ihren Anfängen bis 1870, in: *Zeitschrift für die Geschichte der Saargegend* 17/18 (1969/70), S. 112–170.

28 Braun, Eisenhüttenwesen (Fn. 10), S. 257–253 und 294–295.

Hunsrück wurden die Privatbeständer sogar durch Finanzkonsortien verdrängt, deren Angehörige z.T. nicht einmal in der Region lebten.[29] Die Beständer der Werke in der Grafschaft Saarbrücken waren zudem nur selten Hüttenfachleute oder Industrielle, sondern zumeist Finanziers und Händler, weshalb sie einen Direktor für die Betriebsführung einstellen mussten. Selbst die Kaufleute unter diesen Investoren kümmerten sich kaum um die betrieblichen Abläufe, sondern allerhöchstens um die Vermarktung der Produkte in ihren jeweiligen Heimatregionen. Dass sich die Privatbeständer in der Grafschaft nicht mehr durchsetzen konnten, lag dabei nicht nur an der Ausgestaltung der Temporalverträge, sondern auch an der Vergabepraxis. So verpachtete der Fürst von Nassau-Saarbrücken aufgrund seiner finanziellen Engpässe seine gesamten Werke praktisch einem einzigen Gläubiger als Hypothek. Aus diesem Grund waren in der Grafschaft Nassau-Saarbrücken ab 1768 alle herrschaftlichen Werke bis auf die Neunkircher Hütte in der Hand eines einzigen Pächterkonsortiums.[30] Für die Investoren bildete die Pacht dabei ein durchaus lukratives Ziel, erzielten die Werke trotz sich immer weiter verschlechternder Pachtbestimmungen doch allesamt gute Gewinne.[31]

Dass die Vorherrschaft von »Handelskapitalisten« auf den Werken in Nassau-Saarbrücken eine der wichtigsten Ursachen dafür war, dass sich dort eben nicht eine Art frühindustrielles Unternehmertum herausbildete, zeigt dann vor allem der Umbruch in der Zeit der französischen Herrschaft an der Saar, als im Rahmen der Privatisierung ab 1800 mit den Stumms und anderen Investoren nun erfahrene Betreiber von Eisenhütten in das Eigentum der Werke kamen. Dieser Umbruch bedeutete eine fast völlige Verdrängung des Handels- und Finanzkapitals durch Frühindustrielle. Er führte zudem

29 Collet, Wirtschaftsleben (Fn. 17), S. 59–63; Banken, Saarregion (Fn. 17), S. 217–218.

30 Zu den einzelnen Konsortien siehe Paege, Entwicklung (Fn. 21), S. 27–37 und Collet, Wirtschaftsleben (Fn. 17), S. 59–63. Als Grund für die »Unternehmenskonzentration« in einer Hand in der Grafschaft Saarbrücken sind vor allem die finanziellen Engpässe des Saarbrücker Fürsten zu sehen, der die Werke praktisch den Gläubigern als Hypothek verpachtete: Paege, Entwicklung (Fn. 21), S. 35.

31 Banken, Saarregion (Fn. 17), S. 218 und 230.

nicht nur zu einem fast kompletten Austausch der Führungsebenen in den Betrieben, sondern ließ auch an der Saar Eigentumsstrukturen entstehen, die sich bis zum Ende des 19. Jahrhunderts als sehr stabil erwiesen.[32]

III. Die Bestandsverträge des St. Ingberter Eisenwerks 1732–1791

Nach dem Rückgang der französischen Kriegseinfälle im deutschen Südwesten beantragten die Neunkircher Hüttenpächter Conrad Lehn und Karl Gottbill sowie der Schmiedemeister Joseph Loth aus Blieskastel bei der Rentkammer des Reichsgrafen Carl Caspar von der Leyen 1728, ein Eisenwerk bei St. Ingbert in der Herrschaft Blieskastel anlegen zu dürfen.[33] Anders als bei zuvor eingereichten Anträgen befürwortete die Koblenzer Rentkammer nach einer längeren Untersuchung über die Holzbestände vier Jahre später das Anliegen. Nach dem Vorbild anderer Landesherrschaften an der Saar wurde den Antragstellern wegen des Holzreichtums, den Erzvorkommen und Wasserläufen erlaubt, eine Eisenhütte in der Vogtei St. Ingbert anzulegen. Hierfür wurde im August des gleichen Jahres ein Vorvertrag zwischen der Hüttenkompagnie und der Herrschaft geschlossen, der jedoch bis Jahresende noch mehrfach umgeschrieben wurde. Erst vom 18. Dezember 1732 datiert schließlich der endgültige Vertrag, obwohl man mit dem Bau des Eisenwerkes bereits im Sommer 1732 in St. Ingbert begonnen hatte, weshalb auch die Hütte bereits im Frühjahr 1733 in Produktion gehen konnte.[34]

Der Bestandsvertrag vom 18. Dezember 1732 umfasste insgesamt 21 Punkte. Den Hüttenbeständern wurde herrschaftliches Land, Bauholz und weitere Baumaterialien (§§ 1 und 2) zur Anlage der

32 Ebenda, S. 257–276.

33 Die folgenden Ausführungen über die Entwicklung der St. Ingberter Eisenhütte und deren Bestandsverträge basiert, sofern nicht anders angegeben, auf Krämer, Geschichte (Fn. 1), S. 15–124. Siehe als Überblick zur Geschichte der von Leyen'schen Herrschaft Blieskastel Hans-Walter Herrmann, Von Mosel und Rhein an die Blies. Gedanken zum sozialen Aufstieg und zur Residenzverlegung der Familie von der Leyen, in: *Die Grafen von der Leyen und das Amt Blieskastel*, hg. von Kurt Legrum, Blieskastel 1991, S. 17–26.

34 Der Bestandsvertrag von 1732 ist abgedruckt in: Krämer, Geschichte (Fn. 1), S. 167–171.

Hütten unentgeltlich zugewiesen. Sie mussten jedoch Gebäude, Wege, Wassergräben und die ansonsten zugehörigen Einrichtungen selbst finanzieren (§§ 1 und 13). Erlaubt wurde der Hüttenkompagnie auch die Haltung von Vieh und die Nutzung der benachbarten Gemeindetrift (§ 3) sowie die Zollfreiheit für den hütteneigenen Absatz von Guss- und Schmiedeeisen auf den Märkten (§ 4). Dagegen mussten auswärtige Käufer das Eisen verzollen (Ausfuhrzoll), wenn sie es direkt auf der Hütte in St. Ingbert abholten. Auch erhielten die Hüttenbetreiber z.T. die untere Gerichtsbarkeit (§ 7) und das Recht zum Ausschank von Bier und Wein an ihre Arbeiter (§ 5), wobei Letztere frei von allen Personal- Realabgaben waren, solange sie keinen Grundbesitz in der Herrschaft erwarben (§ 6). Allerdings durften die Betreiber nur katholische und vornehmlich einheimische Arbeiter einstellen, mit der Ausnahme unverheirateter Spezialkräfte (§§ 7 und 17).

Weiterhin bekamen die Hüttenbetreiber jährlich 4.000 Klafter Holz für den Betrieb der Öfen zum (Vorzugs-)Festpreis von 6 Rheinischen Albus aus den herrschaftlichen Wäldern (§§ 13 und 14) sowie das Recht, auch Erz aus der nahe gelegenen Herrschaft Illingen zu importieren, sofern die einheimischen Erze nicht ausreichten (§ 15). Für den Abbau der St. Ingberter Erze mussten sie entweder jährlich 200 Gulden oder aber 5 Albus pro Wagen Erz zahlen (§ 15). Zudem hatten die Hüttenbetreiber Wegegeld an die Gemeinde zu entrichten (§ 19) und das Brot wie die Getränke von der Herrschaft zu erwerben (§ 16). Schließlich war den Hüttenbeständern erlaubt, bei Wassernot zusätzliche Bäche dem eigenen Wasserlauf zuzuführen, wobei die anderen Bachnutzer hierfür jedoch entschädigt werden sollten (§§ 18 und 19).

Die Laufzeit des Bestandes wurde auf 20 Jahre terminiert und zugleich eine Verlängerung um 10 Jahre vorgesehen (§ 8), wobei aber Stillstandszeiten der Hütte aufgrund von Krieg und Seuchen nicht auf die Laufzeit angerechnet werden sollten (§ 11). Der Verkauf des Werkes durch die Hüttenkompagnie war ebenfalls möglich, es bestand jedoch ein Vorkaufsrecht der Herrschaft (§§ 9 und 10). Sollte das Werk aufgegeben werden, verfiel es zudem unentgeltlich an den Fürsten (§ 12). Insgesamt vereinbarten die Vertragsparteien, dass die Hüttenbeständer für den Bestand jährlich 100 Gulden zu zahlen hatten (§ 13).

Deutlich ist zu erkennen, dass sich dieser Bestandsvertrages aus Elementen von Konzession, Privileg und auch privatrechtlichen Vertrag zusammensetzte. Letzteres zeigt sich auch an der Tatsache, dass der Bestandsvertrag mehrmals geändert wurde, bis nach fünf Monaten der endgültige Vertragstext feststand. Dies deutet auf eine nicht nur einseitige Rechtssetzung der Herrschaft hin, sondern auf einen gegenseitigen Verhandlungsprozess und einer Abwägung der jeweiligen Interessen beider Parteien. Als Konzession ist dagegen die Berechtigung zur Anlage der Hütte, dem Abbau der Erze und der Nutzung der Bachgewässer zu werten, wenngleich dies auch mit der Vergabe von Privilegien verbunden war.

So enthielt der Vertrag außerdem die Vergabe einzelner Privilegien, vor allem bezüglich der Produktionsfaktoren der Hütte (Arbeiter, Wasserkraft, Brennholz und Erze). Diese betrafen erstens die Übertragung von Herrschaftsrechten wie etwa die teilweise Ausübung der unteren Gerichtsbarkeit durch die Hüttenherren. Wichtiger aber waren zweitens die Freistellung von Personal- und Realabgaben, die Nutzung der Gemeindeallmenden sowie die Wasserberechtigungen. Ohne derartige Vorrechte hätte die Hütte wohl kaum betrieben werden können, doch griff der Bestandsvertrag in diesen Punkten genau in die Rechte Dritter ein. Bezeichnenderweise entzündeten sich genau an der Mitnutzung der Gemeindeweiden, der Umleitung von Bächen und der Überflutung bäuerlicher Wiesen größere Streitigkeiten mit der einheimischen Bevölkerung. Für diese blieben die Hüttenbewohner bis zum Ende des 18. Jahrhunderts Fremde und zudem Konkurrenten um die knappen Ressourcen Holz, Land und Wasser in der Umgebung. Anders als sonst bei Fabrikprivilegien üblich, fehlten im St. Ingberter Bestandsvertrag von 1732 jedoch Monopolrechte auf der Absatzseite. Derartige Exklusivrechte machten in dem kleinen Territorium jedoch wenig Sinn, zumal ein gewisser Schutz bereits durch die vorhandenen Eingangszölle erreicht werden konnte. Bezüglich des Warenabsatzes konkurrierte die St. Ingberter Hütte auf den verschiedenen Märkten der näheren Umgebung als auch im Fernhandel ohne größere Vorrechte, wie dies der Fall bei den meisten anderen Eisenwerken im westlichen Deutschland war.

Wie die Rechtsform des Bestandsvertrages, so ist auch die des Eigentums im vormodernen Eisenhüttenwesen schwierig mit modernen Rechtsbegriffen zu bestimmen. Der Vertrag schuf eindeutig ein Nutzungseigentum der Hüttenbeständer (dominium utile), die trotz der Bereitstellung des Grundstückes und der Baumaterialien durch die von Leyensche Herrschaft das gesamte Werk vollständig finanzierten und auch mit Einwilligung weiter veräußern durften. Das Vorkaufsrecht der Herrschaft, der jährliche Kanon und die durch die Herrschaft zu bestätigende Verlängerung des Bestandsvertrages nach 20 Jahren, aber auch die Tatsache, dass das Werk bei Aufgabe durch den Beständer unentgeltlich an den Reichsgrafen verfallen sollte, zeigen, dass der Landesherr ebenfalls ein Eigentum an der Hütte besaß, so dass man von einem herrschaftlichen Obereigentum (dominium directum) ausgehen kann.

Im Vergleich mit anderen Bestandsverträgen anderer Eisenhütten an der Saar – an denen sich der St. Ingberter Vertrag von 1732 in Form und Inhalt anlehnte – ist er als durchaus günstig für die Hüttenbetreiber zu beurteilen. Die Abgabenhöhe dieses Temporalbestandsvertrages und die sonstigen Auflagen waren gering, doch schuf vor allem die lange Laufzeit von 20 Jahren eine günstige Voraussetzung für den wirtschaftlichen Erfolg der Hüttenkompagnie. Zurückzuführen ist dies ohne Zweifel darauf, dass die Hütte erst noch errichtet werden musste, was mit für die damalige Zeit enormen Investitionen verbunden war. Die Kapitalgeber waren hierzu jedoch nur bereit, wenn sie eine sichere Rendite erwarten konnten, was bei einem längeren Bestandsvertrag eher gegeben war.

Die Herrschaft wiederum war vor allem an staatlichen Einnahmen interessiert, worauf die Mindestabnahme des Brennholzes von 4.000 Klaftern und der Lebensmittelkauf bei der Herrschaft hindeuten.[35] Da die Koblenzer Rentkammer jedoch nach den verheerenden Folgen der Kriege des 17. Jahrhunderts auch an einer Belebung der Wirtschaft in der Herrschaft Blieskastel interessiert war, gewährte sie neben den allgemein günstigen Bedingungen sogar eine Abgabenfreiheit für das erste Betriebsjahr, um den Erfolg des neuen Projektes in der schwierigen Anfangszeit zu unterstützen.

[35] Siehe allgemein zur Wirtschaftspolitik der von der Leyen im 18. Jahrhundert Eva Kell, Fürsten als Unternehmer durch bürgerliche Initiative, in: *Adel als Unternehmer im bürgerlichen Zeitalter*, hg. von Manfred Rasch, (Veröffentlichung – Vereinigte Westfälische Adelsarchive 17), Münster 2006, S. 265–287; Ludwig Eid, *Marianne von der Leyen*, Saarbrücken 1937, S. 163–225.

Die Interessen beider Parteien konnten dabei mittels eines Bestandsvertrages besonders gut miteinander koordiniert werden, da mit dieser Form in einem einzelnen Dokument sowohl Privilegien und eine Konzession erteilt als auch vertragliche Abmachungen verbunden werden konnten. Die verschiedenen Einzelpunkte konnte man auf diese Weise auch passgenau in die agrarischen Feudalverhältnisse vor Ort einbinden. Allerdings musste man den Beständern zahlreiche Ausnahmerechte gewähren, ohne die die Hütte nicht hätte überleben können. Gleichzeitig war der Bestandsvertrag jedoch nicht nur zum Zeitpunkt seiner Abfassung flexibel gestaltbar, sondern konnte durch die Laufzeitbegrenzung auch noch den in der Zukunft geänderten Verhältnissen angepasst werden.

Dies zeigte sich auch im weiteren Verlauf der Hüttengeschichte. So verhandelte die Witwe Loth als Vertreterin der Hüttenkompagnie ab 1743 über eine Erhöhung der herrschaftlichen Holzlieferungen, während die Rentkammer nicht einmal mehr die bisherigen 4.000 Klafter im nächsten Vertrag garantieren wollte. 1748 einigte man sich dann doch und verlängerte den alten Bestand vorzeitig um zusätzliche sechs Jahre bis 1759 und erlaubte auch die Errichtung der schon länger beantragten Erzpoche.[36] Die Beständer hatten demgegenüber eine Herabsetzung des herrschaftlichen Holzkontingents auf 2.000 Klafter (§ 3) sowie eine Preissteigerung pro Klafter Holz von 6 auf 10 bis 20 Albus (§ 5) hinzunehmen. Zudem stieg der jährliche Kanon auf 150 Gulden (§ 10). Grund für die verschärften Bestandsbedingungen waren die Sorge der Rentkammer um den Erhalt der Wälder, aber auch ihr Interesse an höheren Einnahmen. Die erhöhten Belastungen konnten die Beständer jedoch aufgrund der allgemein guten Eisenkonjunktur und Verdienste durchaus verkraften.

Noch vor dem Ablauf dieses Bestandes begannen Ende der 1750er Jahre wiederum die Verhandlungen über neue Vertragsbedingungen. Dabei ging es abermals um die Höhe der herrschaftlichen Holzlieferungen, die aufgrund des guten Betriebs der Hütte schon länger nicht mehr ausreichten und durch Aufkäufe von auswärts mehr als ergänzt werden mussten. Zudem verhandelte man über die Höhe des Kanons, da die Rentkammer nun 500 Gulden verlangte. Da die

[36] Der Zusatzvertrag von 1748 ist abgedruckt in: Krämer, Geschichte (Fn. 1), S. 172–173.

Hüttenkompagnie unter der Führung der Witwe Loth jedoch nicht mehr als 400 Gulden bezahlen wollte, zogen sich die Verhandlungen länger aufgrund taktischer Spielchen hin. Überraschenderweise schloss die Rentkammer am 27. Februar 1759 dann einen neuen 12jährigen Bestandsvertrag mit dem fachfremden St. Ingberter Gast- und Landwirt sowie Holzhändler Peter Lauer ab, der die 500 Gulden Jahreskanon, einen höheren Holzpreis und einige andere kleinere Leistungen als Bedingungen akzeptierte.[37] Daraufhin kündigte die Rentkammer der Witwe Loth. Allerdings konzedierte man Lauer in dem neuen Vertrag 3.000 Klafter Holz und erlaubte ihm, in der gesamten Herrschaft Blieskastel nach Erz zu suchen, während den vorherigen Beständer dies nur auf dem St. Ingberter Bann gestattet war. Als weitere Änderungen der bisherigen Vertragsbedingungen übernahm nun die Landesherrschaft des Beständers die Erstattung von Schäden durch die Wasserführung zum Eisenwerk und zudem sollten die Hüttengebäude samt Meliorationen nach dem Ablauf des Bestandes von der Herrschaft vergütet werden. Das der alten Hüttengesellschaft am Eisenwerk St. Ingbert zustehende Eigentum musste Peter Lauer der alten Kompagnie außerdem durch eine Zahlung von 6.501 Gulden begleichen. Zudem übernahm er noch Eisenwaren im Wert von knapp über 1.200 Gulden von der Witwe Loth.

Als 1771 dieser Bestandsvertrag Lauers auslief, setzten abermals Verhandlungen über eine Veränderung des Bestands ein, der allerdings am 30. August 1772 für weitere 12 Jahre verlängert wurde und nur wenige Änderungen enthielt.[38] Allerdings wurde das herrschaftliche Holzquantum nun auf 1.500 Klafter jährlich heruntergesetzt. Für die Zollfreiheit musste Lauer neben dem bisherigen Kanon von 500 fl. Kanon zusätzlich 30 Gulden zahlen, wofür er jedoch nun Hüttenarbeiter jeder Religion beschäftigen durfte. Schließlich wurde Lauer von der Herrschaft noch der Bau eines zweiten Schlackenpochwerks sowie eines kleinen Hammerhauses für zwei Kleinhämmer gestattet.

Umstritten war zunächst noch die Bewertung der Hütte und der dazugehörigen Einrichtungen. Nach der Schätzung des Werkes, das auf 14.500 fl. taxiert wurde, machte Lauer geltend, dass er selbst seit

37 Zum Bestandsvertrag Lauers von 1759 siehe EBENDA, S. 44–45.
38 Zur Verlängerung des Bestandsvertrages von 1772 siehe EBENDA, S. 52–53.

1759 insgesamt 6.607 fl. für Investitionen (neue Arbeiterhäuser, Ausbesserung der Gebäude, neue Blasebälge und Gussformen, Erweiterung des Wassergrabens etc.) ausgegeben habe, so dass die Wertsteigerung seit 1759 nahezu allein durch ihn finanziert worden sei.

Die zweite Bestandszeit Lauers stand jedoch unter keinem guten Stern. Bereits ab 1774 blieb Lauer der Rentkammer sämtliche Pacht und Holzgelder schuldig und vernachlässigte die Leitung des Werkes, das mehr und mehr verfiel. 1778 suchte er dann nach finanzstarken Partnern, wurde aber mit mehreren Interessenten nicht handelseinig, da die Hütte sich in einem äußerst schlechten Zustand befand (verschlammter Hüttenkanal, Hüttengebäude ohne Dachziegel und ohne Fenster, Esse eingestürzt, Kohlenscheuer und Formhaus ohne Holzkohle und Gussformen). Das mittlerweile stillstehende Werk, dessen Wert nur noch auf 10.221 fl. geschätzt wurde, übernahm daraufhin die gräfliche Verwaltung im Jahre 1778 selbst und zahlte Lauer als Kompensation für die gesamte Hütte 8.000 fl.

Das Werk, das mit zahlreichen Investitionen wieder in Gang gebracht wurde, blieb trotz einiger Interessenten bis 1782 unter herrschaftlicher Regie.[39] Erst am 10. November 1781 schloss die Rentkammer mit einem Konsortium bestehend aus dem Colmarer Advokaten Antoine Bouchot, dem Baseler Handelsmann Hieronymus Stehelin und dem Hüttenbetreiber Pierre Francois Antoine aus dem Südelsass einen neuen Bestandsvertrag über zwölf Jahre ab. Dieser umfasste insgesamt 62 Punkte, wovon die meisten erneut die herrschaftlichen Holzlieferungen betrafen, die wiederum auf 2.000 Klafter (§§ 4–14) beschränkt wurden.[40] Ansonsten wurde neu geregelt, dass das Erzgraben nur mit dem Einvernehmen der herrschaftlichen Förster erlaubt war (§§ 18 und 20), die Beständer bei Wassermangel zusätzliches Wasser aus nahe gelegenen Brunnen erhalten konnten (§ 30) und die Herrschaft 150 Ztr. Eisen pro Jahr zu Vorzugspreisen geliefert bekam (§ 58). Weiterhin sollte der Vertrag bei längerfristigem Erz- und Holzmangel erlöschen (§ 29), wobei den Beständern wieder Huderechte auf dem Gemeindeland St. Ingberts zugesichert (§§ 22–23) wurden.

[39] Ebenda, S. 57–77.
[40] Ebenda, S. 89–92.

Von größerer Bedeutung war jedoch, dass nun die Frage, wer Investitionen vornehmen sollte, geklärt wurde (§ 44, 47–51 und 53). Kleinere Reparaturen fielen dabei zu Lasten der Beständer. Größere Arbeiten oder sog. »Hauptreparationes«, die ohne Verschulden der Beständer oder ihrer Arbeiter notwendig wurden, sollte die Rentkammer übernehmen. Dies betraf jedoch nur die Gebäude und Produktionseinrichtungen, nicht aber die Rohstoffe und Waren, deren Verlust die Hüttengesellschaft stets selbst zu tragen hatte. Günstig für die neuen Beständer war auch, dass die Rentkammer bereit war, einen Vorschuss von 10–12.000 französischen Livres zur Erbauung weiterer Einrichtungen (zweite Kohlenscheuer, Groß- und Kleinhammer, Kohlenremise, acht Arbeiterwohnungen, Warenmagazin) zu leisten (§§ 36–38). Zudem sollte das herrschaftliche Forstamt das nötige Bauholz unentgeltlich stellen. Der Vorschuss musste mit 6% verzinst und zusammen mit dem Kanon von 1.500 Gulden bezahlt werden (§ 39). Außerdem hatten die Beständer eine Abstandszahlung für Erze, Eisen, Holz und andere Rohstoffe in Höhe von 23.833 fl. zu zahlen, die die Rentkammer der Gesellschaft ebenfalls als Kredit gewährte. Schließlich stand die Rentkammer der neuen Beständergesellschaft vertraglich noch eine bevorzugte Verlängerung des Bestandsvertrages zu (§§ 55–56).

1788 stieg dann der Saarbrücker Kaufmann Philipp Heinrich Krämer an die Stelle des ausscheidenden Stehelin in die Gesellschaft ein, was die Rentkammer akzeptierte, da er vermögend war und auch Bouchet aussteigen wollte. Tatsächlich schieden Bouchet und auch Antoine drei Jahre später aus, weshalb Krämer anschließend eine Verlängerung des Bestandsvertrags für sich allein aushandelte, der am 18. August 1791 unterzeichnet wurde.

Der neue Bestandsvertrag, der ab 1794 galt, hatte nun 84 Paragraphen, von denen allein 27 Bestimmungen über die herrschaftlichen Holzlieferungen enthielten (u. a. §§ 4–23 und 77–78).[41] Die Eisenhütte erhielt danach nur noch 1.500 Klafter Brennholz und musste pro Klafter nun sogar 1 fl. und 50 Kreuzer zahlen. Zudem musste der Beständer nun zahlreiche Regeln für das Schlagen des Holzes beachten. Aufgrund der geringeren herrschaftlichen Holz-

[41] Der Bestandsvertrag von 1791 findet sich ebenfalls vollständig ediert in: EBENDA, S. 173–182.

mengen konzedierte die Rentkammer Krämer nur noch ein Vorkaufsrecht bei allen fürstlichen Holzverkäufen in der Herrschaft, mit Ausnahme der für die Brandversorgung der Untertanen nötigen Veräußerungen.

Im Vergleich zu den anderen Verträgen wurden dem Beständer allerdings nun auch die Lieferung von Steinkohlen (§ 46) und die Nutzung zweier Nachbarweihern (§§ 43–44) zugesichert. Gleichzeitig wurde auch noch eine detaillierte Verordnung für die Wassernutzung erlassen. Auch wurde Krämer die niedrige Gerichtsbarkeit nicht mehr zugestanden; nur noch kleinere Differenzen unter den Beschäftigten auf dem Werk (§§ 35–36) durfte er noch schlichten. Dagegen wurden die Regelungen über die Aufteilung der Investitionsfinanzierung aus den alten Verträgen (§§ 50, 52 und 63–66) vollständig übernommen und der zu zahlende Kanon pro Jahr wiederum auf 1.500 Gulden (§ 82) festgesetzt.

Der 1791 abgeschlossene Bestandsvertrag war dann aufgrund der Eroberung der Herrschaft durch französische Revolutionstruppen bzw. der Annexion der Saargegend durch Frankreich im Jahre 1797 der Letzte seiner Art. Als die französische Regierung das Eisenwerk 1804 den von der Leyen zurückgab, veräußerten diese die Hütte am 12. Dezember 1804 mitsamt allen Gebäuden und Mobilien sowie dem gräflichen Hofgut zu einem Preis von 21.831 fl. an Krämers Witwe, wodurch die Familie nun – fast zeitgleich mit der Abschaffung aller feudalen Beschränkungen und der Einführung der Gewerbefreiheit – alleiniger (Voll)Eigentümer der Eisenhütte wurde.[42]

Vergleicht man nun die Entwicklung der Bedingungen der St. Ingberter Bestandsverträge von 1732 bis 1791, so fällt zunächst einmal auf, dass die Verträge immer ausführlicher wurden und deutlich mehr zu regelnde Punkte enthielten. Umfasste der erste Vertrag von 1732 gerade einmal 21 Paragraphen, waren es 1791 insgesamt 84 Punkte. Zusätzlich wurde noch eine Einzelverordnung für die Wassernutzung erlassen.

Der gestiegene Regelungsbedarf hatte mehrere Gründe. Zum einen war das Werk deutlich gewachsen und umfasste nun zusätzliche Produktionseinrichtungen (Erz- und Schlackenpochen, mehre-

42 Zum Kaufvertrag siehe EBENDA, S. 182–184.

re neue Hämmer), was sowohl eine zusätzliche Ressourcennutzung (Wasser, Holz) als auch – wie im Falle der Pochen – eine durchaus relevante Umweltverschmutzung nach sich zog.

Schließlich erforderte auch der erhebliche Ausbau des Eisenwerks in den Bestandsverträgen neue Regelungen. Dies war insbesondere für die Investitionen der Fall, da alleine für die nötigen Reinvestitionen und auch für Neuinvestitionen aufgrund des geteilten Eigentums an der Eisenhütte konkrete Bestimmungen nötig waren. So versuchte die Herrschaft durch zusätzliche Bestimmungen die vorhandenen negativen Anreizwirkungen zu unterbinden, die wegen der unterlassenen Investitionen des Beständers zum Verfall des Gesamtwerkes geführt hatten. Bezeichnenderweise führte man die Regelung, dass die Beständer die kleineren und die Herrschaft die größeren Investitionen zu finanzieren hatte, erst ein, nachdem Lauers Missmanagement zum Verfall der Hütte geführt hatte und dieses wiederum zu erheblichen Investitionen der Landesherrschaft nach Abgabe des Bestandes 1778 führte.

Zum anderen zog aber vor allem die schwierige Versorgung mit Holz immer mehr Regelungen nach sich. Welches Holz wann, wie viel und unter welcher Aufsicht geschlagen werden durfte, wurde immer genauer reglementiert, da dem gewachsenen Verbrauch des Werkes nicht nur die Interessen einer nachhaltigen Waldbewirtschaftung gegenüberstanden, sondern auch das Interesse der Herrschaft, gutes (Bau-)Holz zu exportieren. Zudem befand sich das Werk auch in unmittelbarer Konkurrenz zu dem Brennholzbedarf der wachsenden Bevölkerung. Die Interessenkonflikte zwischen dem Werk und der St. Ingberter Gemeinde mündeten schon vor 1789 in zahlreiche Streitigkeiten und in den Revolutionswirren kam es dann fast zu handgreiflichen Auseinandersetzungen.[43] Ähnliche Konflikte gab es auch bezüglich der Wassernutzung, da die Interessen

[43] Zu den allgemeinen Konflikten in den 1790er Jahren siehe Wolfgang Laufer, Die Verwaltung des von der Leyenschen Oberamtes Blieskastel unter französischer Besatzung (1794–1798), in: *Jahrbuch für westdeutsche Landesgeschichte* 36 (2010), S. 203–221; ders., Munizipalisierung und Reunionsgesuch: die von der Leyensche Residenz und Herrschaft Blieskastel in den ersten Jahren der Französischen Revolution, in: *Jahrbuch für westdeutsche Landesgeschichte* 35 (2009), S. 325–374; Arthur Kleinschmidt, *Geschichte von Arenberg, Salm und Leyen 1789–1815*, Gotha 1912, S. 297–315.

des Werkes (Überschwemmung der Wiesen, Zufuhr des Wassers aus den Bächen in den Hüttenkanal für die Wasserräder) nicht immer mit denen der Wiesenbesitzer übereinstimmten.[44] All diese und andere Konflikte mit der Bevölkerung St. Ingberts (Huderechte auf Allmende, Abgabenfreiheit der Arbeiter und deren Brennholzversorgung, Wegegelder für die Gemeinde), die schon in den 1740er Jahren auftraten, führten dazu, dass die Rentkammer den Beständern immer genauere Auflagen machte. Dies schlug sich dann in weiteren Paragraphen nieder, auch weil sich eine derartige Ressourcenverteilung in einer Agrargesellschaft mitsamt der zahllosen gewachsenen, extrem verworrenen und vielfach geteilten Verfügungs- und Eigentumsrechte nicht anders regeln ließ.

Neben dem gestiegenen Regelungsbedarf zeigt die Entwicklung der Bestandsverträge auch eine deutliche Verschärfung der Bestandsbedingungen, insbesondere der herrschaftlichen Holzlieferungen, deren Umfang sich nicht allein von 4.000 auf 1.500 Klafter reduzierte, sondern sich auch im Preis erheblich verteuerte. So stieg der Brennholzpreis fast um das Zehnfache und der Kanon verteuerte sich sogar um das 15fache; eine auch trotz der Inflation in der zweiten Hälfte des 18. Jahrhunderts erhebliche Steigerung:

Jahr	Kanon in Gulden	Brennholz zum Vorzugspreis in Klafter	Brennholzpreise in Albus
1732	100	4.000	6
1748	150	2.000	10–20
1759	500	3.000	?
1772	500	1.500	?
1782	1.500	2.000	50
1791	1.500	1.500	55

Tab. 1: Bestandsbedingungen der St. Ingberter Eisenhütte 1732–1791[45]

Auch sonst verschärften sich die Bedingungen für die Eisenproduktion, z. B. durch die Verpflichtung zur Lieferung von Eisen zu bevor-

[44] Zu den Auseinandersetzung von Werksleitung und einheimischer Bevölkerung im 18. Jahrhundert siehe Krämer, Geschichte (Fn. 1), S. 24–25, 27 und 115–116; vgl. auch ders., *Geschichte der Stadt St. Ingbert*, Bd. 1, St. Ingbert 1955.

[45] Eigene Berechnung nach Krämer, Geschichte (Fn. 1), S. 18–21, 44–45, 49, 52–53, 89–92, 110–113 und 167–182.

zugten Preisen an die Herrschaft, was zum einen mit den bereits beschriebenen Nutzungskonflikten um die Ressourcen sowie dem fiskalischen Interesse der Herrschaft zu erklären ist. Allerdings agierte die Rentkammer bezüglich der Bestandsbedingungen durchaus flexibel. So gewährte sie sowohl dem neuen Beständer Lauer 1759, vor allem aber der Hüttengesellschaft Bouchot-Stehelin-Antoine 1782 großzügigere Bedingungen als den Beständern zuvor, allerdings bei einem gleichzeitig erheblich höheren Kanon.

Trotz der zahlreichen Änderungen und Ergänzungen der Bestandsverträge des St. Ingberter Eisenwerks weist auch der letzte Bestandsvertrag von 1791 die Grundstruktur und Grundfiguren des ersten Vertrags von 1732 auf. Dies macht deutlich, dass die gräfliche Rentkammer zwar zusätzlichen Regelungsbedarf, aber keinen grundsätzlichen Änderungsbedarf in den wirtschaftspolitischen Maßnahmen und rechtlichen Formen sah. So blieb es bis zum Verkauf des Werkes an die Krämers 1804 beim geteilten Eigentum der Herrschaft und des Beständers, was stets komplizierte Bestimmungen und Berechnungen über die Investitionen und Ansprüche der Beständer nach dem Ausscheiden aus einem Bestandsvertrag nach sich zog. Die Schaffung modernen Privateigentums, etwa in Form einer »Privatisierung«, stand genauso wenig zur Diskussion wie die Übertragung in ein einfaches Pachtmodell, in dem allerdings die Finanzierung der Investitionen auch mit komplizierten Bestimmungen zu regeln gewesen wäre.

Ähnlich wie beim geteilten Eigentum blieben die Bestandsverträge bis Ende des 18. Jahrhunderts eine Mischung aus Vertrags-, Konzessions- und Privilegselementen. Allerdings trat der Vertragscharakter mit der Zeit immer stärker hervor, weil die vergebenen Privilegien zum einen ab 1759 immer mehr zurückgenommen wurden. Zum anderen zeigen die der Verleihung der Bestandsverträge stets vorausgehenden Verhandlungen, dass ein Großteil der Bedingungen aushandelbar waren und daher nicht ausschließlich hoheitlicher Rechtssetzung unterlagen, sondern in einem gegenseitigen Aushandlungsprozess zu vertraglichen Vereinbarungen führten.

Ausschlaggebend für die konkrete Ausgestaltung waren dabei zunächst einmal die fiskalischen Interessen der Herrschaft, die seitens der Rentkammer stets mitgedacht wurden und ihr unzweifelhaft wichtiger waren als ihre wirtschaftspolitischen Ziele.[46] Auch der Zustand der Wälder als wichtigster Holzlieferant – und neben dem Erz der limitierende Faktor der Eisenproduktion – beeinflusste die konkreten Bedingungen der Bestandsverträge. Schließlich aber spielte auch die Marktlage eine große Rolle: So war die Rentkammer durchaus bereit, günstigere Bestandsbedingungen zu garantieren, um neue Beständer zu gewinnen oder aber einen deutlich höheren Kanon zu kassieren.

Die verschiedenen Interessenten überlegten sich den Abschluss eines Bestandsvertrags in der Regel gut und kalkulierten ihr Engagement durch. Trotz der verschärften Bestandsbedingungen zogen alle Beständer, außer dem fachfremden Peter Lauer, auch ihren Gewinn aus dem Eisenwerk. Dies ist zum einen auf die prinzipiell gute Eisennachfrage des 18. Jahrhunderts zurückzuführen. Zum anderen waren die Bedingungen der von der leyenschen Rentkammer vergebenen Bestandsverträge immer noch deutlich günstiger als in der Grafschaft Nassau-Saarbrücken. Vor allem aber – und trotz der Wegnahme des Bestands der Witwe Loth 1759 – blieb die von Leyensche Herrschaft anders als der Nassau-Saarbrücker Fürst vertragstreu und kündigte die Bestandsverträge nicht vorzeitig auf, was es den Beständern ermöglichte, den gesamten Bestandsvertrag mit Gewinn auszunutzen. Im Vergleich zu den Hunsrücker Bestandsverträgen standen die St. Ingberter Beständer jedoch deutlich schlechter dar. Als Folge wechselten die Betreiber des Werkes mehrfach. Erst die Krämers konnten nach dem Kauf des Werkes 1804 einen Hüttenverbund aufbauen.

IV. Die Bedeutung der Bestandsverträge

Ohne Zweifel sind die Bestandsverträge der Eisenhütten im Hunsrück und der Saarregion des 18. Jahrhunderts rechtshistorisch als klassische Privilegien einer kameralistischen Wirtschaftspolitik einzuordnen, weisen sie doch die von der neueren rechtshistorischen

46 Eid, Marianne von der Leyen (Fn. 35), S. 201–225; Wolfgang Krämer, *Die Denkschrift des Grafen Philipp von der Leyen an die Reichsversammlung in Wien vom 13. Juli 1795 über die Finanzlage der Reichsgrafschaft von der Leyen kurz vor ihrem Sturze 1788*, Homburg 1927.

Forschung – und hier ist insbesondere Heinz Mohnhaupt zu nennen – aufgestellten Merkmale eines Privilegs auf.[47] So waren auch diese Bestandsverträge eindeutig begünstigende Hoheitsakte in Urkundenform, die per einzelnem Rechtsakt subjektive Sonderberechtigungen vergaben und gleichzeitig durch die negative Drittwirkung auch Teil der objektiven Rechtsordnung waren, die alle Untertanen und Amtsträger zu beachten und zu schützen hatten. Dass durch die Bestandsverträge auch konzessionsartig eine allgemeine Berechtigung zur Aufnahme der – grundsätzlich ja zunft- und gewerbefreien – Eisenproduktion vergeben wurde und diese auch einen starken privatrechtlichen Vertragscharakter besaßen, widerspricht dabei nach Mohnhaupt und anderen nicht einer Einordnung als Privileg.[48] So stand den vergebenen Privilegien trotz ihres Charakters als Gnadenleistung der ausstellenden Landesherrschaft oft eine Gegenleistung des Privilegienempfängers – etwa eine Entgeltzahlung – gegenüber.

47 Heinz Mohnhaupt, Privileg, in: Jaeger, Enzyklopädie der Neuzeit (Fn. 7), Bd. 10, 2009, Sp. 391–401.

48 Heinz Mohnhaupt, Privileg, neuzeitlich, in: Erler und Kaufmann, Handwörterbuch zur deutschen Rechtsgeschichte (Fn. 14), Bd. 3, 1984, Sp. 1999–2011; ders., Untersuchungen zum Verhältnis Privileg und Kodifikation im 18. und 19. Jahrhundert, in: *Ius Commune* 5 (1975), S. 71–121; ders., Die Unendlichkeit des Privilegienbegriffs. Zur Einführung in das Tagungsthema, in: *Das Privileg im europäischen Vergleich*, hg. von Barbara Dölemeyer und Heinz Mohnhaupt, Bd. 1, (Ius Commune Sonderhefte. Studien zur europäischen Rechtsgeschichte 93), Frankfurt am Main 1997, S. 1–13; ders., Vom Privileg zum Verwaltungsakt. Beobachtungen zur dogmengeschichtlichen Entwicklung in Deutschland seit der Mitte des 18. Jahrhunderts, in: *Wissenschaft und Recht der Verwaltung seit dem Ancien Regime*, hg. von Erk Volkmar Heyen, (Ius Commune Sonderhefte. Studien zur europäischen Rechtsgeschichte 21), Frankfurt am Main 1984, S. 41–58; ders., Privileg, Gesetz, Vertrag, Konzession. Subjektives Recht und Formen der Rechtserteilung zwischen Gnade und Anspruch, in: *Das Recht und seine historischen Grundlagen. Festschrift für Elmar Wadle*, hg. von Tiziana J. Chiusi, Thomas Gergen und Heike Jung, (Schriften zur Rechtsgeschichte 139), Berlin 2008, S. 627–641. Siehe ansonsten auch Dietmar Klippel, Das Privileg in der deutschen Staatsrechtslehre des 19. Jahrhunderts, in: *Das Privileg im europäischen Vergleich*, hg. von Barbara Dölemeyer und Heinz Mohnhaupt, Bd. 2, (Ius Commune Sonderhefte. Studien zur europäischen Rechtsgeschichte 125), Frankfurt am Main 1999, S. 285–308; ders., Das Privileg im deutschen Naturrecht des 18. und 19. Jahrhunderts, in: Dölemeyer und Mohnhaupt, Privileg im europäischen Vergleich (Fn. 48), Bd. 1, S. 329–346; Thorsten Lieb, *Privileg und Verwaltungsakt. Handlungsformen der öffentlichen Gewalt im 18. und 19. Jahrhundert*, Frankfurt am Main u. a. 2004, S. 27–65.

Daher war das prinzipiell gegebene Widerrufsrecht des Privilegienausstellers in den »privilegia conventionale« vertraglich begrenzt, was für die Privilegieninhaber eine erheblich größere Rechtssicherheit bedeutete.

Im Speziellen entsprachen die hier untersuchten Bestandsverträge den Fabrikprivilegien, die ein wichtiger Teil der kameralistischen Wirtschaftspolitik im Deutschland des 18. Jahrhunderts waren; allerdings besaßen sie anders als sonstige Fabrikprivilegien aufgrund der herrschaftlichen Regalrechte eine größere Tradition.[49] Zudem dienten die Bestandsverträge im Eisenhüttenwesen weniger einer Öffnung von Zunftgrenzen oder der Verrechtlichung der Produktion in Großbetrieben wie Manufaktur und Fabrik. Stärker als Widerstände anderer Mitwettbewerber, vor allem aus dem Handwerk, zielten die Bestandsverträge auf eine Sicherung der für den Betrieb unerlässlichen Produktionsfaktoren, d. h. einer ausreichenden Brennholzversorgung, sicheren Wassernutzungsrechten, einer Konzession zum Erzabbau sowie verschiedenen Vorrechten bezüglich der Beschäftigung der Facharbeiter.[50]

Anders als zahlreiche andere Fabrikprivilegien enthielten die hier analysierten Bestandsverträge jedoch keine Vorrechte auf der Absatzseite, wie z. B. Monopolrechte, die den Verkauf der Eisenwaren im eigenen Herrschaftsbereich absicherten. Ein solches Privileg wäre jedoch aufgrund der kleinen Territorien sowohl im Hunsrück als auch an der Saar völlig wirkungslos gewesen, endete die Landesherr-

49 Heinz Mohnhaupt, Fabrikprivileg, in: Jaeger, Enzyklopädie der Neuzeit (Fn. 7), Bd. 3, 2006, Sp. 753–756. Vgl. zu den Fabrikprivilegien auch Robert Walz, Privilegien zum württembergischen Gewerberecht im 18. Jahrhundert, in: Dölemeyer und Mohnhaupt, Privileg im europäischen Vergleich (Fn. 48), Bd. 1, S. 419–462; Dietmar Willoweit, Gewerbeprivileg und »natürliche« Gewerbefreiheit. Strukturen des preußischen Gewerberechts im 18. Jahrhundert, in: *Vom Gewerbe zum Unternehmen. Studien zum Recht der gewerblichen Wirtschaft im 18. und 19. Jahrhundert*, hg. von Karl Otto Scherner und Dietmar Willoweit, Darmstadt 1982, S. 60–111.

50 So weisen die Bestandsbriefe auch inhaltliche zahlreiche Parallelen mit den Fabrikprivilegien auf, da in ihnen ebenfalls Subventionszahlungen, die Öffnung der Grenzen für Fachkräfte, deren Religionsfreiheit und Befreiung von Wehrpflicht, Steuern und Abgaben geregelt wurden. Weiterhin enthielten sie wie Fabrikprivilegien außerdem auch Zollbefreiungen, Zuweisung einer eigenen Gerichtsbarkeit sowie arbeits- und polizeirechtlichen Regelungen: siehe Mohnhaupt, Fabrikprivileg (Fn. 49), Sp. 753–756.

schaft doch schon meist nach wenigen Kilometern. Auch diese Besonderheit zeigt, dass die Bestandsverträge wie auch die meisten anderen Fabrikprivilegien ein sehr flexibles und jederzeit anpassungsfähiges Rechtsinstrument zur Wirtschaftsförderung bildeten, die auch ohne allgemeine Gesetze eine zielgenaue staatliche Lenkung und Kontrolle eines Gewerbezweiges erlaubten. Dass sich die Bestandsverträge – anders als z. B. in Österreich[51] – nicht durch eine vermehrte Vergabe dieser Sonderrechte zu einem eigenen Fabrikenrecht entwickelten, ist dabei ebenfalls auf die geringe Größe der Territorien und deren beschränkten Ressourcen im Land zurückzuführen, da Letztere nur für den Betrieb weniger Werke ausreichten. Allerdings zeigt der Erlass ergänzender Verordnungen, dass die Bestandsverträge gegen Ende des 18. Jahrhunderts nicht mehr für die Kontrolle dieses Gewerbes ausreichten und die stets komplizierter werdende Realität auch durch zusätzliche Rechtsinstrumente geordnet werden musste; im Kleinen deutet sich so auch die Entwicklung zu einer landesherrlichen Globalsteuerung der Fabrikzweige durch generalisierende Dekrete und Reglements sowie die Einführung der Gewerbefreiheit und Konzessionssystemen in ihren Anfängen an, die in größeren Staaten auch schon vor 1800 deutlicher zu erkennen war.

Wenngleich in weiteren Eisenregionen Westdeutschlands völlig anders geartete Eigentumsverfassungen des Eisenhüttengewerbes existierten, ähnelten sich die Bestandsverträge an Saar, Hunsrück, Pfalz und Mittelrhein in der Art ihrer rechtlichen Ausgestaltung sehr, obgleich sie von unterschiedlichen Behörden der zahlreichen Klein- und Kleinstterritorien ausgestellt wurden. Ohne dass dem an dieser Stelle näher nachgegangen werden kann, erscheint die Übernahme dieser Vertragsform aus dem Mühlenrecht wahrscheinlich, da es auch dort ein geteiltes Eigentum mit einem Dominium directum der Herrschaft gab und die Mühlenbriefe ebenfalls ein Mix aus Konzession, Vertrag und Privileg sowie ein sehr bewegliches Regelungsinstrument dieses Gewerbezweiges darstellten.[52]

51 Gustav Otruba (Hg.), *Österreichische Fabrikprivilegien vom 16. bis ins 18. Jahrhundert und ausgewählte verwandte Quellen zur Frühgeschichte der Industrialisierung*, (Fontes rerum Austriacarum III/7), Graz/Köln/Wien 1981.

52 Stürmer, Mühlenrecht (Fn. 10), S. 169–180.

Unabhängig von der gleichförmigen Grundstruktur der Bestandsbriefe des Eisenhüttenwesens in den Untersuchungsregionen – und ihrer rechtsgeschichtlichen Einordnung – bleibt jedoch festzuhalten, dass die konkrete inhaltliche Ausgestaltung der Bestandsverleihungen von Territorium zu Territorium und auch im Zeitverlauf durchaus stark variieren konnte. Exakt diese Unterschiede konnten erhebliche Konsequenzen sowohl für die einzelnen Beständer und Eisenwerke als auch die ökonomische Entwicklung des jeweiligen regionalen Eisenhüttengewerbes nach sich ziehen. Unabhängig von der Verschärfung der Bestandsbedingungen im Laufe des 18. Jahrhunderts, die sich zu einem erheblichen Teil durch die Verknappung der Holzbestände in den Wäldern und den fiskalischen Interessen der Herrschaft erklärt, war die kontinuierliche Vergabe »schlechter« Eigentumsrechte durch die Landesherren von entscheidender Bedeutung für die Kapitalbildung im eisenproduzierenden Gewerbe. Sieht man von anderen wichtigen Standortfaktoren – und hier insbesondere der Ausstattung mit Rohstoffen – einmal ab, so war weniger die Rechtsform, in der Verfügungsrechte organisiert waren (Herrschaft allgemeingültiger Gesetze und/oder Gewerbefreiheit mit fixiertem Normativsystem versus rechtlicher Einzelfallregelung mittels Privileg resp. Bestandsbetrag) für den betriebswirtschaftlichen Erfolg der Hüttenbeständer verantwortlich. Wie man z. B. am Aufstieg der verschiedenen Hüttenbetreiberdynastien im Hunsrück bzw. den häufig wechselnden Beständern in der Grafschaft Nassau-Saarbrücken erkennen konnte, war es wichtiger, dass den Hüttenbetreibern gute Eigentumsrechte verliehen wurden, die seitens der Herrschaft nicht widerrufen, sondern nach Ablauf der Bestandsverträge vielmehr bestätigt wurden. Dabei spielte es auch keine Rolle, ob die Bestandsverträge mit oder ohne Entschädigung widerrufen wurden, da schon der Verdacht einer Kündigung dazu führte, dass die Hüttenbeständer Neu- und Ersatzinvestitionen unterließen, da sie nicht sicher davon ausgehen konnten, hierfür eine ausreichende Rendite zu erwirtschaften. Obgleich die herrschaftlichen Beamten an der Saar dieses Problem erkannten und durch einzelne Regelungen in den Bestandsverträgen über die Finanzierung von Investitionen zu lösen versuchten, blieb diese »negative« Anreizfunktion bestehen, da das fiskalische Einnahmeinteresse der Herrschaft nachhaltige Lösungen, z. B. durch eine vollständige Privatisierung der Eisenhütten, nicht ermöglichte.

Die Entwicklung der Bestandsverträge im Eisenhüttenwesen vor 1800 zeigt neben der großen Bedeutung sicherer Verfügungsrechte, die die Hüttenbeständer durch die Vertragsfigur bestmöglich gegen einen Widerruf abzusichern trachteten,[53] auch, dass die vielfältigere Ausgestaltung der konkreten Verfügungsrechte vor 1800 – bzw. die dafür verantwortliche kameralistische Wirtschaftspolitik der kleinen Landesherren – nicht unbedingt nur ein hemmendes Element für die Entwicklung moderner Strukturen bildete. Wie das vorliegende Beispiel zudem gezeigt hat, erlaubt eine komparative Analyse rechtlicher Quellen wie Verträge oder Privilegien, die ja vielfach überliefert sind, nicht nur Vergleiche zwischen unterschiedlichen regionalen Eigentumsstrukturen in verschiedenen Gewerbezweigen vor 1800. Schließlich wird so auch möglich, die genaue Bedeutung der Anreizfunktionen der unterschiedlich wirkenden Verfügungsrechte für die Entwicklung der Gewerbezweige zu bestimmen.

[53] Auch in der rechthistorischen Forschung wird betont, dass die Privilegiennehmer stets versuchten, dem Privileg Bestandskraft eines Vertrages zu sichern, um den freien Widerruf des Privilegs möglichst auszuschließen und die eigenen Vorrechte zu sichern. Der Vertrag galt hierfür als beste Möglichkeit: vgl. MOHNHAUPT, Privileg (Fn. 48).

Privilèges et économie de la guerre: la construction du réseau d'entreprises militaires français au XVIIIe siècle

David Plouviez

Dans le contexte des conflits maritimes et coloniaux des XVIIe et XVIIIe siècles, de nombreux États européens se dotèrent d'une marine de guerre permanente, édifiée, entretenue et armée au sein d'arsenaux, des sites industriels sans équivalent sous l'Ancien Régime. La capacité de projection de la France sur les espaces océaniques, comme de toutes les autres puissances navales européennes, a dépendu non seulement de sa faculté à maîtriser un outil guerrier très complexe à mettre en œuvre, tant économiquement que techniquement, mais également à s'assurer en permanence d'un volume conséquent d'unités capables d'être mobilisées à tout moment. Ces caractéristiques ont représenté de véritables défis pour la France qui a dû s'efforcer de mobiliser des budgets conséquents tout en rassemblant et organisant un tissu entrepreneurial et industriel capable de fournir tous les éléments constitutifs d'un vaisseau de guerre.

Car si l'arsenal conserve son importance au XVIIIe siècle, il est de plus en plus dépendant d'un réseau d'entreprises militaires qui sous-traitent la réalisation d'éléments stratégiques telles que les voiles, les pièces métalliques, l'artillerie ou encore les armes portatives. Or, l'existence de cette trame industrielle, qui connaît une progressive concentration au XVIIIe siècle, est en partie conditionnée par l'octroi d'un privilège par l'État. Dans un contexte où la France était contrainte de maintenir son outil guerrier à un haut niveau qualitatif mais avec un budget réduit, l'usage du privilège a été perçu comme une arme économique destinée à pérenniser les entreprises militaires en leur assurant l'investissement d'acteurs extérieurs.

Reste que l'on a souvent présenté le privilège comme un outil contraignant pour l'État, assorti de trop nombreux avantages économiques et sociaux. À l'usage, n'a-t-il pas imposé au contraire une plus

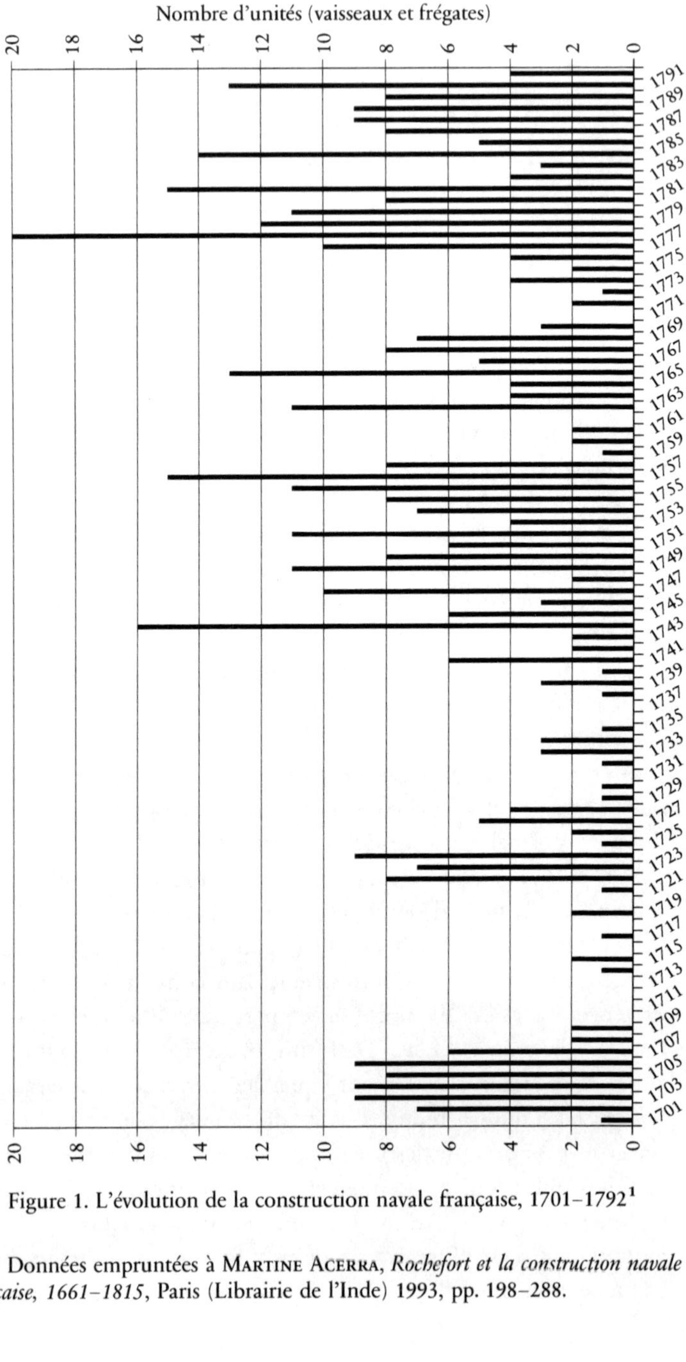

Figure 1. L'évolution de la construction navale française, 1701–1792[1]

[1] Données empruntées à Martine Acerra, *Rochefort et la construction navale française, 1661–1815*, Paris (Librairie de l'Inde) 1993, pp. 198–288.

grande réciprocité entre les acteurs? Autrement dit, en dehors de sa capacité à financer la création et le développement des manufactures et des fonderies chargées de soutenir l'effort de guerre, le privilège ne peut-il pas être entendu également comme un vecteur permettant à la marine, débarrassée de la gestion et de l'entretien d'une infrastructure productive, la transposition de son corpus normatif – cahiers des charges, règlements ... – pour faire progresser qualitativement vaisseaux et frégates? Par ailleurs, au delà des avantages importants concédés par l'État, le privilège n'a-t-il pas représenté à plus ou moins long terme un carcan pour les investisseurs? Il s'agit donc ici de restituer la réalité de l'usage et des implications de cet outil pour l'État comme pour les acteurs économiques dans le contexte de l'édification du réseau d'entreprises militaires au XVIIIe siècle.

I. Le privilège: un outil pour la construction d'un réseau manufacturier militaire

Au lendemain de la Régence, le tissu manufacturier susceptible de fournir du matériel militaire est réduit à quelques infrastructures éparses, souvent vétustes et singulièrement en retrait par rapport à l'évolution technique du temps. Depuis 1707, l'effort de construction navale est interrompu et les quelques unités lancées jusqu'au début des années 1720 le sont grâce à l'emploi des stocks subsistant dans les magasins des arsenaux, au recyclage de pièces d'artillerie usagées et au désossage des dernières unités inaptes à la mer, construites sous Louis XIV.

La volonté de Maurepas de restaurer le potentiel naval est contrainte par l'indigence de ce paysage industriel autant que par l'exiguïté d'un budget qui ne lui permettent pas d'ordonner la mise en chantier de plus de deux à trois unités chaque année.[2] Pour autant, et en dépit d'un faible rythme de construction, la France doit restaurer manufactures et fonderies. L'urgence n'est pas la même pour tous les secteurs d'approvisionnement. Ainsi, si la marine

[2] Sur les neuf millions de livres de budget annuel, il restait environ 2,5 millions de livres pour les constructions. Or, un vaisseau de 74 canons représente un investissement de 800.000 à 900.000 livres: cf. MICHEL VERGÉ-FRANCESCHI, *La marine française au XVIIIe siècle*, Paris (SEDES) 1996, p. 87.

parvient à s'appuyer sur un stock d'artillerie complété par une sollicitation ponctuelle des forges présentes en Périgord et en Angoumois jusqu'à la guerre de Succession d'Autriche,[3] la nécessité de relancer au plus vite les manufactures de toiles à voiles s'impose. La très faible marge de manœuvre budgétaire conduit l'État à opter pour une exploitation *à l'entreprise*, autrement dit la délégation de production à un groupe d'entrepreneurs. Sur ce modèle, les manufactures de Brest et de Toulon sont ouvertes en 1718 et 1719 et sont assorties d'un privilège qui, outre des avantages économiques et matériels substantiels, assure, sinon un monopole de production, du moins une concurrence très limitée. Pour l'État, l'octroi d'un privilège constitue un outil économique incitatif puissant pour capter des entrepreneurs même si l'effet escompté est plutôt contrasté dans un premier temps. À Toulon, faute d'acteurs économiques fiables, la manufacture de toiles à voiles ne parvient pas à décoller et il faut attendre sa reprise par Pierre Portaly et Louis Leguier en 1731 pour assister au réel lancement de la production.[4] Ici, comme partout sur le territoire, la manufacture de toiles de l'arsenal n'échappe pas à une réhabilitation lourde qui réclame une mise de fonds importante assurée par des entrepreneurs solides. Par ailleurs, la « mémoire technique » de la fabrication des toiles a mal traversé la

[3] Au cours des années 1720–1730, la marine décline de nombreuses propositions de la part de maîtres de forge qui souhaitent s'engager à fondre des pièces d'artillerie, comme ici pour le Périgord: « J'avois connoissance M., de tout ce que vous me marquez sur la bonne qualité des forges du Périgord pour fournir des canons, et j'en feray volontiers usage lorsque la marine en aura besoin, mais les arcenaux en sont à present suffisament munis pour les armements qui peuvent estre ordonnez »: Archives Nationales (AN) Marine (Mar.), B[2] 293, fol. 1169 (20 octobre 1733). Mais ces propositions ne doivent pas dissimuler l'extraordinaire état de désolation des installations métallurgiques au service de la marine. Ainsi, la description de la fonderie de Saint-Gervais, dans les Alpes, disposant d'un privilège accordé sous Colbert en 1679, est représentative de l'état du réseau d'infrastructures: « [...] j'ay eu avis que ses bâtimens perissoient journellement à un point que la plus grandes des halles à charbon y avoit été renversée par les vents faute de réparation. J'ose vous representer la necessité qu'il y a de faire le marché de la fourniture que vous avez ordonnée pour empecher l'entier deperrissement de cette fabrique et les desertion des ouvriers dont partie ont déjà quitté faute de travail [...] »: Fontanieu, intendant de Grenoble, à Maurepas, AN Mar., B3 319, fol. 155 (20 mai 1727).

[4] AN Mar., B[3] 382, fol. 421 (8 décembre 1737).

fin du règne de Louis XIV et la Régence et la remobilisation de ces savoir-faire est parfois longue et complexe pour obtenir à nouveau une qualité optimale.[5] À Brest, l'entrepreneur Didon de Meyssac parvient plus rapidement à approvisionner l'arsenal en produits de qualité mais celle-ci devient vraiment régulière à partir de 1730, au moment où la manufacture est cédée à Nicolas Vallet de la Touche, un entrepreneur des gabelles.[6] Associé à son frère, Pierre Vallet de Salignac, à son fils, Pierre Armand, et à des financiers parisiens, Nicolas Valet obtient le privilège de production des toiles à partir des infrastructures de Larenthel tout en commerçant des fournitures baltes pour les arsenaux de Brest et de Rochefort.[7]

L'octroi d'un privilège a conditionné la constitution du réseau d'entreprises militaires au XVIIIe siècle mais l'analyse de la chronologie de leur fondation montre que sa concession a été portée par au moins deux logiques. Ainsi, le plus fréquemment, le privilège s'inscrit dans un processus de légitimation des acteurs économiques qui se sont engagés à soutenir les entreprises dédiées à la construction navale militaire moyennant la faveur royale. Ils représentent un groupe socio-économique relativement homogène, autant par sa composition – prépondérance des officiers de finance et de judicature – que par sa volonté de capter les revenus industriels générés par les grands marchés de la Guerre et de la Marine. La pérennisation de son investissement était conditionnée par l'absence – ou du moins la limitation – de la concurrence ainsi qu'une mise à l'écart du contrôle des corporations. Guy Richard a déjà montré ce processus pour de nombreuses sociétés métallurgiques fondées dans la seconde moitié du XVIIIe siècle telle que la fonderie royale du Creusot en 1782, un établissement destiné à alimenter en fonte de fer l'usine d'Indret en

5 AN Mar., B^3 289, fol. 260–273, « Mémoire sur l'estat actuel du service du port et arsenal de Toulon », par M. Mithon, intendant de la marine à Toulon, à Maurepas (1723).

6 Marcel Delafosse et Claude Laveau, *Le commerce du sel de Brouage aux XVIIe et XVIIIe siècles*, (Cahiers des Annales), Paris (Armand Colin) 1960, pp. 53–57.

7 Pontaniou et Larenthel sont les deux manufactures de toiles à voiles successives de l'arsenal de Brest: AN, Minutier Central (MC), Étude XCVI, 300, 301 et 321 (15 septembre 1730, 28 octobre 1730, 9 septembre 1735).

aval de Nantes.[8] Dans le domaine textile, il faut mentionner la manufacture royale de toiles à voiles d'Angers, fondée en 1750, détenue par François Bonnaire, René Loisillon et le trésorier général de la marine Georges Baudard de Vaudésir, qui obtient son privilège après un arrêté du conseil du roi du 17 mai 1757.[9] Mais au-delà de la légitimation d'une structure économico-industrielle déjà bien établie et dont l'État veut tirer un bénéfice pour la continuité de son effort de guerre, il apparaît que le privilège est également un instrument d'intégration d'acteurs économiques qui n'auraient pas d'emblée montré leur intérêt pour une infrastructure industrielle naissante. Ainsi, dans certains cas, l'intérêt de l'État précède celui de potentiels investisseurs pour des projets stratégiques. En Anjou, la volonté commune de Charles-Pierre de Savalette, intendant de Tours, de Michau de Montaran, intendant du commerce,[10] et de Rouillé, secrétaire d'État à la marine, pour fonder une manufacture de toiles à voiles dans une région très productrice en chanvre les conduit à se mettre en relation en 1749 avec un entrepreneur de Saumur, Pierre Deshayes, qui avait montré une certaine habileté en présentant un projet de manufacture en 1734. Mais en dépit de qualités de gestion évidentes, cet homme était dépourvu des fonds nécessaires pour édifier une manufacture qui devait répondre aux besoins des arsenaux de la façade atlantique. Pourtant, ce dernier aspect n'effraye pas la marine qui soutient la création de cette manufacture en requérant auprès du conseil du roi pour qu'il accorde un privilège le 31 mars 1750 avant même que celle-ci ne soit vraiment sortie de terre.[11] Cet

[8] Guy Richard, *La noblesse d'affaire au XVIIe siècle* (1974), 2^e^éd., Paris (Armand Colin) 1997, pp. 137–141.

[9] Le privilège est ensuite enregistré par le corps de la ville d'Angers le 25 juin 1757: « [...] Lecture faite de l'arrêt du Conseil du Roy du 17 may 1757 qui accorde à la Manufacture de Toilles à voiles d'Angers le titre de Manufacture Royalle [...] a été arrêté, ce requérant le Procureur du Roy, qu'il sera enregistré à ce greffe pour jouir par les dénommés des privilèges y énoncés »: Archives Municipales (AM) Angers, BB 117, fol. 151, cité par Victor Dauphin, *Les manufactures de toiles à voile d'Angers et de Beaufort (1748–1900)*, Angers (G. Grassin) 1913, p. 128.

[10] Sur le rôle des intendants du commerce et en particulier de celui de Michau de Montaran: Frédéric Garrigues, Les intendants du commerce au XVIIIe siècle, in: *Revue d'histoire moderne & contemporaine* 45, 3 (1998), pp. 626–661.

[11] Archives Départementales (AD) Indre-et-Loire, C 132 (23 août 1750).

octroi ne manqua pas d'attirer les convoitises. L'acte de société définitif est signé à Paris un an plus tard et 6/7e du capital est détenu par des investisseurs angevins et parisiens.[12] À l'origine d'une création industrielle, le privilège pouvait également être employé pour relancer une infrastructure jugée en danger en consolidant son actionnariat. Créée en 1772, la manufacture d'acier d'Amboise destinée, entre autre, à approvisionner la marine en petit outillage eut des difficultés autant économiques que techniques avant la décision du conseil du roi de lui accorder un privilège exclusif pour quinze ans en 1786. Dès lors, ce sont de nombreux officiers représentant une noblesse de fraiche date aux côtés d'une autre plus illustre qui se pressent pour investir.[13]

In fine, quel que soit le cheminement emprunté, le privilège reconnaissait l'utilité publique d'une entreprise et fournissait un blanc-seing pour de potentiels investisseurs. De fait, les infrastructures privilégiées bénéficiaient d'une très forte attractivité et les candidats aux marchés militaires ne manquèrent pas au XVIIIe siècle. L'intégration aux réseaux financiers, locaux ou parisiens, par l'achat d'une charge anoblissante, est le signe le plus évident d'une stratégie personnelle déployée par les mondes marchand ou négociant pour être intéressés « aux affaires du roi ». Communément, c'est la charge de secrétaire du roi, la « savonnette à vilain »,[14] qui permettait de changer de statut et de bénéficier d'une clientèle nouvelle d'associés. En 1743, Pierre Babaud de la Chaussade, déjà investi dans les forges nivernaises pour l'approvisionnement de la marine,[15] fait l'acquisition de la charge de secrétaire du roi au Grand Collège, un achat contemporain à son intégration aux réseaux financiers parisiens comme en témoigne l'acte de société qu'il contracte en 1742 pour agrandir et moderniser ses installations.[16] Au début du XVIIIe siècle,

12 AN, MC, Étude LIV, 10 (30 juillet 1751).

13 RICHARD, Noblesse (n. 8), pp. 144–145.

14 JEAN-FRANÇOIS SOLNON, Secrétaire du Roi, in: *Dictionnaire de l'Ancien Régime*, éd. par LUCIEN BELY, Paris (Presses Universitaires de France) 2002, p. 1146.

15 PAUL-WALDEN BAMFORD, *Privilege and Profit. A Business Family in Eighteenth-Century France*, Philadelphia (University of Pennsylvania Press) 1988.

16 AN, MC, Étude VI, 694 (29 mars 1742).

l'entrepreneur Leblanc de Marnaval eut un parcours identique et transmit sa charge à son fils intéressé à l'approvisionnement du fer à partir des années 1740 pour Rochefort et les colonies au sein des forges de Clavières appartenant au comte d'Artois.[17]

Étape préalable, cette stratégie d'accès au second ordre avait peu de chance d'avoir une implication économique à court terme sans la reconnaissance du roi. Sans un soutien clairement manifesté de la part de l'État, la mobilisation du capital était plus lente et la pérennisation des entreprises militaires plus aléatoire comme en témoignent la fondation et les premières années de vie de la manufacture de Romilly-sur-Andelle. À la fin des années 1770, la marine s'engage dans la généralisation du doublage en cuivre des coques des vaisseaux et des frégates sur le modèle de la *Royal Navy.*[18] Dans ce contexte, Michel-Louis Le Camus de Limare, un entrepreneur de Louviers, prend l'initiative de fonder la première usine de laminage du cuivre en France après un transfert technique à partir de la région de Birmingham en Angleterre.[19] Dans cette aventure industrielle, l'État refuse d'apporter une aide directe sous la forme d'un soutien à la production, d'un abaissement des droits de douane sur l'entrée du cuivre brut ou d'une quelconque autre forme de privilège.[20] Seul un soutien logistique est accordé à l'entrepreneur pour la

[17] David Plouviez, Claude Leblanc de Marnaval et Pierre Babaud de la Chaussade au cœur de l'approvisionnement métallurgique de la marine de guerre au XVIIIe siècle, in: *Nivernais et marines, actes du colloque des huitièmes rencontres d'histoire de la métallurgie 2009*, Guérigny (Centre d'Études de la métallurgie nivernaise) 2010, pp. 169–184.

[18] Sylviane Llinarès, *Marine, propulsion et technique: l'évolution du système technologique du navire de guerre français au XVIIIe siècle*, Paris (Librairie de L'Inde) 1994, pp. 127–134.

[19] John Raymond Harris, *Industrial espionage and technology transfer. Britain and France in the eighteenth century*, Aldershot (Ashgate) 1998, pp. 276–283.

[20] La demande de privilège avait été formulée le 3 juillet 1783 et la réponse négative le 30 juillet de la même année: « [...] 1/– que son établissement soit décoré du titre de fonderie royale avec pouvoir d'y mettre un suisse à la livrée du Roi, 2/– qu'on lui accorde l'exemption de tous droits à la circulation dans l'intérieur et à la sortie du Royaume pour toutes les matières premières fabriquées à sa fonderie, 3/– qu'il lui soit permis de prendre les terrains qui lui seront nécessaires pour son nouveau cours d'eau, ainsi que pour les constructions, chemins et carrières ... »; « [...] les cuivres fabriqués dans la fonderie de Monsieur Le Camus de Limare devront être traités à la circulation et à la sortie

naturalisation rapide des ouvriers anglais installés sur place. Néanmoins, ces éléments ne constituent pas un encouragement franc pour de potentiels investisseurs d'autant plus que la marine hésite sur le modèle économique à adopter, entre la poursuite des importations de plaques de cuivre déjà laminées ou l'implantation d'une usine permettant l'indépendance nationale. Le contexte de la guerre d'Amérique ajoute à ce climat d'incertitude. Toutes ces tergiversations se lisent dans les débuts de la manufacture. Le Camus de Limare investit avec un associé 320.000 livres tournois en 1781, une somme très en deçà de l'apport nécessaire pour doter l'usine de tous les outils et payer le salaire des ouvriers. En 1784, l'usine de Romilly ne parvient toujours pas à trouver un équilibre mais ce projet industriel apparaît tout de même le plus viable face à des concurrents qui éprouvent davantage de difficultés. Ce dernier aspect dissipe les dernières réticences d'investisseurs rouennais et parisiens qui participent finalement, mais timidement, au montage d'une société en commandite au capital de 800.000 livres en 1785,[21] un montant doublé à l'occasion de la signature d'un nouvel acte en 1787.[22] La confiance de la marine se manifeste à partir de 1785 par la conclusion de plusieurs contrats d'approvisionnement, mais son refus d'accorder un privilège à cette manufacture l'handicapa jusqu'à la Révolution dans la mesure où elle reposait sur une assiette étroite d'investisseurs.

Pour l'État comme pour les acteurs économiques, le privilège apparaît donc comme un dispositif assurantiel incontournable. Par ce biais, la marine s'entoure de personnages qui sont prêts à réinvestir une partie des sommes gagnées avec la gestion des différents impôts et caisses du royaume. De fait, l'analyse du capital des différentes manufactures et fonderies « privilégiées » dédiées à la marine montre la participation quasi exclusive de receveurs généraux, de fermiers, de trésoriers et, le cas échéant, d'administrateurs de l'État, de l'intendant au ministre, et de parlementaires. Les exemples sont nombreux et bien connus: en 1778, le principal actionnaire de la manufacture de

du royaume de la même manière que ceux des autres manufactures [...] Les fermiers généraux ne pourraient se dispenser de réclamer une indemnité proportionnée à la non jouissance des droits dont ils seraient privés par cette exemption [...] »: AN, F14 1308 (3 et 30 juillet 1783).

21 AN, MC, Étude LXXXII, 608 (16 avril 1785).

22 AN, MC, Étude VI, 888 (5 prairial an II).

toiles à voiles d'Angers est Claude Baudard de Sainte-James, trésorier général de la marine et intéressé à de nombreuses affaires du roi;[23] on le retrouve avec les frères Perier associés pour 22% dans la manufacture royale du Creusot aux côtés, notamment, de Mégret de Sérilly, trésorier général des guerres.[24] S'entourer de ces personnages fut incontestablement une manière rapide de construire un réseau manufacturier militaire mais celui-ci reposait sur une faiblesse dès l'origine en misant sur des investisseurs qui tiraient leur fortune de la gestion des ressources publiques. À la moindre secousse tout l'édifice s'effondrait. La faillite d'un Baudard de Sainte-James suite aux crises bancaire et monétaire de 1782–1783 et de 1788 conduit à la liquidation de la manufacture d'Angers et fragilise la fonderie du Creusot.[25] Mais en dernière analyse, n'était-ce pas la seule façon pour l'État de se doter d'infrastructures militaires? Dans le cadre de cette activité industrielle, le privilège ne pouvait-il pas simplement être ouvert qu'à une noblesse entreprenante qui jouissait, en plus de celui-ci, de bien d'autres sources de revenus? Si l'investissement dans une entreprise militaire était une aubaine dans la mesure où il garantissait des bénéfices rapide en retour, ceux-ci étaient aléatoires autant en proportion qu'en périodicité de paiement. Seule la noblesse d'affaires était susceptible de supporter les aléas de marchés précaires. Dans le cadre d'une activité commerciale réalisée par des marchands ou des négociants, ce genre de pari était inenvisageable même si la plupart diversifiaient leurs investissements pour minimiser les risques.

II. Avantages économiques et sociaux et performances techniques: le contenu du privilège

Le privilège instaurait donc une réciprocité à l'égard des différents intervenants. Pour l'État, c'était l'occasion de bénéficier du crédit de la noblesse d'affaires et pour celle-ci une opportunité de profiter des retombées économiques des marchés militaires. Au delà de sa

23 Denise Ozanam, *Claude Baudard de Sainte-James, trésorier général de la marine et brasseur d'affaires (1738–1787)*, Genf (Droz) 1969, pp. 65–79, 89–98.

24 AN, MC, Étude XXVI, 753 (10 novembre 1786).

25 La manufacture d'Angers fut liquidée et vendue en 1788 pour apurer les dettes laissées par Baudard de Sainte-James: AN, Z^{1A} 854, « rapport du notaire Silly à l'assemblée des créanciers » (19 novembre 1788).

capacité à rassembler l'État et le monde de la finance autour de projets industriels ambitieux, il apparaît que le contenu même du privilège bénéficiait aux cocontractants dans la mise en valeur des manufactures et des fonderies reconnues. Ainsi, outre les avantages juridiques, financiers, fiscaux et logistiques garantis aux entrepreneurs, le privilège permettait à la marine de transférer un contenu normatif et réglementaire destiné à produire un matériel de qualité et correspondant aux exigences du combat naval.

La stabilisation de la population ouvrière est l'un des aspects les plus récurrents de toute entreprise privilégiée. Tous les hommes étaient exemptés de l'enrôlement militaire et de la milice et toute tentative de débauchage entrainait de fortes amendes. Fixés sur place, les ouvriers constituaient un vivier constant prêt à travailler à la moindre sollicitation. En retour, des avantages spécifiques étaient accordés aux travailleurs eux-mêmes qui se voyaient récompenser de leur engagement dans ce type de manufacture. Dans une lettre patente du 4 août 1753 à propos des ouvriers de la manufacture de toiles d'Angers, il est précisé que « les tiliés et filassiers qui y transfereront leur domicile [dans la manufacture de toiles] seront exempts du payement de toutes impositions, subsistances, logement des gens de guerre & autres charges de ladite ville pendant cinq années à compter du jour de leur demeure en icelle ».[26] L'année précédente, ce sont les tisserands qui étaient décrétés « exempts du logement des gens de guerre, tutelle, curatelle, milice, guet et garde, ensemble de taille et ustencielle, pourvu qu'ils n'y ont point d'autres biens et ne fasse d'autre commerce que leur travail dans la dite manufacture ».[27] En outre, l'intégration des ouvriers aux manufactures et fonderies de l'État leur permettait d'échapper au contrôle des « communautés d'arts et métiers », un gage de sérénité pour les investisseurs et l'un des arguments forts pour la quête du privilège.

Assurés de pouvoir s'appuyer sur une main d'œuvre peu volatile et entièrement sous leur contrôle, les entrepreneurs peuvent bénéficier d'une aide à la production lors des premières années de fonctionnement. Les deux manufactures de toiles de Beaufort et d'Angers sont

[26] AD Indre-et-Loire, C 132 (4 août 1753).
[27] Ibid. (21 mars 1752).

soutenues par la concession d'une « prime » à la pièce produite à hauteur de 40 sols par aune de toile à partir de 1755:

> « M. Trudaine m'a fait savoir par la lettre que vous lui avez écrite le 17 de ce mois au sujet de la gratification annuelle que vous jugez convenable d'accorder aux entrepreneurs des manufactures de toiles à voiles qui ont établies à Beaufort et à Angers. Puisque vous êtes content des efforts que les uns et les autres ont faits jusqu'ici pour mettre ces manufactures sur un bon pied, je me porteray volontiers à venir à leur secours et à leur procurer des encouragements. Vous pouvez leur faire payer sur le revenant bon de la capitation une gratification de trente sols [...] pour chaque pièce de toile à voile qui se fabriqueront à Beaufort et une de 40 sols sur celles qui se fabriquera à Angers, et cela jusqu'à concurrence de 4000 livres par an pour chacune de ces deux manufactures et pendant six ans. »[28]

En 1761, terme du versement de la prime, près de 22.000 livres avaient été accordées par l'État pour soutenir ces deux établissements.[29] Avec les difficultés budgétaires de la fin du siècle et le progrès des idées libérales, les entreprises privilégiées ne reçurent plus de sommes d'argent et le soutien fut davantage indirect, par l'abaissement de la fiscalité sur les productions par exemple. Ainsi, en 1782, le droit de marque des fontes établi à 5 livres 5 sols par l'ordonnance de 1680 fut ramené à 4 livres pour l'usine du Creusot.[30] Tous ces éléments étaient censés assurer un démarrage aisé de la production tout en offrant la capacité d'atteindre un niveau qualitatif élevé, le tout dans un contexte concurrentiel très limité. Limité mais pas inexistant car le sens du privilège n'était pas nécessairement de conduire l'entrepreneur en situation d'exclusif ou de monopole. Tous les secteurs de l'approvisionnement militaire connaissaient une concurrence de la part d'autres infrastructures, une situation recherchée par l'État pour stimuler la course à la qualité.[31] Pour la marine, seule

28 Ibid. (26 mai 1755).

29 « État des ordonnances expédiées par MM. les intendants de la Généralité au profit des intéressés de la manufacture royale des toiles à voiles de Beaufort »: AD Indre-et-Loire, C 132 (30 janvier 1761).

30 AN Mar., D^3 34 (1782).

31 Le réseau de manufactures et de fonderies militaires à la fin de l'Ancien Régime témoigne de la volonté de l'État de conserver à la fois une concurrence – même si celle-ci est limitée – et une complémentarité. Après une phase de création d'établissements doublée par une amorce de concentration de son outil productif, la marine compte six manufactures de toiles à voiles (Brest, Angers,

la forge aux ancres de Cosne-sur-Loire détenue par Pierre Babaud de la Chaussade fut en position monopolistique autant en raison des budgets importants pour organiser ce type de production que de la complexe mobilisation du savoir technique.[32] Toutefois, la confusion était bien réelle entre privilège et exclusif – de la part des entrepreneurs comme, parfois, des autorités locales – de surcroît en des lieux où deux manufactures proches recevaient le soutien de l'État comme ce fut le cas à Beaufort et Angers. Au moment même où Pierre Deshayes apprit qu'une seconde manufacture s'établissait à Angers, il porta plainte en arguant de son privilège pour justifier le démantèlement de ses concurrents.[33] Toutes ces plaintes n'aboutirent pas et, au contraire, la marine voyait un grand intérêt à disposer de deux manufactures dans un rayon proche, espérant alors qu'elles « pourront se soutenir [se concurrencer] et que les toiles que l'on en tire seront de très bonne qualité ».[34]

Plus prosaïquement, le privilège pouvait permettre de faciliter maintes démarches logistiques et juridiques pour les futurs entrepreneurs. Une fois retenu le site du Creusot pour installer la fonderie qui devait alimenter en fonte de fer son homologue d'Indret, Ignace de Wendel se mit en quête de l'achat des terrains, une procédure longue et délicate. L'État fit pression sur les justices locales et les propriétaires pour accélérer le rassemblement des terres nécessaires et le 15 novembre 1781, Wendel était propriétaire d'une importante partie de la vallée, soit à peine plus d'un an après son arrivée. Dans le même esprit, pour accélérer les travaux et hâter le démarrage de l'usine, une ordonnance royale du 23 février 1783 contraignit les populations locales à apporter toute leur aide à l'entrepreneur.[35]

Beaufort, Strasbourg, Toulon et Agen) et quatre fonderies (Ruelle, Indret-Le Creusot, Forges royales de la Chaussade, Saint-Gervais) toutes privilégiées. Par ailleurs, la marine recourait à d'autres établissements de moindre importance pour compléter des approvisionnements spécifiques: cf. David Plouviez, *La Marine française et ses réseaux économiques au XVIIIe siècle*, Paris (Les Indes savantes) 2014.

32 Jacques Gay, *Six millénaires d'histoire des ancres*, Paris (Presses Universitaires de Paris-Sorbonne) 1997, pp. 144–154.

33 AD Indre-et-Loire, C 132 (23 août 1751).

34 Ibid., Rouillé à l'intendant de Magnanville (17 novembre 1752).

35 AN Mar., D^3 34 (1783).

Au delà de ces derniers aspects qui ne nécessitaient pour l'État que d'exercer une pression ou de faire jouer l'entregent de certains de ses administrateurs pour débloquer une situation, le privilège était lourd de conséquence et imposait une mobilisation permanente des finances publiques, soit pour lancer la production d'une jeune manufacture ou pour en sauver une autre d'une mauvaise gestion. Une fois le privilège accordé, l'État ne pouvait se désengager, non seulement pour maintenir la confiance des principaux investisseurs mais également parce qu'il s'agissait le plus souvent d'un secteur de production stratégique dont la montée en puissance s'étalait sur une longue période.

Néanmoins, à côté d'un ensemble de contraintes nécessaires, le privilège était, pour l'État, un formidable outil pour diffuser les résultats de ses recherches dans le domaine de la qualité et de la normalisation du matériel naval. Débarrassée des contraintes logistiques et économiques, la marine investit dans la rédaction d'un corpus normatif et se dota des hommes idoines pour effectuer des visites des manufactures et fonderies de l'État afin de s'assurer qu'elles étaient conformes et que les productions correspondaient aux cahiers des charges remis aux entrepreneurs, une posture commune pour de nombreuses administrations.[36] Mais dans le contexte des infrastructures militaires, le droit de regard des autorités maritimes semble très étendu. Officiers d'artillerie, ingénieurs et inspecteurs pouvaient modifier ou créer l'espace industriel dédié à l'armement maritime. En 1754, en qualité d'inspecteur des fontes de la marine, l'ingénieur suisse Maritz fait modifier le plan et l'agencement des hauts-fourneaux de Ruelle.[37] Par ailleurs, la naissance des fonderies d'Indret et du Creusot sous la direction technique de l'ingénieur de la marine

[36] Voir les travaux de Philippe Minard sur les inspecteurs des manufactures textiles et la question des normes: PHILIPPE MINARD, *La fortune du colbertisme. État et industrie dans la France des Lumières*, Paris (Fayard) 1998; IDEM, Réputation, normes et qualité dans l'industrie textile française au XVIII^{e}siècle, in: *La qualité des produits en France (XVIIIe–XX^{e}siècles)*, éd. par ALESSANDRO STANZIANI, Paris (Belin) 2003, pp. 69–89.

[37] Service Historique de la Défense (SHD) Vincennes, fonds artillerie 9^{A}4, lettres de Maritz, Rochefort (1er octobre 1754).

Pierre Toufaire est bien connue.[38] Avant de confier les infrastructures au groupe de financiers dirigé par Mégret de Sérilly, Pierre Toufaire réalisa le plan général d'Indret en particulier la salle des fontes, opérationnelle en février 1778. Au Creusot, la marine impose de nouveau cet ingénieur pour le tracé des plans qui révèlent un ensemble industriel d'avant garde en 1782. Naturellement cette marge de manœuvre se manifeste dans le contrôle des productions proprement dites. L'agencement de l'espace industriel est imposé aux entrepreneurs autant que les normes de fabrication du matériel de guerre. De ce point de vue, la marine ne manque pas de règlements, d'ordonnances et de cahiers des charges qui contraignent manufactures et fonderies à produire des objets de qualité. Là encore, l'administration de la marine ne diffère pas de ses homologues et la pratique de la « tournée » est récurrente pour visiter ces sites et contrôler leur production. En 1752, l'intendant Lenormand de Mézy est envoyé à Angers et Beaufort pour préciser une ultime fois les exigences techniques des constructeurs.[39] Concernant la production des toiles, la marine était aidée par les inspecteurs des manufactures qui exerçaient leur propre contrôle. À Agen, Latapie visite en 1774, 1778 et 1782 la nouvelle manufacture de toile d'Auguste Gounon.[40] L'artillerie était également un secteur très normé car, outre les spécificités techniques et les dimensions de chaque pièce, le processus de fonte était l'objet de toutes les attentions. Dans ce domaine, la seconde moitié du XVIIe siècle et le XVIIIe siècle furent riches d'une réglementation qui témoigne d'une recherche permanente pour trouver le meilleur compromis entre le système d'arme et les spécificités techniques des navires. Forges et fonderies s'adaptèrent aux variations, parfois infimes, de toutes les normes qui jalonnèrent cette période (ordonnances de 1674, 1689, 1721, 1733, 1766, 1778 et 1786). Les officiers de l'artillerie jouèrent leur rôle pour uniformiser les pratiques et se charger des essais des pièces fondues. Dès les années 1750, ce corps d'officiers est plus que jamais itinérant et distribue la « bonne parole » technique de la marine dans un paysage industriel en cours de concentration mais encore très éclaté à l'époque.

38 Jacques Charpy, *Un ingénieur de la marine au temps des Lumières. Les carnets de Pierre Toufaire (1777–1794)*, Rennes (Presses Universitaires de Rennes) 2011.

39 AD Indre-et-Loire, C 132 (17 novembre 1752).

40 AD Gironde, C 1583 (1773–1785).

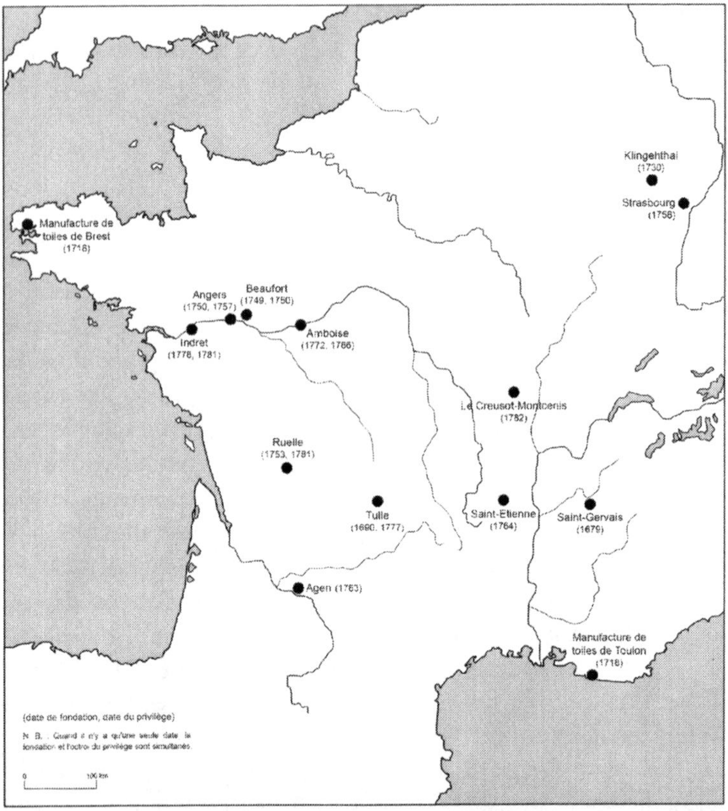

Figure 2. Les principales entreprises militaires privilégiées dédiées à la construction navale militaire au XVIIIe siècle

Dès lors, il faut dépasser une première lecture du privilège qui donnerait à voir un État prisonnier des intérêts économiques qui le servent et contraint à de très nombreuses concessions pour tisser un réseau de manufactures militaires. En réalité, le privilège est bien l'octroi d'une servitude consentie et mutuelle pour toutes les parties. En échange d'avantages matériels substantiels et de la garantie de revenus non moins importants, les acteurs économiques se laissaient dicter leur ligne de conduite industrielle par un État qui n'entendait rien concéder quant à la qualité du matériel produit. Mais cette réciprocité, ce « gagnant-gagnant », n'était concevable que si les deux parties maintenaient leur engagement de départ. Or, les difficultés budgétaires de la France et les premiers retards de paiement de la marine perturbèrent l'équilibre entre l'État et ses partenaires économiques qui, tout en étant attachés à la conservation du privilège, l'adaptèrent aux réalités de cette situation économique nouvelle.

III. Conserver son privilège mais gagner en liberté

Les problèmes de paiement de l'État ainsi que les périodes de paix accélèrent la dénonciation du modèle économique sur lequel étaient bâties toutes les manufactures et fonderies au service de la marine. Au delà de l'incurie de l'État à payer ses traites dans les temps, il y avait une incongruité économique à lier le développement d'une entreprise aux seuls besoins militaires, y compris pour les investisseurs traditionnels de ce secteur. Prospères et très rentables à l'occasion des conflits ou au moment de leur préparation, les entreprises privilégiées étaient dépendantes des commandes de la marine. Cette évidence dut être vécue avant d'être reconnue et la volonté de rentabiliser leurs mises de fonds poussa les investisseurs à réclamer des aménagements de leur privilège.

Ainsi, si l'activité de construction navale avait été vigoureuse au cours des années 1750, stimulant de façon inédite l'essor des nombreux secteurs industriels fournissant du matériel militaire, l'arrêt des armements à partir de 1759 provoqua un retour très brutal à la réalité économique. À la fin des années 1760, la manufacture de toiles à voiles d'Angers menace de faire faillite et François Bonnaire, l'un de ses entrepreneurs, supplie l'intendant de Brest de lui accorder la signature d'un nouveau marché pour écouler ses stocks:

> « Nous en avons dans nos magazins plus de quarante deux mille aunes propres pour le service des vaisseaux du Roi et nous pensons que nous ne pouvons rien faire de mieux pour vous donner une preuve de notre zele dans cette circonstance que de les faire passer tout de suite au Sieur Bersolle notre correspondant pour les offrir de notre part aux officiers du Port; elles sont de même qualité que celles que nous avons fournies et Supérieures a toutes les autres de même espèces. Nous supplions votre Grandeur d'ordonner qu'elles soient reçues a leur arrivée et nous en procurer promptement le payement pour nous mettre en État d'en fabriquer d'autres ce que nous pourrons faire incessament, Si vous nous procurez les moyens

d'en payer la main d'œuvre ayant plus de 80000 livres en fils tout préparés pour en faire d'excellentes toiles à voiles […]. »[41]

Pour les manufactures de toiles à voiles, outre les déficits, souvent difficilement vérifiables, le dénombrement des « métiers battants » est un indicateur fiable et très illustratif de l'alternance des périodes de fortes activités ou au contraire de contraction de celles-ci. Entre 1757 et 1767, on passe de 130 à 70 métiers et de 8000 à 6000 ouvriers à Angers. À Agen, une manufacture pour laquelle les informations sont les plus nombreuses, on compte 15 métiers en 1774, 200 en 1782 pour redescendre à 160 en 1787. Conjuguée aux impayés, cette baisse de l'activité mettait en cause la pérennité du tissu industriel militaire. En 1783, la marine devait 450.000 livres à l'entrepreneur Gounon et les supplications de l'intendant de Bordeaux, Boutin, principal commanditaire avec son fils, receveur général, n'y changèrent rien.[42] Pour de nombreuses manufactures, le privilège s'avéra surtout être une contrainte plus qu'un avantage au point qu'Auguste Gounon écrit en 1783 qu'en « définitive la manufacture royale de toiles à voiles d'Agen travailla surtout pour le Roi. Ce fut en grande partie ce qui la perdit ».[43] Le secteur métallurgique a également subi son lot de difficultés, qu'il ait été privilégié ou non. Privé du paiement d'une partie de ses marchandises à partir de 1758, Pierre Babaud de la Chaussade est à la limite de la faillite en 1760. Même si la marine lui confie davantage de commandes après la guerre de Sept Ans, l'apurement des dettes accumulées pendant ce conflit n'eut jamais lieu jusqu'à la vente des forges à l'État en 1781.

Toutefois, si le privilège montrait là ses limites, tous les entrepreneurs ne subirent pas passivement la dégradation de leur situation économique et l'analyse des marchés d'approvisionnement montre

41 AN Mar., B^3 591, fol. 453 (24 avril 1770).

42 « […] les entrepreneurs, indépendamment des pertes réelles et constatées par les certificats les plus authentiques qu'ils ont éprouvées depuis plusieurs années, voyent le peu de bénéfice qu'ils ont pu faire, et une partie de leurs capitaux entièrement consommés par les intérêts de 4 à 500 mille livres dont ils ont été pendant toute la durée de la guerre en avance avec la marine, qui, dans ce moment, leur doit encore 450.000 livres sur lesquelles ils sollicitent en vain depuis quatre mois le plus léger acompte […] »: AD Gironde, C 3553, « Mémoire sur la manufacture royale de toiles à voiles d'Agen » (4 octobre 1783).

43 Ibid.

que bon nombre d'entre eux procédèrent à des aménagements. Ainsi, les contrats passés avec l'État laissent envisager deux modes d'action.

De façon contractuelle, les acteurs économiques contraignirent la marine à anticiper ses ordres d'achat et à garantir une commande minimale annuelle. Le suivi des marchés de toiles à voiles de la manufacture de Strasbourg avec l'arsenal de Toulon indique qu'elle a été précurseur dans ce domaine. Si Louis Antoine Gau s'engage à fournir la marine entre 1774 et 1792, c'est à la condition expresse qu'elle lui remette en septembre, délais de rigueur, les commandes pour l'année suivante avec un minimum d'achat de 60.000 aunes de toiles par an. Les contrats prévoyaient également les conflits et « si les circonstances du service exigeaient qu'il en fut demandé une plus grande quantité [des toiles à voiles], le Sieur Gau se soumet de porter la fourniture jusqu'à la concurrence de quatre vingt dix mille aunes [...] pourvu toutefois qu'il en soit prévenu six mois à l'avance ».[44] Situation inimaginable vingt ou trente ans plus tôt, certaines entreprises jouissant d'un privilège de production pour l'État assurent leur survie en négociant des clauses contraignantes avec leur principal, voire unique, commanditaire. À la fin de l'Ancien Régime, le rapport de force était plus à l'avantage des entrepreneurs qui tiraient parti de la déstabilisation de certaines entreprises militaires à l'issue de la guerre d'Indépendance américaine mais également de leurs résultats industriels salués par les autorités maritimes. Pourtant, il convient de ne pas généraliser ces éléments car nombre de contrats présentent au contraire des conditions nettement moins favorables aux acteurs économiques. Les marchés de la manufacture de toiles à voiles de l'arsenal de Toulon, dont l'entrepreneur est François Bonaventure Moutet à partir de 1786, traduisent ces déséquilibres: « Il sera donné à l'entrepreneur dans le courant du mois d'octobre de chaque année, des ordres spécifiant la quantité de chaque espèce de toile [...]. S'il lui est ensuite donné des nouveaux ordres pour des objets imprévus, il ne négligera rien pour leur prompte exécution. »[45]

44 Le Service Historique de la Défense à Toulon conserve la trace de trois contrats signés par Louis Antoine Gau de Voves pour la manufacture de Strasbourg entre 1774 et 1792: SHD Mar. Toulon, 5E 180 (31 octobre 1774); 5E 185 (22 mars 1780); 5E 191 (29 mai 1786).

45 SHD Mar. Toulon, 5E 191 (27 septembre 1788).

Par ailleurs, tout en s'engageant prioritairement à fournir l'État, de nombreuses manufactures et fonderies réclamèrent la possibilité de diversifier leurs débouchés commerciaux en vendant au « commerce ». Cette exigence fut très difficile à obtenir de la marine qui craignait une désorganisation de la production et une pénurie de matériel aux moments les plus cruciaux. Dans le cas de la manufacture de Romilly-sur-Andelle, un site qui ne reçut pourtant pas de privilège mais qui bénéficiait d'importants marchés avec la marine, l'État accorda avec difficulté des possibilités de vendre à d'autres clients une partie de sa production. Cette usine parvient progressivement à fournir des fonds de chaudière à sucre et des réservoirs pour Saint-Domingue et la raffinerie de Bercy ainsi que des flacons de cuivre pour les ateliers de monnaies dans tout le royaume. Dans le contexte de manufactures privilégiées, ou considérées comme stratégiques, les clauses permettant de vendre à des partenaires différents de la marine apparaissent également à la toute fin de l'Ancien Régime. Louis Antoine Gau pour la manufacture de Strasbourg bénéficie de cet aménagement au même titre que les gestionnaires de la fonderie d'Indret. On retrouve à partir de 1779 et pendant la Révolution cette possibilité dans les contrats où il est indiqué que les entrepreneurs devaient avoir une autorisation du gouvernement pour vendre des canons à un autre commanditaire que la marine.[46]

À l'usage, il semble que cette possibilité ait été peu utilisée pour cet établissement qui apparaissait comme le seul site à fondre des canons de gros calibres pendant les guerres révolutionnaires. En outre, toutes les entreprises privilégiées ne purent ou ne surent écouler leur production vers d'autres secteurs économiques en cas de mévente avec la marine ou pour diversifier leurs clientèles. En 1789, la manufacture d'Agen produit 7500 aunes de toiles dont 7300 allaient à la marine et 200 au « commerce », soit moins de 3 %.[47] Par ailleurs, si en théorie la possibilité de vendre au commerce une partie de sa production apparaissait comme une aubaine, dans la pratique cela s'avérait beaucoup plus complexe. Les entreprises militaires fabri-

[46] AD Loire-Atlantique, 120 J 134 (12 mars 1779); 120 J 514 (7 avril 1780); 120 J 572 (19 floréal An VI).

[47] AD Gironde, C 3553, « Mémoire sur la manufacture royale de toiles à voiles d'Agen » (4 octobre 1783).

quaient un matériel de pointe à des prix élevés. Au démarrage des manufactures de Beaufort et d'Angers en 1752, l'intendant de Tours presse le ministre de la marine d'adresser les premières commandes à ces deux établissements pour qu'ils puissent écouler leurs productions. Ces manufactures étaient parvenues depuis leur fondation en 1749 et 1750 à atteindre un standard qualitatif qui les détournait du commerce traditionnel: « Vous avez connaissance des deux manufactures installées depuis quelques années à Beaufort et à Angers pour fabriquer des toiles à voiles. On m'assure qu'elles sont aujourd'hui d'aussi bonne qualité qu'elles puissent être. Leur perfection semble même nuire à leur débit, puisque la plupart des armateurs et des négociants s'accomodent mieux des qualités inférieurs. »[48] À la veille de la Révolution, c'est cette raison qui interdit à Gounon de vendre davantage de toiles au négoce bordelais. La possibilité d'une diversification commerciale s'adressait à des établissements très importants et ayant préalablement inclus cette possibilité au moment de leur création. Cela supposait d'avoir des acheteurs aussi exigeants que la marine – des marines étrangères, de puissantes compagnies de commerce maritime … – ou d'être capable de produire différents niveaux qualitatifs au sein d'un même ensemble industriel.

Conclusion

La construction du réseau manufacturier militaire trouve bien des éléments de compréhension dans l'emploi du privilège qui constitue sous l'Ancien Régime un outil économique de premier ordre pour s'attirer les faveurs des investisseurs. Si toutes les manufactures et fonderies de la Marine et de la Guerre ne reçurent pas de privilèges, toutes celles qui étaient considérées comme stratégiques n'échappaient pas à l'octroi de ce titre.

48 AD Indre-et-Loire, C 132 (6 septembre 1752); en 1751, l'inspecteur des manufactures de la généralité de Tours, Aubry, indique que l'entrepreneur de Beaufort, François Deshayes, avait prévu de vendre une partie de sa production à l'étranger mais aucune trace n'indique de pareils échanges: « La destination des toiles est, ce que prétend l'entrepreneur, pour les vaisseaux du Roy et de la Compagnie des Indes. Il se propose d'en fournir par la suite à l'étranger »: AN, F^{12} 564 (1751).

Mais les implications d'un tel processus doivent être questionnées dans une dimension comparatiste, en confrontant la réalité de la trame industrielle ainsi constituée et ses modalités de fonctionnement avec ce que les historiens anglo-saxons ont qualifié d'« État navalo-fiscal » britannique.[49] En confortant systématiquement le même groupe socio-économique financeur et en protégeant les entreprises militaires des lois des marchés, le privilège ne s'est-il pas révélé à terme, et en dépit de toutes les vertus détaillées précédemment – capacité à mobiliser du crédit, faculté pour l'État d'élever qualitativement son matériel … – un handicap dans la course aux armements avec l'Angleterre?

[49] Rafael Torres Sánchez, The Triumph of the Fiscal Military State in the Eighteenth Century. War and Mercantilism, in: *War, State and Development. Fiscal-Military States in the Eighteenth Century*, éd. par Rafael Torres Sánchez, Pamplona (EUNSA) 2007, pp. 14–22.

Interessen und ökonomische Funktionen merkantilistischer Privilegienpolitik. Das Herzogtum Berg und seine Textilgewerbe zwischen 16. und 18. Jahrhundert

Stefan Gorißen

Privilegien werden spätestens seit der Französischen Revolution und der programmatischen Schrift »Essai sur les Privilèges« des Abbé de Sieyès als Sonderrechte verstanden, die außerhalb der übergeordneten und allgemein verbindlichen Rechtsordnung lagen, auf die willkürliche normative Macht eines Landesherren gegründet waren und damit den modernen Gleichheitsprinzipien der bürgerlichen Gesellschaft entgegenstanden. Im frühneuzeitlichen deutschen Sprachgebrauch war dabei der Begriff »Privileg« vielfach gleichbedeutend mit der das Sonderrecht verbürgenden Urkunde, durch die ein namentlich genannter Privilegienempfänger aus dem Geltungsbereich der Rechtsordnung herausgenommen wurde. Aus Perspektive des Privilegienerteilers bot das Privilegienrecht vielfältige Möglichkeiten, Probleme und Fehler des allgemeinen Rechts auf flexible Weise zu korrigieren.[1]

Abseits ständischer Prärogative, die in manchen Fürstenstaaten der Frühen Neuzeit ebenfalls als Privilegien verstanden wurden, bezog sich die Erteilung von Einzel- und Sonderrechten meist auf wirtschaftliche Betätigungen und spiegelte das Bestreben der Obrigkeit wider, auf wirtschaftliche Prozesse gestaltend einzuwirken. Wie aus rechtsgeschichtlicher Perspektive das Privileg dem bürgerlichen

[1] Vgl. hierzu mit Belegen Heinz Mohnhaupt, Erteilung und Widerruf von Privilegien nach der gemeinrechtlichen Lehre vom 16. bis 19. Jahrhundert, in: *Das Privileg im europäischen Vergleich*, hg. von Barbara Dölemeyer und Heinz Mohnhaupt, Bd. 1, (Ius Commune Sonderhefte. Studien zur europäischen Rechtsgeschichte 93), Frankfurt am Main 1997, S. 93–121; ders., Privileg, in: *Enzyklopädie der Neuzeit*, hg. von Friedrich Jaeger, Bd. 10, Stuttgart/Weimar 2009, Sp. 391–401.

Gleichheitsgrundsatz widersprach, so steht es aus wirtschaftshistorischer Sicht konträr zu einer Wirtschaftsordnung, in der unabhängige Akteure auf Märkten konkurrieren und vermittels des Preismechanismus in wechselseitige Austauschbeziehungen treten. Die vormoderne Praxis eines herrschaftlichen Eingriffs in ökonomische Beziehungen durch die Gewährung von Privilegien gilt in diesem Sinne als typisches Merkmal des Merkantilismus[2] und betrifft regelmäßig die Errichtung von Angebotsmonopolen auf verschiedenen Feldern: bei der Produktion bestimmter Güter (Produktionsmonopol), bei der Vermarktung bestimmter Waren (Handelsmonopol) oder beim Zugriff auf Arbeitskräfte (Arbeitsmarktmonopol). Privileg und Monopol waren im vormodernen Wirtschaftssystem eng aufeinander bezogen.[3]

Wenn mit Blick auf die theoretischen Entwürfe, die gemeinhin mit dem Begriff »Merkantilismus« zusammengefasst werden, mit guten Gründen wiederholt darauf hingewiesen wurde, dass es sich hierbei um kein einheitliches, geschlossenes Konzept handelte, so gilt dies in besonderem Maße für die Bedeutung, die die verschiedenen Autoren dem Privileg zumessen. Während in der Praxis zahlreicher Landesherren die Verleihung von Privilegien einen hohen Stellenwert besaß,[4] ist die in den wirtschaftstheoretischen Schriften nieder-

[2] Bereits Werner Sombart galt die Vergabe von Privilegien als zentrales Merkmal einer merkantilistischen Wirtschaftspolitik: vgl. Werner Sombart, *Der moderne Kapitalismus*, Bd. 1: *Die vorkapitalistische Wirtschaft*, 2. Aufl., München/Leipzig 1916, S. 374 ff.; für die neuere Literatur vgl. etwa Rainer Gömmel, *Die Entwicklung der Wirtschaft im Zeitalter des Merkantilismus 1620–1800*, (Enzyklopädie Deutscher Geschichte 46), München 1998, S. 40 und öfter.

[3] Sombart differenziert lediglich zwischen Produktions- und Handelsmonopol: ebenda, S. 378 f.; Jan-Otmar Hesse, Monopol, in: Jaeger, Enzyklopädie der Neuzeit (Fn. 1), Bd. 8, 2008, Sp. 715–719, unterscheidet Rohstoff-, Produktions-, Handels- und Verkehrsmonopol. Während das Rohstoffmonopol unter die Produktionsmonopole gefasst werden kann, besaß das Verkehrsmonopol für die deutschen Territorien der frühen Neuzeit keine große Relevanz. Beide Autoren übersehen jedoch die wichtige Variante einer Monopolisierung des Arbeitsmarkts.

[4] Vgl. etwa für das habsburgische Österreich die Quellenpublikation bei Gustav Otruba (Hg.), *Österreichische Fabriksprivilegien vom 16. bis zum 18. Jahrhundert und ausgewählte Quellen zur Frühgeschichte der Industrialisierung*, (Fontes rerum Austriacarum III/7), Graz/Köln/Wien 1981; Heinz Mohnhaupt spricht vom Privileg als einem »Massenphänomen«: vgl. Mohnhaupt, Erteilung (Fn. 1), S. 112.

gelegte Position zum Privileg oftmals eher skeptisch. Johann Heinrich Gottlob von Justi, der für den Bereich des Alten Reichs das kameralistische Gedankengut systematisierte und für die Praxis landesherrlichen Verwaltungshandelns ausbuchstabierte, betont die Pflicht des Landesherren, die Gewerbetätigkeit innerhalb seines Territoriums nach Möglichkeit zu fördern, vor allem, wenn es darum gehe, neue Gewerbezweige im Land heimisch zu machen: »Es ist gar kein Zweifel, daß nicht diese Gesellschaften und einzelnen Manufacturiers und Mesters von der Regierung unterstützt werden müssen, wenn man neue Fabriken und Manufacturen im Lande anlegen will. Die erste Anlegung erfordert große Kosten.«[5] Allerdings ist Justi dezidiert nicht der Meinung, dass eine solche Förderung in der Verleihung von Exklusivprivilegien bestehen sollte. Justi spricht sich für finanzielle Zuschüsse und die Übernahme spezifischer Kosten durch den Staat aus, verweist zugleich aber deutlich auf die »Schändlichkeit der Monopolien«.[6]

Den Schwerpunkt ihrer Überlegungen legten die merkantilistischen Theoretiker im Übrigen auf die außerterritoriale Handelspolitik, die man als Feld eines scharfen Wettstreits mit anderen Mächten um als endlich gedachte Ressourcen verstand. Privilegien, die nur »nach innen« gegen Konkurrenten im eigenen Herrschaftsbereich wirken konnten, spielten hierbei keine Rolle. Entsprechend findet sich in der berühmten Abrechnung Adam Smith' mit dem britischen Merkantilismus kein einziger Hinweis auf die Vergabe von Privilegien,[7] obwohl zahlreiche Beispiele einer solchen Praxis der britischen Krone bereits für das 16. Jahrhundert bekannt sind.

Ob die Vergabe von Privilegien in der Praxis der Gewerbe- und Handelspolitik frühmoderner Staaten letztlich erfolgreich im Sinne der Akteure war oder ob sie gar – jenseits konkreter Herrschafts-

5 Johann Heinrich Gottlob von Justi, *Vollständige Abhandlung von denen Manufacturen und Fabriken. Erster Theil, welcher die allgemeinen Grundsätze und Betrachtungen in sich enthält. Zweyter Theil, welcher alle einzelne Manufacturen und Fabriken nach der Einteilung ihrer Materialien abhandelt*, Bd. 1, Kopenhagen/Berlin 1758, S. 96.

6 Ebenda, S. 135.

7 Adam Smith, *Der Wohlstand der Nationen. Eine Untersuchung seiner Natur und seiner Ursachen* (1776), Übersetzung Horst Claus Recktenwald, München 1974, viertes Buch: *Systeme der Politischen Ökonomie*, S. 347–583.

interessen – längerfristig eine weitere Ausdifferenzierung ökonomischer Arbeitsteilung unterband, indem sie freien Wettbewerb verhinderte, ist in der historischen Forschung nach wie vor umstritten. Dem Urteil der »borussischen Schule« der historischen Nationalökonomie, wonach erst die merkantilistische »Wirtschaftspolitik« der frühneuzeitlichen Territorialstaaten mit ihren Handelsbeschränkungen und Privilegierungen die Ausbildung von Nationalökonomien und damit ein höheres Maß an gesamtgesellschaftlicher Arbeitsteilung ermöglicht habe,[8] folgen manche Wirtschaftshistoriker bis heute.[9] Ihnen steht eine kritische Sicht auf den Merkantilismus gegenüber, die die Argumente Adam Smith' aufgreift und seit den 1950er Jahren als »revisionistische Schule« großen Einfluss gewann.[10] Ausgehend von wirtschaftsliberalen Positionen erscheint dieser Tradition die merkantilistische Politik als eine verfehlte Form des »Protektionismus«, die eine Entfaltung der Marktkräfte letztlich behindert habe: Wo sie durch Schutz und Privilegien mit der einen Hand ökonomische Entwicklung ermöglicht habe, sei mit der anderen Hand weiterreichende Arbeitsteilung unterbunden worden.

Vor allem die Geschichtsschreibung zur rheinischen Wirtschaftsgeschichte in vorindustrieller Zeit hat sich früh und weitgehend unbestritten dieser liberalen Sicht auf die ökonomische Entwicklung im 18. und frühen 19. Jahrhundert angeschlossen. Die zahlreichen kleinen, räumlich eng ineinander verschachtelten Territorien am

[8] Vgl. prominent etwa GUSTAV SCHMOLLER, Das Merkantilsystem in seiner historischen Bedeutung: städtische, territoriale und staatliche Wirtschaftspolitik, in: DERS., *Umrisse und Untersuchungen zur Verfassungs-, Verwaltungs- und Wirtschaftsgeschichte, besonders des Preußischen Staates im 17. und 18. Jahrhundert*, Leipzig 1898, S. 1–60, hier bes. S. 32 ff.

[9] Vgl. etwa GÖMMEL, Entwicklung (Fn. 2), S. 24 f., der leider auf eine genauere Begründung seiner Thesen verzichtet. Ähnlich bereits FRITZ BLAICH, *Die Epoche des Merkantilismus*, (Wissenschaftliche Paperbacks 3, Sozial- und Wirtschaftsgeschichte), Wiesbaden 1973, S. 178, der für die preußische Politik des 17. und 18. Jahrhunderts bilanziert, »daß es ohne die konsequente Anwendung merkantilistischer Wirtschaftslehren in der praktischen Wirtschaftspolitik [kaum] gelungen wäre, innerhalb eines Jahrhunderts Brandenburg-Preußen vom rückständigen Agrarstaat zu einer Wirtschaftsmacht zu entwickeln.«

[10] Ein frühes, allerdings weitgehend vereinzeltes kritisches Urteil bereits bei JOSEF KULISCHER, *Allgemeine Wirtschaftsgeschichte des Mittelalters und der Neuzeit* (1928/29), 2 Bde., München/Wien 1971, hier Bd. 2, S. 112 f.; vgl. im Übrigen den einflussreichen Sammelband von DONALD C. COLEMAN (Hg.), *Revisions in Mercantilism*, London 1969.

Niederrhein hätten eine merkantilistische Wirtschaftspolitik, die mit ihren Bemühungen um eine Regulierung des Handels und der Privilegierung von Gewerben per se nur in größeren Territorialstaaten wirksam werden könne, von vorneherein unmöglich gemacht. Die herrschaftlichen Verhältnisse am Niederrhein hätten letztlich keine andere wirtschaftspolitische Option ermöglicht, als die ökonomische Entwicklung ganz den Kräften des Marktes und frühen Formen des »freien Unternehmertums« zu überlassen.[11]

Das rechtsrheinische Herzogtum Berg, das im Folgenden im Mittelpunkt der Überlegungen stehen soll, galt ganz in diesem Sinne bereits aufgeklärten Zeitgenossen als Musterstaat einer liberalen Politik des »laissez-faire«.[12] Der kurpfälzische und seit 1777 zugleich bayerische Landesherr regierte seine niederrheinischen Besitzungen aus den fernen Residenzstädten Mannheim oder München, folglich habe sich die Entwicklung von Gewerbe und Handel im Bergischen weitgehend ohne die Einflussnahme einer merkantilistischen Staatswirtschaft vollzogen.[13] Und da das Land zudem auch keine größeren

[11] Pointiert und einflussreich in diesem Sinne: MAX BARKHAUSEN, Staatliche Wirtschaftslenkung und freies Unternehmertum im westdeutschen und nord- und südniederländischen Raum bei Entstehung der neuzeitlichen Industrie im 18. Jahrhundert, in: *Vierteljahrschrift für Sozial- und Wirtschaftsgeschichte* 45 (1958), S. 168–241; vgl. auch DERS., Der Aufstieg der rheinischen Industrie im 18. Jahrhundert und die Entstehung eines industriellen Großbürgertums, in: *Rheinische Vierteljahrsblätter* 19 (1954), S. 135–177; Barkhausens Thesen wurden prominent aufgenommen durch HERBERT KISCH, *Die hausindustriellen Textilgewerbe am Niederrhein vor der industriellen Revolution. Von der ursprünglichen zur kapitalistischen Akkumulation*, (Veröffentlichungen des Max-Planck-Instituts für Geschichte 65), Göttingen 1981, vgl. grundsätzlich seine Einleitung, S. 25–65, hier bes. S. 32f.

[12] »Die Herzogthümer Jülich und Berg stellten [...] ein lehrreiches Beispiel auf, daß es [...] keiner Leitung von Regierungs wegen bedürfe, um ein blühendes Kommerz zu erhalten. [...] Abgeschnitten von den vereinigten Niederlanden [...] zogen die mauthfreien Herzogthümer Jülich und Berg die Industrie [...] an sich ohne ihr irgend andere Begünstigungen oder Vortheile anzubieten, als höchstens solche, welche eine, beiderseitigen Ländern gemeine Wohlfeilheit der Handlöhne, und eine der jülich-bergischen Regierung ganz eigne Sorglosigkeit gewährten«: CONRAD FROHN, Ansichten der bergischen Industrie, in: *Niederrheinische Blätter für Belehrung und Unterhaltung* 4 (1803), S. 534–572, Zitat S. 535f.

[13] »Die Bedeutung der Wirtschaftspolitik des Landesherrn für die Prosperität seit ca. 1750 bestand darin, daß es gar keine solche Wirtschaftspolitik gab«: so pointiert JÜRGEN REULECKE, Nachzügler und Pionier zugleich: das Bergische

Städte aufwies, hätten – im scharfen Gegensatz etwa zur benachbarten Metropole Köln – die Aktivitäten der ökonomischen Akteure auch durch korporative Regulierungen in Gestalt von Zünften oder Kaufmannsgilden keine nennenswerte Einschränkung erfahren.[14] Unübersehbar bleibt indes, dass auch der bergische Landesherr in der Frühen Neuzeit Privilegien und Monopolrechte verlieh und dass auch hier Korporationen eine nicht unerhebliche Rolle für die Gewerbeverfassung des Landes spielten.[15]

Der folgende Beitrag diskutiert die Bedeutung landesherrlicher Privilegien im Zeichen merkantilistischer Konzeptionen anhand dreier Beispiele aus dem Bereich der bergischen Exportgewerbe. Ein Ziel des Beitrags ist es in diesem Kontext, die These vom Vorherrschen einer wirtschaftsliberalen politischen Praxis im Herzogtum Berg während der Frühen Neuzeit zu widerlegen und die Bedeutung formaler Institutionen für die wirtschaftliche Entwicklung der Region vor Augen zu führen. Der Blick auf das Herzogtum Berg wäre – in anderem Zusammenhang – auf weitere rheinische Territorien zu weiten und das Bild des vermeintlich liberalen vorindustriellen Rheinlands kritisch zu hinterfragen.[16]

Land und der Beginn der Industrialisierung in Deutschland, in: *Region und Industrialisierung. Studien zur Rolle der Region in der Wirtschaftsgeschichte der letzten zwei Jahrhunderte*, hg. von Sidney Pollard, (Kritische Studien zur Geschichtswissenschaft 42), Göttingen 1980, S. 52–68, Zitat S. 57.

14 Zu den Zünften im Bergischen Land vgl. Kurt Wesoly, »Es gibt hier weder Monipolium noch Zunft …« Zum Handwerkswesen im Herzogtum Berg, in: *Ein gefüllter Willkomm. Festschrift für Knut Schulz zum 65. Geburtstag*, hg. von Franz Josef Felten, Stephanie Irrgang und Kurt Wesoly, Aachen 2002, S. 487–502.

15 Zur Rolle der Korporationen für die bergischen Exportgewerbe vgl. Stefan Gorissen, Korporation und Konkurrenz. Die protoindustriellen Eisengewerbe des Bergischen Landes und der Grafschaft Mark (1650 bis 1820), in: *Protoindustrie in der Region. Europäische Gewerbelandschaften vom 16. bis zum 18. Jahrhundert*, hg. von Dietrich Ebeling und Wolfgang Mager, (Studien zur Regionalgeschichte 9), Bielefeld 1997, S. 381–410.

16 Für Krefeld hat jüngst Peter Kriedte eindringlich nachgewiesen, dass die in der rheinischen Landesgeschichte gerne gepflegte Mär vom freien Unternehmertum in der Krefelder Seidenindustrie für das 18. Jahrhundert an den durch Privilegien und Monopole geprägten Realitäten schlicht vorbei geht: vgl. Peter Kriedte, *Taufgesinnte und großes Kapital. Die niederrheinisch-bergischen Mennoniten und der Aufstieg des Krefelder Seidengewerbes (Mitte des 17. Jahrhunderts – 1815)*, (Veröffentlichungen des Max-Planck-Instituts für Geschichte 223), Göttingen 2007, bes. S. 223 ff. Jüngere Beispiele für die Pflege der Legende vom freien

Eine Antwort auf die weiter reichende Frage nach den Effekten der merkantilistischen Privilegienpolitik bleibt eine schwierige Aufgabe. Um hier nicht in die Sackgasse letztlich ideologisch motivierter Interpretationen zu laufen, schlägt der Beitrag vor, die Perspektive konsequent auf die Akteure zu richten und mit dem Instrumentarium eines breiten, durch Konzepte der Neuen Institutionenökonomie inspirierten Kostenbegriffs nach ökonomischen Logiken und Konsequenzen zu fragen.

I.

Bereits für die erste Hälfte des 15. Jahrhunderts lässt sich nachweisen, dass im Umfeld der Orte Elberfeld und Barmen im Herzogtum Berg Leinengarne gebleicht und zu feinen Zwirnen, Bändern und Spitzen für den Verkauf auf überregionalen Märkten weiterverarbeitet wurden. Während noch im 15. Jahrhundert vor allem Kölner Weber und Garnhändler ihre Gespinste im mit Köln lehnsrechtlich verbundenen Wuppertaler Raum bleichen ließen,[17] liegen bereits für das ausgehende 15. Jahrhundert eine Reihe von Belegen vor, denen zufolge sich bergische Kaufleute im Handel mit Leinengarn engagierten. Die Händler kauften die im Wuppertal verarbeiteten Garne überwiegend im Bereich des nordwestdeutschen »Leinengürtels«, vor allem in Herford, Bielefeld, Lemgo, Minden, Kassel, Hildesheim, Braunschweig oder Göttingen, ließen die importierten Leinengarne dann im Tal der Wupper durch Handwerker einer Rasenbleiche unterziehen und verkauften das gebleichte Garn anschließend entweder

Krefelder Unternehmer etwa bei Hans Pohl, Unternehmerprofile in Seidengewerbe und Seidenhandel im 18. Jahrhundert, in: *Geschichtliche Landeskunde der Rheinlande. Regionale Befunde und raumübergreifende Perspektiven. Georg Droege zum Gedenken*, hg. von Marlene Nikolay-Panther, Wilhelm Janssen und Wolfgang Herborn, Köln/Weimar/Wien 1994, S. 339–357 sowie bei Jörg Lichter, Die Familie von der Leyen als Schumpetersche Pionierunternehmer im 18. Jahrhundert, in: *Zeitschrift für Unternehmensgeschichte* 44 (1999), S. 87–105.

17 Einzelnachweise bei Walter Dietz, *Die Wuppertaler Garnnahrung. Geschichte der Industrie und des Handels von Elberfeld und Barmen 1400 bis 1800*, (Bergische Forschungen 4), Neustadt an der Aisch 1957, S. 12, 14 f.; ders., Die Wuppertaler Garnnahrung, in: *Werden und Wachsen der Wuppertaler Wirtschaft. Von der Garnnahrung 1527 zur modernen Industrie*, hg. von Horst Jordan und Heinz Wolff, Wuppertal 1977, S. 23–48, hier S. 26.

direkt als Ausgangsprodukt für die Weberei oder in zu Zwirnen, Bändern oder Borten weiterverarbeiteter Form auf Absatzmärkten im Reich, aber auch in Brabant, Flandern und Frankreich.[18] Bereits an der Wende zum 16. Jahrhundert war der Raum im Umfeld der ländlichen Siedlungen Elberfeld und Barmen[19] auf diese Weise in ein System überregionaler Arbeitsteilung einbezogen.

Die Verleihung eines Privilegs an die Garnbleicher und Garnhändler in den Ämtern Elberfeld und Barmen im April 1527 durch den Landesherrn, Herzog Johann III., gilt gemeinhin als Ausgangspunkt eines säkularen gewerblichen Wachstumsprozesses, Grundlage von Bevölkerungswachstum und ökonomischer Prosperität in der Region.[20] Die wichtigste Bestimmung des Privilegs schrieb vor,[21] dass in den seit 1511 dynastisch vereinigten Herzogtümern Jülich, Kleve, Berg, Mark und Ravensberg das Bleichen und Zwirnen von

18 Vgl. EBENDA, S. 19 ff.; ferner JOHANNES VICTOR BREDT, *Die Lohnindustrie dargestellt an der Garn- und Textilindustrie von Barmen*, Berlin 1905, S. 14 f.; für den Garnhandel in Ravensberg und Lippe, der sich im Laufe des 16. und frühen 17. Jahrhunderts von den städtischen Garnmärkten abwandte und das Garn direkt im ländlichen Raum unter Zuhilfenahme kleiner ländlicher Zwischenhändler beschaffte, vgl. ELLYNOR GEIGER, *Die soziale Elite der Hansestadt Lemgo und die Entstehung eines Exportgewerbes auf dem Lande in der Zeit von 1450 bis 1800*, Detmold 1976, S. 37 ff.

19 Beide Siedlungen besaßen im 16. Jahrhundert noch kein Stadtrecht: Elberfeld wurden im Jahr 1610 durch den Landesherrn Stadtrechte verliehen, Barmen erlangte des Städtestatus erst in napoleonischer Zeit: zu Elberfeld vgl. UWE ECKARDT, 400 Jahre Stadtrechte Elberfeld, in: *Geschichte im Wuppertal* 19 (2010), S. 1–15; DERS., Wuppertal. Streifzüge durch die Stadtgeschichte, in: *Rheinische Heimatpflege* 40, 2 (2003), S. 86–100. Bereits in der zweiten Hälfte des 15. Jahrhunderts waren jedoch einem Güterverzeichnis des bergischen Amts Beyenburg zufolge die landwirtschaftlichen Nutzflächen der Höfe nach Erbteilungen so klein, dass sie im Mittel nicht mehr hinreichten, um das Auskommen einer Familie sicherzustellen: vgl. WALTER DIETZ, *Barmen vor 500 Jahren. Eine Untersuchung der Beyenburger Amtsrechnung von 1466 und anderer Quellen zur frühen Entwicklung des Ortes Barmen*, (Beiträge zur Geschichte und Heimatkunde des Wuppertals 12), Wuppertal 1966.

20 Unter der neueren Literatur zum Wuppertaler Leinengewerbe vgl. vor allem HERBERT KISCH, Vom Monopol zum Laissez-Faire: das frühe Wachstum der Textilgewerbe im Wuppertal, in: DERS., Textilgewerbe (Fn. 11), S. 162–257.

21 Die Privilegienurkunde ist nicht mehr erhalten. Im 19. Jahrhundert erfuhr eine Abschrift des ausgehenden 17. Jahrhunderts, die ebenfalls verloren ist, eine Edition: WILHELM CRECELIUS und ADOLF WERTH, Urkunden zur Geschichte der Garnnahrung im Wuppertale, in: *Zeitschrift des Bergischen Geschichtsvereins* 16 (1880), S. 73–132; 17 (1881), S. 11–82, der Text der Urkunde hier S. 76–82.

Leinengarnen über den Bedarf eines einzelnen Haushalts hinaus ausschließlich in den beiden Ämtern Elberfeld und Beyenburg ausgeführt werden durfte.[22] Das Privileg, für das keine Begrenzung seiner Geltungsdauer genannt wurde, betraf somit zum Zeitpunkt seiner Verleihung räumlich ein großes Gebiet und schloss mit der Grafschaft Ravensberg auch ein Territorium ein, das selbst gewerbliche Traditionen im exportorientierten Leinengewerbe aufwies und überdies mit dem Wuppertal in engen Austauschbeziehungen stand. Man wird vermuten dürfen, dass mit der Verleihung des Privilegs von Seiten des Landesherrn auch die Sicherung einer überregionalen Arbeitsteilung innerhalb des vereinigten Territorienverbandes intendiert war.[23]

Das Privileg definierte des Weiteren einen organisatorischen Rahmen für die »Garnnahrung«: zum einen wurden die beiden Amtleute der Ämter Elberfeld und Beyenburg verpflichtet, Aufsichtsfunktionen für das Gewerbe zu übernehmen; zum anderen ernannten die beiden Amtleute aus dem Kreis der Gewerbetreibenden und Händler vier »Garnmeister« – für jedes Amt zwei –, die ihrerseits vier »Beigekorene« beriefen und so die herrschaftliche Aufsicht durch korporative Elemente ergänzten. »Garnmeister« und »Beigekorene« hatten die Aufgabe, nach innen und außen für das Gewerbe zu handeln sowie im Konfliktfall und zur Durchsetzung ihrer Beschlüsse für eine Einigung unter den Beteiligten zu sorgen.[24] Die Amtleute bildeten

22 »Zum Ersten, so soll solche GarnNahrung, bleichen und zwirnen, nirgends in unserm Land geschehen, dann in den zweyen vorgeschriebenen unsern flecken, doch mag ein jeder sein eigen Garn, das zu seinem Hauße gehöret oder er gemacht hatte, selber bleichen, zwirnen oder thun laßen und gebrauchen nach seinem willen«: Crecelius und Werth, Urkunden (Fn. 21), S. 77.

23 Zur Bedeutung des Garnnahrungsprivilegs innerhalb des Territorialverbunds der vereinigten Herzogtümer vgl. Rainer Walz, Wirtschaft und Verkehr, in: *Land im Mittelpunkt der Mächte. Die Herzogtümer Jülich, Kleve, Berg*, Kleve 1984, S. 109–118, der allerdings die ökonomische Zusammenarbeit zwischen Berg und Ravensberg nicht thematisiert.

24 »[...] übermitz unserer Amtleute zu Elverfeld und dem Beyenberg alle Jahr [...] kiesen zween Mann zu Elverfeld, und zween in dem Barmen, und die alten abzusetzen macht haben, und die vorgeschrieben- und gekohrne Mann sollen macht haben, die GarnNahrung und gemeiner beste baußen Landes zu rathen und zu ordiniren und binnen Landes nach rathe ihrer beyder Ambtleuthe und der zweyer gekohrner Mann in den zweyen vorgemelten flecken, sollen auch macht haben [...] was die vorgesch[riebene] Gekohrne der GarnNahrung und

eine übergeordnete Entscheidungsinstanz, die bei Bedarf »Garnmeister« und »Gekorene« unterstützte und hierzu ihrerseits auf die landesherrlichen Richter zurückgreifen konnte.

Die Aufnahme von Bleichern und Händlern in die »Garnnahrung« erfolgte durch Zahlung einer Aufnahmegebühr und Vereidigung. Mit dem Eid verpflichten sich die Mitglieder, das Gewerbe nur im Bereich der beiden privilegierten Ämter auszuüben. Knechte und Mägde, die ebenfalls im Gewerbe eingesetzt wurden, erwarben zunächst keine Mitgliedschaft. Im Übrigen war aber ein Zugang zum Gewerbe auch für auswärtige Händler und Handwerker nach Zahlung einer erhöhten Aufnahmegebühr und nach Vereidigung möglich.

Das Privileg schrieb für alle Mitglieder der Garnnahrung eine feste, nicht zu überschreitende Produktionsmenge vor und legte gleichzeitig die Wochen des Jahres fest, in denen das Garn zum Zweck des Bleichens befeuchtet und auf den Rasenflächen ausgelegt werden durfte.[25] Handwerkern und Kaufleuten sollte die Aufnahme von Handel und Bleichgewerbe nur auf der Grundlage eigenen Kapitals erlaubt werden, eine Finanzierung des Geschäfts durch Kredite untersagte das Privileg ausdrücklich. Schließlich verbot die mit dem Privileg erlassene Garnordnung auch den Gebrauch von »Zwirnrädern«.[26] Da eine Zwirnherstellung ohne den Einsatz einer Drehvorrichtung jedoch kaum denkbar ist, vermutet Dietz, dass sich

bleichen zum besten gerathen können, und ein verbund darauff setzen würden [...] und [wenn] den vier Männern vorgeschr[ieben] einige gebrechen ankämen, die sie unter sich mit ihren vier gekohrnen Männern der nahrung zum besten nicht gehandeln könten, die sollen alsdann ihre Ambtleuthe [...] von unserentwegen ansuchen [...] und was ein jeder Ambtmann sambt den gekohrnen handelen, soll also vestiglich gehalten werden«: CRECELIUS und WERTH, Urkunden (Fn. 21), S. 77.

25 »und niemand soll garn in die bleiche naß machen, in diesen zweyen vorgesch[riebenen] unseren flecken, dann des negsten Wecktages nach unserer lieben Frauen tag Annuntiationis [25. März], und soll tauern, biß des nechsten Werkeltages nach St. Servaes Tag [13. Mai] und alles bereit guth. Auch soll niemand in diesen zweyen vorgesch[riebenen] flecken kein garn aufftruckenen, es seye dann vier wochen nach Pfingsten«: EBENDA, S. 79.

26 »Auch soll niemandt kein ZwirnRadt in diesen zweyen unsern vorgesch[riebenen] flecken haben, daß die gemeine zum best ihr brod verdienen können«: EBENDA, S. 78.

dieses Verbot auf eine besondere, arbeitskräftesparende Form des Zwirnrades bezog.[27]

Aus Perspektive der Handwerker und Händler in Elberfeld und Barmen besaß das Privileg für das Gewerbe ordnungspolitische Funktionen und ermöglichte eine »rent seeking«-Strategie, bei der der frühmoderne Staat mit seiner Privilegienpolitik den Gewerbetreibenden eine Einkommenssicherung ermöglichte. Auch wenn der Elberfelder und Barmer Garnnahrung des 16. Jahrhunderts entscheidende Merkmale einer mittelalterlichen Zunft fehlten,[28] sind doch für wesentliche Bereiche funktionale Äquivalente unverkennbar:[29] Die Garnnahrung bildete für Bleicher und Kaufleute des Wuppertals eine Organisation, deren vordringlichste Aufgabe die Sicherung der »Nahrung« darstellte und »die da Sorge trägt, daß ein genügend großes Tätigkeits- (und Absatz-)gebiet dem Handwerk als Ganzem gesichert werde«.[30] Entscheidend ist in diesem Zusammenhang nicht die empirisch kaum eindeutig zu klärende Frage, ob sich hinter den Bestimmungen der »Garnnahrung« eine »Wirtschaftsgesinnung« verbarg, die – in der Terminologie Sombarts – eher dem »Bedarfdeckungs-« oder dem »Erwerbsprinzip« folgte.[31] Das Privileg war auf das Gewerbe in seiner Gesamtheit bezogen, auf die Monopolisierung des Arbeits- und Absatzmarktes einer Korporation und auf die gleichförmige Verteilung der Erträge unter seinen Mitgliedern. Die

27 Vgl. Dietz, Wuppertaler Garnnahrung (Fn. 17), S. 34.

28 Die Unterschiede zur Zunft betont Wolfgang Köllmann, Die Garnnahrung im Wuppertal. Versuch einer Klärung der Organisationsform, in: ders., *Wirtschaft, Weltanschauung und Gesellschaft in der Geschichte des Wuppertals*, (Beiträge zur Geschichte und Heimatkunde des Wuppertals 1), Wuppertal 1955, S. 7–13; vgl. auch Walz, Wirtschaft und Verkehr (Fn. 23), S. 111; die Parallelitäten zu Zunftordnungen betont hingegen Kisch, Textilgewerbe (Fn. 11), S. 171 f.

29 Vgl. zu den diesbezüglichen Funktionen von Zünften Ulrich Pfister, Craft Guilds, the Theory of the Firm, and Early Modern Proto-industry, in: *Guilds, Innovation and the European Economy, 1400–1800*, hg. von Stephan R. Epstein und Maarten Prak, Cambridge 2008, S. 25–51; ders., Die wirtschaftlichen Folgen von Handwerkszünften: ein Überblick, in: *Regulierte Märkte. Zünfte und Kartelle – Marchés régulés. Corporations et cartels*, hg. von Margrit Müller, Heinrich R. Schmidt und Laurent Tissot, Zürich 2011, S. 25–37.

30 Sombart, Kapitalismus (Fn. 2), Bd. 1, S. 192.

31 Ebenda, S. 14 f., 34 ff.; zur Diskussion der Sombartschen Terminologie vgl. die Beiträge in Robert Brandt und Thomas Buchner (Hg.), *Nahrung, Markt oder Gemeinnutz. Werner Sombart und das vorindustrielle Handwerk*, Bielefeld 2004.

mit dem Garnnahrungsprivileg etablierte Gewerbeordnung für das Wuppertaler Leinengewerbe steht in dieser Hinsicht in einer unverkennbaren Tradition zur älteren Verleihung von Zunftrechten an andere bergische Exportgewerbe, insbesondere an die Solinger Klingengewerbe, deren einzelne Handwerkergruppen bereits im 15. Jahrhundert vom bergischen Landesherrn durch Zunftstatuten mit ähnlichen Funktionen privilegiert worden waren.[32]

Das Garnnahrungsprivileg bzw. die diesem Privileg folgenden Ordnungen hatten bis zur Aufhebung der Privilegien, Zünfte und Monopole im napoleonischen Modellstaat Großherzogtum Berg im Jahr 1809 Bestand,[33] wurden allerdings in den knapp dreihundert Jahren ihrer Gültigkeit regelmäßig überarbeitet.[34] Leider sind nur einzelne dieser Modifikationen überliefert. Nachweisen lässt sich eine Neufassung der Garnordnung aus dem Jahr 1562, die dann 1564 erneut in einer leicht veränderten Fassung publiziert wurde.[35] Anlass

[32] Gegen den zünftischen Charakter der Garnnahrung argumentiert Köllmann, Garnnahrung im Wuppertal (Fn. 28), S. 8 f.; zur Struktur der Solinger Gewerbe vgl. Stefan Gorissen, Gewerbe, Staat und Unternehmer auf dem rechten Rheinufer, in: *Aufbruch in eine neue Zeit. Gewerbe, Staat und Unternehmer in den Rheinlanden des 18. Jahrhunderts*, hg. von Dietrich Ebeling, (Der Riss im Himmel. Clemens August und seine Epoche 8), Köln 2000, S. 59–85, hier S. 64 ff.; die Zunftstatuten für die verschiedenen Solinger Handwerkergruppen aus den Jahren 1401, 1412 und 1472 sind gedruckt bei Heinrich Kelleter, *Geschichte der Familie Henckels in Verbindung mit einer Geschichte der Solinger Industrie*, Solingen 1924, Beilagen 5, 6, 7 und 12. Insgesamt blieb während der Frühen Neuzeit im Herzogtum Berg, das nur kleine, politisch relativ schwache Städte ausgebildet hatte, die Zunftpolitik sehr stark von landesherrlicher Unterstützung abhängig: vgl. Wesoly, Handwerkswesen (Fn. 14).

[33] Vgl. hierzu Bettina Severin-Barboutie, *Französische Herrschaftspolitik und Modernisierung. Verwaltungs- und Verfassungsreformen im Großherzogtum Berg (1806–1813)*, (Pariser Historische Studien 85), München 2008, S. 326 ff.

[34] Die Ordnung des Jahres 1698 sieht ausdrücklich eine Laufzeit von vier Jahren vor und weist den Garnmeistern und Beigekorenen das Recht zu, bei Bedarf den landesherrlichen Behörden eine neue Ordnung vorzuschlagen: Crecelius und Werth, Urkunden (Fn. 21), S. 95.

[35] Eine Abschrift der revidierten Ordnung des Jahres 1564 war zusammen mit einem Bericht der Garnmeister an den Rat der Stadt Köln geschickt worden (Historisches Archiv der Stadt Köln, Bestand Auswärtiges, Nr. 79; ob diese Akte noch existiert, ist derzeit ungewiss): vgl. Michael Knieriem, ... daß Maß gehalten und ein Jeder bei seinem zugeordneten Anpart sey und pleibe ... Eine unbekannte Garnordnung für Barmen und Elberfeld vom Jahre 1564, in: *Romerike Berge* 48, 1 (1998), S. 23–26.

für diese Neufassung waren offenbar Absatzschwierigkeiten, denen man durch eine Einschränkung der Produktion zu begegnen suchte. Neben der Neufestsetzung von Produktionsquanten wurde bereits in dieser Fassung des Privilegs auch explizit das Verbot der Benutzung von Zwirnrädern verworfen. Auch von der Ablehnung des Handels auf der Grundlage von Krediten verabschiedete man sich jetzt ausdrücklich, bekräftigte allerdings noch einmal die Bestimmung, dass die betroffenen Händler sich »vor der Obrigkeit nach Verlesen der Artikel mit einem Eid purgieren« mussten.[36]

Weitere Neufassungen der Privilegien sind für die Jahre 1608 und 1698 überliefert, die auch in diesen Jahren – wie bereits 1564 – in keinem erkennbaren Zusammenhang mit einem Herrscherwechsel standen, also auch nicht primär als bloße Bestätigungen bereits verliehener Sonderrechte zu verstehen sind. Auch in der Ordnung des Jahres 1608 betrifft zunächst die Neufestsetzung der Zahl der Bleichstücke, die von jedem einzelnen »Nahrungsgenossen« produziert werden durften.[37] Im Unterschied zu den Ordnungen des 16. Jahrhunderts wurde darüber hinaus jetzt festgelegt, dass auch Knechte und Mägde sich eidlich dem Gewerbe verbinden mussten. Präzisiert wurde sodann die Verpflichtung für »Garnmeister« und »Beigekorene«, die Arbeit der Handwerker durch regelmäßige Kontrollgänge (»Umgang«) zu überwachen, an denen sich künftig auch landesherrliche Beamte beteiligen sollten. Die Kontrollbefugnisse der Garnmeister wurden ausdrücklich auch auf die Herstellung von Riemen und Bändern (»Lint«) erweitert. Zur Vermeidung von Betrug wurden die Lintwirker verpflichtet, ihre Ware zur Qualitätskontrolle den Garnmeistern zu präsentieren und »wen solches als Lindt gepacket, den Garnmeister beweißlich vorgebracht, soll selbiges durch die Garnmeister mit einem sonderlichen Brandtzeichen verzeichnet werden [...].«[38]

Die wichtigste Neuerung der im Jahr 1698 erneuerten Ordnung betrifft die Festlegung, dass es den in die Garnnahrung inkorporier-

36 Ebenda, S. 25.

37 Die Texte der Ordnung von 1608 und 1698 finden sich bei Crecelius und Werth, Urkunden (Fn. 21), S. 83 ff. und 88 ff. Von »Nahrungsgenossen« ist erstmals in der Ordnung des Jahres 1608 die Rede.

38 Ebenda, S. 87.

ten »Handelsleuthe(n) freygelaßen (sein soll) ihre Linten, wohin es ihnen gefällig, durch das gantze jahr zu verhandelen und zu verschicken.«[39] Die übrigen Bestimmungen betreffen erneut die Produktionsmengen, die Preise und – sehr ausführlich – die zugelassenen Maße. Erstmals spricht die Ordnung auch mit Blick auf die Beschäftigung von Lohnbleichern und -zwirnern ein Verbot von Truckzahlungen aus.[40]

Auch wenn im Vergleich die Ordnungen hinsichtlich ihres Umfangs ohne Zweifel zugenommen hatten und die neuen Regelungen zuweilen aus sehr kleinteiligen Vorgaben bestanden, bleibt doch unübersehbar, dass die Bestätigung und Modifikation des Privilegs als flexible Anpassungen der Gewerbeordnung an sich wandelnde Anforderungen und Bedürfnisse zu verstehen sind. Selbst Vorschriften, die – wie das Verbot der Zwirnmühlen oder die Festlegung von Preisen und Produktionsmengen – wesentlich für die Sicherung der »Nahrung« und für eine gleichförmige Verteilung des Nutzens auf die Nahrungsgenossen waren, wurden aufgegeben, wenn sie sich nicht bewährt hatten. Die Bereitschaft, das Privileg kontinuierlich weiter zu entwickeln und zu modifizieren, war eine wesentliche Voraussetzung dafür, dass die Organisation der Garnnahrung eine fast dreihundertjährige Tradition ausbilden konnte. Darüber hinaus gilt der pragmatische Umgang mit der Ordnung bei gleichzeitigem Festhalten an wesentlichen Grundprinzipien als ein bedeutender Faktor, der die Kontinuität des Gewerbes im Wuppertal ermöglichte.[41]

Die wenigen erhaltenen Dokumente aus der Arbeit der Wuppertaler Garnmeister zeigen jedoch auch deutlich die Grenzen der Ordnung, die letztlich auf den dem Privileg zugrundeliegenden Herrschaftsbereich und auf die politische Macht des bergischen Landesherrn verweisen. Symptomatisch für diese Zusammenhänge sind die

39 Ebenda, S. 89.

40 »Alle diejenige aber, so garn bleichen oder link umb Lohn wircken und bleichen laßen, sollen schuldig und gehalten seyn, den Wirckern oder Bleichern den Lohn mit bahrem gelde zu bezahlen und denselben keine Wahren, wie die auch namen haben mögen, wider ihren Willen auffdringen oder sie auch anderwertz umb Wahren an statt bahrer bezahlung zu empfangen hinweißen«: ebenda, S. 93.

41 So mit Nachdruck Kisch, Textilgewerbe (Fn. 11), passim.

Auseinandersetzungen mit den Bewohnern im benachbarten Kirchspiel Schwelm, die bereits zur Zeit der Erteilung des Privilegs zu greifen sind. Das Gewerbe der Garnbleiche hatte sich bereits zu Beginn des 16. Jahrhunderts in den Raum Schwelm ausgedehnt, also über die Grenze des alten Herzogtums Berg hinaus in das Gebiet der Grafschaft Mark. Die Handwerker beider Regionen standen in Konkurrenz zueinander, wenn auch zahlreiche familiäre und nachbarschaftliche Bande Barmer und Schwelmer Handwerker untereinander verbanden. Das Garnnahrungsprivileg des Jahres 1527 erhielt seine Bedeutung vor allem im Anschluss an die kurz zuvor erfolgte Vereinigung der Herzogtümer Jülich-Berg und Kleve-Mark 1521 und lief jetzt auf die Bevorzugung der älteren und bedeutenderen Wuppertaler Bleichgewerbe gegenüber den kleineren und jüngeren Schwelmer Handwerkern hinaus. Nur unter den Bedingungen der vereinigten Herzogtümer machte eine Monopolpolitik zugunsten des bergischen Gewerbes Sinn. Um das Schwelmer Gewerbe nicht einfach zu unterdrücken, beschied der bergische Landesherr 1549 in Düsseldorf einen »Verdrag zwischen den Elverfeldern, Barmern und Schwelmern«, in welchem den Schwelmer Handwerkern »das lindtwircken und tuchmachen zugelaßen« und für das Garnbleichen ein festes Produktionsquantum von zweitausend Stück zugestanden werden sollte, im Übrigen aber das Garnnahrungsprivileg grundsätzlich bestätigt wurde.[42]

Auch in den folgenden Jahrzehnten kam es wiederholt zu Streitigkeiten zwischen Schwelmer und Wuppertaler Bleichern.[43] Die Konflikte zeigen, wie schwer es der Landesherrschaft der vereinigten Herzogtümer im 16. Jahrhundert fiel, eine die alten Territorien übergreifende, gemeinsame Wirtschaftspolitik durchzusetzen. Mit

42 Der Text des Vergleichs bei Crecelius und Werth, Urkunden (Fn. 21), S. 82 f., Zitate S. 82.

43 Belegt sind Auseinandersetzungen in Form von Suppliken an die landesherrliche Regierung für die Jahre 1565, 1596, 1602 und 1612. Die zu diesen Auseinandersetzungen verfügbaren Quellen finden sich ediert bei Crecelius und Werth, Urkunden (Fn. 21), S. 11–45; Darstellungen bei Dietz, Wuppertaler Garnnahrung (Fn. 17), S. 69 ff., 74 ff.; Kisch, Textilgewerbe (Fn. 11), S. 175 ff.; Walz, Wirtschaft und Verkehr (Fn. 23), S. 112; Gerd Helbeck, *Schwelm. Geschichte einer Stadt und ihres Umlandes*, Bd. 1: *Von den Anfängen bis zum Zusammenbruch der altpreußischen Herrschaft* (1806), Schwelm 1995, S. 261.

dem Auseinanderbrechen des Territorienverbandes nach dem Tod des letzten Herzogs Johann Wilhelms I. 1609 und der Teilung des Landes im Xantener Vertrag von 1614 besaß das Privileg für Schwelm, das zur jetzt preußisch gewordenen Grafschaft Mark gehörte, keine Geltung mehr. Auch die Bezugsregion für das im Wuppertal verarbeitete Leinengarn, das »Garnland« Ravensberg, berührte das Privileg seither nicht mehr. Entsprechend konnte sich die Leinenbleicherei im 17. und 18. Jahrhundert auch in den Grafschaften Mark und Ravensberg ausbreiten.[44] Bemerkenswert bleibt, dass das Wuppertaler Garnnahrungsprivileg dessen ungeachtet bis 1809 seine Gültigkeit behielt, obwohl es seine wesentliche Funktion, die Sicherung eines Produktionsmonopols, unter den veränderten politisch-herrschaftlichen Verhältnissen kaum mehr erfüllen konnte.

Für die Wuppertaler Kaufleute blieb es auch während des 17. und 18. Jahrhunderts lukrativ, Lohnbleicher jenseits der Landesgrenze in Schwelm zu beschäftigen, wo die Löhne deutlich niedriger waren. Die Konflikte um das Privileg mit den Schwelmer Handwerkern spiegeln insofern eine wachsende Differenzierung und zunehmende Interessengegensätze zwischen Handwerkern und Kaufleuten innerhalb der Garnnahrung wider.[45] Gleichzeitig verlor das Bleichgewerbe in dem Maße an relativer Bedeutung, in dem die Verarbeitung des Garns durch Bandwirker und zunehmend auch durch Leinenweber

44 Die ravensbergischen Bleichgewerbe verarbeiteten allerdings ausschließlich Leinenstoffe, traten also in erster Linie in Konkurrenz zum Haarlemer und nicht zum Wuppertaler Bleichgewerbe: vgl. Axel Flügel, *Kaufleute und Manufakturen in Bielefeld. Sozialer Wandel und wirtschaftliche Entwicklung im protoindustriellen Leinengewerbe von 1680 bis 1850*, (Studien zur Regionalgeschichte 6), Bielefeld 1993, S. 86 ff. sowie jüngst Udo Schlicht, *Textilbleichen in Deutschland. Die Industrialisierung einer unterschätzten Branche*, (Studien zur Regionalgeschichte 22), Bielefeld 2010, bes. S. 119 ff, 125 ff. In der Grafschaft Mark, wo das Bleichwesen sich neben Schwelm vor allem im Bereich Iserlohns entwickelte, wurde hingegen auch Leinengarn gebleicht, allerdings in vergleichsweise bescheidenem Umfang: vgl. Anton Overmann, *Die Entwicklung der Leinen-, Woll- und Baumwollindustrie in der ehemaligen Grafschaft Mark unter Brandenburg-Preußischer Herrschaft*, (Münstersche Beiträge zur Geschichtsforschung N. F. 19), Münster 1909; Helbeck, Schwelm (Fn. 43), S. 511 ff.; Wilfried Reininghaus, Johann Theodor Lürmann und die Garnbleiche von Stephanopel bei Hemer. Merkantilismus, Kaufleute und örtliche Rivalitäten im 18. Jahrhundert, in: *Der Märker* 41 (1992), S. 147–162.

45 Vgl. Dietz, Wuppertaler Garnnahrung (Fn. 17), S. 75.

im Wuppertal selbst heimisch wurde. Die Zahl der vergleichsweise wohlhabenden, in der Regel grundbesitzenden Bleicher[46] wurde schon in den ersten Jahrzehnten des 18. Jahrhunderts von jener der Leinenweber übertroffen.

In der zweiten Hälfte des 18. Jahrhunderts entwickelte sich dann die Baumwollverarbeitung zum wichtigsten Gewerbezweig im Wuppertal. Elberfelder Garnkaufleute, die gebleichtes Garn nach Holland und Frankreich exportierten, brachten von dort Rohbaumwolle ins Bergische Land, die dann hausindustriell gesponnen und anschließend von Webern mit Leinengarn zum Mischgewebe der »Siamosen« verarbeitet wurde. 1773/74 standen 100 Garnbleichereien in Elberfeld und Barmen bereits ca. 2000 Bandwebstühle, 2000 Leinenwebstühle und 1500 Siamosen-Webstühle gegenüber.[47] Während die Weber, deren Zahl von ca. 600 Ende der 1730er Jahre auf ca. 1100 Anfang der 1780er Jahre anwuchs,[48] hauptsächlich in den Ämtern Elberfeld und Beyenburg angesiedelt waren, mussten die Kaufleute für den Produktionsschritt des Spinnens auf heimgewerbliche Arbeitskräfte im ländlichen Raum des Bergischen Landes sowie der südlichen und östlichen Nachbarterritorien ausgreifen. Elberfelder und Barmer Kaufleute betätigten sich hierbei als Verleger, die unter Einschaltung von Unterverlegern, sog. Faktoreien, Geschäftsbeziehungen zu den ländlichen Gewerbetreibenden organisierten.[49] In den letzten Jahrzehnten des 18. Jahrhunderts wurde schließlich auch die Verarbeitung von Seide im Wuppertal heimisch.

46 Vgl. Ebenda, S. 113.

47 Angaben nach einer Statistik des jülich-bergischen Hofkammerrats Friedrich Heinrich Jacobi: Wilhelm Gebhard (Hg.), Bericht des Hof-Kammerrats Friedrich Heinrich Jacobi über die Industrie der Herzogtümer Jülich und Berg aus den Jahren 1773 und 1774, in: *Zeitschrift des Bergischen Geschichtsvereins* 18 (1882), S. 1–148, hier S. 26 ff.

48 Karl Spannagel, Die Entstehung der Leineweberzunft in Elberfeld und Barmen im Oktober 1738, in: *Zeitschrift des Bergischen Geschichtsvereins* 30 (1894), S. 181–199.

49 Vgl. Bredt, Lohnindustrie (Fn. 18), S. 44 ff.; Kisch, Textilgewerbe (Fn. 11), S. 180 ff.; Nachweise für die Aktivitäten Elberfelder Verleger in die nassauischen Fürstentümer des Westerwalds und des Siegerlands hinein bei Thomas Bartolosch, Das Faktoreiwesen des Wuppertaler und des Siegerländer Textilgewerbes im Westerwald in der zweiten Hälfte des 18. Jahrhunderts, in: Ebeling, Aufbruch (Fn. 32), S. 105–128.

Die Gewerbe- und Sozialstruktur im Wuppertal, die während des gesamten 18. Jahrhunderts von Arbeitskräftemangel geprägt war, erfuhr unter diesen Umständen einen tiefgreifenden Wandel. Die Garnnahrung entwickelte sich mehr und mehr zu einer Interessensvertretung der vor allem in Elberfeld ansässigen Kaufmannschaft, ergänzt um qualifizierte und relativ wohlhabende Bleicher überwiegend aus dem Raum Barmen. Die Leineweber traten ihr seit 1738, als der der Bergische Landesherr Ihnen »ein Zunft-Privilegium gnädigst verstattet« hatte, in einer geschlossenen Korporation gegenüber.[50] Die wichtigsten Regelungen des Privilegs betrafen zunächst den Zunftzwang, die Verpflichtung für alle Leineweber in »Stadt und Amt Elberfeld und in dem Barmen«, der Zunft beizutreten. Der so eingerichteten Korporation wurde dann ein Produktionsmonopol für die Verarbeitung von Garnen zugestanden, wobei im Privileg jedoch keine Differenzierung zwischen Leinen- und Baumwollgarn vorgenommen wurde, offenbar mit Blick auf die zum Zeitpunkt der Privilegienerteilung verbreiteten Mischgewebe. Im Unterschied zum Garnnahrungsprivileg wurde das Produktionsmonopol hier jedoch nicht durch ein Verbot der Produktion in anderen Landesteilen erwirkt. Vielmehr untersagte man »sub poena confiscationis und nach Ermessigung willkührlicher Geldstrafe denen Bürger und Handelsleuten [...], das unter des Amts District verfertigtes oder eingebrachtes Garn anderwärtlich zu Fabricirung der zunftmäßigen Arbeit verführen zu lassen.«[51] Dieses Privileg provozierte jetzt den Widerspruch der Elberfelder und Barmer Kaufleute, die ihren Protest als Vertreter der Garnnahrung, also ihrerseits Inhaber eines landesherrlichen Privilegs, einlegten und erreichten, dass 1742 ein landesherrliches Reskript die Weber verpflichtete, zu Stückpreisen zu arbeiten, die auch außerhalb des Zunftbezirks üblich waren. Die Wuppertaler Weber behielten so zwar ihr Produktionsmonopol,

[50] Der Text des Privilegs zur Errichtung einer Leineweberzunft in Elberfeld und Barmen bei Spannagel, Entstehung (Fn. 48), S. 183 ff. Zu den sozialen Auseinandersetzungen um die neue Zunft vgl. die ausführliche, jedoch mit zuweilen fragwürdigen Urteilen und Polemiken durchsetzte Studie von Martin Henkel, *Zunftmißbräuche. »Arbeiterbewegung« im Merkantilismus*, Frankfurt am Main/New York 1989, S. 150 ff.

[51] Zit. nach Spannagel, Entstehung (Fn. 48), S. 186.

konnten dies jedoch nicht als Druckmittel zur Durchsetzung von über den Marktpreisen liegenden Löhnen einsetzen.[52]

Offenbar gestaltete sich die Konjunktur in den Wuppertaler Textilgewerben in den kommenden Jahrzehnten so positiv, dass mit dieser Ausgestaltung der Beziehungen zwischen Garnnahrung und Leineweberzunft eine gedeihliche Zusammenarbeit etabliert werden konnte. Der Bedarf an qualifizierten Arbeitskräften war so hoch, dass auch die Vergabe von Arbeitsaufträgen an Weber im benachbarten Schwelm und der Aufstieg eines eigenständigen Textilgewerbes mit eigenen Kaufleuten auf preußischem Territorium keine größeren Konflikte provozierten.[53] Erst Anfang der 1780er Jahre entstanden tiefgreifende Konflikte, die im Februar 1783 in gewaltsamen Auseinandersetzungen kulminierten und zur Auflösung der Leineweberzunft führten. Ausgangspunkt der Auseinandersetzungen war die Frage, ob dem Zunftgericht eine Schiedsfunktion bei Konflikten zwischen Kaufleuten und Webern in Fragen der Qualitätskontrolle zustehen solle, die Kaufleute also bei der Zurückweisung von Waren, die ihren Anforderungen nicht genügten, einer Entscheidung des Zunftgerichts Folge leisten müssten. Wenn die Düsseldorfer Administration in dieser Situation die Position der Kaufleute übernahm, folgte sie jetzt wirtschaftsliberalen Idealen und stärkte nachdrücklich die Geltung von Marktprinzipien zulasten zünftischer Vorrechte, ohne dass dies jedoch grundsätzlich für alle Privilegien und Korporationen Geltung besaß.[54]

In der Geschichte der Institution der Garnnahrung markieren die Ereignisse des Jahres 1783 den Endpunkt einer Entwicklung, während der sich eine Korporation zur Sicherung der »Nahrung« für die Mitglieder eines privilegierten Gewerbezweiges zur Interessensvertretung einer reichen und mächtigen Kaufmannschaft gewandelt

52 Vgl. Henkel, Zunftmißbräuche (Fn. 50), S. 164.

53 Vgl. zum Aufstieg der Schwelmer »Siamosen- und Ziechenweberei« die Zusammenfassung bei Helbeck, Schwelm (Fn. 43), S. 527 ff.

54 Hierzu im Einzelnen mit einer Fülle von ausführlichen Quellenzitaten Henkel, Zunftmißbräuche (Fn. 50), passim. Die Interpretation von Henkel krankt jedoch daran, dass er auf eine Kontextualisierung der Ereignisse um die Weberzunft verzichtet und die parallel anderen Gewerben gegenüber betriebene Wirtschaftspolitik der bergischen Regierung in seine Beurteilung nicht einbezieht.

hatte. Entsprechend sieht Köllmann in der Garnnahrung des 18. Jahrhunderts sogar eine Vorläuferorganisation der im Jahr 1830 gegründeten Elberfelder Industrie- und Handelskammer.[55] Bemerkenswert bleibt indes vor allem, dass sich dieser Wandel unter dem Dach des Privilegs des 16. Jahrhunderts und seinen nachfolgenden Bestätigungen und Modifikationen vollzog, ohne dass sich jemals die Frage nach der Zeitgemäßheit des Privilegs stellte.

II.

Am 31. Juli 1714 stellte Johann Wilhelm II., Herzog von Jülich-Berg und Kurfürst von der Pfalz, ein Handelsprivileg für zehn namentlich genannte Kölner Kaufleute protestantischer Konfession aus, in welchem er dieser Gruppe die Erlaubnis erteilte, sich in der bergischen Freiheit Mülheim am Rhein – rechtsrheinisch, wenige Kilometer stromabwärts von Köln gelegen – anzusiedeln und hier »allen ehrlichen Handel mit allerhand Waaren en gros sowohl als in Kleinigkeiten mit Ellen, Maaß und Gewicht, frey und ungehindert zu treiben, auch Fabriquen, jedoch solche, worauf wir nicht ehedeßen ein oder anderen besonders privilegium gnädigst zugelegt haben aufzurichten, auch fortzusetzen [...]«.[56] Die weiteren Bestimmungen des Privilegs betrafen die »Exemption in cambialibus et personalibus von daigen Unseren Vogtens und des Magistrats Jurisdiction« und die »immediate« Unterstellung unter die Jurisdiktion des Landesherrn bei Umgehung der juristischen Kompetenzen lokaler Amtsträger; ferner die Befreiung von kommunalen oder landesherrlichen Abgaben »wegen des treibenden Handels und Nahrung in Gewinn und Gewerb«, die Freistellung von allen »Kriegs- und personal-Lasten«, insbesondere von »Billetirungen, Einquartirungen, Wachen, Brachen, Hand- und Spanndiensten«, die Bereitstellung von preisgünstigen Baugrundstücken und schließlich die Gewährung weitreich-

55 Vgl. Köllmann, Garnnahrung im Wuppertal (Fn. 28), S. 13.

56 Der Text des Privilegs findet sich gedruckt bei Wilhelm Andreae, *Beiträge zur Genealogie und Geschichte der Familie Andreae*, Köln 1902, Teil III, S. 69 f., alle Zitate nach dieser Ausgabe; erneuter Abdruck der Privilegien bei Johann Bendel, *Die Stadt Mülheim am Rhein. Geschichte und Beschreibung, Sagen und Erzählungen* (1913), ND. Köln 1972, S. 497 f.

enden Schutzes für ihren Handel, insbesondere mit der Stadt Köln: Der Landesherr verpflichtete sich, die Geschäfte der Kaufleute »kräftigst [zu] schützen und nicht [zu] gestatten, daß ihre eigne oder sonst ihnen commitirte Güther und Waaren in der Stadt Cölln oder andernwärts wiederrechtlich arrestirt oder vorenthalten werden mögen, sondern [...] sie ihre eigene und ihnen commitirte Waaren und Güther zu erwehntem Cölln und aller Orten frey und unbehindert abholen, verschicken, veräußern oder sonst darüber zu disponiren mögen.« Die Geltungsdauer des Privilegs wurde auf 25 Jahre festgesetzt.

Parallel zur Erteilung des Privilegs genehmigte die bergische Regierung den Antrag des Mülheimer Kaufmanns Henrich von Außem,[57] am Mülheimer Rheinufer einen Kran und ein Kaufhaus zu errichten. Diese Anlagen sollten, so die Hoffnung des Mülheimer Kaufmanns und der Regierungsbeamten gleichermaßen, die Grundlage für die Einrichtung eines regelmäßig verkehrenden Marktschiffes rheinaufwärts bis Frankfurt und stromabwärts bis Holland bilden, das dann den nach Mülheim übersiedelnden Kaufleuten nutzen und darüber hinaus dem Handel der bergischen Exportgewerbe zu Gute kommen sollte.[58]

Alle im Privileg vom Juli 1714 gewährten Vergünstigungen gingen ebenso wie der Wunsch nach Errichtung eines Hafenkrans und eines Kaufhauses in Mülheim sowie der Etablierung einer Börtschifffahrt auf die sehr klar und selbstbewusst vorgetragenen Forderungen der

[57] Von Außem war bereits um 1680 aus Köln nach Mülheim ausgewandert: vgl. Hans Josten, Henrich von Außem, der Mülheimer Wirtschaftspionier, in: *350 Jahre (1610–1960) Evangelische Kirchengemeinde Mülheim am Rhein*, Essen 1960, S. 16–30, hier S. 18. Dafür dass Kontakte Henrich von Außems zu den protestantischen Kölner Kaufleuten für deren Entschluss zur Übersiedlung nach Mülheim bestimmend waren, wie Josten unterstellt, existieren keine Belege.

[58] Vgl. Leo Schwering, Die Auswanderung protestantischer Kaufleute aus Köln nach Mülheim a. Rh. im Jahre 1714, in: *Westdeutsche Zeitschrift für Geschichte und Kunst* 26 (1907), S. 194–250, hier S. 221 ff. Da die Börtfahrt sich jedoch gegen den anhaltenden Kölner Widerstand, der von anderen Rheinanliegern mit eigenen Interessen unterstützt wurde, nicht durchsetzen ließ, blieben auch Kran und Kaufhaus offenbar ökonomisch wenig lukrative Einrichtungen: vgl. Franz Theodor Cramer, Gewerbe, Handel und Verkehrswesen der Freiheit Mülheim a. Rh. im 18. Jahrhundert (Diss. Universität Münster 1908), in: *Beiträge zur Geschichte des Niederrheins. Jahrbuch des Düsseldorfer Geschichtsvereins* 22 (1908/09), S. 1–100, hier S. 75.

Kölner Kaufleute zurück, die ihre Bereitschaft zur Übersiedlung unverhohlen an die Erfüllung ihrer Wünsche banden.[59]

Um die mit dem Privileg verbundenen Intentionen richtig einzuordnen, ist zunächst daran zu erinnern, dass die Erteilung der Vorrechte den Kulminationspunkt in zwei längerfristigen Konfliktlinien bildete, von denen die eine das Verhältnis der Stadt Köln zu den in der Stadt ansässigen Kaufleuten protestantischer Konfession und die andere die Beziehung zwischen der Reichsstadt und den ambitionierten bergischen Herzögen betrafen. Das Verhältnis zwischen dem am Katholizismus unverrückbar festhaltenden Kölner Rat und den protestantischen Einwohnern der Stadt verschob sich während des 16. und 17. Jahrhunderts von passiver Duldung hin zu offener Ausgrenzung. Ohne auf diese Entwicklungen im Detail einzugehen,[60] sei hier nur die im Januar 1714 durch den Kölner Rat verabschiedete »Beisassenordnung« genannt, die zum unmittelbaren Anlass für die protestantischen Kölner Kaufleute wurde, sich mit Abwanderungsplänen zu befassen. Die Kölner »Beisassenordnung« sprach nicht nur allen Protestanten in der Stadt das vollwertige Bürgerrecht ab, entscheidend war vielmehr, dass die nichtkatholischen Bevölkerungsgruppen seither auch handelspolitisch wie Fremde behandelt wurden und damit, angesichts des in Köln verbotenen Handels »von Gast zu Gast«, von den meisten Fernhandelsgeschäften, vor allem aber vom wichtigen Kommissions- und Speditionshandel ausgeschlossen blieben. Angesichts dieser ökonomischen Diskriminierung sahen zahlreiche protestantische Kaufleute für sich keine Zukunft mehr in der Stadt, so auch die Gruppe der dann in Mülheim Privilegierten.[61]

59 Die selbstbewusst-fordernde Haltung der Kölner Kaufleute zeigte sich nicht zuletzt darin, dass diese, nachdem die bergische Regierung sich bereit erklärt hatte, die zunächst aufgestellten Forderungen zu erfüllen, im Nachgang weitere »Extensionen« forderten, denen die bergische Regierung dann abermals nachkam: vgl. SCHWERING, Auswanderung (Fn. 58), S. 203 ff.

60 Vgl. hierzu im Einzelnen LEO SCHWERING, Die religiöse und wirtschaftliche Entwicklung des Protestantismus in Köln während des 17. Jahrhunderts. Ein Versuch, in: *Annalen des Historischen Vereins für den Niederrhein* 85 (1908), S. 1–42 sowie jüngst die Zusammenfassung des Forschungsstands bei HANS-WOLFGANG BERGERHAUSEN, *Köln in einem eisernen Zeitalter, 1610–1686*, (Geschichte der Stadt Köln 6), Köln 2010, hier S. 25 ff., 55 ff., 202 ff.

61 Vgl. hierzu HERBERT MILZ, *Das Kölner Großgewerbe von 1750 bis 1835*, (Schriften zur rheinisch-westfälischen Wirtschaftsgeschichte, N. F. 7), Köln 1962,

Die zweite Konfliktlinie bezieht sich auf bereits ins Spätmittelalter zurückreichende machtpolitische Rivalitäten zwischen der Reichsstadt und dem benachbarten aufstrebenden Herzogtum Berg, ein Konflikt, der in der Frühen Neuzeit zusätzliche Dynamik durch seine Aufladung mit den Konfessionsauseinandersetzungen innerhalb der Stadt Köln erhielt. Dem Kölner Rat war es bis ins frühe 18. Jahrhundert hinein mit Unterstützung des Kaisers gelungen, die Errichtung von Befestigungsanlagen in seinem unmittelbaren räumlichen Umfeld ebenso zu verhindern wie die Anlage eines konkurrierenden Handelsplatzes, was auf eine Unterminierung des Kölner Stapelrechts und damit einer zentralen ökonomischen Säule des Kölner Handels hinausgelaufen wäre. Wiederholt hatte der Herzog von Berg im kleinen Flecken Mülheim Bemühungen zum Bau von militärischen Befestigungsanlagen und zur Anlage eines Hafens unternommen, zuletzt spektakulär mit der Errichtung des sogenannten »Mülheimer Baus« in den Jahren 1611/12, mit dem der Ort zu einem militärischen Befestigungswerk ausgebaut wurde. Der Kölner Rat erreichte mit Unterstützung des Kaisers nicht nur, dass die bereits ausgeführten Werke durch spanische Truppen geschleift wurden, sondern ließ durch städtische Handwerker gewissermaßen eigenhändig auch die in Mülheim neu errichteten Wohn- und Handelsanlagen einreißen.[62] Vergleichbare Maßnahmen zu ergreifen, war der Stadt Köln im Kontext des Privilegs von 1714 und den hiermit verbundenen Bemühungen, Mülheim zu einem bergischen Handelsplatz vor den Toren Kölns auszubauen, jedoch unmöglich, da jetzt keine militärischen Anlagen geschaffen wurden, durch die sich auch andere Großmächte im Reich in ihren Sicherheitsbedürfnissen hätten gefährdet sehen können. Der Kölner Rat protestierte zwar unver-

S. 80; Hans Pohl, Wirtschaftsgeschichte Kölns im 18. und beginnenden 19. Jahrhundert, in: *Zwei Jahrtausende Kölner Wirtschaft*, Bd. 2: *Vom 18. Jahrhundert bis zur Gegenwart*, hg. von Hermann Kellenbenz, Köln 1975, S. 9–162, hier S. 131 f.; Clemens von Looz-Corswarem, Köln und Mülheim am Rhein im 18. Jahrhundert, in: *Civitatum Communitas. Studien zum europäischen Städtewesen. Festschrift für Heinz Stoob zum 65. Geburtstag*, Teil 2, hg. von Helmut Jäger, Franz Petri und Heinz Quirin, (Städteforschung, Reihe A 21, T. 2), Köln/Wien 1984, S. 543–564, hier S. 549 f.

62 Zum Vorgang vgl. die knappen Hinweise bei Looz-Corswarem, Köln (Fn. 61), S. 544 f. sowie ausführlicher jetzt mit den einschlägigen Nachweisen Bergerhausen, Köln (Fn. 60), S. 27 ff.

züglich vor Ort gegen die Errichtung des Krans im Mülheimer Hafen,[63] ihm fehlten aber letztlich die Machtmittel, seine Ansprüche durchzusetzen. Als erfolgreich erwiesen sich dann aber die stadtkölnischen Bemühungen, in einer Interessensallianz mit den Kurfürsten von Köln und Mainz den Betrieb des Mülheimer Marktschiffes zu hintertreiben.[64]

Das Privileg des Jahres 1714 für die Kölner Kaufleute besaß also neben seinen merkantilistischen, auf den Handel gerichteten Absichten unbestreitbar auch machtpolitische Intentionen, die sich gegen die Stadt Köln und das von ihr reklamierte Stapelrecht richteten. Wenn sich der Mülheimer Hafen in den folgenden Jahrzehnten nicht so entwickelte, wie sich das die bergische Regierung von der Vergabe der Privilegien an die Kölner Kaufleute erhofft hatte, so bedeutete dies jedoch nicht, dass deren Übersiedlung nach Mülheim einen ökonomischen Fehlschlag dargestellt hätte: Wenigstens vier der zehn Kölner Kaufleute etablierten sich am neuen Standort erfolgreich als Verleger und Manufakturunternehmer für die Produktion von Seidenwaren, zunächst von sogenannten Florettbändern, die aus minderwertiger Rohseide hergestellt wurden, und in den folgenden Jahrzehnten dann von einer sich sukzessive erweiternden Produktpalette. Als Arbeitskräfte wurden in den ersten Jahren nach 1714 noch eine große Zahl Kölner Handwerker im Verlagssystem eingesetzt, parallel hierzu errichteten die Kaufleute aber auch für einzelne Arbeitsschritte, insbesondere für das Färben, gelegentlich auch für die Weberei, zentralisierte Werkstätten, in denen zunehmend angelernte örtliche Arbeitskräfte beschäftigt wurden. Nicht zuletzt auf dieser Grundlage wuchs die Bevölkerung des Ortes rasant an, von 763 Einwohnern im Jahr 1708 auf 3084 im Jahr 1784.[65] Vor allem für

63 Vgl. Josten, Außem (Fn. 57), S. 22 f.

64 Vgl. ebenda, S. 27 ff.; Schwering, Auswanderung (Fn. 58), S. 227 ff.; Looz-Corswarem, Köln (Fn. 60), S. 552 ff.

65 Der Wert für 1708 bezieht sich allerdings lediglich auf Personen, die älter als 10 Jahre waren, der Gesamtwert dürfte also noch etwas höher gelegen haben: Wilhelm Breidenbach (Hg.), Bergischer Extractus summarius aus denen in Martio 1708 über die Familien, Bestialien und Morgenzahl eingeforderten und bei der licent registratur erfindtlichen Specificationen, nach einer handschriftlichen Aufzeichnung im Kirchenarchiv Lindlar, in: *Monatsschrift des Bergischen Geschichtsvereins* 7 (1900), S. 128–131; für 1784 nach Carl Friedrich Wiebe-

Spinnarbeiten griffen die Verleger dann auch weit über Mülheim hinaus in das Bergische Land aus, wo sich eine während des 18. Jahrhunderts kontinuierlich zunehmende Zahl von Gewerbetreibenden als lohnabhängige Verlagsarbeiter der Seidenverarbeitung widmete.

Die landesherrliche Privilegienpolitik passte sich dieser Verschiebung des wirtschaftlichen Schwerpunkts vom Handel in den Bereich der Produktion an und vergab in der ersten Hälfte des 18. Jahrhunderts Sonderrechte an die mit der Herstellung von Seidenwaren befassten Firmen: 1722 erhielt Jacob Mühling ein Privileg für die Produktion von Seidenstoffen, 1723 Dietrich Köster, 1728 die Firma Steinkauler & Mühling und 1731, nach Auflösung der zuletzt genannten Firma, Johann Peter Steinkauler.[66]

Der unbestreitbar erfolgreichste Kaufmann aus der Gruppe der Übersiedler, Christoph Andreae (1665–1742), errichtete unmittelbar nach der Übersiedlung eine Färberei und Appreturanstalt, in der ein kostspieliger Kalander installiert wurde, außerdem vier sogenannte »Lintwirkerhäuser«, in denen die in Köln und im Reich verbotenen Bandmühlen zur Herstellung von Seidenbändern mittels abhängiger Lohnarbeiter genutzt wurden.[67] Im Unterschied zu den zusammen

KING, *Beiträge zur Churpfälzischen Staatengeschichte vom Jahre 1742 bis 1792, vorzüglich in Rücksicht der Herzogthümer Gülich und Berg*, Heidelberg/Mannheim 1793.

66 Vgl. CRAMER, Gewerbe (Fn. 58), S. 72 ff., 84 f. Leider sind die Texte dieser Privilegien nicht überliefert, so dass der Charakter der hier verliehenen Vorrechte undeutlich bleibt. Da aber mehrere Verleger-Unternehmer kurz nacheinander begünstigt wurden, können die ausgestellten Privilegien nur dann Produktionsmonopole umfasst haben, wenn sie sich jeweils auf eine eng umgrenzte Produktgruppe bezogen. Wahrscheinlicher ist jedoch, dass hier eher Konzessionen zum Gewerbebetrieb für eine bestimmte Branche erteilt wurden, möglicherweise kombiniert mit einem auf die Freiheit Mülheim als Produktionsort bezogenen Herstellungsmonopol.

67 Zur Firma Andreae vgl. die knappen Darstellungen bei ANDREAE, Geschichte (Fn. 56), Teil III, S. 21–23, 27–35 sowie die detaillierte Betriebsstudie von HERMANN THIMME, *Geschichte der Firma Christoph Andreae in Mülheim am Rhein 1714–1914*, Köln o. J. (1914), die noch auf dem zwischenzeitlich verloren gegangenen Firmenarchiv Andreae fußt. Unter den jüngeren Darstellungen vgl. vor allem die beiden biographischen Skizzen von GUNTRAM PHILIPP, Christoph Andreae (1665–1742), in: *Kölner Unternehmer im 18., 19. und 20. Jahrhundert*, (Rheinisch-Westfälische Wirtschaftsbiographien 12), Münster 1986, S. 15–47; DERS., Christoph Andreae (1735–1804), in: EBENDA, S. 48–78. Hinsichtlich Material und Deutung gelangen die Arbeiten von Philipp jedoch kaum über die Studie von Thimme hinaus. Zur Bandmühle vgl. mit weiterführender

mit Andreae aus Köln nach Mülheim übergesiedelten Kaufleuten Mühling, Köster und Steinkauler scheint Christoph Andreae nach dem Erhalt des Privilegs von 1714 zunächst keine weitere landesherrliche Konzession zur Aufnahme der Produktion von Seidenbändern mehr erhalten zu haben. Dennoch übertraf der ökonomische Erfolg der Firma Andreae – nach dem Tod Christoph Andreaes im Jahr 1742 hatten dessen Söhne Heinrich Anton Andreae und Thomas Daniel Andreae und nach deren Tod im Jahr 1756 der Enkel Christoph Andreae die Firma übernommen – in der Mitte des 18. Jahrhunderts den der Mülheimer Konkurrenten deutlich.

Trotz des offensichtlichen ökonomischen Erfolgs ihrer Firma[68] maßen die Andreae dem landesherrlichen Privileg des Jahres 1714 große Bedeutung zu. Nach Ablauf der 25jährigen Geltungsdauer im Jahr 1739 bat Christoph Andreae um eine Verlängerung um weitere 15 Jahre, bekam diese aber zunächst nur für fünf Jahre zugesichert. Kurz vor Ablauf dieser Frist bemühten sich dann 1744 seine Söhne um eine erneute Verlängerung des Privilegs, die dieses Mal für weitere 25 Jahre gewährt wurde.[69] Weder der Wortlaut des Privilegs von 1739 noch der des Jahres 1744 sind erhalten, ein überlieferter »Vergleich zwischen den Gebrüdern Andreae und dem Bürger und Rath zu Mülheim a. Rh.« vom 27.7.1744 lässt aber erkennen,[70] dass Mülheimer Rat und Bürgermeister insbesondere die Beibehaltung der Steuer- und Lastenbefreiung ablehnten. Der mit der Kommune geschlossene Vergleich war Voraussetzung für die Verlängerung des Privilegs um weitere 25 Jahre und sah vor, dass die Andreae als Ausgleich für die Befreiung von Kommunalabgaben sowie »Personal-

Literatur Ulrich Pfister, Bandweberei, in: Jaeger, Enzyklopädie der Neuzeit (Fn. 1), Bd. 1, 2005, Sp. 948–950.

68 Die von Thimme aus den Geschäftsbüchern der Firma übernommenen Bilanzzahlen lassen sich nur schwer einordnen, dies jedoch nicht in erster Linie, weil Vergleichsmaßstäbe schwierig zu gewinnen sind, sondern vor allem, weil keine Informationen über das Buchführungssystem verfügbar sind, die Frage, wie die Zahlen ermittelt wurden, also weitgehend im Dunkeln bleiben muss: vgl. Thimme, Geschichte (Fn. 67), S. 17 f., 27, 29.

69 Vgl. ebenda, S. 20. Philipp, Andreae (1665 bis 1742) (Fn. 67), S. 41, zitiert aus dem Antrag der Brüder Andreae um Privilegienverlängerung, der seinerzeit im Historischen Archiv der Stadt Köln überliefert war.

70 Gedruckt bei Andreae, Geschichte (Fn. 56), Teil III, S. 71 f.; alle folgenden Zitate ebenda.

und Kriegslasten« an die Kommune einen jährlichen Festbetrag von 50 Reichstalern zahlen und im Übrigen für ihr Grundeigentum mit üblichen Sätzen »dem matricular-Fuß nach [...] angeschlagen werden sollen«. Außerdem verpflichteten sich die Privilegienempfänger, »daß sie ihre Waaren zum Nutzen und Besten gemeiner Bürgerschaft nicht auswärts, sondern so viel als thunlich in dießer Freyheit durch hiesige Einwohner und Arbeits-Leuthe fabriciren laßen«.

1763 plante dann Christoph Andreae, der 1756 die Firma von seinem Vater und seinem Onkel übernommen hatte, eine Ausweitung der Produktion über die Herstellung von Bändern aus Florettseide hinaus auf Seiden- und Samtstoffe. Zu diesem Zweck wandte er sich mit der Forderung an den bergischen Landesherrn, ihm ein neues Privileg zu verleihen, das sich jedoch jetzt nicht mehr auf Steuerbefreiungen beschränken sollte, sondern zugleich »Ein privilegium exclusium auf den Bezirck Herzogthums Berg von 25 bis 30 Jahr [sein müsse] [...], daß wenigstens meine Fabrique Zeit habe, sich auf einem beständigen Fuß zu formiren«.[71] Nachdem eine Regierungskommission die Betriebsanlagen Andreaes besichtigt und begutachtet hatte, gab die Düsseldorfer Regierung am 23. Mai 1764 dem Gesuch in vollem Umfang statt und stellte die gewünschten Privilegien aus. Der Privilegientext sah vor, »daß keinem andern Fabricanten während fünfundzwanzig Jahren, a dato zu rechnen, erlaubet seyn solle, eine dergleichen Seyd- und Sammet-Fabrik in dem Bezirk des Herzogthums Berg zu errichten.« Außerdem sollte in »diesem gnädigstem privilegio exclusivo die im Jahr 1744 von uns ihme concessionirte Floretten-Band-Fabrique mit eingeschlossen und die darinnen inserirte conditiones auf die vorgesetzte 25 Jahre weiter extendiret werden.« Die bereits 1714 zugestandenen Exemtionen von der lokalen Gerichtsbarkeit sollten ebenso weiterhin ihre Gültigkeit behalten wie die Ablösung der Kommunalabgaben sowie der »Kriegs- und Personallasten« gegen einen jährlichen Fixbetrag von 25 Reichstalern, zu dem jetzt weitere 15 Reichstaler hinzukamen, die an die Hofkammer zu zahlen waren.[72]

[71] Das »Gesuch des Christoph Andreae zu Mülheim a. Rh. um ein Privileg zur alleinigen Sammetfabrikation in dem Herzogtum Berg« vom 16.8.1763: EBENDA, S. 73 f.; nach dieser Edition die folgenden Zitate.

[72] Der Text des Privilegs bei ANDREAE, Geschichte (Fn. 56), Teil III, S. 78 f.; vgl. auch EBENDA, S. 27 f.; CRAMER, Gewerbe (Fn. 58), S. 68 f.; THIMME, Ge-

Das Monopolprivileg der Andreae blieb in der Folge nicht unangefochten: Bereits 1766 bat die Rotterdamer Firma Renouard & Co. den bergischen Landesherrn, ihre Übersiedelungspläne nach Mülheim mit einem gleichlautenden Privileg, wie man es der Fa. Andreae zugestanden hatte, zu honorieren. Die Düsseldorfer Regierung löste das Dilemma, indem sie der Rotterdamer Firma ein zehnjähriges Privileg für die Herstellung von Seidenstrümpfen und Seidenband erteilte und damit das Privileg Andreaes für solche Produktbereiche wieder einschränkte, deren Herstellung für die Firma keine größere Bedeutung besaßen. Im Gegenzug wurde die Fa. Renouard & Co. verpflichtet, auf die Herstellung aller anderen Seidenwaren zu verzichten.[73]

Weniger einfach ließen sich die Konflikte lösen, die sich aus der in den 1770er Jahren erstarkenden Konkurrenz von Elberfelder Verlegern ergab. Der Streit entzündete sich an den Aktivitäten der Fa. Simons, die in Elberfeld von einem ehemals für Andreae arbeitenden Weber gegründet worden war und hier 1770 ohne landesherrliche Erlaubnis die Produktion von Seidentüchern aufgenommen hatte. Andreae reichte eine Beschwerde wegen Verstoßes gegen sein Privileg beim Regierungskolleg in Düsseldorf ein. Zugunsten der Fa. Simon und zweier weiterer Elberfelder Firmen intervenierte jedoch die Wuppertaler »Garnnahrung« und erreichte, dass die bergische Regierung am 9. Januar 1776 den Elberfelder Handelshäusern die Herstellung von seidenen Schnupf- und Halstüchern zugestand, während das Privileg der Firma Andreae nur für die Herstellung von Samtstoffen gültig sein sollte.[74] Auch wenn man sich lange mit Spitzfindigkeiten bei der Formulierung der Privilegien aufhielt – letztlich schränkten die bergischen Regierungsräte mit diesem Reskript klar das 1764 Andreae verliehene Privileg ein. Die Elberfelder Seiden-

schichte (Fn. 67), S. 33; Philipp, Andreae (1735 bis 1804) (Fn. 67), S. 50 f.; nicht korrekt ist die Darstellung bei Philipp, wonach Andreae die »Verlängerung des bereits erteilten Exklusivprivilegs für die Florettbandfabrik mit dem Angebot einer Samt- und Seidenfabrik« verbunden habe. Tatsächlich bestand für die Florettbandproduktion vor 1764 noch kein Monopolprivileg.

73 Vgl. Cramer, Gewerbe (Fn. 58), S. 70; Thimme, Geschichte (Fn. 67), S. 36.

74 Vgl. Cramer, Gewerbe (Fn. 58), S. 71 f.; Thimme, Geschichte (Fn. 67), S. 36 f.; Kisch, Textilgewerbe (Fn. 11), S. 226 f.; Philipp, Andreae (1735–1804) (Fn. 67), S. 57 (Thimme sehr eng folgend).

firmen wurden verpflichtet, der Garnnahrung beizutreten und zugunsten der Korporation eine Abgabe auf die produzierte Seide zu leisten. Es ist davon auszugehen, dass Andreae über die Verhältnisse im Wuppertal sehr genau unterrichtet war, stammte doch Helene Teschemacher, die Frau von Thomas und Mutter von Christoph Andreae, aus einer führenden Wuppertaler Kaufmannsfamilie.[75] Das Seidengewerbe im Wuppertal verzeichnete in der Folgezeit ein rasches Wachstum und umfasste 1783 bereits 130, im Jahr 1793 bereits 500 Seidenwebstühle.[76] Gleichzeitig breitete sich das Seidengewerbe von Elberfeld ausgehend weiter im nördlichen Bergischen Land mit Firmen in Solingen, Langenberg, Wermelskirchen und Ronsdorf aus. Die Produktion erfolgte stets in der Betriebsform des Verlages, bei der die in den kleineren Orten ansässigen Verleger auf die kapitalkräftigen Kaufleute mit Fernhandelsbeziehungen im Wuppertal angewiesen blieben, die auch den Import des relativ teuren Rohstoffes übernahmen.[77]

Noch bevor das 1764 mit einer Geltungsdauer von 25 Jahren erteilte Privileg auslief, wandte sich Christoph Andreae am 15. Mai 1784 mit einem Gesuch an die bergische Regierung und forderte, »daß Ew. Churfürstl. Durchlaucht gnädigst geruhen, mein gnädigstes privilegium auf fernere 30 Jahr generaliter zu erneuern, sondern auch specialiter gnädigste Concession zu ertheilen, daß während dieser Zeit keinem Fabricanten als mir und gedachten Preyers u. Con. erlaubet seyn solle, weder in dem Bezirk des Herzogtum Berg noch Jülich eine dergleichen Sammet-Fabrique anzulegen, immaßen dieser Artickel bekantlich von keiner erheblichen Consumption und dannenhero von mir und dem Kayserswerther Fabricanten weit

[75] Vgl. die Stammtafeln bei ANDREAE, Geschichte (Fn. 56), Teil III, S. 24 f.

[76] Vgl. WILHELM SCHUMACHER, *Untersuchungen über die Entwicklung der bergischen Seidenindustrie*, Heidelberg 1915, S. 13 f.

[77] So erhielt etwa der ehemalige Messerfabrikant Daniel Engels in Solingen, der hier seit 1790 eine Samtfabrik mit 800 Beschäftigten betrieb, im Jahr 1794 ein auf Stadt und Amt Solingen beschränktes Privileg auf 20 Jahre. Engels soll Arbeiter von Andreae abgeworben haben. Das Unternehmen machte allerdings bald darauf bankrott, das Privileg behielt Engels jedoch, so dass andere Kaufleute, die eine Samtfabrik anlegen wollten, sich von ihm erst die Erlaubnis erkaufen mussten. 1799 wurde das Privileg schließlich aufgehoben: vgl. SCHUMACHER, Untersuchungen (Fn. 76), S. 12; THIMME, Geschichte (Fn. 67), S. 42.

mehreres fabriciret werden kann, wie sämtliche Ihro Churfürstlichen Durchlaucht Staaten erfordern [...]«.[78] Anlass für diese Bitte um eine vorgezogene Verlängerung des Privilegs war die durch eine verheerende Eisflut ausgelöste Katastrophe, die im Februar 1784 das Rheinland getroffen und in Mülheim einen großen Teil der Bebauung zerstört hatte, darunter auch die Färberei, das Warenlager sowie zahlreiche Bandmühlen und Seidenstühle der Firma Andreae.[79] Andreae bezifferte den erlittenen Schaden für seine Firma auf 100.000 Reichstaler und bat in gleichem Schreiben um eine finanzielle Unterstützung durch den Landesherrn in Höhe von 50.000 Reichstalern, wofür er im Gegenzug das ihm gehörende landwirtschaftliche Gut Hartgenstein anbot, dessen Wert er auf 20.000 Reichstaler veranschlagte.

Bemerkenswert am Gesuch Andreaes ist sein Verweis auf die Firma Preyers & Co. in Kaiserswerth, einer kleinen Stadt nördlich von Düsseldorf, die seit 1762 als rechtsrheinische Exklave dem Herzogtum Jülich angehörte, also dem gleichen Landesherrn unterstand. Die Firma Preyers & Petersen war 1775 aus Krefeld hierher übergesiedelt, nachdem ihr die preußische Regierung in Krefeld die Ausweitung des bereits praktizierten Seidenverlags und die Herstellung von Seidentüchern mit Hinweis auf die Gültigkeit des Monopols der Krefelder Firma von der Leyen untersagt hatte.[80] Im Jahr 1777 hatte dann der Bergische Landesherr der nach Kaiserswerth verlegten Firma Privilegien verliehen und ihr die Erlaubnis erteilt, »alle Arten von Seidenwaren, so wie selbe aus dem Faden fabrizieret werden können, fabrizieren [zu] dürfen und in Betracht deren zu ihrem Etablissement und Aufrichtung der Fabrick erforderlichen großen Kosten solle niemand inner Zeit von dreißig Jahren a dato gegenwärtiger gnädigster Conzession an zu rechnen erlaubet werden, dergleichen Seiden-Fabrick in Unserer Stadt Kaiserswerth aufzurich-

[78] Das Gesuch Christoph Andreaes gedruckt bei ANDREAE, Geschichte (Fn. 56), Teil III, S. 82–85, Zitat S. 84.

[79] Vgl. THIMME, Geschichte (Fn. 67), S. 37 ff.; PHILIPP, Andreae (1735–1804) (Fn. 67), S. 58 f. Zum Eisgang des Jahres 1784 vgl. auch STEFAN GORISSEN, Der Raum Leverkusen 1648 bis 1815, in: *Leverkusen. Geschichte einer Stadt am Rhein*, hg. von STEFAN EHRENPREIS und GABRIELE JOHN, Bielefeld 2005, S. 177–226, hier S. 180.

[80] Vgl. hierzu KRIEDTE, Taufgesinnte (Fn. 16), S. 256 ff.

ten.«[81] Im Unterschied zu dem der Firma Andreae verliehenen Privileg, das ein Produktionsmonopol für das gesamte Herzogtum Berg beinhaltete, bezog sich das an Preyers & Petersen erteilte Vorrecht nur auf den Ort Kaiserswerth, nicht etwa auf das gesamte Herzogtum Jülich. Ziel des Privilegs war damit, der Firma eine Monopolstellung am örtlichen Arbeitsmarkt zu verschaffen, auf dem aus Krefeld abgeworbene qualifizierte Handwerker, insbesondere die hochspezialisierten Seidenweber, die entscheidende Rolle spielten.[82] Auch wenn über die konkreten Produktionsverhältnisse in Kaiserswerth nur wenig bekannt ist, so legen doch die von Preyers & Petersen in den Jahren nach der Übersiedlung errichteten Betriebsgebäude nahe,[83] dass von Beginn an beabsichtigt war, Teile des Produktionsprozesses zentralisiert durchführen zu lassen, was ebenfalls auf die hohe Bedeutung der vor Ort ansässigen Arbeitskräfte hinweist.[84] Das Privileg hatte bei dieser Form der Produktionsorganisation die Funktion, für die Firma Preyers & Petersen den exklusiven Zugriff auf die örtlichen Seidenarbeiter zu sichern.

Im Privilegiengesuch Andreaes aus dem Jahr 1784 erscheint die zu diesem Zeitpunkt noch junge Firma Preyers & Petersen nicht als Konkurrent, sondern als erwünschter Partner für die Forderung nach einem umfassenden Produktionsmonopol für Seidensamt, das sich

[81] Landesarchiv Nordrhein-Westphalen, Abteilung Rheinland, Jülich-Berg II, Nr. 1863, fol. 23 ff.; Druck des Privilegientextes bei Fritz Gehne, Zur Geschichte der Seidenweberei in Kaiserswerth. Wie der Fabrikant Dietrich Petersen aus Krefeld in Kaiserswerth eine Seidenfabrik gründete, in: *Die Heimat. Krefelder Jahrbuch* 34 (1963), S. 52–59, hier S. 52 f. sowie bei Irmgard Lange, *Die Geschichte der Samt- und Seidenindustrie in Kaiserswerth*, (Heimatkundliches in und um Kaiserswerth 2), Kaiserswerth [1968], S. 3 f.

[82] Mit der Firma Preyers & Petersen zogen 122 Bewohner von Krefeld nach Kaiserswerth, neben den Kaufmannsfamilien vor allem Seidenweber: vgl. Kriedte, Taufgesinnte (Fn. 16), S. 284; zur Diskussion der Zahl der übersiedelnden Handwerker vgl. auch Gehne, Geschichte (Fn. 81), S. 53.

[83] Offenbar wurde die Weberei vor 1785 im Haus des Kaufmanns Petersen aufgenommen, bevor um 1790 dann ein Manufakturgebäude genutzt wurde, in dem 75 Webstühle aufgestellt waren: vgl. ebenda, S. 54; Reinhold Kaiser, *Kaiserswerth*, (Rheinischer Städteatlas 46), Köln/Bonn 1985, Textteil S. 28.

[84] Im Krefelder Seidengewerbe war das Produktionssystem Ausgangs des 18. Jahrhunderts durch den Verlag dominiert, wobei sich die Webstühle im Besitz der Verleger befanden und die dezentral durchgeführten Produktionsschritte durch in Manufakturen ausgeübte Arbeiten ergänzt wurden: vgl. Kriedte, Taufgesinnte (Fn. 16), S. 272 ff.

auf die gesamte niederrheinische Herrschaft des pfälzischen Kurfürsten, die Herzogtümer Jülich und Berg, beziehen sollte. Offensichtlich haben beide Firmen sich im Vorfeld bereits darauf verständigt, dass Andreae Monopolrechte für das rechtsrheinische Herzogtum Berg, Preyers & Petersen für das linksrheinische Herzogtum Jülich fordern sollten. Bereits im Juni 1784 bewilligte die Düsseldorfer Hofkammer die Exklusivprivilegien für die Firmen Andreae sowie Preyers & Petersen auf dreißig Jahre. Gleichzeitig belegte die kurpfälzische Regierung alle Importe auswärtiger Seidenwaren in allen ihren Territorien, also neben Jülich und Berg auch in Bayern und in der Kurpfalz, mit hohen Zöllen.[85] Der gesamten Freiheit Mülheim gewährte man als Hilfe zum Wiederaufbau nach der verheerenden Flutkatastrophe auf 25 Jahre Steuerfreiheit. Christoph Andreae wurde darüber hinaus eine Finanzhilfe von 50.000 Reichstalern zugesprochen, wofür der Landesherr im Gegenzug sein Gut Hartgenbusch übernahm.[86]

Auch in den folgenden Jahren hielt Christoph Andreae am Grundsatz fest, alle geplanten Investitionen oder Erweiterungen der Produktpalette möglichst durch ein landesherrliches Privileg abzusichern: So bemühte er sich 1793 erneut in die Produktion von Seidentuchen einzusteigen, mit der 1776 die Elberfelder Kaufleute privilegiert worden waren. Andreaes Gesuch bezog sich daher nur auf Mülheim und einen Distrikt im Umkreis von einer halben Stunde und sollte ihn zunächst lediglich vor Konkurrenz vor Ort und vor der Abwanderung von Arbeitskräften schützen. Unverkennbar war mit dem Gesuch aber auch das Bemühen verbunden, das Privileg der Wuppertaler Seidenverleger zu unterlaufen. Die Landesregierung entsprach seiner Bitte nicht.[87]

[85] Bereits 1782 war die Einfuhr von Seidenwaren aus Krefeld in sämtliche kurpfälzische Staaten untersagt worden: vgl. Cramer, Gewerbe (Fn. 58), S. 83; Schumacher, Untersuchungen (Fn. 76), S. 9; Philipp, Andreae (1735–1804) (Fn. 67), S. 58.

[86] Thimme, Geschichte (Fn. 67), S. 39; Philipp, Andreae (1735–1804) (Fn. 67), S. 59.

[87] Vgl. Thimme, Geschichte (Fn. 67), S. 40. Auch von Seiten der Wuppertaler Kaufleute gab es Bemühungen, das der Firma Andreae erteilte Privileg aufzuweichen: So beantragte die Firma Beckmann aus Barmen im Jahr 1787 ein Privileg zur Herstellung von Seidensamt, was ebenfalls von der bergischen Regierung abgelehnt wurde.

Anlässlich des Regierungswechsels im Jahr 1799, als Maximilian Josef von Bayern zum neuen bergischen Landesherr erhoben wurde, bemühte sich Christoph Andreae erneut um eine Bestätigung seiner Privilegien. In diesem Zusammenhang verwies er auf erhebliche ökonomische Schwierigkeiten, die sich für ihn aus den Koalitionskriegen ergeben hätten. Gegen erhebliche Vorbehalte innerhalb der bergischen Regierung, die von der überkommenen Privilegienpolitik inzwischen weitgehend abgerückt war, wurde das Vorrecht der Firma ein weiteres Mal mit Gültigkeit bis 1819 bestätigt. Ausschlaggebend waren letztlich die Drohungen Andreaes, die Produktion in auswärtige Territorien zu verlegen, denen die Firma im Jahr 1796 mit der Gründung einer Filiale im von Frankreich besetzten Köln Nachdruck verliehen hatte.[88] Auch wenn Andreaes Privileg hier ein weiteres Mal bestätigt wurde, führten aufgeklärte Räte innerhalb der bergischen Regierung in den folgenden Jahren kontroverse Diskussionen um die grundsätzliche Berechtigung von Privilegien, bevor im Großherzogtum Berg dann alle ständischen Vorrechte für aufgehoben erklärt wurden.

III.

Der Elberfelder Kaufmann Johann Gottlieb Brügelmann, Mitglied der Wuppertaler Garnnahrung, stellte im November 1783 einen Antrag an die Düsseldorfer Regierung, »gütigst wegen gemeldeten Kratz-, Hand- und Wasser-Maschinen mir ein ausschließliches Privilegium in Höchstdero Herzogtümer Jülich und Berg auf 40 Jahre mildest zu erteilen.«[89] Die im Gesuch genannten »Kratz-, Hand- und Wasser-Maschinen« dienten der vorbereitenden Bearbeitung von Rohbaumwolle und ihrer Verspinnung zu Baumwollgarn. Im Vergleich mit der herkömmlichen Handspinnerei ließ sich durch ihren Einsatz nicht nur die Produktionsmenge je Arbeitskraft erheblich steigern, sondern zugleich konnten, wie Brügelmann in seinem

[88] Vgl. Thimme, Geschichte (Fn. 67), S. 42 ff.; Philipp, Andreae (1735–1804) (Fn. 67), S. 62 f.

[89] Zitat nach dem Abdruck des Gesuchs bei Franz Josef Gemmert, *Die Entwicklung der ältesten kontinentalen Spinnerei. Eine betriebswirtschaftlich-historische Untersuchung*, Leipzig 1927, S. 142; die von Brügelmann »Kratzmaschine« benannte Apparatur wird gewöhnlich als Kardiermaschine bezeichnet.

Antrag erläuterte, höhere Qualitäten erzielt werden, indem der Baumwollfaden »eine solche Gleichheit und Kraft erhielte, daß das Garn fein oder grob zur Kette, mithin zu allerhand neuen oder für fremden Fabrikaten gebraucht werden könne. Dagegen ist jenes welches in den benachbarten märkischen und hiesigen Gegenden gesponnen wird, ganz unrein, roh und los. Dieseswegen wird solches ins gemein zum Einschlag gebraucht und daher entsteht die Ungleichheit der Ware.«[90]

Brügelmann, der zusammen mit seinem Bruder Carl das väterliche Handelshaus weiterführte, betätigte sich zum Zeitpunkt seines Privilegienantrags bereits seit mehreren Jahren als Verleger und Kaufmann für Siamosen und Baumwollstoffe, offenbar mit einem gewissen ökonomischen Erfolg: Im Jahr 1777 wies die Bilanz seiner Firma ein Vermögen von 47.000 Reichstalern auf.[91] Als Verleger heimgewerblicher Spinner und Weber sah Brügelmann aber sehr deutlich, dass der Vorgang des Spinnens den entscheidenden Engpass im Produktionsprozess darstellte und dass Produktivitätssteigerungen vor allem bei diesem Arbeitsprozess durch die Entwicklung und den Einsatz von Spinnmaschinen ansetzen müssten.

Ob Brügelmann persönlich nach England gereist ist und hier während eines heimlichen Aufenthalts in der Baumwollspinnerei Richard Arkwrights in Cromford, Derbyshire, Einblick in das Potential und die Funktionsweise der frühen wasserkraftgetriebenen Spinnmaschinen (»Water Frame«) gewonnen hat, lässt sich nicht mehr zweifelsfrei klären.[92] Eigenem Bekunden nach bemühte er sich

[90] Ebenda, S. 139.

[91] Vgl. Marie-Luise Baum, Johann Gottfried Brügelmann, in: *Rheinische Lebensbilder*, hg. von Edmund Strutz, Bd. 1, Düsseldorf 1961, S. 136–151, hier S. 140.

[92] Zur Frage, ob Brügelmann selbst sich als »Industriespion« in England aufgehalten hat vgl. Michael Klepsch und Helga Reisel, *Von Cromford nach Cromford. Industriespionage im 18. Jahrhundert*, (Rhein. Industriemuseum, Außenstelle Ratingen, Kleine Reihe 6), Köln 1990; zur Biographie Brügelmanns vgl. neben der Arbeit von Baum Eckhard Bolenz, *Johann Gottfried Brügelmann. Ein rheinischer Unternehmer zu Beginn der Industrialisierung und seine bürgerliche Lebenswelt*, (Landschaftsverband Rheinland, Rheinisches Industriemuseum, Beiträge zur Industrie- und Sozialgeschichte 4), Köln 1993; Dietrich Ebeling, Johann Gottfried Brügelmann als frühindustrieller Unternehmer, in: *Cromford – Ratingen. Lebenswelten zwischen erster Fabrik und Herrenhaus um 1800. Begleit-*

seit 1777 intensiv darum, sich Spinnmaschinen zu beschaffen oder solche nachbauen zu lassen, um so größere Mengen qualitativ hochwertigen Baumwollgarns zu gewinnen. Nach gescheiterten Versuchen mit einem Siegerländer Mechaniker brachte schließlich der Nachbau englischer Maschinen durch einen britischen Techniker den gewünschten Erfolg. Zum Zeitpunkt, als Brügelmann seinen Privilegienantrag stellte, hatte er offenbar die technischen Schwierigkeiten gemeistert[93] und dem Antragstext zufolge bereits »einen Ort bei Höchstdero Bergischen Mithauptstadt Ratingen ausersehen, daselbst auch [...] diesen Sommer bereits zwei große Gebäude errichten lassen«[94], in denen 1600 Spindeln installiert und durch ein Wasserrad angetrieben werden sollten.

Darüber, welche Gründe für die Auswahl Ratingens als Standort der neuen Maschinenspinnerei maßgeblich waren, lässt sich nur spekulieren. Für die Wahl des konkreten Standorts in der Nähe Ratingens waren zunächst wohl eher pragmatische Gründe ausschlaggebend, etwa die günstige Verkehrslage des Geländes, das unmittelbar an der 1768 fertiggestellten Chaussee von Düsseldorf nach Mülheim an der Ruhr lag und damit die Fabrik an den Düsseldorfer und den Duisburger Rheinhafen anband.[95] Entscheidend dürfte letztlich aber die Gelegenheit zum günstigen Erwerb eines geeigneten Grundstücks gewesen sein, das in Gestalt des Flüsschens Anger ein nutzbares Wassergefälle aufwies und zu vergleichbaren Konditionen in Elberfeld oder Barmen nicht zur Verfügung

buch zur Dauerausstellung, hg. vom LVR-Industriemuseum Ratingen, Köln 2010, S. 63–73.

93 Zu technischen Details der Baumwollspinnmaschinen des ausgehenden 18. Jahrhunderts vgl. Martin Schmidt, Technologietransfer. Auch ein Rätsel der experimentellen Archäologie, in: Cromford – Ratingen (Fn. 92), S. 138–145.

94 Zit. nach Gemmert, Entwicklung (Fn. 89), S. 140.

95 Vgl. Elfi Pracht-Jörns, *Ratingen (Kreis Mettmann)*, (Rheinischer Städteatlas, Lieferung XVII, Nr. 89), Köln/Weimar/Wien 2008, Textheft S. 1 sowie die Karten ebenda, Tafel 2; vgl. auch Eckhard Bolenz, Vom Ende des Ancien régime bis zum Ende des Deutschen Bundes (ca. 1780–1870), in: *Ratingen. Geschichte 1780 bis 1975*, hg. von Eckhard Bolenz u. a., Essen 2000, S. 11–81, hier S. 16 ff.; Nachweis der Bedeutung Duisburgs als Speditionsplatz für das Brügelmannsche Unternehmen bei Dietrich Ebeling, Das Hauptbuch Johann Gottfried Brügelmanns. Cromford 1797–1802, in: Cromford – Ratingen (Fn. 92), S. 146–157, hier S. 152 f.

stand. Im Mai 1783 pachtete Brügelmann das spätere Fabrikgelände vom Grafen von Spee und begann sofort mit den Baumaßnahmen.[96]

Sicherlich wird bei der Standortwahl auch der Wunsch Brügelmanns, Elberfeld den Rücken zu kehren und sich dem Einfluss der Garnnahrung zu entziehen, eine wichtige Rolle gespielt haben.[97] Ein konkreter Zusammenhang zwischen der Fabrikgründung in Ratingen und den Auseinandersetzungen der Garnnahrung mit der Elberfelder Leinenweberzunft, die im Februar 1783 eskalierten, also wenige Wochen bevor Brügelmann sein Engagement in Ratingen begann, lässt sich nicht belegen, auch wenn sich der Konflikt an einer von Brügelmann beanstandeten Lieferung eines Leinenwebers entzündet hatte und Brügelmann selbst in der Folge im Konflikt als Sprecher der Garnnahrung auftrat.[98]

In seinem Antrag an den bergischen Landesherrn auf Erteilung eines Technologiemonopols gab sich Brügelmann als selbstbewusster, vom Nutzen seines Vorhabens für die ökonomische Entwicklung des Landes überzeugter Kaufmann. Er verwies darauf, dass »durch diese Anlage Höchstdero Stadt Ratingen und das ganze Amt die größten Vorteile ziehet, indem eine Menge armer Einwohner und kleiner Kinder von 6 bis 10 Jahren, welche nur gar zu häufig dem Müßiggang und Betteln nachgehen, ihren täglichen Unterhalt verdienen und dadurch von Jugend an zur Arbeit und Fleiß angehalten werden, da diese Mühlen [...] den Grund zu neuen Fabriken von baumwollenen Mützen, Strümpfen, Manchester, Barchent, Kattun, Zitzenmacherei und Musselin legen und diese ganz frische Zweige von Fabricken in unserem Lande hervorbringen, welche Höchstdero Aerarium bereichern und vielen tausend Menschen eine neue Quelle zum Unterhalt eröffnen.« Ein solcher gesellschaftlicher Nutzen seiner Anlagen

[96] Vgl. Michael Knieriem, Cromford – Vorabend der Industrialisierung?, in: *Die Macht der Maschine. 200 Jahre Cromford-Ratingen. Eine Ausstellung zur Frühzeit des Fabrikwesens, Stadtmuseum Ratingen, 17. November 1984 – 3. März 1985*, Ratingen 1984, S. 63–81, hier S. 65.

[97] Solche »mentale(n) Hintergründe und Konsequenzen« betont Burkhard Dietz, Aufbruch zu neuen Ufern. Johann Gottfried Brügelmanns Entscheidung für den Standort Cromford und die Vorbildfunktion einer erfolgreichen Firmengründung, in: *»Die öde Gegend wurde zum Lustgarten umgeschaffen ...« Zur Industriearchitektur der Textilfabrik Cromford 1783–1977*, hg. von Gerda Breuer, Köln 1991, S. 16–33, hier S. 16 f.

[98] Vgl. hierzu oben, Abschnitt II.

werde sich ohne Zweifel einstellen und sei allgemein so anerkannt, dass auch »der König von Preußen alle nur zu verlangende Privilegien und sogar bis auf 25 und noch mehr Prozent sich erstreckende Baugelder oder das nötige Bauholz und andere Materialien umsonst hergeben lasse.« Wenn Brügelmann sich dennoch entschließe, seine Fabrik in Ratingen einzurichten und hierfür an landesherrlicher Unterstützung lediglich ein technologisches Monopol ohne weitere Sachleistungen wünsche, so wollte er dies als Ausdruck seiner »Liebe zu meinem Vaterland« verstanden wissen.[99]

Noch bevor die Landesregierung über das Brügelmannsche Gesuch um ein Privileg entschied, hatte bereits die Elberfelder Garnnahrung von diesem Projekt erfahren und im Februar 1784 ein gegen eine Privilegierung gerichtetes Protestschreiben nach Düsseldorf gesandt. Hierin betonten die Verfasser gleich zu Beginn zunächst ihre grundsätzlich positive Einstellung zu technologischen Neuerungen und erklärten, sie seien »weit [davon] entfernt, daß wir etwas der Aufrichtung einer solchen spinn-maschine nachtheiliges sagen sollten, wir würden sonst die Industrie, die Verfeinerung der würklichen Einführung anderer Fabriquen tadeln.«[100] Ihr Protest richtete sich gegen die Erteilung eines Exklusivprivilegs auf den Einsatz von Spinnmaschinen, das anderen Verleger-Unternehmern im Wuppertal die Möglichkeit nehmen würde, ihrerseits von den modernen Verfahren Gebrauch zu machen. Den konkreten Hintergrund für diesen Protest lieferten zur gleichen Zeit unternommene, konkrete Bemühungen einzelner Wuppertaler Kaufleute, die Baumwollspinnerei zu mechanisieren.

Am weitesten fortgeschritten war hierbei offensichtlich die Firma der Gebrüder Bockmühl in Elberfeld, die bereits Ende der 1770er Jahre eine wasserkraftgetriebene Schnürriemenmaschine betrieb und einigen zeitgenössischen Berichten zufolge auch für den Prozess des Garnspinnens eine wasserkraftgetriebene Maschine einsetzte.[101] Über die Funktionsweise und Leistungsfähigkeit dieser Maschine

[99] Alle Zitate nach GEMMERT, Entwicklung (Fn. 89), S. 141 f.
[100] Zit. nach DIETZ, Aufbruch (Fn. 97), S. 28.
[101] Vgl. hierzu mit Nachweisen aus zeitgenössischen Berichten HERBERT POGT, Brügelmann versus Bockmühl, in: *Rheinische Heimatpflege* 22 (1985), S. 169–176. Ihm folgt unkritisch DIETZ, Aufbruch (Fn. 97), S. 22.

ist wenig bekannt, der technische Sachverstand der zeitgenössischen Referenzgeber aber wohl nicht allzu hoch einzuschätzen. Es erscheint wenig wahrscheinlich, dass die Gebrüder Bockmühl tatsächlich eine dem später von Brügelmann verwirklichte Ensemble von Maschinen – einschließlich der Kardier- und Spinnmaschinen – funktional äquivalente Apperatur entwickelten, diese dann lediglich zur Herstellung des selbst für die Schürriemendreherei verarbeiteten Garns verwendet und die Maschine bereits 1782 wieder verkauft haben sollen, um in der zweiten Hälfte der 1780er Jahre erneut Spinnmaschinen zu entwickeln.[102] Angesichts des strukturellen Garnmangels in den Elberfelder Baumwollgewerben hätte ein solches Vorgehen jeglicher ökonomischen Vernunft widersprochen. Wahrscheinlicher erscheint die Annahme, dass die Maschinen der Gebrüder Bockmühl lediglich Teile des Produktionsprozesses abdeckten, ohne den gesamten Prozess nachhaltig zu beschleunigen. Wie weit man bei der Maschinisierung der Baumwollspinnerei auch immer gekommen sein mochte, der Widerspruch der Garnnahrung gegen den Brügelmannschen Privilegienantrag ist zumindest als Willensbekundung der Elberfelder Verleger-Kaufleute zu verstehen, den Konkurrenzkampf mit der neuen Maschinenspinnerei aufzunehmen.

Im Juli 1784 bewilligte schließlich die Düsseldorfer Regierung »dem gedachten Brogelman das nachgesuchte Privilegium exclusivum, jedoch nur auf zwölf Jahre lang, undt ohne mindesten monopolischen Zwang [...] dergestalten, daß durch gegenwärtiges Privilegium der freie Handel nicht gehemmet, sonderen, wie bishero geschehen, unbenohmen seyn solle, auf Rädern Pinnen, undt respc. das benötigte Materiale anderwärtes herkommen zu lassen.«[103] Sieht man davon ab, dass die von vorneherein wohl unrealistische Forderung nach einer Laufzeit von vierzig Jahren auf die überschaubare Frist von zwölf Jahren herunter gekürzt wurde, entsprach das Privileg den Forderungen Brügelmanns. Ein Vorrecht beim Verkauf seines Garns in den kurfürstlichen Landen, wie es in der Privilegienur-

102 Diese Hypothese bei Pogt, Brügelmann (Fn. 101), passim; zum komplexen Maschinenpark, der in Brügelmanns Fabrik zum Einsatz kam und aus verschiedenen präzise ineinander greifenden Einzelkomponenten bestand, vgl. Schmidt, Technologietransfer (Fn. 92).

103 Abdruck des Privilegientexts bei Gemmert, Entwicklung (Fn. 89), S. 143 f.

kunde wohl mit Rücksicht auf die Interessen der Wuppertaler Garnnahrung ausdrücklich ausgesprochen wurde, hatte Brügelmann nicht gefordert. Um die Absatzchancen seines qualitativ hochwertigen und preislich relativ günstigen Garns – ungeachtet hoher Abschreibungen für die getätigten erheblichen Investitionen – scheint sich Brügelmann auch unter den Bedingungen freien Marktverkehrs keine Sorgen gemacht zu haben.

Auch der Forderung nach finanziellen Vergünstigungen, die Brügelmann offenbar in Gestalt einer »Befreiung von Gewinn- und Gewerbssteuern und von Zoll und von Wegegeldern« gleichzeitig mit dem Privilegienantrag gefordert hatte,[104] entsprach die Landesregierung nicht. Einen gewissen Ausgleich mag die Ernennung zum Kommerzienrat durch den Jülich-Bergischen Geheimen Rat im Dezember 1784 dargestellt haben: immerhin war diese Ernennung mit zusätzlichen Einkünften verbunden.[105]

Die Produktion in der neuen Fabrik verlief offensichtlich in den ersten Jahren ökonomisch sehr erfolgreich. Der Absatz ging bereits zu erheblichen Teilen in Regionen jenseits der Landesgrenze. Hierbei kam zum einen den Frankfurter Messen, die von Brügelmann regelmäßig selbst besucht wurden, eine hohe Bedeutung zu. Zum anderen nahmen auch die Geschäftspartner vor allem an den Nordseehäfen in Amsterdam, Rotterdam, Hamburg und Bremen, die auch für die Belieferung der Firma Brügelmann mit qualitativ hochwertiger Rohbaumwolle sorgten, einen guten Teil des in Ratingen produzierten Garns ab.[106] Die Beziehungen nach Elberfeld und insbesondere das von den Eltern übernommene, mit seinem Bruder Carl weitergeführte Elberfelder Handelsgeschäft wurden systematisch zur Abwicklung von Einkauf und Verkauf für die Ratinger Fabrik genutzt.[107]

Nach Ablauf des Privilegs im Jahr 1796 stellte Brügelmann keinen Antrag auf weitere Verlängerung seiner Vorrechte. Offenbar erschien auch dem Unternehmer zu diesem Zeitpunkt der Betrieb seiner

104 Hierauf verweist der Text der Urkunde zur Ernennung Brügelmanns zum Kommerzienrat vom 23. Dezember 1784, abgedruckt EBENDA, S. 144 f.

105 Vgl. DIETZ, Aufbruch (Fn. 97), S. 29.

106 Vgl. GEMMERT, Entwicklung (Fn. 89), S. 37, 43.

107 Vgl. EBENDA, S. 76 ff.; EBELING, Brügelmann (Fn. 92), S. 68.

Firma soweit gefestigt, dass er auf die Gewährung obrigkeitlicher Vorrechte verzichten zu können glaubte.

Die Ausgründung von Zweigbetrieben in Köln und Zoppenbroich bei Rheydt in den Jahren 1798 und 1799 war in erster Linie eine Reaktion auf die napoleonische Handelspolitik, die durch die Errichtung der Zollgrenze am Rhein die Einfuhr von Rohbaumwolle und den Verkauf des Garns gleichermaßen nachdrücklich erschwerte.[108] Die 1799 gegründete Spinnerei in einem Münchner Militärarbeitshaus ist hingegen eindeutig als Indikator für den ökonomischen Erfolg des Unternehmens zu werten, der sich auch am großen räumlichen Radius zeigte, innerhalb dessen die Geschäftspartner der Firma an der Wende zum 19. Jahrhunderts, in den Jahren nach Ablauf des Privilegs, anzutreffen waren.[109]

IV.

Die vorgestellten Privilegien für die Textilgewerbe im Wuppertal, in Mülheim und in Ratingen bieten lediglich drei Beispiele aus einem insgesamt deutlich breiteren Spektrum von Sonderrechten, die in der Frühen Neuzeit im Herzogtum Berg an zahlreiche Exportgewerbe verliehen wurden.[110] Auch andere protoindustrielle Branchen in der Region wurden zwischen dem 15. und dem 18. Jahrhundert mit landesherrlichen Privilegien ausgestattet: Bereits erwähnt wurden die im 15. und 16. Jahrhundert verliehenen Privilegien für die Solinger Klingengewerbe, mit denen exklusive Produktionsrechte verliehen und zugleich zünftische Organisationsformen etabliert wurden, in denen Handwerker und Kaufleute seither kooperierten. Im 17. und 18. Jahrhundert wurden diese Sonderrechte wiederholt bestätigt und um weitere Vorrechte für neue Gewerbezweige ergänzt.[111] Noch

[108] Vgl. GEMMERT, Entwicklung (Fn. 89), S. 82; BOLENZ, Brügelmann (Fn. 92), S. 32; EBELING, Brügelmann (Fn. 92), S. 70 f.

[109] Hierzu mit Einzelnachweisen EBELING, Hauptbuch (Fn. 95), passim.

[110] Vgl. auch die Überlegungen bei JÖRG ENGELBRECHT, *Das Herzogtum Berg im Zeitalter der Französischen Revolution. Modernisierungsprozesse zwischen bayerischem und französischem Modell*, (Quellen und Forschungen aus dem Gebiet der Geschichte, N. F. 20), Paderborn 1996, S. 269 ff.

[111] Privilegien für die Solinger Härter und Schleifer 1401, für Feger und Reider 1412 und für die Schwertschmiede 1472; 1571 erhielten die »Meß-

1794 wurden die Solinger »Scherenmacher« mit einem Zunftprivileg bedacht. Dem gleichen Muster folgend privilegierte die bergische Regierung die Eisen und Stahl verarbeitenden Gewerbe im benachbarten Raum Remscheid/Cronenberg zwischen dem 16. und 18. Jahrhundert mit Zunftstatuten.[112] Sonderrechte genossen auch die Handwerker des Lenneper Tuchgewerbes, die bereits seit dem 15. Jahrhundert in Bruderschaften zusammengeschlossen waren und 1571 ein landesherrliches Privileg erhalten hatten, das ihnen im Territorium das alleinige Recht auf Verarbeitung feiner Lammwolle zugestand.[113] Die Wollweber der benachbarten bergischen Stadt Wipperfürth waren ebenfalls seit dem 15. Jahrhundert zünftisch organisiert und mit einem Produktionsmonopol privilegiert.[114] Über ein gemeinsames herzogliches »Privilegium exclusivum« verfügten seit 1602 schließlich auch die drei bedeutendsten Papiermühlen im Bergischen Land, die in Solingen und Bergisch Gladbach betrieben wurden und ihre Produkte überregional absetzten.[115]

macher« ein Zunftprivileg, 1623 schließlich auch die Gruppe der »Kreuz- und Knaufschmiede«; die Texte der Privilegien sind gedruckt bei KELLETER, Geschichte (Fn. 32), Beilagen 5–12, S. VII ff.

112 Im Jahr 1600 erhielten die Remscheider und Cronenberger Sensenschmiede ein Privileg, das ein älteres Privileg, über das weiter nichts bekannt ist, bestätigte; der Text des Privilegs bei WILHELM ENGELS und PAUL LEGERS, *Aus der Geschichte der Remscheider und Bergischen Werkzeug- und Eisenindustrie*, Bd. 2, Remscheid 1928, S. 9 ff. Die Remscheider Werkzeugschmiede bemühten sich vergeblich um eine privilegierte Zunftordnung, immerhin gelang es ihnen im Jahr 1766, die Genehmigung für das Führen einer verbindlichen Zeichenrolle, in die alle in der Region gebräuchlichen Warenzeichen auf Produkten des Werkzeughandwerks verzeichnet werden mussten, zu erlangen: vgl. EBENDA, S. 185, 189 ff.

113 Vgl. RICHARD ROBERT ISENBURG, *Untersuchungen über die Entwicklung der bergischen Wollenindustrie*, (Diss.) Heidelberg 1906; EGON ERWIN STURSBERG, *Remscheid und seine Gemeinde. Geschichte, Wirtschaft, Kultur*, Remscheid 1969, S. 86 f.

114 Vgl. BURKHARD DIETZ, Im Zeichens des Mittelalters: Aufstieg und Niedergang des Tuchgewerbes in Wipperfürth 1462–1803, in: *Zeitschrift des Bergischen Geschichtsvereins* 90 (1982/83), S. 46–83; EBENDA, S. 68 ff. Abdruck der Zunftstatuten.

115 Vgl. BURKHARD DIETZ, Vom spätmittelalterlichen Handwerk zur industriellen Produktionsweise: der Aufstieg des bergischen Papiergewerbes (16. bis 19. Jahrhundert), in: *Zeitschrift des Bergischen Geschichtsvereins* 93 (1987/88), S. 81–131, hier S. 100 f.; das Privileg wurde im 17. Jahrhundert wiederholt erneuert und modifiziert, wobei sich die bergische Papierproduktion zunehmend auf Bergisch Gladbacher Gebiet konzentrierte.

Die These von einem Desinteresse der bergischen Landesherren an einer aktiven Förderung ihrer Gewerbe muss angesichts dieses Befundes geradezu umgekehrt werden: Den Düsseldorfer Regierungen der Frühen Neuzeit erschien es offenbar bis zum Ende des 18. Jahrhunderts opportun, einzelne Akteure in den Exportgewerben mit Privilegien auszustatten oder den Gewerben als Ganzes eine korporative Gewerbeverfassung in der Gestalt von Zünften, Kaufmannsgilden oder »Fabriquenordungen« zu verordnen. Die Einbindung der ökonomischen Aktivitäten in formale Institutionen muss damit als ein wichtiges Kennzeichen der protoindustriellen Gewerbe im Bergischen Land gelten.

Erst in den 1790er Jahren ließen sich in der bergischen Verwaltung die Stimmen einzelner Beamter vernehmen, denen das Privilegien- und Zunftwesen nicht mehr zeitgemäß erschien und die – unter Rückgriff zunächst auf Positionen der Physiokratie, dann auch auf Adam Smith' Polemik gegen das Merkantilsystem – für eine Aufhebung von Zünften und Privilegien plädierten.[116] Die Politik der Düsseldorfer Regierung blieb hiervon jedoch bis zum Ende des alten Herzogtums unberührt: wie gezeigt wurden noch in den letzten Jahren des 18. Jahrhunderts Privilegien vergeben und Gewerbeordnungen erlassen.

[116] Der früheste und prominenteste Kritiker war ohne Zweifel Friedrich Heinrich Jacobi, 1772–1779 als Hofkammerrat Mitglied der bergischen Regierung, der bereits 1773/74 nur schwach verklausuliert die Aufhebung von Monopolen und Privilegien forderte: »In mein Forum schlägt nicht ein zu beurtheilen, ob es thunlich sey, das Monipolium der Elberfelder Garn-Nahrung aufzuheben; aber mir kömmt zu, die Uebel, welche deßelben beybehaltung verursacht anzugeben«: vgl. Gebhard, Bericht (Fn. 47), S. 15 f. Zu den kritischen Stimmen der 1790er Jahre gehörten etwa die Staatsräte Johann Wilhelm Bewer und Theodor Ark. Bewer setzte sich am Solinger Beispiel für eine Aufhebung der Gewerbeordnungen und für die Freigabe von Handel und Gewerbetätigkeit ein: vgl. Johann Wilhelm Bewer, Von der besonderen Verfaßung der Sohlinger Klingen und Meßer Fabrik, in: ders., *Sammlung einiger bei den Gülich- und Bergischen Dikasterien entschiedenen Rechtsfällen [...]*, Bd. 3, Düsseldorf 1798, S. 93–145. Die gleiche Position vertrat Theodor Ark, der von die Politik der Privilegierungen als »privilegierte Despotie« geißelte und sich extensiv auf Adam Smith berief: vgl. Burkhard Dietz (Bearb.), »Die Solinger Schwerdt- und Messerfabrik« – der Bericht des Hofkammerrats Theodor J. Josef Lenzen aus dem Jahre 1798, in: ders., *Beiträge und Materialien zur Lokal- und Regionalgeschichte des Bergischen Landes*, (Neues Bergisches Jahrbuch 2), Wuppertal 1985, S. 202–219. Vgl. auch Engelbrecht, Herzogtum Berg (Fn. 110), S. 278 ff.

Auffällig an den hier vorgestellten Beispielen ist überdies, dass die Initiative auf Erlass eines Privilegs in allen Fällen von den Privilegienempfängern ausging, was es zweifelhaft erscheinen lässt, ob von Seiten der bergischen Obrigkeit überhaupt ein übergreifendes politisches Konzept im Sinne des Merkantilismus existierte. Privilegienerteilungen und -bestätigungen erwecken vielmehr den Eindruck, als habe die bergische Regierung ausschließlich auf die sich jeweils konkret stellenden Problemlagen und Herausforderungen auf eine pragmatische Weise reagiert. Die um Monopolrechte nachsuchenden Kaufleute und Unternehmer traten dabei stets sehr selbstbewusst auf und verwiesen regelmäßig auf den zu erwartenden Wohlstandseffekt, der sich mit der Erteilung des Privilegs für die gesamte Region einstellen würde. Auch scheuten sie nicht davor zurück, regelmäßig darauf hinzuweisen, dass sie ihr Geschäft bei Verweigerung der geforderten Privilegien in benachbarte Territorien verlegen würden. Der Charakter der Privilegien fiel unter diesem Umständen sehr unterschiedlich aus, sowohl was die Art der erteilten Begünstigungen betrifft als auch hinsichtlich des jeweils begünstigten Personenkreises.

Der pragmatische Umgang der bergischen Regierung mit der Vergabe von Privilegien zeigt sich beim Vergleich der Privilegientexte, der vielfältige Unterschiede und ein wenig systematisches Vorgehen offenlegt. Die zugunsten der Garnnahrung verliehenen bzw. erneuerten Privilegien des 16. und 17. Jahrhunderts blieben insofern relativ unspezifisch, als sie sich nicht an einzelne, namentlich in der Urkunde genannte Akteure richteten, sondern an sämtliche Gewerbetreibenden eines Bezirks, die zu einer Korporation unter landesherrlicher Aufsicht zusammengebunden wurden. Der durch das Privileg begünstigte Kollektivakteur wurde hier im Akt der Privilegierung überhaupt erst geschaffen.

Darüber hinaus war in den Privilegienurkunden des 16. und 17. Jahrhunderts keine Geltungsdauer festgelegt, auch in dieser Hinsicht blieb die Gewährung der Vorrechte unspezifisch.[117] Bei

117 Nicht eindeutig zu beantworten ist die Frage, ob und unter welchen Umständen ein Landesherr erteilte Privilegien wieder zurückziehen konnte. Grundsätzlich galten Privilegien als »Gnadenakt« und blieben in die Disposition des Landesherrn gestellt. In der Praxis stellte sich die Frage einer Bestätigung der

Stiftung des Garnnahrungsprivilegs für Elberfeld und Barmen im Jahr 1527 war offenbar sogar beabsichtigt, dem Privileg über die Regierungszeit des amtierenden Fürsten hinaus Gültigkeit zu erhalten. Allerdings ist kaum vorstellbar, dass hierin der entscheidende Grund für die Persistenz des Privilegs bis zum Ende des Herzogtums zu suchen ist.[118]

In den Privilegien des 18. Jahrhunderts wurde dann regelmäßig angegeben, für wie viele Jahre das Privileg gültig bleiben sollte. Die landesherrliche Regierung eröffnete sich hiermit die Option, die Berechtigung des Monopols nach einer gesetzten Frist zu überprüfen und verpflichtete den Privilegienempfänger, bei Bedarf um eine Verlängerung des Privilegs nachzusuchen. Entsprechend beantragte die Mülheimer Firma Andreae regelmäßig Verlängerungen, die stets gebilligt wurden.

Auch wenn die bergische Regierung bei der Gewährung von Privilegien relativ großzügig verfuhr, bleibt doch unverkennbar, dass die Düsseldorfer Administration sehr genau um bereits erteilte Monopolrechte wusste und das pragmatische, auf den Einzelfall bezogene Vorgehen nicht mit Wildwuchs gleichzusetzen ist. Eine wesentliche Konsequenz hieraus war, dass sich die Privilegien auf immer kleinere räumliche Bereiche, auf einzelne Produktsegmente oder auf spezifische Produktionsverfahren bezogen. Dies trifft sowohl auf die Vielzahl der in den 1770er und 1780er Jahren an Elberfelder Kaufleute sowie an die Firma Preyers & Petersen in Kaiserswerth gewährten Privilegien zur Aufnahme der Seidentuchproduktion zu

Privilegien regelmäßig anlässlich eines Herrscherwechsels: Nicht nur für die ständischen Prärogative, auch für vergebene Privilegien musste anlässlich dieses Ereignisses um Bestätigung gebeten werden: vgl. Mohnhaupt, Erteilung (Fn. 1), S. 112 ff.

118 Entsprechend heißt in der Privilegienurkunde: »Alle und jegliche Puncten und articulen, inhalt dieses Briefes, beloben wir Johann Hertzog und wir Maria Hertzoginne zu Cleve, zu Gülich und zu dem Berge, Graf und Gräffinne zu der Marck, und Ravensperg etc. Vorgenannt, vor uns und unsere Nachkömmlinge, Hertzoge und Hetzoginnen zu dem Berg, bey unsern füstlichen Treuen und Ehren, den obgenandten unsern untersaßen von Elverfeld und in den Barmen, wahr, vest, stede und unverbrüchlich zu halten«: Zitat nach Crecelius und Werth, Urkunden (Fn. 21), S. 80. Überlegungen, die Garnnahrung Ende der 1780er Jahre angesichts wachsender Gegensätze zwischen Barmen und Elberfeld aufzulösen, fanden bei der Düsseldorfer Regierung keine Unterstützung: vgl. Dietz, Wuppertaler Garnnahrung (Fn. 17), S. 126 ff.

wie auch für das Johann Gottfried Brügelmann erteilte Recht zum ausschließlichen Einsatz von Baumwollspinnmaschinen. In allen Fällen hatte die bergische Regierung das gesamte Territorium im Blick, wusste um die Beziehungen und Konflikte zwischen den verschiedenen Gewerbebereichen und war über die hieraus sich ergebenden Widersprüche zwischen den gewährten Monopolrechten im Bilde. Auf längere Sicht näherte sich die Politik der Privilegierung damit einer administrativen Praxis, die der Erteilung von Gewerbekonzessionen nahekam, wie sie im »liberalen« 19. Jahrhundert gebräuchlich waren.[119]

Aus ökonomischer Sicht handelt es sich bei der Vergabe der Privilegien zunächst um die Gewährung von Monopolrechten, die meist kritisch bewertet werden, verhindert doch in Marktsystemen ein herrschaftlich gestützter Eingriff in den Marktmechanismus, dass sich ein optimales Allokationsgleichgewicht einstellen kann.[120] Die Privilegierten erlangten so eine herrschaftlich, nicht ökonomisch begründete und gesicherte Marktmacht, die eine unabhängige Preisbildung verhinderte und es ihnen ermöglichte, die Preise zu ihren Gunsten festzusetzen und eine »Monopolrente« zu erzielen.

In den hier vorgestellten Einzelfällen fielen die ökonomischen Effekte der Privilegiengewährung jedoch vordergründig sehr unterschiedlich aus. Für die jeweils bevorrechtigten Kaufleute ging es in allen Fällen zunächst darum, für spezifische Märkte ein Angebotsmonopol zu erlangen: Gewährt wurde ein Exklusivrecht für die Produktion bestimmter Güter (gebleichtes Leinengarn und Bandwaren, Seidenzwirne und Seidenstoffe, maschinell erzeugtes Baumwollgarn).

Aus Perspektive des Landesherrn zielte im Fall des Garnnahrungsprivilegs das Monopol zunächst auf die Stärkung einer offensichtlich bereits seit längerer Zeit vorhandenen, in den Jahren vor 1527 aber

119 Vgl. zu diesem Problemkreis mit Blick auf Preußen Dietmar Willoweit, Gewerbeprivileg und »natürliche« Gewerbefreiheit. Strukturen des preußischen Gewerberechts im 18. Jahrhundert, in: *Vom Gewerbe zum Unternehmen. Studien zum Recht der gewerblichen Wirtschaft im 18. und 19. Jahrhundert*, hg. von Karl Otto Scherner und Dietmar Willoweit, Darmstadt 1982, S. 60–111.

120 Vgl. etwa Jürgen Siebke, Preistheorie, in: Dieter Bender u. a., *Vahlens Kompendium der Wirtschaftstheorie und Wirtschaftspolitik*, 8. Aufl., Bd. 2, München 2003, S. 63–125, hier S. 87 ff.

offenbar gefährdeten[121] großräumigen Arbeitsteilung, bei der sich einzelne Regionen innerhalb des jülich-klevischen Territorienverbandes auf bestimmte Produktionsbereiche spezialisierten. Innerhalb der Landesherrschaft verband sich damit zum Zeitpunkt der Ausstellung des Privilegs das Angebots- insofern mit einem Nachfragemonopol (»Monopson«), als jetzt zugleich die westfälischen Leinengarnproduzenten an die Abnahme ihrer Produkte durch die Wuppertaler Garnnahrung gebunden wurden. Spätestens mit dem Auseinanderbrechen der vereinigten Herzogtümer im Jahr 1609 ging dieser Vorteil wieder verloren.

Die Förderung einer regionalen Spezialisierung durch Erteilung des Garnnahrungsprivilegs an die Bewohner der Ämter Elberfeld und Barmen bezog seine Berechtigung dann aus dem Umstand, dass die hier entstandenen gewerblichen Strukturen einerseits in einem Umfeld, das ansonsten nur geringe Möglichkeiten zur ökonomischen Betätigung bot, keineswegs selbstverständlich waren, andererseits aber durch Abwanderung der mit spezifischem know-how ausgestatteten Arbeitskräfte permanent gefährdet waren. Vor allem die Niederlande, aus denen wohl im 15. Jahrhundert die technischen Verfahren der Leinengarnbearbeitung übernommen worden waren,[122] boten eine starke Konkurrenz und lukrative Alternativen für Arbeitskräfte, die sich bereits im 16. Jahrhundert mehr und mehr von ihren agrarischen Wurzeln entfernt hatten.

Die mit dem Privileg verbundene Etablierung korporativer Organisationsstrukturen, die unter Beteiligung der landesherrlichen Administration die wesentlichen Belange des Gewerbes eigenständig regelte, war geeignet das Gewerbe zusätzlich zu stärken. Lässt sich im Text des Urprivilegs von 1527 noch die Motivation erkennen, im Sinne des vormodernen Konzepts der »Nahrung« eine gleichförmige Verteilung des gewerblichen Nutzens auf alle Gewerbetreibenden zu erreichen, spielte dieser Aspekt in den folgenden Bestätigungen eine immer geringere Rolle. In den Vordergrund traten jetzt die Befrie-

121 Die Präambel der Privilegienurkunde spricht von »großem schaden, last und beschwehrniß« der Leinengewerbe, die den Anlass zur Ausstellung des Privilegs geboten hätten: Zitat nach CRECELIUS und WERTH, Urkunden (Fn. 21), S. 77.

122 Vgl. DIETZ, Wuppertaler Garnnahrung (Fn. 17), S. 21.

dung von Konflikten zwischen Kaufleuten und Handwerkern, die sich etwa an der Beschäftigung von auswärtigen Arbeitskräften entzündeten, und die Gewährleistung einer hochwertigen Produktqualität, wozu Funktionsträger der Korporation Kontrollen der Arbeitsstätten durchführten. Damit erfüllte die Korporation auch für einzelne Kaufleute und Handwerker wichtige ökonomische Funktionen bei der Koordinierung und Kontrolle von Teilarbeitsschritten – eine Aufgabe, die jeden einzelnen Akteur überfordert hätte, hätten doch die für diese Aufgaben anfallenden Transaktionskosten den ökonomischen Nutzen der Handels- und Gewerbetätigkeit schnell überschritten.

Im Fall der zu Beginn des 18. Jahrhundert aus Köln nach Mülheim übersiedelnden Kaufleute spielten für den bergischen Landesherrn politische Motive – die alten Rivalitäten mit der Stadt Köln und die Einbindung in übergreifende konfessionelle Konflikte im Reich – unbestreitbar eine zentrale Rolle. Die im zunächst erteilten Privileg zugesagten Vergünstigungen wiesen entsprechend auch nicht den Charakter von Monopolrechten auf, sondern glichen eher Produktionsprämien, mit denen die Düsseldorfer Administration ökonomisch potente Kölner Kaufleute zur Übersiedlung motivieren konnte. Allerdings lässt sich kaum mehr überprüfen, ob erst die gewährten Vergünstigungen für jeden einzelnen Kaufmann das Kostengefüge soweit veränderten, dass die mit der Übersiedlung verbundenen Aufwendungen zumindest teilweise gedeckt und der ökonomische Neuanfang in Mülheim rentabel wurde.

Erst das 1764 der Firma Andreae gewährte Privileg ist als Produktionsmonopol anzusprechen, mit dem die Einführung der Seidenverarbeitung als neue Gewerbebranche im Herzogtum etabliert wurde. Das Privileg versprach damit, dem Unternehmer innerhalb des Territoriums Schutz vor Konkurrenz zu bieten und so eine Amortisierung der hohen Erstinvestitionen, die zur Errichtung der Seidenmanufaktur getätigt werden mussten, zu ermöglichen. Für den Unternehmer ermöglichte das Privileg damit eine Steigerung des Kapitalertrags. Darüber hinaus vermochte das Privileg den unternehmerischen Zugriff auf qualifizierte Arbeitskräfte, die sich die rheinischen Seidenunternehmer über Territoriumsgrenzen hinweg wechselseitig abwarben, insofern zu sichern, als es zumindest für das Herzogtum Berg das Entstehen von Konkurrenz unterband. Im

Kostengefüge der Firma Andreae schlug sich dies zunächst in einer geringeren Höhe der mit der Anbahnung von Arbeitsverträgen verbundenen Transaktionskosten nieder.

Insofern aber für die vor allem auf überregionalen Märkten abgesetzten Seidenwaren keine Absatzgarantie gegeben werden konnte und Andreae sich bei der Vermarktung seiner Erzeugnisse mit der Konkurrenz anderer deutscher und europäischer Seidenproduzenten auseinandersetzen musste, war mit dem Privileg mitnichten der Bezug einer »Monopolrente« verbunden. Dass sich die Düsseldorfer Regierung darüber hinaus trotz der langen Laufzeit des Privilegs und der wiederholt ausgesprochenen Verlängerungen der Gefahren sehr wohl bewusst war, die aus dem Exklusivprivileg für die gewerbliche Entwicklung des Landes erwachsen konnten, belegt der Umstand, dass in den 1770er und 1780er Jahren eine Vielzahl weiterer Privilegien an Seidenproduzenten erteilt und damit das Privileg der Firma faktisch unterlaufen wurde.

Das Johann Gottfried Brügelmann 1784 zugestandene Privileg schließlich hatte die Funktion, die Einführung einer neuen Produktionstechnologie und eines neuen Produktionssystems zu fördern. Damit erfüllte das Privileg Funktionen, die seit dem 19. Jahrhundert durch die Erteilung von Patenten gewährleistet werden, indem Sie den geistigen Urheber eines innovativen Verfahrens für eine bestimmte Frist das alleinige Nutzungsrecht dieses Verfahrens zusichern.[123] Im Unterschied zum Schutz von Erfindungen durch landesherrliche Vorrechte, der in der Frühen Neuzeit verbreitet, aber keineswegs unumstritten war, bezog sich das Monopolrecht für Brügelmann jedoch nicht auf den Schutz des geistigen Eigentums eines Erfinders, sondern auf eine erfolgreiche Industriespionage. Für das mit der Privilegienverleihung verbundene Motiv der Regierung, die gewerbliche Entwicklung durch die Unterstützung einer neuen Produktionstechnik zu fördern, war dieser Unterschied allerdings unerheblich.

Wie im Mülheimer Beispiel sicherte das Monopolrecht auch in diesem Fall die Amortisierung eines erheblichen Investitionskapitals

123 Zur Entwicklung des Patentrechts aus der vormodernen Privilegienpolitik vgl. Marcel Silberstein, *Erfindungsschutz und merkantilistische Gewerbeprivilegien*, (Staatswissenschaftliche Studien 43), Zürich 1961, passim.

und innerhalb des Territoriums den alleinigen Zugriff auf die für den Erfolg der neuen Produktionsverfahren entscheidenden Facharbeiter und Techniker, die Brügelmann in England mit erheblichen Aufwendungen abwerben musste und durch Verbleibungsklauseln und die Auferlegung von Geheimhaltungspflicht an sein Unternehmen band. Gleichzeitig mit der Erteilung des Privilegs stellte die Regierung auch das Abwerben von Arbeitern aus der Brügelmannschen Fabrik unter hohe Strafe.[124]

Letztlich konnten die bergischen Behörden aber an einer langfristigen Privilegierung der Ratinger Maschinenspinnerei kein Interesse haben. Auch im Fall des Privilegs für Johann Gottfried Brügelmann lässt sich ex post nicht mehr genauer ermitteln, welche Bedeutung das ihm erteilte Monopol für den offensichtlichen raschen ökonomischen Erfolg seines Unternehmens besaß. In den ersten Jahren nach Errichtung der Brügelmannschen Baumwollspinnerei kam es auch in den Nachbarterritorien lediglich zu einer einzigen erfolgreichen Gründung eines Konkurrenzunternehmens: 1791 ließ sich der – wie Brügelmann aus Elberfeld stammende – Kaufmann Johann Caspar Troost in der zu Hessen-Darmstadt gehörenden Herrschaft Broich durch die Landesherrin, die Landgräfin von Hessen-Kassel, ein Privileg zur Errichtung einer »Spinnmühle« im Ort Mülheim/Ruhr, keine zwanzig Kilometer nördlich von Ratingen gelegen, erteilen.[125] Diese Privilegierung musste schon deshalb die Aufmerksamkeit Brügelmanns und der bergischen Regierung erregen, weil die Herrschaft Broich verfassungsrechtlich zugleich eine Unterherrschaft des Herzogtums Berg war, als solche zwar eigene Gerichtsbarkeit und Verwaltungsbehörden besaßen, gleichwohl aber »die hiesige [= bergische] höhere Befehle schuldigst achten und befolgen«[126] sollte. Auseinandersetzungen zwischen Brügelmann

124 Vgl. Ebeling, Brügelmann (Fn. 92), S. 67.

125 Vgl. hierzu Ilse Barleben, *Mülheim a. d. Ruhr. Beiträge zu seiner Geschichte von der Erhebung zur Stadt bis zu den Gründerjahren*, Mülheim 1959, S. 279 ff. sowie Eckhard Bolenz, Der erste Mülheimer Kommerzienrat war ein Textilunternehmer: Die Familie Troost und ihre Unternehmungen, in: *Mülheimer Unternehmer: Pioniere der Wirtschaft. Unternehmergeschichte in der Stadt am Fluss seit dem Ende des 18. Jahrhunderts*, hg. von Horst A. Wessel, Essen 2006, S. 60–76.

126 So das Rechtsgutachten des Bergischen Regierungsrates Johann Wilhelm Bewer, Von der Verfassung und den Gerechtsamen der Gülich- und Bergischen

und Troost betrafen vor allem Vorwürfe um die Abwerbung von Arbeitskräften sowie den Nachbau von Maschinenteilen.[127] Zu welchem Zeitpunkt die Troost'sche Spinnerei jedoch eine der Ratinger Fabrik vergleichbare Bedeutung erlangt hatte, lässt sich nur noch schwer feststellen. Offensichtlich gelang es erst im Jahr 1800 mit dem Bau eines neuen Kanals die für einen umfassenden Betrieb benötigte Wasserkraft sicherzustellen.[128]

Unter diesen Umständen ist nachvollziehbar, warum Brügelmann, der zunächst für sein Privileg eine Laufzeit von vierzig Jahren beantragt, jedoch nur zwölf Jahre bewilligt erhalten hatte, nach Ablauf des Monopols 1796 keine Verlängerung beantragte.[129] Die Bedeutung des Monopols für den Erfolg des Unternehmens sollte daher nicht allzu hoch eingeschätzt werden. Dennoch machte sich das Privileg auch für Brügelmann im Kostengefüge seines Unternehmens bemerkbar. Als Angebotsmonopol erlaubte ihm das Privileg, im Unterschied zu Andreae, ansatzweise so etwas wie eine »Monopolrente« zu erwirtschaften, da es zumindest auf dem Festland keine nennenswerte Konkurrenz gab, die das gleiche Produkt, hochwertiges baumwollenes Maschinengarn, hätte anbieten können. Darüber hinaus ergaben sich auch für Brügelmann Kostenvorteile durch das landesherrliche Privileg aus der Sicherung seines Zugriffs auf den Arbeitsmarkt.

Hierin, in den weitreichenden Eingriffen in den Arbeitsmarkt, muss der entscheidende gemeinsame Nenner der diskutierten Gewerbeprivilegien im Herzogtum Berg während des 18. Jahrhunderts gesehen werden. Vor allem die Verfügbarkeit von gut qualifizierten

Unterherrschaften, in: DERS., Sammlung (Fn. 116), Bd. 3, S. 1–27, Zitat S. 4. Die Frage, ob die erteilten Privilegien auch für die Unterherrschaft Geltung besäßen, ließ sich angesichts der verfassungsrechtlichen unklaren Stellung der Unterherrschaften nicht klären. Grundsätzlich zu den Unterherrschaften jetzt WILHELM JANSSEN, Unterherrschaft. Anmerkungen zu einem Strukturmerkmal niederrheinischer Territorien in der frühen Neuzeit, in: *Rheinische Vierteljahrsblätter* 76 (2012), S. 152–175.

127 Vgl. BOLENZ, Kommerzienrat (Fn. 125), S. 67 f.

128 Vgl. BARLEBEN, Mülheim (Fn. 125), S. 298 f.

129 Die Zahl der Baumwollspinnereien im Rheinland stieg dann erst in den Jahren nach Beendigung des ersten Koalitionskriegs 1797 rasch an: vgl. JOACHIM KERMANN, *Die Manufakturen im Rheinland 1750–1833*, (Rheinisches Archiv 82), Bonn 1972, S. 194 ff., 660 ff.

und technisch versierten Arbeitskräften war für den gewerblichen Aufbau, der hier am Beispiel verschiedener Textilgewerbe nachgezeichnet wurde, ein entscheidender, aber stets prekärer Faktor. Kaufleuten und Unternehmern blieb meist nur die Option, solche Arbeitskräfte unter dubiosen Umständen und mit erheblichen Aufwendungen aus benachbarten Gewerberegionen abzuwerben. Sinn der Privilegienpolitik war es nicht zuletzt, solche Abwerbungen einmal verpflichteter Arbeitskräfte zu unterbinden. Ohne die Unterstützung durch eine auf politische Macht gestützte Monopolpolitik, unter Bedingungen von Freizügigkeit und unbeschränkten Kontraktmöglichkeiten, hätte die dauerhafte Bindung von Arbeitskräften den Unternehmern viel abverlangt: Auf einem freien Arbeitsmarkt wäre eine Bindung gut qualifizierter Arbeitskräfte nur zu deutlich höheren Lohnkosten möglich gewesen.

Privilegien und Wettbewerb / Marktwirtschaft: zwei Gegenbegriffe?

Privilèges et concurrence / marché: deux notions antagonistes?

Handwerkliche Marktwirtschaft und Privileg in Frankfurt am Main in der Frühen Neuzeit (16.–18. Jahrhundert)

Robert Brandt

Im Mainstream der deutschen Wirtschaftsgeschichtsschreibung hält sich hartnäckig – wider alle Empirie – die sozialromantische Vorstellung, dass vorindustrielles Handwerk und Marktwirtschaft ein Widerspruch gewesen seien und dass marktwirtschaftliche Strukturen und Praktiken in Deutschland erst durch die Reformen zu Beginn des 19. Jahrhunderts – vor allem die berühmten preußischen – von oben eingeführt worden seien.[1] Das Tagungsthema »Ökonomie des Privilegs« bietet deshalb eine willkommene Gelegenheit, am Beispiel der Frankfurter Bäcker und Metzger auf zwei nicht nur für die Reichsstadt grundlegende Aspekte vorindustrieller Ökonomie hinzuweisen: Privileg[2] und Marktwirtschaft waren keine antagonistischen Gegensätze. Das Privileg, im Falle des Frankfurter Handwerks die vom Rat der Stadt Frankfurt erlassenen Handwerksartikel sowie das Bürgerrecht, konstituierte und regulierte auf solider rechtlicher

[1] Vgl. beispielsweise jüngst das viel genutzte Studienbuch von Dieter Ziegler, *Die industrielle Revolution*, 2. Aufl., Darmstadt 2009, S. 27. Zu den handwerkskritischen und -feindlichen Traditionen, auf denen Zieglers Spekulationen basieren, vgl. Josef Ehmer, Traditionelles Denken und neue Fragestellungen zur Geschichte von Handwerk und Zunft, in: *Handwerk, Hausindustrie und die historische Schule der Nationalökonomie. Wissenschafts- und gewerbegeschichtliche Perspektiven*, hg. von Friedrich Lenger, Bielefeld 1998, S. 19–77 sowie Robert Brandt und Thomas Buchner (Hg.), *Nahrung, Markt oder Gemeinnutz. Werner Sombart und das vorindustrielle Handwerk*, Bielefeld 2004.

[2] Unter Privileg wird hier im Anschluss an Guillaume Garners Definition aus dem Call for Papers »ein wirtschaftlicher Handlungsspielraum« verstanden, »der zugunsten eines (individuellen bzw. kollektiven) Akteurs durch die Obrigkeiten vorläufig erteilt wird« (http://hsozkult.geschichte.hu-berlin.de/termine/id=16381&sort=datum&order=down&search=Garner; eingesehen am 2. Februar 2012). Zum Privileg aus rechtsgeschichtlicher Perspektive vgl. Heinz Mohnhaupt, Privileg, in: *Enzyklopädie der Neuzeit*, hg. von Friedrich Jaeger, Bd. 10, Stuttgart / Weimar 2009, Sp. 391–401.

Basis die handwerkliche Marktwirtschaft, d.h. den Wettbewerb zwischen den Frankfurter Handwerksmeistern auf den Absatzmärkten sowie den Wettbewerb der Frankfurter Handwerksmeister mit fremden Handwerkern, die während der Frühjahrs- und Herbstmessen in Frankfurt arbeiteten bzw. deren Produkte auf den Messen verkauft wurden. Außerdem durften auf dieser Basis auch Konkurrenten von den Frankfurter Dörfern und aus dem Umland unter bestimmten Auflagen ihre Waren auf den Frankfurter Märkten feilbieten. Privileg und Marktwirtschaft konnten aber auch unüberbrückbare Gegensätze sein, die heftigste Verteilungskonflikte und Anerkennungskämpfe nach sich zogen. Denn auf die vom Rat regulierten Arbeits- und Warenmärkte des Handwerks drängten in der Frühen Neuzeit immer öfter Personen, die keine obrigkeitliche Gewerbe- oder Handelsgenehmigung besaßen und gegen welche die Frankfurter Handwerksmeister mit allen ihnen zur Verfügung stehenden Mitteln vorzugehen versuchten. Außerdem gab es besagte legale, also mit obrigkeitlicher Genehmigung ausgestattete Konkurrenz von den Dörfern und aus dem Umland, welche die Frankfurter Meister ebenfalls von den städtischen Märkten zu verdrängen versuchten.

Das Privileg war also im Kontext des vorindustriellen Handwerks Frankfurts ein flexibel einsetzbares Instrument mit einer vielleicht nicht unendlichen,[3] aber doch beachtlichen Anzahl an Funktionen: Mittels des Privilegs wurden Märkte nicht nur generell konstituiert, sondern konnten diese sowohl reguliert als auch liberalisiert werden. Bevor diese Aspekte am Beispiel der Absatzmärkte der Frankfurter Bäcker und Metzger näher erläutert werden, soll im Folgenden zunächst der ökonomische und politische Kontext skizziert werden, in dem die Frankfurter Handwerksmeister vor dem 19. Jahrhundert agierten.

Das Frankfurter Handwerk produzierte während der Frühen Neuzeit fast durchweg für den städtischen Markt; volkswirtschaftlich

[3] Heinz Mohnhaupt, Die Unendlichkeit des Privilegienbegriffs. Zur Einführung in das Tagungsthema, in: *Das Privileg im europäischen Vergleich*, hg. von Barbara Dölemeyer und Heinz Mohnhaupt, Bd. 1, (Ius Commune Sonderhefte. Studien zur europäischen Rechtsgeschichte 93), Frankfurt am Main 1997, S. 1–11.

relevante Exporthandwerke gab es in der Freien Reichsstadt bereits seit dem frühen 15. Jahrhundert keine mehr. Ökonomisch autark war die Stadt natürlich nicht, regelmäßige Lebensmittel- und Fruchtimporte von den zur Stadt Frankfurt gehörenden Dörfern und aus der Region – und nur dieser Aspekt soll hier von Interesse sein – sind seit dem Mittelalter belegt; Stadt und Land waren also bei der Versorgung mit Nahrungsmitteln schon seit längerem arbeitsteilig verfasst.[4]

Bereits seit dem 14. Jahrhundert unterlag das Frankfurter Handwerk der Kontrolle durch den vom Stadtadel dominierten Rat; die Zünfte waren früh zu rein gewerbepolizeilichen Institutionen mit eingeschränkter Selbstverwaltung geschrumpft: der Rat erließ, änderte oder kassierte die Handwerksordnungen und regulierte also auch – mindestens in normativer Hinsicht – die Ökonomie des Handwerks. Seit dem Spätmittelalter waren die Zünfte also, geht man nach den normativen Quellen, »in allem, was sie taten und ließen, von der Zustimmung des Rates abhängig«.[5] Zwar gab es seit dem 14. Jahrhundert die innerhalb der Bürgerschaft privilegierte Gruppe der ratsfähigen Handwerke, die bis zum Ende der Reichsstadt 1806 die unterste der drei Ratsbänke besetzten konnte; doch war deren Einfluss gegenüber den beiden oberen, vom Stadtadel besetzten Bänken eher marginal.[6] Folglich galt in der Reichsstadt bereits seit dem 13./14. Jahrhundert ein Primat von Messen und Fernhandel, obwohl die

4 Robert Brandt, Frankfurt sei doch eine »Freye=Reichs=Statt, dahin jedermann zu arbeithen frey stünde«. Das Innungshandwerk in Frankfurt am Main im 18. Jahrhundert – zwischen Nahrungssemantik und handwerklicher Marktwirtschaft, in: Brandt und Buchner, Nahrung (Fn. 1), S. 155–199, 189; dort auch Hinweise zum Frankfurter Territorium und den Dörfern.

5 Benno Schmidt (Hg.), *Frankfurter Zunfturkunden bis zum Jahre 1612*, 2 Bde., Frankfurt am Main 1914, Bd. 1, S. 17*–92* (Einleitung von B. Schmidt), S. 44*.

6 Die Gruppe der ratsfähigen Handwerke umfasste Bäcker, Metzger, alle Feuerhandwerke, Schuhmacher und Wollweber mit je zwei Sitzen; mit je einem Sitz Fischer, Gärtner, Kürschner und Löher. Zur Geschichte des Frankfurter Handwerks vor dem 19. Jahrhundert vgl. zusammenfassend Robert Brandt, Die Grenzen des Sagbaren und des Machbaren. Anmerkungen zur Rechtsgeschichte des Frankfurter »Zunfthandwerks« während der Frühen Neuzeit, in: *Die Reichsstadt Frankfurt als Rechts- und Gerichtslandschaft im Römisch-Deutschen Reich*, hg. von Anja Amend u. a., München 2008, S. 247–264; Patrick Schmidt, *Wandelbare Traditionen – tradierter Wandel. Zünftische Erinnerungskulturen in der Frühen Neuzeit*, Köln / Weimar / Wien 2009, S. 141–157.

Handwerksmeister in Spätmittelalter wie Früher Neuzeit die größte soziale Gruppe unter den Bürgern gebildet haben dürften. Alle Versuche der Zunfthandwerker, in den großen, gegen die stadtadlige Ratsoligarchie gerichteten innerstädtischen Konflikte (Zunft- und Bürgerunruhen Mitte des 14. Jahrhunderts, Reformation 1525, Fettmilch-Aufstand 1612–14/16, Verfassungskonflikt 1705–1732) Teile ihrer Autonomie zurückzuerlangen und damit auch größeren Einfluss auf die normative Ausrichtung und praktische Ausgestaltung der Frankfurter Ökonomie zu gewinnen, waren zum Scheitern verurteilt. Anfang des 17. Jahrhunderts verloren die Zünfte schließlich nach der Niederschlagung des Fettmilch-Aufstandes ihre letzten Reste an Autonomie, sie waren nun endgültig dem Gewalt- und Rechtsmonopol des Rates unterworfen. Die obrigkeitliche Kontrolle und Disziplinierung hat bis heute für Semantik und Überlieferung des Frankfurter Handwerks weitreichende Folgen: Die Frankfurter Quellen, die über das örtliche Handwerk informieren, stammen überwiegend aus der Feder der Rates und seiner Ämter; zugleich wird in diesen Quellen bereits seit dem Spätmittelalter konsequent das Wort »Zunft« vermieden, sondern nur noch von den »Handwerken« gesprochen, um den Autonomieforderungen der Handwerksmeister auch semantisch eine Absage zu erteilen.

Für die Frankfurter Bäcker und Metzger lassen sich, um zum eigentlichen Thema dieses Aufsatzes zurückzukommen, auf den städtischen Absatzmärkten folgende Konkurrenten und marktwirtschaftliche Situationen während der Frühen Neuzeit rekonstruieren, die auf den Handwerksordnungen und dem Bürgerrecht basierten:[7]

[7] Alle folgenden Ausführungen zu den Bäckern basieren, sofern nicht anders angemerkt, auf Brandt, Frankfurt (Fn. 4); dort finden sich detaillierte Nachweise. Zu den Metzgern vgl. Institut für Stadtgeschichte Frankfurt am Main (= vormals Stadtarchiv Frankfurt), Handwerkerakten Nr. 4790 und 4875–4877; Franz Lerner, *Geschichte des Frankfurter Metzger-Handwerks*, Frankfurt am Main 1959, passim. Die Handwerksartikel der Bäcker und Metzger sind ediert bei Schmidt, Zunfturkunden (Fn. 5), Bd. 1, S. 19–56, 348–393 sowie bei Eugen Elkan, *Das Frankfurter Gewerberecht von 1617–1631. Ein Beitrag zur Geschichte des Gewerberechts im 17. Jahrhundert*, Tübingen 1890. Die zahlreichen vom Rat und den Ämtern erlassenen Normen sind aufgelistet bei Henrik Halbleib und Inke Worgitzki (Hg.), *Repertorium der Policeyordnungen der Frühen Neuzeit*, Bd. 5, *Reichsstädte 1: Frankfurt am Main*, Frankfurt am Main 2004, S. 21 ff. Zum Bürgerrecht in Frankfurt fehlen bis heute systematische Arbeiten, obwohl es

1) Der regulierte, handwerksinterne Wettbewerb zwischen den Frankfurter Handwerksmeistern auf den Absatzmärkten: Der Verkauf fand hierbei im Haus des jeweiligen Bäckermeisters bzw. an den Schirnen der Metzger, zentral gelegenen Verkaufsständen, statt. Die Konkurrenz unter den Mitgliedern des Bäckerhandwerks wurde noch erhöht durch vom Handwerk in der Stadt an kundengünstig gelegenen Stellen aufgestellte Tische, an denen einzelne Meister ihre Backwaren feilbieten durften; 1756 beispielsweise sollen sich sechzehn Meister 5 Tische geteilt haben. Die Schirnen der Metzger befanden sich alle in derselben Gasse bzw. später, bei steigender Metzgerzahl, im selben Areal zwischen Dom und Römer; da die Verkaufsstände nebeneinander lagen, konnte die Kundschaft das Angebot direkt miteinander vergleichen. Das Hausieren war Metzger- wie Bäckermeistern verboten.

2) Der regulierte Wettbewerb mit Metzgern und Bäckern von den Frankfurter Dörfern sowie aus dem nicht zum Frankfurter Territorium gehörenden Umland: Eine begrenzte Anzahl an Dorfbäckern durfte täglich in die Stadt kommen und unter bestimmten Auflagen an einem Verkaufsplatz am Dom, also einem zentral gelegenen Ort, Brot verkaufen. An den Markttagen Mittwoch und Samstag konnten alle Dorfbäcker Backwaren in unbegrenzter Zahl an vorgeschriebenen Plätzen ohne zeitliche Begrenzung feilbieten; auch »fremde«

sich vom 14. Jahrhundert bis zum Ende der Reichsstadt 1806 sowie darüber hinaus bis 1918 um eines der wichtigsten Distinktionsmerkmale in der von politisch-sozialer Ungleichheit gekennzeichneten ständisch-stadtbürgerlichen Gesellschaft sowie in der bürgerlichen Gesellschaft bzw. Klassengesellschaft des 19./20. Jahrhunderts handelte! Anregend in diesem Zusammenhang, aber ohne auch nur mit einem Wort Recht bzw. Rechtsgeschichte erwähnend Thomas Weller, Soziale Ungleichheit und ständische Gesellschaft. Stand und Perspektiven der Forschung, in: *Soziale Ungleichheit und ständische Gesellschaft. Theorien und Debatten in der Frühneuzeitforschung*, hg. von Marian Füssel und Thomas Weller, Frankfurt am Main 2011, S. 3–23. Norm für das Frankfurter Handwerk war vom 14. Jahrhundert bis 1806 – dies sei hier ohne irgendeinen Beleg angemerkt: Nur wer von »ehrlicher« Geburt war, sein Handwerk ordentlich gelernt, geheiratet und das Frankfurter Bürgerrecht erworben hatte, konnte in das Handwerk der Reichsstadt aufgenommen werden und dort schließlich sein erlerntes Handwerk ausüben. Diese Norm konnte von den Handwerken aus vielfältigen Gründen weder im Spätmittelalter noch in der Frühen Neuzeit vollständig durchgesetzt werden (vgl. dazu exemplarisch unten die Ausführungen zu den »Neuschirnern«).

Bäcker aus dem Umland durften an den beiden Markttagen importieren, Verkauf allerdings nur bis in die Mittagsstunden.[8] Ähnliche Regelungen gab es für fremde Metzger, die unter bestimmten, über die Jahrhunderte immer wieder wechselnden Auflagen ihr Fleisch in die Stadt einführen und dort an ausgewählten Plätzen verkaufen durften. Auf den Frankfurter Dörfern durften nur die städtischen Metzger schlachten.

3) Der teils regulierte, teils illegale Wettbewerb der Bäcker- und Metzgermeister mit dem Klein- und Hausierhandel der christlichen und jüdischen Hocken: Letztere waren Männer und Frauen aus der Stadt, die mit Genehmigung des Rats im Zweitverkauf Backwaren und Fleisch vertrieben, die sie von den Stadtbäckern bzw. -metzgern, vermutlich aber auch verbotenerweise von den Dörfern bezogen. Hocken sollen auch den eigentlich verbotenen Hausierhandel betrieben haben.

4) Der regulierte Wettbewerb der Metzgermeister mit den Neuschirnern: Letztere waren »Freimeister«, die zwar in Frankfurt wohnten und vermutlich auch das Frankfurter Bürgerrecht besaßen, aber von den Metzgermeistern – den Altschirnern – nicht in das Handwerk aufgenommen worden waren, weswegen sie schließlich außerhalb des Handwerks schlachten und verkaufen mussten. Seit der

[8] Für 1719 sind 33, für 1767 24 und für 1790 16 Dorfbäcker nachgewiesen. Die Zahl der aktiven Stadtbäcker und Stadtbäckerwitwen lag im 18. Jahrhundert trotz des Bevölkerungswachstums (1600 – ca. 20.000 Einwohner, 1700 – ca. 30.000, 1800 – ca. 40.000) bei ca. 50:

1713	1727	1762	1785	1790
55	51	51	54	50

Das Metzgerhandwerk, die »Altschirner«, zählte an aktiven Meistern und Meisterwitwen (ab 1783 inklusive der Neuschirner):

1608	50
1661	41
1665	69
1698	89
1707	95
1725	138
1745	136
1783	164
1791	150
1815	185

zweiten Hälfte des 16. Jahrhunderts, einer Phase rasanten demographischen Wandels, sind sie nachgewiesen. Und da sie bei steigender Bevölkerungszahl zur Nahrungsmittelversorgung der Stadt nicht unerheblich beitrugen, wurden sie vom Rat trotz aller von Seiten der Altschirner vor allem seit dem Dreißigjährigen Krieg laut werdenden Verbotsforderungen toleriert und Anfang des 17. Jahrhunderts sogar mit einem kollektiven Privileg, d. h. mit eigenen Artikeln ausgestattet.[9]

5) Der teils regulierte, teils freie Wettbewerb aufgrund besonderer Anlässe: Die Frühjahrs- und Herbstmessen seit dem 13./14. Jahrhundert, Hof-, Reichs- und Fürstentage seit dem Hochmittelalter sowie Wahl und Krönung von Königen und Kaisern seit 1152 bzw. 1562 erweiterten die Nachfrage auf den Absatzmärkten phasenweise, zogen aber nicht nur bis zu mehrere tausend zusätzliche Kunden, sondern auch andere Konkurrenten bzw. deren Produkte an. Während der beiden Messen hatten alle auswärtigen Handwerker nahezu unbeschränkten Zugang zu den Frankfurter Märkten bzw. durften alle auswärts produzierten Handwerkerwaren eingeführt und auf den Absatzmärkten gehandelt werden. Bei den Transaktionen auf der Messe handelte es sich um weitgehend freien Handel. Anlässlich von Wahl und Krönung brachten einige Diplomaten manchmal eigene Handwerker mit nach Frankfurt. Eine einmalige Episode blieb in diesem Zusammenhang der Konflikt zwischen Frankfurter Meistern und Hofhandwerkern (1742–1745), als der neu gekrönte Kaiser Karl VII., ein Wittelsbacher, nicht nach München in seine Residenz zurückkehren konnte, nachdem Truppen der Habsburger München besetzt hatten, und er deshalb zwecks Hofhaltung in Frankfurt Hofhandwerker aus München in die Reichsstadt kommen ließ; letztere unterlagen nicht den in Frankfurt gängigen rechtlichen Normen, wogegen Frankfurter Meister supplizierten. In Messezeiten, aber auch anlässlich von Wahl und Krönung stieg die Nachfrage auf dem Frankfurter Immobilienmarkt kurzzeitig stark an. Vor allem

9 Zahl der Neuschirner bis zu ihrer Fusion mit den Altschirnern:

1661	6
1665	10
1698	12
1725	17

Handwerkerfamilien, die nicht zur Miete wohnten, sondern über Immobilienbesitz verfügten, dürften in diesen Phasen durch die Vermietung eigener Gebäude und Räume zusätzliche Einnahmen getätigt haben.[10]

6) Der regulierte Wettbewerb mit Bürgern und Einwohnern im Rahmen von Lohnwerk und Selbstversorgung: Seit dem Mittelalter ist in Frankfurt nicht nur das Backen für den Markt, sondern auch das so genannte »Baubacken« bzw. Lohnbacken nachgewiesen. In diesem Zusammenhang waren die Bäckermeister verpflichtet, im Auftrag und mit dem Mehl des Bürgers für den Eigenbedarf des Kunden zu backen, und zwar gegen einen eher geringen Backlohn und auf die Gefahr hin, dass die Bürger dieses Brot verbotenerweise weiterverkauften; weswegen das Baubacken bei den Bäckermeistern auch nicht sonderlich beliebt war. Alle Einwohner durften unter bestimmten Auflagen Fleisch für den Eigenbedarf importieren; außerdem waren Hausschlachtungen zwecks Selbstversorgung erlaubt, bei denen die Metzgermeister behilflich sein mussten. Dieses Recht, im eigenen Haus schlachten zu dürfen, besaßen ausdrücklich auch die Bäcker für die von ihnen gehaltenen Schweine; seit dem 15. Jahrhundert durften sie das Fleisch aus den Hausschlachtungen sogar in ihren »Bäckereien« verkaufen.

Zu Messezeiten sowie innerhalb des Handwerks waren also, so lassen sich die sechs Punkte zusammenfassen, Konkurrenz und Wettbewerb auf den Absatzmärkten der Frankfurter Bäcker und Metzger anscheinend gang und gäbe und auch akzeptiert; Ähnliches gilt für das Importieren, Schlachten und Backen von Bürgern und Einwohnern zum Eigenbedarf. Das Privileg konstituierte eine handwerkliche Marktwirtschaft, die ein politisch reguliertes Wirtschaftssystem war, in dem die ökonomischen Aktivitäten marktorientiert waren und zugleich von der Obrigkeit kontrolliert wurden, die nämlich festlegte, welche Güter von wem und unter welchen Bedingungen produziert und verkauft werden durften. Bürgerrecht, Handwerksordnungen und unzählige Ratsverordnungen bestimm-

[10] Systematische Untersuchungen zum Frankfurter Immobilienmarkt in reichsstädtischer Zeit fehlen; vgl. die kurzen Hinweise bei Ralf Roth, *Stadt und Bürgertum in Frankfurt am Main. Ein besonderer Weg von der ständischen zur modernen Bürgergesellschaft*, Frankfurt am Main 1996, S. 49, 127–133.

ten, was begünstigten Gruppen und Individuen gestattet werden sollte. Markt, Privileg und Regulierung waren essentielle Bestandteile der vorindustriellen Ökonomie.

Die Konkurrenz auf den Absatzmärkten des Handwerks war auf den ersten Blick ein reiner Qualitätswettbewerb. Gab es aber im Rahmen der handwerklichen Marktwirtschaft vielleicht auch Preiswettbewerb? Weder für die Frankfurter Metzger noch für die Bäcker ist das Thema systematisch untersucht worden; man gewinnt aber bei kursorischer Lektüre von Quellen und Literatur den Eindruck, dass man es beim Metzgerhandwerk während der Frühen Neuzeit anscheinend mit einem partiellen Preiswettbewerb zu tun hat: Der Rat regulierte in Kooperation mit den Altschirnern den Fleischverkauf und die Preise, indem er eine – seit 1541 paritätisch besetzte – Kommission einsetzte, welche die Fleischbeschau durchführte und dabei die Fleischtaxen, die Grundpreise, festlegte; seit 1595 sogar für alle Fleischarten und -qualitäten. Diese Taxen waren auch in Frankfurt »Höchstpreisregelungen«,[11] die jederzeit unterboten werden konnten; »und kein Mitmeister durfte den Metzger daran hindern«.[12] Die Kommission sollte die Taxen den jeweiligen Gegebenheiten anpassen und konnte bei überdurchschnittlicher Qualität des Fleischs die Preise auch um bis zu 20 % erhöhen. Außerdem ist der Viehhandel zu berücksichtigen, der »vorzugsweise in den Händen« der Frankfurter Metzger lag; die Preisbildung auf den Viehmärkten wurde nicht reguliert, sondern war eine freie.[13] Beim Bäckerhandwerk stellt sich die Situation etwas anders dar: Zwar fixierte der Rat auch in diesem Kontext die Taxen, Brotpreis- und Brotgewichtstaxen, die an die Kornpreise gekoppelt waren. Jedoch war der Kornpreis anscheinend dem freien Handel weitgehend entzogen, da die Stadt selbst bzw. der Rat ein ganz großer Kornproduzent war und damit

11 Ernst Kelter, *Geschichte der obrigkeitlichen Preisregelung*, Bd. I: *Die obrigkeitliche Preisregelung in der Zeit der mittelalterlichen Stadtwirtschaft*, Jena 1935, S. 59; Hans-Jürgen Gerhard und Alexander Engel, *Preisgeschichte der vorindustriellen Zeit. Ein Kompendium auf der Basis ausgewählter Hamburger Materialien*, Stuttgart 2006, S. 53 f.

12 Lerner, Geschichte (Fn. 7), S. 92.

13 Zu Viehmärkten und -handel vgl. Alexander Dietz, *Frankfurter Handelsgeschichte*, 5 Bde., Frankfurt am Main 1910–1925, ND. Glashütten im Taunus 1970–1972; Bd. 1, S. 173–175; Bd. 2, S. 105–114 (Zitat S. 108); Bd. 4/I, S. 47–49; Bd. 4/II, S. 441–443.

die Preisbildung auf den Frucht- und Mehlmärkten ganz maßgeblich beeinflussen, wenn nicht gar bestimmen konnte. Letzteres erklärt vielleicht auch, warum für die Frankfurter Bäcker wesentlich häufiger Proteste gegen die von der Obrigkeit fixierten Taxen überliefert sind als für die Metzger; nach Auffassung der Bäcker hatte der Rat die Brottaxen zu oft und meist unangemessen den Kornpreisen angepasst.

Privileg und Marktwirtschaft konnten in der vorindustriellen Ökonomie aber auch ein antagonistischer Gegensatz sein. Zwei Aspekte sind am Frankfurter Beispiel hervorzuheben:

1) Die Frankfurter Handwerksartikel verwehrten denjenigen den Zugang zu den städtischen Absatzmärkten, die nicht dem Frankfurter Handwerk angehörten und dennoch in der Reichsstadt gewerblich tätig sein wollten; des Weiteren verboten waren außerhalb der Messezeiten die Einfuhr von und der Detailhandel mit nicht in Frankfurt produzierten Handwerkerwaren. In diesem Kontext versuchten die Frankfurter Bäcker und Metzgermeister während der gesamten Frühen Neuzeit, mit allen ihnen zur Verfügung stehenden Mitteln den Import »fremder« Handwerkerwaren zu verhindern sowie jegliche Konkurrenz außerhalb der Handwerke, außerhalb des Privilegs, auszuschalten. Sozusagen der »eigene« Markt wurde in Verteilungskämpfen gegen einen recht heterogenen, vor allem im 18. Jahrhundert stark wachsenden Kreis Gewerbetreibender und Kleinhändler ohne obrigkeitliche Gewerbe- und Handelsgenehmigung verteidigt, die in Frankfurt verbotenerweise arbeiteten, importierten, verkauften oder hausieren gingen und die von den Frankfurter Meistern in den Quellen häufig als »Pfuscher« oder »Störer« diffamiert wurden: Männer und Frauen; Christen und Juden; Frankfurter und Ortsfremde; Bürger der Reichsstadt und Personen ohne Frankfurter Bürgerrecht, die nur einen minderen Rechtsstatus besitzend in der Stadt lebten. Dazu zählten auch Meister anderer Frankfurter Handwerke neben Menschen ohne irgendeinen zünftigen oder gar handwerklichen Hintergrund. Diese weitgehend unkontrollierte Konkurrenz mit den Akteuren außerhalb des Privilegs war »natürlich« nicht institutionalisiert, sondern lief informell ab, indem die rechtlichen Normen unterlaufen wurden. In schier unzähligen Supplikationen zeigten die Metzger- und Bäckerhandwerke seit dem 17. Jahrhundert diese Vorgänge beim Rat und seinen Ämtern an. In

diesem Kontext bestätigte die Frankfurter Obrigkeit zwar in der Regel die Privilegien der Frankfurter Handwerke, ging aber den Anzeigen der Meister bei seinen Nachforschungen nicht immer ernsthaft nach. Priorität hatten für den Rat der Konsumentenschutz sowie die Sicherung der eigenen Herrschaft. Solange das gewährleistet war und das Gewaltmonopol des Rates nicht infrage gestellt wurde – beispielsweise wenn die Meister zur Selbstjustiz griffen und an den Toren der Stadt eigene Wachen aufstellten, um die Einfuhren zu kontrollieren –, solange das alles gewährleistet war, unternahm der Rat in diesem Zusammenhang nicht viel zugunsten der Handwerke. Das Handwerk musste damit leben, dass die Obrigkeit etliche der Normen zwar regelmäßig bestätigte, dass aber diese Normen nicht selten unterlaufen wurden.

2) Das zweite Konfliktfeld betraf Konkurrenten, die im Besitz individueller oder kollektiver obrigkeitlicher Gewerbegenehmigungen für das Bäcker- oder Metzgerhandwerk waren. Oben ist bereits auf die Neuschirner hingewiesen worden: Obwohl sie vom Rat toleriert und sogar mit eigenen Handwerksartikeln, mit einem Privileg, ausgestattet worden waren und obwohl Alt- und Neuschirner phasenweise dieselben Interessen verfolgten – gegen ortsfremde Metzger und andere Konkurrenten –, wurden sie von den Altschirnern seit dem Ende des Dreißigjahrigen Krieges regelrecht bekämpft. Letztere zogen schließlich sogar bis vor den Reichshofrat, wo sie den Konflikt letztlich endgültig verloren: 1745 mussten sie auf Anordnung Wiens zusammen mit den Neuschirnern eine gemeinsame Korporation bilden. Ähnliches spielte sich bei den Bäckern ab: Die seit dem Spätmittelalter bekannten Konflikte um den Zugang zu den städtischen Märkten gipfelten im 18. Jahrhundert in der bis Wien getragenen Forderung der Stadtbäcker nach einem Verbot der Dorfbäcker, womit sie aber vor dem Reichshofrat 1763 keinen Erfolg hatten. Daneben sind zahlreiche Attacken gegen Bäckerhocken und »ausländische« Bäcker überliefert, also gegen Konkurrenz, die mit einer Gewerbegenehmigung ausgestattet war, neben Anzeigen gegen verbotene Konkurrenz aus den eigenen Reihen, also Frankfurter Metzger und Bäcker, welche die Normen unterliefen, indem sie sich beispielsweise nicht an die Taxen hielten oder ihre Backwaren verbotenerweise im Hausierhandel vertrieben. Der Rat ließ sich ähnlich wie bei den Neuschirnern zu keiner grundsätzlichen Änderung

seiner Politik bewegen; Priorität hatten für ihn auch in diesem Kontext der Konsumentenschutz und die Sicherung der eigenen Herrschaft.

Wer im Einzelnen hinter den Forderungen des Bäcker- und Metzgerhandwerks stand, bleibt in den Frankfurter Quellen oft unklar. Die Supplikationen sind häufig von allen Geschworenen, d.h. allen Vorstehern des jeweiligen Handwerks, unterschrieben worden, versehen mit dem Hinweis, für sämtliche Mitglieder des eigenen Handwerks zu sprechen. Eine besondere Rolle spielte dabei in der Argumentation der Handwerksmeister das Bürgerrecht: Während der gesamten Frühen Neuzeit war es ein Instrument, das die Bäcker und Metzger zu nutzen versuchten, um Wettbewerb zu unterbinden und um Konkurrenten, die minderen Rechts oder ortsfremd waren, auszuschalten. Bis zur Einführung der staatsbürgerlichen Gleichheit nach französischem Vorbild ab 1806 war die wesentliche Funktion des Bürgerrechts das Abgrenzen nach innen und außen sowie damit auch das Ausgrenzen von Konkurrenz. Das Bürgerrecht sollte bürgerliche Ordnungsvorstellungen im Rahmen einer hierarchisch strukturierten, durch rechtliche und soziale Ungleichheit gekennzeichneten stadtbürgerlichen Gesellschaft legitimieren und sichern; es war für die Handwerksmeister eine politische und ökonomische »Waffe«.

Der vom Stadtadel dominierte Rat verfolgte mit dem Privileg nicht wirklich ein ordnungspolitisches Konzept; seine Wirtschaftspolitik ist in diesem Zusammenhang bestenfalls pragmatisch zu nennen: In der Stadt galt ein Primat von Messen sowie Fern- und Großhandel. Das primäre Interesse der Obrigkeit am Handwerk bestand – neben den Steuern – in der Versorgung der Stadt mit Produkten des Handwerks sowie in der Absicherung der eigenen Herrschaft. Abhängigkeit von Monopolen in existentiellen Fragen wie der Nahrungsmittelversorgung sollte dabei natürlich vermieden werden. Waren Konsumentenschutz und Herrschaftssicherung im Rahmen des Privilegs gewährleistet, sorgte sich der Rat um die Einhaltung »von Recht und Ordnung«. Konnten aber – nach Meinung des Rates – die Frankfurter Handwerksmeister die Stadt nicht ausreichend mit Nahrungsmitteln versorgen, akzeptierte der Rat auch die Überschreitung der von ihm selbst gesetzten Normen durch Personen ohne obrigkeitliche Gewerbe- oder Handelsgenehmigung.

Die Bemühungen der Frankfurter Metzger und Bäcker richteten sich, so lassen sich die beiden Entwicklungen zusammenfassen, zunächst gegen bestimmte Formen von Marktwirtschaft auf den Absatzmärkten, nämlich Markthandeln außerhalb des Handwerks, außerhalb des Privilegs; man forderte vom Rat die praktische Umsetzung aller Privilegien und des Bürgerrechts. Darüber hinaus ist in den Attacken gegen Neuschirner, Dorfbäcker und Hocken auch eine spezifische Marktfeindschaft erkennbar, die sich gegen Teile der vom Privileg konstituierten handwerklichen Marktwirtschaft richteten. Über weite Strecken handelte es sich also um eine Marktwirtschaft wider Willen; der Vorteil der eigenen Gruppe, der Eigennutz, sollte auf den Frankfurter Märkten gegen andere Marktakteure durchgesetzt werden, egal ob diese mit oder ohne Privileg ausgestattet waren.

Ob hinter diesem komplexen Gebilde aus Erlaubtem und Verbotenem, Akzeptiertem und Verhasstem, für das es in den Quellen keinen eigenen zeitgenössischen Begriff gibt, die Sorge um Risikominimierung und Reduktion von Unsicherheiten stand – so eine Hypothese im Call for papers zu dieser Tagung –, ist doch fraglich.[14] Fragen des Marktzugangs und der Marktkontrolle, der Preis- und Qualitätskontrolle; Konflikte um illegale Importe, Abgrenzung von Arbeitsfeldern, Zugang zum Handwerk – alle diese Aspekte der vorindustriellen Ökonomie weisen auf vormoderne Verteilungskonflikte hin, die sich vielleicht angemessener mit Selbsterhaltung, ökonomischem Interesse und »Kampf um Anerkennung« umschreiben lassen.[15]

Das ganze »System« Handwerk war, rechtlich und politisch basierend auf Privileg und Bürgerrecht, auf gewinnorientiertem Tausch und Markt ausgelegt. Wettbewerb unter den Meistern war alltäglich, Konkurrenten außerhalb der Korporationen drängten immer wieder auf die Märkte des Zunfthandwerks. Markt und Regulierung waren in der vorindustriellen Zeit kein Gegensatz.

Marktwirtschaft ist in diesem Modell – jenseits der neoklassischen Standardmodelle – definiert über Wettbewerb und Konkurrenz auf

[14] http://hsozkult.geschichte.hu-berlin.de/termine/id=16381&sort=datum&order=down&search=Garner; eingesehen am 2. Februar 2012.

[15] Zu Anerkennung und Selbsterhaltung vgl. Axel Honneth, *Kampf um Anerkennung. Zur moralischen Grammatik sozialer Konflikte*, Frankfurt am Main 1992.

den Absatzmärkten; die Preisbildung fand hierbei nur in begrenztem Maße auf dem Absatzmarkt selbst statt, sondern wurde – soweit erkennbar – vom Rat vorgenommen. Diese handwerkliche Marktwirtschaft war also ein nur partiell und nicht absolut über Marktpreise gesteuertes System, sie war – frei nach Polányi[16] – eingebettet in einen übergeordneten, politischen Kontext. Damit war handwerkliche Marktwirtschaft nicht nur eine Enklave, die auf die Frühjahrs- und Herbstmesse beschränkt war, sondern neben den in diesem Aufsatz nicht weiter thematisierten Rohstoffmärkten und den Messen sind die Wochenmärkte und der tägliche Wettbewerb mit den Mitmeistern erkennbar sowie Märkte, die sich von einem konkreten, von einem besonderen Ort und Termin schon gelöst hatten und über illegalen Import, hausieren, einstellen und schwarz backen bzw. schwarz schlachten allgegenwärtig sein konnten. Im Anschluss an Braudel[17] könnte man für Frankfurt in der Frühen Neuzeit von einer handwerklichen Marktwirtschaft sprechen, die neben dem Handels-

[16] Karl Polanyi, *The Great Transformation. Politische und ökonomische Ursprünge von Gesellschaften und Wirtschaftssystemen*, 3. Aufl., Frankfurt am Main 1995, S. 71–87. Polanyis zentrale These – dies sei hier nur nebenbei angemerkt –, dass Gewinnstreben und Marktwirtschaft erst im 19. Jahrhundert voll ausgebildet wurden und dass sich das selbstregulierende System Markt seitdem politischer Kontrolle entzogen und die Herrschaft über die Gesellschaft angetreten habe, kann die Besonderheiten der Frankfurter Entwicklung nur bedingt erklären.

[17] Fernand Braudel, *Die Dynamik des Kapitalismus*, Stuttgart 1986, S. 23–32, 58, 41–69; ders., *Sozialgeschichte des 15.–18. Jahrhunderts*, 3 Bde., München 1986; Bd. 2: *Der Handel*, S. 15–79, 237–246, 437–475, 500–503; Bd. 3: *Aufbruch zur Weltwirtschaft*, S. 704–708. Braudel trennt zwischen Marktwirtschaft und Kapitalismus. Unter Kapitalismus versteht er den Kaufmanns- bzw. Handelskapitalismus, der von Groß- und Fernhandelskaufleuten getragen wurde und an Herrschaft orientiert war. Akteure der Marktwirtschaft dagegen waren Handwerker, Bauern und Krämer, die ihre Waren auf Wochen- und Jahrmärkten oder in ihren Läden verkauften; Marktwirtschaft war gekennzeichnet von einer gewissen Transparenz und Konkurrenz, während der kapitalistische Tausch Transparenz und Kontrolle mied und Monopole anstrebte. Entgegen den Annahmen von Liberalismus und Marxismus, der Kapitalismus habe einen freien, von Konkurrenz bestimmten Markt geschaffen, sah Braudel im Kapitalismus einen »contre-marché«, ein gegen den Markt gerichtetes System. Zu Braudel vgl. in diesem Zusammenhang Immanuel Wallerstein, *Die Sozialwissenschaft »kaputtdenken«. Die Grenzen der Paradigmen des 19. Jahrhunderts*, Weinheim 1995, S. 242–260; Guillaume Garner und Matthias Middell (Hg.), *Aufbruch in die Weltwirtschaft. Braudel wiedergelesen*, Leipzig 2012.

kapitalismus existierte und u. a. vom Privileg begründet wurde, aber auch gegen das Privileg durchgesetzt wurde.

Libertés et privilèges dans le discours économique et commercial du XVIIIe siècle

Jochen Hoock

I. Remarques préliminaires

« On sait, note Voltaire en 1772, que des concessions de privilèges ne sont que des titres de servitude. »[1] Cette remarque péremptoire coïncide avec le début d'un débat qui allait se poursuivre jusqu'au célèbre discours de Sieyès au mois de janvier 1789. Celui-ci avait été précédé en novembre 1788 par l'*Essai sur les privilèges* du même Sieyès, qu'Yves Durand a assimilé à une action de « désinformation » se prolongeant dans ses conséquences au-delà de la période strictement révolutionnaire.[2] Il lui oppose une analyse lexicographique, plus ou moins complète, couvrant une quarantaine d'auteurs, qui entend rétablir toute la complexité d'une situation prérévolutionnaire dans laquelle se croisent plusieurs discours et réalités.[3] De fait, le débat sur les privilèges relevait depuis longtemps d'un mouvement d'opinion qui englobait des éléments fort hétérogènes. De quoi parle-t-on quand on oppose les libertés des uns aux droits des autres? Comment faire la différence et par rapport à quels critères?

Jusqu'au milieu du siècle, l'économie et le commerce, qui nous intéressent ici plus particulièrement, occupaient déjà dans ce débat une bonne place qui gagnait en importance une fois que les questions qu'ils soulevaient furent assimilées aux problèmes de la fiscalité qui

[1] Voltaire, Questions sur l'Encyclopédie, neuvième partie (1772), in: *Œuvres de Voltaire […]*, t. XXXII, *Dictionnaire philosophique*, éd. par Adrien-Jean-Quentin Beuchot, Paris (Werdet et Lequien fils/Firmin Didot frères) 1829, pp. 422–423.

[2] Yves Durand, Les privilèges selon Sieyès ou le triomphe de la désinformation, in: *Histoire, Économie & Société* 11, 2 (1992), pp. 295–323.

[3] Ibid., pp. 312–315. L'auteur s'appuie sur un corpus de 41 auteurs présentant 795 exemples sélectionnés à partir de Frantext (Trésor général des langues et parler français).

leur procurait un dénominateur commun. Jusque-là c'étaient surtout les réalités sectorielles qui s'imposaient dans un monde où le changement procédait la plupart du temps de comportements qui, pour reprendre une formulation de Jean-Claude Perrot, revenaient la plupart du temps à des configurations où, au lieu d'entreprendre quelque chose, on se contentait d'entreprendre sur quelqu'un, imposant ainsi une dynamique procédurière à la place d'un véritable développement.[4]

C'est à cette réalité que se frottèrent dès les années 1740 les tentatives de réforme avec lesquelles s'élargissait la confrontation novatrice à la société toute entière en provoquant à terme les bouleversements qui ont marqué la fin du siècle. C'est donc une dynamique complexe qu'il s'agit de dégager d'un champ où la multiplicité des acteurs et des enjeux fait pièce à l'apparente simplicité d'un débat d'idées, dont l'influence s'est étendue à toute l'Europe. Des réalités marchandes, nous passerons donc aux phénomènes d'opinion et, pour finir, aux droits de la société dans ses rapports avec les lois du marché.

II. Réalités marchandes et dynamiques procédurières

C'est au mois de mars 1673 que fut proclamé un édit pour le renouvellement général des statuts de tous les corps et communautés ordonnant que ceux qui faisaient profession de commerce, denrées ou arts sans faire partie d'aucune communauté fussent établis en corps, communautés et jurandes. Il fixait ainsi des règles aussi strictes que minutieuses pour l'ensemble des corps de métiers auxquels l'instauration d'un corps d'inspecteurs de manufactures donna dès 1680 une efficacité supplémentaire.[5] Décriés comme une mesure fiscale, surtout après qu'un nouvel édit de 1691 a établi les jurés des métiers en office, ces règlements n'en contribuèrent pas moins à créer une certaine transparence due à la publicité des statuts dont il fallait demander confirmation au commencement de chaque règne. En

[4] Jean-Claude Perrot, *Genèse d'une ville moderne. Caen au XVIIIe siècle*, vol. 1, Paris/Den Haag (Mouton) 1975, p. 347.

[5] Marcel Marion, Corporation, in: Marcel Marion, *Dictionnaire des Institutions de la France aux XVIIe et XVIIIe siècles*, Paris (Picard) 1969, pp. 146ss.

1675, Jacques Savary, qui avait contribué à la rédaction de l'Ordonnance sur le commerce, promulguée à la même date que l'édit sur les corps de métiers, marquait dans son *Parfait Négociant* une certaine retenue à l'égard de ces statuts soumis à de fortes contestations.[6] Un demi-siècle plus tard le dictionnaire de Savary des Bruslons relève dans la *Préface historique*, tout en plaidant pour l'utilité de la publicité du dictionnaire, que certaines communautés à qui on avait demandé leurs statuts les avaient refusés « prévenus qu'on les leur demandoit, pour sçavoir le secret de leurs affaires & de leur Commerce, dans l'intention de les charger de nouvelles impositions [...] ».[7] De fait, l'édit et le corpus de statuts serviront comme canevas pour déterminer l'éventail des objets négociés et en esquisser un schéma des flux, aussi imparfait qu'une telle information puisse paraître. Le premier à en avoir tiré parti fut Pierre Pomet, dont l'*Histoire générale des drogues* livrait en 1694 le modèle pour une description de l'éventail de marchandises que Jacques Savary des Bruslons allait un peu plus tard, sur la sollicitation de Pontchartrain, généraliser, livrant par là même un premier tableau des réalités des marchés laissant entrevoir la dynamique contrainte qui les anime.[8]

Aussi est-ce dans cette « approche par les marchés », pour reprendre une formulation de Gilbert Faccarello, qu'il faut chercher la première analyse raisonnée des dysfonctionnements provoqués par les règlements.[9] Elle est due à Pierre de Boisguilbert qui, en tant que lieutenant-général civil au bailliage et siège présidial de Rouen, assiste dès 1690 à la contestation des règlements par les Marchands merciers-grossiers qui aboutira en 1702 à la constitution de la communauté des « Marchands Réunis de la Ville de Rouen » issue d'une réunion de métiers.[10] En Normandie, comme dans le Beauvaisis ou la région de

[6] Jacques Savary, *Le Parfait Négociant [...]*, Paris (Guignard) 1675, Préface.

[7] Jacques Savary des Bruslons, *Dictionnaire universel de Commerce [...]*, t. I, Paris (Vve Estienne) 1741, *Préface Historique* (1723), p. XXIV.

[8] Le rôle de Pomet se trouve fortement souligné par Savary des Bruslons qui complétera les informations de son prédécesseur grâce à l'aide de Tournefort, Lemery et Jussieu révélant ainsi maints secrets de production: cf. Savary des Bruslons, Préface historique (n. 7), p. XXIV.

[9] Gilbert Faccarello, *Aux Origines de l'Économie politique libérale: Pierre de Boisguilbert*, Paris (Anthropos) 1986, pp. 186 ss.

[10] Jochen Hoock, Réunions de métiers et marché régional. Les Marchands Réunis de la Ville de Rouen au début du XVIIIe siècle, in: *Annales. Économies, Sociétés, Civilisations* 43 (1988), pp. 301–322.

Troyes, les règlements pesaient en effet de façon fort différente sur les différents secteurs de la production et de la commercialisation au point d'instaurer une asymétrie jugée intolérable. Dans les branches du négoce il s'agissait seulement de codifier les programmes d'apprentissage ou la nomenclature des ventes, tandis que dans les différentes branches de la production textile le cahier des charges pesait, comme l'a noté Jean-Claude Perrot, sur chaque opération, à commencer par le filage et, pour finir, sur les multiples opérations d'apprêt sans oublier les normes imposées aux procédés de tissage.[11] Le résultat fut une forte pression des producteurs en faveur d'une restriction des libertés du négoce jugées nuisibles à la « liberté publique », tandis que les marchands en gros revendiquaient avec la même intransigeance pour eux et pour leurs fournisseurs la plus grande liberté du commerce possible, en un mot « la liberté la plus générale ».[12] Le règlement aboutissait donc à une guerre déclarée entre les différents acteurs du marché, où les parties en présence semblent, comme le note un peu plus tard Boisguilbert, ne travailler « depuis le matin au soir qu'à se détruire et à se revêtir des dépouilles l'une de l'autre ».[13] Mais pour le moment, le point saillant de l'argumentation des merciers-grossiers était la référence à l'importance croissante de la production semi-rurale dont on ne pourrait assurer le marché nécessaire si l'on ne partait pas du principe « que la grande consommation est le bien certain et universel de toutes les manufactures et que cette consommation ne roule que sur la liberté que toutes sortes de personnes ont d'acheter et de revendre en gros toutes sortes de marchandises. »[14] Relevant la place du *Verlag* dans le développement manufacturier, ils soulignaient de ce fait le rôle désormais crucial de la production rurale pour la fiscalité, car si l'on s'obstinait à maintenir l'interdiction de faire commerce directement et sans contrôle au magasin cela signifiait, conclut leur

11 Perrot, Genèse (n. 4), vol. 1, p. 326.

12 Hoock, Réunions (n. 10), p. 307.

13 Pierre Le Pesant de Boisguilbert, *Traité de la nature, culture, commerce et intérêt des grains […]* (1704), p. 874: cité d'après Faccarello, Origines (n. 9), p. 198. L'argument deviendra un topos du courant libéral.

14 « Mémoire des marchands merciers de la ville de Rouen »: Archives Départementales Seine-Maritime, sous-série 5 E 590, fol. 4.

mémoire, la misère pour 50.000 personnes, une charge insupportable pour les hôpitaux des villes, sans parler du fait que tous ces gens seraient dans l'impossibilité de payer leurs impôts …[15]

Malgré la force de ces arguments, le compromis que constituait en 1702 la réunion des métiers des marchands-drapiers et des merciers-grossiers à l'exclusion des drapiers-drapants et des autres activités jugées trop proches de la production restait loin d'une libéralisation de l'accès au marché telle que pouvait l'imaginer Boisguilbert. L'échange d'arguments faisait en effet apparaître avec l'exigence d'une plus grande liberté celle d'une subordination nécessaire qu'impliquait aux yeux des marchands toute réorganisation fonctionnelle, comme le plaide Jean Le Pelletier, ancien juge consul, « par ordre de messieurs les juges et consuls de Rouen » dans un mémoire adressé en 1701 aux membres du Conseil de Commerce.[16] « Toute subordination, note-t-il, est abolie. Négocians en magasins, Marchands en boutique, facteurs et ouvriers en manufactures, sortants des bornes de leurs professions, se livrent sans distinctions à toutes sortes de commerce empiétant les uns sur les autres, les uns vendant au détail, les autres commandant leurs merceries chez les parents outre-Manche, les ouvriers vendant aux bourgeois […]. »[17] L'argument deviendra aussi topique que celui d'une liberté proportionnée précédant celle d'un juste équilibre des marchés.

C'est ce type d'argument qui sous-tend aussi l'article très bref que le *Dictionnaire universel de Commerce* de Savary des Bruslons consacre au « Privilège » en général, qu'il définit comme une « permission que l'on obtient du Prince ou du Magistrat de fabriquer & de vendre quelque marchandise, ou faire quelque commerce, soit à l'exclusion des autres, soit concurremment avec eux ». Plaidant pour l'ouverture et se défendant de tout monopole, il demande de « remettre au public cette liberté […] à moins qu'il n'y ait des nécessités pressantes &

15 Voir pour plus de détails Hoock, Réunions (n. 10), p. 307.

16 *Mémoires pour le rétablissement du commerce en France, rédigez par le Sr. Jean Le Pelletier Ancien Juge Consul, par ordre de Messieurs le Juges et Consuls de Rouen, pour être présentez à Nos Seigneurs du Conseil de Commerce*, Rouen (s. n.) 1701. L'exemplaire conservé à la Bibliothèque Municipale de Rouen est relié avec le *Détail de la France* de Pierre de Boisguilbert.

17 Ibid., p. 24.

intéressantes pour l'Etat, afin que tous les Citoyens puissent partager à un gain légitime, & qu'un petit nombre n'accumule pas des richesses immenses, qui quelquefois portent à la désobéissance & à la révolte. »[18] Mais malgré cette modération toute relative, cette position plaidant pour la transparence se heurtera encore à certaines sensibilités marchandes comme le montrera en 1738 la réponse très réservée des négociants de Nantes à une requête du contrôleur des finances Orry de bien vouloir contribuer à une refonte du dictionnaire.[19] Sans exprimer ouvertement leur hostilité à l'entreprise, ils considéraient manifestement qu'il « y aurait plus à retrancher qu'à ajouter à chaque article », autrement dit que le secret des affaires restait le meilleur garant de leurs libertés.[20] L'échec commercial de l'édition de Copenhague de 1759–1765 en sera une preuve supplémentaire: sur 330 souscripteurs, il y aura 66 négociants ou firmes commerciales étrangers contre six Français.[21]

III. Phénomène d'opinion et discours économique

La position de Philibert Orry qui se distinguait par une saine administration des finances correspondait à celle du chancelier d'Aguesseau qui, entre 1717 et 1751, n'avait cessé de favoriser l'information commerciale tout en s'interrogeant sur l'utilité de l'hérédité des conditions sociales.[22] Mais le premier à tenter une véritable réforme fut l'abbé Terray. Elle fut marquée par des buts essentiellement fiscaux et la tentative de trouver un « juste milieu » entre la contrainte et une liberté générale.[23] Le projet, tout en créant des ouvertures, restait marqué par une profonde méfiance à l'égard d'un corps de citoyens que pourrait tenter « une indépendance

18 Savary des Bruslons, Dictionnaire (n. 7), t. III, col. 1001–1002.

19 Léon Vignols, Le dictionnaire universel de Savary des Bruslons. L'opinion des négociants nantais en 1738, in: *Annales de Bretagne* 38 (1928), pp. 742–751.

20 Ibid., p. 746.

21 Ibid., p. 750.

22 Durand, Privilèges (n. 2), p. 310; Isabelle Sorez, La philosophie politique du chancelier d'Aguesseau, in: *Revue historique* 540 (1981), pp. 381–400.

23 Cf. le résumé documenté qu'en donne Edgar Faure, *La disgrâce de Turgot*, Paris (Gallimard) 1961, pp. 426 ss.

absolue, toujours très dangereuse dans des états monarchiques [...] ».[24] Proche de L'Averdy et de Maynon d'Invault, il retenait des économistes essentiellement les leçons fiscales qui le rapprochaient d'un courant d'opinion qui, dès le début des années 1750, n'avait cessé de gagner en importance pour devenir irrésistible avec l'exil du Parlement en 1771.

Cette évolution correspond à un changement dans ce que l'on appellera désormais l'administration. Des noms comme Vauban ou Orry rappellent autant d'avancées vers des stratégies aussi nouvelles que durables, qui s'inscrivent dans une transformation fondamentale des tâches étatiques. À l'arbitrage entre différents pouvoirs tend à se substituer une « gestion » à moyen terme pour laquelle l'allocation des ressources est le problème majeur. C'est elle qui commande de nouvelles stratégies pour convaincre. Le recours au public comme ultime secours n'est plus – depuis la publication de la *Dîme royale* par Vauban – aussi exceptionnel. Mais c'est seulement au cours des années 1750 que ces diverses approches se rejoignent et donnent au débat sur le rôle de l'administration une dynamique nouvelle.[25]

Le fait administratif prend d'ailleurs au même moment une importance toute nouvelle. Le nombre des bureaux augmente. Le Contrôle Général gagne un poids, que l'on mesure à l'évolution du nombre des commis, qui dépasse vers 1780 les 360 employés. Une véritable structure bureaucratique naît ainsi en quelques décennies. Or, c'est dans ce même milieu que prennent naissance les premiers courants de réforme. Est-ce par hasard que l'on a attribué à l'un de ces hommes, Vincent de Gournay, l'invention du terme « bureaucratie »? Rien ne caractérise sans doute mieux la situation d'une administration porteuse de changements, mais aussi en butte à un ressentiment naissant, que l'ambiguïté de ce type d'attribution.[26] La polarisation

[24] Cité d'après Faure, Disgrâce (n. 23), p. 428.

[25] Jochen Hoock, Oeconomie, commerce et administration en France dans la première moitié du XVIIIe siècle, in: *Histoire comparée de l'administration (IVe–XVIIIe siècles), Actes du colloque historique franco-allemand, Tours 27 mars–1er avril 1977*, éd. par Werner Paravicini et Karl Ferdinand Werner, München (Artemis) 1980, pp. 539–552.

[26] Pour l'évolution du champ sémantique du terme « administration », voir Ferdinand Brunot, *Histoire de la langue française*, t. VI, 1, Paris (Armand Colin) 1966, t. VI, 1, chapitre V: « Les pouvoirs ou puissances ».

autour d'un homme tient pour une grande partie à des conditions de recrutement spécifiques qui expliquent la formation de groupes, qui peuvent devenir à leur tour le relais d'une action continue, comme cela avait existé à d'autres moments autour d'hommes comme Colbert ou Louvois. Vincent de Gournay est entré en 1751 dans la haute administration en tant qu'intendant du commerce pour une période de sept ans, après avoir passé quelques années à Cadix en tant que chargé de gestion d'une société de commandite qu'il a quittée en 1744 pour la France, où il est aussitôt devenu chargé d'affaires du secrétaire d'Etat à la marine Maurepas.[27]

Le moment où Gournay entre dans les affaires est celui d'une importante crise provoquée par l'instauration de l'impôt du vingtième par Machault d'Arnouville en 1749. Le but de cette réforme était d'affranchir l'État des moyens traditionnels de financement et d'assainir une situation financière aggravée par la dette laissée par la guerre. Mais cette réforme rencontra l'opposition des privilégiés. Le Parlement, qui soutenait l'opposition, fut envoyé en exil et l'on procéda à la création d'une Chambre Royale de Justice en 1753, où allaient siéger des hommes comme Silhouette, Trudaine et Turgot. Ce fut donc un moment où la recherche d'expédients pour faire aboutir une réforme a soudé les hommes et créé de vraies équipes de réformateurs, complices dans leur action.

Le but délibéré du groupe, qui naissait ainsi, était tout d'abord de peser sur l'opinion publique. Le moyen choisi fut la provocation de querelles orchestrées et la traduction d'ouvrages étrangers susceptibles de servir la cause des réformes. Plusieurs controverses célèbres relèvent de cette stratégie: la « Querelle de la noblesse commerçante » de 1756 et la « Querelle des toiles peintes » de 1757–1758. De nombreuses publications, adaptations et traductions de textes économiques et politiques accompagnaient plus ou moins directement ces débats. Vincent de Gournay lui-même avait traduit les essais de Child et Culpeper. Une année plus tôt, Véron de Forbonnais avait lancé, sous une fausse adresse, une traduction d'Ustariz. Pendant les cinq années suivantes paraîtra une quinzaine d'ouvrages par lesquels le

[27] Voir surtout Gustave Schelle, *Vincent de Gournay*, Paris (Guillaumin) 1897 et la thèse de Simone Meysonnier, *La genèse de la pensée libérale en France au XVIIIe siècle*, 2 vol., Paris (thèse, EHESS) 1987.

groupe tentera de familiariser le public parisien et les membres de l'administration avec les problèmes politiques et surtout économiques de leur temps.[28]

La position théorique du groupe correspondait à ce moment, comme l'a montré Simone Meyssonier, à celle d'un « mercantilisme libéral » qui accorde à l'État un rôle régulateur dans le maintien des grands équilibres au sein d'une société conçue comme conflictuelle par essence. L'intervention des pouvoirs publics, le but de l'administration sont dans cette perspective le maintien des proportions, le ménagement de la « balance des hommes ». Forbonnais exprime ces maximes dans ses *Éléments du Commerce* en 1754 sous la forme d'un manuel. La maîtrise des instruments d'intervention de l'État y est liée à la capacité d'analyse dont la fonction essentielle est d'instruire la réforme.[29] Un premier point culminant de cette action fut en 1759 après la mort prématurée de Vincent de Gournay la publication de l'*Éloge* que lui consacrait Turgot dans le *Mercure de France* et qui faisait passer Gournay aux yeux du public d'un marchand accompli connaissant son métier à un administrateur modèle, dont la vie devenait ainsi le paradigme d'une évolution nécessaire et lui donnait en quelque sorte force d'exemple.[30] Mais l'élément qui allait précipiter les choses fut la réforme que projetait François de l'Averdy, qui avait accédé au Contrôle général en décembre 1763 et dont les édits d'août 1764 et de mai 1765, en liant la gestion des finances locales à la suppression des offices vénaux et à la destruction des oligarchies municipales, se heurtèrent immédiatement à la résistance des Parlements.[31] Le débat

28 Voir surtout Christine Théré, *Étude sociologique des auteurs d'ouvrages à caractère économique publiés entre 1715 et 1776*, Paris (mémoire, Université Paris I) 1981; idem, Éléments d'une sociologie des auteurs économiques de langue française (1715–1776), in: *Oeconomia. Cahiers de l'I. S. M. E. A.* 18, 3 (1984), pp. 11–33, ainsi que Jean-Claude Perrot, Économie, in: *Handbuch politisch-sozialer Grundbegriffe in Frankreich, 1680–1820*, éd. par Rolf Reichardt et Eberhard Schmitt, vol. 8, München (Oldenbourg) 1988, pp. 52 ss.

29 Pour une analyse détaillée de ce moment voir Meyssonnier, Genèse (n. 27), t. II, pp. 302 ss. et Antoin Murphy, Le développement des idées économiques en France, in: *Revue d'histoire moderne & contemporaine* 33 (1986), pp. 521–541.

30 Turgot, *Écrits économiques*, préface de Bernard Cazes, Paris (Calmann-Lévy) 1970, pp. 79–106.

31 Maurice Bordes, *L'administration provinciale et municipale en France au XVIIIe siècle*, Paris (SEDES) 1972, pp. 254 ss.

sur les privilèges était désormais ouvert, même si la controverse autour de la déréglementation et de la liberté du commerce des blés partageait tout autant l'opinion. L'*Encyclopédie* de Diderot et d'Alembert et les nombreux écrits des physiocrates en furent les principaux bénéficiaires. En 1767 *L'ordre naturel et essentiel des sociétés politiques* de Mercier de la Rivière était entre toutes les mains. Dans la même année, Court de Gébelin ouvre un cours du soir en « science économique ». Chez le marquis de Mirabeau, les *Dîners du Mardi* s'institutionnalisent et sont imités par d'autres comme Etienne Mayon d'Invault qui tiendra à partir de 1768 des *Jeudis économiques.* L'année suivante, ce fut l'abolition des privilèges exclusifs de la Compagnie des Indes qui relança la discussion qui, cette fois-ci, prit un tour résolument abolitionniste.

IV. Droits de la société et loi du marché

La controverse fut ouverte par le *Mémoire sur la Situation actuelle de la Compagnie des Indes* que l'abbé Morellet publia sur l'injonction de Mayon d'Invau en juin 1769 chez le libraire Desaint pour être présenté aux ministres. Morellet s'y appuya en partie sur une enquête de 1747 que Vincent de Gournay avait commentée en 1755 dans un mémoire adressé au contrôleur général et que Morellet publie dans l'annexe de 16 pages qui complète son mémoire.[32] Ce recours à un débat ancien souligna devant l'opinion le caractère de principe de l'attaque contre le privilège exclusif de la compagnie, attaque que Morellet justifia par des considérations sur le rôle de l'État, l'intérêt individuel et le droit de propriété, tous considérés comme les garants et les conditions nécessaires d'un développement économique qui seul donnera au commerce national et local toute son étendue souhaitable. L'argument central pour la position abolitionniste défendue par Morellet est l'idée que le privilège exclusif est « une attribution à un petit nombre, par une loi particulière, d'un genre de

[32] Sur le détail de la préparation et de la publication du mémoire comme pour le contexte général, cf. CHRISTOPHE SALVAT, *Formation et diffusion de la pensée économique française: André Morellet et l'économie politique du dix-huitième siècle*, Lyon (thèse, Université Lumière-Lyon II) 2000, pp. 72 ss.

commerce appartenant à tous par le droit commun », autrement dit une lésion du droit de propriété revenant à tout un chacun.[33] Or c'est en recourant à ce même titre que Jacques Necker prendra la défense des actionnaires de la Compagnie tout en développant un point de vue néo-mercantiliste selon lequel le monopole d'achat permettra par le différentiel entre prix d'achat et prix de vente d'assurer le « profit national ».[34] Mais malgré le succès du mémoire de Necker, le sort de la Compagnie fut scellé après délibération au conseil le dimanche 13 août 1769 par un arrêt du Roi la soumettant à la concurrence des armements privés.[35] Morellet, dont l'argumentation juridique avait été mise à mal par Necker, ne se priva pas d'une longue réponse qui parut au mois de septembre 1769.[36] Il y revint longuement sur les diverses occasions où, depuis la dernière réunion des États Généraux, États provinciaux et assemblées des Notables, des défenseurs des droits de la France, comme Nicolas Mesnager au Congrès d'Utrecht, jusqu'à des administrateurs comme Gournay et des défenseurs des causes publiques comme M. de Voltaire avaient pris position contre l'exclusif considéré comme une « violation des droits de la société ».[37] Le vrai problème ne serait donc pas d'opposer le gouvernement à l'actionnaire, mais de « faire ressortir les droits du propriétaire de terre ou généralement du citoyen », obligé de continuer de payer sa part d'impôt pour favoriser le commerce des Indes par une seule compagnie. Et de conclure par cette remarque dont Morellet semble – ne serait-ce que par l'allusion évidente à son protecteur Turgot, ancien intendant du Limousin – avoir mesuré la portée: « Est-il donc si atroce de faire dire à un Agriculteur du Limousin ou du Berry, qu'il est injuste de lui faire payer à perpétuité & à ses descendans, tant que la Monarchie durera, sa part d'un 10e de la taille du Royaume, pour

33 Ibid., pp. 88 ss.

34 Jacques Necker, *Réponse au mémoire de M. l'Abbé Morellet, sur la Compagnie des Indes, imprimé en exécution de la délibération de M.rs les Actionnaires, prise dans l'Assemblée générale du 8 Août 1769*, Paris (Imprimerie royale) 1769, p. 45; Salvat, Formation (n. 32).

35 Henry Weber, *La Compagnie française des Indes (1604–1875)*, Paris (Rousseau) 1904.

36 André Morellet, *Examen de la réponse de M. N** au Mémoire de M. l'Abbé Morellet, sur la Compagnie des Indes; par l'auteur du Mémoire*, Paris (Desaint) 1769.

37 Ibid., p. 34.

continuer de faire une rente de plusieurs millions à des Citoyens riches &aisés [...]. »[38]

Et de fait, le problème des privilèges semblait désormais définitivement inséparable du problème de l'imposition et des finances de l'État tout comme ils étaient au centre des débats sur la gestion économique que ranimèrent à la fin de l'année 1770 les arrêtés de l'abbé Terray réformant le commerce des grains, ce qui, suite à des mauvaises récoltes allait l'exposer à l'accusation d'avoir contribué au fameux « pacte de famine ». En 1774, à l'avènement de Louis XVI, la pression de l'opinion fut telle que le nouveau roi se vit contraint de renvoyer l'abbé et de le remplacer par Anne Robert Jacques Turgot, dont les mesures budgétaires allaient ouvrir la voie à une réforme radicale, dont l'édit sur le commerce des grains de septembre 1774 traçait les lignes générales. À la libération des travailleurs de l'agriculture devrait correspondre une libération des travailleurs de l'industrie et du commerce. Après la réorganisation du commerce des grains, il s'agissait de briser l'organisation des communautés de métiers et de généraliser ainsi des mesures qui dès 1765 avaient allégé les conditions d'exercice dans le commerce de gros.[39] L'élaboration de l'édit d'abolition des jurandes allait prendre deux ans durant lesquels les controverses entre partisans et adversaires de la réforme devaient enfler outre mesure. Les arguments avancés de part et d'autre rappelaient ceux qui avaient accompagné les débats précédents. Les partisans de la réforme puisaient dans le fonds des positions libérales affirmées depuis les années 1750. Les opposants reprenaient les motifs qui avaient caractérisé l'opposition des consuls et parlementaires au cours de la même période. Ces derniers formaient la trame de l'intervention de l'avocat général Antoine Louis Séguier lors du lit de justice de mars 1776 par lequel on imposa les édits réformateurs contre la volonté du Parlement. La démonstration ressemblait point par point à celle invoquée par les réformateurs modérés plaidant pour une réunion des métiers au début du siècle. À côté du plaidoyer pour la qualité du travail protégé revient l'exigence d'une protection des chaînons faibles dans la hiérarchie des

38 Ibid., p. 26.

39 Voir pour un récit complet de ces mesures Faure, Disgrâce (n. 23), pp. 424 ss.

métiers, garante de l'ordre social et politique, sans oublier la préférence donnée à la production nationale sur les marchandises étrangères. Le blocage qui se dessinait lors de cette délibération correspondait à celui qui se formait dans l'opinion et qui allait mener à l'échec de la réforme et finalement à la chute de Turgot.

Reste le débat économique qui, s'il ne faisait qu'accompagner les événements, ne pouvait pas y rester indifférent. Il s'ouvrit en fait dès la controverse sur la Compagnie des Indes à des objections d'un ordre nouveau. Le premier à l'avoir formulé fut Louis de Lauraguais, duc de Brancas dont le *Mémoire sur la Compagnie des Indes précédé d'un discours sur le commerce en général* soulevait le problème de la preuve en dénonçant dans l'entreprise de Morellet la « métaphysique de l'échange ». « Je ne suis pas étonné, note-t-il avec une pointe d'ironie, que les Economistes qui n'ont guère voyagé, ignorent ce qu'ils n'auroient pu apprendre que dans les livres qui trainent chez les Banquiers; on ne cherche pas de connaissances philosophiques dans leurs caisses [...]. »[40] Une vision pragmatique et plus juste des intérêts du commerce s'oppose à une maximalisation fort aléatoire de l'échange. Au lieu d'ouvrir tout grand « la route du commerce à la liberté » comme le demandent Turgot et Morellet, et de miser ainsi sur l'équilibre spontané, il conviendrait plutôt d'optimaliser les chances de gains en déterminant l'éventail des besoins d'une société, qui dans ses rapports concrets d'échange n'a en dernière analyse d'autres ressources que « le travail, arrachant les jouissances à la nature ».[41] La critique de Lauraguais est reprise, à un tout autre niveau, dans les *Dialogues sur le commerce des bleds* de Ferdinand Galiani qui paraissent un an plus tard à Londres, revus et augmentés par Denis Diderot et le baron de Grimm.[42] En persiflant la notion d'équilibre les auteurs notent:

> « Dans cette machine immense de l'état politique tout se tient ensemble, tout est lié, tout est enchaîné; rien ne doit sortir de l'équilibre, si on ne veut pas voir toute la machine renversée. Il faut courir au secours des Agriculteurs, s'ils sont hors de l'équilibre au

40 Louis-Léon-Félicité de Lauraguais, *Mémoire sur les finances et le crédit*, Leiden (s. n.) 1787, p. 32.

41 Ibid., p. 21.

42 Ferdinand Galiani, *Dialogues sur les bleds* (1770), Paris (Fayard) 1984.

> point d'être écrasés par le poids d'un marché défavorable; mais il ne faut pas non plus, en voulant les soulager, les élever tellement qu'ils écrasent les autres. Voilà pourquoi la science politique est si difficile. »[43]

Ce plaidoyer pour la « mesure » au double sens du terme laisse entrevoir le fossé qui s'est creusé au cours de la crise du milieu du siècle entre les tenants d'une méthode inductive et la « secte des économistes », dont la position dominante rencontre désormais une critique croissante. Mais il reflète aussi l'extraordinaire gain de complexité qui a caractérisé les débats administratifs et politiques à l'aube de la Révolution. « Mesure » et « loi » circonscrivent dans leur nature controversée le champ d'une problématique nouvelle de laquelle se dégage pas à pas une notion positive du savoir administratif. À la veille de la Révolution, la topographie statistique et l'arithmétique politique se révèlent être, à côté de l'économie, deux genres importants. Des mémoires régionaux fleurissent un peu partout.[44] En 1803 Jacques Peuchet, l'héritier de l'abbé Morellet, peut louer Necker d'avoir établi « un bureau de renseignement dans son ministère: l'on y faisait l'extrait des mémoires et de la correspondance, l'on y classait les faits, les observations propres à guider l'administration et à perfectionner l'Economie politique. »[45] Mais Necker ne faisait qu'amorcer l'extraordinaire travail de recensement et de collecte de données auquel procédera la Révolution.

V. Conclusions

La rupture théorique n'est cependant pas moins importante. L'*Encyclopédie méthodique* témoigne, par les difficultés qu'éprouvent les contributeurs à séparer « règle » et « loi », où se situe la difficulté épistémologique. L'amalgame entre lois physiques, morales et institutionnelles qui caractérise la vision physiocratique de l'ordre naturel et essentiel des choses, constitue l'obstacle majeur. La récep-

[43] Ibid., p. 279.

[44] Jean-Claude Perrot, *L'Âge d'or de la statistique régionale française (An IV–1804)*, Paris (Société des Études Robespierristes) 1977, Introduction.

[45] Jacques Dupâquier, *Histoire de la Démographie*, Paris (Perrin) 1985, p. 21 et 183.

tion de la *Wealth of Nations* changera certes les thèmes économiques de l'*Encyclopédie méthodique* de Panckoucke mais achoppera sur ce point essentiel. La conceptualisation des « mathématiques sociales » reste un problème ardemment discuté. Le programme de recherche qui s'amorce dans l'article « Arithmétique politique » donné par Condorcet est significatif à cet égard. Pour l'essentiel il s'agit aux yeux de Condorcet de se procurer des faits, de tirer les conséquences auxquelles ils conduisent, et d'enseigner les probabilités des faits et des conséquences. Les critères probabilistes se croisent donc avec ceux attachés à l'exactitude de la mesure. Dans ce sens, l'article de Condorcet peut déjà être considéré comme une passerelle entre les affirmations théoricistes du début des polémiques et celles qui se feront jour après la Révolution.[46] Jacques Peuchet, dont le *Dictionnaire universel de la géographie commerçante* se veut pourtant en 1799 le successeur du *Dictionnaire* projeté en 1769 par Morellet et Turgot, définit bien la nouvelle position des inductions statistiques quand il écrit: « La statistique présente les faits, les bases de calcul, le tableau réel de la richesse. L'économie politique en tire les conséquences et des règles de conduite pour l'administration. »[47] La géographie analytique que prétend proposer son dictionnaire se ramène en conséquence à une « connaissance positive des sources et matières du commerce, de ses lois et usages, de ses moyens, et enfin de ses produits ou résultats ».[48] Cette clarification, qui débouche en réalité sur un vide positiviste, fait suite à un bouleversement sans précédent des structures administratives. Si l'abolition des privilèges est nominativement devenue réalité, le problème qu'elle désignait resurgit au siècle suivant dans la littérature économique et d'innombrables dictionnaires du même ordre sous le terme du « monopole » assimilé à la notion d'une concurrence restreinte qui, au fur et à mesure que l'on avance dans le temps, apparaît comme l'apanage du service public pour finir par être invoquée en 1894 avec le plaidoyer de Jean

46 Pour une analyse particulièrement pertinente de ce passage cf. Jean-Claude Perrot, Condorcet: de l'économie politique aux sciences de la société, in: idem, *Une Histoire intellectuelle de l'Économie politique (XVII*e*–XVIII*e *siècle)*, (Civilisations et sociétés 85), Paris (éditions de l'EHESS) 1992, pp. 357–376.

47 Jacques Peuchet, *Dictionnaire universel de la géographie commerçante*, Paris (Blanchon) 1799, Discours préliminaire.

48 Ibid.

Jaurès au moment de la discussion du droit de 7 francs sur les blés en faveur d'un monopole du commerce extérieur des grains par l'État.[49]

[49] Yves Guyot, Monopoles, in: *Dictionnaire du Commerce, de l'Industrie et de la Banque*, éd. par Yves Guyot et Artur Raffalovitch, t. II, Paris (Guillaumin) 1901, pp. 825–826.

A political economy?

Some preliminary thoughts on economic privileges in early modern Venice[1]

Andrea Caracausi, Giovanni Favero, Paola Lanaro

Introduction

Over the last few decades, institutions have been the subject of great attention among economists and economic historians. Different economic developments in countries with quite similar resource and technology assets have led scholars to investigate more deeply the role and effects of institutional, political and social elements in the economic system. Research has normally focused on the guarantee of property rights, the »efficiency« of the economic system, the redistribution of resources among groups, as well as the processes of inclusion in and exclusion from the use of resources.[2]

This debate has encouraged historical investigations in many areas of economic history, reviving earlier debates on agricultural development, guilds and technological innovation, the role of the State in manufacturing and proto-industries, the commercial revolution and early-modern merchant networks.[3] As far as the role of the State in

[1] Although the article is a joint reflection, the first chapter was written by Paola Lanaro, the second by Andrea Caracausi and the third by Giovanni Favero.

[2] Douglass C. North, *Institutions, Institutional change and Economic Performance*, Cambridge 1990; Avner Greif, *Institutions and the Path to the Modern Economy: Lessons from Medieval Trade*, Cambridge 2006; Sheilagh Ogilvie, *State Corporatism and Proto-Industry. The Württemberg Black Forest 1580–1797*, Cambridge 1997; Daron Acemoglu and James A. Robinson, *Why Nations Fail: The Origins of Power, Prosperity, and Poverty*, London 2012.

[3] See, for instance: Douglass C. North and Robert Paul Thomas, *The Rise of the Western World: A New Economic History*, Cambridge 1973; Stephan R. Epstein and Maarten Prak (ed.), *Guilds, Innovation, and the European Economy,*

manufacturing and proto-industries is concerned, the debate on the role of State economic policies during the early modern age was characterised by two distinct views. Somehow confirming the opinion on the matter of the »physiocrats« and classical economists, some authors have reinterpreted mercantilism as a sanction granted by the State (through monopolies designed to increase tax revenues) to the rent positions of some very influential groups. The success of these policies has been linked to the emergence of very different institutional structures in each national context.[4]

Other authors have instead investigated the broader character of the mercantilist grants (i. e. the privileges). As some studies on north-western European manufacturing claim, these grants were based on the very pragmatic character of mercantilist policies. Further studies on southern and central Europe have indeed emphasized two aspects. First, privileges do not always mean monopoly. Secondly, they had a positive role in promoting technological innovations inside the guild systems and in protecting the inventors.[5] Other scholars have argued that »privileges« must be inserted in the legal and institutional context of the *ancien régime*. Mercantilist policies can be considered in this perspective as the tool to build an institutional system protecting intellectual property rights in the manufacturing sector.[6] States aim to limit the number of producers, establishing monopolies, but also by means of tax exemptions and constraints on the

1400–1800, Cambridge 2008; SHEILAGH OGILVIE, *Institutions and European Trade merchant guilds, 1000–1800*, Cambridge 2011. See also the debate in FRANCESCA TRIVELLATO, *The familiarity of strangers: the Sephardic diaspora, Livorno and cross-cultural trade in the early modern period*, New Haven / London 2009, Introduction and Chapter 6.

4 ROBERT EKELUND and ROBERT TOLLISON, *Mercantilism as a Rent-Seeking Society: Economic Regulation in Historical Perspective*, College station (Texas) 1981; EIDEM, *Politicized Economies: Monarchy, Monopoly, and Mercantilism*, College Station (Texas) 1997.

5 LUCA MOLÀ, *The Silk Industry of Renaissance Venice*, Baltimore / London 2000; LILIANE HILAIRE-PÉREZ, *L'invention technique au siècle des Lumières*, Paris 2000; CARLO BELFANTI, Guilds, Patents, and the Circulation of Technical Knowledge: Northern Italy during the Early Modern Age, in: *Technology and Culture* 45 (2004), pp. 569–589.

6 CARLO BELFANTI, Between mercantilism and market: privileges for invention in early modern Europe, in: *Journal of Institutional Economics* 2 (2006), pp. 319–338.

circulation of labour. Their main purpose was to build a market that could guarantee the quality and quantity of the output. The function of privileges depends on the more general economic policy of the time, which was strictly connected to a variable institutional and economic context.

This chapter as a whole aims to provide some preliminary insight into the economic role of privileges in the early-modern Republic of Venice with a focus on markets and manufactures. Recent historiography has largely confuted the supposed decline of the Venetian urban economy since the seventeenth century. Processes of reconversion and adaptation to the new global challenges between the seventeenth and the eighteenth centuries allowed the Republic to maintain an important position in the Euro-Mediterranean scenario right up until the end of the *ancien régime*.[7] In order to show how the ruling class was able to adapt its policy towards markets and manufactures in these changing situations, the first of the following sections will start from an analysis of the structure of fairs and markets on the Venetian Mainland, especially after the conquest of the *Terraferma* in the fifteenth century. The second section analyses the role of commercial privileges, focusing mainly on long-distance trade between the late sixteenth and early seventeenth centuries. After a general overview of Venetian trade in this period, which will be useful to underline the general reconfiguration of trade structure, the focus will be both on the individual and collective privileges granted to foreign merchants or communities as well as on the exemptions granted to single products or to a group of products. The aim of these privileges was twofold. On the one hand, they ensured that the State had control over tax revenues, duties, monopolies and commercial routes. On the other hand, and paradoxically, they sustained market integration at a global level, by allowing other members to enter a particular segment of trade, whilst not precluding the general monopoly accorded to the Venetian State. The final section will discuss the impact of manufacturing privileges on the entrepreneurial organization of production, using the results of some case studies as a starting point to put forward more general hypotheses.

[7] See especially Paola Lanaro (ed.), *At the centre of the old world: trade and manufacturing in Venice and the Venetian Mainland, 1400–1800*, Toronto 2006.

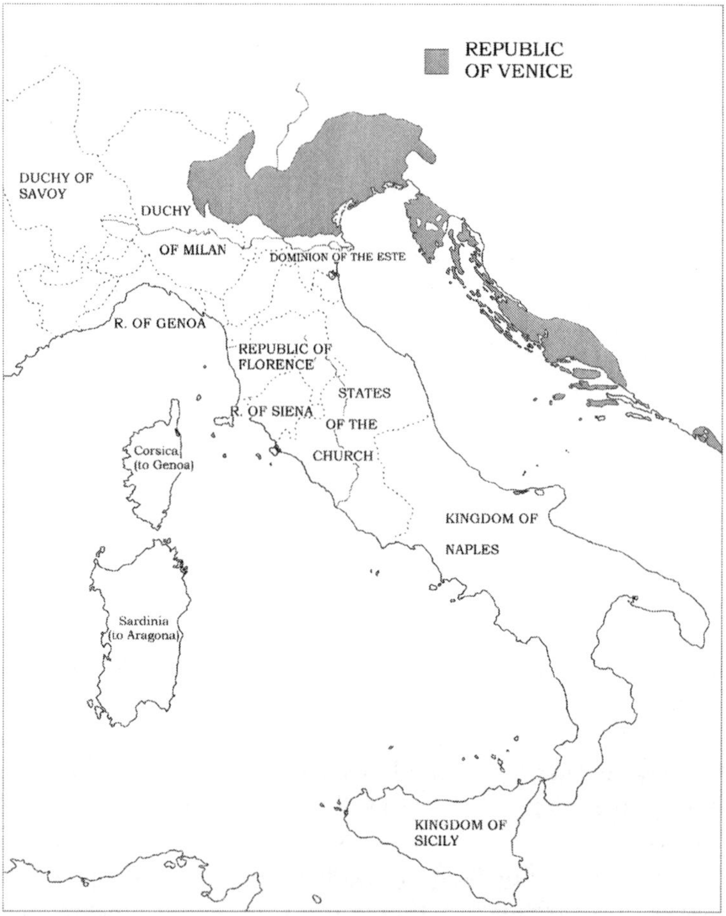

Map 1: Italy in 1454.
Source: LANARO, At the Centre of the Old World (n. 7), p. 15.

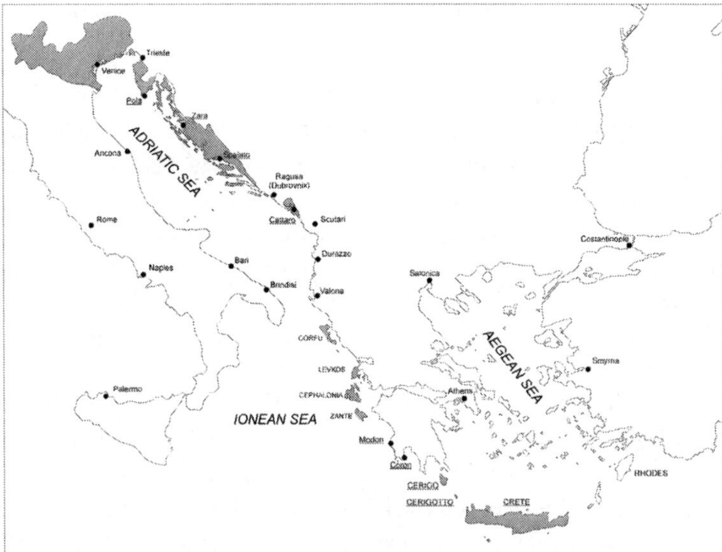

Map 2: The Venetian Colonies in the Mediterranean Sea (Stato da Mar).
Source: Lanaro, At the Centre of the Old World (n. 7), p. 16.

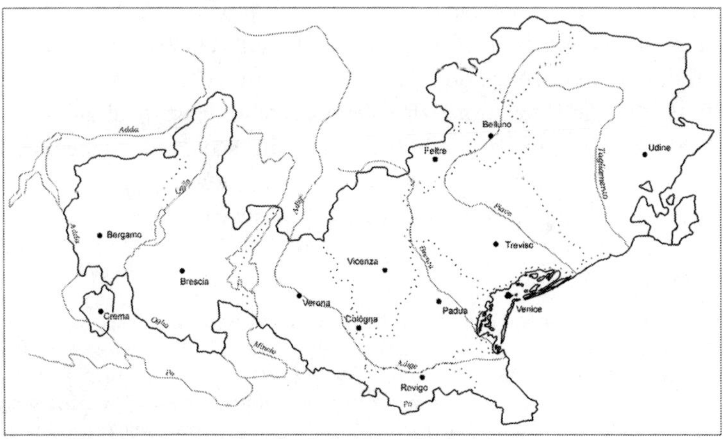

Map 3: The Venetian Territory in Italy (Stato da Terra).
Source: Lanaro, At the Centre of the Old World (n. 7), p. 17.

I. Fairs and markets in the Venetian Republic considered as a privileged space

This section aims to summarize on the one hand the most recent historiographical findings relating to the role of economic privileges granted to local communities and to subject cities in the Venetian political economy; on the other to build a more complex approach to the argument. The particular constitution of the Republic and the peculiar integration (or lack of integration) with the Mainland (the *Terraferma*) lends a certain uniqueness to the political economy of the State; for that reason, studying the Republic can provide a new discussion of the frequently-studied issues concerning the idea of mercantilism. This section deals with the role of the economic privileges connected to fairs in the Venetian region. In particular, it attempts to understand the role of fairs in the economic strategy of the Venetian elite between the fifteenth and eighteenth centuries and analyse the privileges as supporters of those strategies.[8] It is well known that from a political point of view the conquest by Venice of the Mainland did not provoke an integration of the elites of the Mainland (the elites of Verona, Vicenza, Padua, Treviso, Bergamo, Brescia, Crema were usually noblemen linked to the old Medieval seigniorial regimes, such as the Scaligeri, Carraresi, Visconti, etc.). The choice not to integrate these elites was confirmed up to the end of the Republic, and therefore the Venetian elite governed alone the Venetian State, whilst the noblemen of the Mainland were engaged only in the administrative affairs of their respective cities. Nevertheless, a strong debate about this argument was started during the

[8] This section is based on PAOLA LANARO, I rapporti commerciali tra Verona e la Marca Anconetana tra basso medioevo ed età moderna, in: *Studi Storici Luigi Simeoni* XLV (1995), pp. 9–25; IDEM, *I mercati nella Repubblica veneta. Economie cittadine e stato territoriale (secoli XV–XVIII)*, Venedig 1999; IDEM, Periferie senza centro. Reti fieristiche nello spazio geografico della terraferma veneta in età moderna, in: *La pratica dello scambio. Sistemi di fiere, mercanti e città in Europa (1400–1700)*, ed. by PAOLA LANARO, Venedig 2003, pp. 21–51; IDEM, Economic Space and Urban Policies. Fairs and Markets in the Italy of the Early Modern Age, in: *Journal of Urban History* 30-1 (2003), pp. 37–49. See also the article written by Christof Jeggle concerning Bolzano fairs. In general the text of reference for comparative analysis is STEPHAN R. EPSTEIN, *Freedom and growth. The rise of States and markets in Europe, 1300–1750*, London / New York 2000.

eighteenth century with the publication of the »Consiglio politico alla Repubblica veneta« written by the Veronese Scipione Maffei, a well-known European intellectual of the time.

It is clear that the behaviour of the Mainland elites was not homogeneous. The proximity of the cities to Venice, the different political role developed by these elites inside a different political organization before the Venetian dominion and the evolution in the peninsula of the seigniorial regime towards the organization of the regional State during the fifteenth century gave a different power and a different force to the old urban patrician elites.

The elite governing the city of Verona was the strongest and therefore had greater bargaining power than, for example, the elite governing Vicenza. As frequently happened in the north and in the centre of the peninsula, these elites were represented by merchants and merchant-entrepreneurs, whose wealth could influence the choices of the Venetian ruling class.

The monopoly of political power was counterbalanced by a certain number of privileges, above all of an economic nature. Apart from the primacy of maritime commerce, which was always the exclusive province of the »Venetian« merchants, as explained by the historian Alberto Tenenti, Venice was always linked to the sea despite the conquest of the Mainland,[9] the Venetian elite was very generous in giving autonomy to the merchants of the *Terraferma*. This strategy favoured overland trade. Both within and outside the boundaries of the Republic, the networks of merchants (Venetians, but also »Italians« and non-Italians: Greeks, Germans, Turks or merchants from Eastern Europe) benefited from the Venetian economic attitude which gave them the greatest freedom as the Venetian elite was interested essentially in tax revenues. The strong defence of the monopoly over maritime trade for the members of the Venetian elite and, above all, for the *cives originari*, had as consequence a traditional laissez-faire culture towards the merchants of the Mainland who, though excluded from international maritime trade, were favoured

[9] Alberto Tenenti, Il senso del mare, in: *Storia di Venezia. Dalle origini alla caduta della Serenissima*, vol XII, *Il mare*, ed. by Alberto Tenenti and Ugo Tucci, Rom 1991.

with reference to overland trade simply through the ambiguous interplay of privileges.

The right of the *cittadini originari* who had the monopoly of maritime trade in the Levantine regions was never under discussion for the entire duration of the Republic. However, after the conquest of the Mainland, the merchants of the conquered cities had the right to trade in Venice (*de mercari Venetiis*) as *cives de intus tantum*: this privilege gave a sort of equilibrium to the social and economic dynamics of the Venetian world.[10] Nevertheless, the Venetian elite was constituted only and always by the patrician families of Venice, who were defined as such as a result of a long process started at the end of the thirteenth century and closed in the fourteenth century. A further enlargement of the elite was possible only in the first half of the seventeenth century during the war of Candia, when Venice started selling the title of *patrizio Veneto* (Venetian patrician) for 100,000 ducats in order to raise the necessary money for organizing fleet and armies. This title was indeed acquired by the rich families of the Mainland elites or merchants; however, only in a few cases were the new patricians considered, formally and informally, full members of the ruling class.

With the conquest of the Mainland, it may be supposed that the Venetian ruling class considered it important and necessary to grant a certain number of privileges concerning overland commerce to the Mainland merchants, the core of the elite of the conquered cities.

The *senso del mare* (sense of the sea), as illustrated by Alberto Tenenti, is an expression of the peculiarity of Renaissance Venice to be the only State in the peninsula and perhaps on the continent to govern a commercial empire linked to the maritime trade of that time.[11] This makes Venice a unique example in the history of the pre-

10 Reinhold Mueller, *Immigrazione e cittadinanza nella Venezia medievale*, Venedig/Rom 2010; Anna Bellavitis, *Identité, mariage, mobilité sociale. Citoyennes et citoyens à Venise au XVIe siècle*, Rom 2001; idem, »Per cittadini metterete …« La stratificazione della società veneziana cinquecentesca tra norma giuridica e riconoscimento sociale, in: *Quaderni Storici* XXXII (1995), pp. 359–383; see also in general Paola Lanaro, Corporations et confréries: les étrangers et le marché du travail à Venise (XVe–XVIIIe siècles), in: *Histoire Urbaine* 21 (2008), pp. 31–49.

11 Alberto Tenenti, *Venezia e il senso del mare: storia di un prisma culturale dal XIII al XVIII secolo*, Neapel 1999.

modern States of the Italian peninsula and helps us to understand the particular form of mercantilism followed by the Venetian merchants also with reference to different political arenas: the capital, Venice, at the centre of the system of commercial networks; and the Mainland, whose attracting force became increasingly important after the sixteenth century.

With the slow but significant loss of the maritime empire and the scaling-down of the dominion of the *grande mercatura* (the maritime commerce with the Near and Far East) in the international landscape – as will be discussed in detail below – and in the effort not to touch the privileges of the elite and of the *cittadini originari*, the economic integration of the conquered area in the north of Italy, never really attained, was pursued also by granting mercantile privileges to the different merchant elites, who governed the conquered Venetian and Lombard cities. The grant of privileges usually concerned the economic activities, in particular production and commerce, and in general it affirmed the principle that, for fiscal reasons, both the goods coming into and the goods going out of the Venetian Republic should pass through the market of Rialto. Obviously, not every city obtained the grant of the same privileges. The patrician elite of Padua, for instance, showed in different moments of its history its opposition to the Venetian dominion and was ultimately to be dramatically cancelled as a political group. As a consequence, it could not obtain anything in the political negotiations preceding the military occupation in 1405. Other cities, in particular Verona and Brescia, even if under the siege of the victorious Venetian troops, obtained instead significant economic privileges, such as a derogation to the ancient and never forgotten rule of the *comune veneciarum*, which placed the Rialto market at the core of the Venetian trade system. The rich and strong Veronese elite under the dominion of the Scaligeri had indeed experienced with success the role of the ruling class of an independent State whose boundaries arrived in the fourteenth century with Cangrande della Scala up to include the city of Lucca. The privileges Verona was granted after the Venetian conquest were probably the largest and most important from an economic point of view, not only in terms of the political role of the Veronese families but probably also in terms of the importance of their status as merchants.

In the example of Verona, the merchants were not only controlling international trade networks, even outside the Italian peninsula, but were at the same time merchant entrepreneurs. The textile industry had been well-developed in Verona since the thirteenth century: in particular, the wool trade and, after the sixteenth century, the silk industry. Glass manufacturing, the leather industry and, later on, the production of knitted caps were also well-developed in Verona. The Veronese merchants were both merchants and merchant-entrepreneurs and as such they could only partially go against the interests of the Venetian merchants, who were above all capitalist merchants in the commerce between East and West (the so-called *commercio di transito*). Only rarely were the important merchants of Venice merchant-entrepreneurs, even during the sixteenth century, when, according to Fernand Braudel, Venice was probably the most industrialized city of Europe.[12] In this case the contribution of foreigners as workmen and artisans but also as merchant-entrepreneurs was essential, in particular the role of the merchant-entrepreneurs coming from the Mainland was extraordinary; nevertheless, the role of the Venetian noblemen usually went no further than financing the enterprises.[13]

The long history of Verona as a political capital in the peninsula and its important economic role as one of the most industrial cities in medieval Europe and also one of the most densely inhabited – Verona in 1300 was one of the first ten cities with more than 15,000 inhabitants in the centre and north of the peninsula – are the reasons that prompted Venice to accept the submission (*dedizione*) of the city in 1405, in order to avoid having to use assault troops. In this way, the Veronese elite was able to obtain two important commercial priv-

12 Fernand Braudel, *Civilisation matérielle, économie et capitalisme, XVe–XVIIIe siècle*, Paris 1979, vol. 3, *Le temps du monde*, p. 157; Lanaro, At the Centre of the Old World (n. 7), part 1, »Venice« (essays by Andrea Mozzato, Marcello Della Valentina, Francesca Trivellato, Walter Panciera); Frederic C. Lane, *Storia di Venezia*, Turin 1978, pp. 355–371; Gino Luzzatto, *Storia economica di Venezia dall'XI al XVI secolo*, Venedig 1995, pp. 163–214, but see also the »Introduction« by Marino Berengo.

13 Paola Lanaro, Les investissements du patriciat de Venise et de la Terre Ferme aux XVe–XVIIIe siècles, in: *Revue d'histoire moderne & contemporaine* 59,1 (2012), pp. 62–82.

ileges that did not fit the traditional Venetian idea of the centrality of Rialto.

The first privilege – usually granted to every city on the Mainland, even the less important ones – concerned the location of an annual fair, almost usually a *fiera franca* for one or two weeks, where merchandise could be bought and sold without paying custom duties (it should be said that there were no fairs in Venice, as the *fiera della Sensa* (Ascension) was not exactly a real fair, but rather an urban commercial meeting linked to a religious feast. The second privilege concerned only Verona and granted the local merchant elite the right to export their goods *Sottovento* without moving them through the Venetian port of Rialto (this exception concerned both raw materials and the goods coming in and going out of the Venetian Republic) choosing the way they preferred. For example, the Veronese merchants for their trade with the centre and south of the peninsula preferred to follow the River Po to reach Ravenna, at that time a harbour of the Adriatic sea and then to reach the numerous little fairs of the centre-south of the Italian coast – such as Rimini, Senigallia, Recanati, Fano, Trani, etc. – where they could export their goods to the Near East and to the Muslim Mediterranean area. This privilege made it possible to avoid paying duty at Rialto and to choose non-Venetian ships (*»galere« o »navigli«*) in Ravenna. Later on, at the moment of her submission in 1427, Brescia also obtained a similar privilege but this was limited only to the trade with the German area, presumably because of the importance of the trade in iron goods.

The first grant was never questioned, and because of this the number of fairs, big and little, multiplied between the seventeenth and eighteenth centuries, even though in the meantime in Western Europe their number had diminished impressively.

A few years later, however, the second grant became the subject of a dramatic dispute between the Venetian authorities, who tried to revoke it, and the Veronese elite, who fought to maintain it. The dispute ended in 1581, when Venice approved a new general law that abolished all the ancient particular privileges. Only the area of the boundary line could maintain the old privileges: in this way, the substantial expenses sustained by local authorities for controlling the boundaries were compensated by commercial exemptions. But, despite the new general law, the merchants of the Mainland (and not only the Veronese merchants) went on to trade following the ancient route in order to escape the payment of custom duties at Rialto and this with the tacit assent of the Venetian authorities. Otherwise, the principal reason for granting privileges in the fifteenth century to the richest cities of the Mainland was based either on the force of the older urban economies and of their *hommes d'affaires* or on the desire not to depress with a high central fiscal pressure the activities of the manufacturers in the Mainland who were at the same time a rich source of revenue for the Treasury. The archive sources explain clearly that the obligation to go through Rialto made the trade in the woollen goods produced in Verona more expensive, pushing the merchants to prefer to buy the woollen goods produced and sold at a lower price in Mantua.

The Venetian political choice not to depress the old urban economies favoured the emergence inside the Venetian State of various partially autonomous districts that prevented the development of an economic region together with the constitution of the Venetian regional State.

Once again the uniqueness of Venice confirms in its anomaly that mercantilism must be conceived as an ideal type rather than a well-defined economic policy.[14]

II. Commercial privileges and market policy

Whilst during the fifteenth and sixteenth centuries the Venetian elite reconfigured the structure of their privileged spaces within the Mainland, between the late sixteenth and the seventeenth centuries, the ruling class started to reorganize its market policy towards international, mainly maritime, trade. At the end of the sixteenth century, Venice was still an important gateway between East and West, between Europe and Asia. However, during this period the Venetian economic structure changed rapidly, although old and new manufacturing sectors attracted foreign labour and investments, new commercial routes were opened and a diversification of financial

[14] See Moritz Isenmann (ed.), *Merkantilismus. Wiederaufnahme einer Debatte*, München 2014.

centres fostered a general reconfiguration of the urban and regional economy. The consequences were important: whilst ancient manufactures, such as glass and silk, maintained their leading position, other sectors, such as the printing and wool industries, saw impressive growth followed by dramatic decline.[15] Furthermore, the foundation of the »Banco della Piazza di Rialto« and, later, of the »Banco Giro«, which had the functions previously held by private banks, restored trust in financial transactions.[16] In the early years of the seventeenth century, many merchants appreciated Venice as the place where »it [is] possible find money and pay the bills of exchange from any part of the world«.[17]

The »revival« of the ancient silk routes sustained the import and export of Venetian manufactures and raw materials through the port of Rialto. Coming from the eastern Mediterranean gateways (Alessandria, Aleppo, Izmir), products such as silk, cotton, diamonds and spices, were consumed in Venice or sent on to the German and Flemish lands; wine, oil, raisins, *zambellotti* (oriental clothes) were re-exported to Spain, France, and England; wine and oil were also sent to South America in order to acquire cinnamon and sugar. On the other hand, Venice exported woollen and silk clothes, glass items and – last but not least – silver coins to the Near East. During the last three decades of the sixteenth century, the production of woollen goods sustained the export of Venetian manufactures. In order to produce these clothes, imports of Spanish wool and dying materials (*grana*), alum from Rome and oil from Apulia were necessary.

The commercial intermediation between East and West was ensured also through the trading routes through Antwerp, Cologne, Augsburg, Nuremberg and the routes through the Brenner or Tar-

15 Domenico Sella, L'economia, in: *Storia di Venezia*, vol. VI, *Dal Rinascimento al Barocco*, ed. by Gaetano Cozzi and Paolo Prodi, Rom 1994, pp. 651–712, p. 653; idem, *Commerci e industrie a Venezia nel secolo XVII*, Venedig/Rom 1961.

16 Ugo Tucci, Monete e banche nel secolo del ducato d'oro, in: *Storia di Venezia*, vol. V, *Il Rinascimento. Società ed economia*, ed. by Gaetano Cozzi and Paolo Prodi, Rom 1996, pp. 753–806; Luciano Pezzolo, La finanza pubblica, in: Cozzi and Prodi, Storia di Venezia (n. 15), vol. VI, pp. 713–773.

17 Ugo Tucci, Il Banco di Piazza di Rialto, prima banca pubblica veneziana, in: idem, *Mercanti, navi e monete nel Cinquecento veneziano*, Bologna 1981, p. 248.

visio passes, as well as through the Mediterranean Sea, thanks to routes ensured by the galleys of Flanders. After the Battle of Lepanto, the favourable diplomatic situation and the relative demographic growth after the plague of 1576 sustained for the period 1582–1602 the increase in import-export revenues.[18]

The commercial flow had a great impact on local manufacturing, the aim of which was to counter-balance the payments to the foreign countries. Goods such as silk or cotton, which always came from other eastern Mediterranean ports (Syria, Turkey, Cyprus), stimulated the development of Venetian, but also of other European manufactures. The growth of local manufacturing was so great that many scholars claim that Venice in the sixteenth century was an »industrial city«.[19] Glass-making became world famous, thanks to a mix of luxury and non-luxury products. In turn, these items also stimulated the import of raw materials such as wood and ash.[20] During the second half of the sixteenth century, the printing industry also grew rapidly. From a quantitative point of view, the number of firms increased and their commercial network included Italy and other parts of Europe.[21] The growth in manufacturing involved many other sectors, such as soap and leather processing, but it was spectacular in the silk and wool industries. In the silk industry the merchants and merchant-manufacturers started to diversify their production to include a great variety of low- as well as high-quality clothes. This change engaged the local population in the various stages of production both within and outside the guild system. On the Mainland, mulberry cultivation and spinning increased rapidly.[22]

18 Domenico Sella, *Commerci e industrie a Venezia nel secolo XVII*, Rom 1961, pp. 2–16.

19 Ugo Tucci, Venezia nel Cinquecento: una città industriale?, in: *Crisi e rinnovamenti nell'autunno del Rinascimento a Venezia*, ed. by Vittore Branca and Carlo Ossola, Florenz 1991, pp. 61–83, pp. 70–71.

20 Sella, L'economia (n. 15), p. 653.

21 Ivo Mattozzi, »Mondo del libro« e decadenza a Venezia (1570–1730), in: *Quaderni Storici* LXXII (1989), pp. 743–786; Alberto Tenenti, Luc'Antonio Giunti il giovane, stampatore e mercante, in: *Studi in onore di Armando Sapori*, vol. II, Mailand 1957, pp. 1021–1060.

22 Luca Molà, *The Silk Industry of Renaissance Venice*, Baltimore / London 2000; Edoardo Demo, *L'»anima della città«. L'industria tessile a Verona e Vicenza (1400–1550)*, Mailand 2001; Francesco Vianello, *Seta fine e panni grossi.*

The wool industry's production rose from 10,000 to 24,000 pieces annually. The increase in the wool industry is interesting because of the comparison with other Italian cities. While many Italian urban economies reconverted their production from wool to silk, in Venice some processes of imitation and innovation allowed local drapers to compete with the emerging North-Western manufacturers. This strategy was based on simple »new light draperies«, called *saglie* or *rascie*, with the use of high- and low-quality Spanish wools and *grana* (garnet) for the red colour.[23]

The increase in maritime trade, the growth of ancient and new manufacturing sectors, the intensification of banking and insurance activities involved a very heterogeneous mercantile group. Whereas the Venetian merchant class shifted generally from trade to agriculture and financial investments,[24] foreign groups played an important role. Recent studies have underlined the key role of some foreign communities (Portuguese, Jews, Flemish, Dutch, English as well as Italians from Genoa, Florence and Milan) and of merchants from the Mainland (the *Veneti*) in connecting the Eastern Mediterranean ports to the North Sea.[25]

This commercial system (i. e. the import/export trade between East and West) was closely interconnected. However, the Venetian – traditionally mercantilist – trade policies divided the two areas into *Ponentine* (»western«) and *Levantine* (»eastern«) routes, excluding foreign and non-Venetian merchants from the Levantine trade, and favouring Venetian merchants and ships in the western trade. This

Manifatture e commerci nel Vicentino 1570–1700, Mailand 2004; Andrea Caracausi, *Nastri, nastrini, cordelle. L'industria serica nel Padovano, secc. XVII–XIX*, Padua 2004.

23 Walter Panciera, *L'arte matrice. I lanifici nella Repubblica di Venezia nei secoli XVII e XVIII*, Treviso 1996.

24 Giuseppe Gullino, I patrizi veneziani e la mercatura negli ultimi tre secoli della Repubblica, in: *Mercanti e vita economica nella Repubblica veneta (secoli XIII–XVIII)*, ed. by Giorgio Borelli, Verona 1985, pp. 403–451.

25 Wilfrid Brulez, Greta Davos, *Marchands flamands à Venise*, vol. II, Brüssel / Rom 1986; Benjamin Arbel, *Trading Nations: Jews and Venetians in the Early Modern Eastern Mediterranean*, Leiden 1995; Maartje van Gelder, *Trading Places: The Netherlandish Merchants in Early Modern Venice*, Leiden / Boston 2009; Federica Ruspio, *La nazione portoghese. Ebrei ponentini e nuovi cristiani a Venezia*, Turin 2007.

formal protectionism was confirmed during the early years of the seventeenth century. Paolo Santorini – a Venetian jurist – proposed the opening of the Venetian port to foreign ships in order to expand its trade volume. After lengthy discussions between the different magistracies and within the Senate, the proposal was rejected.[26]

The volume of trade between 1570 and 1610 was constantly growing and despite the troubles of the period 1620–1640, the Venetian port never lost its importance in the intermediation of goods, whereas during the eighteenth century it was focused more on northern Europe and on the interregional market. But the growth in the late sixteenth century was remarkable if we consider on the one hand the withdrawal of the Venetian patricians from maritime trade, and, on the other, the growing role of foreign communities in the Venetian economy. How was it possible for Venetian trade to combine its traditional protectionism with openness to foreign merchants? What was the consequence for the broader Venetian economy?

As we have seen in the first section of this chapter, the Venetian trade was organized as a complex system of tax exemptions, exceptions and privileges. We will now analyze those privileges connected to international trade in order to understand their role with respect to the Venetian market policy. The institutional framework of privileges included both individual and collective privileges granted to merchants and/or to single goods or market areas.

The first – and main – commercial privilege that was granted to foreign merchants (including those coming from outside the city, i. e. from the Mainland) was the »privileged citizenship«.[27] This citizenship was divided in *de intus* and *de intus et extra*. The first was granted to people who had lived in the city for 15 years, paying the necessary taxes and allowed them to trade within Venice using the same facilities as the Venetian merchants. Instead, the citizenship *de intus et extra* was granted only after 25 years of residence, and allowed the use

[26] Gaetano Cozzi, *Il doge Nicolò Contarini. Ricerche sul patriziato veneziano agli inizi del Seicento*, Venedig/Rom 1958, pp. 139–140; Sella, Commerci e industrie (n. 15), pp. 38–39; van Gelder, Trading Places (n. 25), pp. 149–151.

[27] Mueller, Immigrazione (n. 10); Bellavitis, Identité (n. 10); see also Isabella Cecchini and Luciano Pezzolo, Merchants and institutions in early modern Venice, in: *Journal of European Economic History* 41,2 (2012), pp. 89–114.

of the same tax exemptions as the Venetian merchants, especially to trade with the Levantine ports. However, they were bound to define themselves as »Venetian« in those ports.

Between the sixteenth and the early seventeenth centuries, there were many foreign merchants amongst the »new« citizens. Sometimes the merchants did not have the necessary requirements for citizenship, but the Venetian authorities granted it nonetheless. Two reasons lay behind this choice: the first concerns their »usefulness« for the Venetian economy; the second, the fact that the merchants were active in some commercial networks of strategic importance for Venice.

Two interesting cases allow a better understanding of these points. The first case refers to some Genoese merchants; the second, to the Melchiorri family, who came from the Mainland and were granted citizenship in 1590 and 1610.

Pasquale Spinola was a Genoese merchant involved in a wide range of commercial activities, but especially in the wool, coral and grain trade between Spain, Sicily and Venice. In 1583 Pasquale asked for citizenship, but he did not possess the necessary requirements. He had lived in Venice for only 23 years and he had not paid all the local taxes. However, his request was accepted because on the one hand he was »an honourable nobleman merchant that has great trade in this city with great benefit for our duties«; on the other, during a time of economic crisis he was able to manage and organize a Florentine galleon which imported grain from Sicily, supplying the *Serenissima*. The Senate then recognized the role of Pasquale Spinola for the Venetian economy and in the following years Pasquale himself started a constant trade of wine and coral from Dalmatia and the Venetian Stato da Mar to Venice and the European markets. Like Pasquale Spinola, Simone Chiavari also asked for citizenship *de intus* without the necessary requirements. However, the *Cinque Savi alla Mercanzia* recognized that he had imported a large amount of Spanish wool, which had made an important contribution to local custom duties, but – especially – to local manufacturers. Finally, Francesco and Ambrogio Marini asked to became citizens *de intus*, emphasising the »great trade that their family always did in Venice« for 70 years and how they would enlarge their business thanks to the privilege granted by the Republic. The Venetian *Cinque Savi alla*

Mercanzia were favourable especially because Francesco and Ambrogio Marini were »honoured merchants amongst the main merchants of the city, having great trade with great benefit to the Venetian duties«. The Venetian Senate recognized Simone Chiavari, and Francesco and Ambrogio Marini as citizens and they started further complex trading activities between the Eastern Mediterranean, the North Sea and the Atlantic.[28]

Merchants from the Venetian Mainland, who were active in long-distance trade, obtained citizenship. The best example is that of the Melchiorri family, who were originally from Conegliano, a small city near Treviso. In 1582 Giacomo Melchiorri was granted the citizenship *de intus* without having the necessary requirements, because his trade made an important contribution to custom duties. The Melchiorri partnership was indeed particularly active in the »Ponentine« trade, where the Venetians suffered the competition especially in the port of the city of Lisbon. In the following years Giacomo started an intensive trade in the Levantine routes, with imports from and export to the Indian markets, thanks to the Venetian agent Alessandro Studentoli.[29] More than 20 years later, in 1612, Giacomo's nephew Giulio, obtained the same privilege of citizen »because of the trade that the Melchiorri partnership carried out in Lisbon, India and the Levant«. In both cases, Venetian citizenship was granted to merchants that were able to open new markets and they made new connections where the Venetian presence was numerically inferior or less competitive.[30] It is necessary to recognize how this type of privilege, which was very closely linked to commercial activities, was also granted to many other foreign merchants, such as the Florentine, Milanese, and Dutch merchants.[31]

[28] Archivio di Stato di Venezia (henceforth ASV), Cinque savi alla mercanzia, b. 138, I serie, c. 108r, 22 March 1590, c. 124v, 20 August 1590. See also Bellavitis, Stratificazione (n. 10); idem, Ars mechanica e gerarchie sociali a Venezia tra XVI e XVII secolo, in: *Le technicien dans la cité en Europe occidentale (1250–1650)*, ed. by Matthieu Arnoux and Pierre Monnet, Rom 2004, pp. 161–179.

[29] ASV, Cinque savi alla mercanzia, b. 137, I serie, c. 77r, 24 January 1582.

[30] ASV, Cinque savi alla mercanzia, b. 143, I serie, c. 159r, 20 August 1613.

[31] See Bellativis, Identité (n. 10); Ruspio, Nazione portoghese (n. 25), pp. 72–73; van Gelder, Trading Places (n. 25), pp. 132–139.

In addition to the individual privileges, which were accorded to non-Venetian merchants through »citizenship«, there was another type of commercial privilege which was represented by the collective privileges, i. e. those accorded to entire foreign trading »communities«. One interesting case is the case of the Flemish merchants who had been exempted for the import of Spanish wool in Venice since 1598. This privilege was renewed at least until 1623 in order to sustain the wool industry, which suffered from a lack of raw material.[32] In 1614, they also obtained the privilege to export raw silk from Venice to northern Europe, exploiting the overland trade and this privilege was renewed until 1640.[33]

The commercial privileges also included single products and/or single market areas. Venetian economic policy generally restricted to »Venetian« ships the privilege to import and export through Venice and the other ports. With this policy, foreign merchants used other Italian ports (such as Leghorn or Ancona) in their trade with the Eastern Mediterranean ports. However, in the late sixteenth century, private shipbuilding in Venice went through a period of crisis and the Venetian Senate started a policy of »openness« to foreign ships. Some foreign ships obtained special privileges to be considered as »Venetian«, with a conspicuous reduction in fees and taxes. Given the »difficult situation in the shipbuilding sector« – as the Senate literally recorded – many exceptions were accorded to ships that did not have the necessary requirements.[34]

However, the Senate also tried to overcome matters in the commercial privileges over a single range of products, as we have seen in the case of wool. Moreover, between the end of the sixteenth century and the early years of the seventeenth century, the Dutch merchant Marco Manart was granted the privilege to import salted fish and *salumi*, whilst the Dutch merchants Francesco Vrins and Giacomo van Lemens were guaranteed the import of Russian hemp for the Arsenale.[35]

[32] On this point see ASV, Cinque savi alla mercanzia, I serie, b. 143, c. 162v, 31 August 1613, b. 146, c. 17v, 4 May 1623.

[33] See VAN GELDER, Trading Places (n. 25), pp. 151–152.

[34] See, for instance, ASV, Cinque savi alla mercanzia, b. 139, c. 5v, 30 April 1593; see also ASV Senato Mar. reg. 42, cc. 7r, 84r, 86r, 98r, 159r.

[35] See VAN GELDER, Trading Places (n. 25), pp. 72–73.

When they accorded these privileges, the *Cinque Savi alla Mercanzia* in particular were careful that those grants did not limit competition among merchants; rather, they focused on the »usefulness« of these products for local manufacturers, who sometimes combined together in their production different »privileged« imported products. Following a clear mercantilist policy, the case of the wool – and later, of the silk – sector is exemplary. In order to sustain domestic production, during the first years of the seventeenth century, the *Cinque Savi alla Mercanzia* expressed a positive opinion in granting merchants privileges for the distribution of ash and alum, as well as wool. The privileges were normally limited to a period of 10–25 years.[36]

What was the impact of these privileges for the Venetian economy, and especially for international trade? It is hard to give a definite answer on this point. Further research, also from a quantitative point of view, seems to be necessary; however, it is possible to advance some preliminary considerations. Given the troubles of the local merchant class in Levantine trade, especially in the first part of seventeenth century, an important role was played by the commercial privileges granted to foreign and local merchants. In various ways, commercial privileges were used to overcome the traditional protectionism and restrictions to Venetian trade; they were also used to enlarge markets and allow business cooperation, especially among Italian merchants. Finally, an important role of commercial privileges was in connection with the local manufacturing: that is, the commercial privileges were the first stage in the development of new manufacturing activities, as the following section will show. However, at the same time the persistence of the privileges reinforced the control of the State over the market, influencing the commercial trends, allowing some groups to enter, but excluding others from the profits of trade. Although there was »openness« to some groups, merchants or products, it is undeniable that privileges took a long time to be granted, specific requirements were asked, entry in the market was always limited and restricted under the control of the Senate and its powerful patrician members. Though a nuanced vision of privileges

36 See ASV, Cinque savi alla mercanzia, I serie, b. 139, c. 25v, 23 September 1598; b. 143, c. 81v, 31 March 1612.

seems necessary to reconsider »Venetian« mercantilism, and mercantilism as such, the strong limits imposed by the Senate on a market-intended policy should not be forgotten.

III. Industrial privileges in the Venetian Republic

This last section offers some general considerations on the complex and evolving configuration of the institutional framework regulating industrial activities in the Venetian Republic from 1500 to 1800, derived from a detailed inquiry of some ceramics manufacturing enterprises.[37] The ceramics industry was chosen as a test case as it involved highly technical skills and had experienced an early shift from craft-guild production to the factory system, which was favoured by the granting of manufacturing privileges to private entrepreneurs.

Craft guilds, merchant entrepreneurs, privileged manufacturers and industrial entrepreneurs organized production in different forms in a context that was strongly conditioned by formal and informal rules. The shift from one form of production to another was paralleled by a change in regulation, but had different timing in various industries, depending on the strategic nature of their products for military power of the State and for the balance of payments, on their competitiveness and success in the international and domestic markets and on the connections with and interference from other activities, from agriculture to urban health, safety and aesthetics.

What considerations can be drawn from an industry study to develop an interpretive framework to be used as a starting point for a more general inquiry into Venetian industrial policy?

Even if some continuity could be seen in the logic of industrial regulation, an exploratory division into periods emphasizes the discontinuities related: to the extension of mercantilist logic from commerce to production after the sixteenth century; to the weakening ability to enforce guild and fiscal rules in the seventeenth century, with the multiplication of ad hoc exceptions and privileges; and to

[37] Giovanni Favero, Old and New Ceramics: Manufacturers, Products and Markets in the Venetian Republic in the 17th and 18th Centuries, in: Lanaro, At the Centre of the Old World (n. 7), pp. 271–315; Giovanni Favero, Privilegi d'industria e diritti di proprietà nelle manifatture di ceramica della Repubblica di Venezia (XVII–XVIII secolo), in: *Quaderni Storici* XLVI (2011), pp. 185–220.

the changing features of these privileges during the eighteenth century, with a gradual shift from monopoly to tax and customs exemptions as a tool to regulate industrial supply.

In a tentative generalisation, it could be said that the structure of the markets for factors involved in industrial production emerged as the result of a series of experiments in the construction of rules and incentive mechanisms, designed in an attempt to reconcile the interests of the State (and of its ruling elites) and the changing attitudes and nature of producers. In this context, rent-seeking activities and fiscal purposes are only some of the elements in the complex evolutionary pattern of Venetian industrial mercantilism, together with a concept of equity based on hierarchy and status, and with a privileged focus on social and political stability implying an explicit aversion toward innovation when it entailed processes of creative destruction.[38]

A crucial issue for the historian is the dynamic interaction between the different values and preferences of the actors that frame their perception of rules, stakes and conflicts. Using this analytical approach, we will show here what emerges from an inquiry into the specific evolution of direct and indirect rules applied to the transfers of items and raw materials, to the use of means of production, and to the mobility of the labour force in a specific industry.

Access to the domestic market in the Republic of Venice was hampered by a number of barriers and local duties, introduced during the fifteenth and sixteenth centuries in order to attract trade flows to the port of Venice and to increase the tax revenue of the State. Exemptions had been granted, however, since the fifteenth century to Mainland cities and communities, and immunities were allowed to foreign citizens and to individual merchants. The very nature of these privileges was ambiguous, hovering between the recognition of a virtual autonomy that the State had no power to question, and the delegation of specific powers and functions by the State itself with the creation of exceptions to general rules.[39]

[38] For the debate about mercantilism, see Ekelund and Tollison, Mercantilism (n. 4); eidem, Politicized Economies (n. 4); Jean-Laurent Rosenthal, The Political Economy of Absolutism Reconsidered, in: *Analytic Narratives*, ed. by Robert H. Bates, Avner Greif, Margaret Levi, Jean-Laurent Rosenthal and Barry Weingast, Princeton (NJ.) 1998, pp. 64–108.

[39] On this issue, see the first section, and Paola Lanaro, *I mercati della Repubblica veneta: economie cittadine e stato territoriale (secoli XV–XVIII)*, Venedig

The case study of the ceramics industry shows one of many similar successions of events that also in other sectors finally led the Venetian authorities to shift from granting exclusive monopolies to those manufacturers who could substitute imports to a preference for other forms of incentive, first and foremost tax exemptions.

The first industrial privileges granted since the seventeenth century to private manufacturers, outside the guild framework, were indeed monopolies on the access to market, namely the exclusive right to sell a specific type of good within the boundaries of the Republic. In the eighteenth century, however, the inability of some monopolists to face the competition of imported goods became evident in many industries.[40]

At the beginning of the third decade of the eighteenth century, the Venetian production of fine ceramics appeared in fact inadequate to face the challenge not only from Dutch majolica, but also from Asian porcelain, which had recently been imitated in Europe by Saxon and Viennese china. This situation drove the political authorities to issue a proclamation in 1728 granting tax exemptions to any manufacturer who applied for them and showed his ability to start production of fine pottery and porcelain, as well as improving the production of majolica. The Venetian authorities chose then to stimulate import-substituting initiatives by granting immunity from internal duties rather than monopoly rights to the producers, in order to encourage a wider dissemination of technical knowledge and its updating in an industry in which innovation was very fast. As explicitly argued in some judgements of the *Cinque Savi alla Mercanzia*, only competition

1999, pp. 86–120. We apply here the distinctions between rights (implying others' duties) and privileges (exemptions from existing duties), and between the power to modify existing rights and the immunity from this power, as proposed by Wesley Newcomb Hohfeld, Some Fundamental Legal Conceptions as Applied in Judicial Reasoning, in: *Yale Law Journal* 23,1 (1913), pp. 16–59, and applied to the historical study of the evolution of property rights by Joshua Getzler, Theories of Property and Economic Development, in: *The Journal of Interdisciplinary History* 24,4 (1996), pp. 639–669.

40 Apart from the case of ceramics, see the case of other activities located in Venice as described in Walter Panciera, The Industries of Venice in the 17th and 18th Centuries, in: Lanaro, At the Centre of the Old World (n. 7), pp. 185–214. For the historical debate on the nature of monopolies, see also Belfanti, Between Mercantilism (n. 6).

among different manufacturers could in fact encourage a constant improvement in production techniques. In contrast, the granting of an exclusive monopoly, however temporary, would leave the fate of national industries at the mercy of the personal and family fortunes of the privileged manufacturers, who could transform their privilege into a rent.[41]

The abolition of the monopolies was, however, a slow process, hampered by the need for the Republic to offer substantial incentives to those who were able to substitute imported goods. Still, the new approach adopted in granting industrial privileges implied at least the possibility to terminate their validity in advance, in cases where the beneficiary failed to produce the expected benefits for the balance of trade and where there were other manufacturers asking for authorization to pursue the same activity.

The reaction of the Venetian authorities to the evolving situation of the ceramics industry shows that favouring competition as a stimulus to improve production did not reflect at all the idea to grant unrestricted access to market for all possible producers. When, for instance, in 1781 the authorities decided to ban the setting-up of new china factories for ten years, an exclusive right was virtually granted not for the benefit of a single monopolist, but to all (the three) existing manufacturers.[42]

Since 1762 monopolies for the entire State were no longer granted to single ceramics manufacturers, although some of them were able to obtain exclusive rights for a more limited territory. It should be stressed, however, that this kind of protection did not prevent the sale of similar products within the exclusive area, but only the establishment of similar types of manufacturing. The explicit purpose of these measures was in fact to protect the manufacturers against direct imitation by potential competitors who might be able to »steal« the secrets of production because of their proximity to an existing factory: in fact, what mattered was control over the circulation of technical knowledge and not the access to markets. On the other

[41] See, for an example of this kind of statement, ASV, Cinque savi alla mercanzia, b. 463, Salmazzo, 15 May 1752.

[42] On this case, the text of the Senate decision is particularly interesting: ASV, Senato Terra, filza 2749.

hand, transport costs could be favourable to the manufacturer who had exclusive territorial rights provided the range was wide enough: these kinds of exclusive rights enhanced the territorial fragmentation of the domestic market created by the presence of domestic duties.

The segmentation of markets was, however, not only a matter of territorial barriers: fiscal measures that exempted some items from the payment of domestic duties had the effect of segmenting the market also in terms of product quality. In fact, a basic distinction emerged in the late seventeenth century between popular and fine wares. The former, cheaper wares were by tradition produced locally, and were in any case subject to the payment of internal duties, which indeed prevented any possible advantage deriving from their production on a larger scale. The latter were instead usually exempted from duties under the privileges granted to their manufacturers precisely because of their ability to substitute imported products.

One might wonder if that policy was really intended to build a unified domestic market in which single manufacturers could compete with each other. The access to tax and customs exemptions was indeed limited to higher-quality manufactures and was subject to prior approval by the *Cinque Savi alla Mercanzia*, who granted exemptions only after careful consideration of the quality of production and of the potential conflicts that could arise between different producers.

An analysis of the arguments advanced in support of granting or refusing to grant these privileges also brings to light frequent references to the temporary nature of the individual privileges provided by traditional guild regulation, which evidently remained a model also for an industry where the guilds no longer played any role. The transition to non-exclusive privileges should then not be interpreted as the direct effect of progressive ideas, although physiocratic texts were circulating among patricians during the second half of the eighteenth century. These ideas probably had some effect since they found expression in the forms of traditional corporative discourse.[43]

[43] See Belfanti, Guilds (n. 5). On the physiocratic debate in Venice, it is still interesting the reconstruction proposed by Giovanni Tabacco, *Andrea Tron e la crisi dell'aristocrazia senatoria a Venezia*, Udine 1980.

In this perspective, the competition between manufacturers could become a tool to foster the development of industrial activities, but had to be carefully regulated not only in order to maintain tax revenues, but also to avoid any threat to the stability of social hierarchies. The very idea of a self-regulating market seemed to be beyond the conceptual horizon of the Venetian ruling class, who would consider it unworkable in the presence of structural inequalities in power and status.[44] However, the gradual abolition of monopolies ultimately led to the emergence of the idea of a market in which all manufacturers could compete with each other, an idea that found full expression in the general reform of 1794 which abolished industrial privileges and domestic customs altogether.

The presence of monopolies, tax exemptions, local exclusive rights and other industrial privileges implied a clear distinction between the ownership of the means of production, and the actual possibility to use them to produce manufactured goods that could be sold only within the constraints imposed by a complex set of rules and exceptions. As seen above, the interplay of trade barriers and tax exemptions created a strong differentiation among manufacturers depending both on their location and on their products.

In particular, a clear distinction existed between the manufactures of Venice and those in the Mainland (*Stato da Terra*). The latter were in fact at disadvantage if compared with the former because of the transport costs and duties that they were in any case bound to pay for raw materials imported through the port of Venice, and to send their final products back to Venice, which was the main market for luxury and high-quality goods. On the other hand, in the Mainland access to local raw materials (clay for ceramics) and to water power was much easier.[45] Institutional and geographical factors then heavily influenced the productive choices of manufacturers, in particular their decisions whether to buy the materials they needed on the market or to get the ownership of the means to produce them on their own.

In this perspective, the case of water mills could be used as a good example of the peculiar status of means of production in that context.

44 Giovanni Levi, Aequitas vs. fairness: reciprocità e equità fra età moderna e età contemporanea, in: *Rivista di Storia Economica* 19,2 (2003), pp. 195–204.

45 See some claims from both parties in ASV, Cinque savi alla mercanzia, b. 455.

The ownership of a mill did not mean at all that it could be used for every possible production: property rights on the mill as an object did not imply the right to exploit and use it at best, as monopolies or exclusive rights granted to other manufacturers could prevent this. This situation was further complicated by the need to obtain also the right to exploit water power, traditionally exercised either by noble landowners or ecclesiastical institutions. Manufacturers could in fact get the ownership of the mills only where new channels were dug or in new territories. In ancient urban centres, the manufacturers usually had to pay to use the mills, or had to rent them from the nobles. In any case, having direct access to the mills made it possible for manufacturers to save a lot of money as they did not have to purchase ground materials, as was the case for the ceramics manufacturers in Venice.

The situation of the manufacturers in Venice was even more problematic where the supply of raw materials was concerned. In fact, as the ability to extract and process raw materials was crucial for cost reduction, the logistics of supply and distribution (i. e. the management of the working capital) was equally important. In this matter, the function performed by the agents operating in Venice on behalf of the manufacturers of the Mainland was decisive: they allowed producers to minimize cash payments and current liabilities by offsetting the expenses for the purchase of imported raw materials with the revenues from the items sold on their behalf in Venice. In this way also the river transport costs could be reduced by using the same full-loaded boat there and back. This explains the manufacturers' efforts to obtain permission to open one or more shops in Venice, the city being a favourite outlet not only because of the demand of its aristocracy for luxuries, but also because of the institutional constraints imposing the transit at Rialto to the goods imported by sea.

For the manufacturers in Venice it was impossible to apply the same offsetting strategy to the supply of materials from the Mainland: contracts with suppliers had to be regularly settled in cash, as the final products were sold for cash in the Mainland at fairs and by pedlars. Here is another element explaining the financial difficulties of Venetian manufacturers, who usually asked the Venetian authorities for subsidies in compensation for their investments, sometimes justifying this request with the impossibility to exploit the customs exemptions on imported materials, because of the need not to make their ingredients common knowledge.[46]

This last point gives a clear indication of the possible trade-off between the public nature of the privileges granted by the State and the need to keep the techniques and materials in use confidential. This need became all the more pressing as the Venetian authorities started rejecting any demand for monopoly rights, allowing only limited territorial privileges. In this situation, access to market and control over the means of production were no longer enough to achieve a stable position without the ability to obtain and protect technical knowledge.

As the grant of monopolies became rare, in the petitions asking for industrial privileges in the ceramics industry it became usual to ask for official approval of the internal regulations on labour.[47] The explicit purpose of those norms was primarily to prevent the mobility of the workforce, as the training costs borne by privileged manufacturers could end up by favouring their competitors.

The link established between labour discipline and the control over the circulation of technical knowledge, which in some industries was the main asset at stake, however, posed some problems. The discrepancy between the object and the purpose of the regulations made it impossible to sanction those manufacturers who eventually succeeded in imitating the products of their competitors by attracting their workers: in fact they could rightfully ask for the same privileges, which they were almost always granted.

By granting its official approval to the regulations on labour, the State invested the manufacturers with a power of control over their workforce they had not exercised before. The imposition of an »internal and external« discipline undermined, at least in principle, the high mobility that free labour enjoyed in early-modern times.[48]

46 See for an example the petition in ASV, Senato Terra, filza 2418, Cozzi.

47 The first labour regulation officially granted to a ceramics manufacturer is in ASV, Cinque savi alla mercanzia, Diversorum, b. 463, Antonibon, 8 April 1732. See in the same box the details of a trial started in the failed attempt to enforce these regulations in the 1760s.

48 On this point, see Andrea Caracausi, *Dentro la bottega: culture del lavoro in una città d'età moderna*, Venedig 2008.

Perhaps it was precisely because these regulations contrasted with tradition, that their enforcement proved quite impervious where the parties had recourse to legal proceedings. Rather, they performed a dissuasive function, at least until the outcome of the few actions brought against the workers infringing them showed that it was in fact still possible for those who acquired precious skills to move from one factory to another in pursuit of higher wages or even to start to manufacture on their own.

In the final decades of the eighteenth century, the attitude of the Venetian authorities became increasingly favourable to a multiplication of competing manufacturers: in renewing privileges granted in the ceramics industry, the clauses providing for exclusive territorial rights were abolished in most cases, except for new or peculiar typologies.

The use some ceramics manufacturers were able to make in this context of the lease contract as a tool to prevent possible imitators from using existing kilns is particularly interesting. By accepting the inclusion in the contract of clauses limiting the use of the kilns, their owners waived their right to start a manufacture or rent it to other entrepreneurs who were able to do so.[49] The rent could then be interpreted as the price they were paid for this waiver. If signing the lease contract meant accepting its constraints, it is possible to understand the paradox in which the owners themselves were sometimes members of the same partnership who rented the kilns: the actual purpose of the contract was indeed to inhibit competition.

If the lease contract was used as a tool to bind the means of production against the payment of a rent to the owner, the partnership was instead the favourite means to prevent potential competitors from starting an independent activity, allowing them to get involved in the management of existing manufactures and offering in exchange a share in the profits. It performed the function of allowing the participation of the holders of entrepreneurial and technical skills, capital, or special relationships with the political authorities or the ruling elite.

[49] For an example, see the documents from a private archive cited in: Giuliana Ericani, Paola Marini and Nadir Stringa (ed.), *La ceramica degli Antonibon*, Mailand 1990, p. 34.

Conclusion

In conclusion of this short overview of the formal and informal rules governing ceramics manufacturing production in early-modern Venice, it is worth drawing some general considerations.

The first is that the very concept of innovation takes on a special meaning in the context described here, as it was in fact a tool to get access to the privileges granted by the mercantilist State to innovators. The competitive advantages deriving from the introduction of an innovation are therefore not immediately distinguishable from those deriving from the related privileges. On the other hand, the mercantilist definition of innovator for the sake of privilege granting was generally limited to import-substitution or (rarely) to export-intended »innovations«: it favoured the imitation of imported products rather than radical innovations, whose commercial success was not guaranteed.

Secondly, the privileges granted to innovators included rights and exemptions that protected them only indirectly from the emergence of competitors and imitators. In the traditional regime based on Roman law, no kind of formal intellectual property rights existed, since it was not possible to claim rights over ideas.[50] In this situation, the manufacturers resorted to a variety of tools to prevent others from benefiting from the technical knowledge they had acquired and exploited, or to maintain a virtual, if not a legal monopoly on an originally »innovative« production.

It is therefore possible to interpret exclusive rights on the exploitation of some techniques as »patents« only metaphorically.[51] The best example is perhaps provided by labour regulations that indirectly affected the circulation of technical skills, but the same monopolies

50 The concept of property on discoveries (with temporary monopoly on their exploitation) was introduced in continental Europe with the French Revolution and in England during a conflict between the Parliament and the Crown on monopoly privileges, in a context very similar to the one studied in this paragraph: see Adam Mossoff, Rethinking the Development of Patents: An Intellectual History, 1550–1800, in: *Hastings Law Journal* 52 (2001), pp. 1255–1322.

51 On this issue, an assessment of the debate was proposed by Stephan R. Epstein, Property Rights to Technical Knowledge in Premodern Europe, 1300–1800, in: *American Economic Review* 94,2 (2004), pp. 382–387.

granted to manufacturers concerned their exclusive access to the domestic market, and not the innovation in itself. Such an »indirect« regulation actually proved ineffective to block the circulation of technical knowledge.

But interpreting this situation as the simple result of the absence of appropriate institutions protecting intellectual property rights prevents us from understanding the same logic of an institutional system that was radically different from the modern one. The very absence of intellectual property makes of mercantilism a privileged laboratory to study the wide range of institutional solutions adopted in the attempt to resolve the trade-off between the need to reward and protect innovators, and to avoid the creation of rent positions blocking innovation.

This paradox was usually (and still is) solved by granting temporary rights to the exclusive exploitation of innovation. The case studied here, however, shows that where this solution proved not effective, the public authority could opt for incentives other than monopoly granting. The very fact that the essential link between innovation and monopoly was explicitly put into question casts some doubts on the general interpretation of mercantilist policies as the creation of rent positions in order to increase tax revenues. Mercantilism should rather be interpreted as a series of empirical measures adopted in order to promote a surplus in trade balance and ensure the sustainability of supply, in some cases by hampering market competition and in other ones by encouraging it. In this oscillation it is, however, possible to observe a progressive shift towards a competition freely limited by means of private agreements. The increased use of lease and partnership contracts as a tool to bind competition without resorting to the State authority in the late eighteenth century makes evident a change that would find full expression in the reform of 1794, which finally abolished all industrial privileges together with domestic duties.

Privilèges et concurrence: le transport routier de marchandises en France au XVIIIe siècle

Anne Conchon

Même s'il est menacé à plus ou moins longue échéance par une possible ou une prochaine ouverture à la concurrence, le monopole domine à l'heure actuelle encore largement dans le secteur des transports (taxis, chemins de fer et poste). Certains de ces monopoles dits légaux ou historiques s'expliquent en partie dans la théorie économique par la notion de « monopole naturel » qui désigne une configuration où l'importance des coûts est telle qu'il est plus efficace que la demande soit satisfaite par une seule entreprise plutôt que par plusieurs en situation de concurrence. Les privilèges seraient-ils dès lors liés aux propriétés économiques singulières des transports?

Sous l'Ancien Régime, comme un grand nombre d'activités de production et d'échange, l'offre de service de transports urbains et interurbains étaient fortement structurée par les privilèges (ferme générale des postes, messageries, coches et diligences, carrosses de place ou de remise, voitures suivant la Cour...). La plupart d'entre eux étaient des monopoles absolus qui se caractérisaient non seulement par la présence d'un seul opérateur mais aussi par l'obligation de recourir à celui-ci. Instauré par décision royale au profit d'un organisme ou d'un particulier, le privilège pouvait recouvrir des formes diverses. S'il consistait généralement en un monopole d'exploitation d'un segment de marché ou d'une gamme de services, le privilège pouvait aussi concerner des critères techniques (la vitesse de circulation, la régularité des dessertes, la fourniture de chevaux...). Le périmètre d'exploitation constituait également un enjeu primordial dans la définition du privilège sur une ligne de transport ou à l'échelle du royaume. Le privilège pouvait enfin s'apparenter à une rente de monopole négociée par l'opérateur en échange d'un accès au segment de marché qu'il contrôlait, comme dans le cas du billet de permission ou droit de permis, dont devaient s'acquitter les voituriers qui se chargeraient du transport des voyageurs sur des routes normalement desservies par les messageries, en échange d'un tiers du prix des places.[1] Cette structuration de l'offre de transports a d'ailleurs largement et durablement imprimé l'historiographie, la plupart des travaux disponibles s'attachant à l'étude d'un service privilégié.

Dans le cadre de cette contribution qui n'est qu'un premier jalon d'une recherche en cours, je limiterai mon propos aux seuls transports marchands pour compte d'autrui (c'est-à-dire lorsque l'expéditeur fait appel à des prestataires de transport) que se disputent le roulage et les messageries.[2] En interrogeant les contentieux, et plus particulièrement ceux suscités par la reconfiguration du secteur du fret à la fin du XVIIIe siècle, dans un contexte de forte croissance des trafics et de recomposition des logiques modales impulsée par l'extension et l'amélioration des dessertes routières, il s'agit de comprendre à travers les discours des différents acteurs concernés – fermiers ou sous-fermiers de messagerie, marchands, commissionnaires auxquels s'adressaient des négociants ou des particuliers qui avaient des marchandises à expédier ainsi que les rouliers qui cherchaient des cargaisons à transporter, et dans une moindre mesure les voituriers – ce qu'ils révèlent de la valeur et de l'utilité économique des privilèges.

Après avoir rappelé comment l'offre de transport marchand est structurée par les privilèges,[3] nous verrons que les messageries s'attachèrent à défendre jalousement leurs prérogatives jusqu'en 1775, pour ensuite disputer au roulage le marché concurrentiel de la commission de transport.

I. Les privilèges dans la structuration du fret

Dans le cadre d'une offre segmentée par la logique des privilèges et qui s'est structurée au fil de la législation, la coordination entre les

[1] Paul Davenas, *Les Messageries royales*, Paris (les Presses modernes) 1937, pp. 80–86.

[2] Une grande partie des expéditions sur de courtes distances se faisait par ailleurs en compte propre, c'est-à-dire que le transporteur était propriétaire de la cargaison et organisait son acheminement avec ses propres moyens.

[3] Patrick Marchand, *Le Maître de poste et le messager: une histoire du transport public en France au temps du cheval 1700–1850*, Paris (Belin) 2006.

différents opérateurs qui intervenaient dans les transports marchands procède par différenciation de leurs prestations et du poids des envois.

Alors qu'aujourd'hui la messagerie se limite au seul transport des marchandises, initialement il s'agissait d'un système mixte de transport.[4] Au XVIIIe siècle les messageries, qui dépendaient de la ferme des postes jusqu'en 1775, se chargeaient d'opérer, outre le transport des voyageurs et des prisonniers,[5] le convoiement des métaux précieux, l'acheminement des pièces de procès civils et criminels,[6] l'expédition de paquets d'un poids inférieur à 50 Livres pesant (Lp).[7] Jusqu'en 1676 des services des messageries universitaires, urbaines ou royales avaient disputé aux messagers royaux puis aux maîtres de courrier le droit de transporter lettres et paquets. Les petits messagers de l'université de Paris ou des établissements provinciaux (Caen, Nantes, Orléans et Bourges), chargés originellement de transporter les lettres, les paquets et les espèces monnayées pour des étudiants étrangers, assuraient aussi la distribution du courrier pour le compte de particuliers. Plusieurs villes (Toulouse, Bordeaux, Toulon, Gap...) avaient aussi précocement organisé des services de messageries qui conjuguaient l'acheminement des voyageurs et des petits colis, le transport du courrier sur des routes jugées insuffisamment rémunératrices ou desservies par les officiers royaux. À partir de 1676, la monarchie fit racheter l'essentiel de ces lignes universitaires et municipales, qui ressortissaient désormais du monopole du fermier général des postes et messageries.[8] Tandis que l'acheminement

4 ANTOINE BEYER, *Géographie des réseaux de transport. Morphologies et dynamiques territoriales des services de messagerie*, Paris (thèse, Université Paris-XII) 1999.

5 Archives Nationales (AN), AD XI 56, *Code voiturin, ou recueil des édits, déclarations, lettres patentes, arrests et reglements concernant les fonctions, droits, privilèges [...] des messagers royaux [...] et autres voituriers publics*, t. 1, Paris (Prault) 1773, pp. 485–487, arrêt du Conseil (23 août 1690) qui maintient les messagers dans le droit exclusif de conduire, seuls les prisonniers, & de porter tous procès civils et criminel, enquêtes et autres procédures; IBID., pp. 670–671, arrêt de la cour de Parlement (15 mai 1709) qui maintient les fermiers des messageries dans le droit de conduire, seuls, les prisonniers.

6 Code voiturin (n. 5), t. 1, pp. 485–487, arrêt du Conseil (23 août 1690).

7 En février 1745, un arrêt du Conseil accordait aux messageries le monopole des messageries sur le transport des paquets pesant moins de 50 livres: AN, AD IX 458. Ce critère de poids perdure encore aujourd'hui, les services de messageries effectuant la collecte et la distribution d'envois de moins de trois tonnes.

8 EUGÈNE VAILLÉ, *Histoire générale des postes françaises*, t. 4, Paris (Presses Universitaires de France) 1947.

du courrier devenait désormais la seule prérogative de la poste aux lettres, les attributions exclusives dévolues aux messageries se précisèrent progressivement. L'arrêt du Conseil du 25 juin de 1678, qui s'efforçait de clarifier les différentes prestations de transport, leur assura le monopole sur le transport des prisonniers et des pièces de procès.[9] Par un arrêt du Conseil du 8 août 1681 qui interdit aux rouliers de louer des chevaux et de conduire des personnes, elles obtinrent le monopole du transport des métaux précieux et des ballots d'un poids supérieur à 50 Lp (env. 25 kg). En 1684, les messageries se virent en outre reconnaître le privilège d'entrepôt pour les marchandises circulant sur les routes qu'elles desservaient. Il est admis que le privilège constituait une contrepartie d'obligations contraignantes relatives à la régularité du service, les messageries, au même titre que les coches par eau, étant tenues d'assurer des départs réglés c'est-à-dire fixés à l'avance certains jours de la semaine. Conçu comme une « indemnité du service fixe et journalier », le privilège était aussi un moyen de « soutenir des établissements onéreux ».[10] Des contraintes de coût liées à la finance de l'office puis au prix des fermes,[11] auxquels venaient s'ajouter de lourds investissements (location de bureaux, acquisition et entretien des voitures, achat des chevaux, approvisionnement en fourrages, charges salariales des postillons…), pesaient en effet sur les conditions d'exploitation.[12] Les privilèges consentis aux messageries étaient donc censés réduire l'incertitude d'une rentabilité douteuse, en sécurisant par un dispositif juridique – la concession d'un monopole assorti d'un tarif – des prestations d'autant plus coûteuses qu'elles devaient répondre à un cahier des charges précis.

A contrario le roulage, comme d'ailleurs le transport par eau, était une activité libre. L'État ne légiférait pas sur l'entrée dans la profession de roulier, de même qu'il ne prévoyait pas d'enregistrement ou de délivrance de licence pour créer une entreprise de transport. Tout

9 Code voiturin (n. 5), t. 1, p. 336 et AN, AD IX 457.

10 AN, F^{12} 1510, « Observations sur le mémoire intitulé examen de la question &ca ».

11 La commission créée en 1775 pour liquider les indemnités dues aux propriétaires et fermiers des messageries réunies au Domaine permet de se faire une idée des sommes en jeu.

12 AN, F^{12} 1509, « Mémoire » (1773).

au long du XVIIIe siècle, les différentes sollicitations pour établir des privilèges dans ce secteur furent d'ailleurs déboutées.[13] En fait l'activité du roulage se définit par défaut en creux des monopoles accordés aux loueurs de chevaux,[14] à la ferme des postes et messageries et à d'autres services de transport privilégiés. Pour ne pas circonvenir le monopole de la poste aux lettres, le transport du courrier était interdit aux voituriers qui n'étaient autorisés à se munir que de lettres de voiture « ouvertes » (c'est-à-dire non cachetées) pour accompagner le chargement.[15] C'est par paquet cacheté que les lettres de voitures originales étaient adressées par la poste au destinataire de la cargaison.[16] L'arrêt du Conseil du 24 janvier 1684, promulgué pour apaiser les contestations continuelles entre messagers et voituriers en clarifiant leurs champs d'activité, enjoint aux rouliers d'utiliser leurs propres chevaux, de pas fixer des départs réguliers[17] et de ne pas agréger plusieurs petits paquets de façon à constituer des ballots plus volumineux. En outre ce texte défendait formellement aux rouliers de disposer d'entrepôts dans les villes et sur les routes, c'est-à-dire de magasins pour déposer leurs marchandises avant de les réexpédier, d'y user de balances et d'y tenir des registres paraphés par les juges du lieu pour noter les voyageurs et les marchandises qu'ils chargeaient.[18]

[13] C'est le cas par exemple de Defarnon, entrepreneur de transport, qui en 1740 demanda à jouir de l'exclusivité des transports pendant vingt ans sur la route Limoges-Bordeaux-La Rochelle: voir Olivier Le Gouic, De l'Atlantique à la Méditerranée. La réorientation du commerce colonial de Lyon au XVIIIe siècle, in: *Revue d'histoire maritime* 13 (2011), p. 126.

[14] L'arrêt du 8 août 1681 interdit aux rouliers de louer des chevaux.

[15] Code voiturin (n. 5), t. 1, pp. 353–385.

[16] AN, F[12] 1512, lettre de M. Godinot au Contrôleur général (avril 1785).

[17] Un arrêt du Parlement du 30 mars 1676 interdit aux rouliers de partir le même jour que la messagerie de Paris-Saint-Quentin-Noyon. Davenas, Messageries (n. 1) p. 27 cite une ordonnance du 27 janvier 1694 qui interdisait aux bateliers du Rhône de faire partir des bateaux les mêmes jours et veilles des départs des cochers d'Avignon.

[18] Pour des raisons strictement financières, des offices de commissaires-contrôleurs furent créés en septembre 1704 pour contrôler les expéditions assurées respectivement par les messageries et par des rouliers. À peine un mois après leur institution, ils étaient supprimés comme les offices de courtiers-facteurs et de commissionnaires des rouliers établis l'année suivante: Code voiturin (n. 5), t. 1, pp. 615–622, pp. 629–634 et pp. 726–728; AN, F[12]1509.

Entre le roulage et les messageries, la distinction repose non seulement sur la nature du service mais aussi sur un critère de poids des envois.[19] Au roulage revenait le transport des denrées et des marchandises en vrac ou conditionnées dans des conteneurs divers (tonneau, ballot, caisse…) d'un poids supérieur à 50 Lp.[20] La seule qualification des expéditions ne renseigne guère sur la répartition des trafics entre le roulage et les messageries, même si le terme de « paquets », qui désigne tout à la fois un assemblage de lettres et de courrier, et un colis de marchandises liées et enveloppées (étoffes, gants, bas…), semble prioritairement employé pour les secondes.[21] Le privilège des messageries s'appliquait non seulement aux petits paquets chargés par les marchands qui empruntaient la diligence mais aussi aux expéditions confiées par des particuliers qui n'étaient pas passagers. Bien que les raisons qui ont décidé du seuil de 50 Lp censé départager la messagerie du roulage ne soient pas explicitées, on peut raisonnablement penser qu'il s'agit d'un moyen de ne pas ralentir la vitesse de voitures consacrées prioritairement au transport des voyageurs en les alourdissant par des balles plus pesantes.[22] De toute façon pour les marchandises lourdes et encombrantes, il n'était guère possible d'utiliser les mêmes voitures que celles affectées au transport des voyageurs. Ces véhicules offraient une capacité d'emport variable selon leurs caractéristiques techniques mais nécessairement limitée pour le transport des bagages et des paquets: alors que dans les chaises le volume des marchandises excédait rarement 200 Lp, les fourgons pouvaient convoyer jusqu'à 1000–1400 Lp.[23]

[19] Code voiturin (n. 5), t. 1, pp. 383–385; AN, F[12] 1510. Cet arrêt fut confirmé par les arrêts du Conseil des 12 juillet 1701 et 27 août 1703.

[20] Les loueurs de chaises en Languedoc, encore appelés voiturins, revendiquaient également le droit de transporter des ballots pour le compte de particuliers autres que leurs passagers: AN, V[7] 408, arrêt du Conseil du 1er juillet 1762.

[21] Denis Woronoff, *Histoire de l'emballage en France du XVIIIe siècle à nos jours*, Valenciennes (Presses Universitaires de Valenciennes) 2014. Un arrêt du Conseil en date du 8 février 1683 règle la manière d'emballer les marchandises transportées par messagerie.

[22] De la même façon, la définition légale stricte du contrat de messagerie fixe aujourd'hui à trois tonnes la limite pondérale des envois.

[23] René Favier, Les messageries royales entre Lyon et Grenoble au début du XVIIIe siècle, in: *Cahiers d'histoire (du Comité historique du Centre-Est)* 20, 4 (1975), p. 460.

Certaines berlines mises en circulation par les fermiers de messagerie étaient équipées de « magasins » à l'avant et à l'arrière pour accueillir de tels chargements.[24] Quant aux carrosses, diligences et coches par eau, qui partageaient avec les messageries le transport des voyageurs munis de leurs bagages, ils ne pouvaient charger que jusqu'à 30 Lp (environ 15 kg) par personne, de façon à ne pas léser les intérêts du sous-fermier qui exercerait le service de messagerie sur le même itinéraire.[25] Cette différenciation réglementaire par le poids pouvait également mettre en jeu une différenciation commerciale des expéditions en termes de valeur: aux messageries revenait prioritairement le transport de marchandises de prix.[26] Réservées à des envois légers et de détail, les messageries ont vraisemblablement profité de l'évolution d'une demande de plus en plus orientée vers des consommations de luxe et de demi-luxe. Même si le poids de la messagerie, qu'il s'agisse du nombre et de la taille des entreprises ou de leurs trafics (chiffres d'affaires, tonnages expédiés...), reste difficile à apprécier à l'échelle de la filière des transports, l'acheminement des voyageurs représente leur activité principale et dégage la majeure partie de leurs recettes.

Les logiques d'acteurs ou d'entreprises, pour autant qu'on puisse les saisir, s'affranchissent toutefois des lignes de partage que le privilège était censé instaurer entre les prestations de transport. Il est avéré que les mêmes entreprises de transport pouvaient exercer conjointement le roulage et la messagerie, qui constituait rarement une activité à part entière sauf pour des entrepreneurs disposant de moyens importants. Michel Morel, à la tête d'une entreprise de transport, était ainsi dans le même temps directeur des messageries royales entre Lyon et Grenoble (1732–1733).[27] Des commissionnaires pouvaient également être intéressés aux affaires des fermiers des messageries.[28]

24 AN, V^7 408, arrêt du Conseil (1er juillet 1762).

25 AN, F^{12} 1509, « Observations sur le titre 7 du projet de Règlement concernant les messageries, coches, carrosses et le roulage ».

26 Favier, Messageries (n. 23), p. 468 (gants, chapeaux, peaux, fromages...). Les demandes d'indemnisation pour dommages ou pertes (AN, V^7 406–410) mentionnent également des articles tels que des pelleteries, des charcuteries et ratafias, des dentelles...

27 Favier, Messageries (n. 23), p. 455.

28 Jacqueline Roubert cite l'exemple des chargeurs Carmagnac-Perrin qui jusqu'en 1762 étaient intéressés au quart de la ferme des coches et diligences

Des entreprises de roulage furent du reste absorbées par des sous-fermes des messageries à la faveur du mouvement de concentration des baux qui profita dans la seconde moitié du XVIIIe siècle aux grandes firmes à même de mobiliser un important capital d'exploitation dans un contexte d'augmentation des coûts (fourrages, prix des chevaux...).[29] On sait par ailleurs que parmi les soumissionnaires à ces baux de messagerie figuraient en bonne place des voituriers, des aubergistes, des marchands...[30] Symétriquement les fermiers de messagerie pouvaient être amenés à sous-traiter le transport de marchandises à des voituriers dont ils se portaient garants. Alors qu'il était formellement prohibé aux fermiers des coches et des carrosses de se livrer au roulage à peine de 100 livres tournois (liv. t.) d'amende, un tel interdit ne concernait pas a priori les messageries.

Alors même que la concession des privilèges impose une stricte spécialisation des services qui repose en principe sur une segmentation technique et commerciale des transports de marchandises, les positions des acteurs dans le secteur révèlent en fait des combinaisons d'intérêts. Les expéditions elles-mêmes pouvaient également sur de longues distances faire alterner l'usage de la messagerie avec l'emploi d'un roulier.

II. La défense du privilège

La concession de privilèges est a priori un mode de coordination censé définir et réglementer précisément les champs d'exploitation respectifs et limiter ainsi les possibilités de contentieux. Or, dès le début du XVIIIe siècle, la monarchie dut arbitrer entre les intérêts catégoriels des services de transport en principe complémentaires mais de fait souvent concurrents.[31]

entre la Franche-Comté et Strasbourg: Jacqueline Roubert, Essai sur les transporteurs de marchandises en relation avec le commerce lyonnais au XVIIIe siècle, in: *Actes du 92e Congrès national des sociétés savantes,* t. II, Paris (Bibliothèque nationale) 1970, pp. 117–118.

29 L'entreprise lyonnaise Chiquet et Canac fut ainsi rachetée par les messageries: ibid., p. 109; Marchand, Maître de poste (n. 2), pp. 54–57.

30 Ibid., p. 50.

31 Les transports publics parisiens connaissent au XVIIIe siècle une situation contentieuse assez semblable, comme l'a montré Dominique Margairaz, L'invention du service public: entre 'changement matériel' et 'contrainte de nommer', in: *Revue d'histoire moderne & contemporaine* 52, 3 (2005), pp. 10–32.

La ferme des postes et messageries engagea de nombreuses procédures pour faire respecter les droits des messagers et préserver l'intégrité de leur privilège d'atteintes susceptibles de léser les fermiers et leurs sous-fermiers, et de faire diminuer le prix des baux. Les messageries pouvaient se prévaloir d'une juridiction spécifique pour défendre leurs droits: créé en 1676, le Bureau des Postes et messageries vit ses compétences élargies en 1679 au suivi des contentieux occasionnés par l'application du règlement sur les messageries.[32] Même si les litiges qui y furent introduits à propos du transport de marchandises semblent peu nombreux au regard de l'objet d'autres instances et portent majoritairement sur la responsabilité en cas de perte ou de dommages, les messageries s'employèrent, en y recourant, à préserver l'intégrité des privilèges qui leur avaient été concédés, contre les propensions du roulage à empiéter ou « entreprendre sur » leurs droits, soit en transportant des passagers, soit en chargeant des articles d'un poids inférieur à 50 Lp.[33] Une trentaine de contentieux sont également signalés dans le code voiturin entre 1678 et 1747. Dans les plaintes adressées au Bureau du commerce qui évoquent plusieurs cas de saisies, les amendes encourues ou requises renseignent sur la valeur que les messageries accordaient à leur monopole. Un jugement rendu par les commissaires du bureau des postes et messageries le 27 août 1684 condamna six hôteliers parisiens accusés d'avoir enfreint l'interdit d'entrepôt à 500 liv. t. chacun.[34] En 1760, c'est une amende de 3000 liv. t. que les fermiers des carrosses et des messageries réclamèrent à l'encontre de Petau Le Duc pour la même violation…[35]

Un des points majeurs de crispation entre les messageries et le roulage concerne en effet l'entrepôt qui constitue un dispositif névralgique dans la chaîne logistique des transports au long cours, en rassemblant des marchandises de provenances diverses et à

32 En avril 1777 il fut décidé que les contestations concernant l'exploitation des messageries seront portées en première instance devant le lieutenant général de police de Paris et en province devant les intendants, avec procédure d'appel au Conseil.

33 AN, V[7] 406–410. Les mémoires adressés au Bureau de commerce signalent plusieurs de ces contentieux.

34 Code Voiturin (n. 5), t. 1, pp. 390–402.

35 AN, F[12] 1510, « Mémoire » (1773).

l'adresse de plusieurs destinataires. Il était en effet matériellement impossible d'entreprendre un long voyage avec le même roulier depuis le chargement de la cargaison jusqu'à sa livraison. On a vu qu'en vertu de l'arrêt de 1684 seules les messageries étaient habilitées à disposer d'entrepôts dans les villes et le long des routes qu'elles desservaient. Il faut entendre par « entrepôt », non pas les magasins situés dans les cinq grosses fermes pour stocker les produits exportés en dédouanement dans un délai de six mois (définition la plus courante dans les dictionnaires de l'époque), mais le fait pour les voituriers de décharger des marchandises et d'en recharger d'autres avant de poursuivre leur route. Cette opération, qui permettait de grouper des expéditions à destination de la même ville ou pour les rouliers de trouver une cargaison de retour, se faisait dans les locaux des commissionnaires mais aussi communément dans les auberges où logeaient les voituriers. Les messageries les suspectaient d'y assembler des paquets adressés à des destinataires différents pour former des ballots d'un poids supérieur à 50 Lp.[36] Devant l'étendue de la proscription contenue dans l'arrêt de 1684, les six corps des marchands de Paris,[37] des commerçants et des voituriers se récrièrent et obtinrent par l'arrêt du Conseil du 2 avril 1701 que soit reconnu le rôle crucial de leurs facteurs et de leurs correspondants. L'arrêt du Conseil du 12 juillet suivant, obtenu sur la requête de la ferme des postes et messageries pour corriger toute ambiguïté dans le texte précédent, réaffirma leur privilège exclusif des messageries à pouvoir disposer d'entrepôts sur les routes, pour réceptionner tous les paquets de moins de 50 Lp et accessoirement les chargements plus lourds qui leur seraient confiés.[38] Les marchands se voyaient quant à eux confirmés dans la liberté d'expédier à leur correspondant ou commissionnaire les caisses et les ballots d'un poids supérieur à 50 Lp par les voituriers de leur choix, mais ces derniers avaient l'interdiction d'adresser ou de laisser en dépôt leurs cargaisons à des hôteliers ou à des aubergistes. Des contentieux similaires existent pour le transport fluvial entre mariniers et propriétaires de coches par eau. Sur le Rhône par exemple, le concessionnaire des coches intenta en 1766 un

36 Roubert, Essai (n. 28), pp. 108–109.
37 AN, F^{12} 1510.
38 Code voiturin (n. 5), t. 1, pp. 560–563.

procès à la maison Henry et Compagnie au sujet du droit d'entrepôt le long du fleuve.[39] La législation obtenue par les messageries avait pour objectif d'encadrer les ruptures de charge de façon à prévenir d'éventuelles atteintes au monopole des messageries sur le transport des marchandises de faible poids. Dans une certaine mesure, elle rejoignait les intérêts des marchands qui, dans les lettres de voiture qu'ils remettaient aux voituriers, prenaient la précaution d'indiquer que le transport devait être fait « sans remise ni décharge » sous peine de diminution du prix de la voiture. L'arrêt de 1701 n'en continua pas moins à susciter la défiance des milieux négociants avec des arguments qui resurgiront dans les dernières décennies du XVIIIe siècle.[40]

Les tensions au sein de la filière des transports routiers révèlent toutefois que les fronts étaient loin d'être figés et que les lignes d'affrontement pouvaient fluctuer au gré des intérêts. À l'examen des contentieux portés devant la commission des postes et messageries au cours du XVIIIe siècle, la compétition économique se jouait essentiellement à l'intérieur du cadre privilégié, notamment entre les messageries d'une part, et les coches, les litières, les loueurs de chevaux, les voitures suivant la Cour d'autre part.[41] Ouvertement en conflit sur la question de l'entrepôt, rouliers et messageries n'hésitaient pourtant pas à faire front commun au Bureau du commerce contre les soumissions et la concession de nouveaux privilèges.[42] En décembre 1723, une compagnie de financiers au nom de François Rochefort obtint par Lettres Patentes le privilège exclusif pendant vingt ans d'établir des bureaux et des magasins pour les rouliers sans que les marchands soient obligés d'y recourir. Devant les récriminations conjuguées des six corps des marchands de Paris et du fermier général des postes et messageries, au motif que cette décision constituait une atteinte au monopole d'entrepôt, ce privilège fut finalement révoqué en septembre de l'année suivante.[43] De

39 Roubert, Essai (n. 28), pp. 108–109.

40 AN, F^{12} 1509, « Mémoire des fermes de messageries de Bretagne, Rouen et autres, contre les réclamations de la Chambre de commerce de Rouen » (1732).

41 AN, V^{7} 407–409.

42 AN, F^{14} 168, affaire du coche sur le canal Briare (1738).

43 AN, F^{12} 1510, arrêt du Conseil (12 septembre 1724) et AD IX 458; voir Davenas, Messageries (n. 1), pp. 89–90.

même, les projets de Jean-François Ricard en 1751–1752 de centraliser l'activité de commission furent déboutés par le Bureau de commerce saisi par les six corps des marchands de Paris.[44] L'arrêt du Conseil du 13 mai 1760, qui autorisait finalement un négociant d'Orléans Jean-Baptiste Petau Le Duc autant que tout autre commissionnaire à établir des « magasins de dépôt pour les marchandises à voiturer par les rouliers & autres voituriers par terre », décida les fermiers des messageries à engager une nouvelle procédure au Conseil des finances et de commerce.[45] Ce privilège fut révoqué en 1778 au motif que « ce droit, dont il n'a pas usé, a été confié par la suite à la ferme des messageries. »[46]

Le privilège suscita ainsi une vive activité procédurière qui avait pour but de préciser ou de réaffirmer les contours juridiques de l'activité de fret et de définir le rôle des différents intervenants, les acteurs ne pouvant faire l'économie d'un fort investissement juridique pour préserver les positions acquises, quitte à en conquérir de nouvelles.

III. La concurrence du privilège

Dans le dernier tiers du XVIIIe siècle, à l'occasion des réformes dans leur régime d'exploitation, les messageries vont chercher par le privilège à se repositionner dans une configuration de l'offre de transport, dont les cadres juridiques étaient restés inchangés depuis le statu quo obtenu au début du siècle. Les grammaires de l'argumentation déployée tant par les marchands pour dénoncer une stratégie d'intégration des prestations, que par les fermiers des

44 AN, G^1 127 (1–2); AN, F^{12} 1509, « Copie de l'avis des députés du commerce du 5 décembre 1753 sur la proposition d'établir sous une seule direction différens bureaux dans Paris et ses faubourgs, auxquels les rouliers seront tenus de s'addresser pour prendre les chargemens qu'ils voudroient voiturer en quelque lieu que ce soit ».

45 AN, F^{12} 1510, « Requête des Fermiers des carrosses et messageries » (s. d.). Le dossier fut transmis par la commission des postes et messageries dépendant du Contrôle général à Trudaine en 1773. L'avis du bureau de commerce, rendu en juillet 1774, était de les débouter. L'instance était encore pendante au Conseil des finances et de commerce en 1779.

46 AN, E 2546, fol. 90, arrêt du Conseil (3 août 1778).

messageries pour incriminer le coût de l'intermédiation des commissionnaires,[47] permettent d'éclairer les enjeux économiques du privilège dans le secteur des transports marchands.

Désireux non seulement d'augmenter les recettes de l'État, mais aussi d'améliorer les dessertes pour le service public, Turgot dissocia en août 1775 le transport de voyageurs de la tutelle de la ferme des postes, résilia les baux de messagerie passés jusqu'alors et décida le rachat du capital des plus importantes entreprises de messagerie du royaume pour créer une administration autonome. Elle jouissait du monopole du transport par terre des voyageurs, des espèces d'or et d'argent et des marchandises emballées d'un poids inférieur à 50 Lp. Cette réforme se doubla d'une uniformisation des tarifs réglés à la distance sur l'ensemble du réseau pour le port des paquets comme pour l'acheminement des voyageurs. Après la suppression en septembre 1776 de la régie instaurée par Turgot, la nouvelle ferme des messageries fut portée, pour compenser l'augmentation du prix du bail, à défendre vigoureusement ses prérogatives[48] et à solliciter l'octroi de nouveaux privilèges.[49]

L'arrêt du Conseil du 17 août 1776 accorda à la ferme des messageries le privilège non exclusif du courtage (art. 9).[50] Afin de

47 AN, F^{12} 1510, « Mémoire assorti d'un procès-verbal sur les pratiques abusives des commissionnaires à l'encontre des rouliers » (s. d.); « Mémoire pour les fermiers des coches, carrosses et messageries » (1774).

48 AN, F^{12} 1510, « Avis des députés du commerce sur la requête des Sr et dame Vve Glot et fils, des Srs Abraham Roncery, Henry, Lechesne et Petra commissionnaires de rouliers demeurant à Paris; des Srs Godart et Fermont demeurant à Versailles; du Sr Gauthier le jeune demeurant à Saint-Denis, des Srs Gauthier frères demeurans à la Villette tous aussi commissionnaires de rouliers » (1779); AN, V^7 408–409, Contentieux entre le sous-fermier des carrosses et messageries de Chaumont à Langres et Fr. Rollet pour le transport d'une personne et d'effets pesant moins de 50 Lp (1774–1779); AN, V^7 409, Litige entre P.-P. Boutefort sous-fermier des coches, carrosses et messagerie de Gisors à Paris et Raban pour deux males et un porte-manteau (1779); Procédure engagée par le fermier général des messageries à l'encontre de Gauthier pour le transport de cinq ballots pesant chacun 20–45 Lp (1781); Contentieux entre Jean Fraise sous-fermier de la ligne de messagerie Sedan-Metz et un certain Jacques roulier à Sedan (1782); Appel d'une saisie diligentée par C.-J.-L. Langlois sous-fermier de la messagerie Vernon-Paris à l'encontre de MM. Le François et Cauvin (1783).

49 AN, E 2525, fol. 138–142.

50 AN, F^{12} 1510.

pouvoir entreposer les marchandises qui seraient confiées à son administration, Claude Laure, le fermier des messageries, était autorisé à établir des bureaux et des magasins à proximité de la douane à Paris. Le tarif fixé ultérieurement par arrêt du 22 juin 1777, tout en confirmant les marchands dans la liberté de choisir leurs transporteurs (art. 4), prévoyait une commission de deux sous par livre sur le prix des transports, et réglait le tarif pour les marchandises en provenance (1 sol 6 deniers par quintal et par lieue) ou à destination de Paris (2 sols par quintal et par lieue).[51] Un arrêt du Conseil du 21 décembre 1778 réaffirmait en outre le privilège exclusif de l'entrepôt au profit de la ferme des messageries: les voituriers devaient livrer leur cargaison directement à leur destination et ne pouvaient transmettre en cours de route leur chargement à un autre transporteur qui aurait poursuivi le convoyage.[52] En août 1781, la ferme des messageries se voyait encore attribuer le privilège exclusif du transport des marchandises admises en transit, c'est-à-dire les produits importés ou provenant des colonies qui « passent debout » pour l'étranger. Face à l'hostilité des négociants, la monarchie dut revenir dès septembre 1782 sur cette décision.[53] En août 1783, le fermier des messageries sous-loua le privilège non exclusif de courtage à une compagnie représentée par Jean-Baptiste Fanuel, prête-nom de MM. de Beaumont et Amavet.[54] Au motif de sécuriser les investissements qu'elle était sur le point de consentir, elle prit la précaution de faire homologuer ce contrat par un arrêt du Conseil en décembre de la

51 AN, E 3554, « Arrêt réglant les conditions dans lesquelles le fermier des messageries fera exploiter à son profit le courtage non exclusif du roulage dans toute l'étendue du royaume ».

52 AN, F^{12} 1510.

53 AN, AD IX 458; voir Léon Blin, Le transit en France au XVIIIe siècle et le privilège exclusif de 1781, in: *L'Information historique* 35 (1973), pp. 203–209.

54 AN, Minutier Central, Étude LXXXVI (A.-P.-J. Alleaume), 829, bail (30 août 1783) pour sept ans et trois mois de l'hôtel du roulage situé rue de Boulloi en face de la douane (pour 15.000 liv. t. par an) et du privilège non exclusif du courtage des rouliers (à raison de 60.000 liv. t. par an). À ce titre, la compagnie Fanuel se voyait reconnaître grâce au droit d'entrepôt exclusif la possibilité d'établir des magasins à travers le royaume. À la fin de son bail, elle serait simplement tenue de remettre un état de tous ces entrepôts ou bureaux de roulage. Il lui était en revanche interdit de transporter des voyageurs et des marchandises d'un poids inférieur à 50 Lp, ces deux monopoles étant conservés par les messageries (art. 3).

même année. Les marchands dénoncèrent alors la légalité du procédé qui consistait à céder un droit qui n'avait pas lieu d'être.[55]

Quel intérêt les messageries avaient-elles à faire valoir un privilège non exclusif de courtage, c'est-à-dire le fait de rechercher du fret et d'organiser la chaîne des transports marchands? Comme l'indiquent très justement les marchands de Tours, « un privilège *non exclusif* cesse d'être un privilège » dans la mesure où il s'agit d'un « droit dont tout individu jouissoit sans contradiction ».[56] Assurées du monopole sur certains services de transport, les messageries entendaient concurrencer le roulage « dans les cas qui ne sont point exceptés par le règlement du 24 janvier 1684 »,[57] à savoir le groupage des expéditions commerciales qui constitue un segment de marché particulièrement rémunérateur. Se prévaloir du qualificatif de « privilège » permettait tout au moins de profiter d'un avantage symbolique en renforçant la position des messageries déjà titulaires de prestations véritablement exclusives. Le privilège, qu'il s'apparente à un monopole ou non, constitue à cet égard une ressource institutionnelle qui sert des stratégies entrepreneuriales.

Les nombreuses récriminations des milieux marchands suscitées par les prétentions des messageries et l'extension de leurs prérogatives dans la seconde moitié du XVIIIe siècle permettent d'interroger la définition même du privilège.[58] Il renvoie d'abord à une signification

55 AN, F^{12} 1510, « Mémoire »; Lettre du Corps municipal et des marchands de Tours au Contrôleur général (1784), p. 6.

56 Ibid.

57 AN, F^{12} 1510, « Mémoire pour les Fermiers des coches, carrosses & Messageries, adressé au Bureau de commerce » (1774).

58 AN, F^{12} 1510, « Mémoire pour la chambre du commerce de Picardie contre les entreprises du fermier des messageries, qui prétend exercer le privilège exclusif du roulage dans le royaume » (s. d. [1779]); « Représentations de la chambre de commerce de Picardie [...] » (1784); Lettre du corps municipal (n. 55); « Mémoire des négociants et commissionnaires établis dans la ville de Limoges, sur les inconvénients qui résulteraient de l'exécution des arrêts des 17 août 1776 et 20e décembre 1783, concernant le privilège non exclusif du courtage du roulage et du privilège exclusif d'entrepôt »; « Mémoire de la chambre de commerce de la ville de Lyon » (s. d. [1778?]); Mémoire des négociants de Troyes (s. d. [1784]); Nicolas Bergasse (fils d'un négociant de Lyon), *Considérations sur la liberté du commerce. Ouvrage où l'on examine s'il est avantageux ou nuisible au commerce que le transport des denrées et des marchandises soit réduit en un privilège exclusif*, London (s. n.) 1780.

générale qui dépasse les spécificités du secteur des transports. On rappelle ainsi qu'un privilège ne doit être que « la récompense d'une découverte importante et utile »[59] ou d'« une invention nouvelle et avantageuse à la prospérité publique ».[60] Les marchands spéculent également à travers leurs récriminations sur une critique du privilège présenté comme antinomique au droit naturel: la « liberté est détruite partout où il existe un privilège, parce qu'un privilège ne peut exister dans une loi qui favorise celui qui l'a obtenu et nuit à ceux qui ne le partagent pas ».[61] En faisant allusion au traité de commerce négocié depuis 1783 avec l'Angleterre, les marchands rappelaient que la liberté du roulage allait de pair avec la liberté du commerce dont elle constituait l'âme. La critique du privilège à l'œuvre dans ces discours n'en interroge pas moins le cadre à l'intérieur duquel est pensée la spécificité de l'activité de transport.

Cette concurrence entre messageries et roulage dans la dernière décennie de l'Ancien Régime fait resurgir les enjeux économiques attachés au privilège. Alors que les messageries prétendaient servir l'intérêt du commerce en luttant contre la contrebande, en offrant une meilleure garantie aux cargaisons transportées et en œuvrant à une uniformisation des prix de voiture, les marchands par la voix de leurs représentants aux Chambres de commerce dénonçaient quant à eux les préjudices économiques qui, à plus ou moins long terme, résulteraient de cette position dominante. Selon eux, la concurrence entre roulage et messagerie se trouverait fondamentalement faussée dans la mesure où le monopole profiterait au « préposé du gouvernement ». Le fermier des messageries, qui pouvait se prévaloir d'une position dominante en termes de crédit et de réseau, disposerait de moyens « infiniment supérieurs à ceux de ses rivaux; seul il aura des établissements dans tout le royaume ».[62] Le privilège non exclusif, qui en droit consacrait une ouverture à la concurrence, ne tarderait pas selon eux à s'apparenter à un monopole dans les faits et à mettre sous sa coupe tous les transports, dans la mesure où les messageries

59 AN, F^{12} 1510, Mémoire pour la chambre du commerce de Picardie (n. 58).

60 AN, F^{12} 1509, « Représentations de la Chambre de commerce de Picardie sur le préjudice que doit causer au commerce du royaume l'arrêt du conseil d'Etat du roi du 20 décembre 1783 […] »

61 AN, F^{12} 1510, « Mémoire sur le roulage de France » (s. d.).

62 Ibid.

pourraient s'appuyer sur un réseau à la fois technique et logistique et sur le concours des maîtres de poste. Alors que traditionnellement ce sont les détenteurs de privilèges qui arguent de leur prérogative pour obtenir l'annulation ou la révision d'une décision susceptible de porter atteinte à leurs droits et d'amputer une partie de leur revenu, ce sont en l'espèce les marchands qui s'élèvent contre le droit non exclusif de courtage accordé aux messageries, en dénonçant une concurrence qu'ils assimilent tantôt à un privilège attentatoire à la liberté, tantôt à un impôt déguisé sur le commerce d'expédition.

Les marchands anticipent surtout l'impact de la concurrence privilégiée des messageries sur l'économie du fret, en termes de formation et d'évolution des prix de transport, et du point de vue de la qualité du service. Ils dénonçaient l'irresponsabilité qu'il y avait à imposer une tarification uniforme,[63] alors que le prix des transports est par nature variable dans la mesure où il résulte d'un marchandage au gré des circonstances (les délais de livraison, la configuration de la route qui détermine à son tour la composition de l'attelage et le poids de charge, le sens de circulation, éventuellement le taux de remplissage…). Les pétitions adressées par les chambres de commerce au Bureau du commerce soulignent surtout le risque que l'emprise des messageries sur le roulage entraîne une augmentation des prix de transport et de vente (de l'ordre de 6 à 8% sur la grosse draperie, les cuirs, les toiles et les blés).[64] Les contentieux traités à la commission des postes et messageries révèlent en effet que marchands et commissionnaires avaient recours aux messageries, non seulement pour des articles de faible poids mais aussi pour des chargements plus volumineux de denrées.[65] Il resterait toutefois à déterminer l'impact que

63 AN, F^{12} 1510, Représentations de la chambre de commerce de Picardie (n. 58).

64 AN, F^{12} 1510, Lettre du Corps municipal (n. 55), p. 12. Le « Mémoire des négociants et commissionnaires établis dans la ville de Limoges […] » mentionne plusieurs produits (papier, sels, fers, antimoines et grains) susceptibles d'être pénalisés par une augmentation des prix de transport; AN, F^{12} 1510, « Tarif de comparaison pour les prix de voiture entre le bureau de roulage établi par la ferme des messageries sous le nom de Roulage de France, et les prix communs de transport, tels qu'ils subsistent maintenant chez les commissionnaires de voitures ».

65 AN, V^7 408. Plusieurs pourvois concernent des frais de transport impayés par Mme Layné commissionnaire en grains pour 757 sacs d'avoine, fèves et

cette reconfiguration des prérogatives dévolues aux messageries a pu avoir effectivement sur les prix de transport, en prenant en considération l'évolution des coûts supportés par les transporteurs. À l'argument du prix des transports venait s'ajouter la question de la qualité du service. Une dimension particulière de la compétition dans les transports tient en effet au fait qu'elle ne se réduit pas à une concurrence par les prix, mais qu'elle repose sur des arbitrages qui font intervenir la sécurité et la régularité des expéditions. Or, sur ce point encore, les marchands pointaient le risque que l'enregistrement des voituriers et la constitution de chargements complets ne retardent les expéditions.[66]

Alors que les pétitions mettent en avant le chômage qui menacerait un grand nombre de modestes voituriers, ce sont en fait les commissionnaires de transport qui avaient le plus à pâtir de cette ouverture à la concurrence, dans la mesure où les bureaux de roulage étaient censés assurer une fonction de groupage des marchandises afin d'utiliser au mieux les capacités de transport des véhicules et d'organiser les expéditions en jouant sur la complémentarité de flux hétérogènes. L'arrêt du 21 décembre 1778 indiquait par ailleurs que les fermiers des messageries pouvaient, en sus des voitures réservées au transport des voyageurs et de leurs bagages (et dont le nombre variait en fonction de la demande[67]), sous-traiter à des rouliers certains charrois dans un secteur d'activité qui se caractérisait structurellement par de fortes fluctuations dans le temps.[68] En somme les messageries entendaient disputer aux commissionnaires de transport les opérations d'affrètement (réceptionner et contrôler les marchandises, les entreposer, procéder aux démarches douanières et réexpédier les cargaisons). Face aux inquiétudes des milieux marchands, la

haricots, par M. le Mache marchand de vin et par M. Fauconnier commissionnaire à Irancy (1777).

66 AN, F[12] 1510, Mémoire pour la chambre du commerce de Picardie (n. 58).

67 Favier, Messageries (n. 23), p. 456.

68 Messager, in: *Répertoire universel et raisonné de jurisprudence civile, criminelle, canoniale et bénéficiale*, éd. par Joseph Nicolas Guyot, vol. 11, Paris (Visse) 1784, p. 485: « le roi étant en son conseil, a ordonné et ordonne aux rouliers et voituriers de conduire directement aux lieux de leur destination les marchandises dont ils seront chargés, soit qu'elles leur aient été confiées par la ferme des messageries, ou par des négociants ou particuliers. »

monarchie, soucieuse de ne pas briser la croissance de la circulation, ménagea finalement par l'arrêt du Conseil du 5 mai 1784 une saine concurrence entre les messageries autorisées à se livrer au courtage et à l'entrepôt, et les commissionnaires enregistrés au greffe du siège de la police le plus proche de leur lieu de domicile en les autorisant à disposer d'entrepôts.[69] Les réponses à l'enquête de 1811 sur le roulage viennent attester, s'il était nécessaire, non seulement l'existence mais surtout l'importance de ces magasins de dépôt où étaient centralisées les expéditions (notamment à l'interconnexion de la route et de la voie d'eau).[70]

Conclusion

Le partage entre messagerie et roulage interroge donc le fonctionnement même du transport de marchandises sous l'Ancien Régime et la coordination des acteurs dans un secteur d'activité a priori strictement réglé. Alors que les messageries se sont longtemps plaintes de la concurrence illégale des voituriers qui chargeaient de petits ballots, la restructuration des messageries et l'extension de leurs privilèges contribuèrent au cours des deux dernières décennies prérévolutionnaires à aiguiser la compétition autorisée avec le roulage dans un contexte de forte croissance de la circulation marchande. Si le croisement des discours contradictoires de l'administration des messageries et des marchands auprès du Bureau de commerce, avec ce que les contentieux portés devant le commission des postes et messageries révèlent des pratiques de transport, rend compte de certains enjeux, seule une étude plus fine du rôle des opérateurs, voituriers et entreprises de roulage, qui participent à la structuration du secteur des transports marchands, permettrait de saisir précisément ses lo-

[69] C'est la raison pour laquelle François Malahu, agissant pour le compte de voituriers de Provence et du Languedoc, fut débouté de sa demande d'établir bureau au faubourg de la Guillotière pour centraliser les lettres de voitures de toutes les marchandises transportées à Lyon depuis ces provinces méridionales et d'en assurer la livraison (1780). L'intendant émit un avis défavorable au motif qu'un tel bureau était contraire à la liberté du commerce et portait atteinte au privilège des messageries: AN, F[12] 1510.

[70] Marcel Blanchard, L'enquête sur le roulage de 1811, in: *Revue de géographie alpine* 8 (1920), pp. 585–626.

giques et ses dynamiques économiques. Il n'en reste pas moins que les prétentions des messageries à s'imposer comme des commissionnaires pour organiser la chaîne et la logistique des transports trouvent une évidence résonnance avec le contentieux qui opposa au XIXe siècle les groupeurs aux compagnies ferroviaires.[71]

[71] Beyer, Géographie (n. 4), pp. 183–196.

Die Ökonomie des Privilegs grenzenübergreifend betrachtet

La dimension transfrontalière de l'économie du privilège

Entre territoire juridique et réseau économique: le privilège et l'organisation de l'espace impérial par un groupe marchand du premier XVIIe siècle

Vincent Demont

La présente contribution cherche à proposer une approche du privilège par son usage, en suivant une approche empirique et inductive. Parce que liée à un exemple et à un contexte, cette démarche ne peut prétendre offrir de définition universellement opératoire – mais, justement parce qu'elle s'appuie sur un exemple et un contexte, on espère d'elle qu'elle pose des questions aptes à éclairer à la fois ceux-ci et l'objet « privilège ».

Au vu de l'historiographie consacrée à l'économie nord-européenne du premier XVIIe siècle, le groupe marchand servant d'appui à cette étude présente une double originalité: celle de jouer un rôle non seulement dans le commerce, mais également dans les processus productifs, et celle de se situer en « bout de chaine », c'est-à-dire au contact du monde marchand pour son approvisionnement, mais aussi d'autres milieux, en particulier la noblesse, pour ses débouchés. Cette double originalité est elle-même à comprendre dans un contexte général marqué par de fortes évolutions: évolutions sociales, puisque le groupe marchand s'inscrit dans l'histoire longue de la diaspora anversoise en Europe du Nord, évolutions commerciales, puisque son approvisionnement en pierreries fait appel aux nouvelles routes maritimes qu'ouvrent, au début du XVIIe siècle, les compagnies des Indes orientales, et évolutions politiques, tant le contact avec la clientèle est inséparable des évènements de la guerre de Trente Ans qui fait rage dans l'Empire et au-delà. Nier la forte spécificité de l'exemple n'a donc guère de sens: aussi s'agit-il moins d'en faire un cas représentatif qu'un cas révélateur.

Dans les années 1610, trois hommes partageant le même goût pour les affaires de joaillerie (Daniel Briers, Ruland von Cassel et Gerhard Heusch) se rencontrent à Francfort-sur-le-Main, et décident de réunir leurs entreprises. Vers 1630, la compagnie ainsi formée est l'une des toutes premières de la ville en termes de capitalisation financière[1] – s'il fait encore sens de la considérer comme une entreprise francfortoise, tant son aire d'activité est vaste, des ports de la façade atlantique nord-européenne aux capitales politiques de l'Empire ou de l'Europe centrale. Cette croissance ne peut bien sûr être réduite à ses seuls aspects économiques. Les marchands du groupe sont de près ou de loin issus de la diaspora anversoise, et doivent donc avant tout obtenir le droit de résider et de commercer à Francfort: leur activité touche aux métaux monnayables, si bien qu'ils ne peuvent, en pleine crise du *Kipper und Wipper* (billonnage), s'abstraire de tout contrôle urbain: le commerce qu'ils mènent, enfin, implique un contact avec la grande noblesse européenne (y compris l'empereur), et touche inévitablement au financement de celle-ci: l'activité du groupe marchand, loin d'être seulement industrielle et commerciale, a une forte composante politique. Pour développer ses affaires, le groupe comme chacun de ses membres a un impérieux besoin d'obtenir des garanties juridiques de la part des pouvoirs en place – c'est-à-dire, puisque l'on est au cœur de l'Empire et de l'Allemagne de la *Kleinstaaterei*, et qui plus est en pleine guerre de Trente Ans, de la part d'une multiplicité d'instances qui non seulement se concurrencent mais souvent se combattent.

L'élection et le couronnement impérial de 1612, à Francfort, permettent de mettre en évidence et d'analyser les enjeux de cette négociation politique dès avant la formation du groupe marchand. Il s'agit en effet d'un évènement aux dimensions multiples: temps « privilégié », scandé par de nombreux rituels qui sont aussi l'occasion pour les princes de faire la démonstration de leur richesse et pour les orfèvres, joailliers ou fournisseurs de cours de tout genre, des opportunités pour capter une partie au moins de celle-ci, l'élection de Matthias au trône impérial est aussi, dans la ville même, le point de départ de troubles d'importance puisqu'ils conduisent, en 1614, à de violentes émeutes antisémites et par la suite à la redéfinition complète du droit et des privilèges locaux. Du point de vue des orfèvres-joailliers, cet évènement signifie d'abord l'ouverture d'un marché exceptionnel, limité dans l'espace et dans le temps, auquel il faut

[1] Alexander Dietz, *Frankfurter Handelsgeschichte*, vol. 3, Frankfurt am Main (Minjon) 1921, p. 221.

accéder ou dont il faut au contraire fermer l'accès. Dès qu'il apprend la mort de Rodolphe II – et donc la tenue de nouvelles élections – Gerhard Heusch, bourgeois de Hambourg qui fréquente les foires de Francfort depuis une quinzaine d'années au moins, se manifeste ainsi auprès du Conseil de cette ville pour réclamer d'abord le statut de résident pour un an, puis le droit, dérogatoire à la loi commune, de pouvoir séjourner en ville pendant quelques mois, et enfin, devant l'échec des précédentes tentatives, le statut de bourgeois de la ville.[2] À l'inverse, les merciers et lapidaires de Francfort réclament eux que l'on interdise aux étrangers à la ville de différer leur départ de la foire, et surtout de proposer leurs marchandises pendant l'élection impériale.[3] L'année qui suit l'élection impériale, les lapidaires – dont le fils de Daniel Briers, Adrian – réclament au conseil la création d'une corporation:[4] signe manifeste que l'on souhaite encadrer et protéger une offre. Les troubles consécutifs à l'élection montrent enfin une troisième composante de ces négociations avec l'autorité politique. Lorsqu'éclate la révolte dite de Fettmilch, qui conduit au pillage de la *Judengasse* et à l'expulsion des Juifs de la ville, Ruland von Cassel et Gerhard Heusch, comme d'ailleurs de nombreux artisans ou marchands francfortois, se réfugient dans la ville voisine de Neu-Hanau, en profitant ainsi d'un contrat passé entre le comte Philippe-Louis de Hanau-Münzenberg (1576–1612) et les réformés issus de France ou des Pays-Bas espagnols. Ruland von Cassel fait même partie des

[2] Institut für Stadtgeschichte (ISG) Frankfurt 1.2.1.1. Ratsprotokolle 1611, fol. 91r (21 avril 1612), et 1.2.1. Bürgermeisterbücher 1611, fol. 263r (21 avril 1612) et fol. 267v (23 avril 1612, Daniel Briers étant témoin de cette dernière requête) Les suppliques au conseil elles-mêmes sont trop endommagées pour pouvoir être toutes consultées, et ne sont donc connues que par la littérature secondaire: voir en particulier Walter Karl Zülch, *Frankfurter Künstler 1223–1700*, Frankfurt am Main (Diesterweg) 1935, p. 411. Sur la date à laquelle la mort de Rodolphe II est connue à Francfort, voir Rainer Koch, 1612–1616. Der Fettmilchaufstand – Sozialer Sprengstoff in der Bürgerschaft, in: *Archiv für Frankfurts Geschichte und Kunst* 63 (1997), p. 59.

[3] ISG Frankfurt 1.2.1.1. Bürgermeisterbücher 1611, fol. 259.

[4] L'ordonnance régissant l'activité des tailleurs de diamants et de rubis, des perceurs de perles et des peintres date du 22 mai 1613 – Adrian Briers (ou Brix), fils de Daniel Briers, fait d'ailleurs partie de ceux qui souhaitent en être membres: Friedrich Bothe, *Frankfurts wirtschaftlich-soziale Entwicklung vor dem Dreissigjährigen Kriege und der Fettmilchaufstand (1612–1616)*, t. 2, Frankfurt am Main (Baer) 1920, p. 229.

réfugiés qui sécurisent la ville et participent au financement de chaines capables de fermer une rue, et de lui permettre, ainsi, de faire face à d'éventuels émeutiers.[5] La discussion avec l'autorité apparaît donc, y compris dans le cadre très local de la ville de Francfort, comme une négociation avec plusieurs autorités politiques.

Rien de tout cela n'est réellement original. Les différentes minorités présentes dans l'Empire au début du XVIIe siècle – qu'elles s'y soient réfugiées ou qu'elles y soient depuis longtemps à demeure – sont rompues à ces négociations constantes, et protéiformes, avec des autorités politiques multiples et souvent concurrentes. Les tractations des réfugiés « anversois » (en fait souvent originaires d'autres villes, mais passés sur les bords de l'Escaut) ou des « Portugais » séfarades avec divers territoires de l'Empire (villes libres ou principautés territoriales) sont ainsi bien connues. Peut-être est-ce un peu moins le cas des échanges d'informations auxquels se livrent les autorités politiques sur ces minorités. Quoi qu'il en soit, c'est ici moins l'infini détail de ces tractations qui nous préoccupe que leur enchevêtrement constant. Des réfugiés « anversois » sollicitent ainsi Moritz von Hessen, pour qu'il vante auprès de son beau-frère l'activité des Néerlandais à Neu-Hanau, et la manière dont cette création urbaine a pu capter l'activité de Francfort, puis utilisent cet avis pour obtenir dudit beau-frère, Ernst von Schauenburg, l'accueil de réformés néerlandais aux portes de Hambourg.[6] La même année, cette ville concède un contrat collectif permettant l'installation dans ses murs de réfugiés anversois, et motive en partie cette décision par l'accueil favorable qui leur est réservé au-delà de ses murs.[7] De part et d'autre, la mise en concurrence est donc pleinement assumée et explicite. L'éclatement territorial de l'Empire, particulièrement dans sa partie occidentale, conduisait probablement ces négociations parallèles avec plusieurs

5 Heinrich Bott, *Gründung und Anfänge der Neustadt Hanau, 1596–1620*, Marburg (N.G. Elwert) 1971, vol. 1, p. 400, 503 et vol. 2, p. 351.

6 Robert van Roosbroeck, Die Niederlassung von Flamen und Wallonen in Hamburg (1567–1605). Ein Überblick, in: *Zeitschrift des Vereins für Hamburgische Geschichte* 49–50 (1964), pp. 70–71.

7 Willem Sillem, Zur Geschichte der Niederländer in Hamburg von ihrer Ankunft bis zum Abschluss des Niederländischen Contracts 1605, in: *Zeitschrift des Vereins für Hamburgische Geschichte* 7 (1883), pp. 481–598, notamment p. 562 et 567.

autorités politiques à devenir une composante presque irréductible de l'activité commerciale. Or ces discussions n'étaient certainement pas dépourvues d'effets réels: la concession de privilèges collectifs, si elle n'entraine pas *ipso facto* l'apparition de nouvelles métropoles économiques, permet l'émergence de pôles industriels spécialisés (tels Neu-Hanau[8]), et l'octroi de privilèges individuels permet le développement de nouvelles techniques (comme le tréfilage de l'or, à Leipzig[9]). Il semble donc délicat d'abstraire la réflexion sur le rôle du privilège de cet arrière-plan de contacts et de pourparlers permanents, comme du foisonnement de formes juridiques qui en sont issues.

C'est ici que l'étude du groupe Briers-Heusch-von Cassel prend tout son intérêt. Une partie de la comptabilité centrale du groupe (tenue à Francfort) et quelques-unes de ses comptabilités périphériques (tenues à Vienne ou Ratisbonne) nous sont en effet accessibles, et permettent une mise en regard précise du cours des négociations politiques, d'une part, et des pratiques et affaires marchandes, d'autre part. Cette comparaison permet de dépasser le constat d'ensemble que nous venons de dresser pour donner un éclairage fin des relations entre un groupe marchand et sa clientèle « politique » – et, au-delà de l'acte économique de la transaction, de faire apparaître l'articulation ou l'interpénétration entre deux types de réseaux (commercial et courtisan) que celle-ci présuppose. L'accès du groupe Briers-Heusch-von Cassel à la cour impériale (son débouché le plus prestigieux, et de loin le plus important, puisque l'entreprise y vend trois fois plus qu'à l'ensemble des autres cours allemandes) montre les différentes dimensions que cette articulation peut prendre.

Elle est d'abord une lente progression: le groupe, formé à Francfort à l'occasion d'un couronnement impérial, ne part pas sans atout puisque le beau-père de son actionnaire principal, Daniel Briers, était joaillier de l'Empereur.[10] Mais les positions anciennes sont à recon-

[8] Bott, Gründung (n. 5), vol. 2, pp. 428–431.

[9] Celui-ci est introduit dans la ville par l'un des plus importants joailliers leipzigois, Heinrich von Ryssel, originaire de Maastricht: Gerhard Fischer, *Aus zwei Jahrhunderten Leipziger Handelsgeschichte*, Leipzig (Meiner) 1929, pp. 164, 180, 268–269.

[10] Gabrielle Marcussen-Gwiazda, Die Frankfurter Juwelenhandlung de Briers im ersten Drittel des 17. Jahrhunderts, in: *Brücke zwischen den Völkern. Zur Geschichte der Frankfurter Messe*, éd. par Rainer Koch, vol. 2, Frankfurt am

quérir: la mort d'un empereur signifiait la perte des positions acquises auprès de celui-ci et la nécessité de les renouveler. C'est ainsi qu'un artiste de la renommée de Dürer dut, à la mort de Maximilien Ier, multiplier les efforts pour pister aux Pays-Bas le fraichement élu Charles Quint, et exhiber sans cesse la lettre qu'il voulait lui faire signer pour obtenir de lui la confirmation d'une rente accordée par son grand-père et prédécesseur.[11] Or, en 1620 – après l'éclatante victoire de la Montagne Blanche – le nouvel empereur (Ferdinand II) dispose et de la légitimité et des moyens nécessaires pour faire évoluer l'administration de sa cour, et en particulier y réduire l'importance d'un artisanat privilégié que les règnes de Matthias et plus encore de Rodolphe II avaient conduit à une indéniable hypertrophie.[12]

Le lent parcours de l'entreprise à la cour impériale se lit d'abord dans l'identité de ses clients. Celle-ci montre que, nonobstant l'identité confessionnelle des membres du groupe marchand (Briers et Heusch sont luthériens, von Cassel est réformé), c'est par le truchement de fervents catholiques – largement issus de la noblesse bohémienne convertie – que le groupe marchand s'implante et progresse à Vienne: Hans Ulrich von Eggenberg, grand maître de la cour jusqu'en 1621 et président du conseil privé jusqu'en 1634, Karl von Liechtenstein, exemple paradigmatique de la fortune nouvelle de la noblesse catholique de Bohême et conseiller apprécié de Ferdinand II, ainsi que l'archiduc Charles sont au premier rang des clients. Que l'on ajoute à ceux-ci Baltasar de Maradas, chargé du lien avec la monarchie hispanique à la cour impériale, et l'on observe que la clientèle des Briers-Heusch-von Cassel préfigure l'épine dorsale du « parti espagnol » actif à la cour de Vienne à la fin des années 1620.[13]

Main (Historisches Museum) 1991, p. 123; Zülch, Frankfurter Künstler (n. 2), p. 402, 458.

11 Albrecht Dürer, *Journal de voyage aux Pays-Bas, 1520–1521*, Paris (éditions de l'Amateur) 2009, pp. 6–8, 61, 148.

12 Hubert Ch. Ehalt, *Ausdrucksformen absolutistischer Herrschaft. Der Wiener Hof im 17. und 18. Jahrhundert*, München (Oldenbourg) 1980, pp. 27–28; Herbert Haupt, *Das Hof- und Hofbefreite Handwerk im barocken Wien 1620 bis 1770. Ein Handbuch*, Innsbruck (Studien Verlag) 2007, p. 13, 37.

13 Robert Bireley, *Religion and Politics in the Age of the Counterreformation. Emperor Ferdinand II, William Lamoraini, S. J., and the Formation of Imperial Policy*, Chapel Hill (University of North Carolina Press) 1981, pp. 17–18; Jeroen Duindam, The court of the Austrian Habsburg: locus of a composite heritage,

Le contenu des transactions montre lui la proximité du groupe marchand avec un projet économique qui sous-tend, ou double, ce réseau courtisan: le consortium formé autour de Karl von Liechtenstein et de divers marchands (dont certains membres de la communauté juive de Prague) pour acquérir le monopole de la frappe monétaire en Bohême, en Moravie et en Basse-Autriche, consortium que l'on voit aussi jouer un grand rôle dans le transfert de propriétés foncières vers les catholiques en Bohême, et qui préfigure le triangle d'affaires formé jusqu'à la fin des années 1620 par Karl von Liechtenstein, Wallenstein et Hans de Witte.[14] Ainsi, outre ses liens avec Karl von Liechtenstein, le groupe effectue-t-il ponctuellement des opérations de change entre les communautés juives de Francfort et de Prague, et Daniel Briers sera-t-il (jusqu'au suicide de Hans de Witte en 1630) le facteur de celui-ci à Francfort.[15] On ne peut donc se représenter la cour impériale comme un simple lieu de vente: c'est, au moins autant, tout un univers social qu'il importe de pénétrer, où il faut trouver des appuis et dont il faut maîtriser les codes.

Ce parcours courtisan implique aussi une temporalité spécifique, dans laquelle la transaction commerciale apparaît davantage comme un processus que comme un instant. En 1622, Daniel Briers fait à l'empereur une offre de vente de 300.000 à 400.000 florins, à condition que l'achat soit réglé moitié comptant, moitié avec un intérêt de 6%.[16] Le 30 mars 1623, le groupe marchand reprend de l'Empereur des agates – 11 pièces, d'une valeur de 1920 thaler (tlr.) – et des peintures de Hans von Aachen, du Corrège ou encore du Tintoret, pour une valeur de 11.040 tlr.: la comptabilité francfortoise,

in: *Mitteilungen der Residenzen-Kommission der Akademie der Wissenschaften zu Göttingen* 2 (1998), p. 47, 50.

14 Anton Ernstberger, *Hans de Witte, Finanzmann Wallensteins*, Wiesbaden (Steiner) 1954, pp. 86–108, en particulier p. 97; Volker Press, The imperial court of the Habsburgs. From Maximilian I to Ferdinand III, 1493–1657, in: *Princes, Patronage, and the Nobility. The Court at the Beginning of the Modern Age, c. 1450–1650*, éd. par Ronald G. Asch et Adolf M. Birke, Oxford (Oxford University Press) 1991, pp. 308–309; voir aussi le projet « Patronage- und Klientelsystemen am Wiener Hof » de l'institut d'histoire de l'université de Vienne, sur le lien: http://www.univie.ac.at/Geschichte/wienerhof/wienerhof2/grafiken/politik1.htm (dernière consultation le 25 mai 2012).

15 Voir en particulier Hessisches Hauptstaatsarchiv Wiesbaden (HHStAW), Abteilung 1165 R 2, fol. 19; Ernstberger, Hans de Witte (n. 14), p. 218, 474.

16 Marcussen-Gwiazda, Frankfurter Juwelenhandlung (n. 10), p. 125.

pour une raison qui nous échappe, n'enregistre qu'une partie de la transaction (4496 tlr. sur 11.040 tlr.: toutes les peintures ne sont pas comptabilisées – peut-être sont-elles en partie reprises par Daniel Briers pour son propre compte?).[17] La vente à proprement parler n'a lieu qu'en juillet 1623: l'empereur achète deux pendentifs de diamant et un beau collier orné de diamants taillés en rose – technique moderne s'il en est[18] – pour une somme de 16.000 tlr., ou 6400 livres flamandes – bien loin donc de l'offre de vente de Daniel Briers. Elle ne clôt pas, bien sûr, le processus de la transaction: il faut encore recouvrer les paiements. Une partie du montant doit être réglée par la monnaie de Prague, une autre par Karl von Liechtenstein, et le reste par « toutes sortes d'objets de la *Kunstkammer* »[19] – et de fait, Daniel Briers recevra bien 6000 tlr. de Hans de Witte et 4000 tlr. du prince de Liechtenstein. Les chemins d'accès au client sont donc ceux-là mêmes qui sont empruntés pour le recouvrement des paiements, ce qui éclaire d'un jour nouveau la lente approche de l'empereur: elle est aussi un patient travail pour s'assurer de moyens permettant d'être payé.[20] À la cour, l'acheteur n'est pas toujours le payeur … Ainsi, lorsque le général impérial Ernst de Montecuccoli achète en juin 1623 un bijou dit « au M » et un ruban à chapeau, tous deux ornés de diamants, pour la somme de 1320 tlr., puis une chaîne « de façon espagnole », deux paires de boucles d'oreilles dont l'une faite de grosses perles, cinq bagues de diamants, une boite ornée d'un portrait, une ceinture et une fourchette pour la somme de 13.107 tlr., près d'un an après, il fait transiter le paiement des sommes qu'il doit par le maître des monnaies Balthasar Zwirmer, par don Baltasar, et par Wallenstein – si bien que la vente, là encore, implique la maîtrise d'un univers social.[21] C'est aussi le cas, quoique de manière

17 Alphons Lhotsky, *Die Geschichte der Sammlungen. Von den Anfängen bis zum Tode Kaiser Karls VI. 1740*, Wien (Berger) 1941–1945, p. 324; HHStAW, Abteilung 1165 R 2, fol. 22–22v, 10 avril 1623. Le décalage de date – du 30 mars au 10 avril – s'explique par le passage d'un calendrier à l'autre, puisque la cour impériale utilise le calendrier grégorien, alors que le calendrier francfortois est le calendrier julien.

18 Godehard Lenzen, *Produktions- und Handelsgeschichte des Diamanten*, Berlin (Duncker & Humblot) 1966, pp. 100–104.

19 HHStAW, Abteilung 1165 R 2, fol. 26v, 2 juillet 1623.

20 Ibid.

21 HHStAW, Abteilung 1165 R 12, compte de « Ihr Gnade Herr Ernest Graf von Montecucoli ».

un peu différente, lors d'une opération de troc menée avec Karl von Liechtenstein: celui-ci, en échange d'une croix ornée de huit diamants d'une valeur de 2800 tlr., cède à Daniel Briers pour 2734 tlr. de joyaux divers.[22] L'enjeu est alors de convertir ces objets en monnaie sonnante et trébuchante, ce que permet en partie la revente de quelques-uns d'entre eux à des marchands viennois, dont l'un, Jakob Korn, est également joaillier à la cour impériale.[23] L'échange économique, à la cour, ne se conçoit donc pas sans inscription dans un univers social et sans maîtrise des rouages de celui-ci. L'activité commerciale, là encore, ne peut être isolée de négociations politiques multiples: la cour apparaît au contraire comme l'un des lieux de l'économie pré-contemporaine où l'idée d'un « encastrement » des transactions économiques dans leur environnement – et, partant, de l' « impossibilité d'analyser le comportement [...] sans prendre en compte les relations sociales courantes qui exercent sur [lui] de très fortes pressions » – fait le plus immédiatement sens.[24]

Comment, dans ce contexte, comprendre la concession d'un privilège impérial (« Dienst- und Freybrief ») à Daniel et Adrian Briers?[25] Le premier effet de ce cet acte est sans doute d'alléger la vie des marchands à la cour: Daniel et Adrian Briers, désormais hommes et joailliers de la chambre, se voient par la même faciliter

22 HHStAW, Abteilung 1165 R 2, fol. 27, 2 juillet 1623. Offrir des cadeaux aux trésoriers des princes pour approcher les princes eux-mêmes semble d'ailleurs être une pratique répandue. Le trésorier de la cour de Holstein-Gottorf prête ainsi serment, en 1599, « de compter au plus exact les marchandises achetées aux joailliers, épiciers ou autres et que l'on m'ordonne de négocier, et pour cela de ne pas se laisser corrompre [...] par des présents et des dons, ni encore moins d'autoriser [sa] femme et [ses] enfants à accepter cadeaux, présents et dons »: Ludwig Andresen, *Studien und Quellen zur Geschichte der Verwaltung und Wirtschaft in Gottorf von 1544–1659*, vol. 1, Leipzig (Haessel) 1928, p. 438.

23 HHStAW, Abteilung 1165 R 2, fol. 26–27v, 2 juillet 1623; Lhotsky, Geschichte (n. 17), p. 319.

24 Sur cette idée voir Mark Granovetter, Action économique et structure sociale: le problème de l'encastrement, in: idem, *Sociologie économique*, Paris (Seuil) 2008, pp. 75–114, particulièrement pp. 75–77 (« la thèse que nous désignons sous la terminologie de l'« encastrement » affirme que l'on ne peut analyser le comportement social et les institutions, sans prendre en compte les relations sociales courantes qui exercent sur eux de très fortes contraintes »), ainsi que pp. 88–93.

25 Allgemeines Verwaltungsarchiv (AVA) Wien, SB 27, fol. 87v–90v, « Dienst und Freybrief für Daniel und Adrian de Briers », 12 juillet 1623.

l'accès à l'empereur, et garantir la possibilité de participer à un nombre important de rituels.[26] Ils consolident immédiatement ces acquis par le don d'un bijou au premier trésorier de la cour à Vienne, Nicolas Churlandt, puis à sa fille[27] – don probablement intéressé, si on garde en mémoire l'hostilité que pouvait manifester, ailleurs dans l'Empire, le personnel des princes à l'égard des joailliers,[28] et le fait que Churlandt pouvait peut-être permettre d'aller fureter dans la *Kunstkammer* et d'y jauger des objets à reprendre en troc. Outre ces avantages « locaux », perceptibles essentiellement à la cour de Vienne, il est probable que le privilège ait procuré, en d'autres lieux, un prestige et des avantages aussi peu négligeables que quantifiables. Mais surtout, le texte comporte un second volet: la liberté offerte à Daniel Briers de négocier « aussi bien à Vienne, qu'en tout autre lieu du Saint Empire romain ou de notre royaume et pays [...], pour lui ou pour ses semblables facteurs ou serviteurs [...], toutes sortes de pierres précieuses, d'or ou d'argent, ou de semblables marchandises [...] sans payer aucune douane ni aucun droit de péage ».[29] Une telle dispense ne pouvait être secondaire. Daniel Briers, pour concilier les impératifs de la vie marchande et ceux posés par les commandes nobiliaires, passait inévitablement un temps important sur les routes;[30] ses héritiers, pour décrire son activité, disent même de lui qu'il

26 Herbert Haupt, Das hof- und das hofbefreite Handwerk. Inhaltliche Abgrenzungen zweier Sonderformen des ausserzünftigen Handwerks in der Frühen Neuzeit, in: *Ein zweigeteilter Ort? Hof- und Stadt in der Frühen Neuzeit*, éd. par Susan Cl. Pils et Jan P. Niederkorn, Innsbruck (Studienverlag) 2005, p. 82; sur la chambre de l'Empereur: Duindam, Court of the Austrian Habsburgs (n. 14), pp. 39–46.

27 HHStAW, Abteilung 1165 R 11; Abteilung 1165 Nr. 8 von Bodeck, 30 mars 1624.

28 En 1598, le premier secrétaire de la chambre du comte Johann-Adolph de Holstein Gottorf rédige ainsi un mémoire à l'attention de son employeur, mémoire dont voici la première recommandation: « premièrement, qu'il cesse le maudit commerce avec les joailliers, par lequel agresse des désagréments qui ne sont pas à négliger, ce pourquoi j'ai à plusieurs reprises averti fidèlement sa grâce princière »: Andresen, Studien und Quellen (n. 20), t. 1, pp. 409–410.

29 AVA, SB 27, fol. 89v.

30 Karl von Liechtenstein lui écrit ainsi, le 10 octobre 1625: « nous aurions souhaité [...] que vous puissiez venir à Landskron avec l'orfèvre, mais puisque vous avez pris le chemin de Francfort, nous vous demandons de bien vouloir nous retrouver en Bohême après la foire de Leipzig [...], là où nous serons »: Herbert Haupt, *Fürst Karl I. von Liechtenstein. Oberhofmeister Kaiser Rudolfs II.*

était chargé, dans l'entreprise menée en commun avec Gerhard Heusch et Ruland von Cassel, du « plus difficile et [du] plus important »: « acheter, vendre et voyager ».[31] À la cour de Vienne comme dans l'espace pétri de frontières politiques et commerciales qu'est le Saint-Empire, le privilège devait donc avoir pour effet une simplification considérable de l'activité marchande de Daniel et Adrian de Briers – simplification que l'on pourrait pompeusement résumer en disant qu'il contribuait grandement, pour ces deux marchands, à la définition d'un « espace de marché ».

Ces avantages n'épuisent pourtant pas la portée du privilège pour le groupe marchand. Comprendre pleinement celle-ci implique de réfléchir à la nature de cet « espace de marché », et pour cela d'élever le regard hors du lieu où le privilège a été accordé: le Daniel Briers simple « artisan à la cour » que connaît la littérature muséographique n'existe guère que comme erreur de perspective[32] – mieux vaut le voir comme la tête de pont viennoise d'un réseau polycentrique, et donc percevoir le privilège qui lui est accordé sur l'arrière-plan d'un vaste réseau commercial. Or la comptabilité tenue à Francfort permet de se faire une idée assez précise du fonctionnement de ce réseau. Elle indique en particulier que la compagnie s'organise autour d'un principe fondamental, la mutualisation des risques, et que ce principe a une conséquence majeure, la très large dépersonnalisation de la marchandise négociée. C'est en effet par le partage de la propriété des joyaux – ou, avant la confection de ceux-ci, des lots de pierres brutes – que s'organise la division des risques: chaque membre de la compagnie préfère partager sa mise entre plusieurs objets plutôt que de risquer gagner ou perdre (par le bris, le vol ou plus probablement la mévente) sur un seul d'entre eux. C'est la comptabilité centrale, tenue à Francfort, qui organise ce partage: des comptes sont ouverts pour chaque type de marchandise (et, de plus en plus, pour chaque lot de marchandise envoyée), et la répartition des créanciers de ces comptes permet de déterminer la part qui, pour tel objet, revient à tel ou tel

und Vizekönig von Böhmen. Hofstaat und Sammeltätigkeit. Quellenband, Wien (Böhlau) 1983, p. 272, n° 574a.

31 ISG Frankfurt 1.6.2. Reichskammergericht: Prozessakten, Nr. 243/22/, fol. 42.

32 Haupt, Hof- und hofbefreite Handwerk (n. 12), p. 272.

investisseur – chaque membre de la compagnie étant apparemment libre de s'associer à un achat ou non.[33] La tendance du groupe à s'ouvrir à des capitaux extérieurs – qui répond à un besoin constant de trésorerie – rend rapidement l'édifice assez complexe. En 1621, la compagnie achète ainsi des diamants en partenariat avec le marchand et juriste hambourgeois Rütger Ruland, puis en commun avec François de Coninck;[34] l'année suivante, elle se lie au consul de la nation portugaise à Anvers pour l'achat d'un lot de diamants, et forme une compagnie avec le représentant en Pologne de plusieurs joailliers d'Europe du Nord-Ouest, Hans Schmeiss.[35] En 1623, elle participe à une « compagnie avec Hans de Witte à Prague et autres amis »: la même année, Daniel Briers, Gerhard Heusch et Ruland von Cassel participent avec un marchand amstellodamois à l'achat massif de diamants rapportés des Indes par la VOC.[36] Le principe de mutualisation des risques, combiné à la volonté d'attirer des investisseurs extérieurs, finit ainsi par partager la propriété de chaque joyau en un entremêlement quasi-inextricable de participations croisées, ce qui a une conséquence toute simple: de Vienne (comme de tout autre lieu de vente), il est très difficile de savoir à qui appartient la marchandise que l'on vend. Les livres d'Adrian Briers, en partie conservés pour le début des années 1620, en sont une illustration frappante. On le voit tenir une forme d'inventaire des marchandises qu'il offre à la vente, celles-ci étant classées en fonction de leur nature: bagues, bijoux, etc.[37] Il lui faut aussi connaître les positions respectives de ses clients ou de ses partenaires d'affaires: pour cela, il utilise des petits livrets sommaires, organisés sous forme de livres de dettes et créances.[38] Ses besoins comptables ne vont guère au-delà: tenir boutique et savoir vendre, voilà la tâche dont il est chargé. Extraire

33 À l'ouverture de comptes de marchandise (« Joyaux », « Diamants taillés », « Rubis », etc.), succède rapidement l'ouverture de comptes d'opération (« Diamants n° A in S », « Diamants n° 69 », « Diamants n° T »).

34 HHStAW, Abteilung 1165 R 2, fol. 4v, 24 mai 1621.

35 HHStAW, Abteilung 1165 R 2, fol. 16v, 20 juin 1622; HHStAW, Abteilung 1165 R 1, Fastenmesse 1622; Roland Baetens, *De nazomer van Antwerpens welvaart, de diaspora en het handelshuis De Groote tijdens de eerste helft der 17de eeuw*, Brüssel (Gemeentekrediet van België) 1976, vol. 1, p. 57, vol. 2, p. 58 et 103.

36 HHStAW, Abteilung 1165 R 2, fol. 34v–35r, 29 août 1623.

37 HHStAW, Abteilung 1165 R 3, R 4, R 9, R 10, R 11.

38 HHStAW, Abteilung 1165 R 5, R 6, R 12.

des informations de ses comptes pour les besoins de la comptabilité francfortoise ne devait guère poser problème: en revanche, malgré de réels efforts en ce sens,[39] il lui était très difficile, pour ne pas dire impossible, de savoir à qui appartenait la marchandise qu'il négociait – sans même parler des diverses combinaisons d'investissement qui pouvaient se cacher derrière le nom d'un propriétaire « majoritaire ». La formulation personnelle du privilège (« pour lui ou pour ses semblables facteurs ou serviteurs ») ne souffre donc guère de traduction concrète: accordé à une personne, le bénéfice de la concession impériale s'ouvre en fait à un réseau tout entier, qui exploite la position favorable de l'un de ses membres.[40] L'encastrement du commerce à la cour dans un ensemble de pratiques sociales de négociation, et donc sa personnalisation extrême, vont de pair avec une dépersonnalisation presque complète de la marchandise, et donc avec une organisation du réseau qui échappe, au moins en certains lieux et pour un certain temps, aux membres qui le constituent. L'usage du privilège, accordé à une personne et bénéficiant à celle-ci, ne peut donc être compris si l'on ne perçoit pas qu'il fait également appel à une structure.

Que conclure de cet exemple? Au quotidien, l'essentiel est sans doute la souplesse pratique du privilège. Nous avons souligné cette souplesse en insistant sur le point de vue du marchand: concession accordée à une personne, le privilège peut grandement faciliter, et favoriser, le positionnement et l'action sociale de celle-ci – alors que dans le même temps, l'exemption à la loi commune qu'il propose

39 Dans certains livres, on trouve parfois en marge de la description des marchandises des initiales renvoyant à tel ou tel marchand: AB (Adrian Briers), RVC (Ruland von Cassel), DBRVC (Daniel Briers et Ruland von Cassel), etc. On trouve de même des tentatives de classement des bijoux à vendre en fonction de leur propriétaire. Ces deux pratiques, cependant, ne sont pas systématiques. Voir HHStAW, Abteilung 1165 R 3, R 4, Memorial Nr. 8 (pour les indications d'initiales), R 9 et R 10 (pour le classement par propriétaire).

40 Comme il le fait d'ailleurs pour d'autres membres: Gerhard Heusch, qui a séjourné à Hanau, s'occupe ainsi des relations avec les artisans de cette ville. En fait, ce combat pour obtenir des positions favorables ne cesse jamais: en 1628, la femme de Daniel Briers écrit au conseil pour obtenir le droit d'héberger un client: en 1630, un employé de l'entreprise demande à devenir courtier en joyaux … La liste, probablement, serait infinie. Voir ISG Frankfurt 1.2.2. Ratssupplikationen 1628, vol. 2, fol. 240 (lect. 1er juillet 1628), 1630, vol. 1, fol. 147 (lect. 16 mars 1630), vol. 2, fol. 189–192 (lect. 10 août 1630).

bénéficie à une marchandise très largement dépersonnalisée, et dont la propriété relève bien davantage d'une structure de réseau que d'un individu. Cette souplesse est également bien réelle pour l'empereur, ou pour l'autorité politique qui concède le privilège: celui-ci n'a rien de définitif – parce qu'il est doublement personnel, il ne reste valable qu'aussi longtemps que l'autorité qui le concède, ou son bénéficiaire, sont en vie ... ce qui n'interdit pas, bien sûr, de le réactiver au profit d'autres individus.[41] Mais si elle veut dépasser le simple constat de cette souplesse pratique, l'interprétation du privilège accordé à Daniel et Adrian Briers dépend largement d'une question de point de vue. Que l'on se place à Vienne, et Daniel Briers est « joaillier et homme de la chambre »: que l'on se place à Francfort, et il est « marchand-bourgeois » de la ville, et membre principal de l'une des principales entreprises de la cité. Il y a là, bien plus qu'une pluralité de perceptions, une pluralité de statuts possibles – et donc de socles mobilisables pour l'organisation ou la défense juridiques de l'activité économique. Il me semble qu'en dernière instance, cette pluralité renvoie ici à l'hétérogénéité fondamentale de l'espace dans lequel se meut le groupe marchand. Celui-ci, très clairement, est relationnel: ce n'est que parce qu'il parvient à faire fonctionner un réseau d'information et de circulation des marchandises (c'est-à-dire à la fois des joyaux « nouveaux », réalisés à Anvers ou Francfort, et des invendus ou des biens pris en retour dans les cours nobiliaires) que l'entreprise fonctionne. Mais, tout aussi clairement, son activité s'ancre dans des lieux précis, et de plus en plus nettement définis et organisés – ceux où résident les autorités politiques qui sont aussi les clients du groupe.[42] L'objet « privilèges » se situe très précisément à la

41 À cet égard, l'exemple des Forchoudt, « marchands à la cour » à Vienne, « marchands de tableaux » ou « joailliers » à Anvers, ne semble pas sans parenté avec celui de la compagnie Briers-Heusch-von Cassel: voir Jean Denucé, *Exportation d'œuvres d'art au 17e siècle à Anvers. La firme Forchoudt*, Antwerpen (de Sikkel) 1931, en particulier pp. 9–20; Erika De Coster, De diamanthandel te Antwerpen in de XVIIe eeuw gezien vanuit de geschiedenis van de firma's Wallis-du Jon, Boon en Forschoudt, in: *Album offert à Charles Verlinden à l'occasion de ses trente ans de professorat*, Gent (Wetteren) 1975, pp. 95–116; Haupt, Hof- und hofbefreite Handwerk (n. 12), p. 422.

42 L'opposition entre réseau et territoire, ici exposée, doit beaucoup à la distinction entre deux types d'espace – absolu et relatif – théorisée par Martina Löw, *Raumsoziologie*, Frankfurt am Main (Suhrkamp) 2001, pp. 24–34.

jonction de ces deux types d'espaces, en appartenant pleinement aux deux: parce qu'il est donné par une autorité politique, il renvoie nécessairement au territoire, et pour peu qu'il soit reçu – comme c'est le cas ici – par des marchands, son usage renvoie nécessairement à celui d'un réseau. Qu'il me soit donc permis, pour conclure cet article, de proposer non une définition ou un modèle, mais une simple perception du privilège accordé à Daniel et Adrian Briers: celle d'un mode d'articulation souple entre une autorité nécessairement territoriale et un réseau marchand nécessairement réticulaire.

Les compagnies des Indes et l'économie du privilège

Gérard Le Bouëdec

Les Européens exclus du traité de Tordesillas utilisent tous comme arme de contestation puis d'écrasement de l'Estado portugais, une compagnie des Indes orientales formatée sur le modèle de la Vereenigde Oost-Indische Compagnie (VOC).[1] Des plus grands aux plus modestes, les pays européens se lancent dans le commerce de l'Inde avec leur compagnie, que ce soit les trois grands avec la VOC (1602–1795) des Provinces-Unies, l'East India Company (1600–1854) de l'Angleterre, les trois compagnies françaises (1664–1794), ou les pays du Nord comme le Danemark, dès le XVIIe siècle, mais surtout à partir de 1732 la Suède (1731–1813) et même les Pays-Bas autrichiens avec la compagnie d'Ostende (1722–1737) ou la Prusse en 1751 et 1753.

Ces compagnies à charte, qui obtiennent de leur gouvernement le monopole des échanges entre leur pays et l'océan Indien sont une personne morale avec armoiries, sceau, devises et des terres sur lesquelles elles disposent d'une véritable délégation de la puissance publique. En termes d'organisation, ces « empires » avant tout marchands sont un archipel de comptoirs qui s'appuie en métropole sur un port-ville, sas unique des relations maritimes avec les Indes.

Les compagnies des Indes sont des sociétés par actions et représentent une innovation dans l'histoire du capitalisme européen. Elles ont dû élargir l'assiette des financements de leurs activités à des particuliers et à un public qui achètent des actions le plus souvent au porteur qui sont négociables, donnant naissance aux bourses des valeurs, la première étant celle d'Amsterdam.

L'exemple français de 1664 à 1794 est atypique car trois compagnies dites de Colbert, Law et Calonne, se succèdent avec de longues

[1] Gérard Le Bouëdec, Les Compagnies des Indes, in: *Questions internationales* 37 (2009), pp. 109–115.

parenthèses de commerce libre. En effet, contrairement à ce que l'on observe aux Provinces-Unies et en Angleterre, le commerce privé français mit la main sur ce commerce à deux reprises en 1708–1719 et en 1770–1785 avec une certaine réussite.

Cette contribution vise, à travers une évaluation de ces entreprises à privilèges que sont les compagnies des Indes, à répondre à trois questions: pourquoi la compagnie à monopole dotée de privilèges en grappes est-elle la seule capable de répondre aux défis du commerce asiatique? Pourquoi ces compagnies marchandes sont-elles plutôt des administrations d'État? Comment évaluer les formes d'émancipation du modèle?

I. Des compagnies à privilèges pour répondre aux défis du commerce de l'océan Indien

Si tous ces défis sont finalement financiers, ils sont de nature intrinsèquement différente.

1. Les dimensions spatiales des privilèges

Dans l'océan Indien, en 1664, même s'il ne faut pas oublier les initiatives antérieures, les Français arrivent bien tardivement dans un monde dominé exclusivement pendant un siècle par les Portugais mais que les Hollandais et les Anglais se sont déjà largement appropriés au XVIIe siècle. Mais, et c'est un aspect souvent négligé que les travaux des historiens de l'histoire interconnectée euro-asiatique[2] mettent en valeur, les soi-disant empires coloniaux européens ne sont que des réseaux de comptoirs et d'escales établis sur le littoral de l'océan Indien tolérés, après obtention de privilèges sous forme de firmans, en Inde par le Grand Moghol et ses grands féodaux, même s'ils autorisent les Européens à les fortifier, ou très encadrés en Chine. Dans tous les cas, l'obtention d'un privilège d'installation s'accompagne de lourdes taxes. L'extension du territoire de Pondichéry (1697, 1740, 1750) est négociée avec le nabab d'Arcatte contre

[2] Romain Bertrand, Rencontres impériales. L'histoire connectée et les relations euro-asiatiques, in: *Revue d'histoire moderne & contemporaine* 54, 4bis (2007), pp. 69–89.

paiement d'un droit annuel. À Chandernagor l'installation est obtenue en 1673 auprès du nabab du Bengale et à Mahé en 1721 auprès du souverain local, Bayanor.[3] La présence des compagnies n'a pas du tout mis fin à l'organisation politique locale. L'Inde est sous la tutelle du grand Moghol auquel les compagnies versent un tribut, et elles doivent toutes composer avec les souverains locaux, sultans, nababs, rajahs. L'affaiblissement du pouvoir du grand Moghol au XVIIIe siècle, libère les ambitions des souverains locaux comme les sultans de Mysore et voit s'élever la puissance Mahratte. Cette instabilité politique présente à la fois un risque mais ouvre également de nouvelles perspectives.

De la même manière, il faut organiser l'assise territoriale française opérationnelle autour d'un port unique. Or le choix de Lorient est complexe. Et il faut éliminer toute idée de création, de fondation. Le choix effectué alors est celui d'un site de chantier de construction. La première Compagnie des Indes date de 1664, alors que le choix du site de la rade de Port-Louis est de 1666, ce qui signifie qu'il ne s'agit que d'une solution de recours après l'échec des premiers projets à Paimboeuf, Bayonne ou Le Havre. La Compagnie s'est emparée d'un dossier d'expertise d'une commission de la Marine qui parcourt, en 1663–1665, le littoral atlantique pour identifier les sites les plus appropriés pour implanter un arsenal et y établir un mouillage. Le chantier devient le port d'armement et de retour mais jusqu'en 1734, les ventes de la Compagnie se font au Havre puis à Nantes, ce qui complique nécessairement le dispositif. Or ce territoire que le roi octroie à la Compagnie est situé sur une sieurie qui relève des princes de Rohan-Guémené, qui vont être en procès avec l'État jusqu'en 1783. On peut en outre s'étonner de ce choix quand celui des ports comme Saint-Malo et Nantes eût été plus judicieux. Or le bourg-chantier qui aurait pu dépérir à la fin du règne de Louis XIV va donner naissance d'une part à une cité marchande conçue initialement par l'architecte Gabriel mais réalisée par Saint-Pierre et Guillois, d'autre part à une ville nouvelle. La Compagnie va investir entre 1732 et 1760 plus de six millions de livres dans cette édification du port de la Compagnie des Indes. Lorient devient alors le centre unique du commerce

[3] PHILIPPE HAUDRÈRE, *La Compagnie française des Indes au XVIIIe siècle (1719–1795)*, Paris (Librairie de l'Inde) 1989, pp. 297–321.

français en Asie via le Cap de Bonne Espérance. La Compagnie fait de Lorient son chantier de construction de gros porteurs en 1731 et son port d'armement et de désarmement. Surtout elle rapatrie de Nantes en 1734 les ventes des produits coloniaux. La Compagnie, ayant consenti de lourds investissements d'infrastructure,[4] prend toutes les dispositions pour contrôler le pouvoir de cette ville nouvelle. Dès 1735, elle acquiert tous les offices de la future communauté de ville créée en 1738 pour placer aux postes de maire, procureur et secrétaire greffier ses personnels.

Quels sont les domaines d'intervention de cette communauté de ville voulue par la Compagnie des Indes?

Cette communauté va avoir à mettre en œuvre le programme urbain validé par la Compagnie et largement financé par elle-même et codirigé par l'ingénieur Saint-Pierre et l'entrepreneur Guillois[5] qui sont eux-mêmes chargés du programme portuaire. En effet, jusqu'en 1763, la Compagnie a eu pour objectif non seulement d'ériger la cité marchande – ce sont ses installations portuaires – mais également de disposer d'une ville nouvelle qui soit à la hauteur de ses ambitions.

La communauté va devoir intervenir pour soulager les crises sociales et économiques consécutives aux guerres qui se traduisent par des menaces directes, comme en 1746 lors du siège de la ville, ou indirectes pendant la guerre de Sept Ans quand la ville doit subir le blocus de la flotte anglaise.[6] La question de l'hôpital devient un dossier essentiel. La communauté procède à la municipalisation de l'hôpital et aurait dû réaliser la fusion de l'Hôpital de la Compagnie et de l'hôtel Dieu grâce au financement de la Compagnie.

Cette communauté de ville a donc pour l'essentiel assuré la mise en œuvre du projet urbain initial voulu par l'entreprise Compagnie des Indes ainsi que la gestion sociale d'un développement saccadé.

[4] Gérard Le Bouëdec, Modèles de développement, politique d'aménagement portuaire et urbain à Lorient, 1666–1939, in: *Environnements Portuaires*, éd. par Anne-Lise Pierrey-Levy, John Barzman et Éric Barre, Rouen/Le Havre (Publications des Universités de Rouen et du Havre) 2003, pp. 139–150.

[5] Gérard Le Bouëdec, Les Hommes de Gabriel à Lorient, Louis de Saint-Pierre et les Guillois, in: *Jacques V Gabriel et les architectes de la façade atlantique*, éd. par Hélène Rousteau-Chambon, Paris (Picard) 2004, pp. 135–144.

[6] Gérard Le Bouëdec, Les enfants de l'Hôtel Dieu de Lorient: illégitimité et misère pendant la guerre de Sept Ans, in: *Cahier de l'Iroise* 36, 4 (1986), pp. 181–187.

2. La logistique commerciale des routes de l'océan Indien

Sur l'Atlantique, les destinations sont à la portée financière des négociants européens. Pour s'aligner sur les routes de l'océan Indien, il faut des moyens financiers d'une autre envergure. Il faut pouvoir supporter, selon Jean Meyer,[7] une mise hors de 700.000 à 800.000 livres. Cette mise hors élevée s'explique par deux données: le coût de la logistique, le déséquilibre de la balance commerciale.

a) La mise hors

La distance constitue un défi. Les rotations maritimes Europe-Asie sont les plus longues, à l'exception de celle du galion de Manille sur le Pacifique, de l'ordre de 18 à 20 mois, mais ici une moyenne n'est pas une norme, du fait de deux contraintes. D'abord celle des vents qui imposent des itinéraires et un calendrier. À l'aller, il faut contourner l'alizé de l'hémisphère sud en mettant le cap sur le Brésil avant de se présenter à l'entrée de l'océan Indien entre mai et juillet dernier délai, pour pouvoir bénéficier des vents portant de la mousson d'été. Ensuite, les itinéraires sont pluriels vers la péninsule indienne. La petite route, la plus courte, 35 jours, passe par le nord de Madagascar et les Seychelles, et le passage de l'équateur se fait au 54° Est. La grande route, la plus sûre mais la plus longue, passe à l'est de toutes les îles avec un cap au sud dans un premier temps puis une remontée vers le nord à hauteur des îles Saint-Paul et d'Amsterdam avec un franchissement de l'équateur par 85° Est. Les vaisseaux qui vont en Chine directement empruntent la route maritime des Hollandais et mettent le cap à l'est pour passer ensuite le détroit de la Sonde. Ceux qui ont fait une escale en Inde ou qui n'ont pas pu franchir l'océan Indien en une seule mousson passent par le détroit de Malacca, réputé difficile, et où il faut relâcher tout l'hiver avant de repartir. Après les détroits, la route vers Canton est périlleuse. L'organisation des retours se calque sur la mousson d'hiver qui porte les navires vers le cap de Bonne Espérance qu'il faut avoir franchi avant la fin mai. En effet, entre juin et octobre, les vents dominants d'ouest s'opposent à une entrée dans l'Atlantique.

[7] Jean Meyer, La France et l'Asie: essai de statistiques (1730–1785): état de la question, in: *Histoire, Économie & Société* 2, 2 (1982), pp. 297–312.

La nécessité de disposer d'escales de ravitaillement en vivres et eaux constitue la seconde contrainte. Ces escales sont essentielles pour la santé des équipages. En effet, au terme de trois mois, l'avitaillement est devenu impropre et le risque de scorbut menace l'équipage. Les compagnies disposent à l'entrée de l'océan Indien d'escales pour le renouvellement de leurs vivres et de leurs eaux. Les Hollandais sont installés au Cap, les Anglais en sont plus éloignés dans l'Atlantique à l'île de Sainte-Hélène. Les Français disposent des Mascareignes (îles de France et de Bourbon). Les grandes compagnies, pour empêcher le développement de la Compagnie d'Ostende, utilisent l'arme de l'escale en interdisant la relâche de ses vaisseaux au Cap ou à Sainte-Hélène et en faisant pression sur le Portugal pour qu'il s'oppose à l'installation d'une escale dans l'île de Fernando de Noronha sur la côte brésilienne.

Mais au-delà de la distance et des risques, avec un taux de mortalité par maladies et accidents de 7 à 15%, ces longues rotations entraînent une immobilisation prolongée du capital. Or les investissements initiaux sont lourds. En effet, les flottes des compagnies des Indes sont de gros tonnage pour amortir l'effet de la distance et du temps. Si le navire « 600 » tonneaux est un long courrier classique, c'est sur ces routes de l'océan Indien que l'on croise les géants des mers. Ils atteignent jusqu'à 1200 tonneaux et au-delà, notamment dans la flotte suédoise qui doit accomplir un plus long circuit. Cette croissance des jauges est en partie liée à la militarisation des navires qui sont construits selon les mêmes techniques que les vaisseaux de guerre. Or l'accroissement d'une artillerie de bord exige un allongement du bateau et donc corrélativement de sa largueur et de sa profondeur. Cette croissance des tirants d'eau n'était pas sans poser problème pour le franchissement des hauts fonds du détroit de la Sonde, le mouillage en rade foraine au large des comptoirs qui ne disposent pas de quais, la remontée du Gange et de l'Ougly vers Chandernagor. Ces gros navires doivent être montés par des équipages nombreux, en moyenne 20 hommes pour cent tonneaux, ce qui donne un effectif de 120 à 200 hommes. Cette main d'œuvre a un coût, d'autant que la Compagnie doit avancer avant le départ six mois de soldes. Pour éviter des salaires trop élevés, elle concède des droits de ports permis et de pacotilles qui permettent aux hommes d'équipages, surtout les officiers et les officiers mariniers et sous-mariniers, de disposer d'un revenu spéculatif sur les produits des Indes. L'avitaillement est dimensionné pour nourrir ces équipages nombreux auxquels il faut ajouter fréquemment des passagers: employés de la Compagnie des Indes (du subrécargue au commis) qui accompagnent les cargaisons, personnel affecté dans les comptoirs, soldats des garnisons, missionnaires qui utilisent les navires des compagnies pour rejoindre leurs terres de missions, artisans qui s'engagent par contrat pour aller travailler aux Mascareignes.

Au final, les investissements annuels de la seconde compagnie française pour ses flottes atteignent 4,5 millions qui se répartissent comme suit: constructions et radoubs: 21%, armement et avitaillement: 38%, salaires: 40%.

b) Une balance commerciale Europe-Asie déséquilibrée

C'est sur les cargaisons de retours que repose le succès de chaque voyage. Elles sont dominées par trois grandes catégories de marchandises: les étoffes, les thés et cafés, les épices. Les expressions de « tombeau des trésors d'Amérique », « gouffre d'Asie » sont suffisamment explicites pour souligner le problème majeur des échanges Europe-Asie, le déséquilibre de la balance commerciale et donc la nécessité d'un transfert massif de métaux précieux américains pour acquérir des produits qui demeurent des produits de luxe. Pourquoi? Les comptoirs européens ne sont pas des colonies de peuplement à l'instar des colonies espagnoles et anglaises du continent américain. En additionnant les Portugais, les Hollandais, les Anglais et les Français, les Danois et les Suédois, Philippe Haudrère ne compte guère plus de 16.000 Européens au milieu du XVIIIe siècle, dont à peine 10% s'installent. Dans ces conditions, les approvisionnements en produits alimentaires, vins, armes et matériel naval ne peuvent remplir les cales. Le marché est étroit, et le reste, car les Asiatiques ne sont pas demandeurs de produits européens. Aucune compagnie n'a pu échapper au chargement de piastres. C'est le premier poste de dépenses de la compagnie française (48%). Les métaux précieux représentent entre 65 et 90% de la valeur des cargaisons aller. Les Hollandais et les Anglais ont réussi à réduire ce recours aux piastres en finançant leurs achats en Asie grâce au profit du commerce intra-asiatique ou aux revenus issus des territoires dominés.[8]

[8] Le Bouëdec, Compagnies des Indes (n. 1); Philippe Haudrère, Le commerce, in: *L'Inde et la France, Deux siècles d'Histoire commune, XVIIe–XVIIIe*

II. L'exercice du monopole et des privilèges, la Compagnie des Indes et l'État

1. Le périmètre

a) L'organisation territoriale et économique du monopole

Dans l'océan Indien, le réseau français va progressivement s'organiser en trois sous-espaces d'envergure différente. À l'entrée, les Français disposent des Mascareignes (île de France et île de Bourbon), après avoir renoncé à une installation initiale à Fort-Dauphin au sud de Madagascar, pour assurer l'escale des rafraîchissements en vivres et eau. C'est en péninsule indienne que l'implantation est la plus forte autour de trois pôles avec leur nébuleuse de loges. Pondichéry (29.000 hectares) sur la côte de Coromandel est constituée de 14 enclaves avec en périphérie les petits établissements de Karikal, Mazulipatam et Yanaon. Chandernagor (940ha) au Bengale sur l'Hougly à 120 kilomètres de la mer, avec ses cinq loges de Cassimbazar, Patna, Dacca, Jougdia et Balaçor. Sur la côte de Malabar, le point d'appui est Mahé dont dépendent Surate et Calicut. Mais la Compagnie est aussi présente à Moka sur la mer Rouge en Arabie, temporairement à Bassorah et Bandar Abbas et sur la côte du Pégou.[9] Progressivement, la côte de Coromandel s'est affirmée au détriment de l'espace de la façade Ouest autour de Surate et de Moka qui avaient joué un rôle majeur sous la première Compagnie. La présence au Siam avec la loge d'Ayutthaya puis de Merguy/Jonsalam est un échec complet (1672–1689).[10] Quant au comptoir de Canton, ce n'est qu'un marché spécial pour étrangers qui n'ont droit qu'à un mouillage en aval dans la rade de Whampou à proximité de petites îles où ils disposent de hangars. Les employés de la Compagnie ne restent que le temps des échanges qui passent obligatoirement par la compagnie chinoise Co-Hong. Il faut souligner que la seconde Compagnie des Indes, qui est une compagnie

siècles, Histoire – sources – Bibliographie, éd. par Philippe Le Tréguilly et Monique Morazé, Paris (éditions du CNRS) 1995, pp. 23–31.

9 Gérard Le Bouëdec, *Activités maritimes et sociétés littorales en Europe, 1690–1790*, Paris (Armand Colin) 1997, pp. 79–85.

10 Evelyne Guihur, *Le Voyage dans la formation des missionnaires de la Société des Missions étrangères (1660–1791)*, Lorient (thèse de l'Université de Bretagne-Sud) 2011, pp. 59–86.

universelle née de la fusion de la prolifération des compagnies avant 1719, ne s'est recentrée sur l'océan Indien qu'en 1730, abandonnant les Indes occidentales, l'Afrique du Nord, la Louisiane, mais en conservant le Sénégal. Avec la troisième Compagnie, l'assise du monopole se rétracte au-delà de l'île de France.

Les compagnies françaises s'inspirent du modèle hollandais de la VOC. Les Hollandais sont partis à l'assaut du monopole portugais en ordre dispersé avec des sociétés d'armement concurrentes dont l'envergure était insuffisante pour assurer une quelconque rentabilité. La VOC apporte une réponse double: elle est d'une part dotée d'un monopole qui garantit la rentabilité commerciale et l'approvisionnement du marché en produits asiatiques, elle dispose d'autre part d'un capital social considérable de 6,8 millions de florins (8 millions de livres tournois), et ce dès 1602, capital réuni par un appel aux investisseurs sous forme de 2200 actions aux porteurs. Ce capital garantit la stabilité de l'entreprise et évite d'avoir à chercher les fonds pour chaque campagne d'armement. Le capital prévu de la première compagnie française est de 15 millions, divisés en 15.000 actions de 1000 livres. Sous la seconde Compagnie, après la période du système de Law où le nombre d'actions émis avait dépassé les 600.000, le nombre d'actions dépasse les 50.000 (56.000 en 1724) pour finir à 37.086 en 1770.

Mais ce monopole de la Compagnie ne concerne que le commerce entre les comptoirs et la France, où les ventes se déroulent aux enchères sur un site unique qui est jusqu'en 1734 dissocié du site du chantier de construction et du port. C'est en effet sur les cargaisons de retour – qu'il faut vendre le plus cher possible – que repose le succès potentiel de chaque voyage. Elles sont dominées par trois grandes catégories de marchandises: les étoffes de coton et de soie, les thés et cafés, le poivre. Les négociants reçoivent les inventaires imprimés des marchandises mises en vente. Sur place à Lorient, une exposition des échantillons leur est offerte aux magasins des Indes.[11] Aux enchères d'octobre, les Nantais sont les plus nombreux devant les Lorientais (souvent de simples fondés de pouvoir), les Malouins, les

[11] Gervais Guillois, Elévation du péristyle et de la façade du Magasin des ventes, 20 mars 1752, Planche de l'Album Guillois: Service Historique de la Marine, Lorient.

Bordelais, les Montpelliérains, les Marseillais. Le chiffre d'affaires annuel, après la longue stagnation du XVIIe siècle, est de 15 à 20 millions livres.

Aucune compagnie n'échappe au transfert des piastres. Mais si la Chine accepte en paiement les lingots et surtout les espèces frappées en Europe ou Amérique, il faut en Inde les fondre et les refrapper avant usage. Jusqu'en 1736, la Compagnie doit avoir recours à l'hôtel des monnaies du suzerain de Pondichéry, le nabab d'Arcate contre une taxe de 7%. Mais en 1736, elle obtient le droit de frapper ses roupies et malgré les prélèvements du nabab, cette autonomie de frappe dans son propre hôtel de la monnaie, construit entre 1742 et 1746, lui permet de réaliser des économies. Le volume des frappes est de l'ordre de 20 tonnes d'argent par an soit cinq à six millions de livres. Mais la Compagnie doit encore négocier pour qu'elles soient acceptées dans les autres comptoirs comme à Chandernagor, où l'accord n'est conclu qu'en 1738, bien évidemment contre versement d'impôt.[12] Seule une stratégie d'Inde en Inde peut offrir un réel antidote. C'est ce que les Hollandais de la VOC ont réussi à mettre en œuvre au XVIIe siècle. En effet, le succès du commerce de l'Inde ne peut se réduire aux seuls échanges Asie-Europe, mais il se gagne déjà dans les mouvements intra-asiatiques. Or il est difficile de faire la part du *country trade* des compagnies dans l'ensemble des armements privés et interlope. En clair, les liaisons Moka-Pondichéry, Mahé-Pondichéry, Inde-Mascareignes s'inscrivent dans des circuits qui échappent à la Compagnie, mais pas nécessairement à certains employés qui peuvent y investir. Il est évident que pour certaines familles, ce temps en poste dans l'océan Indien fut celui de l'accumulation du capital.[13]

b) La fiscalité sur le commerce d'Asie: des exemptions et des fraudes

La Compagnie dispose d'une exemption douanière sur toutes les matières premières et marchandises destinées à la construction navale,

12 Haudrère, Compagnie (n. 3), p. 954.

13 Le Bouëdec, Activités maritimes (n. 9), pp. 103–108; Gérard Le Bouëdec, Les négociants lorientais, 1740–1900, in: *Négoce, Ports et océans, XVIe–XXe siècles. Hommage à Paul Butel*, éd. par Silvia Marzagalli et Hubert Bonin, Bordeaux (Presses Universitaires de Bordeaux) 2000, pp. 96–111.

à l'avitaillement et aux cargaisons, qu'elles soient issues des importations étrangères européennes ou non. Les exemptions sur le commerce intérieur concernent aussi bien les droits d'octroi et d'entrée de ville (y compris Lorient) que les droits de ports, péages et autres passages. Mais les marchandises doivent être accompagnées de passeports ou de passavants de la Compagnie ainsi que d'acquits-à-caution exigés par la Ferme,[14] prouvant que ces fournitures lui sont destinées.

Les produits des Indes sont en général frappés d'un droit d'entrée de 3% de la valeur payable au moment de la vente, ce qui permet à l'acheteur muni d'un acquit de paiement de faire entrer les marchandises dans le pays. Si le produit est destiné à l'exportation, il dispose de l'entrepôt pendant deux ans, et durant cette période les marchandises munies d'un passe-debout sont exemptées des droits de douanes intérieures. Mais il existe des règlements particuliers. Ainsi, contre versement d'une somme forfaitaire de 25.000 livres à l'adjudicataire des Fermes, la Compagnie est dispensée du paiement de tous les droits d'entrée et de péage pour ses cafés dans le Royaume.[15] Mais ce sont les textiles qui sont soumis à un régime douanier qui imposent des limites à cette économie du privilège. Un régime de prohibition, qui fait l'objet de deux édits et de 80 arrêts de 1686 à 1759, interdit aussi bien leur vente et leur fabrication que leur port. En 1719, l'importation des indiennes et leur vente par la Compagnie sont autorisées, mais à condition que celles-ci soit réexportées.

Aussi la fraude est-elle considérable. Les indiennes des compagnies étrangères pénètrent par différents ports, qu'ils soient francs ou d'entrepôts. Marseille est la tête de pont de l'introduction des toiles levantines, véritables copies des indiennes. Une puissante industrie d'indiennage, née aux frontières de la France et dans quelques enclaves du territoire, alimente un fort courant de contrebande sur les frontières terrestres. Il ne faut pas sous-estimer l'importance de la pacotille et de ses abus qui alimentent de véritables circuits parallèles où des bailleurs de fonds, à travers le prêt à la grosse, utilisent les

[14] Archives municipales de Nantes, CC 422 et Archives du Service historique de la défense, département Marine Lorient, 1P 291/233/13; voir GÉRARD LE BOUËDEC, *Les approvisionnements de la Compagnie des Indes, 1737–1770*, Paris (thèse, Université Paris IV) 1981, pp. 582–583.

[15] HAUDRÈRE, Compagnie (n. 3), pp. 419–420.

hommes d'équipages comme de véritables voyageurs de commerce.[16] Ainsi une prohibition censée protéger l'industrie textile traditionnelle dans un contexte complexe de crise, où la convergence de la révocation de l'édit de Nantes et de la promulgation de l'édit de prohibition ne relève pas de la seule coïncidence, va priver la Compagnie des Indes d'une source de profit, et le pays d'une industrie innovante qui va se développer ailleurs.

c) *La protection des routes maritimes et une assistance en matière de défense: une sécurisation très relative des territoires du monopole*

Louis XIV et Louis XV se sont toujours engagés à assurer la protection des flottes de la Compagnie et donc à sécuriser l'exercice du monopole. Le premier en 1664: « En cas que la compagnie fut troublée dans le commerce par les ennemis de notre Etat, nous promettons de la défendre et assister de nos armes et de nos vaisseaux à nos frais et à nos dépens [...] », le second en 1717: « Nous promettons à la compagnie de la protéger et défendre et d'employer les forces de nos armes s'il en est besoin pour la maintenir dans la liberté entière de son commerce et la navigation. »[17]

La Compagnie a reçu le droit (le privilège) d'avoir recours comme la Marine au système des classes qui permet des levées d'autorité parmi les gens de mer pour constituer ses équipages. Elle a même droit en 1719–1721 de proposer des soldes supérieures pour recruter plus facilement. Si elle recrute ses équipages dans l'intendance de Brest qui correspond à la généralité de Bretagne, le quartier de Port-Louis au potentiel de 5000 à 6000 hommes lui est de fait réservé et elle puise près de 22% de ses effectifs dans un rayon de 40 km autour de Lorient.[18]

16 Eugénie Margoline-Plot, Les pacotilles et les circuits parallèles de distribution des cotonnades en Bretagne au XVIIIe siècle, in: *Le Goût de l'Inde*, éd. par Gérard Le Bouëdec et Brigitte Nicolas, Rennes (Presses Universitaires de Rennes) 2008, pp. 64–73.

17 Philippe Haudrère, La compagnie des Indes, le poids de l'Etat, in: Le Tréguilly et Morazé, L'Inde (n. 8), pp. 18–19.

18 Catherine Guillevic, *L'impact de l'implantation d'une ville nouvelle sur sa terre d'accueil: Lorient en Bretagne-Sud, XVIIe–XVIIIe siècles*, Lorient (thèse, Université de Bretagne-Sud) 2009, pp. 83–99 et 267–295.

L'instabilité politique dans les territoires où sont implantés les comptoirs impose aux compagnies d'investir dans la défense de leur dispositif et de disposer de troupes coûteuses. Elles détiennent une délégation de la puissance publique et des troupes sur des territoires pour lesquels elles paient ou pas des tributs recognitifs d'une tutelle plus virtuelle que réelle, et qui les oblige à entretenir des relations complexes avec des souverains souvent prêts à se révolter ou à s'émanciper. Les compagnies doivent assumer de deux manières la défense de cet espace éclaté. Elles construisent dans leurs principaux comptoirs des fortifications. À Pondichéry,[19] la première Compagnie ajoute à la forteresse de 1709 une enceinte entreprise par le gouverneur Dumas qui est construite en une décennie et qui abrite toutes les installations et magasins de la Compagnie et le palais du gouverneur bâti entre 1738 et 1752. À proximité, l'établissement de Karikal dispose également de redoutes et d'un fort.[20] Le fort d'Orléans à Chandernagor est d'une autre dimension et la loge de Casimbazar dispose aussi d'une enceinte. Mahé, bien que des travaux soient entrepris, n'est pas fortifié.

La seconde Compagnie dispose de ses propres troupes. À Lorient, une compagnie permanente de 100 à 300 hommes selon les périodes, assure la formation des effectifs qu'elles destinent à la défense de ses comptoirs. Philippe Haudrère indique qu'ils représentent 85% des effectifs dans l'océan Indien de la Compagnie. Les effectifs en garnison aux Indes sont variables. Si l'on exclut le bas niveau de 374 en 1723 et l'effectif pléthorique de 3300 en 1757–1759, ce sont en général entre 600 et 900 hommes (792 entre 1730 et 1739, 860 entre 1740–1749, 639 entre 1765 et 1770) qui se trouvent dans les comptoirs avec toujours une hiérarchie immuable: Pondichéry, Chandernagor, Mahé.[21]

19 Jean Deloche, Du village indien au comptoir de la Compagnie des Indes: Pondichéry (1673–1824), in: Le Bouëdec et Nicolas, Goût de l'Inde (n. 16), pp. 116–125.

20 Haudrère, Compagnie (n. 3), pp. 307–315.

21 Ibid., p. 1279: 1730–36: Pondichéry 298 hommes, Chandernagor, 223 hommes, Mahé 231 hommes; 1740–49: Pondichéry 525 hommes, Chandernagor: 120 hommes, Mahé: 215 hommes.

2. L'intervention de l'État

L'insuffisance de capitaux, le recours à des privilèges annexes font que les compagnies ne sont plus qu'une administration d'État. Tout en se référant au modèle hollandais, elles n'ont jamais réussi à être de véritables sociétés par actions avec un corps d'actionnaires cherchant à éviter un contrôle de l'État.

Le capital social de 15 millions de la première Compagnie n'est réellement couvert qu'à hauteur de 4,5 millions, bien que des engagements jusqu'à 6,7 millions aient été pris par des actionnaires qui se sont désistés lors des versements des deuxième et troisième tiers. Ce n'est pas une compagnie marchande du fait de l'abstention de négociants qui au final ne représentent que 26% des souscriptions, mais il s'agit vraiment d'une compagnie royale. En effet, la Maison royale et la cour ont apporté près d'1,1 million, soit 24%, et si l'on ajoute les manieurs de l'argent du roi, c'est 38,9% du capital qui relève du monde curial. Le monde des offices des grandes institutions de la capitale et de province représente 34,5%. C'est aussi avant tout une compagnie parisienne aux deux tiers.[22]

La seconde Compagnie, composante majeure du vaste projet de remise à flot des finances publiques de Law et qui survit à la liquidation du système, constitue, même si son capital social est plus important, une société par actions rentières selon la volonté de Law. Il s'agit de rassurer les actionnaires en leur garantissant une rente fixe, mais dont la valeur va néanmoins décliner, passant de 150 livres en 1723–1745 à 40 livres en 1759 et 1765. Ce dividende n'est donc pas indexé sur les bénéfices. Ainsi en 1736, il aurait dû être de 135 livres contre les 150 de la rente, en 1757 de 135 livres contre 80 et en 1761 de 80 livres contre 40. Néanmoins ce dividende, qui représentait en 1725 22% de la valeur de l'action, s'est progressivement rapproché des 5% qui sont le taux d'intérêt des emprunts. Cette action est le seul effet au porteur coté en bourse, mais la bourse n'est pas utilisée pour drainer de nouveaux capitaux. Son cours n'est pas du tout un baromètre de la

22 Philippe Haudrère, Les actionnaires de la première compagnie des Indes orientales, in: *Les passions d'un Historien, Jean Pierre Poussou*, éd. par Reynald Abad, Jean-Pierre Bardet et Jean-François Dunyach, Paris (Presses Universitaires de Paris-Sorbonne) 2010, pp. 589–610.

santé de la Compagnie.[23] Dans tous les cas, les compagnies ont manqué de fonds de roulement y compris pour payer le dividende de l'action rentière. Par conséquent, seul l'État pouvait intervenir comme bailleur de fonds sous différentes formules: l'emprunt, classique, comme sous la seconde Compagnie qui émit pour 80 millions de titres entre 1725 et 1768 avec plus de difficultés de placement à partir de 1751, ou à la grosse aventure comme en novembre 1701, avec 800.000 livres à 50% d'intérêt. Lors de la sortie du système de Law, afin de procurer à la Compagnie un revenu indépendant permettant de verser des revenus sûrs pour garantir le versement du dividende de l'action-rente, le roi concède des privilèges en grappes,[24] à savoir: le privilège exclusif de la fourniture du Castor (1722), la perception des droits du domaine d'occident (1723), la vente du tabac (1723) – dont les profits couvrent pratiquement le paiement des rentes des 56.000 actions à 150 livres en 1724 –, le privilège de la vente du café en 1723, auxquels s'ajoute le privilège des loteries. Avec la sortie du système et le recentrage sur l'océan Indien, la Compagnie abandonne certains de ses privilèges, mais le dividende des actions continue de dépendre de la vente du tabac remis à la Ferme contre paiement d'une indemnité.[25]

3. Une compagnie administrée par l'État

Sous Colbert, le roi étant le principal actionnaire et les deux tiers des actions ayant été acquises à la demande du contrôleur général par les membres de la cour, des cours souveraines ou des financiers, les assemblées générales se tiennent en présence du roi, et les décisions sont prises sans discussion sous la dictée du ministre et les comptes sont contrôlés par des commissaires nommés par le roi. Lors de la restructuration de la Compagnie par Seignelay en 1684, la Maison royale est représentée au conseil de la Compagnie par Morel de Boisteroux, directeur du commerce avec les pays étrangers au Secrétariat d'État de la Marine avec un portefeuille d'actions de 40.000 livres

23 Haudrère, Compagnie (n. 3), p. 164.

24 La compagnie anglaise disposait quant à elle de la ferme du sel et du papier.

25 Haudrère, Compagnie (n. 3), p. 128.

et trois membres du Conseil du roi, Rouillé, Nicolas de la Reynie et surtout Pussort.[26]

La seconde Compagnie des Indes, malgré une présence plus affirmée du négoce, reste une administration sous l'autorité du contrôleur général. La présence des commissaires issus du conseil d'État rassure les actionnaires rentiers sur l'engagement de l'État, mais comme le soulignait l'abbé Raynal lors de la restructuration de 1730 par le contrôleur Orry, « En 1730, un commissaire du Roi fut introduit dans l'administration de la compagnie [...]. Dès lors [...] tout se dirigea par l'influence et selon les vues de l'Homme de la cour. »[27] Le contrôleur général Orry, ne pouvant assumer seul le contrôle de la gestion, nomme avec le titre de commissaire du roi Peyrenc de Moras, l'un des bénéficiaires du système, et en 1732 son propre frère Jean Orry de Fulvy. À partir de 1745, le pouvoir royal est représenté par deux commissaires, le ministre lui-même, et successivement Jean-Baptiste Machault (1746–1754), Moreau de Séchelles (1754–1756), Boullongne (1756–1759), Bertin (1760–1764). En s'étendant jusqu'aux comités restreints, celui des caisses et celui des affaires des Indes, la surveillance ne se limite pas aux grandes orientations et décisions, mais touche le fonctionnement au quotidien.[28] Dans ces conditions, la place des actionnaires, des syndics et des directeurs n'a plus rien de commun avec la VOC. Tenus à l'écart sous la première Compagnie, ils le sont aussi sous la seconde. Jusqu'en 1745, les actionnaires rentiers ne sont pas réunis en assemblée générale, avant de retrouver une certaine existence pour désigner six syndics dont trois « onéraires » appointés et trois honoraires, choisis parmi la haute noblesse et la Banque. Leur influence n'est réelle que si elle va dans le sens des souhaits du roi. Quant aux directeurs, ils sont tous nommés sans consultation des actionnaires par le pouvoir royal parmi les Mississippiens, le haut personnel de la Compagnie, les négociants-armateurs des grands ports, les protégés des ministres et les familles du personnel déjà en place.[29]

26 Haudrère, Actionnaires (n. 22), p. 593.

27 Abbé Raynal, *Histoire philosophique et politique des établissemens et du commerce des Européens dans les deux Indes*, Paris 1780, pp. 506–507, cité par Haudrère, Compagnie (n. 3), p. 129.

28 Haudrère, Compagnie (n. 3), p. 132, 199.

29 Ibid., p. 177, 179.

4. La Compagnie, prisonnière de la politique étrangère de l'État

Bien qu'initialement délaissé au profit de Rochefort par la Marine, le site de Lorient offre, en période de conflit maritime, un double avantage. C'est un mouillage d'abri protégé par un rideau d'îles et par la citadelle de Port-Louis. Située sur la côte sud de la Bretagne, la rade est ouverte directement sur les routes atlantiques. Eu égard à sa mission initialement définie de construction et d'armement, le port dispose des ressources en matières premières, avitaillement et cargaison de l'hinterland de Nantes, dont il est une sorte d'avant-port, et se positionne sur la rocade européenne des routes du bois, du fer et du chanvre des flottes de l'Europe baltique. Ces arguments stratégiques sont déterminants durant le règne de Louis XIV. La fonction marchande a du mal à s'émanciper de la fonction militaire, les deux relevant du même secrétaire d'État à la marine et aux colonies. En 1685, Seignelay, en relançant l'établissement lorientais, n'a que le souci d'y développer un port-arsenal intermédiaire entre Rochefort et Brest. La militarisation du site est telle que la Compagnie des Indes y devient l'intruse.[30] L'amiral Nerzic, dans sa thèse sur les armements mixtes durant les guerres de la Ligue d'Augsbourg et de Succession d'Espagne, considère que ce qu'il appelle « les armements Sottas » ne sont ni plus ni moins que des armements mixtes associant des navires de la Marine sous forme de bâtiments d'escorte et de transports et des bâtiments de la Compagnie, comme le souligne la dénomination d'escadre de ces flottes, de Duquesne-Guitton, Dandenne ou Serquigny. Comment conjuguer l'ambition commerciale des compagnies chargées du commerce asiatique et la politique territoriale et militaire censée la soutenir? La question se pose également sous le règne de Louis XV. Or contrairement aux affirmations royales sur la protection des flottes de la Compagnie, l'océan Indien n'a jamais été une priorité pour la Marine royale.[31] Les compagnies n'ont jamais pu s'appuyer sur des bases militaires solides. Sous Louis XIV, le projet commercial

30 Gérard Le Bouëdec, Modèles de développement, politique d'aménagement portuaire et urbain à Lorient, 1666–1939, in: Pietry-Levy, Barzman et Barre, Environnements Portuaires (n. 4), pp. 139–150.

31 Etienne Taillemite, La stratégie navale française dans l'océan indien au XVIIIe siècle, in: *Les flottes des compagnies des Indes, 1600–1857*, éd. par Philippe Haudrère, Paris (Service Historique de la Marine) 1996, pp. 319–326.

de Colbert n'est pas accompagné d'une politique de base militaire malgré l'insistance de François Martin qui soutient une implantation à Mergui sur la côte du Siam. Le développement des activités de la seconde Compagnie et la montée des rivalités voient s'affirmer deux visions stratégiques. Mahé de la Bourdonnais, gouverneur des Mascareignes, préconise sur le modèle de Batavia, la hollandaise, de construire à l'île de France une base arrière pour offrir un abri à la flotte, un port avec des équipements pour radouber et réparer les navires, des magasins d'approvisionnement en matériel et ravitaillement et une véritable station navale de soutien. Dupleix, gouverneur général à Pondichéry, qui n'entretient pas les meilleurs relations avec Mahé de la Bourdonnais, entreprend après 1748 et la fin de la guerre de Succession d'Autriche une politique de conquête dans la péninsule indienne, dans le Carnatic et le Deccan, en s'engageant dans les conflits entre princes indiens prêts, pour le prix d'une aide militaire, à des concessions territoriales et financières. Mais alors que la France a renoncé à toute politique de conquête, la monarchie semble de nouveau avoir quelques velléités, du moins dans le discours, à l'aube de la guerre d'Indépendance américaine. C'est ce que le comte de Broglie souligne en 1777. Mais faute d'avoir établi « un grand établissement militaire », « il faut donc abandonner nos colonies asiatiques à leur destinée ».[32] Lapérouse reprend quelques années plus tard la même argumentation, en montrant qu'il aurait fallu établir des bases maritimes militaires, au moins sur la côte de Malabar. En ce qui concerne l'île de France, il la concevait moins comme une base arrière que comme un port de départ pour une escadre et surtout comme base de frégates harcelant le commerce anglais des Indes. C'est cette tactique corsaire que Robert Surcouf met en œuvre entre 1795 et 1800 avec ses navires successifs, *l'Émilie*, *la Clarisse* et *la Confiance*, qui lancent leurs croisières depuis Port-Louis (île de France) vers les brasses du Bengale. Par conséquent, les navires de la Compagnie sont des navires marchands armés. Le navire de l'océan Indien garde plus que tout autre un caractère militaire dans la mesure où il dispose d'une artillerie de défense installée au niveau du deuxième pont. Le nombre de canons évolue d'une pièce pour 21 tonneaux dans les

[32] Ibid., p. 322.

années 1730 à une pièce pour 33 ou 38 tonneaux pour les deux dernières décennies de la seconde Compagnie. La guerre de Succession d'Autriche montre les limites de l'efficacité d'une batterie située à un mètre de la ligne de flottaison, surtout par mer forte. Aussi lors de la guerre de Sept Ans, les ingénieurs du roi viennent à Lorient pour adapter le navire de la Compagnie et en faire un navire de guerre proche des 64 et 74 canons.[33] Concilier les impératifs de la guerre et du commerce aboutit à construire des navires lourds et peu maniables, coûteux, finalement incapables d'échapper à leurs poursuivants et peu commodes pour le commerce.[34] Lorient et les comptoirs de l'Inde sont des cibles lors des guerres de Succession d'Autriche et de Sept Ans[35] et ces conflits sont triplement catastrophiques pour la Compagnie, par les destructions occasionnées sur Lorient et ses comptoirs, par la perte des bâtiments interceptés par les Anglais et par la paralysie du trafic. Ces deux guerres lui ont coûté plus de 150 millions pour un chiffre d'affaires annuel de 20 à 25 millions, ce qui se traduit par un endettement lourd, dont elle ne se relève pas après la guerre de Sept Ans.

III. Les formes d'émancipation

1. Le commerce privé

Contrairement à ce que l'on observe aux Provinces-Unies et en Angleterre, le commerce privé français met la main sur le commerce de l'océan Indien à deux reprises en 1708–1715/19 et en 1770–1785. Cela signifie-t-il qu'il y avait une alternative à la société à monopole, mais dans le cadre permanent de l'économie du privilège?

Les Malouins vont faire la démonstration de leur capacité à capturer le commerce de l'océan Indien et à assurer la succession de la défaillante première Compagnie des Indes orientales.[36] La Compa-

33 René Estienne, *Les armements au long cours de la deuxième Compagnie des Indes*, Paris (Service Historique de la Marine) 1996. Ces tableaux font notamment apparaître le nombre de canons de chaque vaisseau de la compagnie.

34 Le Bouëdec, Activités (n. 9), p. 87; Haudrère, Compagnie (n. 17), p. 19.

35 Le Bouëdec, Compagnies (n. 1).

36 André Lespagnol, *Messieurs de Saint Malo, une élite au temps de Louis XIV*, Rennes (Presses Universitaires de Rennes) 1991, pp. 647–710.

gnie sous-traite dans un premier temps à des sociétés particulières malouines son monopole contre un versement de 10% sur le produit brut, ce qui lui permet de rembourser ses dettes pour envisager de procéder à sa liquidation. À partir de 1712, les négociants malouins obtiennent un droit exclusif pour trois ans sur l'océan Indien et une succession globale à partir du 1er janvier 1715, ce qui leur laisse espérer de pouvoir définitivement en 1725 se substituer à la Compagnie des Indes. Leur contrôle de l'accès direct aux piastres, indispensables dans le commerce asiatique, par la mise en place d'une ligne interlope Saint-Malo-Concepción par le Cap Horn, entre 1698 et 1724, leur donne des atouts.[37] C'est une réussite nautique et économique, notamment par les succès de la route de Moka et la relance du commerce indien sur Pondichéry, Chandernagor et Calicut. Or ils n'échappent pas à la tentation de remplacer les sociétés particulières par une « Compagnie des Indes orientales de Saint-Malo », une compagnie bis opérationnelle qui double la compagnie des Indes virtuelle mais propriétaire du monopole. Cette société quirataire est en fait une société par actions à la malouine avec son système d'intéressement en cascade dominé par 19 signataires mais qui au final ne fournissent qu'un quart du capital. Qui disait que le capitalisme sociétal n'avait pas les moyens d'affronter le commerce asiatique! Leur exclusion en 1719 est un assassinat politique par ceux qui n'ont pas accepté cette mainmise: les financiers écartés par le négoce en 1712, les Danycan, des Malouins oubliés par les Magon, puis ralliés aux Mississippiens, le délitement de leur réseau politique à la mort du roi, avec notamment les disgrâces de Ponchartrain et du comte de Toulouse et l'effacement de Crozat. Mais leur plus grosse erreur est d'avoir complètement écarté les élites négociantes des autres grands ports comme Nantes qui ne l'ont pas oublié.[38]

Le commerce privé prend le relais de la seconde Compagnie, déchue en deux paliers 1771–1773 et 1775. Si Lorient n'est plus le seul port d'armement, il demeure le seul port de retour et des ventes. La composition des consortiums d'armement est frappante. On y

37 Gérard Le Bouëdec, *Les Bretons sur les mers*, Rennes (éditions Ouest-France) 1999, pp. 71–84.

38 Lespagnol, Messieurs (n. 36), pp. 704–711.

trouve d'abord des investisseurs issus de l'ancienne compagnie comme Thomas Sutton, comte de Closnard, administrateur du roi des établissements des Indes et syndic de la Compagnie, François Roth, ancien directeur, ou Chevalier, président du conseil de Chandernagor. Les Malouins sont très présents avec les maisons Le Breton du Blessin, Dessaudrais Sébire et Bécard. Lorient a accueilli les Bernier, Gourlade et surtout la maison Lyonnaise Bérard. Les nouveautés sont à la fois une forte présence des banquiers: la banque parisienne (Pache, Dangirard, Bouffé), suisse, les Genevois (Condolle et Lavit), le Bernois (Panchaud), les Bâlois (Mark, Lavabre et Dorner), les alliés amstellodamois du banquier Grant (Hornecca-Hogguer et Fizeaux) et la forte présence des manufacturiers indienneurs notamment suisses de Neuchâtel (Pourtalès) et de Genève (Labat et Plantamour). Or ces consortiums aux reins solides conservent des pratiques traditionnelles, théoriquement signes de la sous-capitalisation d'une place commerciale, ce qui est le cas de Lorient, même si celle-ci offre des possibilités de profits juteux, comme le prêt à la grosse qui atteint des sommes très élevées, et nouveaux, bien qu'expérimentés au lendemain de la guerre de Sept Ans. Ainsi en 1777, Pache frères empruntent par l'entremise de Bourdieu et Chollet, très proches de l'East India Company à Londres, 1,3 millions de roupies du Bengale, soit 3,2 millions de livres tournois en lettres de change sur Madras et Calcutta.[39] André Lespagnol souligne que ce circuit, innovation majeure des banquiers genevois (la Maison Thellusson et Necker de Paris et son partenaire londonien Bourdieu et Chollet), permet, d'une part aux agents de l'East India Company de rapatrier en Europe leurs fonds personnels acquis notamment dans le *country-trade* et d'offrir une capacité d'achat de marchandises aux Indes, d'autre part de réduire les transferts de piastres vers l'Inde. Mais le commerce privé des Indes[40] va connaître la même évolution que lors de la période malouine de la première Compagnie. En effet, Calonne prend la

39 Le Bouëdec, Activités (n. 9), pp. 115–118.

40 La troisième compagnie n'a pas fait l'objet de recherche d'envergure. L'ouvrage de Jules Conan, *La dernière compagnie des Indes (1785–1875)*, date de 1942: cf. André Lespagnol, Armements des compagnies des Indes et armements privés français, deux modes de financement, in: Haudrère, Flottes (n. 31), pp. 285–295.

décision le 14 avril 1785 de créer une troisième Compagnie des Indes avec monopole pour sept ans des échanges asiatiques au-delà de l'île de France, ce qui ne met pas fin au commerce privé vers l'océan Indien mais lui impose comme destination ultime l'île de France. Le commerce des Indes est au cœur d'un affrontement entre les deux groupes financiers et bancaires qui souhaitent mettre la main sur ce commerce colonial derrière une rhétorique dialectique sur les vertus du monopole et les défauts du commerce libre. Or les deux groupes liés à la grande banque sont représentés à Lorient, d'une part par Gourlade, Bernier avec des liens avec l'indienneur de Vizille Périer et James Bourdieu à Londres et qui semblent avoir été les mieux placés, d'autre part par Bérard associé à l'industrie huguenote de l'indiennage de Neuchâtel. Bérard prétend avoir les reins assez solides pour faire fonctionner le monopole à partir de Lorient. C'est Vergennes qui met son veto à une solution sous tutelle de l'East India Company, imposant un compromis qui oblige notamment à Lorient à une collaboration entre Jacques Bérard d'une part, Bernier et Gourlade de l'autre. Il faut rappeler que cette nouvelle compagnie n'a ni flotte, ni infrastructure. Elle affrète, puis achète (15.000 tonneaux) les navires construits opportunément au chantier du Blanc de Lorient par l'armateur-constructeur lorientais Arnoux-Dessaulsais,[41] et obtient de la Marine, propriétaire du port de Lorient, de pouvoir disposer des infrastructures héritées de l'ancienne compagnie. Ce caractère purement spéculatif est illustré par l'arrivée à Lorient en 1785 du négociant Delaville-Leroulx. Ce dernier était négociant à Gand pendant la guerre. Ses livres de comptes montrent qu'il est alors en contact avec quelques grands noms de la banque parisienne: Girardot Haller et Cie, Deshaumet père, Le Couteulx de La Noray, Lavabre Doerner et Cie, Mallet père et fils, Thellusson. Son frère René est proche de Lecouteulx et lui-même connaît Necker. En 1784, il indique qu'il a été choisi pour prendre la direction d'un comptoir à Hambourg afin de tenter de reprendre pied sur les routes du commerce nord européen. C'est un projet conjoint de la Marine (il fait référence à Castries) et d'un groupe français avec à sa tête Le

[41] Gérard Le Bouëdec, Les négociants lorientais et les compagnies des Indes, les Arnoux, du négoce du bois à la construction navale et à l'armement (1750–1794), in: Haudrère, Flottes (n. 31), pp. 133–148.

Noray, doté de moyens importants, un demi million de livres et quatre navires de 300 tonneaux. Une fois de plus, bien que ce projet paraisse solide, les protagonistes renoncent à se frotter à la concurrence européenne sur les routes de la Baltique, pour jeter leur dévolu sur le commerce asiatique bien plus juteux. Delaville Leroulx quitte Hambourg et arrive à Lorient sans que l'on mesure exactement son action dans la nouvelle compagnie.[42]

Les sociétés quirataires ont donc eu la capacité de mobiliser très largement les investisseurs issus du négoce, de la manufacture, de la banque et de la finance, et au-delà des frontières. Mais il faut reconnaître que cette réussite coïncide avec des périodes où la Compagnie n'assure pas des charges de souveraineté, reprises par l'État. Il n'est pas sans intérêt de noter que les relations financières ne sont pas interrompues par les antagonismes franco-anglais fussent-ils brûlants.

2. Les initiatives locales des représentants de la Compagnie dans l'océan Indien à travers deux exemples

– L'affaire du Siam (1672–1689) au début de la première Compagnie. Monseigneur Pallu, l'un des pères fondateurs de la Société des missions étrangères de Paris, a fait pression auprès de Louis XIV avec les autres fondateurs pour que le projet de compagnie qui ne comprend pas une dimension religieuse, notamment dans le document-marketing que Colbert commanda en 1664 à l'académicien François Charpentier, soit corrigé. Dès 1665, un accord qui n'est jamais remis en cause, quelle que soit la forme que prend par la suite la structure commerciale desservant les rivages de l'Asie, prévoit que les missionnaires peuvent voyager gratuitement sur les vaisseaux de la Compagnie et sont nourris à la table du capitaine. Cette interférence entre la Compagnie et les missions étrangères de Paris est à l'origine de polémiques vigoureuses, notamment entre le marchand Roques et Pallu. L'implantation au Siam qui n'est pas un carrefour important du commerce n'est due qu'à la volonté des missions étrangères de Paris qui y ont établi leur collège général. Pallu défend une équation

42 Cécile Haroche, *Joseph Delaville-Leroulx, itinéraire d'un négociant-parlementaire*, Lorient (Mémoire de DEA, Université de Bretagne-Sud) 2002, pp. 20 ss.

clef: une bonne connaissance de l'Asie par les missions étrangères de Paris est un gage de succès pour la Compagnie des Indes. Roques n'hésite pas à dire que Surate est plus une procure des missions étrangères de Paris qu'un comptoir de la Compagnie. Sur la question du Siam, Évelyne Guihur et Marie Ménard montrent la naissance de cette chimère, la confusion des genres entre personnels de la Compagnie, notamment Boureau Deslandes, Guilhem et Veret, représentants de la Compagnie et manipulés par les missions étrangères de Paris, les missionnaires (le père Tachard) et les militaires (Forbin).[43] Cet épisode d'une quinzaine d'années entre 1672 et 1689 est synonyme de plusieurs échecs: échec de la chimère politique d'une relation France/Siam, échec économique de la loge d'Ayutthaya puis de Merguy/Jonsalam, échec d'une articulation christianisation/ commerce, échec d'une navigation avec le naufrage du Soleil d'Orient (1671–1682), surtout échec d'une liaison entre les pouvoirs parisiens et les hommes de terrain dans l'océan Indien.

– Dupleix et Mahé de la Bourdonnais posent des questions essentielles sur l'avenir du commerce français dans l'océan Indien et sur la nécessité de choix de la part d'une compagnie royale sous tutelle de l'État. Nous avons déjà vu que Mahé de la Bourdonnais,[44] gouverneur des Mascareignes, préconise de construire à l'île de France une base arrière. Quant à Dupleix, gouverneur des Indes à Pondichéry, il a compris que le succès de la Compagnie passe par une maîtrise du territoire de l'Inde seule susceptible de conforter sa sécurité politique et de fournir les ressources financières nécessaires pour financer un commerce asiatique à la balance commerciale si déséquilibrée. Or dans les deux cas, les directeurs de la Compagnie, qui tiennent toujours en suspicion leurs agents qui prennent des initiatives avec la marge de manœuvre que confère l'éloignement, ne suivent pas. Dès 1740, ils désapprouvent les premières mesures de Mahé de la Bourdonnais pour mettre l'île de France en état de jouer son rôle de base, préférant envisager une négociation pour obtenir des Anglais une

43 Guihur, Voyage (n. 10); Marie Ménard-Jacob, *Les jours et les Hommes de la premières compagnie des Indes orientales (1664–1704)*, Lorient (thèse, Université de Bretagne-Sud) 2012.

44 Philippe Haudrère, *La Bourdonnais, Marin et aventurier*, Paris (Desjonquères) 1991.

neutralisation de l'océan Indien. En 1754 notamment, devant les risques que comporte pour la Compagnie la politique belliciste de Dupleix, en difficulté dans le Carnatic, même si Bussy fait des prodiges dans le Deccan, ils envoient l'un des leurs, Godeheu, pour mettre un terme à cette politique. Il faut souligner la convergence de vue entre les syndics et le contrôleur général Silhouette qui l'exprime ainsi: « Point de victoire, point de conquête, beaucoup de marchandises et quelque augmentation de dividende. »[45] Mais cette phrase souligne les ambiguïtés d'une compagnie royale qui continue de se voiler la face. Arrivé à Pondichéry, le 1er août 1754 et reparti le 16 février 1755, il a le temps de mettre fin aux fonctions de Dupleix et de liquider le contentieux avec les Anglais. Ce traité n'est qu'un marché de dupes qui laisse la voie libre à la politique d'expansion anglaise.[46]

3. La ville de Lorient et son avenir dans une économie du privilège ou l'illusion de l'émancipation après la suspension du privilège de la Compagnie des Indes en 1769 au profit du commerce privé

La suspension du privilège de la Compagnie des Indes ébranle la communauté de ville et ses mémoires adressés à l'intendant ou au gouvernement dramatisent la situation. Après quelques années difficiles, le port de commerce retrouve une nouvelle vigueur. L'ouverture au privé du commerce asiatique attire à Lorient de nouvelles maisons de commerce françaises et étrangères, associant le capital bancaire et celui de l'indiennage, et s'inscrivant dans de véritables consortiums. En effet nous pouvons mesurer le succès de ce commerce de l'océan Indien d'une part à travers la diffusion des boissons asiatiques comme le thé et le café, d'autre part surtout dans l'adoption de la mode des cotonnades indiennes. Cette fascination va jusqu'à vouloir capter le savoir-faire dans la fabrication des indiennes – le secret de la coloration par impression – pour l'acclimater en France. C'est l'histoire d'une délocalisation à l'envers. L'indiennage devient alors un secteur

[45] Silhouette à Dupleix le 13 septembre 1752: Bibliothèque Nationale, Nouvelles Acquisitions Françaises 9–150, fol. 266, cité par Haudrère, Compagnie (n. 3), p. 177.
[46] Ibid., p. 177.

majeur de la pré-industrialisation. Dès 1785, on compte 185 manufactures en France. La croissance est telle que cette industrie cotonnière devient un secteur moteur de la révolution industrielle au XIXe siècle.[47] La boucle est bouclée quand l'industrie cotonnière anglaise par ses exportations en Inde contribue à la ruine de l'artisanat textile indien. Maxine Berg, s'intéresse particulièrement à cette articulation entre le commerce avec l'océan Indien et le processus de la révolution industrielle.[48]

La Compagnie est seulement remplacée par quelques grandes sociétés commerciales aux ramifications nationales et internationales, mais Lorient est largement le premier port d'armement et le seul port de retour et de vente.[49]

Après la guerre de Sept Ans, et la prise de conscience de la fragilité du modèle économique en vigueur, une élite marchande, née dans l'orbite de la Compagnie, essaie de s'émanciper quelque peu, avec notamment un projet immobilier qui va contribuer à terme à l'embellissement de la ville. Mais en 1773, le rachat par la municipalité des offices municipaux acquis par la Compagnie, et en particulier par Esnoul Deschatelêts de l'office de maire, traduit plus fortement une certaine émancipation du monde négociant de la communauté de ville après la dissolution de la Compagnie. Dans la réalité, les représentants des grands groupes sont absents de la communauté. Ils ne sont là que pour faire du profit, ce qui ne les empêche pas de financer la construction du théâtre, qui contribue à améliorer l'image de marque de cette ville de négoce, et de participer au développement des loges maçonniques. Ils n'ont pas besoin de s'investir dans les charges locales pour peser sur la communauté de ville. Le modèle de

47 Serge Chassagne, La création de manufactures d'indiennes en France dans la seconde moitié du XVIIIe siècle, in: Le Bouëdec et Nicolas, Goût de l'Inde (n. 16), pp. 52–61.

48 Maxine Berg, Le commerce britannique avec l'Asie: historiographie et culture matérielle, in: *L'Asie, la mer, le monde. Au temps des compagnies des Indes*, éd. par Gérard Le Bouëdec, Rennes (Presses Universitaires de Rennes) 2014, pp. 73–86.

49 Gérard Le Bouëdec, La constitution des communautés marchandes et la place des « étrangers » dans la gouvernance des villes marchandes: l'étude de cas de Lorient de 1735 à 1789, in: *Gens de mer. Ports et cités aux époques ancienne, médiévale et moderne*, éd. par Éric Guerber et Gérard Le Bouëdec, Rennes (Presses Universitaires de Rennes) 2013, pp. 269–281.

la compagnie perdure, la communauté assure la continuité et on finit par oublier que c'est la Marine, discrète, qui est propriétaire des anciennes installations de la Compagnie depuis 1770. La guerre d'Indépendance américaine semble ouvrir de nouveaux horizons et élargir les perspectives d'émancipation. Lorient a parfaitement rempli ses missions pendant cette guerre. La survalorisation du port s'accompagne d'un certain nombre de décisions qui semblent ouvrir des perspectives d'avenir nouvelles. Lorient n'est-elle pas en voie de devenir le port d'une double frontière asiatique et indienne?

Si l'on dresse le bilan de la guerre d'Indépendance américaine pour Lorient, on ne peut qu'être frappé par l'importance des nouveaux privilèges acquis, qui sont de deux ordres. Longtemps revendiquée du fait de l'importance de son activité portuaire, la création d'un siège d'Amirauté et d'un consulat de commerce est obtenue au détriment de Vannes en 1782. Sa participation active à la guerre d'Indépendance américaine se traduit par la création d'une ligne de paquebots avec une liaison mensuelle entre Lorient et New York dès 1783 et par la création d'un port franc en 1784. L'année suivante, elle devient le siège opérationnel d'une troisième Compagnie des Indes. La problématique est alors la suivante: quel est le rôle de la communauté de ville dans le jeu des acteurs et dans le processus de prise de décisions, ce que nous appelons la gouvernance?

Les acteurs économiques de premier plan de 1777 à 1789 n'appartiennent pas à la communauté de ville. Le maire Esnoul Deschatelets a la ferme conviction que c'est lui qui, par son talent, est parvenu à arracher auprès de Calonne cette franchise qui ouvre de nouvelles perspectives de développement vers le continent américain et qu'il incarne la nouvelle réussite de Lorient. Ses liens avec les milieux financiers parisiens lui ont sans doute permis d'établir des relations qui paraissent excellentes avec le contrôleur général Calonne. L'homme orchestre du destin économique lorientais qu'il croit être va alors mesurer que tout n'était qu'illusion.

En réalité, certaines décisions sont prises par l'État, sous la pression diplomatique américaine et de groupes financiers et économiques, d'abord partenaires puis aux intérêts divergents, pour confisquer à leur profit le commerce de l'Inde en obtenant de Calonne la création d'une troisième compagnie. L'État a une gestion trop lointaine. Personne, à quelque niveau que ce soit, n'a réellement établi un diagnostic de la réalité de la plateforme logistique lorientaise, qui n'est pas une place commerciale, et n'a mesuré que le commerce américain relève d'un commerce colonial à la balance commerciale totalement inadaptée aux capacités du port de Lorient. Lorient ne s'est jamais émancipée de la tutelle de l'État sous sa forme marchande, les compagnies, ou sous sa forme militaire, la Marine, et c'est finalement l'État-Marine qui va assurer sa pérennité et son développement, renouvelant les conditions d'une nouvelle économie du privilège.

Conclusions

Les compagnies et les armateurs français ont armé plus de 1200 navires pour l'océan Indien. Si l'on compare les trois *majors* européennes, les armements français représentent 19,5% du total. Ce sont des navires de 600 à 700 tonneaux qui dominent sur les routes de l'océan Indien, même si du fait de la course au tonnage et de la militarisation, les navires de 900 et de 1200 tonneaux se font plus nombreux. Le chiffre d'affaires annuel, après la longue stagnation du XVIIe siècle, est de 15 à 20 millions. Dans les années 1735–1739, puis 1750–1754, la Compagnie fait jeu égal avec sa rivale anglaise, avant d'être largement distancée, mais la VOC est toujours restée hors de portée. La deuxième Compagnie des Indes réalise 4 à 10% du commerce extérieur français, et son poids dans le commerce d'outre-mer se situe dans une fourchette de 13 à 21,5% au cours du XVIIIe siècle.

L'océan Indien est l'un des espaces de la première mondialisation et on peut le mesurer à plusieurs niveaux. Il est une zone majeure du nouvel échiquier économique mondial. La première mondialisation consiste d'abord dans l'interconnexion des flux d'échanges au profit de l'Europe. Le développement des exportations de thé chinois et de café (moka, Java, bourbon) est indissociable de l'explosion des importations de sucre antillais. Or la croissance exponentielle de la consommation de sucre s'appuie aux Antilles sur un système de production de plantation à main d'œuvre servile à partir de la fin du XVIIe siècle qui détermine une intensification de la traite des noirs africains. Le troc de traite et les Antilles sont des marchés pour les cotonnades indiennes prohibées en France. Le financement des importations de l'océan Indien repose sur le recyclage d'une partie des métaux précieux issus des mines d'argent et d'or de l'Amérique ibérique. Ces métaux précieux sont la contrepartie des exportations des galions espagnols. Or depuis le XVIIe siècle, Cadix est devenue une plate-forme logistique du commerce américain qui fonctionne au profit des pays européens qui se sont substitués aux Espagnols pour exporter des produits manufacturés textiles. L'artisan indien, le toilier breton, le mineur péruvien, l'esclave antillais, le négociant et le manufacturier européens, le planteur antillais sont des acteurs de cette première mondialisation, dont les divers segments interconnectés sont un miroir de la généralisation du système du privilège.

Mais la conclusion principale est que le commerce de l'Inde illustre le caractère structurel d'économie mixte de l'économie maritime ultramarine, ce compromis État-économie privée, qui se met en place dès la fin du XVIIe siècle et qui s'observe dans le financement de la course, dans l'organisation du système de l'exclusif qui régit le commerce antillais et que révèle le développement d'un secteur militaro-industriel au service de la Marine, cette orientation se confirmant au XIXe et au XX^e^siècles.[50]

[50] Cette thèse est développée dans plusieurs articles de Gérard Le Bouëdec, Les enjeux du cabotage européen (XVIe–XIXe siècle), in: *La puissance maritime*, éd. par Christian Buchet, Jean Meyer et Jean-Pierre Poussou, Paris (Presses de l'Université de Paris-Sorbonne) 2004, pp. 377–394; Idem, Intra-européan coastal shipping from 1400 to 1900. A long forgotten sector of development, in: *A deus ex machine, Atlantic colonial trade and European economic development*, éd. par Piet Emmer, Olivier Pétré-Grenouilleau et Jessica Vance Roitman, Leiden (Brill) 2006, pp. 89–107; Idem, Les mutations économiques: un bilan mitigé, la flotte française, in: *La France, la terre et la mer*, éd. par Alain Cabantous, André Lespagnol et François Péron, Paris (Fayard) 2005, pp. 509–513.

Les privilèges de l'industrie du diamant brésilien au XVIIIe siècle

Tijl Vanneste

Les monopoles commerciaux sont une réalité ancienne. Ils ont pu prendre des formes variées, entre une position dominante dans un type de commerce spécifique d'un marchand et la vente d'un privilège par un gouvernement à un marchand ou à un conglomérat de marchands. L'acquisition ou la vente d'un privilège étaient en général motivées par le profit. Un marchand qui possédait un monopole pour vendre un certain produit dans une certaine région contrôlait largement le marché officiel de cette marchandise et pouvait imposer ses prix. Un gouvernement qui vendait des privilèges de production ou de commerce d'une certaine marchandise obtenait un revenu stable, indépendant des fluctuations sur le marché ou du niveau de la production de cette marchandise dont ce gouvernement n'était pas responsable. De très bons exemples de ce genre de monopole existent au XVIIIe siècle dans l'exploitation minière des diamants brésiliens et leur vente en Europe. La question se pose si la vente de certains privilèges n'était qu'une simple transaction entre un gouvernement et un acheteur privé, avec des bénéfices clairs pour les deux parties, ou si un système de privilèges avait des conséquences plus profondes. Les diamants étaient un produit de haute valeur, reconnu dans presque tout le monde entier. Leur exploitation au Brésil par une entreprise privée eut des conséquences profondes sur la formation de la société locale, et leur commerce en Europe eut également des effets non seulement sur la société portugaise, mais également sur le développement international de l'économie. Dans cette contribution, l'accent sera mis sur le rôle joué par les privilèges diamantifères dans le développement du négoce international et d'un capitalisme commercial, mais on s'intéressera aussi aux conséquences de telles prérogatives économiques sur la société en général. Ainsi, l'analyse de la nature de certains privilèges ne se limitera pas à l'analyse historique d'un phénomène économique, mais contribuera aussi à la discussion sur les origines d'une forme d'économie mondiale plus moderne qui eut des conséquences économiques, politiques et sociales à grande échelle.

Depuis l'Antiquité, l'exploitation des diamants se concentrait dans quelques régions aux Indes et sur l'île de Bornéo.[1] Tout changea au début du XVIIIe siècle. Les circonstances exactes de la découverte de diamants dans des lits fluviaux situés dans le Minas Gerais, au nord-ouest de Rio de Janeiro et São Paulo, ne sont pas connues. Généralement, les historiens supposent que l'existence de diamants au Brésil a été connue dans les années 1720.[2] Le gouvernement colonial fut informé de cette découverte importante au plus tard en 1729. Cette année-là, le gouverneur du Minas Gerais envoya une lettre à Lisbonne confirmant l'existence de diamants sur son territoire, dans une région appelée Serro do Frio.[3] Quelques mois plus tôt, une lettre envoyée au marchand lisboète Francisco Pinheiro fait référence à cette découverte.[4] Cette lettre montre que les nouvelles concernant la découverte de pierres précieuses au Brésil parvenaient rapidement aux marchands en Europe.

Initialement, l'exploitation minière des diamants était libre pour toute personne payant un montant fixe pour chaque esclave qu'elle employait dans les mines. Cette politique permissive contribua à une baisse des prix des diamants sur le marché européen. Lord Tyrawly, consul d'Angleterre à Lisbonne, fit remarquer au duc de Newcastle, secrétaire d'État, que « The discovery of the Diamonds in the mines of the Brasils, has put a stop for the present to that Trade from East

[1] Godehard Lenzen, *The History of Diamond Production and the Diamond Trade*, New York (Praeger Publishers) 1970, pp. 26–67.

[2] Joaquim Felício Santos, *Memórias do Distrito Diamantino da Comarca do Sêrro Frio*, Rio de Janeiro (Edições O Cruzeiro) 1956, pp. 60–61.

[3] La lettre n'a pas été conservée, mais on en trouve une copie dans une lettre du gouverneur D. Lourenço de Almeida: « Bando do Governador da Capitania, D. Lourenço de Almeida, designando o Dr. Antônio Ferreira do Valle e Mello Ouvidor do Serro do Frio, encarregado do governo de todas a forma minerar diamantes naquela comarca », 24 juin 1730: Biblioteca Nacional Lisboa, Colecção Pombalina (BNL/PBA), Cód. 4530, fol. 280–281.

[4] Francisco da Cruz à Francisco Pinheiro, 3 août 1729, in: *Negócios Coloniais*, éd. par Luis Lisanti, vol. I, Brasília/São Paulo (Ministério da Fazenda/Visão Editorial) 1973, p. 322.

India, thô not to the London market [...] ».[5] Des marchands engagés dans le commerce des pierres précieuses à Amsterdam, comme Andries Pels & Fils, se plaignirent que les diamants brésiliens menaçaient la nature exclusive de leur commerce. La firme de Meulenaer, établie à Anvers, déclara qu'elle ne pouvait plus trouver d'acheteurs.[6] Apparemment, le système d'impôts par tête d'esclave actif dans les mines de diamants ne suffisait pas à contrôler le volume de la production. Le gouvernement portugais décida donc de solliciter des marchands importants sur les mesures à prendre. En 1733, le vice-roi du Brésil écrivait à Jean V, roi du Portugal, que la vente d'un privilège d'exploitation minière des diamants serait une solution idéale.[7] L'année suivante, différents marchands envoyèrent des propositions pour acquérir un double monopole, pour l'exploitation minière et pour le commerce européen. L'une de ces propositions venait d'un groupe de six marchands d'origine française, portugaise, hollandaise et anglaise, tous établis à Lisbonne. La diversité de ce groupe est remarquable, même si tous ces entrepreneurs venaient de pays ayant des liens importants avec le commerce des pierres précieuses d'Asie. Cela aurait été un vrai monopole international, mais après une réunion de représentants du gouvernement portugais avec Francis Salvador, l'un des marchands les plus influents dans le monde des diamants, le roi décida de ne pas accepter cette proposition.[8]

Au lieu d'accepter une exploitation privée par privilège, le roi du Portugal adopta la mesure la plus sévère: il ferma les mines pour une période de cinq ans à partir de 1735. Cette interdiction concerna également l'or souvent trouvé dans les rivières diamantifères, ce qui provoqua une révolte des habitants du Serro do Frio. Finalement, le

5 Lord Tyrawly au Duc de Newcastle, Lisbonne, 2 mai 1732: National Archives, Kew, Surrey, State Papers (NA / SP), 89/37, fol. 166–168.

6 Ces plaintes ont été incluses dans un texte officiel, « Condicoes para o estabelecimento do commercio dos diamantes », 1734: Arquivo Histórico Ultramarino, Lisboa, Conselho Ultramarino Brasil / Minas Gerais (AHU / CUMG), Cx. 28, Doc. 73, fol. 22r. Andries Pels et Fils était l'une des maisons de commerce et de banque les plus notoires de l'époque: Johannes Gerard van Dillen, *Van Rijkdom en Regenten. Handboek tot de economische en sociale geschiedenis van Nederland*, 's Gravenhage (Martinus Nijhoff) 1970, pp. 456–457 et 472–473.

7 Lettre du comte de Sabugosa, 16 janvier 1733: AHU / CUMG, Cx. 23, Doc. 4.

8 Condicoes para o estabelecimento (n. 6), fol. 6r–8v.

roi autorisa les mineurs à chercher de l'or dans certains territoires déjà exploités avant la découverte des diamants.[9] En janvier 1739, les autorités coloniales commencèrent à publier des avis de recherche pour un candidat qui serait prêt à acheter un privilège d'exploitation minière de diamants dans une région étroitement délimitée au Serro do Frio.[10] Par la suite, plusieurs réunions eurent lieu entre les habitants de cette région et le gouvernement colonial, mais au lieu d'être accordé aux marchands ou aux mineurs locaux, le monopole fut vendu à un immigrant portugais, João Fernandes de Oliveira.[11] Comme beaucoup de Portugais émigrés au Brésil, de Oliveira venait d'une région du nord du pays, le Minho, et était issu d'une famille de marchands.[12] João Fernandes partit à Rio de Janeiro au début du XVIIIe siècle, mais attiré par l'or du Minas Gerais, il décida de s'établir à Vila Rica de Ouro Preto, capitale de la région aurifère. Après un séjour à Mariana, où il collecta des impôts, João Fernandes et son associé à Lisbonne, le riche entrepreneur Francisco Ferreira da Silva, signèrent leur premier contrat de privilège d'exploitation diamantifère le 20 juin 1739 pour une durée de quatre ans. Ils acceptèrent de payer 230.000 *reis* annuellement pour chaque esclave employé dans les mines, le nombre d'esclaves autorisés à travailler dans le cadre du privilège étant fixé à 600. La proposition d'un groupe d'habitants du Serro do Frio, qui offraient d'acheter le privilège pour une période de dix ans et qui voulaient employer mille esclaves, fut rejetée.[13] Un

9 Santos, Memórias (n. 2), pp. 75–78.

10 Júnia Ferreira Furtado, *Chica da Silva e o contratador dos diamantes: o outro lado do mito*, São Paulo (Companhia das Letras) 2003, p. 33.

11 Copie d'une lettre du gouverneur du Minas Gerais, Gomes Freire de Andrada, 29 février 1740: « História Chronológica dos Contratos da Minerassão dos Diamantes dos Outros Contractos de Extracsão delles dos Cofres de Lisboa para os Paizes Estrangeiros dos Abuzos em que todos laborarão, e das Providencias com que se lhe tem occorrido ate o anno de 1788 »: BNL, Cód. 746, fol. 136r–137v. L'« História Chronológica » est un manuscrit anonyme sur l'histoire du diamant brésilien.

12 Virgínia Maria Trindade Valadares, *Elites mineiras setecentistas: conjugação de dois mundos (1700–1800)*, Lissabon (thèse, Université de Lisbonne) 2002, vol. 1, p. 373.

13 Furtado, Chica da Silva (n. 10), pp. 74–80. Le contrat signé entre de Oliveira et son associé est conservé à Lisbonne: « Escritura de sociedade feita entre João Fernandes de Oliveira e Francisco Ferreira Silva, caixas e administradores da companhia de diamantes », 20 juin 1739: AHU, Manuscritos Avulsos de Minas Gerais (AHU / MAMG), Cx. 41, Doc. 55.

règlement fut publié, qui imposait des punitions sévères contre l'exploitation illégale et le commerce clandestin. Toute personne qui n'exerçait pas un emploi officiel était forcée de quitter la région, et les marchands itinérants ne pouvaient plus y passer ou s'y établir. Toute personne arrêtée par les patrouilles régulières de soldats dans le territoire diamantifère, sans raison valide de s'y trouver, était sommée de partir avant deux mois. Une administration propre fut installée, avec un intendant responsable des affaires d'exploitation diamantifère. À partir de ce moment, on parle du « district des diamants ».[14] Deux fois par an, les diamants étaient envoyés à Lisbonne, où les représentants de João Fernandes vendaient les pierres précieuses, sous les auspices de fonctionnaires royaux, le roi bénéficiant du droit de premier achat.[15] Grâce au monopole, João Fernandes de Oliveira obtint un grand pouvoir. S'il suspectait quelqu'un d'activités clandestines, il pouvait bannir cette personne du territoire diamantifère. Le pouvoir donné à ce marchand modeste a suscité l'hypothèse selon laquelle il n'était qu'un intermédiaire pour le gouverneur du Minas Gerais, Gomes Freire de Andrada.[16] Quoi qu'il en soit, le premier contrat fut prolongé en 1743 pour une période supplémentaire de quatre ans.

Rapidement, João Fernandes commença à abuser de son pouvoir. Selon von Eschwege, un minéralogiste allemand qui travaillait pour le gouvernement brésilien au XIXe siècle, les titulaires du contrat employaient 1200 esclaves et une autre source mentionne un chiffre de 3000 à 4000.[17] Malgré une production plus élevée grâce à cette main-d'œuvre abondante, João Fernandes connut des difficultés

14 « Condizóes para a extracáo dos Diamantes aprovada pello Senhor General Gomes Freire de Andrada », 20 juin 1739: Arquivo Público Mineiro, Belo Horizonte, Seção Colonial (APM / SC), Cód. 1, Registros de alvarás, cartas patentes, provisões, confirmações de cartas patentes, sesmarias e doações (1609–1799), fol. 173r–177r.

15 Ibid., fol. 173r–177r; « Requerimento de Manuel Nunes da Silva Tojal e José Ferreira de Veiga », 5 mai c.1751: AHU / MAMG, Cx. 58, Doc. 3, fol. 1.

16 Furtado, Chica da Silva (n. 10), pp. 74–80.

17 Wilhelm Ludwig von Eschwege, *Pluto brasiliensis: eine Reihe von Abhandlungen über Brasiliens Gold-, Diamanten- und anderen mineralischen Reichthum, über die Geschichte seiner Entdeckung, über das Vorkommen seiner Lagerstätten, des Betriebs, der Ausbeute und die darauf bezügliche Gesetzgebung*, Berlin (Georg Reimer) 1833, p. 121; História Chronológica (n. 11), fol. 51r.

financières et il décida de ne pas concourir pour un troisième contrat. Celui-ci fut vendu aux frères Caldeira Brant, qui étaient natifs du Brésil, partis de São Paulo à Goías en 1735, quand des aventuriers découvrirent des pierres précieuses dans cette région.[18] Avec ce troisième contrat, de nouveau pour quatre ans à partir de 1749, le caractère du privilège diamantaire changea. De Oliveira avait un associé au Portugal qui effectuait les investissements financiers nécessaires à l'exploitation minière et qui assistait à la vente des diamants bruts aux marchands internationaux sur le marché lisboète. Les Caldeira Brant ne pouvaient pas compter sur de tels liens en Europe, mais leur implantation dans la société minière était plus forte. Outre les frères Caldeira Brant, dix-neuf associés, tous habitants de Tejuco et de sa région, figuraient comme titulaires du contrat. Comme les Caldeira Brant ne pouvaient pas compter sur des financiers européens, leur choix d'associés locaux est logique. De plus, tous possédaient des moyens financiers importants en raison de leurs activités comme propriétaires d'esclaves.[19] En outre, les représentants du Portugal fermaient largement les yeux sur l'exploitation minière clandestine. Tout cela conduisit au développement d'une élite minière locale qui entretenait des relations cordiales avec l'administration coloniale locale, de plus et plus corrompue. Un élément que Felisberto Caldeira Brant et ses frères partageaient avec João Fernandes de Oliveira était leurs bonnes relations avec le gouverneur du Minas Gerais et l'intendant du district diamantaire. Ainsi, les abus du titulaire du contrat au regard de l'exploitation minière en dehors de la région délimitée, l'emploi d'un surplus d'esclaves et la vente clandestine des diamants, étaient tolérés jusqu'à un certain degré.[20] Charles Boxer écrivit de cette période que

[18] Santos, Memórias (n. 2), p. 104. Sur l'exploitation minière à Goías, voir Diogo Pereira Ribeiro de Vasconcelos, *Breve descrição geográfica, física e política da capitania de Minas Gerais (1807)*, éd. par Carla Maria Junho Anastasia, Belo Horizonte (Fundação João Pinheiro) 1994, p. 238.

[19] « Termo de obrigaçáo, que assignáo todos os Interessados no terceiro Contrato dos Diamantes », in: História Chronológica (n. 11), fol. 179r–181v.

[20] Júnia Ferreira Furtado, O labirinto da fortuna: ou os revezes na trajetória de um contratador dos diamantes, in: *História: fronteiras. XX Simpósio Nacional da ANPUH*, éd. par Eunice Nodari, Joana Maria Pedro et Zilda M. Gricoli, vol. 1, Florianópolis (ANPUH) 1999, p. 312.

« Felisberto turned a blind eye to the activities of the smugglers, when he did not actively cooperate with them. During these years the Intendant and the Chief Judge were both old and inefficient valetudinarians, and this led to unprecedented laxity in the administration ».[21]

La situation changea quand l'intendant fut remplacé par un nouveau fonctionnaire moins tolérant. Les privilégiés furent inculpés, entre autres, pour avoir travaillé avec 5000 esclaves et pour avoir vendu des diamants bruts directement à des marchands au lieu de les envoyer en Europe. De plus, les lettres de change émises par Felisberto Caldeira Brant pour rembourser les investissements effectués dans l'exploitation diamantaire n'étaient plus considérées comme fiables. En janvier 1752, le juge du Serro do Frio envoya une lettre à Lisbonne, dans laquelle il demandait l'arrestation de Felisberto Caldeira Brant et une mise sous séquestre de ses biens. Ce dernier se défendit en accusant l'intendant d'un vol de 386 carats de diamants bruts.[22] Dans le même temps, João Fernandes de Oliveira fit de son mieux pour obtenir le quatrième contrat de privilège. Une audience à Lisbonne avec le nouveau roi, Joseph Ier, et son puissant secrétaire à la guerre et au commerce extérieur Sebastião José de Carvalho e Melo, le futur marquis de Pombal, lui fut accordée. Il apparut que le marchand portugais eut de la chance que les Caldeira Brant fussent considérés comme corrompus: poursuivi par des créanciers et victime d'une aversion personnelle de Pombal, João Fernandes obtint néanmoins le contrat à gérer avec deux nouveaux associés, Antonio et Manoel Barbosa Torres.[23] Leur association fut décrite comme une

21 Charles Ralph Boxer, *The Golden Age of Brazil, 1659–1750: Growing Pains of a Colonial Society*, Berkeley (University of California Press) 1962, p. 221.

22 « Carta do ouvidor a informar o rei dos excessos cometidos pelo contratador dos diamantes Felisberto Caldeira Brant e das diligencias feitas sobre o assunto », 1752: AHU / MAMG, Cx. 58, Doc. 110. En août, une deuxième lettre était envoyée, avec une liste d'autres infractions: « Carta de Sancho de Andrade Castro e Lançóes », 5 août 1752: AHU / MAMG, Cx. 60, Doc. 29.

23 Une référence à cet événement se trouve dans un autre manuscrit sur les diamants brésiliens: « Deducçaó Compendiosa dos Contractos de Mineraçaó dos diamantes; dos outros contractos da Extracçaó delles; dos cofres de Lisboa para os Payzes Estrangeiros; dos perigos em que todos laboravam e das Providencias, comque a elles occorreo o senhor Rey Dom Jozeph para os conservar », s. d.: BNL, Colecção Pombalina (BNL / PBA), Cód. 695 (fol. 306–380), fol. 318v–319v.

société léonine, définie en droit romain comme un type de société dans laquelle une seule partie est responsable de toutes les pertes financières. Parce que la société léonine donne la possibilité à l'un des partis de gagner sans risque de perdre, cette structure était interdite. Dans ce cas précis, les Torres fournissaient l'argent, mais de Oliveira était le seul responsable financier.[24] Signer un tel contrat plaçait de Oliveira dans une situation risquée, mais c'était probablement la seule solution qu'il envisageait pour pouvoir obtenir ce contrat et avoir une chance d'échapper à ses créanciers.

La situation se dégrada brutalement après le 16 janvier 1753, quand la flotte venant de Rio de Janeiro entra dans le port de Lisbonne, apportant argent, diamants et billets à ordre payables aux marchands qui avaient investi dans les mines de diamants au Brésil par les représentants des gérants du contrat d'exploitation diamantifère. Parce que Felisberto Caldeira Brant était poursuivi par le gouvernement portugais, les représentants à Lisbonne refusèrent de payer. De plus, ils avaient utilisé des diamants pour les mettre en gage chez différents financiers et ils étaient aussi endettés auprès du gouvernement. L'entreprise de Sébastian et Manuel Vanderton était le premier associé des Caldeira Brant pour vendre les diamants brésiliens et ils avaient acheté les diamants du contrat à crédit et les avaient mis en gage chez différents financiers à Lisbonne.[25] L'une des clauses du contrat de Brant stipulait que les diamants qui restaient du contrat de João Fernandes ne pouvaient pas être vendus avant les siens. Par conséquent, le marché des diamants bruts brésiliens fut complètement paralysé. Le gouvernement obtint rapidement une décision judiciaire autorisant une vente publique des diamants

Ce texte est à peu près identique à l'« História Chronológica » mais contient plus d'informations sur le commerce des diamants en Europe; des raisons existent pour en attribuer la paternité au marquis de Pombal.

24 Deducçaó Compendiosa (n. 23), fol. 319v; voir Amalia D. Kessler, *A revolution in commerce: the Parisian merchant court and the rise of commercial society*, New Haven/London (Yale University Press) 2007, p. 170 sur les sociétés léonines.

25 Une entreprise huguenote à Lisbonne, qui agissait comme agent d'un marchand de diamant anversois, écrivait que la firme des Vanderton était « a chief limb of the Brazeel contracters »: Berthon & Garnault à James Dormer, Lisbonne, 22 décembre 1750: Felixarchief Antwerpen (FAA), Insolvente Boedelskamer James Dormer, IB1652.

utilisés pour la mise en gage, mais personne ne voulut offrir de bons prix et une deuxième crise du diamant apparut en Europe.[26] La situation empira encore quand les autorités du port de Lisbonne découvrirent en mars des paquets de diamants bruts de contrebande. La conclusion fut qu'une telle opération clandestine n'aurait pas pu avoir lieu sans la complicité de Felisberto Caldeira Brant, qui fut emprisonné à Tejuco.[27] Selon des marchands français de Lisbonne, une « recherche très rigoureuse » fut menée à Lisbonne, et l'affaire causa « des terrible embarras surement au Brésil ».[28]

Les conséquences pour la structure du commerce des diamants brésiliens furent encore plus profondes. La présence de marchands étrangers dans le commerce colonial du Portugal irritait le futur marquis de Pombal déjà depuis quelque temps. Selon lui, les marchands étrangers vendaient leur marchandise avec une « arrogance insupportable ».[29] Il avait le désir d'établir une vraie bourgeoisie commerçante portugaise, impliquée dans le commerce entre le Portugal et ses colonies.[30] La crise des diamants brésiliens fut pour lui une opportunité. Dans le même temps, Pombal se rendit compte que les marchands portugais ne possédaient pas l'expertise des commerçants anglais et hollandais en matière de pierres précieuses. Sa solution aux problèmes de 1753 fut une combinaison de nationalisme et pragmatisme. Il s'agissait d'introduire un second privilège. La compagnie de João Fernandes de Oliveira pouvait garder le monopole d'exploitation diamantifère, mais la vente des diamants bruts en Europe serait réglée par un autre monopole. Celui-ci serait vendu aux marchands anglais ou hollandais, mais leur action serait supervisée par un conseil à Lisbonne, composé de marchands portugais. Ainsi, le gouvernement pourrait exercer un contrôle sur le

26 Deducçaó Compendiosa (n. 23), fol. 320v–322v.

27 Furtado, O labirinto (n. 20), p. 317.

28 Berthon & Garnault à James Dormer, Lisbonne, 24 avril 1753: FAA, IB1652.

29 Deducçaó Compendiosa (n. 23), fol. 323v: « com huma insuperavel arrogancia ».

30 Kenneth Maxwell, *Marquês de Pombal, paradoxo do iluminismo*, São Paulo (Editora Paz e Terra) 1996, p. 95; voir aussi Kenneth Maxwell, Pombal and the Nationalization of the Luso-Brazilian Economy, in: *The Hispanic American Historical Review* 48, 4 (1968), pp. 608–631.

négoce des diamants brésiliens qui bénéficierait à une bourgeoisie locale, sans perdre l'expertise anglo-hollandaise en matière de diamants. Pour mettre en application ce monopole et prévenir les abus du passé, une nouvelle loi très stricte fut publiée le 11 août 1753, qui contenait plus de cinquante clauses.[31] À côté de ces nouvelles mesures, Pombal régla aussi les problèmes financiers liés à l'ancien système. Le gouvernement portugais garantit le payement des lettres de change et des billets à ordre aux investisseurs. Les diamants encore présents dans les coffres du gouvernement furent vendus et le profit réalisé servit à rembourser différents créanciers. Felisberto Caldeira Brant finit en prison à Lisbonne, où il se trouvait encore lors du grand tremblement de terre de 1755, l'événement qui fit de Pombal l'homme le plus puissant du Portugal.[32]

Avec l'établissement d'un système de double privilège, l'industrie diamantaire en Europe entra dans une nouvelle phase. Au moment de cette décision, les diamants du Brésil étaient importés en plus grande quantité et pour une valeur plus importante que ceux des Indes et un tel changement influença profondément le marché européen. L'introduction d'un monopole commercial vendu à des marchands étrangers n'était pas totalement nouvelle. Les gérants du contrat d'exploitation diamantifère avaient des contacts privilégiés avec des marchands étrangers. Les Caldeira Brant travaillaient souvent avec les Vanderton, probablement des Hollandais. Dans sa monographie sur le négoce diamantaire anglo-indien, Gedalia Yogev écrivit que Sébastian Vanderton possédait un monopole commercial jusqu'à ce que Pombal le jette en prison en 1752.[33] Il est probable que les Vanderton rencontrèrent des problèmes sérieux avec le gouvernement après leur rôle dans le fiasco de 1753, mais c'est une erreur de penser que leur position privilégiée comme associé des Caldeira Brant fut officialisée par l'État portugais ou que les Vanderton furent emprisonnés en 1752. Des documents conservés dans les archives nationales portugaises sur un litige financier entre marchands dans

31 « Decreto Real », 11 août 1753: Arquivo Nacional da Torre do Tombo, Lisboa (TdT), Col. Leis, Maço 4, n° 144.

32 Antônio Augusto de Lima Júnior, *História dos Diamantes nas Minas Gerais*, Rio de Janeiro (Dois Mundos) 1945, p. 199.

33 Gedalia Yogev, *Diamonds and Coral. Anglo-Dutch Jews and Eighteenth Century Trade*, Leicester (Leicester University Press) 1978, p. 121.

les années 1750 compliquent encore plus les choses. Un certain Geraldo Mercier, probablement d'origine française, figure dans ces documents, où il est décrit comme gérant du contrat des diamants du Brésil.[34] Aucun autre document officiel ne mentionne un Geraldo ou Gérard Mercier. La seule explication est qu'il était l'associé commercial privilégié des gérants du contrat, soit de João Fernandes de Oliveira, soit des Caldeira Brant. L'hypothèse qu'il fût un associé officiel mais secret des gérants du contrat n'est pas non plus à exclure. Plus tard, des marchands juifs procèderont de même pour entrer dans le privilège commercial.

Puisque les grands centres du diamant étaient Amsterdam et Londres, où la grande majorité des diamants bruts finissaient par être coupés et vendus, le gouvernement portugais décida d'accorder le monopole commercial aux négociants ayant noué des relations d'affaires dans ces villes. Sans surprise, quelques-unes des plus importantes entreprises en Europe, comme les maisons de Clifford, Hope et Pels, tentèrent d'obtenir l'exclusivité commerciale. Certaines de ces maisons de commerce avaient déjà essayé d'acheter le monopole d'exploitation dans les années 1730. Finalement, le premier contrat commercial fut vendu à l'Anglais John Bristow et au Hollandais Hermann Joseph Braamcamp, tous les deux vivant à Lisbonne. Bristow était associé de l'une des plus grandes entreprises anglaises établies à Porto et Lisbonne.[35] De plus, il était une connaissance personnelle de Pombal qui l'avait sauvé de problèmes avec les autorités en 1752, quand il fut accusé de contrebande de monnaie.[36] Braamcamp était un marchand catholique représentant le gouvernement de Prusse à Lisbonne dans les années 1750.[37] Son

34 TdT, Casa da Supplicação, Feitos Findos, Juízo da India e Mina, Justificações Ultramarinas Brasil, Maço 224, Doc. 14 (Cx. 398).

35 Leslie M. E. Shaw, *The Anglo-Portuguese alliance and the English merchants in Portugal, 1654–1810*, Aldershot / Brookfield (Ashgate) 1998, p. 89.

36 « A narrative of the reasons, which constrained the underwritten Bristow's, Warde &Company to the Committee of the Factory (no minister or consul from His Majesty being then resident here) for their assistance and support in so critical a situation », Lisbonne, 22 juin 1752: British Library, Add. 23634 (Tyrawly Papers; Correspondence of Lord Tyrawly when ambassador in Portugal, 1752–1757), fol. 86–87; voir aussi fol. 104–105.

37 Fernando de Castro Brandão, *História Diplomática de Portugal, uma cronologia*, Lisbonne (Ministério dos Negócios Estrangeiros) 1984, p. 144.

frère Gérard, associé à Amsterdam, était un célèbre collectionneur d'art.[38]

Dans le contrat signé entre Bristow, Braamcamp et le gouvernement portugais, les deux marchands s'engagèrent à acheter annuellement 35.000 carats de diamants bruts du Brésil entre 1754 et 1759. Deux marchands portugais furent nommés comme intermédiaires entre l'administration du diamant brésilien et les gérants du contrat.[39] Rapidement après la signature, des rumeurs circulèrent à Lisbonne qu'un troisième associé avait été en secret inclus dans le contrat: la firme de Francis Salvador et de son fils Joseph, qui étaient des Séfarades.[40] Pombal fut mécontent de ces nouvelles car il avait envisagé le monopole du diamant comme un moyen de construire un réseau chrétien dans le commerce des pierres précieuses, négoce qui, selon lui, était dominé par des marchands juifs. Le tremblement de terre de 1755 à Lisbonne causa la banqueroute de John Bristow, donnant le coup de grâce au premier contrat commercial. Entretemps, des envoyés portugais commencèrent à chercher d'autres candidats à Londres et ils engagèrent Joshua Van Neck, financier-marchand d'origine hollandaise et John Gore, marchand anglais.[41] Ils résidaient à Londres et le deuxième contrat du privilège brésilien fut signé par leurs représentants à Lisbonne en décembre 1756. À partir de 1757 et jusqu'à la fin de 1759, ils promirent d'acheter 50.000 carats de diamants bruts par an.[42] Le deuxième contrat fut aussi annulé avant la fin de son terme, car Van Neck et Gore essayèrent de sortir du privilège en 1758. Pombal écrivit que « la corporation des Hébreux » exerçait des pressions sur les deux marchands avec l'intention de détruire le commerce de diamants du Brésil.[43] Pombal avait contre

38 Wolfgang Stechow, De Tempel der Kunst of het Kabinet van den Heer Braamcamp, in: *The Art Bulletin* 44, 2 (1962), pp. 151–152.

39 Une copie du contrat, signé le 10 août 1753, est inclue dans l'« História Chronológica » (n. 11), fol. 230v–233v.

40 La relation entre Pombal et les Salvador était très particulière: voir Tijl Vanneste, *Global Trade and Commercial Networks: Eighteenth-Century Diamond Merchants*, London (Pickering & Chatto) 2011, pp. 171–173. Pour plus d'informations concernant le rôle de Francis et Joseph Salvador dans le commerce des diamants et le monopole brésilien, voir ibid., pp. 72–73.

41 Deducçaó Compendiosa (n. 23), fol. 338r–339r.

42 História Chronológica (n. 11), fol. 238r–239.

43 Deducçaó Compendiosa (n. 23), fol. 340v: « corporaçaó dos Hebreos ».

les marchands juifs des préjugés forts qui n'étaient pas du tout exceptionnels à l'époque, mais son opinion ne correspondait pas à la réalité. Même s'il serait inexact d'affirmer que le commerce des pierres précieuses était un commerce exclusivement juif, une partie relativement importante des marchands des diasporas, juive mais aussi arménienne, était active dans ce négoce et leur peur de la concurrence brésilienne n'est pas difficile à comprendre. D'ailleurs, des marchands connus dans cette branche, comme les Salvador, avaient déjà exprimé ces sentiments à l'East India Company (EIC) et au gouvernement anglais dans différentes pétitions.[44] Une certaine pression ne peut donc pas être exclue. La position privilégiée dans le commerce brésilien d'un nombre limité de négociants signifiait une concurrence sérieuse pour les marchands qui opéraient sur une base individuelle dans une branche concurrentielle rendue difficile par la nécessité d'obtenir la permission de l'EIC et par le besoin d'établir des relations directes avec des marchands locaux aux Indes.

De toute façon, le privilège commercial du diamant brésilien n'était initialement pas stable. Le monopole d'exploitation diamantifère, en revanche, reposera jusqu'à la fin du système sur les mêmes fondations. La loi d'août 1753 était si sévère que le district du diamant devenait une région isolée, « a colony within a colony, cut off from the rest of Brazil by a legal and administrative barrier, more effective in its way than the stones and bricks of the Great Wall of China ».[45] L'équilibre à Tejuco était aussi visible dans le fait que les contrats d'exploitation restaient aux mains de la famille de Oliveira. Le contrat pour la période de 1754 à 1759 fut accordé à de Oliveira. Le cinquième contrat privilégié revint à lui et à son fils. Le sixième et dernier courut de 1763 à 1771 et fut attribué au Dr. João Fernandes de Oliveira, le fils, qui avait fait ses études aux universités de Coimbra et Lisbonne, ce qui était assez fréquent pour l'élite du Minas Gerais.[46] Cette période procura une grande prospérité à la société locale. L'exploitation clandestine de diamants et d'or était tolérée par les de Oliveira et ni les gouverneurs du Minas Gerais ni l'administration du diamant n'étaient en position d'y renoncer. Ils en étaient plutôt

44 Yogev, Diamonds (n. 33), pp. 114–119.
45 Boxer, Golden Age (n. 21), p. 223.
46 Furtado, Chica da Silva (n. 10), p. 92 et 94.

complices et profitaient à titre personnel de leur politique de tolérance.[47]

Après 1760, un équilibre fut aussi trouvé par rapport au monopole commercial. Londres continua à être le centre le plus important du commerce des diamants, surtout ceux des Indes. Ce fut peut-être la raison pour laquelle Pombal décida de se détourner de Londres et de chercher un nouveau candidat ayant des connexions à Amsterdam. Le marchand hollandais Daniël Gildemeester était considéré comme le plus riche négociant de Lisbonne.[48] Avec ses frères Thomas et Jan, il possédait une expérience importante dans le commerce de diamants et avait des liens directs avec Amsterdam. De plus, ils entretenaient de bonnes relations avec le gouvernement portugais. Jan était correspondant de la Vereenigde Oost-Indische Compagnie à Lisbonne dans les années 1750. Son fils sera consul général du Portugal à Amsterdam dans les années 1770 et était un collectionneur d'art.[49]

Ce fut Daniël Gildemeester qui signa le troisième contrat du monopole commercial avec la couronne portugaise, en 1761. Il promit d'acheter 40.000 carats de diamants par an pour une période de trois ans. Le contrat fut renouvelé en 1764, 1767 et 1776.[50] Mis à part les contrats des deux monopoles, un troisième élément contribua à l'équilibre dans l'industrie du diamant brésilien. Pombal voulut favoriser une classe mercantile nationale et fit nommer des membres de certaines familles à des postes cruciaux de l'administration commerciale. Trois de ces familles, les da Cruz-Sobral, les Bandeira et les Quintela, furent très présentes, entre autres dans les compagnies nationales qui devaient gérer le commerce avec le Brésil, le Trésor Royal et des manufactures nationales. Un Quintela fut nommé juge spécial pour régler les litiges commerciaux entre marchands anglais et portugais.[51] José Bandeira et José Francisco da Cruz furent nommés

47 Santos, Memórias (n. 2), p. 154. La figure majeure de cette période était une esclave qui était devenue la maîtresse de João Fernandes junior, Chica da Silva.

48 Deducçaó Compendiosa (n. 23), fol. 347r: « […] Em razaó de ser Negociante da Praça de Lisboa que pela commua opiniaó tinha accumulado os mayores Cabedaes pecuniarios. »

49 Cornelius Johannes de Bruyn Kops, De Amsterdamse verzamelaar Jan Gildemeester Jansz, in: *Bulletin van het Rijksmuseum* 13, 3 (1965), pp. 79–114.

50 História Chronológica (n. 11), fol. 239v–244v.

51 Maxwell, Pombal (n. 30), pp. 44–57.

membres de l'administration diamantaire à Lisbonne. Des membres de ces deux familles conservèrent ces positions jusqu'à la fin du XVIIIe siècle. De plus, les marchands participant au contrat commercial et établis à Lisbonne avaient noué des relations multiples avec ces trois familles. Les da Cruz-Sobral établirent ainsi des relations avec les Braamcamp par mariage et Gérard Braamcamp partagea le monopole du tabac dans les années 1750 avec José Francisco da Cruz.[52] En 1778, quand l'ambassadeur de France visita la résidence de Daniël Gildemeester, qui était alors consul à Lisbonne, il le trouva en train de discuter avec Quintela du mariage de son fils avec la fille d'un marchand portugais.[53] Politique et commerce, relations personnelles et commerciales, commerce international et développement d'une bourgeoisie nationale se retrouvaient dans les privilèges attachés aux diamants du Brésil. Le système fonctionna bien et Gildemeester acheta plus de diamants qu'il ne devait le faire par contrat. Cela changea en 1770. Cette année-là, il n'acheta que 55 414 carats, quand l'année précédente, il en avait acheté encore 76 689. Plus tard, le contrat de João Fernandes de Oliveira fils vint à son terme. Sa tolérance envers la contrebande et le commerce clandestin, mais aussi les frais excessifs liés à l'emploi des esclaves empruntés à leurs propriétaires, décidèrent la couronne à abolir le système des deux monopoles.[54] Gildemeester resta en place, mais l'exploitation diamantifère fut prise en main par le gouvernement. Le système du *Real Extracção* fut introduit en août 1771, avec une loi de cinquante-quatre articles qui reprenaient pour la plupart la loi de 1753 et il fut précédé par l'établissement d'une nouvelle administration du diamant à Lisbonne.[55]

52 Domingos de Araújo Affonso et Ruy Dique Travassos Valdez, *Livro de oiro da nobreza: apostilas à resenha das famílias titulares do reino de Portugal*, vol. III, Braga (s. n.) 1934, p. 350.

53 Marquis de Bombelles, *Journal d'un ambassadeur de France au Portugal (1786–1788)*, éd. par Roger Kann, Paris (Presses Universitaires de France) 1979, pp. 129–130.

54 « Carta régia » au duc de Valadares, 3 août 1771: BNL, Cód. 691, fol. 68–69. La production commença déjà à décliner auparavant: voir Valentim Alexandre, *Os sentidos do império*, Porto (Afrondamento) 1993, p. 25.

55 *Decreto do estabelecimento da Administração dos Diamantes*, 12 juillet 1771: TdT, Livro de Registo Geral da Direcção do Negocio dos Diamantes em Lisboa, fol. 1–11. La période d'exploitation royale est analysée par Júnia Ferreira

Entretemps, Daniël Gildemeester connut des problèmes financiers et il dut accepter que l'influence des marchands appartenant à l'administration du diamant fût élargie.[56] Cela n'empêcha pas le déclin continu des ventes et en 1787, Gildemeester décida de renoncer au privilège. Le système du privilège commercial ne fut pas aboli car cette même année, le contrat fut octroyé à deux marchands portugais, João Ferreira et Paulo Jorge. Entre 1788 et 1790, les frères Benjamin et Abraham Cohen d'Amsterdam furent mentionnés comme gérants du monopole, leurs intermédiaires étant des marchands de Hambourg.[57] Entre 1790 et 1800, Joaquim Pedro Quintela fut le marchand privilégié.[58] La participation de marchands juifs, allemands et portugais signifie alors une rupture remarquable avec le passé.

Au début du XIXe siècle, le Portugal était sous la menace d'une invasion française. Le gouvernement souhaitait fortifier son armée et réorganiser ses défenses, ce qui était impossible à cause des problèmes financiers qu'il rencontrait. Un système fut développé dans lequel les diamants du Brésil furent utilisés pour obtenir des crédits auprès de banquiers à Londres et Amsterdam, Baring Brothers & Company et Hope &Company.[59] Cet épisode signifia la fin des privilèges sur les diamants brésiliens. Le commerce fut régulé par l'administration du diamant à Lisbonne et l'exploitation diamantifère au Brésil, qui s'étendait du Minas Gerais à Goías et Bahia, resta aux mains de l'administration coloniale jusqu'en 1832, ce qui signifie que le système survécut à l'indépendance du Brésil. Après cette date, l'exploita-

Furtado, *O livro da capa verde: o regimento diamantino de 1771 e a vida no Distrito Diamantino no período da real extração*, São Paulo (Annablume) 1996.

56 Decreto (n. 55), fol. 1r.

57 Il s'agit de l'entreprise de Peters, Schlick et Hintze: História Chronológica (n. 11), fol. 280–284.

58 David Rabello, *Os Diamantes do Brasil na rêgencia de Dom João (1792–1816): um estudo de dependência externa*, São Paulo (Editora Arte e Ciência) 1997, p. 177.

59 Hope & Co. avait déjà essayé d'obtenir le monopole commercial avant Gildemeester, sans succès. L'épisode des prêts à cause de la menace de Napoléon est analysé dans Marten G. Buist, *At spes non fracta: Hope & Co. 1770–1815; merchant bankers and diplomats at work*, Den Haag (M. Nijhoff) 1974, pp. 383–427. Sur le rôle des diamants dans les emprunts à la fin du XVIIIe siècle, voir Rabello, Diamantes (n. 58).

tion fut libéralisée et les mineurs purent acheter le droit d'exploiter une zone précise. Cela ne signifie pas que les entreprises européennes ne s'intéressaient plus aux diamants du Brésil. Le commerce fut également libéralisé et de grandes entreprises, surtout anglaises, américaines et françaises, s'impliquèrent directement dans l'exploitation diamantifère au Brésil. Entre 1897 et 1910, par exemple, six sociétés étaient actives à Diamantina, ancienne capitale du district diamantifère: Companhia de Boa Vista, fondée avec des capitaux français, belges et brésiliens, l'allemand Victor Nothman et Compagnie, l'Agua Suja Mining Co. Ltd, anglo-allemand, le Brazilian Diamond, Gold and Developing Company de Londres et le King Diamond, entreprise américaine. En 1909, quinze sociétés étrangères étaient actives dans les terres diamantifères autour de Diamantina.[60]

Conclusion

En premier lieu, le système des deux privilèges a enrichi une classe d'élite. Au Brésil s'est développée une société qui reposait fortement sur l'emploi d'esclaves. La bourgeoisie coloniale avait des liens avec Portugal et était surtout composée d'employés libres, de gérants du contrat et de propriétaires et surveillants d'esclaves. En Europe, des compagnies internationales, anglaises et hollandaises, ont été les grands bénéficiaires du système et au lieu d'établir l'importance de Lisbonne comme centre diamantaire européen prépondérant, elles ont confirmé la primauté de Londres et Amsterdam. À coup sûr, la couronne a bénéficié des grands profits occasionnés par la découverte des diamants au Brésil. Le roi avait le droit de premier achat des pierres précieuses et grâce aux sommes versées par les gérants des contrats en échange de leurs privilèges, il a pu compter sur un revenu régulier. La participation de marchands et de banquiers européens et d'investisseurs à Rio de Janeiro a été décisive dans le développement au XVIIIe siècle d'un type de capitalisme commercial qui a

60 Marcos Lobatos Martins, A Presença da Fábrica no « Grande Empório do Norte », in: *Anais do IX Seminário sobre a Economia Mineira*, éd. par João Antonio de Paula de Paula et al., vol. 1, Belo Horizonte (Cedeplar – Universidade Federal de Minas Gerais) 2000, pp. 281–304, p. 290; Paul Walle, *Au Brésil*, Paris (E. Guilmoto) 1912, p. 30.

commencé au XIXe siècle à se transformer en capitalisme financier. Avec l'arrivée, dans la seconde moitié du XIX^{e}siècle, des entreprises étrangères d'exploitation diamantifère, on peut dire que le système colonial des deux privilèges fut transformé en un système de capitalisme financier et industriel, dans lequel le gouvernement du Brésil accordait des droits spécifiques à des sociétés et à des financiers capitalistes d'Europe de l'Ouest et des États-Unis pour exploiter et vendre les diamants. En pleine révolution industrielle, les entreprises au Brésil travaillaient avec des machines modernes, des installations hydrauliques et électriques et les banquiers-capitalistes en Europe, tels que les Rothschild, avaient à Rio de Janeiro, capitale du pays, des représentants, comme la compagnie de Samuel, Phillips et Co. qui entretenait des contacts fructueux avec des membres du gouvernement.[61] Au XVIIIe siècle, les privilégiés du commerce de diamants, comme les Braamcamp et Gildemeester, avaient acquis une expertise en matière diplomatique, ce qui montre l'importance des liens internationaux mais aussi locaux, encore fortifiés dans les relations sociales entre les privilégiés et la bourgeoisie commerciale portugaise. Par la suite, ces relations ont perdu en importance et les banquiers-capitalistes privilégiés du XIXe siècle ont remplacé leur dépendance envers des relations personnelles par une correspondance sur de longues distances avec leurs représentants.

En second lieu, la tension entre nationalisme et mondialisation est un autre aspect important du système des privilèges. Les intérêts nationaux du Portugal et d'autres pays européens ont interagi avec les intérêts privés du commerce international. On peut considérer le cas particulier des privilèges du diamant brésilien comme l'illustration de l'évolution vers un monde mercantile dans lequel les gouvernements étaient de moins et moins capables de contrôler le négoce des marchandises exploitées dans leurs territoires. C'était plutôt des réseaux à l'échelle internationale de banquiers-marchands ayant des liens avec le pouvoir politique qui contrôlaient l'évolution du commerce. Mais il est clair que l'exploitation diamantifère a large-

61 Sur l'implication de Samuel, Phillips et Co. et des Rothschild dans le commerce des diamants brésiliens, voir Harry Bernstein, *The Brazilian diamonds in contracts, contraband and capital*, (Atlantic Studies on Society in Change 54), Lanham (University Press of America) 1988.

ment servi les intérêts du pouvoir politique. Au XVIIIe siècle, les rois du Portugal se sont enrichis grâce à l'exploitation des diamants brésiliens. Le marquis de Pombal avait des projets très spécifiques concernant l'influence de l'État et le rôle à jouer par les marchands portugais dans le commerce colonial, et la vente du privilège commercial des diamants était pour lui l'un des moyens d'établir une bourgeoisie marchande portugaise. Les diamants ont aussi servi à résoudre les problèmes financiers du gouvernement portugais quand celui-ci fut sous la menace d'une invasion française au début du XIXe siècle, même si ces richesses n'ont pas permis d'éviter l'invasion par Junot en 1807. Malgré les bénéfices qu'en ont tirés le Portugal et ses rois, c'est pour quelques grandes entreprises des Pays-Bas et du Royaume-Uni que l'exploitation des diamants au Brésil a été la plus avantageuse. Peut-être peut-on dire qu'au Brésil et au Portugal, le commerce des diamants a modifié la société, au Brésil avec le développement d'une société minière très spécifique, et au Portugal avec la création d'une bourgeoisie nationale, alors qu'aux Pays-Bas et au Royaume-Uni, ce commerce a été un élément important dans la création d'un capitalisme financier et international et a ainsi exercé une influence fondamentale sur l'économie mondiale.

Privilèges douaniers et structure régionale des échanges

Les marchands lorrains et le commerce rhénan dans les années 1750 et 1760

Julien Villain

L'incorporation au Royaume de France de provinces nouvellement conquises passait à l'époque moderne par le maintien de leurs coutumes et droits particuliers. Chacun des territoires ainsi réunis constituait un corps spécifique, doté d'une personnalité juridique propre. Cette politique de fidélisation entrait cependant en contradiction avec les velléités unificatrices de la monarchie, qui visaient à assujettir le Royaume à une loi commune: Colbert ne put ainsi imposer l'unité douanière dans les années 1660, et dut reculer devant la résistance des élites des provinces à voir disparaître une parcelle de l'autonomie locale – les élites économiques trouvant sans doute d'ailleurs un intérêt direct au maintien de ces positions spécifiques. Les tarifs douaniers de 1664 et 1667 ne réalisèrent donc qu'une unification partielle de l'espace commercial français: un grand Bassin Parisien fut intégré du point de vue douanier dans les « Cinq Grosses Fermes », quand la plupart des provinces, « réputées étrangères » conservèrent leurs droits traditionnels. Seuls les droits du tarif de 1667 se payaient aux frontières du Royaume.[1]

La date récente de leur rattachement au Royaume et l'ampleur des relations entretenues avec l'étranger assurèrent toutefois un statut « d'étranger effectif » à certaines provinces, notamment les Trois Évêchés – les temporels des évêques de Metz, Toul et Verdun, définitivement intégrés en 1648 – et la Lorraine ducale – les Duchés de

[1] François-Yves Le Moigne, Le commerce des provinces étrangères – Alsace, Evêchés, Lorraine – dans la deuxième moitié du XVIIIe siècle, in: *Aires et structures du commerce français au XVIIIe siècle*, Lyon (Centre d'Histoire Économique et Sociale de la région lyonnaise) 1975, pp. 173–175.

Lorraine et de Bar.[2] Dans les Duchés, les privilèges douaniers prenaient la forme du maintien des anciennes lignes de traites, la « Foraine »,[3] et de la non-application des prohibitions à l'importation en vigueur dans les autres provinces du Royaume – tout particulièrement, jusqu'en 1759, les cotonnades.[4] Corollaire de cette position d'extranéité, les marchandises en provenance de l'espace lorrain devaient acquitter les mêmes droits d'entrée dans les Cinq Grosses Fermes que les produits étrangers: une ponction douanière souvent rédhibitoire entravait ainsi les exportations des fabriques lorraines vers l'intérieur du Royaume, avec des droits *ad valorem* de 10% sur le papier, de 12 à 15% sur les draps, de 20% pour les faïences et même de 230% sur les produits des verreries avant les années 1760.[5] Cet agencement institutionnel particulier fut consacré du temps de l'indépendance lorraine par le traité de Paris de janvier 1718 entre le Roi de France et le Duc Léopold, dont l'article XXXV accordait un droit de traverse des Évêchés aux marchandises destinées à la Lorraine, fussent-elles prohibées dans le Royaume.[6] Cette clause qui, du fait de l'inextricable enchevêtrement des territoires évêchois et ducaux, garantissait à la Lorraine la « liberté » de son commerce avec l'étranger, ne fut cependant mentionnée ni dans les préliminaires de

[2] André Ferrer, La Ferme Générale et la politique douanière à l'est du Royaume (fin XVIIe siècle/1790), in: *Mémoires de la société pour l'histoire du droit et des institutions des anciens pays bourguignons, comtois et romands* 55 (1998), pp. 169–172.

[3] La monarchie française était cependant parvenue à imposer à la Lorraine des droits d'entrée et de sortie sur les cuirs et les peaux façonnés, ainsi que d'autres sur l'entrée des fers étrangers et la sortie des minerais: Pierre Boye, *La Lorraine commerçante sous le règne nominal de Stanislas*, Nancy (Sidot frères) 1899, p. 1.

[4] Du côté de la France, ces facilités d'importations sont renforcées par la possibilité de tirer des Cinq Grosses Fermes un certain nombre de marchandises franches des droits de sortie – denrées coloniales depuis 1734 et produits des manufactures du Royaume depuis 1743: Jean François Nicolas Blouet, Mémoire sur cette question: Quels sont les obstacles politiques qui s'opposent aux progrès de la navigation, relativement au commerce, sur les rivières des Trois Evêchés, principalement la Moselle […], in: *Mémoires concernant la navigation des rivières de la province des Trois Evêchés et le commerce de la ville de Metz, tenue le 18 novembre* 1772, Metz (Marchal) 1773, p. 123.

[5] Boye, Lorraine (n. 3), p. 6.

[6] *Recueil des édits, ordonnances, déclarations, traités et concordats du règne de Léopold Ier […]*, t. II, Nancy (Cusson) 1733, p. 167.

Vienne du 3 octobre 1735, ni dans la convention de Meudon entre la France et le roi Stanislas du 30 septembre 1736, ni dans la paix de Vienne du 18 novembre 1738, qui entérinaient la cession des Duchés à la France.[7] Ainsi, malgré le maintien du *statu quo* douanier en 1736, aucun obstacle juridique ne s'opposait à l'intégration de l'espace lorrain aux Cinq Grosses Fermes.

Ces privilèges douaniers étaient un des éléments constitutifs de la position commerciale de la province, de sa géographie économique. S'il est vain de vouloir déterminer leur « efficacité » globale, on se demandera à qui ils profitaient réellement, et qui était véritablement intéressé au combat pour leur préservation. Garantissant aux territoires lorrains de grandes facilités d'importation, ils contribuaient à l'ouverture commerciale des Duchés, rendant possibles la formation de filières commerciales spécifiques, et donc l'accumulation de capital dans certains segments de l'appareil commercial. Nous poserons ici la question des pratiques marchandes que cette situation géographique favorisait parmi les commerçants lorrains, pour en déterminer l'extension réelle: le nombre, les groupes et les types de marchands concernés, la part qu'elles prenaient dans leurs affaires. Nous étudierons les filières lorraines d'importation et de réexportation, et les profits que réalisaient les marchands de la province à cette occasion. Une bonne approche est de partir des moments où cette position fut menacée ou remise en cause par les évolutions de la politique douanière de la monarchie française, les crises servant de révélateur des structures. Nous nous concentrerons sur les années 1750 et 1760, qui voient la fin de la prohibition des indiennes dans le Royaume en 1759 et l'affaire du « reculement des barrières » en 1761–1762, lorsque la monarchie s'efforça de faire coïncider frontières douanières et politiques.

Après avoir évalué l'ampleur des flux commerciaux tributaires de cette situation privilégiée, nous montrerons qu'une bonne partie des

[7] Jean Rousset de Missy, *Recueil historique d'actes, négociations, mémoires et traités depuis la paix d'Utrecht jusqu'à présent*, t. 13, Den Haag (Gosse) 1740, p. 421 (paix de Vienne du 18 novembre 1738). Tout au plus l'article 14 de la Convention entre le Roi de France et l'Empereur du 28 août 1736 engage-t-il, en termes très flous, le Roi de France à maintenir les privilèges des Duchés: voir Lucien Bély, *Les relations internationales en Europe: XVIe–XVIIIe siècles* (1992), 4e éd., Paris (Presses Universitaires de France) 2007, pp. 477–479.

gains des négociants lorrains dépendait de l'avantage de localisation que les privilèges douaniers leur procuraient. Nous tenterons enfin de préciser pour quels types de marchands et pour quelles localités ces privilèges étaient déterminants.

I. Espaces et filières du commerce interrégional

1. L'ouverture sur les espaces rhénans

Vers 1750, la structure du commerce extérieur de la Lorraine se caractérisait par l'ampleur des importations en provenance des espaces rhénans et mosellans. Celles de Hollande, de Suisse et surtout du Saint-Empire représentaient en valeur, selon des états de 1738 et 1746, entre la moitié et les deux tiers de l'ensemble des importations, et ce malgré les épisodes de guerre que connaissaient alors les espaces allemands.[8]

Provenance des importations lorraines	France		Hollande et Pays-Bas		Allemagne et Suisse		Total
	en millions de liv. l.	en %	en millions de liv. l.	en %	en millions de liv. l.	en %	en millions de liv. l.
1738	2,3	50,5	1,0	22,0	1,25	27,5	4,55
1746	1,41	29,2	1,18	24,4	2,24	46,4	4,83

Cette préférence pour les marchandises des espaces rhénans portait en particulier sur les denrées coloniales et sur les étoffes.[9] Les premières étaient presque toutes achetées dans les ports des Provinces-Unies: le marchand droguiste Jean Chausson, de Nancy, dont nous saisissons les activités entre 1750 et 1754, effectuait ainsi les trois cinquièmes de ses approvisionnements en valeur à Amsterdam, Rotterdam ou Dordrecht – Francfort faisant à l'occasion fonction de place de ré-

[8] Bibliothèque Municipale de Rouen, Ms. Montbret 129, « Commerce de la Lorraine » (mémoire du 11 février 1738); Archives Nationales (AN), KK 1184, « Mémoire sommaire sur les Duchés de Lorraine et de Bar, dressé par ordre de Mgr le Contrôleur Général des Finances au mois de mars 1746 » (Chapitre 11: « Du commerce »). Les chiffres sont donnés en livres lorraines (liv. l.), reçues à 129 1/6 pour 100 livres tournois (liv. t.).

[9] Voir le tableau présenté en annexe 1.

expédition.[10] Le faible niveau des droits de douane facilitait sans doute l'importation d'étoffes des espaces germaniques, qui concurrençaient largement les étoffes françaises de niveau équivalent: de fait, les manufactures françaises n'écoulaient en Lorraine que des étoffes de qualité supérieure, en particulier des soieries, ou des marchandises « de mode »; les étoffes de laine plus communes – camelots, flanelles, bouracans ou pluches –, les toiles de lin et de chanvre ou encore la bonneterie provenaient quant à elles largement d'Angleterre via la Hollande, de l'Empire ou des cantons suisses.[11] Dans les stocks du négociant nancéien Guillaume-François Henry, on trouve ainsi pour plus de 89.500 liv. l. d'étoffes, dont 46.100 liv. l. estimées en argent d'Empire et 6400 liv. l. en argent de Suisse. Parmi ces étoffes, on trouve en particulier 7100 aunes et 333 pièces d'indiennes de différentes qualités (soit plus de 12.000 aunes de cotonnades). Mais si le goût des consommateurs lorrains pour ces étoffes est indéniable – dans les années 1770 à Vézelise les cotonnades sont aussi répandues que les étoffes de laine dans les inventaires après décès, et sont même très présentes chez les marchands et les maîtres des métiers[12] –, une bonne partie était sans doute destinée à la réexportation.

2. Le commerce d'exportation lorrain

La grande affaire des négociants exportateurs lorrains, c'était la vente de marchandises dans les Évêchés, les Cinq Grosses Fermes ou les espaces germaniques, autant d'opérations rendues possibles par la configuration douanière particulière de la province.[13] Négligeant, à l'exception notable du flottage des bois à destination de la France ou

10 Archives Départementales (AD) de Meurthe-et-Moselle, 49 B 481, livre d'achats (novembre 1749–août 1756); 49 B 488, registre de copie des lettres envoyées (février 1748–février 1752); 49 B 489, idem (février 1752–décembre 1753).

11 Joseph-François Coster, *Lettres d'un citoyen à un magistrat sur les raisons qui doivent affranchir le commerce des Duchés de Lorraine et de Bar du tarif général projeté pour le Royaume de France*, Nancy (s. n.) 1762, pp. 118–121.

12 Tony Volpe, La civilisation matérielle dans les campagnes lorraines, XVIIe et XVIIIe siècles, in: *Annales de l'Est* 49, 1 (1999), pp. 85–87.

13 Jean-Paul Streiff, Les relations économiques du Barrois avec les Pays-Bas autrichiens et la Principauté de Liège (1750/1820), in: *Annales de l'Est* 58 (2008) n° spécial, pp. 175–192, ici pp. 184–187.

des espaces rhénans,[14] les produits agricoles, les fers, le sel et les matières premières, principaux produits d'exportation lorrains, les négociants de la province expédiaient essentiellement des commodités dans les espaces environnants.[15] Le mémoire sur le commerce de 1738 indique que sur 4,55 millions de liv. l. d'importations, un million de liv. l. était destiné à la consommation des espaces environnants – dont 800.000 liv. l. rien qu'en marchandises de France. En 1778, les marchands de Nancy estimaient à près de 2,5 millions de liv. l. les réexportations depuis les Duchés, pour vraisemblablement 10 à 12 millions de liv. l. d'importations.[16] Il est difficile cependant d'évaluer la part du commerce à longue distance parmi ces opérations: on sait par exemple que Claude Gaillot, marchand-magasinier de Saint-Dié, vendait dans les années 1750 entre 50.000 et 60.000 liv. t. de marchandises françaises à chacune des foires de Francfort auxquelles il participait, mais on ignore combien de ses collègues pratiquaient les mêmes opérations et Coster laissait entendre qu'ils n'étaient qu'une poignée.[17]

À l'échelle régionale, les marchands-magasiniers de Nancy revendaient une partie de leurs importations de France et des espaces germaniques dans les Évêchés, servant ainsi de grossistes aux marchands de Toul, de Verdun ou du Clermontois. Chez les négociants nancéiens, la proportion en valeur des créances sur les Évêchés pouvait atteindre 12% des dettes actives comme chez Jean-Baptiste Courtois, ou 15% comme chez Guillaume-François Henry.[18] Cette

14 Emmanuel Garnier, *Terre de conquêtes. La forêt vosgienne sous l'Ancien Régime*, Paris (Fayard) 2004, pp. 405–412. Des négociants de Nancy, Pont-à-Mousson et Bar-le-Duc faisaient flotter les bois des Vosges en direction du bassin rhénan ou de la France.

15 La vente des grains était effectuée par des laboureurs ou des marchands de grains, les fers étaient écoulés par les maîtres de forges, la vente des sels était le monopole de la Ferme Générale.

16 Premières idées sur le tarif, in: *Mémoire du commerce de Lorraine* (recueil factice de libelles conservé à la Bibliothèque Municipale de Nancy), pp. 10–15.

17 AD Meurthe-et-Moselle, 49 B 713, comptes de voyages de Claude Gaillot (1750–1760). La correspondance de ce marchand a été étudiée par Marie-José Fournel, *Les activités de Claude Gaillot, marchand-magasinier de Saint-Dié de 1742 à 1764*, Nancy (mémoire de maîtrise, université Nancy II) 1970; Coster, Lettres (n. 11), p. 160.

18 Julien Villain, Espaces et filières d'un commerce de gros et de demi-gros au XVIIIe siècle: les activités commerciales des « marchands-magasiniers » lor-

proportion était sans doute plus élevée chez les négociants barrisiens: en 1768, 36% des 214.000 liv. t. de dettes actives du négociant Antoine Garnier de Bar-le-Duc étaient ainsi des créances sur des marchands des Évêchés, en particulier de Verdun, de Toul et du Clermontois (Stenay et Clermont notamment).[19] Comme par ailleurs les Duchés étaient francs de droits de sortie des Cinq Grosses Fermes, à la différence des Évêchés, un certain nombre de marchandises de France, au lieu d'être acheminées en droiture des lieux de production ou de débarquement, passaient par les mains de marchands lorrains, qui agissaient comme commissionnaires pour le compte de commerçants évêchois.[20] Il n'est pas possible de donner une évaluation chiffrée du volume de ces opérations, décrites dans les années 1770 par Blouet comme une source de profits importante pour les marchands de Bar-le-Duc et une charge inutile pour les marchands évêchois.[21] Tout au plus peut-on comparer les 2,5 millions de liv. l. de réexportations par les marchands des Duchés dans les années 1780 avec les 6,1 millions de liv. t. (7,8 millions de liv. l.) d'importations des Evêchés hors de l'intérieur du Royaume en 1786:[22] il est donc peu probable que les négociants de Lorraine ducale aient fourni plus du quart des marchandises importées dans les Evêchés. Toutes branches confondues, c'était quoi qu'il en soit probablement entre le sixième et le cinquième des importations lorraines qui étaient ainsi destinées à la réexportation.

Il se peut fort cependant que ces quelques chiffres soient trop faibles, tout particulièrement pour les années 1740 et 1750: dans

rains (années 1750 et 1760), in: *La gloire de l'industrie XVIIe–XIXe siècle. Faire de l'histoire avec Gérard Gayot*, éd. par Corine Maitte, Philippe Minard et Matthieu de Oliveira, Rennes (Presses Universitaires de Rennes) 2012, pp. 127–144.

19 AD Meuse, 2 B 791, inventaire d'Antoine Garnier après le décès de sa femme Madeleine Courcier (26 mars 1768).

20 Il n'existait à proprement parler pas de droits de douane dans les Evêchés, mais seulement des péages locaux ou des octrois appartenant à des seigneurs ou au Roi. Nous n'avons trouvé ni mention ni trace du « droit uniforme du côté de l'étranger tant pour l'entrée que la sortie de plusieurs marchandises » qu'indique Boyé, Lorraine (n. 3), p. 5.

21 Blouet, Mémoire (n. 4), p. 124.

22 Tableau du commerce de la province des Trois Évêchés avec l'Etranger, in: *Précis pour les Trois Etats du Pays Messin au sujet du reculement des barrières*, Metz (Antoine) 1787.

quelle mesure en effet tiennent-ils compte de la contrebande vers la France en marchandises prohibées ou surtaxées?[23] Le mémoire de 1746 sur le commerce de la Lorraine évalue les exportations d'indiennes et de toiles peintes à 300.000 liv. l., contre plus d'un million de liv. l. d'importations de ces marchandises[24] – soit 100.000 à 200.000 aunes d'étoffes de coton, selon les qualités. Cela semble bien modeste: la carte de la clientèle de Bovet, Dupasquier & Cie, manufacturiers d'indiennes de Cortaillod en Suisse souligne en effet l'importance de l'espace lorrain comme débouché pour les fabricants d'étoffes de coton suisses: dans les Duchés, on trouve ainsi 19 de leurs clients à Nancy, 11 à Bar-le-Duc, entre trois et cinq à Pont-à-Mousson, Neufchâteau, Mirecourt, Épinal, ou encore Remiremont.[25] La présence d'importateurs d'indiennes dans des localités frontalières de petite taille comme Ligny-en-Barrois (entre trois et cinq clients), Varennes (deux clients), Plombières ou Foug (un client dans les deux cas) laisse supposer des pratiques massives de revente à l'intérieur des Cinq Grosses Fermes; que l'on trouve même des clients à Toul et Stenay, dans les Évêchés soumis à la prohibition, témoigne de l'existence d'une contrebande massive et couramment pratiquée. Rendant possibles des flux commerciaux spécifiques, la position douanière des Duchés permettait ainsi à certains secteurs du monde de la marchandise de réaliser des bénéfices importants.

23 Les arrêts des 5 septembre, 28 octobre 1759 et 19 juillet 1760 instaurent la liberté de fabrication des indiennes dans le Royaume. L'importation en est également autorisée, tout comme celle des mousselines, moyennant un droit de 150 liv. t. le cent pesant. Comme l'indique André Ferrer, *Tabac, sel, indiennes. Douane et contrebande en Franche-Comté au XVIIIe siècle*, Besançon (Presses Universitaires Franc-Comtoises) 2002, p. 195, ces droits élevés favorisent le maintien d'une activité de contrebande, le temps au moins que les fabriques françaises puissent ajuster leurs productions à la demande intérieure. L'effondrement de cette pratique est-il donc brutal? Presque la moitié des 17.000 liv. t. de créances sur la France d'Antoine Garnier, déjà cité, sont dues par des marchands de très petites localités frontalières: des passeurs d'étoffes prohibées?

24 AN, KK 1184, Mémoire sommaire (n. 8), chapitre 11.

25 Pierre Caspard, *La Fabrique-Neuve de Cortaillod. Entreprise et profit pendant la révolution industrielle (1752–1854)*, Paris (Publications de la Sorbonne) 1979, p. 68.

II. Les privilèges douaniers et le gain marchand

Au-delà du commerce des indiennes en contrebande, qui s'apparentait pour les marchands lorrains à une rente de situation, c'était tout le système des prix des marchandises importées qui dépendait de la faiblesse des droits de douane.

1. Les possibilités de gain dans le commerce d'exportation: l'exemple des indiennes

La fin de la prohibition de la fabrication et de la vente des indiennes dans le Royaume en 1759 a sans doute fait perdre une source de profit importante aux marchands lorrains, même si la contrebande de cotonnades s'est vraisemblablement maintenue ensuite à un niveau plus faible. Sans que l'on puisse clairement déterminer le volume de ce commerce, quelques affaires instruites devant la Commission de Reims, instance chargée depuis les années 1740 de la répression des attroupements de contrebandiers et des attaques contre les commis de la Ferme Générale, permettent de reconstituer le profil général des filières de contrebande des indiennes et d'estimer les gains possibles des acteurs lorrains qui y prenaient part.

La procédure intentée contre le marchand parisien Nicolas Bunon, marchand de liqueurs place de la Sorbonne, met ainsi en cause plusieurs négociants de Bar-le-Duc – notamment les maisons Gand, Robert ou Exelmans – qui dans les années 1750 s'étaient semble-t-il spécialisées dans le commerce de réexportation des toiles de coton en direction de la France.[26] Si les contrebandiers étaient le plus souvent des particuliers agissant pour leur propre compte, auxquels les marchands lorrains, à peine dupes, vendaient des étoffes au prix de détail, bon nombre de marchands français, notamment parisiens, adressaient en Lorraine des commandes d'indiennes, que des passeurs apportaient en fraude dans les Cinq Grosses Fermes. La lecture des quelques lettres adressées à Bunon par ses fournisseurs de Bar-le-Duc donne l'impression de pratiques coutumières, déjà bien en place dans les années 1740. Bunon se faisait ainsi réserver par les marchands de Bar-le-Duc des étoffes de coton qu'il était venu sélectionner lui-

26 AN, Z^{1A} 983, Affaire Nicolas Bunon (1748–1749).

même, quand il n'avait pas eu recours aux services d'un passeur spécialisé dans le commerce des indiennes – qui se chargeait alors du choix et du transport des marchandises.[27] C'est généralement un certain Dufays qui assurait cette tâche pour lui, et recrutait des troupes de contrebandiers plus ou moins occasionnels pour faire traverser la frontière aux marchandises.

Les factures reçues de Lorraine par les marchands parisiens suggèrent que les négociants de Bar leur fournissaient les cotonnades aux prix de gros pratiqués couramment en Lorraine: les *patenas*, indiennes de qualité médiocre, étaient ainsi vendus vers 1742 autour de 32 sous tournois (s. t.) l'aune de Paris.[28] Les négociants lorrains n'étaient guère en mesure de vendre leurs indiennes à des prix plus élevés, puisqu'ils devaient soutenir la concurrence des négociants des Pays-Bas autrichiens pour l'écoulement de leurs marchandises en France: on comprend alors pourquoi les Barrisiens préféraient s'approvisionner directement auprès de marchands d'Amsterdam, à l'occasion des ventes de la Compagnie des Indes, au retour des flottes, plutôt qu'aux foires de Francfort comme leurs collègues nancéiens.[29] Avec des prix d'achats de 27 à 29 s. t. l'aune de Paris vers la même époque, une marge brute de 10 à 18% était ainsi garantie aux marchands de Bar. C'était plutôt appréciable en regard des gains possibles dans le commerce de réexportation – un mémoire des négociants de Nancy de 1778 accordait à cette branche du commerce un taux de marge de 8% – sans être toutefois considérable.[30]

L'essentiel du gain était en fait réalisé aux autres échelons de la filière: Forbonnais indiquait en 1755 que l'aune d'indienne revenait au consommateur final à 3 liv. t. 10 s.: au vu des prix pratiqués en Lorraine, cela représentait donc 120% de marge environ pour l'ensemble des distributeurs en France.[31] Pachot, un autre marchand

27 AN, Z^{1A} 983, lettre de la veuve Gand à Bunon (1er mars 1748).

28 AN, Z^{1A} 977, Affaire Pachot (1742–1743). Le dossier contient les factures d'Exelmans.

29 Ibid. Quelques factures contenues dans le même dossier indiquent que le marchand parisien Pachot procédait également à des achats massifs auprès de négociants de Liège.

30 Premières idées sur le tarif (n. 16), pp. 10–15.

31 François Véron de Forbonnais, *Examen des avantages et des désavantages de la prohibition des toiles peintes*, Marseille (Carapatria) 1755, p. 12. À la même époque, un autre observateur affirmait qu'il « suffit qu'un tiers (de toiles peintes)

parisien poursuivi par la Commission de Reims, qui écoulait en gros et demi-gros auprès de détaillants de Paris et d'Orléans les étoffes achetées en Lorraine, revendait les *patenas* 2 liv. t. 5 s. pour les plus communs, soit près de 40% de marge, et 2 liv. t. 15 s. pour les meilleurs, plus chers à l'achat, avec une marge de 30 à 40%. Il devait cependant acquitter les prix de la conduite des étoffes au passeur, les contrebandiers exigeant 6 liv. t. environ pour une pièce d'indiennes, soit près de 18% de son prix de vente à Paris.[32] Les marchands lorrains n'étaient donc pas, en termes de gains, les principaux bénéficiaires de la fraude: c'était bien plutôt de la massivité de leurs ventes qu'ils tiraient profit de cette activité. La situation douanière, qui favorisait ainsi quelques types d'opérations commerciales et quelques branches d'activités, déterminait aussi dans une large mesure la nature des importations et le niveau des gains marchands.

2. Commerce d'importation et système régional des prix

Une manière de réfléchir sur le degré de dépendance des espaces lorrains vis-à-vis de leur position douanière est de calculer le niveau des marges réalisées par les marchands dans les Duchés sur les marchandises en provenance des espaces rhénans, et de les comparer au niveau des tarifs des Cinq Grosses Fermes ou de ceux projetés par la monarchie française en 1761–1762. Nous pourrons dès lors réfléchir sur le coût potentiel du reculement des barrières douanières, tant pour les commerçants lorrains que pour les consommateurs.

En dépouillant une année de la comptabilité de deux marchands,[33] nous avons pu calculer les taux de marge pour un panier

pénètre et se vende pour dédommager des deux autres tiers qui ont pu faire l'objet de saisies et de destructions »: voir Caspard, Fabrique-Neuve (n. 24), p. 155.

32 AN, Z^{1A} 983, lettre de la veuve Gand à Bunon (16 avril 1748); l'ordre de grandeur est confirmé par André Morellet, *Réflexions sur les avantages de la libre fabrication et de l'usage des toiles peintes en France*, Genf (Damonneville) 1758, p. 33: « un laboureur qui gagne à peine 12 s. par jour est tenté continuellement de faire la contrebande, qui lui vaut 6 liv. et plus. »

33 Pour le fonds Chausson, dépouillé pour la période 1751–1752, voir les cotes mentionnées à la note 10, ainsi que AD Meurthe-et-Moselle, 49 B 482 et 483 (livres-journaux des ventes août 1751–mai 1752 et janvier–mai 1752). Pour le fonds Empereur, travaillé pour la période octobre 1752–juin 1753, voir AD Meurthe-et-Moselle, 49 B 561, journal des ventes de Germain Empereur (octobre

des produits, étoffes et denrées coloniales, parmi les plus représentatifs du commerce rhénan-mosellan. Ces taux, établis à partir des prix historiques des achats et des ventes, ne représentent en aucun cas un taux de profit – qui correspond au taux annuel de rentabilité du capital. Les opérations marchandes étaient en effet grevées d'un certain nombre de frais: prix de l'intermédiation – voitures, frais de commission et droits de douane, notamment –, amortissement des marchandises, frais de stockage, ou encore frais financiers divers – intérêts d'éventuels emprunts et coût des effets de commerce. Les marchands devaient également se prémunir contre les retards de paiement et les invendus. L'ensemble de ces débours et de ces pertes restreignait fortement les gains possibles, et le taux de marge ne correspond en définitive qu'au profit maximal possible.[34]

Germain Empereur de Pont-à-Mousson était dans les années 1750 l'un des principaux marchands des Duchés, et était considéré par les négociants de Francfort et de Lyon comme un client solide et sérieux: avec des achats annuels de 60.000 liv. l. à l'extérieur de la province, il réalisait à lui seul 1 à 2% des importations d'étoffes des Duchés. Il se peut donc qu'il ait bénéficié à Francfort de conditions de prix relativement avantageuses. Comme par ailleurs il était essentiellement marchand de détail, et qu'il se passait de grossistes pour ses approvisionnements, sa marge était maximale, et le niveau de ses gains doit à ce titre être considéré comme un plafond pour les marchands de la province. Jean Chausson de Nancy était quant à lui un marchand grossiste spécialisé dans l'importation de denrées coloniales; ses achats montaient à 120.000 liv. l. environ, soit 10 à 12% de l'ensemble des importations lorraines en épiceries vers 1750. Nous avons calculé les taux de marge relativement à l'unité de mesure de base utilisée en Lorraine: aune de Paris pour les étoffes et livre (lb.) pour les épiceries. Les monnaies ont été converties au pair, en l'absence d'indications précises sur les taux de change.[35] Les prix en-

1752 – juillet 1756) et 49 B 564, journaux des achats et des paiements (mai 1751 – octobre 1758).

34 Richard Grassby, The rate of profit in 17th century England, in: *English Historical Review* 84 (1969), pp. 721–724.

35 Les remises à Amsterdam se faisaient en argent de banque. Le pair était d'environ 52,5 deniers de gros *banco* pour un écu de change de 60 s. t. à vue, soit de 2,29 liv. t. pour 1 fl. de banque; à deux mois, de 2,3 liv. t.: voir Samuel Ricard, *Traité général du commerce*, t. 2, Amsterdam (Changuion) 1781, p. 14. Cela donne

fin étant variables, à l'achat comme à la vente, nous avons calculé les marges à partir de fourchettes de prix d'achats et de vente. Les résultats sont présentés sur les deux tableaux des pages suivantes.

Marchandises étudiées	Prix d'achat à l'unité (Francfort, Saint-Empire, Suisse)		Prix d'achat à l'unité (en monnaie de Lorraine à l'aune de Paris)		Prix de vente en Lorraine (en liv. l. par aune de Paris)		Marge brute	
	Minimum	Maximum	Minimum	Maximum	Minimum	Maximum	Minimum	Maximum
Indiennes ordinaires	27 s. t. / aune de Paris	29 s. t. / aune de Paris	34,9 s. l.	37,5 s. l.	42 s. l.	45 s. l.	12%	29%
Indiennes pour meubles	27,5 s. t. / aune de Paris	29,5 s. t. / aune de Paris	35,5 s. l.	38,1 s. l.	44 s. l.		15%	24%
Calancas ordinaires	60 s. t. / aune de Paris	70 s. t. / aune de Paris	77,5 s. l.	90,5 s. l.	4 liv. l.		–11% (!)	3%
Calancas fins	4 liv. t. 10 s. / aune de Paris		5 liv. l. 16 s.		6 liv. l. 5 s.		8%	
Flanelles ordinaires	36 s. t. / aune de Paris	37 s. t. / aune de Paris	46,5 s. l.	47,8 s. l.	50 s. l.	3 liv. l.	5%	29%
Draps du Nord ordinaires	7 schillings / aune de Brabant		7 liv. l. 4 s.		8 liv. l. 10 s.	9 liv. l. 10 s.	18%	32%
Draps du Nord mi-fins	9 schillings / aune de Brabant		9 liv. l. 6 s.		10 liv. l.	11 liv. l.	7,5%	18%
Droguets d'Angleterre ordinaires	31 kreutzer / aune de Brabant		2 liv. l. 16 s.		3 liv. l. 3 s.	3 liv. l. 10 s.	12,5%	25%
Droguets d'Angleterre croisés	48 kreutzer / aune de Brabant		4 liv. l. 8 s.		3 liv. l. 5 s.	3 liv. l. 15 s.	–15%	–26%

Les taux de marge dans le commerce des étoffes achetées à Francfort (d'après les comptes de Germain Empereur)

donc 2,95 liv. l. environ pour 1 fl. de banque. Jusqu'en 1765, le pair entre la livre tournois et l'argent d'Empire (à Francfort) était de 80%, soit 2,5 liv. t. ou 3,23 liv. l. pour un florin d'Empire (IBID., p. 112). La livre pesant utilisée en Hollande dans le grand commerce (« poids de commerce d'Amsterdam ») pèse un peu plus lourd que la livre en usage dans le reste du négoce (« poids de Troyes de Hollande »): 100 lb. de commerce d'Amsterdam font 100,85 lb. poids de commerce de Paris (et de Lorraine).

Marchandises étudiées	Prix d'achat par lb.		Prix d'achat par lb. (en monnaie de Lorraine)		Prix de vente en Lorraine (en liv. l. par lb.)		Marge brute	
	Minimum	Maximum	Minimum	Maximum	Minimum	Maximum	Minimum	Maximum
Sucre mélisse	9,125 d. g.	9,625 d. g.	12,4 s. l.	13,6 s. l.	15 s. l.	16 s. l.	10,3%	29%
Sucre candi	12,75 d. g.		17,7 s. l.		28 s. l.	30 s. l.	57%	70%
Thé (bouy)	20 stuyverts	22 stuyverts	2 liv. l. 17 s.	3 liv. l. 3 s.	3 liv. l. 17 s.	4 liv. l.	22%	40%
Café de Saint-Domingue	7,5 stuyverts	8,5 stuyverts	1 liv. l. 2 s.	1 liv. l. 4 s.	1 liv. l. 1 s.	1 liv. l. 4 s.	–12,5%	9%
Café moka	16,75 stuyverts		2 liv. l. 8 s.		3 liv. l.	3 liv. l. 15 s.	25%	56%
Poivre	17,75 d. g. banco	21,25 d. g. banco	1 liv. l. 6 s. 8 d.	1 liv. l. 12 s.	32 s. l.	34 s. l.	0%	28%
Coton en mèches	41 s. t.		53 s. l.		55 s. l.	60 s. l.	3%	13%

Les taux de marge dans le commerce des denrées coloniales achetées en Hollande (d'après les comptes de Jean Chausson)

Les marges dans le commerce des étoffes, comprises chez Empereur entre 10 et 25%, étaient vraisemblablement bien plus étroites chez les grossistes importateurs. Elles ne lui garantissaient cependant pas des gains systématiques, puisqu'il devait tenir compte des invendus et des délais de paiement parfois très long du commerce de détail. De la même manière, les marges apparemment confortables du commerce d'épiceries étaient partiellement absorbées par le prix du fret, assez élevé pour des marchandises pondéreuses, et par les frais de place: dans le cas des sucres par exemple, compte tenu des frais de stockage, de sortie et de commission en Hollande, ainsi que du coût des transports dans les vallées du Rhin, de la Moselle et de la Sarre, c'étaient près de 15% du prix de vente final qui étaient absorbés en frais divers.[36] Il n'était donc guère envisageable dans ces conditions de réaliser une marge nette de plus de 12%. La situation était un peu différente pour les marchandises plus chères, comme le poivre, que

[36] François-Yves Le Moigne, Au cœur des débats douaniers… Plaidoyer pour le commerce messin (1772), in: *Bulletin de la Société Lorraine des Etudes Locales dans l'Enseignement public* 31 (1967), pp. 8–9.

ces frais ne grevaient que pour 7 ou 8% du prix de vente. Les marges données ne sont cependant qu'une fourchette: les fluctuations étaient très grandes, du fait du caractère aléatoire des prix d'achat, renforcé par les variations des changes.

À cet égard, les douanes lorraines ne constituaient pas une entrave aux affaires des marchands. La « Foraine » se composait d'un ensemble de droits anciens et non réévalués depuis 1604: le « haut conduit » (droit de 8 deniers lorrains à 2 sous 10 deniers lorrains par cheval entrant dans les Duchés, soit 10 à 15 sous par charrette),[37] un impôt sur les toiles de 25 sols 6 deniers par quintal de marchandises[38] et des acquits à caution à payer entre les Évêchés et les Duchés (de l'ordre de 3 à 4 sous par charrette). Ces droits auraient même été quasiment anecdotiques si l'imbrication des territoires ducaux et évêchois n'avait pas imposé l'installation de plus de 700 bureaux de la Foraine, soumettant les transporteurs à des contrôles incessants. Dans ces conditions, on peut concevoir que les négociants lorrains aient été farouchement attachés au maintien de ces privilèges douaniers: selon le projet Bertin de réforme douanière de 1761, les étoffes de laine auraient en effet dû acquitter un droit *ad valorem* de 20%, et les toiles de 15%, ce qui dans les deux cas aurait ramené leurs marges brutes à 0%. À 7,5% de taxe sur les denrées coloniales à l'entrée, le nouveau tarif aurait annulé les marges nettes. Une intégration pure et simple aux Cinq Grosses Fermes, telle qu'envisagée en 1778, aurait eu quant à elle des conséquences plus funestes encore: les draps du Nord, les droguets et les flanelles d'Angleterre auraient été purement et simplement interdits à l'importation, en vertu de l'arrêt du 6 septembre 1701, toujours en vigueur.[39] Le café et le sucre ne provenant pas des

37 Coster, Lettres (n. 11), pp. 51–58.

38 Ce qui donne des chiffres de taxation assez dérisoires: les plus lourdes des étoffes de coton pèsent 300 g le mètre (pour 1,5 m de largeur); une pièce d'indiennes de 15 aunes de Paris environ ne pesait donc guère plus de 5 kg, soit 10,5 ou 11 lb. Il fallait donc 9 pièces d'indiennes (135 aunes) pour faire un cent pesant: à 40 s. l. l'aune à l'achat à Francfort, le cent pesant d'indiennes coûtait 270 liv.; grevé de 25 s. 6 d. (1,275 liv.), la taxation était de 0,5% environ *ad valorem*. Le même calcul pour des draps du Nord, à 550 g par mètre et à 6 liv. 10 s. de prix d'achat donne une taxation de l'ordre de 0,25 à 0,3%.

39 Vivant Magnien, *Recueil alphabétique des droits de traites uniformes, de ceux d'entrée et de sortie des Cinq Grosses Fermes, de douane de Lyon et de Valence, etc.*, t. 1, Avignon (s. n.) 1786, p. XCIX.

Îles françaises ou du commerce français aux Indes ou au Levant auraient été prohibés.[40] Les toiles de coton auraient eu à payer le droit de 150 liv. le cent pesant, équivalent d'une charge de 30%. Les étoffes de laine auraient également payé 30% de leur valeur.[41] La hausse des droits de douane et l'introduction des prohibitions d'importation en vigueur dans le Royaume auraient en un mot entraîné une modification considérable des conditions de l'offre et bouleversé les filières économiques régionales.

Tout un pan du système des prix de la province reposait en fait sur la faiblesse des droits de douane: pour les marchandises non prohibées, le rattachement aux Cinq Grosses Fermes aurait signifié une hausse de 30% des prix environ, si les marchands avaient souhaité préserver leurs marges, et aurait engendré une situation d'incertitude pour les négociants lorrains. C'est soulever ici le problème de la substituabilité des marchandises, insoluble *a priori*, et de l'adaptation des consommateurs à de nouvelles échelles de prix: il n'est pas sûr en effet que les consommateurs aient accepté une hausse des prix des étoffes allemandes ou anglaises, de qualité médiocre ou intermédiaire, qui soutenaient en Lorraine la concurrence de celles de France. Ces marchandises étaient assez répandues dans les couches moyennes et inférieures de la population, et la hausse des prix aurait sans doute été destructrice pour cette branche de commerce.[42] La réorientation des marchands importateurs lorrains vers les espaces français n'allait cependant également pas de soi: dans les années 1780 encore, en dépit des dispositions particulières de 1734 et « malgré les détaxes consenties par Versailles en 1785 pour briser le *dumping* anglais et favoriser

40 Ibid., t. 1, p. 214 (arrêt du 31 août 1723).

41 Ibid., t. 2, p. 127.

42 « La petite draperie d'Angleterre habille tous les consommateurs de l'ordre commun; l'artisan de nos villes et l'habitant des campagnes ne connaissent pour premier vêtement que les bievertz, les coatings, les droguets, les bayettes, les flanelles rayées, etc. que l'étranger nous livre à vil prix. La Suisse habille toutes les filles et les femmes du peuple, avec ses toiles de coton communes, blanches et imprimées, et toujours aux meilleures conditions [...]. Et ce sont les dernières classes qui les consomment, tandis que les draps de Rance et les soieries de Nîmes, Tours et Lyon composent la garde-robe de l'opulence et de la médiocrité. La libre communication avec l'étranger intéresse donc plus encore les derniers rangs de la société que les premiers »: Joseph Prugnon, *Observations des commerçants lorrains sur le projet de reculement des barrières*, Nancy (s. n.) 1787, p. 32.

l'écoulement des sucres bordelais et nantais, [les Duchés et les Évêchés] restent fidèles à la Hollande où les prix, transports compris, sont inférieurs de moitié ».[43] Les mécanismes d'accumulation sur lesquels reposait le gain marchand étaient fragiles, très dépendants des privilèges douaniers de la province, et la mobilisation répétée des grands marchands lorrains pour les défendre en était le reflet. La question est maintenant de savoir combien de marchands étaient directement concernés par le maintien du *statu quo* douanier, et au nom de qui s'exprimaient les pamphlets en faveur du « commerce de la Lorraine ».

III. Les privilèges provinciaux, support d'activités marchandes

L'étude de la démographie marchande des localités les plus impliquées dans le commerce de réexportation suggère l'étroitesse et la fragilité des secteurs marchands prospérant à l'ombre des privilèges. Mais si les élites commerciales lorraines se sont largement mobilisées pour la défense des privilèges douaniers, allant jusqu'à prendre à témoin l'opinion par des libelles, bien des petits marchands étaient également à des degrés divers dépendants du statut douanier de la province.

1. Combien de marchands impliqués dans le commerce de réexportation?

En l'absence de statistiques commerciales, une approche démographique du négoce permet de cerner les contours du milieu marchand concerné par la réexportation d'indiennes ou d'autres marchandises, par l'étude des transformations de l'appareil commercial survenant après la disparition des privilèges douaniers de la province. Le cas des négociants de Bar-le-Duc et de Ligny-en-Barrois est à cet égard révélateur. Nous nous appuierons pour Bar sur les rôles (partiels) des bourgeois de 1787, qui indiquent les professions des habitants, et sur ceux de la patente de l'An V (1797–1798), six années après le reculement des barrières douanières.[44] Pour Ligny-en-Barrois, nous étudie-

[43] Le Moigne, Commerce (n. 1), p. 188.

[44] AD Meuse, E dépôt 460 (Archives Municipales de Bar-le-Duc), CC 158, rôle des bourgeois pour le logement des gens de guerre et l'entretien des

rons les rôles de la « subvention », imposition ducale lorraine s'apparentant à la taille personnelle française, pour les années 1754, 1763, 1769 et 1779.[45]

L'étude des rôles d'impositions pour Bar tend à confirmer le jugement porté par les administrateurs de la ville au début de l'Empire, d'un déclin de la forme ancienne du commerce de réexportation.[46] Les résultats sont frappants si l'on considère le destin des marchands ayant signé la pétition des négociants de Nancy contre le reculement des barrières en 1786: sur les vingt marchands ou négociants identifiés parmi les signataires – sans doute les plus concernées par le commerce d'importation ou de réexportation – deux disparaissent complètement en l'An V.[47] Parmi les 18 restants, seuls six conservent les mêmes activités qu'en 1787. Deux grossistes, Tuppin fils et les frères Jacqueminot, exportateurs de vin, se réorientent, le premier pour devenir marchand-fabricant, les seconds pour se faire grossistes généralistes. Les dix autres voient leurs affaires décliner, et deviennent marchands merciers ou marchands d'étoffes au détail. La confrontation des rôles d'impositions municipales de 1787 et des relevés des patentes de 1797 confirme l'affaiblissement des anciennes grosses maisons marchandes: parmi les 18 marchands les plus imposés relevés dans le rôle de 1787, seuls quatre se maintiennent parmi les plus gros marchands de la ville dix ans plus tard; six régressent à un niveau d'affaires vraisemblablement inférieur, marchand-mercier ou marchand-drapier détaillant, et huit disparaissent complètement. Les gros marchands semblent davantage souffrir de

chaussées (1768/1787); E dépôt 460 837, rôle de la contribution personnelle, mobilière et somptuaire pour la contribution foncière et les patentes (An IV).

45 AD Meuse, 6 E 61, rôles de la subvention de Ligny-en-Barrois pour 1754; 6 E 67 (1779); E dépôt 217/7 (1763); E dépôt 217/8 (1769).

46 « Avant la Révolution et le reculement des barrières, la position de Bar était singulièrement favorable pour suivre la première branche de commerce [l'entrepôt] [...]. Aussi pouvait-on compter alors dans Bar plusieurs grandes maisons de commerce qui n'existent plus, et celles qui les remplacent se trouvent réduites à vendre aux consommateurs d'un cercle beaucoup plus rétréci »: AD Meuse, E dépôt 460 (Bar-le-Duc), F 5/2, « Notice sur le commerce de la ville de Bar à l'époque de la République » (s. d.).

47 Résolution de « négociants, manufacturiers et notables citoyens de la ville de Bar-le-Duc », in: Joseph Prugnon, *Aperçu des motifs qui s'opposent à ce que les Duchés de Lorraine et de Bar soient compris dans le projet de reculement des barrières*, Nancy (s. n.) 1786.

l'uniformisation douanière de 1791 que d'autres commerçants plus modestes: la vingtaine de bons marchands un peu moins imposés qu'eux en 1787 résiste en effet très bien, les deux-tiers se maintenant en 1797, quelques-uns seulement régressant. L'émergence de nouvelles maisons de commerce de gros lors des premières années de la Révolution (13 nouvelles en 1797 sur les 17 que compte alors la ville) accompagne ainsi l'effondrement des anciens négociants.

Plus tôt dans le siècle, l'autorisation de l'importation des indiennes dans le Royaume en 1759 avait déjà fait sentir ses effets sur les localisations marchandes. On sait que plusieurs maisons de commerce de Bar-le-Duc, Ligny-en-Barrois ou Neufchâteau avaient construit leur prospérité sur l'écoulement d'indiennes en France.[48] À Ligny par exemple, l'effondrement du commerce de gros est patent entre les années 1750 et les années 1770: en 1754, cette petite ville de 4000 habitants environ comptait ainsi quatre « marchands-magasiniers », qui à eux seuls payaient 2,5% de l'ensemble de la subvention du lieu. Imposés de 55 à 117 liv. l., ils cotisaient quatre à cinq fois plus que la moyenne des feux, et formaient l'élite des 39 commerçants de la ville. En 1779, sur 37 marchands et pour une population stable, on ne retrouve plus qu'un seul gros marchand cotisé à 41 liv. t. – et encore s'agit-il d'un commerçant installé dans la ville depuis 25 ans au moins, et qui a sans doute eu le temps de s'enrichir et d'arrondir ses propriétés. Il est suivi de huit autres bons marchands payant entre 15 et 20 liv. t. de subvention – de deux à trois fois la cote moyenne. On trouve cependant parmi ceux-ci quatre marchands de fer, qui se chargeaient vraisemblablement d'exporter les productions des forges des environs, ainsi que deux manufacturiers qui faisaient jeu égal avec les plus riches des commerçants. La rupture est nette: si en 1763 il y avait encore huit à dix bons marchands, payant à eux seuls près de 6% de la subvention de la ville, on constate que dès la fin des années 1760 plusieurs se sont réorientés vers d'autres activités. En 1769, Jean-

48 Jean-Paul Streiff, Évolution des espaces et des réseaux économiques transfrontaliers. L'exemple de Bar-le-Duc, 1789/1820, in: *Frontières et espaces frontaliers du Léman à la Meuse. Recompositions et échanges de 1789 à 1814*, éd. par Claude Mazauric et Jean-Paul Rothiot, Nancy (Presses Universitaires de Nancy) 2007, pp. 329–348; *Mémoire des fabriquants (sic) de Lorraine et de Bar*, Nancy (s. n.) 1762, p. 8: « Neufchâteau, Bar, Ligny nous présentaient en 1759 de ces marchands qui faisaient un commerce de 3 à 400.000 livres. »

Baptiste Varnesson se reconvertit ainsi en marchand de fer; Jacques Bouchon, le plus gros marchand de Ligny, se réoriente quant à lui dans les années 1760 vers le commerce des cuirs, devenant receveur de la marque, tandis que François Bouchon, troisième cote de la ville en 1754, voit ses affaires nettement reculer et sa cote s'effondrer. On assiste parallèlement à la promotion d'autres acteurs économiques, comme les tanneurs: les principaux d'entre eux sont en 1769 cotés au même niveau que les plus gros marchands, à 30 ou 40 liv. t. Le cas de ces deux villes illustre chacun à sa manière la fragilité des positions marchandes, et leur dépendance vis-à-vis de la situation douanière des localités où ils résident. Il montre également l'étroitesse du milieu marchand impliqué dans le commerce interrégional de réexportation et de contrebande des principaux pôles concernés: sans doute une vingtaine de maisons à Bar, une poignée de marchands à Ligny.

2. Les privilèges douaniers dans les affaires des acteurs du commerce interrégional

Les plus virulents à défendre les privilèges douaniers étaient les négociants de Nancy, qui se mobilisèrent en 1762, en 1778 en 1787 et firent publier des mémoires pour soutenir leur cause. Leur prééminence honorifique – le corps des marchands de la ville, qu'ils dominaient, assurait la conduite de la juridiction consulaire de Lorraine et Barrois – les poussait sans doute à prétendre incarner le « négoce » de la province.[49] Ils étaient néanmoins les plus directement concernés par un éventuel reculement des barrières, qui aurait fortement entravé des relations d'affaires entretenues depuis plusieurs générations avec des négociants francfortois ou hollandais, et qui représentaient souvent près de la moitié de leurs opérations commerciales.[50]

Les élites commerciales régionales n'étaient cela dit pas les seules à être directement concernées par une transformation de la géographie douanière: bon nombre de marchands détaillants, même d'envergure

[49] Le *Mémoire des Juges-Consuls de Lorraine et de Bar, et du Corps des marchands de Nancy, présenté le 15 janvier 1762 à Monseigneur l'Intendant de la Province*, Nancy (s. n.) 1762, comprend ainsi 47 noms en tout, tous parmi la première classe des marchands de la ville.

[50] Villain, Espaces (n. 18), pp. 139–143.

modeste, étaient en effet eux-mêmes importateurs, et pouvaient être sensibles à la lutte des négociants contre le « reculement des barrières ». Dès lors en effet qu'une certaine surface d'affaires était atteinte, ou qu'ils se spécialisaient, les détaillants se passaient totalement ou partiellement des marchands grossistes. Les faillis dont les actifs et les passifs dépassaient 15.000 ou 20.000 livres lorraines effectuaient ainsi tous une partie plus ou moins importante de leurs approvisionnements en-dehors de la province: Marin et Boudet, marchands-drapiers associés de Saint-Mihiel, ont déposé un bilan portant environ 45.000 liv. l. d'actif et de passif; seules 5300 liv. l. de dettes passives commerciales correspondaient à des marchandises acquises dans les Duchés.[51] La dépendance des détaillants envers les grossistes était en fait d'autant plus importante que leur degré de spécialisation était faible: les détaillants les plus spécialisés à cette date, notamment ceux impliqués dans le commerce des « modes », ne passaient que très secondairement par les grossistes pour leurs approvisionnements. Benoît Poncet, marchand-passementier de Lunéville,[52] constituait ainsi son assortiment de rubans essentiellement à Bâle, Zurich et aux foires de Zurzach (près de Bâle). La localisation frontalière jouait également un rôle dans ce tropisme rhénan et mosellan, tout particulièrement dans le nord-est des Duchés: sur 8724 liv. l. de dettes passives, Laurent Diltz de Saint-Avold en devait plus de la moitié à des négociants de Nancy, mais malgré tout 13% en Allemagne, dont 9% auprès d'un marchand de Francfort.[53] Sur 48.000 liv. l. d'achats effectués entre 1746 et 1761, Charles Barthélemy de Marsal en effectua le tiers aux foires de Francfort: c'étaient généralement les négociants nancéiens Coster frères qui se chargeaient de faire en commission les achats pour son compte.[54] Même à ce modeste niveau d'affaires, cas limite peut-être, le reculement des barrières aurait gravement perturbé la conduite des activités marchandes.

51 AD Meurthe-et-Moselle, 49 B 176, bilan d'octobre 1753.
52 AD Meurthe-et-Moselle, 49 B 176, bilan de novembre 1754.
53 AD Meurthe-et-Moselle, 49 B 176, bilan de mars 1754.
54 AD Meurthe-et-Moselle, 49 B 460, livre des factures de Charles Barthélemy (1746–1761).

Conclusion: le profit marchand, une rente de localisation?

Entraves à la circulation des marchandises, les lignes de douanes encourageaient chez les commerçants les démarches d'évitement, permettant l'émergence d'itinéraires et de filières commerciaux alternatifs, et par là même d'occasions de profit nouvelles. Dans le cas lorrain, la faiblesse des droits de douane et l'absence de prohibition à l'importation des marchandises permettait l'ouverture commerciale des Duchés sur les espaces rhénans, qui rendait possible la réexportation d'un certain nombre de marchandises. La position douanière spécifique par rapport aux Trois Évêchés favorisait également la réexportation de marchandises vers les territoires voisins. Créatrice d'une géographie commerciale originale, la position douanière était également l'un des éléments structurants du marché régional: l'échelle des prix de toute une gamme de produits disponibles dans la province, les rythmes généraux du commerce même, étaient tributaires des privilèges douaniers et des possibilités qu'ils offrent. Ceux-ci étaient dès lors le support de la puissance des marchands grossistes et des gros importateurs, profitant même à l'occasion aux marchands détaillants importateurs. Ils favorisaient même l'implantation de marchands exportateurs dans certaines localités frontalières, qui comme Ligny-en-Barrois connurent une prospérité commerciale éphémère.

La crainte exprimée par les négociants lorrains dans leur polémique contre le reculement était celle d'une désorganisation des filières d'approvisionnement: les marges étant potentiellement anéanties, le commerce n'aurait pu se maintenir que par une hausse des prix, ce que les consommateurs n'auraient pas nécessairement accepté, ou par une réorientation des aires d'approvisionnement en direction de la France, malgré le goût des Lorrains pour les étoffes anglaises ou allemandes. Les marchands lorrains posaient ce faisant le problème du coût des changements de pratiques commerciales, de la prospection de nouveaux espaces d'approvisionnement, de l'ouverture de nouvelles relations. L'induration des relations avec les marchands rhénans, mises sur pied depuis 1715 et entretenues soigneusement depuis, rendait la réorientation difficile. Derrière l'opposition à la disparition d'une situation privilégiée, on trouve ainsi la défense de la stabilité des filières d'approvisionnement et de modes spécifiques d'accumulation du capital: le privilège était ici l'élément constitutif de l'espace d'activité d'un ensemble d'opérateurs, un groupe de grands marchands auquel pouvaient se rattacher des détaillants importateurs directs de marchandises. Si les privilèges accordés par les souverains européens à l'époque moderne pouvaient être un moyen de favoriser les activités de marchands ou d'entrepreneurs, ils servaient surtout dans le cas présent à maintenir une position favorable. Les modalités de gain des acteurs du commerce interrégional finirent en fait ici par faire corps avec le maintien des privilèges de la province, plaçant par là même les marchands dans une situation de dépendance par rapport à une situation acquise.

Annexe 1: Les importations lorraines en 1746

Provenance des importations (en valeur)	France		Hollande		Allemagne et Suisse		Total
	En millions de liv. l.	*en %*	En millions de liv. l.	*en %*	En millions de liv. l.	*en %*	
Epicerie	0,45	*41,7*	0,49	*45,4*	0,14	*13,0*	1,08
Cires		*0,0*		*0,0*	0,08	*100,0*	0,08
Eaux de vie et vins	0,1	*100,0*		*0,0*		*0,0*	0,1
Laines	0,01	*100,0*		*0,0*		*0,0*	0,01
Fers et produits métallurgiques	0,12	*32,4*	0,04	*10,8*	0,21	*56,8*	0,37
Etoffes de soie	0,28	*66,7*		*0,0*	0,14	*33,3*	0,42
Gallons d'or et d'argent et étoffes riches	0,06	*100,0*		*0,0*		*0,0*	0,06
Modes de Paris, rubans et autres merceries	0,12	*46,2*		*0,0*	0,14	*53,8*	0,26
Draperies	0,21	*28,8*	0,03	*4,1*	0,49	*67,1*	0,73
Petites étoffes de laine	0,07	*36,8*	0,12	*63,2*		*0,0*	0,19
Cotonnades, indiennes, toiles peintes		*0,0*	0,48	*46,6*	0,55	*53,4*	1,03
Autres toiles et étoffes mêlées		*0,0*		*0,0*	0,35	*100,0*	0,35
Bonneterie	0,01	*14,3*		*0,0*	0,06	*85,7*	0,07
Cuirs et pelleteries		*0,0*		*0,0*	0,1	*100,0*	0,1
Livres et papiers fins	0,01	*33,3*	0,02	*66,7*		*0,0*	0,03

En guise de prolongement

Le projet « PRIVILEGES. Les privilèges d'entreprise dans l'Europe moderne: perspective quantitative et comparative (XVIe–XVIIIe siècles) »

Guillaume Garner, Liliane Hilaire-Pérez, Corine Maitte, Dominique Margairaz, Isabelle Bretthauer

En plaçant la demande des acteurs au cœur de sa problématique, le présent recueil attire l'attention sur une dimension fondamentale du privilège, longtemps inaperçue et encore largement sous-estimée, celle de l'échange entre le requérant (individuel ou collectif) et l'autorité concédante, détentrice ou délégataire de la puissance publique. Parallèlement, la pluralité des exemples et des espaces concernés met en évidence, non seulement l'extrême diversité des secteurs, des échelles, des acteurs impliqués, mais encore la grande variété des formes matérielles et juridiques selon lesquelles se décline cette réalité désignée par le terme de « privilège ».

Dans le moule du privilège se fabriquent des pièces de format hétérogène, s'élaborent des technologies juridiques spécifiques, les unes comme les autres répondant à des attentes, des objectifs divers de la part des acteurs économiques comme des autorités concédantes. Enracinée dans des contextes historiques et culturels différenciés, cette production matérielle et symbolique incorpore des éléments propres à l'univers dans lesquels elle s'inscrit, contribuant cependant réciproquement à transformer cet univers en retour, au gré des innovations imputables aussi bien à l'émergence de besoins ou d'objets nouveaux qu'à des migrations de modèles empruntés à d'autres foyers de codification, ou à d'autres espaces, par le truchement des circulations d'entrepreneurs ou d'administrateurs.

À travers son aperçu historiographique et théorique, Guillaume Garner a rappelé les modalités historiographiques de gestion de cette tension entre unicité et diversité, dans la mouvance ou la proximité de l'histoire du droit, de la théorie économique, de l'histoire des entreprises ou des communautés de métiers, et de celle de l'État. À une extrémité du spectre, c'est le privilège comme régime d'organisation de la vie économique et de régulation de l'accès aux ressources qui est questionné, le plus souvent sous l'angle de l'efficacité économique, étalonnée à l'aune d'une représentation intemporelle de l'optimalité. À l'autre extrémité du spectre des recherches, ce sont les dispositifs singuliers qui sont appréhendés dans une perspective locale, en relation avec les objectifs, les rapports de forces, les cadres et les orientations de l'action politique propres à un univers socioculturel donné.

À distance des généralisations peu attentives à la pluralité et l'historicité des configurations et des dispositifs, comme des études centrées sur des dispositifs singuliers ou des études de cas, le programme PRIVILEGES (soutenu par l'Agence Nationale de la Recherche) développe une approche comparative de longue durée centrée sur la production documentaire dans laquelle s'inscrit la réalité du privilège: les artefacts dont le contenu performatif confère une capacité et une légitimité d'action à ceux qui en bénéficient, et instaure un lien particulier entre le bénéficiaire et l'autorité concédante. Ces artefacts doivent être considérés d'un triple point de vue: comme dispositifs techniques, élaborés dans des communautés bureaucratiques spécialisées; comme discours, mobilisant un certain nombre de valeurs et de références, un lexique particulier; comme objets symboliques, participant d'un rite, d'une cérémonie qui acte l'instauration d'une relation spécifique entre bénéficiaire et autorité concédante et le passage d'un certain état des choses à un autre dont la publication est précisément assurée par le canal de ces artefacts.

La nature diplomatique plurielle de la forme « privilège » résulte de la pluralité des trajets d'élaboration des actes et des instances politiques et administratives impliquées dans ceux-ci. Cet aspect est crucial car la nature diplomatique des actes engage des degrés inégaux d'authentification, de solennité et par conséquent d'autorité, de la simple requête revêtue de l'approbation, totale ou partielle, du Sénat à Venise aux diverses catégories d'actes émanant du roi en France, du roi ou du Parlement en Angleterre, ou encore des princes territoriaux ou de l'empereur dans l'aire germanique. Pour s'en tenir à l'exemple français, un arrêt du conseil, simple ou en commandement (c'est-à-dire assorti de la signature d'un secrétaire d'État), revêtu ou non de lettres patentes, un édit ou une « lettre de privilège exclusif » ne peuvent être tenus pour équivalents, plus encore si l'on considère les occurrences d'enregistrement dans une cour souveraine, Parlement de Paris ou de province, cour des Comptes, des Monnaies ou des Aides ... Chacun de ces niveaux rédactionnels engage une inégale force d'expression de la volonté royale en ce que celle-ci n'est pas également certifiée, tant à l'égard de sa manifestation qu'à l'égard du choix délibératif qu'elle exprime. En outre, la genèse de la catégorie « privilège » est en soi problématique, car nombre d'actes, pourtant semblables aux autres dans leur contenu et teneur, ne comportent pas le mot privilège. Le terme générique procède d'emplois et de catégories de classement, contemporains ou postérieurs à la rédaction de ces actes, qui rassemblent sous une même étiquette des productions documentaires hétérogènes. Cette hétérogénéité, qui atteste de circuits bureaucratiques distincts, ne peut à son tour être tenue pour fortuite. La démarche quantitative est susceptible d'expliquer pourquoi, et selon quelles régularités observables, les demandes des acteurs suivent des parcours différents. Cette question n'est pas séparable de celle de la nature juridique des actes, c'est-à-dire du type de droits et d'obligations qu'ils établissent.

En effet, les différent circuits impliqués dans l'examen et le traitement des requêtes s'incarnent dans des communautés bureaucratiques porteuses de traditions, de routines, mais aussi de représentations, d'intérêts, de valeurs et tout simplement d'objectifs distincts qui ont pu évoluer dans le temps. De la simple permission au privilège exclusif, de la donation à la concession, toute une panoplie de solutions, autorisant une grande variété de clauses, injonctives, concessives ou additionnelles, est mobilisée au service de buts que ces communautés s'efforcent d'atteindre de façon adéquate. Ces dispositifs doivent être considérés non seulement sous le rapport des motivations et des finalités respectives des agents et de l'autorité qui délivre les privilèges, mais aussi du point de vue de l'ingénierie technique déployée afin de les faire servir au mieux les intérêts et les buts recherchés. Le cahier des charges, pour employer un terme général et d'emploi assez tardif dans le contexte d'époque, est un bon exemple de forme d'abord émergente puis progressivement régularisée, qui précise les conditions d'application du privilège et anticipe les sources de contestations ou de litiges. D'un point de vue cognitif, l'évolution des dispositifs de clauses témoigne d'un apprentissage, fruit de l'expérience accumulée, tant de la part des demandeurs que de celle des commis et rédacteurs des bureaux et des chancelleries qui concourent à donner leur forme définitive aux actes. La circulation de précédents de bureau à bureau, de chancellerie à chancellerie, concourt à cet apprentissage et à la production d'un savoir commun dont la dimension transnationale, résultat de la mobilité des acteurs économiques comme des administrateurs, doit aussi être prise en compte. Elle pose la question de la standardisation ou, tout au moins, de la convergence des dispositifs qui structurent la relation entre États et acteurs économiques. À un autre niveau, elle pose la question de la dimension contractuelle du privilège ou, plus précisément, de la contractualisation progressive du privilège, par contamination ou généralisation de dispositifs de clauses additionnelles dont il convient alors de repérer le trajet.

Au-delà de l'investissement de forme dont ils sont l'objet, les actes porteurs de privilèges traduisent les choix, les préférences qui organisent la vision que l'autorité concédante se fait du champ de l'économie et du statut des acteurs. L'analyse comparative en longue durée est de nature à en révéler les régularités et les tendances, de même qu'elle est propice au repérage des valeurs qui encadrent et légitiment ces choix et ces préférences. Le lexique mobilisé dans les argumentaires est à cet égard significatif, de même que les dispositions qui organisent les relations entre le bénéficiaire et son environnement, matériel, institutionnel et humain. Les actes offrent en réalité une large palette de registres: ceux, par exemple, du don, de la récompense, du risque, du service, de la commodité, de l'utilité, de la compétence … dont il convient d'observer l'usage différencié dans le temps, mais aussi dans les différentes sphères impliquées dans la production des actes. On y inclut la sphère des demandeurs, dont la trace, ténue dans le cas de l'exposé des circonstances – la *narratio* en termes diplomatiques – propre aux actes non seulement français, mais aussi toscans ou piémontais, est cependant bien réelle, pleinement présente, bien sûr, dans le cas des formes qui reprennent intégralement leurs requêtes. L'enjeu est ici de repérer les inflexions, les innovations, les processus d'intériorisation et, finalement, la formation d'un langage commun aux demandeurs et à l'autorité concédante qui témoignent de la co-construction de la réalité du privilège.

En ce sens, les différents actes délivrant des privilèges doivent être considérés comme des actes de communication, entre demandeurs et autorités, mais aussi entre celles-ci et l'ensemble des sujets qui en relèvent. Porteurs d'effets de droit, ils sont aussi porteurs de sens, en énonçant les finalités et les valeurs qui légitiment l'octroi d'une permission ou d'un monopole. Investis d'une force juridique, ils sont aussi dotés d'une force symbolique émanant de la formalité de leur dispositif rédactionnel et de celle qui entoure la procédure d'octroi et de délivrance. De nombreux énoncés font ainsi signe dans les actes, bien au-delà de la réalité de l'application des injonctions qu'ils notifient. La formule « faisons défenses … », assortie de la menace de sanctions à l'égard d'opposants éventuels – saisies, amendes … –, ne constitue pas seulement un degré supplémentaire de sécurisation juridique, mais une manière de signifier à l'ensemble des acteurs la réalité de la transformation de l'environnement dans lequel ils évoluent. De la même façon, la portée idéologique de la réaffirmation de la liberté des particuliers d'user ou de ne pas user d'un service de messageries concédé à un ou plusieurs bénéficiaires, par exemple, ne doit pas être sous-estimée, et renvoie à des univers de références et de valeurs, des univers culturels dont la comparaison dans le temps ou dans l'espace apparaît hautement significative. La force symbolique des actes se lit encore dans les cas où un privilège vient seulement conforter *a posteriori* une entreprise au profit de laquelle celui-ci produira, outre une sécurisation juridique, un effet de réputation, plus encore si l'acte la dote d'un capital symbolique tel qu'un droit de marque ou d'appellation qui en renforcera le prestige. Au-delà des allocutaires dont les actes font mention, ceux-ci ont donc vocation à faire sens pour l'ensemble de la communauté des sujets. Les artefacts rassemblés sous le terme de « privilèges » participent ainsi pleinement du système d'information propre à chacune des entités politiques dans lesquelles ils sont produits.

De ce point de vue, plusieurs niveaux peuvent être appréhendés. Expédiés sous forme de lettres patentes ou leur équivalent, c'est-à-dire de documents destinés à être publiés, les actes notifiant l'octroi, la confirmation, la prorogation d'un privilège ont vocation à informer, outre le ou les bénéficiaires, les juridictions chargées de les faire appliquer et de connaître les éventuels litiges liés à cette décision. L'analyse des adresses est à cet égard instructive, et délimite un premier cercle d'allocutaires du discours. Au-delà, ces actes ont vocation à informer d'éventuels opposants, dont certains peuvent être nommément désignés (individus, corporations ...), des dispositions qui pourront leur être opposées en droit. Plus largement encore, la diffusion de certains actes sous forme imprimée participe d'objectifs ou de stratégies qu'il convient d'interroger. L'impression était-elle le résultat de l'initiative du ou des seuls bénéficiaires, qui pouvaient aussi à l'occasion à moindre coût faire insérer la mention de leur privilège dans un encart publicitaire, ou de celle de l'autorité concédante, dans le but d'informer circulairement les différents acteurs, parfois nombreux (juridictions, prévôts et échevins, intendants dans le cas français) impliqués dans l'application de certains privilèges?

À l'échelle européenne, des caractères communs s'observent dans la production de ces artefacts, comme la permanence sur la longue durée de la norme d'exclusivité, censée protéger l'invention. Cependant, l'exclusivité constitue une ressource assez malléable qui a été diversement mise en œuvre, selon les villes et les États. Elle ne recouvre pas non plus les mêmes réalités économiques et elle a pu être utilisée dans un sens extensif. Les recherches menées au sein du projet ANR permettront d'en préciser les modalités selon plusieurs approches. Elles interrogent également la question des différents types de privilèges diffusés au sein de l'Europe entière.

La part des monopoles dans les privilèges a été finalement peu questionnée dans l'historiographie européenne: des recensions des seuls privilèges exclusifs ont déjà été partiellement menées pour l'Italie de la première modernité; en France, la part des privilèges exclusifs dans l'ensemble des privilèges est connue en ce qui concerne les inventions du XVIIIe siècle. Mais hors de ce champ, la question reste ouverte.

Aussi, le projet entend apporter des résultats nouveaux sur la place de l'exclusif au sein de l'ensemble du dispositif des privilèges, qu'il s'agisse ou non d'inventions. L'enjeu est aussi de savoir s'il existe une évolution en terme chronologique, que ce soit à l'échelle nationale ou européenne. Cette analyse mettra en lumière le choix des autorités politiques dans les ressources juridiques et institutionnelles mises à disposition des acteurs, au-delà des discours gouvernementaux contemporains.

L'un des apports de la base de données constituée sera également de renouveler l'étude du rapport entre privilèges exclusifs et inventions, en portant l'enquête sur la période des XVIe–XVIIIe siècles, dans plusieurs pays d'Europe occidentale.

Si les recherches sur les *patents* et les privilèges exclusifs ont fait l'objet de travaux récents pour l'Angleterre et la France du XVIIIe siècle, cette approche a été peu traitée pour les autres périodes et dans un cadre géographique plus large. Ainsi, pour l'Angleterre, il est souvent accepté que l'instauration du Statut des Monopoles à partir de 1624, censé limiter l'octroi des *patents* à l'exploitation d'inventions et rationaliser cette ressource en limitant par exemple leur durée à 14 ans, a placé les *patents* au service de la promotion de l'invention. Si cette situation a été confirmée pour le XVIIIe siècle, elle reste une hypothèse pour la période antérieure. L'intérêt de la base de données est de pouvoir questionner la place des inventions dans la collection des *patents* en confrontant différents corpus de sources, alors que jusqu'ici, les travaux se sont appuyés sur une source unique publiée.

L'une des questions est celle de la définition précise de l'invention et de sa distinction avec des « projets économiques »: en Angleterre, loin de ne concerner que des inventions au sens moderne du terme, les *patents* recouvrent des entreprises et des projets variés, ils entrent activement dans les relations de clientèle et participent d'une économie spéculative régulièrement activée. Si ces constatations avaient été faites pour le XVIe siècle anglais, le XVIIe siècle a moins mobilisé l'attention, que ce soit en Angleterre ou en France.

Ces usages de l'exclusif pour d'autres objets que l'invention ne sont en rien limités à l'Angleterre. Des recherches récentes ont commencé à mettre en cause l'utilisation de la notion d'invention: pour le XVIIe siècle, en France, Aurélien Ruellet montre que « sous prétexte d'invention, le privilège apparaît parfois comme une tentative pour imposer un monopole de fait sur un secteur économique ou géographique ou pour faire irruption dans un marché concurrentiel avec un avantage d'ordre juridique. La prétention à la nouveauté technique n'est alors qu'un alibi au service de stratégies économiques ».

Pour les autres pays, la question reste ouverte, sur la chronologie d'un possible resserrement entre les privilèges exclusifs et l'exploitation d'inventions. C'est l'un des points principaux de renouvellement historiographique qu'apportera l'analyse de la base de données mise au point au sein du projet.

En mettant en rapport les hommes, les lieux et les objets des privilèges, la base de données rendra possible une analyse des circulations éventuelles de savoir-faire favorisées par les privilèges exclusifs. Les enquêtes récentes comparant les aires politiques France-Angleterre ont montré l'importance de la territorialisation des privilèges. De même, à Venise, au XVe siècle, l'invention se définit dans le cadre de la juridiction des différentes institutions vénitiennes. En dehors d'elles, cette invention n'a pas de réalité juridique. La notion d'« invention » apparaît alors mouvante, dépendante d'un cadre régional ou national: ainsi, une opération technique courante dans un pays peut apparaître ailleurs comme une invention, au titre d'une « nouveauté d'usage ».

Cette situation a deux conséquences notables, d'une part, une probable multiplicité des inventions ayant le même objectif dans plusieurs pays; d'autre part, la multiplication de dépôts de privilèges dans plusieurs pays ou régions par la même personne, pour le même objet. C'est notamment le cas dans l'espace allemand où existe la possibilité d'obtenir un privilège des autorités territoriales et, à une échelle plus générale, de l'empereur. L'utilisation de la base de données, à des échelles territoriales diverses (impliquant des autorités différentes), apportera une vision plus globale et comparative de ce processus.

Plus largement, la base de données autorisera une confrontation entre l'octroi de privilèges et les mouvements migratoires. C'est un fait établi que les situations sont diverses en Europe. Si les premiers privilèges d'invention ont eu pour but d'une part de protéger les inventions, et d'autre part d'attirer les inventeurs dans les territoires des autorités, ils deviennent, à Venise dès le XVIe siècle, en France comme en Angleterre au XVIIe et surtout au XVIIIe siècle, des moyens de promouvoir les inventions produites par des « nationaux ». Dans d'autres territoires et sur une périodisation large, il semble que les privilèges exclusifs et diverses clauses au sein de ceux-ci aient servi à la gestion des migrations; du moins, ce constat établi à au niveau local mériterait-il d'être étayé en termes quantitatifs et élargi à l'échelle européenne. Cependant, cette exploitation de la base de données devra être mise en regard avec l'analyse d'autres ressources institutionnelles couramment utilisées, comme les pensions, les gratifications, ou encore les mesures contraignantes visant la sédentarisation de la main-d'œuvre.

D'une façon générale, en ne se limitant justement pas aux privilèges exclusifs, la base de données constituée permettra d'interroger, dans la longue durée, l'articulation des privilèges aux dynamiques économiques à l'œuvre dans les espaces étudiés de plusieurs points de vue.

En premier lieu, elle permet de connaître l'evolution de l'octroi de privilèges par grands secteurs d'activité. Certains privilèges sont bien connus depuis longtemps, et constamment cités, mais les dynamiques d'ensemble n'ont jamais été mesurées, que ce soit en termes d'évolution chronologique ou de répartition par champs productifs.

Dans le domaine de la production manufacturière, l'historiographie a souligné le poids des privilèges dans le secteur des biens de luxe (notamment ceux destinés à l'exportation) du XVIe au XVIIIe siècle, à la fois pour conserver des positions dominantes et pour combler un retard sur les pays étrangers et concurrents (par exemple la manufacture des glaces fondée par Colbert). Mais le poids des privilèges dans le secteur des biens de consommation courante et de qualité intermédiaire (les cotonnades, les indiennes) reste encore assez mal connu, alors qu'on peut supposer que c'est sans doute l'une des activités qui motive la demande et l'octroi d'un grand nombre de privilèges au XVIIIe siècle.

Un autre exemple concerne le secteur minier: si les privilèges liés à l'exploitation de mines métalliques semblent en déclin à partir du milieu du XVIIe siècle, ce projet permettra de vérifier cette hypothèse et, surtout, de mettre ces évolutions en regard des demandes de privilèges visant l'exploitation de sources d'énergie de plus en plus utilisées telles que le charbon ou la tourbe.

Enfin, le silence historiographique est presque total sur les privilèges qui ont pu être demandés dans le domaine agricole, tant la problématique du mercantilisme « industriel » a dominé les débats et les recherches. Mais nous espérons qu'en la matière, la saisie intégrale des privilèges pourra faire émerger des demandes jusqu'alors insoupçonnées.

Les résultats ainsi obtenus permettront d'approfondir l'étude des relations entre privilège économique et corporation. Si, comme l'historiographie l'a à juste titre souligné, les privilèges sont un outil permettant de suspendre ou de contourner les règlements corporatifs, ils fournissent aussi les fondements juridiques de l'activité économique dans des secteurs dont les corporations sont absentes. La base de données élaborée dans le cadre du projet permettra de vérifier l'hypothèse selon laquelle c'est en particulier au XVIIIe siècle que le privilège jouerait ce rôle, à un moment où les autorités ne créent plus de corporations et où les activités économiques ne sont pas encore régies par des codifications juridiques homogènes.

Cela pose en second lieu la question de la saisie sur les ressources que permettent les privilèges pour les acteurs qui en sont bénéficiaires.

Il s'agit d'abord des matières premières et des produits semi-finis, dont des travaux récents ont souligné le poids dominant dans les coûts de production artisanaux et manufacturiers: l'examen des clauses de privilège portant sur cette question peut en particulier permettre de déterminer si des situations de monopsone (ou de position dominante) sur l'achat de ces matières premières ont été recherchées et obtenues par les bénéficiaires. Mais des avantages concurrentiels pouvaient également être obtenus quand des exemptions ou des allègements de droits de douane ou d'impôts (par exemple d'accise dans le Saint-Empire) pesant sur le transport et l'acheminement de ces matières premières étaient accordés: ici encore, la confrontation des demandes émanant des acteurs et des décisions prises promet d'être riche d'enseignements.

La possibilité de disposer d'une main-d'œuvre qualifiée et/ou abondante est une autre donnée cruciale pour comprendre les dynamiques économiques engendrées par les privilèges, à la fois parce que les privilèges permettent souvent d'échapper aux réglementations corporatives en vigueur et parce qu'ils accordent des exemptions et des libertés visant à faciliter la sédentarisation d'une main-d'œuvre (souvent qualifiée) d'origine étrangère et/ou appartenant à une minorité confessionnelle.

L'existence – ou non – de clauses relatives au financement des activités concernées, ou à l'accession à des conditions avantageuses au crédit, est un autre point souvent négligé qui mérite d'être interrogé.

Si la manière dont les autorités ont financé des activités de production, notamment des fabriques et des manufactures détenues par la puissance publique, a été abondamment décrite et souvent surestimée, l'état de nos connaissances est moins assuré pour les activités exercées par des individus. Il convient de se demander si des avances ou des dons étaient fréquemment sollicités par les acteurs demandant un privilège, pour tenter ensuite une comparaison avec les réponses des autorités à ces demandes. Si ces modes de financement direct par le prince ou l'État semblent tendanciellement en déclin, cette évolution n'a pas forcément été linéaire, des ruptures ou des exceptions ont pu apparaître, même au XVIIIe ou au début du XIXe siècle, par exemple, quand nombre de gouvernements prennent conscience de la nécessité de combler un retard technologique sur certains pays européens. On peut ainsi rappeler qu'en Allemagne, les discours économiques du caméralisme et de la *Nationalökonomie*, tout en condamnant le principe de ces pratiques, ménagent souvent des cas pour lesquels des exceptions sont possibles et même souhaitables.

Une dernière question concerne enfin la dimension spatiale des dynamiques économiques dans les stratégies des acteurs en rapport avec les demandeurs de privilèges.

Certains travaux ont souligné que le morcellement politique et territorial est pour les acteurs en quête de privilège un atout, dans la mesure où il permet de s'adresser concurremment à plusieurs autorités, notamment quand il s'agit d'obtenir un privilège dans un territoire voisin d'un État ayant accordé à un acteur précis un monopole. Le Saint-Empire fournit de nombreux exemples de ce type de jeu sur l'espace qui est moins une mise en concurrence entre des États « offreurs » d'institutions qu'une stratégie visant, dans un contexte d'incertitude, à exploiter au mieux les ressources juridiques à disposition des acteurs. Ce jeu sur l'espace comprend parfois des dimensions politiques et diplomatiques qui expliquent sa dilatation à une échelle internationale, comme l'illustrent les mesures prises dans nombre de pays pour accueillir des réfugiés issus de minorités religieuses persécutées. Le projet tentera donc d'éclairer le rapport des acteurs économiques à la frontière (politique, douanière, juridique), la prise en compte d'aires politiques très inégalement morcelées ou centralisées (la France et l'Angleterre d'un côté, la péninsule italienne et l'Empire d'un autre côté) promettant d'être riche d'enseignements.

Il convient cependant de ne pas en rester à une opposition morcellement / unification politique dans la mesure où l'extension géographique des privilèges est très variable, un privilège de production pouvant par exemple comprendre un monopole valable dans seulement une portion de l'aire territoriale concernée. Dans cette mesure, les privilèges génèrent des espaces qui leur sont propres, dont il faut comprendre la logique, les dynamiques éventuelles et tenter de mesurer, par d'autres sources, le degré d'effectivité. Une interrogation sur l'éventuel rapport entre morcellement / centralisation et l'importance des clauses douanières pourra être menée selon la même optique. C'est donc aussi cette dimension spatiale qu'il sera possible d'aborder par le biais de la base de données « privilèges ». Dans cette perspective, on peut espérer, à terme, une cartographie des espaces privilégiés qui permettent de rendre compte de la structuration souvent très complexe des territoires productifs et commerciaux.

Autorenverzeichnis

Ralf Banken
Johann Wolfgang Goethe-Universität, Frankfurt am Main

Patrice Baubeau
Universität Paris Ouest Nanterre la Défense,
UMR 8533: Institutions et Dynamiques Historiques de l'Économie et de la Société

Robert Brandt
Johann Wolfgang Goethe-Universität, Frankfurt am Main

Isabelle Bretthauer
Labex Hastec, heSam Université / Centre Jean-Mabillon,
École nationale des chartes

Andrea Caracausi
Universität Padua,
Dipartimento di Scienze storiche, geografiche e dell'antichita

Peter Collin
Max-Planck-Institut für europäische Rechtsgeschichte,
Frankfurt am Main

Anne Conchon
Universität Paris 1, UMR 8533: Institutions et Dynamiques Historiques de l'Économie et de la Société

Vincent Demont
Université Paris Ouest Nanterre la Défense,
Centre d'Histoire sociale et culturelle de l'Occident

Giovanni Favero
Universität Ca' Foscari, Venedig, Dipartimento di Management

Guillaume Garner
École normale supérieure de Lyon,
UMR 5190: Laboratoire de recherche historique Rhône-Alpes

Stefan Gorißen
Universität Bielefeld, Fakultät für Geschichtswissenschaft

Liliane Hilaire-Pérez
Universität Paris Diderot Paris 7, EA 337: Identités, Cultures, Territoires / EHESS, Centre Alexandre Koyré

Jochen Hoock
Universität Paris-Diderot, EA 337 Identités, Cultures, Territoires / EHESS, UMR 8558: Centre de Recherches Historiques / Fondation « Pour la Science »

Christof Jeggle
Universität Bamberg

Paola Lanaro
Universität Ca' Foscari, Venedig, Dipartimento di Management

Gérard Le Bouëdec
Universität Bretagne Sud, UMR 6258: Centre de Recherches Historiques de l'Ouest / Groupement d'Intérêt Scientifique d'Histoire maritime

Corine Maitte
Universität Paris-Est Marne la Vallée,
EA 3350: Analyse Comparée des Pouvoirs

Dominique Margairaz
Universität Paris 1, UMR 8533: Institutions et Dynamiques Historiques de l'Économie et de la Société

Mathieu Marraud
EHESS, UMR 8558: Centre de Recherches Historiques

Heinz Mohnhaupt
Max-Planck-Institut für europäische Rechtsgeschichte,
Frankfurt am Main

Frédéric Moret
Universität Paris-Est Marne la Vallée,
EA 3350: Analyse Comparée des Pouvoirs

David Plouviez
Universität Nantes, EA 1163: Centre de Recherches en Histoire
Internationale et Atlantique

Aurélien Ruellet
Universität Le Mans,
UMR 6258: Centre de Recherches Historiques de l'Ouest

Tijl Vanneste
Universität Exeter

Julien Villain
Universität Paris 1, UMR 8533: Institutions et Dynamiques
Historiques de l'Économie et de la Société

Koji Yamamoto
Universität Tokyo, Faculty of Economics